【개정판】
폰 글란의
중국경제사

이 책의 한국어판 저작권은 에릭양에이전시(EYA)를 통해 케임브리지대학교 출판부(Cambridge University Press)와 독점계약한 (주)소와당에 있습니다. 저작권법에 의하여 보호를 받는 저작물이므로 무단전재와 복제를 금합니다.

Korean translation copyright ⓒ SOWADANG 2019
Korean translation rights arranged with Cambridge University Press through EYA(Eric Yang Agency)

THE ECONOMIC HISTORY OF CHINA
Copyright ⓒ Richard von Glahn, 2016
All rights reserved. No part of this book may be reproduced or transmitted in any form or by any means, electronic or mechanical, including photocopying, recording or by any information storage and retrieval system, without permission in writing from the Publisher.

이 책의 국립중앙도서관 출판예정도서목록(CIP)은 서지정보유통지원시스템 홈페이지(http://seoji.nl.go.kr)와 국가자료공동목록시스템(http://www.nl.go.kr/kolisnet)에서 이용하실 수 있습니다.(CIP제어번호: CIP2019050559)

【개정판】

폰 글란의
중국경제사

리처드 폰 글란 지음
류형식 옮김

The
Economic
History
of
China

소와당

켄 소콜로프(Ken Sokoloff)를 추억하며

차례

그림 목록   8
지도 목록   10
표 목록   12

옮긴이의 말, 개정판을 펴내며   17
감사의 말   20
서론   22

CHAPTER 1   청동기 시대의 경제(기원전 1045~707)   39
CHAPTER 2   도시 국가에서 전제 군주정으로(기원전 707~250)   97
CHAPTER 3   세계 제국의 경제적 토대(기원전 250~81)   165
CHAPTER 4   호족 사회와 장원 경제(기원전 81~기원후 485)   241
CHAPTER 5   정주-유목의 통합과 제국의 재통일(485~755)   309
CHAPTER 6   당송변혁기의 경제 혁신(755~1127)   377
CHAPTER 7   활짝 꽃피운 강남 경제(1127~1550)   453
CHAPTER 8   시장 경제의 성숙(1550~1800)   521
CHAPTER 9   국내의 위기와 외부의 도전(1800~1900)   607

참고문헌   690
* 찾아보기 기능은 같은 제목의 전자책(E-Book)에 탑재되어 있습니다.

그림 목록

1-1 오년위정(五年衛鼎) 청동문 기록에 따른 토지 소유 개념도 70
출처: Li Feng 2008: 177; Itō 1987: 192 참조.

2-1 고고학 발굴 결과로 재구성한 제(齊)나라의 수도 임치(臨淄) 139

2-2 고고학 발굴 결과로 재구성한 연(燕)나라의 수도 하도(下都) 141

3-1 거연(居延) 출토 여행 허가서 200
출처: 거연한간(居延漢簡) no. 29.2; 원문과 영어 번역은 Loewe 1967, 1: 113, 115 참조(NB: 필자의 번역은 Loewe와 같지 않다).

4-1 내몽골 호린게르(和林格爾) 지역의 농장, 한(漢) 263
출처: 內蒙古自治区博物館工作队, 1978 : 21, 圖 38.

4-2 성도(成都) 출토 무덤 벽화, 부조, 후한(後漢) 282

6-1 북송(北宋)의 인구 및 토지 등록, 980~1110년 406
출처: 인구: Wu Songdi 2000: 346-48, table 8-1; 토지: Shiba 1988: 228.

8-1 강남(江南) 지역의 쌀 및 면화 가격, 1644~1684년 551
출처: 쌀값: Wang Yeh-chien 1992: 40, table 1.1; 면화: Kishimoto 1997: 151, table 4.7.

8-2 화폐 공급량의 증가, 1726~1833년 568
출처: 동전 주조량: Vogel n.d.: 606-40, appendix D.4; 은 수입량: Dermigny 1964, 2: 735; 동전 대비 은 환율: Vogel 1987: 17-23, appendix 3.

8-3 중국의 인구 변화, 1660~1850년 578
출처: Peng Kaixiang 2006: 148, figure A2. 1.

8-4 인구 밀도와 성장률, 1776~1820년 579
출처: Peng Kaixiang 2006: 61, figure 4.4.

8-5 남중국 지역 곡물 가격 변동, 1660~1850년 580
출처: Peng Kaixiang 2006: 33, figure 3.1.

8-6 광동(廣東) 지역 쌀값 대비 은화과 동전의 가치, 18세기 581
출처: Marks and Chen 1995: 122, figure 5.

9-1 명목 GDP와 실질 GDP 추정, 1600~1840년   624
     출처: liu Ti 2009: 151, figure 2.

9-2 1인당 명목 GDP와 1인당 실질 GDP 추정, 1600~1840년   624
     출처: liu Ti 2009: 151, figure 3.

9-3 청(清)나라 재정 당국의 은 보유량, 1686~1842년   632
     출처: Shi Zhihong 2008 : 104, table 1.31, 253-55, table 2.28.

9-4 영진(寧津)의 농산물 및 수공업품 가격, 1800~1850년   637
     출처: 寧津 統泰升 賬簿; Peng Kaixiang 2006: 90, figure 5.4.

9-5 영진(寧津)의 물가와 임금(은으로 환산), 1800~1850년   638

9-6 비숙련 노동자의 일당, 북경(北京), 1807~1838년   638
     출처: Li Longsheng 2010: 174, table 3.17.

9-7 차와 비단 수출, 1756~1833년   642
     출처: Dermigny 1964: 2, 549-53.

9-8 은화 대 동전 환율, 1790~1860년   643
     출처: von Glahn 2013: 55, figure 2.20.

9-9 세관 수입, 1796~1850년   646
     출처: Ni Yuping 2010: 153-56, table 5.1.

9-10 중국의 비단 수출, 1844~1937년   679
     출처: Zhang Li 2010: 98, table 1.

9-11 상해(上海)의 무역 수지, 1882~1901년   681
     출처: Furuta 2000: 170, figure 6.4.

지도 목록

1-1	주(周)나라의 영역	49
2-1	춘추(春秋) 시대의 주요국, 기원전 771~481년	100
2-2	전국(戰國) 시대의 주요국, 기원전 481~221년	114
2-3	전국(戰國) 시대 청동 화폐 유형별 유통 구역	132
2-4	전국(戰國) 시대의 도시들(고고학 발굴에 근거)	137
	출처: Emura 2005: 68, figure 22.	
2-5	전국(戰國) 시대 도시 유적과 경제 활동	142
	출처: Emura 2005: 76, figure 23.	
3-1	한(漢) 제국 초기	197
3-2	한(漢) 제국의 철과 소금 생산	219
3-3	한(漢) 제국의 공간 구조	225
4-1	한(漢) 제국의 지역별 인구 밀도, 기원후 2년	268
4-2	한(漢) 제국 시기 상업 중심지	281
4-3	소흥(紹興) 평야 관개 시설, 한 대(漢代)	297
	출처: Chen Qiaoyi 1962: 191, figure 3.	
5-1	북위(北魏)의 팽창	316
5-2	당(唐) 초기 부병제 부대 주둔 현황	343
5-3	당(唐)나라 세금 수입과 물류	345
	출처: Watanabe 2010: 433, map 8.	
5-4	북위(北魏)의 비단과 삼베 생산 지역	354
5-5	실크로드 무역로	358
6-1	당(唐)나라의 인구, 742년	383
	출처: Chen Zhengxiang 1982.	
6-2	북송(北宋)의 인구, 1102년	384
	출처: Chen Zhengxiang 1982.	

6-3	당(唐)나라 후기의 재정 기반	385
6-4	양자강 삼각주의 생태 환경	400
6-5	소흥 감호(鑑湖)의 간척 사업	404
	출처: Chen Qiaoyi 1962.	
6-6	남동부 지역 차 생산량, 1162년	436
	출처: Mizuno 2000 : 95, table 3.	
6-7	세금 수입 분포, 1077년	445
	출처: Chen Zhengxiang 1982.	
6-8	남송 호주(湖州)의 도시 분포	447
	출처: Shiba 1988: 384.	
7-1	남송(南宋)의 군대 보급	459
	출처: Nagai 1992: 1249, map 3.	
8-1	강남(江南) 지역의 비단 및 면직물 생산	529
8-2	산서 상인(山西商人)의 출신지(고향)	539
8-3	청(淸)나라의 영토 확장	553
8-4	18세기 중국 주요 무역로의 곡물 거래 흐름	583
	출처: Zheng Yibing 1994.	
8-5	청(淸)나라 말기 중국의 거대 권역 구조	586
	출처: Skinner 1977.	
9-1	19세기 중엽의 반란	652
9-2	조약항 네트워크	654

표 목록

2-1 전국(戰國) 시대 도시 규모　　　　　　　　　　　　　　138
　　　출처: Emura 2005: 68, figure 22.

3-1 동해군 상계(上計), 기원전 13년　　　　　　　　　　　183
　　　출처: Lianyungang shi bowuguan 1996: 26; Gao Min 2004: 95-6.

3-2 남군(南郡) 문서에 나타난 노역 인구와 면제 인구 비중　　202
　　　출처: Yang Zhenhong 2010: tables 1, 4.

3-3 동양현(東陽縣)의 인구 및 산부 자료, 기원전 119년경　　203
　　　출처: 〈算簿〉, Tianchangshi wenwu guanlisuo 2006 : 15-16에서 재인용.

3-4 정리(鄭里)에서 실시한 종자 분배　　　　　　　　　　　213
　　　출처: Qiu Xigui 1974: 51-52.

3-5 봉황산한묘 출토 인형(木俑)　　　　　　　　　　　　　214
　　　출처: Sahara 2002b: 408, table 1.

3-6 서한(西漢) 정부 수입 추정치　　　　　　　　　　　　　222
　　　출처: Yamada 1993: 653-58.

4-1 한(漢) 제국의 지역별 인구 밀도, 기원후 2년　　　　　　267
　　　출처: Liang Fangzhong 1980: 18-9, table A.4.

4-2 서향(西鄕)의 등록 가구 수와 인구수, 기원전 139년　　　269
　　　출처: "二年西鄕戶口簿", Yang Zhenhong 2010 : 1에서 재인용.

4-3 〈주마루간독(走馬樓簡牘)〉 등록 인구수, 235년경　　　　270
　　　출처: Yu Zhenbo 2004b: 123, tables 5.1, 5.2.

4-4 한(漢) 제국 인구의 연령 분포　　　　　　　　　　　　　271
　　　출처: Gao Dalun 1998: 115-17; Ge Jianxiong 2000: 234-35; Yu Zhenbo 2004b:
　　　123-25; Yang Zhenhong 2010: 3-4.

5-1 북위(北魏) 균전제에 따른 토지 분배　　　　　　　　　　320
　　　출처: WS 110: 2853-54; Hori 1975: 167, table 1에서 재인용.

5-2 균전제에 따른 토지 할당, 돈황(敦煌), 547년 　　　　　　　　　325
　　출처: British Library manuscripts, Stein no. 613; Ikeda 1979: 44에서 재인용.

5-3 북위(北魏) 정부의 수입과 지출 추산 　　　　　　　　　　　　　327
　　출처: Watanabe 2010: 298, table 13.

5-4 탁지사 수입 통계, 742~755년경 　　　　　　　　　　　　　　346
　　출처: TD 6.34a-b; Twitchett 1963: 153-56; Watanabe 2010: 441-43;
　　*Trombert 2000: 108.

6-1 소주(蘇州)의 세금 수입, 861년경 　　　　　　　　　　　　　　388
　　출처: WDJ: 1-3.

6-2 돈황(敦煌)의 토지 소유 상황, 10세기 　　　　　　　　　　　　398
　　출처: Yang Jiping 2003: 434, appendix table 24.

6-3 주요 곡물 생산 노동 강도 　　　　　　　　　　　　　　　　　399
　　출처: TLD, 7: 222-23; Ōsawa 1996: 98.

6-4 강남(江南) 지역 토지 대비 쌀 생산량 　　　　　　　　　　　　401
　　출처: Li Bozhong 1990: 212, table 6-14.

6-5 강남(江南) 지역 쌀 농가 순수입 추정치, 당나라 　　　　　　　401
　　출처: Li Bozhong 1990: 227, table 6-18; 244, table 6-25.

6-6 북송(北宋) 정부의 현금 수입 　　　　　　　　　　　　　　　415
　　출처: Wang Shengduo 1995, 2: 691, appendix table 1.6; 2: 705, appendix table 4;
　　2: 709-13, appendix table 7; 2: 748-49, appendix table 22; Guo Zhengzhong 1990:
　　676-77, table 44; Jia Daquan 1981: 53-54; Miyazawa 1998: 56, table 4.

6-7 북송(北宋) 정부의 주요 수입 　　　　　　　　　　　　　　　417
　　출처: 수입: Wang Shengduo 1995, 2: 687-92, appendix tables 1.1, 1.4, 1.6, 1.8;
　　은(銀) 환산 가치: Peng Xinwei 1965: 503-09.

6-8 10년 단위 중앙 정부 수입 평균, 960~1059년 　　　　　　　　418
　　출처: Hartwell 1988: 34, table 1; 62, table 5.

6-9 북송(北宋)의 동전 발행량 　　　　　　　　　　　　　　　　421
　　출처: Gao Congming 1999: 103.

6-10 1093년 정부의 수입과 지출   431
　　　출처: Hartwell 1988: 71, table 8.

7-1 국가 재정 수입, 1172년   462
　　　출처: Hartwell 1988: 74, table 10.

7-2 회동총령소의 세금 수입, 1164년경   463
　　　출처: Nagai 1992.

7-3 남송(南宋) 중앙 정부의 현금 수입   464
　　　출처: Guo Zhengzhong 1983: 179, table 6, 181, table 8; Wang Shengduo 1995: 703, appendix table 4, 706, appendix table 6, 716, appendix table 7.

7-4 복주(福州) 지방 정부의 현금 지출, 1182년경   465
　　　출처: Bao Weimin 2001: 264, table 6-7.

7-5 회자(會子) 유통량, 남송(南宋)   468
　　　출처: von Glahn 2005: 77, table 4.1.

7-6 강남(江南) 지역의 상거래 세금, 남송(南宋)   472
　　　출처: Liang Gengyao 1997: 483-85.

7-7 이서(李舒) 가문의 토지 소유 관계, 1391~1432년   516
　　　출처: Luan Chengxian 2007: 131, table 4.1

8-1 중국의 은(銀) 수입량 추정치, 1550~1645년   547
　　　출처: Liang Fangzhong 1939: 173-79; Yamamura and Kamiki 1983: 351-53; Zhuang Guotu 1995: 3; Li Longsheng 2005: 165; von Glahn 2013: 32, 41.

8-2 명(明)나라 정부의 곡물과 현금 수입   548
　　　출처: Wu Hui 1990: 41.

8-3 중앙 정부의 수입, 1766년   558
　　　출처: Chen Feng 2008: 369, table 6-3.

8-4 명청(明淸) 대 곡물 및 현금 수입   559
　　　출처: Wu Hui 1990: 45.

8-5 청(淸)나라의 인구   567
　　　출처: Cao Shuji 2000b: 704, table 16-2.

8-6	소작 체제의 지역별 차이	572
	출처: 건륭제 시기(1736~1795) 형부(刑部)의 소송 자료, Shi Zhihong 1994: 77, table 2.3에서 인용.	
8-7	획록현의 가구 및 토지 등록(編審), 1706~1771년	574
	출처: Li Wenzhi and Jiang Taixin 2005: 304-05, tables 7-9, 7-10.	
8-8	획록현 호족 및 평민 대지주, 1706~1771년	574
	출처: Li Wenzhi and Jiang Taixin 2005: 304-05, tables 7-9, 7-10.	
8-9	만전당약점(萬全堂藥店)의 소유주 변화	592
	출처: Liu Yongcheng and He Zhiqing 1983.	
8-10	포목점 만전호(萬全號)의 동업자들	594
	출처: Liu Qiugen 2007: 432-33, appendix table 8.	
8-11	전당포 이자율, 17~20세기	601
	출처: Peng Kaixiang et al. 2008: 152, table 1.	
9-1	강남(江南) 농가의 가구 소비 구조, 18세기~1930년대	613
	출처: Huang Jingbin 2009: 307-08, table 8.1.	
9-2	농지 1무(畝)당 노동 일수, 강남(江南) 지역	616
	출처: Li Bozhong 2002: 116, table 3-5.	
9-3	강남(江南) 지역 농가 수익 모델, 16~18세기	617
	출처: Li Bozhong 1998: 151-53.	
9-4	중국 GDP 추정치	622
	출처: Feuerwerker 1984: 300, table 1; Maddison 2007: 44, tables 2.1-2.2c; Liu Guanglin 2005: 338, table D.5; Guan Hanhui and Li Daokui 2010: 807; Liu Ti 2009: passim; Broadberry, Guan, and Li 2014: 34, table 4.	
9-5	중국 은(銀)의 순유출량, 1818~1854년	639
	출처: von Glahn 2013: 50, table 2.10.	
9-6	세관 수입, 1725~1831년	645
	출처: Wu Chengming 2001b: 271, table 18.	
9-7	청(淸)나라 후기 정부 수입	660

출처: 1849 and 1893: Chen Feng 2008: 397-98, tables 6-12, 6-14. 1908: Yeh-chien Wang 1973: 74, table 4.3.

9-8 중국 화폐 공급량 추정치, 1910년경 664
　　출처: Peng Xinwei 1965: 888-89; Yen-p'ing Hao 1986: 68, table 5.

9-9 중국의 해외 부채, 1853~1894년 665
　　출처: Chen Feng 2008: 434, table 7-12.

9-10 산서(山西) 은행 총운용액 추정치, 1850~1910년대 672
　　출처: Yan Hongzhong 2007: 131, table 3.

옮긴이의 말, 개정판을 펴내며

제목 변경에 관하여

저작권사의 요청으로 제목이 〈케임브리지 중국경제사〉에서 〈폰 글란의 중국경제사〉로 바뀌었다.

한문 인용에 관하여

영미권에서 출간되는 중국학 연구 성과물이 대체로 그러하듯이, 이 책의 원서 또한 한문 인용에는 인색한 대신 철저한 영어 번역을 수록하고 있다. 그러나 한국어 번역본에서는 한자 문화권에 속하는 한국 독자들의 편의를 위하여 필요한 경우 옮긴이가 각주란을 빌려 한문 인용문을 첨부하였다. 따라서 한국어판에 수록된 거의 모든 한문 인용문은 옮긴이의 책임이다. 한문 원문의 출처는 대체로 www.ctext.org이며 가능하면 사고전서본을 인용했고, 사이트에서 간체로 수록된 자료는 번체로 옮겼으며, 표점을 하였다. 그러나 각주에 수록된 한문 인용문은 어디까지나 참고용일 뿐이다. 한문 원전은 당연히 판본에 따라 약간의 출입이 있기 때문에 전문 연구자들께서는 정확한 연구를 위하여 판본을 다시 확인하시기를 권장한다.

연도 표기에 관하여

이 책에서 연도 표기는 모두 왕조 시대의 연호가 아니라 서력기원(BCE, BC)으로 변환되어 있다. 연호를 서력기원으로 할 때는 이미 연구자의 주관적 해석이 개입될 수밖에 없다. 따라서 이 책에 수록된 서력기원 연도 표기는 사전적인 연도 표기와 일치하기도 하고 일치하지 않기도 한다. 예컨대 북송(北宋)의 연호 원우6년(元祐六年)은 사전적으로는 1091년이지만 저자는 1092년으로 표기하고 있다. 한국어판 번역에서는 저자의 입장을 존중하여 서력기원 표기를 영어 원서 그대로 따랐으며, 별도로 주석을 붙이지 않았다. 혹시 이 책을 인용할 경우에는 보충 자료에 입각하여 정확한 연도를 다시 한 번 확인하시기를 권장한다.

표의 수치 교정에 관하여

경제사에 걸맞게 이 책에는 많은 수치 자료가 표로 제시되어 있다. 고고학적 발굴을 통하여 목간에 기록된 수치들이 아라비아 숫자로 일목요연하게 표로 정리된 경우도 있고, 상점에서 기록한 장부를 분석하여 표로 제시된 사례도 있다. 이 책에 수록된 모든 표에는 출처가 명시되어 있다. 다만 고고학자나 고문서 연구자의 1차 연구 보고서와 이 책에 수록된 표의 내용이 정확하게 기계적으로 일치하지 않는 경우도 있다. 예컨대 소수점 아래 셋째 자리의 수치를 올림으로 정리하여 정수로 표기하거나, 지나치게 세부적인 항목을 결합하여 수치를 합산하기도 했다. 그 과정에서 발생한 소소한 덧셈의 오류나 누락 등이 발견되는 경우, 사실 그냥 두어도 무방한 정도의 소소한 문제지만, 번역본에서는 원출처에 의거하여 수치를 바로잡고, 이를 옮긴이 주로 밝혀두었다.

중국어 표기에 관하여

국립국어원의 공식 표기법에 따르면, 중국어의 한글 표기는 경우에 따라서 한국 한자음 또는 중국 한자음으로 표기하도록 구분하고 있다. 인명의 경우 과거 인물은 한국 한자음, 현대인은 중국 한자음으로 표기해야 하며, 지명의 경우 과거에만 사용된 지명이면 한국 한자음, 현재 사용되는 지명이면 중국 한자음으로 표기해야 한다. 그러나 특히 역사서의 경우 이러한 구분을 적용하기 어려운 사례가 많고, 굳이 구분하더라도 내용을 이해하는 데 도움이 된다고 보기도 어렵다. 북경의 자금성(紫禁城)을 베이징의 쯔진청이라 표기한다고 해서 한국의 독자들에게 무슨 실익이 있겠는가? 그래서 부득이 이 책에서는 모든 중국어 표기를 한국 한자음으로 통일하고, 번체자로 병기하였다. 다만 지도에 수록된 지명의 경우에는 한글과 한자를 병기하지 않고 오로지 한자로만 표기하였다. 원서에서는 오직 영어로만 표기되어 있는데 이를 한글로만 옮기면, 특히 한 글자 지명은 구별이 곤란한 경우가 많다. 그렇다고 병기를 하기에는 지도의 공간이 너무 좁다. 그래서 대부분의 지도에서는 지명을 부득불 한자로만 표기했다. 본문에서 주요 지명은 모두 한글과 병기되어 있으므로 독자들께서 문맥을 이해하시기에 큰 불편은 없으시리라 믿는다. 참고로 일본어의 경우 인명과 지명은 일본 한자음으로, 그 외 고유명사는 한국 한자음으로 표기하였다.

개정판을 펴내며

책을 출간한 이후에 독자로부터 메일을 받았다. 교정 사항들을 상세하게 지적해 주신 내용이었다. 특히 지도 6-6의 지명은 절반이 틀렸고, 제8장 각주 27번에 수록된 한문도 10여 자가 틀렸다. 책을 출간하는 과정에서 교정이 전혀 반영되지 않은 내용이 그대로 들어가버린 치명적인 실수였다. 또 한 가지 중요한 수정은 제8장에 수록된 전골(田骨)과 전피(田皮)다. 원서에서 사전적 의미와 정반대로 서술되었는데, 아마도 원저자의 단순 착오였던 것 같다. 이외에도 인지명의 오탈자들을 여럿 지적해 주셨다. 감히 허락을 얻지 못하여 이 자리에서 존함을 밝힐 수는 없지만, 다시 한 번 깊이 감사의 말씀을 드리고자 한다.

감사의 말

나는 20년 동안 켄 소콜로프(Ken Sokoloff)와 이웃한 연구실을 사용했다. 그것은 나에게 크나큰 행운이었다. 그는 경제사 분야에서 매우 뛰어난 학자였다. 지칠 줄 모르는 유쾌한 성격에 예리한 통찰력을 가졌고, 경제학과 역사학을 막론하고 막힘이 없는 해박한 지식의 소유자였다. 그는 언제나 나의 중국 경제사 연구 및 집필에 확고한 버팀목이 되어주었다. 그보다 더 훌륭한 동료를, 아니 그보다 더 훌륭한 사람을 상상하기는 어렵다. 때 이른 그의 죽음은 경제사 분야에서 엄청난 손실이었다. 이러한 나의 평가는 이미 수많은 경제학자들이 증언한 바와 다르지 않다. 켄은 살아생전에 이 책의 출간을 보지 못했다. 나로서는 매우 아쉬운 일이 아닐 수 없다. 크고 작은 여러 길목에서 그가 용기를 주고 이끌어준 책이기 때문이다. 그와의 추억에, 어느 누구보다 그가 스스로 구현한 학계의 이상향에 이 책을 헌정하는 것 말고 달리 감사의 마음을 표할 길이 없다.

R. Bin Wong(王國斌)과 Jean-Laurent Rosenthal은 각 장의 초고를 읽고 타당한 충고와 엄중한 비평을 아끼지 않았다. 이들뿐만 아니라 지난 몇 년 동안 캘리포니아공과대학(Caltech)에서 중국 경제사 강좌에 참여한 학생들에게도 신세를 졌다. Xiang Chi(池翔), Xiaowen Hao(郝小雯), Yifei Huang, Sunkyu Lee(이선규), Guillermo Ruiz-Stoval, Dong Yan(嚴冬), Meng Zhang(張萌) 등이 강좌에 참여했다. 이들은 자신의 시간과 에너지를 희생하여 초고 전체를 읽고 조언을 주었다. 또한 Lothar von Falkenhausen, Anthony Barbieri-Low, Maxim Korolkov로부터도 큰 도움을 받았다. 이들은 각자 원고의 몇몇 장들을 읽고 날카로운 조언과 교정을 해주었다. 여러 검토자들이 제기해준 문제들에 모두 답할 수는 없었지만 그들의 수고 덕분에 이 책은 월등히 좋아졌다. 이 책처럼 종합적 성격을 띠는 서적에는 불가피하게 누락되는 내용이 없을 수 없고 틀림없이 실수도 숨어 있을 것이다. 그 모든 오류는 필자의 책임이다.

중국 경제사의 면모가 백일하에 드러날 수 있었던 것은 앞서 연구를 수행한 수많은 연구자들이 있었기 때문이다. 내가 그들의 글과 사상을 참고하면서 모두 다 제대로 이해했는지는 모르겠지만, 그들에게 크나큰 빚을 진 것만큼은 틀림없는 사실이다. 2010~2011년 국립인문학기금(National Endowment for Humanities, NEH)의 지원을 받은 것도 나에게는 크나큰 행운이었다. 덕분에 이 책의 집필에 착수할 수 있었다. 또한 2013~2014년 구겐하임 연구지원(Guggenheim Fellowship) 덕분에 늦지 않게 집필을 끝마칠 수 있었다. 마지막으로 Kayoko와 Erica에게, 말로 다 할 수는 없겠지만, 덕분에 이 책의 집필이 즐거운 여정이 되었노라는 감사의 말을 전하고 싶다.

서론

1960년대까지 역사학자들은 중국의 역사(특히 중국 경제사)를 서양식 목적론의 렌즈를 통해 보는 경향이 있었다. 즉 역사적 변화는 "자유(freedom)"의 진보 과정이며, 그 종착역은 민주적 자본주의 혹은 유토피아적 사회주의 사회라고 생각했다. 전제 군주 치하의 중국을 막스 베버(Max Weber)는 봉건적 관료제(bureaucratic feudalism)의 별종이라 칭했고, 마르크스주의에서는 "아시아적 생산 양식(asiatic mode of production)"의 일종이라 했지만, 내가 다른 글에서 언급했듯, 둘 중 어느 쪽 해석을 따르든지 동서양 학자들은 모두 과거의 중국을 고정적 사회로 이해했다. 왕조 치하의 시대 변화는 기껏해야 고여 있는 전제 군주 체제의 호수에 잔물결이 이는 정도에 불과했다는 것이다.[1] 이 같은 고정불변성은 왕조 시대 중국의 사회·경제적 특징이었다. 이는 왕조의 중앙 정부 및 사회 지배층인 "신사(紳士, gentry)" 계층의 기생적(寄生的) 속성 탓이었다. 중국의 왕조들도 대개 "동양적 전제주의"의 기본적 특성이 있었음에도 불구하고 왕조 체제가 특이하게 오래도록 유지된 이유는 신사 계층 때문이었다. 중국의 신사 계층은 관료 조직, 토지 소유, 지성계 및 문화계에서 장기 지속적으로 주도권을 유지했다. 예컨대 중세 유럽은 사회 권력이 군주, 전사, 성직자, 영주, 도시의 자치 단체 등에 분화되어 있었다. 이와 달리 중국은 신사 계층이 정치, 경제, 문화적 특권을 독점했다. 반란

---

1 왕조 시기 중국에 관한 역사학의 논의를 좀 더 상세하게 분석한 글은 von Glahn 2003a 참조.

세력이 누구든, 상인이든 군 지휘관이든 불만 가득한 지식인이든 신사 계층은 그들의 도전을 좌절시켰다. 마르크스주의 역사학은 이를 다음과 같이 설명했다. 즉 신사 계층의 지배가 지속되면서 봉건적 재산 소유가 고착화되고, 중국식 생산 관계도 고착화되었다. 중국식 생산 관계란 지배층 불로 소득자들이 그들의 지배하에 있는 농민 가정에서 생산한 잉여 생산물을 착취하는 것이다. "봉건제"라는 용어는 마르크스주의를 연상시키므로 미국 학계에서는 그리 반기지 않지만, 그럼에도 "전통적" 중국 사회의 패러다임은 기본적으로 봉건제가 의미하는 경제적 타성과 일치하는 면이 있었다.

이처럼 "변화가 없는 중국"이라는 이미지에 가장 유력한 도전의 목소리를 낸 이는 일본의 역사학자 나이토 고난(內藤湖南)이었다. 그는 1914년에 발표한 글에서, 8세기에서 12세기 사이 중국 정부 및 사회가 근본적 변혁을 겪었다는 가설을 최초로 제기했다(이후 이 시기를 "당송변혁기唐宋變革期"라 칭하게 된다). 이 시기에 귀족의 지배력이 해체되고 권력이 전제 군주에게 이양되는 동시에 마을 사회의 자치권이 강화되었다는 가설이다. 나이토 고난의 제자인 미야자키 이치사다(宮崎市定)는 1950년에 출간한 저서 《동양의 근대(東洋的近世)》에서, 당송변혁기를 유럽의 르네상스에 비유했다. 당과 송에서 모두 사회와 문화의 세속화가 나타났고, 이성 중심의 철학이 다시 부상하는 한편 도시와 상업이 부흥하고 재화와 노동력이 자유롭게 거래되었다. 이는 근대 사회의 핵심적 특징들이었다.[2] 일본 마르크스주의 역사학자들의 해석은 이와 달랐다.

2 Miyazaki 1950.

그들은 당송변혁기를 고대 노예제 경제가 퇴색하고 농노를 기반으로 한 봉건 체제가 부상하는 전환기로 보았다. 그들이 보기에 중국에서의 봉건제 이행은 유럽이나 일본 중세 시기에 나타난 진정한 의미의 봉건제와 달리 사회적 발전을 가져오지 못했다. 왜냐하면 중국 사회의 가족, 혈족, 마을, 단체 등에 가부장적 사회 구조가 확고하게 뿌리박혀 있었기 때문이다.

전근대 시기 중국 경제사 연구의 결정적 돌파구는 1960년대에 마련되었다. 중국 송나라(10~13세기) 상업 경제에 관한 시바 요시노부(斯波義信)의 권위 있는 연구는, 경제 생활의 개별적 사실들을 연구해서 단선적으로 개념화하던 경제사학으로부터 완전히 벗어났다.[3] 시바 요시노부는 교통, 농업 및 산업 생산성, 시장, 도시 구조, 기업, 신용 및 금융의 지극히 세세한 사실들까지 복원해냈다. 이 모두가 당시의 전례 없는 경기 활황을 이끈 요인들이었다. 시바 요시노부가 보여주었듯, 송나라 당시에는 지역적 규모, 국가적 규모, 세계적 규모의 시장들이 형성되어 광범위한 상품들이 거래되었다. 거래 품목에는 곡식 등 주요 작물을 비롯해 소금, 목재, 새로운 소비재(차茶, 설탕, 도자기)는 물론 사치품도 포함되었다. 시바 요시노부의 연구는 사적 거래와 상업 자본의 형성에 초점을 맞추었다. 그럼에도 그는 시장 경제의 부상이 사회 계급으로서의 부르주아를 형성하는 데 기여했다는 가설에 동의하지 않았다. 비슷한 시기에 로버트 하트웰(Robert Hartwell)은 송나라의 석탄 및 철강 산업에 관한 도전적 논문을 잇달아 발표했다. 이는 산업 발전에 따른 시장 수요가 얼

---

3 Shiba 1968.

마나 대단했는지를 나타내는 연구였다.[4] 하트웰의 연구를 통해 거대 기업들의 철강 생산 규모가 입증되었다. 이들은 풍로(風爐) 등의 기술을 이용했고, 당시 서양에서 사용하던 어떤 물질보다 우수한 코크스를 사용했다. 하트웰의 연구는 도시 시장(그리고 특히 송나라의 수도 개봉[開封])에서의 철제 물품 수요에 중점을 두었지만, 송나라 정부의 역할도 등한시하지 않았다. 정치적 안정을 비롯한 안정적 화폐 유통 체제, 교통 편의 시설, 예측 가능한 경제 정책 등을 통해 송나라 정부는 경제적 위험 요소를 제거하고 민간 투자 활성화를 촉진했다.

시바 요시노부와 로버트 하트웰의 선구적 연구 업적은 더욱 야심만만한 마크 엘빈(Mark Elvin)의《중국 역사의 발전 형태(The Pattern of the Chinese Past, 1973)》에서 종합되었다. 중국 경제사 연구에서 막대한 영향력을 미친 그의 저서에는 세 분야의 연구가 수록되었다.

1) 고대 제국부터 14세기까지, 정치경제의 주요 양상: 군사력과 국가 재정 능력에 초점.
2) 8세기부터 13세기까지, 엘빈이 명명한 이른바 "중세 경제 혁명": 전례 없는 농업 및 산업 생산의 증대, 도시와 상업의 발달을 가져온 기술 및 제도의 변화에 초점.
3) 왕조 시대 후기(14세기 이후), 성장과 기술 발전의 정체: 그 결과로, 엘빈에 의하면 "양적 성장과 질적 정체"가 빚어짐.

---

4 Hartwell 1962, 1966, 1967.

엘빈의 결론에 따르면, 중국 경제 발전의 전환점은 14세기에 있었다. 세 가지 변화 혹은 역전이 기술 혁신에 대한 더 이상의 물질적 및 정신적 투자를 가로막았다.

1) 중국 스스로 엠바고(embargo, 무역 제한) 조치를 취함으로써 외국과의 교류와 무역이 감소했다. 그 결과 중국은 국제 무역에서 단절되었고, 해군력이 손상되었으며, 국가 발전이 늦어졌다.
2) "쇄국(鎖國)", 즉 국경 봉쇄와 이주 금지 조치로 토지 대비 노동력 비중의 불균형이 심화되었고 노동력 절감을 위한 개혁이 둔화되었다.
3) 자연에 대한 학문적 연구가 약화되고 환경을 충분히 이해하려는 노력이 부족해져서 "과학(science)"의 출현을 가로막았다.

왕조 시대 후기(특히 1550~1800)에 농노제가 소멸했고, 지역 사회에서는 상거래와 산업이 발달하며 상업 조직의 규모도 커졌지만, 기술적인 면에서 중국은 여전히 막다른 골목에 갇혀 산업혁명의 발생을 가로막고 있었다.

마크 엘빈의 저서는 포괄적 경제사를 목적으로 한 책이 아니지만, 중국 경제의 장기적 변화, 그리고 서양과 달리 산업혁명 같은 혁신적 변화를 이끌어내지 못한 이유를 설명하는 데 과감하고도 새로운 논제를 던져주었다. 또한 엘빈의 저서에서 이에 못지않게 중요한 논점은 이른바 중국의 "중세 경제 혁명"이라는 개념이었다. 이는 기존의 서양 사회과학에서 준용하던 일반적 범주를 벗어나는 개념이었고, 서유럽의 역사 경험을 위주로 형성된 상식적 전제에 대한 도전이었다. 마크 엘빈은 중세의 경제 혁명과 이후 시기의 매우 느린 경제 성장을 극명하게 대비시켰다. 왕조 시대 후기를 전공하는 학자들은 엘빈의 주장에 반론을 제기했다. 즉 16세기 이후에도 중국에서 "제2의 경제 혁명"이 있었다는 것이다. 주요 특징으로 예속 신분의 노동이 사라졌고, 관 주도 경제하에서 사기업의 비중이 커졌고, 지방에서 산업이 성장했고, 시장이 공간적으로 확장되었고, 사적 무역과 공적 재정에서 화폐 유통의 수준이 높아졌고, 대외 무역의 규모가 커졌고, 인구 및 경제적 생산물의 규모가 급성장했다는 점을 들었다.[5]

송나라 이후 시장이 경제 생활에 갈수록 더 큰 영향을 미쳤다는 사실을 받아들이는 학자들이 늘고 있지만, 여전히 많은 학자들이 마크 엘빈의 입장에 동의한다. 즉 왕조 시대 후기에 중국이 모종의 구조적 평형 상태에 사로잡힘으로써 혁신적 성장이 가로막혔다는 주장이다. 시바 요시노부, 로버트 하트웰, 마크 엘빈이 상업의 발전에 초점을 맞춘 것과는 달리, 조강(趙岡, Kang Chao)이나 황종지(黃宗智, Philip Huang)는 소규모 가족 중심 농업의 내재적 한계를 강조했다.[6] 조강과 황종지에 의하면, 가족의 생계유지에 급급했던 농업 생산 방식이 끈질기게 지속됨으로써 노동력을 줄일 수 있는 효율적 기술 혁신이나 자본 집중식 농장 개발이 가로막혔다. 오히려 그랬기 때문에, 황종지의 표현을 빌리자면 노동 생산성이 감소하는 "인볼루션(involution)" 패턴과 "질적 발전 없는 양적 성장" 속에서 농민들은 역설적으로 더욱 토지와 시장에 얽매일 수밖에

---

5 Rowe 1985.
6 Chao 1986; Philip Huang 1985, 1990.

없었다. 등강(鄧鋼, Gang Deng)에 의하면, 구조적 평형이 만들어지는 데 핵심 역할을 한 것이 바로 자유농민 가정의 "절대적(absolute)" 토지 소유 제도였다. 그는 이것이 고대 중국 왕조의 기원부터 시작해 왕조와 서로 조화를 이루며 이어져온 제도라고 생각했다. 즉 유교 이데올로기, 제국의 정부, 토지 소유 제도가 서로 맞물리면서 경제적 안정을 이루었고, 안정적이며 때로는 풍요로운 생활, 상업의 확장과 인구의 성장, 군사적 안정을 가능하게 해주었다. 그러나 이처럼 사회의 근본에 깔려 있는 농업 시스템의 힘 때문에 혁신적 변화가 가로막히기도 했다.[7]

중국 경제가 농민의 생산 방식 때문에 제한되었다는 이론은 신고전주의 경제학을 신봉하는 많은 학자들로부터 도전을 받았다. 이들의 주장인즉슨 농민 가족들이 근검, 절약, 저축의 관습을 충분히 습득했고, 그 결과 급격한 요소 가격(factor price, 생산에 필요한 투입 요소인 토지, 노동, 자본 등의 가격 – 옮긴이) 변동을 막을 수 있었으며, 정부의 개입이 거의 없는 경쟁 시장에 적극적으로 대처할 수 있었다는 것이다. 전근대 사회의 기술적 한계(특히 운송 부문)가 시장 주도 발전의 잠재력을 가로막고 있었지만, 그럼에도 불구하고 1870년 이후 (최소한 몇 군데 선진 지역에서는) 국내 및 국제 무역 시장이 성장했다. 운송이 발달하고 정보와 기술이 확산되자 실질 소득이 증가했기 때문이다. 1930년대 대공황(Great Depression)이 시작되고 일본군이 침략해 오기 전까지 이러한 경제 성장이 지속되었다.[8] 이백중(李伯重, Li Bozhong) 또한 인볼루션 이론에 반

---

7 Gang Deng 1999.
8 이 논쟁의 개요와 관련 학술 자료에 관해서는 Myers 1991 참조.

대했다. 명청(明淸) 시대 기술 발전이 정체되었다고 설명한 마크 엘빈과 달리, 이백중은 중국 농민들이 끊임없이 새로운 농업 기술을 개발했으며, 가정의 노동력을 수공업에 투입하여 가족의 소득을 늘렸고, 이것이 왕조 시대 후기의 번영을 가져왔다고 주장했다.[9]

중국 농촌 경제의 성격을 어떻게 이해할 것인가 하는 주제는 이제 양자택일의 문제가 되었다. 즉 그것이 (소규모 가족 중심 농업과 뚜렷한 "농민적" 사고방식을 특징으로 하는) 독특한 중국 역사의 결과일까, 아니면 반대로 대부분의 기업들과 다를 바 없이 보편적 경제 행동 법칙에 따라서 개별 농가가 시장 수요에 적극적으로 부응한 결과일까? 1990년대 들어 중국 경제사 분야에서 이른바 "캘리포니아 학파"가 대두되었고, 위에서 언급한 것 같은 서로 대립되는 이론을 넘어서는 길이 모색되었다. 이들은 왕조 시대 후기의 중국 경제사를 세계사의 맥락에 위치시켜 비교경제사의 관점으로 분석했다. 경제 성장의 측면에서는 서양의 제도, 문화, 정부 정책이 우월했다는 암묵적 전제가 오래도록 당연시되어왔는데, 캘리포니아 학파는 이 전제에 도전장을 내밀었다.[10] 다른 곳이 아니

---

9 Li Bozhong 1998, 2003.
10 "캘리포니아 학파(California School)"라는 명칭은 Jack Goldstone 2000에서 처음 등장했다. 이 학파에 영향을 끼친 책들로는 Wong 1997과 Pomeranz 2000이 있다. 이 학파의 주요 연구 업적(그 안에서도 연구에 따라 분석 방법과 결론이 다양하지만 그럼에도 불구하고)에 대한 분석은 Flynn and Giráldez 1995; von Glahn 1996a; Lee and Campbell 1997; Frank 1998; Li Bozhong 1998; Marks 1999; Goldstone 2002; Sugihara 2003이 있다. 여러 주제들 중 캘리포니아 학파에 의해 도전받은 또 하나의 상식은 16세기 이후 중국의 글로벌 경제 편입이다. 글로벌 경제 편입 때문에 중국 경제가 악화되었고 서양 제국주의와 자본주의 주도하에 중국이 종속되었다는 것이 기존의 상식이었다. 이 주제에 대해서는 특히 von Glahn 1996b, Frank 1998 참조.

라 유독 영국에서만 산업혁명이 발생한 원인을 추적한 "거대한 분기점(Great Divergence)"이라는 도발적 연구에서, 케네스 포메란츠(Kenneth Pomeranz)는 과연 제도적 차이가 실물 경제에서 다른 결과를 낳았는가 하는 의문을 제기했다.[11] 포메란츠의 주장에 따르면 (유럽의 브리튼과 네덜란드, 중국의 양자강 삼각주 지역뿐만 아니라 인도의 벵갈과 일본 동부까지 포함해서) 전근대 세계의 대부분 선진 지역들은 서로 제도적 기반이 달랐음에도 불구하고 근본적으로 뚜렷한 유사성을 띠었다. 그것은 바로 애덤 스미스(Adam Smith)가 경제 성장의 모티프라고 한 시장의 확장과 노동의 전문화였다. 그래서 포메란츠는 황종지의 인볼루션 이론을 거부하고, 중국의 농민 가정이나 기업 같은 조직들은 모두 토지, 노동력, 자본의 시장 가격에 민감하게 반응했음을 주장했다. 동시에 포메란츠가 강조한 바는 스미스식 경제 성장의 한계와 더 이상의 발전을 가로막는 제한 조건의 강화였다. 이는 대체로 천연자원의 고갈에서 비롯되었는데, 18세기 말 세계의 경제 선진 지역들이 다 같이 이 문제에 봉착한 상황이었다. 근대 경제 성장의 돌파구는 스미스식 시장 논리로 주어진 것이 아니었다. 영국은 자원 부족 문제를 식민지와 에너지 혁명(석탄 증기 기술)으로 해결해 나갔는데, 이것이 영국만의 장점이자 산업혁명의 실질적 기반이었다.

포메란츠를 비롯한 캘리포니아 학파 학자들이 내세운 "거대한 분기점" 이론이 촉발한 논쟁은 지난 15년 동안 비교경제사 분야에서 가장 뜨거운 논점이었을 뿐만 아니라 가장 생생하고 창의적인 새로운 연구를

---

11 Pomeranz 2000.

추동하는 자극제였다.[12] 캘리포니아 학파 연구자들이 학계에 미친 가장 중요한 영향은 무엇보다 자료에 대한 정밀하고 꼼꼼한 천착, 유럽과 아시아를 비롯한 여러 지역의 경제 제도와 실물 경제에 대한 탄탄한 비교 연구에 있었다(지금도 그들의 영향은 여전히 지속되고 있다). 포메란츠의 "거대한 분기점" 이론을 검증하기 위해 경제사학자들은 실물 경제 수치 자료를 집중적으로 연구했다. 그러다 보니 최근의 비교사적 중국 경제사 연구 흐름은 양적 수치를 확인할 수 있는 주제와 시대에 한정되는 경향을 보이고 있다(앞으로 보겠지만, 그럼에도 불구하고 실물 자료 부족 때문에 많은 어려움을 겪고 있다). 결과적으로 중국 경제사에서 18세기 이전 시기를 이런 식으로 연구한 성과는 거의 존재하지 않는다. 게다가 이유는 알 수 없지만 "거대한 분기점" 논쟁에는 역사학자들보다 경제학자들이 더 많이 참여했던 것 같다. 그리고 이 논쟁에 자극을 받은 신규 연구는, 캘리포니아 학파를 제외하면 주로 북미 학계보다 아시아와 유럽의 학자들이 수행했다.

"거대한 분기점" 이론으로 촉발된 논쟁 못지않게 주목을 끈 것이 그들의 연구 방식이었다. 매우 좁은 범위에 국한해서 특정 제도나 양적 측면을 비교하는 최근의 연구 경향에서 학자들은 중국 경제와 그 역사적 전개를 큰 틀에서 한눈에 보는 시각을 잃어버렸다. 어떤 제도라도 그 가치는 언제나 특정 맥락 가운데 존재한다는 사실에 대해 최근의 학자들은 충분히 관심을 기울이지 못했다. 모든 역사적 상황에서 언제나 전적

---

12 제9장에서 중국 농촌 경제 논쟁 및 캘리포니아 학파의 연구에 대해 더 많은 논의를 하게 될 것이다.

으로 타당한 제도라는 것은 존재할 수 없다. 포메란츠도 이 점을 강하게 주장했지만 크게 주목받지 못하는 경우가 많았다. 이 책의 목적은 중국 경제를 그 자체로 이야기하는 데 있다. 다른 말로 하자면, 중국의 역사를 경제 생활의 렌즈를 통해 들여다보고자 하는 것이다. 요즘은 비교경제사를 전공하는 역사학자들뿐만 아니라 중국사를 전공하는 학자들이나 학생들도 중국 경제사에 대해서는 기초 지식도 갖추지 못한 경우가 많다. 중국 경제사 개론서는 중국에서도 출간되었다. 아마도 가장 권위 있는 저서는 11명의 편집자가 주간이 되어 출간한 16권의 《중국경제통사(中国经济通史)》(经济日报出版社, 第2版, 2007)일 것이다. 그러나 이 책에는 진부한 마르크스주의 패러다임의 잔재가 그대로 남아 있으며, 서양 학자들의 협력을 사실상 전혀 얻어내지 못하고 간혹 일본 학자들 몇몇이 참여한 정도였다. 놀랍게도 일본 학계에서는 최근 반세기 동안 중국 경제 통사를 시도하지 않았다. 최근 오카모토 다카시(岡本隆司)가 편집해 출간한 책을 언급하지 않을 수 없는데, 이 책에서는 신석기 시대부터 1978년에 시작된 경제 개혁에 이르기까지 설득력 있는 중국 경제사를 담고 있지만 너무 소략한 면이 있다.[13] 이 책 역시 몇몇 예외를 빼고는 대부분이 일본 학계의 성과만을 담고 있다. 마크 엘빈의 《중국 역사의 발전 형태》는 출간된 지 40여 년이 지났지만, 아직도 중국어나 일본어가 자유롭지 못한 서양의 학자들과 학생들에게는 가장 기본적인 자료

---

13 Okamoto 2013(오카모토 다카시 편, 강진아 옮김, 《중국 경제사》, 경북대학교출판부, 2016). 특정 주제나 제도에 관한 중요한 독립 논문 59편(편당 1~3쪽)이 책의 거의 절반을 차지하고 있다.

로 이용되고 있다. 그러나 엘빈의 저서는 애초에 중국 경제사 개론을 목적으로 한 책이 아니었고, 이미 새로운 연구 성과들이 그 내용의 대부분을 대체했다.

우리가 출간하는 이 책은 청동기 시대부터 20세기까지 3000년 가까운 시간을 포괄하며, 감히 서양 학계의 공백을 메워보고자 한다. 위에서 간략하게 언급한 바와 같이 전근대 중국 경제의 해석에 대해서는 상충되는 입장들이 나뉘어 있고, 앞으로 이 책에서도 보여주겠지만 합의에 도달하지 못한 주제들이 사실상 중국사의 거의 모든 시대에 산재해 있다. 이 책은 종합적 개론서를 목적으로 하기 때문에 균형 있고 객관적인 입장을 취하고자 노력할 것이다. 학계의 논쟁을 신중하게 헤쳐 나가는 과정에서 나 자신의 선택을 피할 수는 없겠지만, 그때는 다른 의견을 소개하고 내 선택의 근거를 밝힐 것이다. 나 또한 (이념이 아니라 방법론에서) 캘리포니아 학파에 충실한 것은 분명한 사실이지만, 그럼에도 반대편의 의견을 공정하게 청취할 수 있기를 기대해 마지않는다.

나의 목표는 최선의 학문적 성과를 기초로 장기적 관점에서 중국 경제의 역사적 전개를 종합적으로 서술하는 것이다. 물론 시간, 공간, 자료의 제한이 없을 수 없고 누락 또한 불가피할 것이다. 중요한 학문적 성과를 간과한 경우도 틀림없이 존재할 것이다. 중국 경제사 이론을 총평하는 것은 나의 목적이 아니다. 나로서는 "선한 신이 디테일에 존재하기를" 바랄 따름이다. 나의 서술 방식 자체도 논란의 여지가 있다. 첫째, 나의 연구는 역사나 경제의 발전에서 어떤 식으로든 선형적이거나 단계론적인 개념을 거부한다. 둘째, 신고전주의 경제학적 입장, 말하자면 시장이 경제의 발전과 부의 창출에 주된 동력이었다는 입장에 동의하지 않는다. 근대 경제 성장은 (전근대 경제 성장도 다르지 않겠지만) 원칙적으로 시장의 확장에서 비롯된 것이 아니라 새로운 지식과 기술로 촉발된 혁신에 의해 이루어졌다. 시야를 시장에만 국한시킨 경제사학자들은 경제 발전에 영향을 미친 다른 제도적 측면(가장 대표적으로는 국가 시스템)을 간과하는 우를 범했다.

주지하듯이 중국에서는 왕조 국가 체제가 2000년이나 지속되었고, 국가의 존재가 특히 백성의 삶과 생활 경제 전반에 드리워져 있었다. 앞에서 언급했던 것처럼, 왕조 국가 체제가 특이하게 오래도록 지속되었기 때문에 서양의 사회과학자들은 중국을 "동양적 전제주의"라는 범주로 분류했다. 어리석은 왕조의 통치 때문에 정치 및 경제 제도는 심각한 타성에 젖었고, 그 결과 중국은 경제적 행위와 경제사의 일반 법칙을 벗어나게 되었다는 것이다. 이처럼 "전제주의"를 중국 경제의 특징으로 간주하는 입장은 서양 사회과학에서 최근까지도 끈질기게 지속되었다.[14] 지난 수십 년 동안 중국사 연구자들은 이 같은 잘못된 관념을 극복하기 위해 노력해왔다. 예컨대 16세기 중반 이후 급격한 사적 경제의 성장, 경제 생활에서 국가의 역할 감소, 국가가 지역 사회의 지도자들에게 기본적인 자치권을 인정하는 "시민 사회"의 출현 가능성 등을 드러내 보여주었다. 다른 한편으로 왕국빈(王國斌, Roy Bin Wang)의 저작들을 통해 우리는 왕조 시대 후기 중국에서 국가의 역할을 긍정적으로 이해할 수 있게 되었다. 정부 리더십의 실질적 목표, 능력, 집행 결과를 명확히 밝히고 정부

---

14 영향력 있는 사례로 Mann 1986, Macfarlane 2000, Acemoglu and Robinson 2012 참조.

의 역할이 (꼭 의도해서 그랬던 것만은 아니지만) 경제 성장에 긍정적으로 기여했다는 사실을 확인함으로써 그는 정부의 전제적이고 독단적인 모습을 거부하는 대신 주권 강화라는 측면을 보여주었다.[15] 그럼에도 불구하고 여전히 중국의 왕조 시대 후기를 "후견 경제(patronage economy)"로 보아야 하며, 그것이 "혁신을 가로막고 만연한 부패를 조장했다"는 확신이 심지어 중국 경제를 전공하는 학자들 사이에도 널리 퍼져 있다.[16]

유럽사 연구에 있어서 점점 더 많은 경제학자들과 역사학자들이 전근대 경제에서 국가의 역할에 주목하고 있다. 영토 국가의 권력이 강화됨으로써 국가의 재정 능력과 사회 기반 시설 확충 능력도 강화되었고, 그 결과 국가가 경제 안정에 더욱 적극적으로 개입하게 되었으며, 이는 경제 성장에 긍정적 요인이 되었다. 이러한 연구들은 국가를 단지 고정적으로 임대 수익이나 뜯어 가는 존재로 축소시켜 자유 시장 경제의 방해물로 간주하는 대신, 근대 시기 경제에서 국가가 맡았던 결정적 역할을 재평가해주었다. 국가는 경제 발전을 지원 혹은 주도했으며, 그 성과로 마침내 자본주의와 산업혁명이 출현할 수 있었다.[17] 국가가 이런 역할을 할 수 있었던 것은 새로운 지식을 진작하며 보호하고, 공공재에 투

---

15 Wong 1997, 2012.
16 Brandt, Ma, and Rawski 2014: 79. 여기서 언급한 내용은 이 책의 저자들이 분석한 왕조 시대 정부의 여러 측면 중 한 가지에 불과하다. 이들의 관점에서 후견 경제는 왕조 국가의 여러 유산들 중 하나(아마도 핵심 유산)로 오늘날 중화인민공화국까지도 그대로 전해지고 있다. 같은 책: 106 참조.
17 이 주제에 대해서 나는 특히 Reinert 1999; Epstein 2000; Reinert and Reinert 2005; O'Brien 2012의 영향을 받았다. 또한 Vries 2015 참조. 이 책은 출간 시기가 너무 최근이라 그 성과를 이번 책에 수록하지는 못했다.

자하며, 초기 태생 단계의 산업을 육성했기 때문이다. 이 모두를 통틀어서 1884년 구스타프 슈몰러(Gustav Schmoller)가 정의한 의미로서의 "중상주의(mercantilist)"라고 할 수 있겠다. 즉 "지역 및 토지 중심 경제에서 국가 중심 경제로의 이행, 국가 및 국가 제도뿐만 아니라 사회 및 사회 구조 전반의 변혁"이었다.[18] 중앙 집권화로 봉건 군주나 도시 단위의 독재와 특권 및 사법권 행사가 줄어들었다. 이런 요인들이 기존에 시장의 통합과 상업적 경쟁, 기술 융합, 산업 투자를 가로막는 걸림돌이었다.[19] 전쟁은 단기적으로 절망적 고통을 안겨주기는 했지만 국가 형성과 장기적 경제 발전에 결정적 역할을 했다.[20] 근대 초기 유럽의 경제 성장은 단순히 시장 확대와 노동 전문화에 따른 스미스식(Smithian) 성장이라기보다 오히려 슘페터식(Schumpeterian) 성장이었다. 즉 시장이 완벽한 것이 아니라 불완전했고, 오히려 그 불완전성이 혁신과 경제 성장을 촉진했던 것이다. 국가의 주권과 지정학적 권력의 추구를 통해 국가는 단지 재정 능력만 키운 것이 아니라 재산권(특히 제도를 통한 지적 재산권 포함) 보호, "유치" 산업에 대한 투자, 숙련 노동자의 유동성 강화, 새로운 기술 습득, 전 세계로 뻗어 나가는 무역 네트워크 조성 등의 업적을 이루어냈다.[21]

---

18 Schmoller 1967: 51. 불행하게도 중상주의에 관한 우리의 이해는 역사적으로 중상주의 사상과 정책의 역할에 가장 비판적 입장에 속했던 비평가 Eli Heckscher(1995)에 의거하고 있다. 중상주의에 대한 더 많은 역사 자료와 균형 잡힌 시각은 Magnusson 1994 참조.
19 Epstein 2000.
20 Findlay and O'Rourke 2007; Rosenthal and Wong 2011.
21 Reinert and Reinert 2005; O'brien 2012.

중국의 역사에서도 우리는 유럽에서와 마찬가지로 슘페터식 경제 성장을 확인할 수 있다. 왕조 국가는 획일적 조직이 아니었다. 세월이 흐르면서 경제도 발전했지만, 정부와 제도도 함께 발전했다. 국가의 재정 운용과 폭넓은 사회경제의 상호 작용은 시대 상황이나 이념의 방향에 따라 달라졌다. 슘페터식 관점에서 보자면, 당시 중국 왕조는 시의 적절하게 경제 성장을 이끌었다. 대내적 안정과 대외적 안보를 실현했고, 공공재(교육, 복지, 운송 체계, 수자원 관리, 시장 표준화)에도 투자를 했다. 뿐만 아니라 제도적 기초를 닦아서 농업과 상업에서 스미스식 시장 중심의 성장도 가능하게 했다. 수요를 창출하는 측면에서도 국가의 역할은 상당히 뚜렷했다(전쟁 수행 포함). 왕조 시대 후기 신유학자들은 신고전파 경제학자들과는 반대로 민간 경제에 국가가 개입하는 것을 혐오했다. 당시 중국의 통치자들은 신유학파의 입장을 받아들였다. 세금을 낮추고 국가의 역할을 최소화하는 이 같은 정책으로 스미스식 경제 활성화에는 도움이 되었지만, 전근대 유럽에서와 마찬가지로 국가의 사회 간접 자본 능력 축소가 결국 슘페터가 말한 잠재적 경제 성장을 가로막았다.

이러한 나의 가설은 엄밀한 연구와 분석을 통해 검증을 받아야 할 것이다. 이 책에서는 비교경제사의 측면에서 일련의 새로운 비교 지표들이 등장할 것이다. 그러나 나의 주안점은 어디까지나 전근대 중국 경제의 발전 과정을 일관되게 서술하는 데 있다. 무엇보다 간절한 바람은, 이 연구를 통하여 지난 3000년에 이르는 중국 사람들의 삶과 생활 경제가 (그리고 그 다양성과 상상력과 산업이) 올바로 이해되는 첫걸음이 마련되었으면 하는 것이다.

CHAPTER 1

청동기 시대의 경제
기원전 1045~707

중국의 청동기 시대는 기원전 2000년경 시작되었다. 이 무렵 거대 규모의 인적·물적 자원을 동원할 수 있는 기술과 제도가 생겨났고, 동아시아 최초의 국가들이 탄생했다. 중국 최초의 국가인 상(商, 기원전 1570?~1045)은 정치 제도와 의례 형식을 발전시켰고, 북중국 중원(中原, 중앙 평원) 지역을 장악했다. 중원은 황하(黃河)의 범람으로 생성된 충적 평야로, 고대 중국 문명의 핵심 지역이었다. 상나라 통치자들은 기원전 1200년경부터 문자 기록을 이용했다. 왕실의 조상 제사나 정부 정책 시행에 앞서 기본적으로 점을 치고 그 내용을 기록했다. 상나라의 통치를 뒤엎고 문득 주(周)나라가 일어선 때가 기원전 1045년이었다. 주나라 본토는 서부의 위수(渭水, 오늘날 위하渭河) 유역이었다. 그러나 나중에는 상나라와 마찬가지로 중원 지역 전체를 장악했다. 주나라는 상나라 문화의 상당 부분을 이어받았다. 상나라의 유산에는 의례, 문자, 청동기 제조 기술 등이 포함되어 있었다. 그럼에도 불구하고 주나라는 새로운 방식으로 신성한 권위와 정치적 주권을 내세웠고, 왕권을 바탕으로 더욱 정형화된 관료 조직을 발전시켰다.

"청동기 시대"라는 명칭에 걸맞은 문명이 어디인가 하면 단연코 고대 중국 문명이라고 말할 수 있다. 중국 고대 국가에서는 정치, 사회, 문화적 질서의 중심에 청동 제기가 놓여 있었다. 온전한 형태로 남아 있는 청동기 유물의 수량을 기준으로 보자면, 세계의 다른 어떤 문명도 중국 문명에 비할 바가 못 된다. 오늘날까지 전해지는 주(周)나라의 의례 용기는 1만 2000점이 넘는다. 물론 아직도 무덤이나 보물 창고에 숨겨진 채 드러나지 않은 유물들도 많을 것이다. 개별 유물의 크기도 어마어마하다. 기원전 1200년경에 만들어진 청동 솥은 무게가 875킬로그램에 달한다. 기원전 5세기의 어느 무덤 한 기에서 발굴된 청동기는 도합 10톤이 넘기도 했다.[1] 상(商)나라 후기에도 지배층에서 기념 목적으로 청동 제기에 글을 새긴 사례가 없지 않다. 그러나 본격적으로 이러한 관행이 시작된 때는 주나라에 들어서였다. 청동기에 새겨진 글(청동문青銅文)의 주요 내용은 청동기를 주조한 목적에 관한 것이었다. 또한 왕으로부터 상을 하사받은 일을 기념하여 가문과 조상의 영광을 드러내고자 했다.[2] 주나라 청동문, 특히 왕이 관직이나 상을 내리거나 의무를 부과하는 내용을 담은 책명(冊命)에는 주나라의 정부 조직, 통치자들의 스스로에 대한 인식, 문화적 관습 등에 관한 정보가 담겨 있다. 이 같은 정보를 알 수 있는 상나라의 자료는 거의 없다. 그래서 중국 경제사를 개괄하는 본 연구는 주나라의 성립 이후부터 이야기를 시작하게 되었다.

중국 고대 국가의 성격을 규명하기 위해서 이미 많은 잉크가 소모되었다. 특히 상주(商周) 시대 중국이 노예제 사회였는지 봉건제 사회였는지를 두고 많은 논쟁이 있었다. 이 같은 철 지난 범주로부터 쓸모 있는 내용을 건질 수 있다고 생각하는 학자들은 이제 드물다(중국 외부에

---

1 Bagley 1999: 137.
2 주나라 청동문에 대한 개론은 Shaughnessy 1991 참조. 상나라 청동기는 글이 새겨진 것이 약 100여 점에 불과하지만, 주나라 청동기에는 대부분 글이 새겨져 있다. 중국 학계(예를 들면 Zhou Ziqiang 2007)에서는 여전히 많은 양의 동주(東周) 후기 철학서, 의례서, 역사서를 바탕으로 서주(西周) 시기의 경제사 해석을 시도하고 있다. 그러나 내가 보기에 후대의 텍스트들은 대체로 규범에 관한 내용이며, 서주의 현실에 관한 믿을 만한 증언을 담고 있지 않다. 그래서 나의 연구에서는 이 자료들을 배제하기로 한다.

서 그렇다는 말이다. 중국 내부적으로는 여전히 마르크스주의 관점에서 역사 발전을 보는 시각이 만연해 있다). 그게 아니라면 주나라와 그 사회를 어떻게 규정해야 할지에 대해 여전히 합의된 바가 거의 없다.[3] 내가 보기에는 "가산 국가(家産國家, patrimonial state)"라는 정의가 주나라에 가장 부합하는 것 같다.

가산 국가는 막스 베버(Max Weber)의 사회학에서 국가 체제를 분석할 때 등장하는 중심 개념 중 하나다. 베버에 의하면, 가산 국가란 가부장제하의 가정(oikos)을 확대한 개념이다. 가산 국가에서 "백성의 가장 기본적인 의무는 통치자를 보존하는 것"이다. 베버의 이론에서 가산 국가의 통치자는 집안의 가신(家臣)뿐만 아니라 지방 영주, 지방관, 단체 등의 "정치적 신하들"로부터 권위를 인정받아야 한다. 이를 위하여 통치자는 토지를 비롯한 선물을 제공하며, 정치적 신하들은 일정 정도의 자치권을 얻는다. 가산 국가는 시장 경제를 포함한 다양한 유형의 경제 체제와 공존할 수 있지만, 베버에 따르면 가산 국가와 가장 잘 어울리는 경제 체제는 "특권 체제(liturgic governance)"다. 특권 체제란 특정 집단(계급, 신분 집단, 카스트)에게 세금을 부과하여 재화와 용역으로 세금을 납부하도록 하는 대신, 그 대가로 특정 집단이 추구하는 경제적 목표에 걸맞은 독점권을 부여하는 방식이다. 막스 베버는 수많은 고대 국가들을 가산 국가로 이해했다. 가장 대표적인 예는 바로 고대 이집트일 것이

---

3 최근에 Li Feng(2008: 23, 294-98)이 서주(西周)가 "친족 위임 정주 국가(delegatory kin-ordered settlement state)"였다는 정의를 제시했다. 이 같은 정의가 서주의 성격을 상세히 설명하는 데 도움이 될지 모르겠지만 비교 연구에는 별로 소용이 없다.

다. 또한 막스 베버는 최근의 중동, 인도, 중국을 포함해서 아시아의 주요 제국들도 가산 국가의 범주에 포함시켰다.[4]

비록 막스 베버로부터 용어를 빌려 오기는 했지만, 나는 가산 국가라는 명칭에서 베버의 사회진화론을 분리하고자 한다. 내가 정의하는 가산 국가란 군주가 귀족 가문과 주권을 공유하는 국가다. 귀족 가문은 군주의 수여에 의해 수립되며, 실질적이든 허구적이든 왕실과 인척 관계를 맺는 경우가 많다. 주권은 부계 혈통으로 세습되며, 대체로 장자 상속이 이루어진다. 이러한 귀족 가문에서는 장자 이하의 후손들도 일정한 신분과 특권과 재산(공동의 유산)을 물려받는다. 중국 역사상 기원전 450년경 전제 군주 국가가 출현했는데, 그 이전까지가 가산 국가 체제였다.[5] 막스 베버는 전형적인 가산 국가 체제가 왕조 시대 후기 중국의 정부 형태라고 했지만, 나의 견해는 다르다. 내가 보기에 기원전 3세기 최초의 통일 제국이 수립된 이후 중국에서 가산 국가 체제는 두 번 다시 등장하지 않았다.

주나라 경제의 중심은 지배층의 세습 가문이었다. 그들이 농부와 장인(匠人)의 노동을 지휘했다. 지배층 가문은 혈연 친족으로 구성되었으며, 함께 거주하고 위계질서에 따라 조직되어 있었다. 정기적으로 열리

---

4 Weber 1978: 2, 1006-69. p. 1014에서 인용.
5 중국 정치학에서 주나라 초기 체제는 봉건(封建)이라는 용어로 알려져 있다. 현대 중국에서는 이 용어를 봉건제(feudalism)로 번역하고 있는데, 불행하게도 여기에서 주나라 사회의 성격에 대한 오해가 비롯되었다. 봉건이란 두 개의 동사로 구성되어 있다. 봉(封)은 "경계를 정하다"라는 뜻이고, 건(建)은 "설립하다"라는 의미다. 최근 학자들의 연구에 따르면, 주나라 청동문에서 봉(封)은 귀족 가문에 왕실의 토지를 하사한다는 뜻이며, 건(建)은 옛날 상나라 영토에서 토지를 확보한다는 의미다. Li Feng 2008: 47-49 참조.

는 축제와 의례가 이러한 질서를 공고히 해주었다. 주나라 왕은 제후와 신하에게 토지뿐만 아니라 하인도 하사했다. 하인의 "가장 기본적인 의무"는, 막스 베버의 이론에서도 그러했듯, 주인을 잘 모시는 것이었다. 경제 단위로 말하자면, 가문의 주거 공간에는 친족 이외에도 관리나 기술자 또는 하인이 함께 거주하면서 가문의 업무나 경제 활동을 도왔다. 이러한 주나라의 세습 가문은 다른 고대 문명에서 볼 수 있는 가정과는 그 구조가 달랐다. 메소포타미아 고대 왕조 사회는 거대한 사원과 궁정으로 조직되어 있었다. 성직자, 관료, 농부, 장인, 목동 등이 모두 포함되었고, 이들이 수많은 사회 구성원의 생필품을 생산했다.[6] 기원전 4세기 크세노폰(Xenophon)의 저서 《오이코노미코스(Oikonomicos)》에 잘 나와 있듯이, 그리스에서 오이코스(oikos) 즉 가정은 자유농민에 초점을 맞춘 개념이었다. 책에는 자유농민이 소유한 재산과 인력의 관리 내용이 담겨 있다.[7] 주나라의 세습 가문은 전국(戰國) 시대 중앙 집권 국가에서 만들어진 가족 제도(혼인 관계를 통한 가족과 그에 종속된 인원 모두를 포함)와도 뚜렷이 구별되었다. 이후 중국 역사 내내 지속된 가족 제도는 바로 전국 시대에 만들어진 제도였다. 주나라의 세습 가문도 다른 가정과 마찬가지로 생산과 소비의 단위였고, 구성원이 함께 거주했다. 그러나 당시에는 시장이 없었기 때문에 가문 단위로 자급자족 체제를 갖춰야 했다. 동시에 주나라의 지배층 가문들 간에 거래를 하기도 했다. 왕으로부

---

6 Van De Mieroop 2004: 53-55.
7 Finley 1973: 17-21. 오늘날 크세노폰의 (생산, 소비, 재생산의 기본 단위인 혼인 가정을 중심으로 한) 오이코스(oikos)의 정의는 복잡한 사회경제적 현실을 단순화한 것으로 이해되고 있다. Cox 1998: 130-67.

터 하사받은 귀중품뿐만 아니라 토지나 하인도 교환의 대상이었다.

현재로서는 이외의 다른 제도들이 주나라 초기 경제 생활에서 어떤 의미 있는 역할을 했는지 알 수 없다. 우리가 가지고 있는 자료는 텍스트 자료와 고고학 자료다. 그 내용은 왕실과 지배층 가문들이 왕실 관할 지역 안에서 펼친 활동을 담고 있다. 그래서 우리의 연구는 가산 국가의 구조와 운영 방식을 검토하는 것으로부터 시작해야 하겠다.

가산 국가 서주(西周), 기원전 1045~771년

갑작스럽게, 아마도 예상치 못한 가운데 기원전 1045년 주(周)나라가 상(商)나라를 정복했다. 주나라는 과거 상나라 지역을 통치하면서 심각한 교통 문제를 겪어야 했다. 주나라 본토는 위수(渭水) 유역으로, 상나라의 서쪽 경계선 부근이었다. 험난한 태항산맥(太行山脈)이 주나라 본토와 중원(中原) 지역 사이를 굽이굽이 가로막고 있었다. 주공(周公)은 나이 어린 성왕(成王)의 섭정을 맡아 강력한 리더십을 발휘했다. 주공의 지휘 아래 주나라는 두 갈래로 종주권을 행사했다. 서부 지역, 즉 주나라 본토에 해당하는 지역은 왕실의 직할령으로 설정했다. 그리고 육사(六師, 宗周六師)라고 하는 친위대에 방어 임무를 맡겼다. 서부 지역에서 왕실 생활과 의례의 중심지는 풍경(豊京)과 호경(鎬京)이라는 쌍둥이 수도였다. 주나라 왕실 선조들의 고향인 주원(周原, 혹은 기읍岐邑)은 쌍둥이 수도에서 서쪽으로 100킬로미터 정도 떨어져 있었다. 주원도 여전히 중요한 정치적 중심지였다. 왕실의 중요한 사원과 무덤이 있었고, 많은 귀족 가문들이 여전히 주원에 자리 잡고 있었다. 한편 동부 지역, 즉 과거 상나라 영토였던 중원 지역에 대해서는 간접 통치를 실시했다. 최소한

20여 명(혹은 40명 이상)의 왕실 친인척이나 오랜 동맹 세력에게 맡겨서 새로이 확보한 동부 지역을 통치하도록 했다.

《서경(書經)》〈대고편(大誥篇)〉에 의하면, 주나라 왕은 전권을 가졌음에도 관대하며 천명(天命)을 받은 최고 권력자로서, 통치와 정의 실현의 무거운 의무를 고귀한 친인척에게 위임했다. 동부 지역의 통치자들 가운데 왕실과 혈연관계가 없는 이들은 조상 제례를 본뜬 엄숙한 충성 맹세 의식을 거쳐 왕의 측근 집단에 소속되었다. 세습 통치의 원칙 아래 왕은 영토를 나누어 지역마다 넓은 의미의 친인척들로 대리 통치자를 세웠다. 왕에게 경의를 표하고 왕의 뜻을 거역하지 않는 한, 대리 통치자와 그 후손은 왕의 축복뿐만 아니라 하늘의 축복까지 받을 것이었다. 하늘은 곧 최고 권위를 내려주는 원천이나 다름없었다. 여기서 가장 핵심은, 일정 지역의 위임 통치자와 왕실 관료 모두 그들이 받은 토지와 자원을 가문의 유산으로 세습할 수 있었다는 점이다. 청동기에 새겨진 많은 글들은 주나라 왕이 개인에게 내려준 선물, 명예, 관직, 의무 등을 기록하고 있다. 왕명을 받은 사람들은 청동기를 주조해서 자신의 아버지와 할아버지에게 바쳤다. 모두 조상의 영광을 드높이고 후손에게 이 사실을 전하기 위해서였다.

주나라 왕은 왕실 직할 지역의 행정을 관료들에게 맡겼다. 세 명의 장관, 즉 사토(司土 혹은 司徒, 토지 담당), 사공(司工 혹은 司空, 공공시설 담당), 사마(司馬, 군사 및 사냥 담당)가 관료들을 지휘했다.[8] 많은 문사(文士)들과 비서들이 왕의 명령을 담은 문서를 작성하고 중요한 의례에서

---

8 주나라 왕실의 관직 편제 및 변천에 관한 설명은 Li Feng 2008을 참조했다.

왕이 해야 할 연설을 준비했다. 그리고 이들은 정부 기록물을 보관하는 일도 맡았다. 문사 대부분은 왕의 측근으로서 사회적 신분이 높은 사람들이었다. 이들은 왕에게 개인적으로 조언하기도 하고 외교 사절로 파견되기도 했다. 그럼에도 실권은 왕실 관료보다 왕공(왕자)에게 있는 경우가 많았다. 왕공에게 왕실 행정의 전권을 위임하는 경우도 있었는데, 주공(周公)의 섭정이 바로 이러한 관행의 시초였다.

새로 확보한 영토의 통치를 맡은 통치자들(이른바 후侯이며, 문자 그대로는 화살의 과녁이라는 의미)은 전략적으로 중원의 주변과 분수(汾水) 유역에 배치되었다(지도 1-1). 기원전 4세기의 역사서《주서(周書)》에서는 중원의 동쪽에 노(魯)가 설립되는 과정을 이렇게 서술했다.

> 노공(魯公, 이름은 백금伯禽, 주공의 장남)에게 큰 수레(大路), 용 문양이 있는 큰 깃발(大旂), 하후씨의 옥장식(璜), 봉보가 쓰던 활인 번약(繁弱), 상나라의 여섯 씨족(조씨, 서씨, 소씨, 색씨, 장작씨, 미작씨)을 나누어 주었다. 노공으로 하여금 각 씨족의 종가를 거느리고 모든 씨족의 구성원들을 모아서 그 수하의 하인들까지 함께 통솔하되, 주공의 모범을 본받아 주나라 왕의 앞에 나아가 왕명을 따르도록 하였다. 이렇게 해서 (노공으로 하여금) 노(魯) 지역을 다스리고, 그곳에서 주공의 밝은 덕(明德)을 펼치도록 했다. 노공에게 토지와 그에 부속된 자원을 주었고, 조상의 사당에서 제사를 주관할 관리(祝), 사당을 돌볼 관리(宗), 점을 볼 관리(卜), 기록을 담당할 관리(史)를 보내주었으며, 의례용 의복과 전책(典策, 죽간에 적은 의례 지침서), 정부에서 일할 관리들과 사용할 그릇을 나누어 주었다. 또한 상엄(商奄, 상나라의 제후국)의 백성들은 (기존과 다름 없이 노나라에 그대로

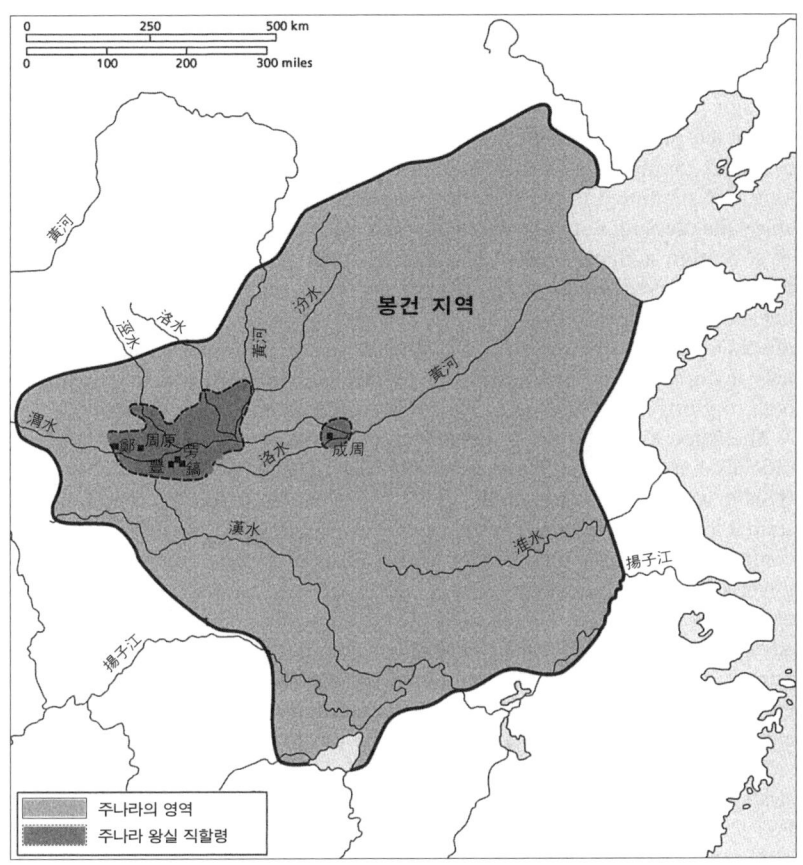

[지도 1-1] 주(周)나라의 영역

머물면서) 노공 백금의 명을 따르도록 하고, 노공의 도읍은 소호(少皞)의 옛 터전에 건설하도록 했다.⁹

9 ZZ 3A: 780(Dinggong 4th year)(分魯公以大路, 大旂, 夏后氏之璜, 封父之繁弱, 殷民

영토와 고위 관료를 비롯하여 모든 통치 수단을 하사받은 백금(伯禽, ?~기원전 998?)은 멸망한 상나라의 백성도 일부 할당받았다. 이들은 노(魯)로 강제 이주를 당해서 새로운 주군을 섬겨야 했다. 할당된 영지의 통치자들은 그 백성에 관한 전권을 넘겨받았다. 또한 백성의 노동에 따른 결과물도 모두 차지할 수 있었다. 각 영지의 통치자들은 주나라 왕을 깍듯이 예우했고 종종 군사 지원을 보내기도 했다. 그러나 반드시 조공을 바쳐야 했는지는 명확하지 않다. 오늘날 낙양(洛陽) 근처에 성주(成周)라고 하는 제2의 수도를 설치했는데, 이는 왕권이 멀리 동쪽에까지 미치도록 하기 위함이었다. 팔사(八師, 成周八師)라는 친위대도 성주 근처에 주둔시켰다. 이들의 임무는 남쪽과 동쪽의 국경을 수비하는 일이었다.

이렇게 해서 주나라의 통치 계급은 두 갈래, 즉 제후와 왕실 관료로 나뉘었다. 제후는 우선 군사 지휘관이었다. 동시에 그들은 자신이 할당받은 영지에 대한 지배권을 확보했다. 영지에 사는 백성은 제후의 사법권에 복종하고 세금을 바쳐야 했다. 극(克)이라는 사람이 중원의 북쪽 변경에 있는 연(燕) 지역의 통치자로 임명되었고, 이를 기념하기 위해 극은 청동문을 새겼다. 그 글에 따르면, 왕은 6씨족의 사람들을 극(克)의 백성으로 할당해주었다. 6씨족 중에는 주나라의 오랜 동맹도 있었고, 예전에 적이었으나 먼 거리로 강제 이주를 당한 씨족도 있었으며, 원래 그 지역

六族, 條氏, 徐氏, 蕭氏, 索氏, 長勺氏, 尾勺氏. 使帥其宗氏, 輯其分族, 將其類醜, 以法則周公, 用即命于周. 是使之職事于魯, 以昭周公之明德. 分之土田, 倍敦, 祝, 宗, 卜, 史, 備物, 典策, 官司, 彝器. 因商奄之民, 命以伯禽, 而封於少皞之虛.《左傳: 定公 4年》). 이 번역은 Itō Michiharu 1987: 78-87의 해석을 따른 것이다. 소호(少皞)는 먼 과거의 전설적 군주이며, 상나라 왕이 아니다.

50 중국 경제사

에 거주하던 씨족도 있었다. 이로 보아 주나라는 옛날 상나라 지역에 새로운 사회 조직을 설치하고자 했던 것 같다.[10] 지역 통치자가 전권을 휘두르기는 했지만, 그렇다고 그 권력이 절대적이지는 않았다. 주나라 왕이 각 지역에 감독관을 파견하기도 했는데, 감독관은 주로 신분이 매우 높은 왕실 친척 중에서 선정했다. 이들은 제후의 행실을 감독했으며, 적어도 이론상으로는 왕의 뜻에 따라 제후의 지위를 박탈할 수도 있었다.

주나라 통치 계층의 두 번째 부류는 왕실 관료들이었다. 그들은 정기적 급료를 받지 않는 대신 특혜를 얻었다. 예컨대 토지 사용권이나 하인 등을 상으로 받았다. 주나라 초기 청동기의 명문에 수록된 전형적인 왕의 하사품에는 의례용 깃발이나 무기와 함께 토지와 백성이 포함되었다. 예를 들어 기원전 981년 강왕(康王)이 우(盂)에게 주요 군직을 하사했다. 우(盂)는 주나라 창업 당시 왕실을 도운 바 있는 뛰어난 고위 관료의 손자였다. 우(盂)는 자신의 군직 임명을 기념하기 위해 청동 솥(鼎)을 주조하여, 왕명을 자세하게 기록하고 왕에게 하사받은 선물 목록도 새겨두었다.

[왕이 말하기를] 너에게 제사를 지낼 술(鬯) 한 통과 모자와 옷과 슬갑 한 벌과 신발과 수레와 말을 하사하노라. 너에게 너의 할아버지 남공(南公)이 사냥할 때 사용하던 깃발을 하사하노라. 너에게 주나라 출신의 우두머리 네 명을 하사하노라. 이들과 함께 전차 기사(馭)로부터 서인(庶人)에 이르기까지 659명의 남자를 하사하노라. 너에게 왕실 종사자인 외국 출신(尸)

---

10 Li Feng 2008: 241-43(大克鼎).

우두머리 13명을 하사하노라. 이들과 함께 1050명의 남자를 하사하노라. 이들에게 명하여 즉시 주거지를 옮기도록 하라.[11]

우(盂)는 도합 1709명의 하인을 얻었다. 그들의 우두머리(주나라 출신 및 외국 출신)도 함께 포함되었다. 이들은 왕실에서 직접 왕을 보좌하던 자들이었는데, 이제 우(盂)의 수하에 놓여서 우의 땅으로 이주해야 할 처지가 되었다. 여기서 등장하는 우두머리(自: 伯)라는 표현은 씨족 관련 용어로 추정되는데, 아마도 씨족 집단의 대표자일 것이다. 그리고 여기서 거론되는 인원수는 씨족 집단 전체의 숫자를 의미한다. 우(盂) 같은 왕실 관료들이 하사받은 선물은 가문의 세습 재산이 되었다. 이들 귀족 가문은 자신의 영지뿐만 아니라 왕실의 직할지인 주원(周原)에도 주택과 조상을 제사 지내는 사당을 유지했다. 주원 곳곳에 이런 시설들이 있었다.

귀족 가문의 자제들이 아버지나 할아버지가 맡았던 관직을 이어받는 경우도 흔했다. 그러나 엄밀히 말해서 관직은 세습의 대상이 아니었다. 젊은이들은 먼저 선임 관료들에게 도움이 되는 자질을 선보여야 했다. 그런 뒤에야 왕실 관직에 임명될 수 있었다.[12] 앞에서 언급한 대우정(大盂鼎)에는 강왕이 과거 충직하게 일했던 우(盂)의 성과를 언급하는

---

11 대우정(大盂鼎, Ma Chengyuan 1988: #62)(易女鬯一卣, 冂, 衣, 市, 舄, 車馬, 易乃且南公旂, 用(狩). 易女邦司三白, 人鬲自馭至于庶人六百又五十又九夫. 易尸司王臣十又三白, 人鬲千又五十夫, ■■遷自氒土. 〈大盂鼎〉). 청동문의 번호는 Ma Chengyuan 1988의 목록 번호다. 번역은 Cook 1997: 274 그리고 Li Feng 2006: 127을 참조하여 수정했다.
12 Li Feng 2008: 190-234.

내용이 나온다. "그대는 밤낮으로 훌륭하게 일했다(敏朝夕入讕)." 결과적으로 우(盂)에 대한 강왕의 신뢰는 매우 적절한 판단이었다. 우(盂)가 군사 지휘관에 임명되고 나서 2년이 지난 뒤, 우는 또 하나의 청동기를 주조했다. 거기에 새겨진 청동문에는 외부의 적과 싸워 승리한 일과 포로로 획득한 부족장, 남자들, 말, 소, 전차 등을 열거하고 그 수치를 기록한 내용이 포함되어 있다. 뿐만 아니라 전리품으로 가져온, 전사한 적군의 귀가 몇 개인지도 나온다. 기원전 9세기 이전까지 왕실 관료들은 공직 생활을 하는 가운데 문관과 무관직을 모두 거쳤다.

주(周)나라 왕들은 상(商)나라를 정복하고 채 한 세기도 지나기 전에 점령한 땅에서 최고 권위를 실현해 보여주었다. 주나라의 우월성을 나타내는 의례를 거행하고 엄청난 규모의 군대를 배치했다. 그러나 기원전 957년 남쪽에 있는 라이벌 초(楚)나라와의 전쟁에서 주나라는 심각한 타격을 입었다. 전쟁 도중에 왕이 사망했고, 친위대인 육사(六師)도 궤멸했다. 이 같은 군사적 실패로 왕실의 운명은 완전히 달라지지 않을 수 없었다. 이후로 주나라는 외국의 공격에 대해 방어적 자세를 취했다. 정부 조직도 훨씬 형식적이고 관료적으로 재편되었다. 기존의 장관 3개 부서(사토, 사마, 사공) 이외에 태사료(太史寮, 비서실)와 총재(冢宰, 궁내 업무 관장)가 명확한 정부 조직으로 등장했다. 임무를 확장하여 별도 기관으로 설치된 태사료는 관료들 간의 의사소통과 자료 보존에 중점을 두었다. 정부의 각 부서에서는 관료들 사이에 다소간의 위계질서가 발달했다.

그럼에도 불구하고 왕실의 권위는 축소되었다. 왕은 서부 지역의 왕실 직할지와 성주(成周) 인근에서만 실질적 통치력을 발휘할 수 있었다.

동부 지역은 왕실의 통제로부터 상당히 독립적인 상태로 남게 되었다. 왕은 고집을 피우는 제후들을 통제하기 위해 때때로 군사력을 동원할 수밖에 없었다.

주나라 왕의 통치력이 제한된 결과 왕실의 군사력이 쇠퇴했을 뿐만 아니라 재정적 기반도 점차 줄어들었다. 왕실 관료들에게 토지와 백성을 하사하는 관행 때문에 갈수록 왕실의 수입이 축소되는 결과가 초래되었다. 기원전 10세기 말에 이르러 주나라 왕은 관료들에게 더 이상 상으로 영지를 하사할 수 없게 되었다. 다만 부분적으로 소규모 농장이나 그 농장에 속한 백성을 내어줄 뿐이었다. 마음대로 처분할 수 있는 땅이 많이 줄어들었음에도 불구하고 주나라 왕의 토지 하사 관행은 지속되었다. 심지어 다른 가문이 소유한 토지를 빼앗아 상을 주기도 했다. 예를 들어 려왕(厲王, 재위 기원전 857~853년경부터 842년까지)은 신하 극(克)에게 중대한 군사 임무를 맡기면서 서로 다른 곳에 위치하는 7필지의 토지를 하사했다. 그중 일부는 기존에 정씨(井氏) 가문이 소유하던 토지로, 이전에 정씨 가문은 주나라 정부에서 높은 지위를 차지했었다. 그러나 왕이 체면 불고하고 마음대로 그들의 토지를 빼앗던 시점에는 정씨 가문의 지위와 영향력이 그만큼 쇠퇴했다고 볼 수 있다.[13] 려왕 시대의 다른 청동문에도 지방관에게 내린 명이 등장하는데, 왕실 직할령에 있는 토지 한 필지의 소유권을 어느 귀족 가문에서 다른 가문으로 이전하라는 내용이었다.[14]

---

13 대극정(大克鼎, Ma Chengyuan 1988: #297); Shaughnessy 1999: 328.
14 대궤(大簋, Ma Chengyuan 1988: #393); Li Feng 2006: 133.

이 경우 려왕(厲王)이 모든 소유 토지에 대한 종주권을 행사한 것으로 보이지만, 이 같은 왕실의 태도는 머지않아 도전에 직면하게 되었다. 기원전 9세기 중엽, 왕실은 잇달아 후계 문제로 곤란을 겪었다. 이것이 왕실에 악재로 작용했다. 기원전 842년, 불만을 품은 귀족들이 힘을 합쳐 려왕을 추방했다.[15] 이후 기원전 828년 려왕이 사망하기까지 14년 동안, 후계자가 안정적으로 정권을 인수할 때까지 임시적으로 반란 귀족 가운데 한 사람이 궁정에서 섭정을 맡았다. 선왕(宣王, 재위 기원전 827~782)이 즉위한 직후 왕실의 권위는 회복되었다. 그러나 선왕이 몇 차례 군사적 실패를 거듭한 뒤 선왕의 집권 말기에는 다시 왕실의 권위가 추락할 수밖에 없었다.

후대의 학자들은 당시 주나라의 주요 적들, 즉 주나라 본토의 북쪽 오르도스(Ordos) 지역에 살던 산융(山戎)이라는 민족과, 중국 중부 회수(淮水) 유역에 살던 남쪽의 회이(淮夷)라는 민족이 거친 "야만인"이며 문명 세계의 적이었다고 기록하고 있다. 그러나 산융과 남쪽의 회이 모두 대단한 군사력을 보유했으며, 주나라와 전쟁을 수행할 때는 수백 대의 전차를 한꺼번에 동원할 수 있는 수준이었다. 이로 보아 그들에게 인력과 자원이 부족하지 않았던 것 같다. 남쪽의 회이는 이미 기원전 10세기부터 주나라에 대하여 공격적인 태도를 취했다. 그러나 려왕의 즉위 초부터 주나라는 산융과의 전쟁에 매여 있었으며, 주나라의 생존 그 자체

---

15 후대의 역사학자들은 려왕이 부를 독점(전리專利)하고 현명한 신하의 조언에 귀 기울이지 않았다는 비평을 남겼다. Li Feng 2006: 131-34 참조. Shaughnessy(1991: 170)는 려왕 당시에 새겨진 금문에서 "오만하고 불안정하며 자화자찬을 아끼지 않지만 그럼에도 불구하고 왕권 확립을 불안해하는 왕의 성격이 그대로 드러난다"라고 분석했다.

가 달려 있는 상황이었다.

서로가 죽고 죽이는 권력 암투와 변경 지역 이방인의 침투에 직면하여 왕실의 권위는 위기를 맞았다. 이 위기는 주나라 지배 계층의 문화와 이데올로기에 광범위한 변화를 초래했다. 상나라를 정복한 뒤 1세기 동안 종주권과 신성한 권위를 나타내는 청동기에 새겨지는 내용이나 문양 등은 크게 변화가 없었다. 이로 보아 주나라 초기에는 상나라의 의례와 정치 문화가 강하게 남아 있었던 것으로 추정된다. 그러나 기원전 950년에서 기원전 850년 사이 청동기의 유형과 장식, 의례에서의 사용 방식 등에 근본적인 변화가 있었다. 고고학자들은 이를 "의례 혁명"이라 부르기도 한다.[16] 청동기 양식의 급격한 변화는 의례 절차의 변화를 의미할 뿐만 아니라 신성 권력과 세속 권위의 관계에서도 큰 변화가 있었음을 뜻한다. 또한 귀족층의 조상 제사뿐만 아니라 장례 부장품으로 사용할 수 있는 청동기의 종류도 위계질서에 따라 엄격히 규제했다. 이는 사회적 위계질서를 강화하기 위한 조치였다. 주나라 지배 계층의 권력 암투가 치열해지던 시기였음에도 불구하고 새로운 의례 문화는 놀라울 정도로 획일적이었다. 이는 지배 계층 내부에서 주나라의 문화 정체성을 더욱 분명히 하고자 하는 모종의 합의가 있었음을 의미한다. 즉 "오랑캐" 문화에 맞서 주나라 문화가 소멸될 위기에 처했다는 위기의식이 있었던 것이다.[17]

---

16 "의례 혁명"은 대부분의 학자들이 동의하지만, 그 발생 시기에 대해서는 이견이 있다. Rawson(1999)은 그것이 기원전 10세기 후반의 일이라 하고, von Falkenhausen(1999a, 1999b)은 의례 혁명 대신에 의례 개혁이라고 표현하며 변화의 시기를 기원전 9세기 전반으로 추정한다.

지배층 내부에서 갈수록 위계질서를 엄격히 하고 주나라의 문화적 정체성을 분명히 하고자 노력했지만, 쇠퇴하는 주나라 왕실의 운명을 뒤집을 수는 없었다. 궁정 내부에서는 당파 싸움에 몰두하고 때맞춰 군사 조치를 취하지 못하고 미적거리는 사이, 기원전 771년 지배 계층 중 불만 세력과 결탁한 산융이 쳐들어왔다. 주나라는 궤멸적 패배를 맛보았다. 산융은 주나라의 수도 풍경과 호경을 약탈했고, 주나라 왕을 살해했다. 주나라 왕실은 고향을 등지고 떠나야 했다. 왕족 중 살아남은 사람들은 성주(成周)로 도망쳤고, 그곳에서 다시 왕을 옹립했다. 역사가들은 수도를 동쪽의 성주로 옮긴 사건을 서주(西周, 기원전 1045~771)와 동주(東周, 기원전 771~256)를 나누는 분수령으로 삼는다.

주나라가 비록 살아남기는 했지만 주나라 왕의 세력과 권위는 결정적 타격을 입은 뒤였다. 왕실의 경제적 기반은 점점 쪼그라들어 성주 인근의 작은 지역에 불과했다. 왕실과 긴밀한 관계를 맺었던 많은 귀족 가문들이 왕실을 따라 동쪽으로 이주했고 중원 지역에 새로운 영지를 재건했다. 그중 정씨(鄭氏) 가문과 괵씨(虢氏) 가문은 오래도록 쓰디쓴 경쟁 관계를 이어왔는데, 성주의 궁정에서도 줄곧 최고 권력을 다투었다. 기원전 707년 주나라 왕은 정(鄭)의 장공(莊公, 재위 기원전 743~701)을 처벌하기 위해 군사를 일으켰지만 끝내 굴욕적인 패배를 맛보았다. 이후 장공은 멋대로 군사력을 휘둘렀고, 중원의 제후들 가운데 최고 정치 지도자로서 자신의 지위를 확고히 하고자 군사적 위협을 일삼았다. 이는 패권(霸權)이라고 하는 정치적 헤게모니 탄생의 전조였다. 기원전 7

17 Von Falkenhausen 2006.

세기 중반 무렵부터는 패권이 공식적 제도로 정착된다(제2장 참조). 주나라 왕은 의례에서 높은 지위를 유지했고 각 지방의 제후들도 여전히 주나라 왕에게 예의를 갖추었지만, 정치 및 경제적 힘은 완전히 제후에게로 기울었다.

서주(西周)가 무너진 뒤 각양각색의 이방인이 과거 주나라 본토를 나누어 차지했고 중원 지역에 정착한 이들도 있었다. 이후 몇 세기 동안 주나라 사람들과 이방인의 투쟁은 격화되어갔다. 기존 역사서에서는 이 시기를 춘추(春秋) 시대(기원전 720?~481)라 했다. 그 과정에서 문화적 경계가 더욱 뚜렷해졌고, 중국인의 민족적 정체성(화華)이 널리 확산되었다. 이즈음 주나라 북쪽 국경 지역의 스텝 초원에 유목민이 출현했다. 그러자 문화적·민족적 구별은 더 강화되었다. 과거 주나라 영역에서 문화적 주도권은 주나라가 차지하고 있었다. 그래서 주나라 영역으로 들어온 다른 세력들도 주나라의 고급문화에 동화되고자 하는 동화 현상이 가속화되었다. 당시 주나라 권력의 빈틈을 비집고 강력한 신흥국들이 출현했었다. 특히 예전 주나라 본토 지역에서 일어난 진(秦)나라와, 회수와 양자강 유역을 아우르는 초(楚)나라가 강국이었다. 진나라와 초나라는 모두 종교적 관습이나 물질문화에서 주나라가 아닌 다른 이웃 지역의 영향이 뚜렷했지만, 지배층들은 주나라의 엘리트 문화를 모방하고자 했고, 정치·사회적 모델로도 주나라의 전통을 따르고자 했다.

정치적 측면에서 본 서주의 경제

청동기 시대 경제의 근본은 토지와 노동력이었다. 주(周)나라 지배층의 주요 수입원도 마찬가지였다. 토지와 노동력, 이 두 가지는 불가분의 관계로 결합되어 있었다. 주나라 초기 사회·경제의 기본 단위는 읍(邑)이었다. 읍이란 단어가 포괄하는 범위는 굉장히 넓었다. 작은 마을에서 왕국의 수도에 이르기까지 모두 읍이라고 했다. 처음에 읍이라고 하면 친족 집단을 의미했으나, 시간이 지나면서 인구가 증가하자 각 읍들의 성격이 서로 달라졌다.[18] 왕조의 수도는 대읍(大邑)이라 했다. 대읍에는 속읍(屬邑)이라는 여러 개의 종속 주거지가 딸려 있었다. 제후 가문의 중심 도시는 족읍(族邑) 혹은 종읍(宗邑)이라고 했다. 개별 가문 또는 지주의 영지에는 많은 주거 지역이 포함되어 있었다. 서주(西周) 말기의 한 청동문에는 토지를 정당한 주인에게 돌려주라는 왕의 명령서가 기록되어 있다. 어느 관료의 수하들이 불법적으로 토지를 점유한 사실이 명백히 밝혀진 뒤 내려진 명령이었다. 여기서도 각각의 토지를 읍(邑)이라 칭했는데, 불법 점유한 토지가 모두 13개 읍에 달했다.[19] 또 다른 명문에서도 도합 22개 읍의 소유권을 양도하라는 내용이 확인되었다.[20]

주나라 초기의 청동문은 남아 있는 것이 많지 않은데, 그중 "임명"을 내용으로 하는 의후측궤(宜侯夨簋, 夨은 側의 옛 글자 - 옮긴이)가 있다. 측(夨)이라는 사람은 건(虔) 지역을 다스리는 제후였는데, 주나라 강왕(康王)이 그에게 추가로 의(宜) 지역을 봉토로 하사했고, 이를 기념하여 만든 청동기가 바로 의후측궤다. 청동문에 따르면, 왕은 측에게 지역 통치권만 부여한 것이 아니라 다양한 집단의 백성도 할당해주었다. 할당한

---

18 Itō 1975: 214-15.
19 격종수(鬲從盨, Ma Chengyuan 1988: #424); Li Feng 2008: 176에 번역이 수록되어 있다. 또한 Itō 1975: 194-95 참조.
20 산씨반(散氏盤, Ma Chengyuan 1988: #428).

백성의 대부분은 다른 지역에서 이주시킨 사람들이었다. (아래 인용문에서 말줄임표는 판독 불가 문자를 나타낸다.)

[왕께서 말씀하시기를] 그대에게 견(川: 甽, 이랑) 삼백; … 일백이십 …; 택읍(宅邑, 주거 지역)이 서른다섯; … 백사십이 포함된 땅을 하사하노라. 또한 의(宜) 지역에 살고 있는 왕실 백성(王人) … 7개 씨족 집단[21]; 정(奠: 鄭) 지역의 우두머리(白: 伯) 일곱, … 남자 오십을 하사하노라. 의(宜) 지역의 서인(庶人) 육백 … 여섯을 하사하노라.[22]

판독이 안 되는 글자들이 있어서 전체 텍스트를 온전히 이해하기는 어렵다. 그러나 분명한 것은 왕이 하사한 내용이 세 가지로 나뉜다는 사실이다. 즉 경작할 수 있는 땅과 주거 지역과 백성이다. 첫째, "견(甽)"이란 그 크기가 얼마나 되는지 알기 어렵지만 아마도 강 하류 부근의 농사짓기 좋은 땅을 의미할 것이다. 둘째, 주거지 35곳에 덧붙여 140이라는 숫자가 있는데, 아마도 이 또한 마을 주거지를 나타내는 수치일 것이다. 여기서 주거지를 어떤 식으로 구분하는지는 분명하지 않다.[23] 셋째, 할

---

21 여기서 7 앞에 판독이 어려운 글자는 거의 확실하게 숫자일 텐데, 아마도 10일 가능성이 크다. 그래서 Itō(1987: 98)는 "17개의 씨족"이라고 해석한다.
22 의후측궤(宜侯夨簋, Ma Chengyuan 1988: #57)(易土..㇇川, 三百■, ㇇■百又卄, ㇇宅邑卅又五, ㇇■百又卌. 易才宜王人■又七生. 易奠七白, ㇇■■五十夫. 易宜庶人六百又■六夫). 번역은 Li Feng 2008: 238-39를 참조하여 수정했다. Li Feng의 판독문은 Li Ling(1998: 89)과 다르지만 더 신뢰할 만하다.
23 Itō 1987: 101.

당된 인원도 세 종류로 나뉜다. 왕인(王人)이란 왕실에 속한 인원을 지칭할 것이다. 이들에 대해서는 제후나 귀족에게 할당한 뒤에도 왕실에서 일정 부분의 권한을 계속 유지했던 것으로 추정된다. 앞에서 언급한 바와 같이 "우두머리(伯)"라고 하는 표현은 씨족의 대표를 의미한다. 따라서 왕은 7개 씨족을 위수(渭水) 유역의 정(奠, 鄭의 본자 - 옮긴이) 지역에서 중원(中原)의 의(宜) 지역으로 이주시켰다. 마지막으로 의(宜) 지역에 살고 있던 평민(庶人) 600가구에 대한 종주권도 확인해주었다. 이들 세 부류의 사람들은 새로운 주군인 측(矢)에게 종속되는 방식이 달랐을 것으로 추정되지만, 그 구체적 내용은 우리가 알 수 없다. 이와 같이 새로운 영지가 건설되는 동시에 복합적 사회 질서를 갖춘 새로운 공동체 사회도 구축되었다.

    오늘날까지 남아 있는 청동문만 가지고는 중원 지역에 있던 영지의 내부 조직이 실제로 어떠했는지 알 수가 없다. 그러나 서부의 왕실 직할령에 대해서는 좀 더 구체적인 내용을 알고 있다. 처음에는 주나라 왕이 위수 유역 및 성주(成周)와 그 인근의 왕실 직할지에서 토지 및 인구의 대부분을 직접 관할했다. 쌍둥이 수도인 풍경과 호경이 주나라의 정치적 중심지였지만, 왕실의 조상을 모시는 사당이나 무덤은 주원(周原)에 그대로 남아 있었다. 앞에서 언급한 바와 같이 주나라는 토지 임대 수익 관리, 공사 관리, 군대 지원 업무를 위해 각 분야별로 장관을 임명했다. 아마도 각 장관의 수하에서는 수많은 사람들이 일을 보았을 것이다. 예를 들어 토지를 관리하는 장관(司土)에게는 특정 구역의 토지와 그곳에 사는 사람들 혹은 특정 직업 집단을 관리하는 책임이 주어졌다. 왕이 사토(司土)를 임명하면서 "멀리 정(鄭) 지역 주변에 있는 숲과 산과 목초지를 관리하라"는 명령을 내린 적도 있었다.[24] 이 같은 운영 방식으로 보건대 주나라 왕실은 농경지뿐만 아니라 광산, 숲, 가축 사육 등에서 수입을 얻은 것으로 추정된다. 그러나 왕실이 백성에게서 얼마나 많은 수입을 거두었는지는 알려진 바가 거의 없다.

청동문 중에는 지역 행정을 담당했던 관리들에 대한 참고 자료가 상당수 존재한다. 이들이 맡은 행정 단위는 방(邦) 혹은 리(里)라고 했다. 이봉(李峰, Li Feng) 교수의 의견에 따르면, 방(邦)은 일반적으로 귀족의 영지를 일컬으며 리(里)는 왕실의 직할령을 의미한다. 각 단위에는 다수의 읍(邑, 주거지)이 포함되어 있었다. 그러나 때로는 리(里)가 귀족의 영지를 지칭하기도 했으며, 이러한 행정 단위를 담당했던 관리, 즉 방군(邦君) 혹은 리군(里君)과 토지 소유자의 관계에 대해서는 잘 알 수가 없다. 주나라 왕이 리(里) 단위를 어떤 소유자에게서 다른 소유자에게 이전하라는 명을 내리면서 귀족의 해당 영지에서의 사법권을 관장하는 행정관으로 방군(邦君)을 임명한 사례가 남아 있다.[25] 그러나 방(邦) 혹은 방군(邦君)이라는 단어가 등장하는 경우가 상대적으로 드문 것으로 보아 귀족 가문에서 직접 해당 구역을 관리했을 것으로 추정된다.

서주 후기의 청동문에서 오읍(五邑, 5개 읍)의 토지와 백성을 관리하는 관료 임명 관련 내용이 자주 등장한다. 통합 관리자로 임명하거나, 각각을 따로 임명하기도 했다. 오읍이 어디인지는 분명히 확정할 수 없지만, 아마도 정(鄭), 방(莠), 주원(周原) 등 왕실 직할령과 함께 풍경(豊京)

---

24 면보(免簠, Ma Chengyuan 1988: #252). Li Feng 2008: 168; Itō 1987: 130-31.
25 Li Feng 2008: 180-88.

과 호경(鎬京)을 더하여 오읍이라 칭했던 것 같다.[26] 당시 이 5개 읍이 주요 수입원이었을 가능성이 상당히 높다.

주나라의 정치경제적 측면에서 조공의 역할은 분명하게 밝혀지지 않았다. 조공을 바쳤다는 자료는 상대적으로 후대에 등장한다. 주로 남쪽의 이방인 회이(淮夷)가 조공을 바쳤다고 한다. 대부분은 선왕(宣王) 재위 이후의 자료들이다. 기원전 823년에 새겨진 청동문에는 왕이 성주(成周)에 있는 창고를 관리할 관료를 임명하는 내용이 나온다. "사방(四方, 즉 주나라 주변의 외국)"에서 보내온 조공을 보관하는 창고였다. 또한 왕이 남쪽의 회이에게 사신을 파견해서 주나라 왕에게 바칠 조공을 거두어 오라고 명령을 내리는 내용도 있다. 조공은 물품과 사람이었는데, 후대의 주석가들은 그 물품이 옷감과 농산물이었다고 한다. 또한 청동문에 의하면, 지방 제후들로부터 받은 조공품도 성주의 창고에 보관되었다.[27] 두 번째 청동문은 이보다 10여 년 이후에 새겨진 것으로 추정되는데, 남쪽의 회이가 조공을 제대로 바치지 않아서 왕이 회이를 정벌하러 출정한다는 내용이 등장한다.[28] 같은 시기의 또 다른 청동문에도 왕이 성주의 창고 20곳을 관리하고 새로 건설된 창고도 감독하라는 명을

---

26 같은 책: 166-69.
27 혜갑반(兮甲盤, Ma Chengyuan 1988: #437). Ma Chengyuan의 주석에 따르면, 주나라에서 외국이나 지방 제후들이 거래하는 물품에 세금을 매겼다고 하는데, 시장이 존재했다는 다른 증거가 없는 한 이러한 주장은 근거가 부족하다.
28 사원궤(師衰簋, Ma Chengyuan 1988: #439). 번역은 Li Feng 2008: 266 참조. 서주 중기의 청동문 괴백궤(乖伯簋, Ma Chengyuan 1988: #206)에도 미오(眉敖)의 조공 문제가 등장한다. 미오는 위수의 서쪽 끝에 위치한 이방인의 나라였는데, 주나라에 패했다. Matsui 2002: 47; Li Feng 2006: 184 참조.

내렸다는 내용이 담겼다.²⁹ 이러한 자료들을 감안할 때 서주 후기 왕실 재정의 중심지가 성주였다고 할 수 있겠지만, 조공이 정형화된 수입원이었다고 결론 내릴 수는 없다.

　서주 시대 중엽부터 주나라 정부에서 독립된 왕가(王家)라는 기관이 등장한다. 왕가의 수장을 재(宰)라고 했는데, 원래 상나라 때 사냥이나 연회 등의 행사에 왕을 수행하는 가까운 신하를 지칭하는 말이었다. 재(宰)는 한 명일 수도 있고 여러 명일 수도 있는데, 왕의 집안일을 폭넓게 관리했다. 왕실 직할령의 토지와 백성을 관리하고 왕실에 속한 작업장도 관할했다. 궁중 행사에서 왕을 대신하는 역할도 했고, 왕과 장관들의 의사소통 통로가 되기도 했다. 또한 재(宰)는 왕의 아내들의 요구도 들어주어야 했다. 왕의 아내들도 틀림없이 자기만의 재산을 소유하고 수행원을 거느렸다. 서주 말기에 왕가는 두 개의 기관으로 분리되어 발전했다. 하나는 행정 관료 기관, 또 하나는 비서 기관이었다. 비서 기관에서는 선부(膳夫, 요리사)가 특히 중요한 지위를 차지했다. 원래 선부는 왕실 가족에게 음식을 비롯한 여러 가지 생필품을 공급하는 일을 했는데, 역할이 점점 확대되어 나중에는 왕의 내밀한 이야기를 듣고 상담하는 일까지 맡게 되었다.³⁰

　서주 시대 중엽의 몇몇 청동문에는 "강궁왕가신첩부용(康宮王家臣妾附庸, 강왕의 사원에 부속된 남녀 노비와 독립 노동자들)"을 관리하는 직책

29　송정(頌鼎, Ma Chengyuan 1988: #434). 번역은 Li Feng 2008: 105-6 참조.
30　Matsui 2002: 94-121; Li Feng 2008: 67-70, 90-93. Zhu Fenghan(2004: 333)에 의하면, 왕의 친족 가운데 서열이 높은 사람이 대개 왕가에서 관직을 수행했다.

이 등장한다.³¹ 주원에 위치한 강왕의 사원은 서주의 가장 중요한 의례 공간 중 하나로, 왕이 관료들에게 관직이나 상을 수여할 때 자주 등장하는 곳이다. 이 사원도 왕가의 일부였고, 이곳에서 필요로 하는 것은 전담하는 시종과 농업 노동자(부용附庸이란 부속 노동자란 의미인데, 다른 자료에서 주로 농토와 관련해서 언급된다)가 공급을 했다. 다른 여러 도시에 흩어져 있는 왕가 재산에 부속된 인원도 여러 자료에서 언급된다. 따라서 왕실과 마찬가지로 왕가에서도 위수 유역에 산재한 토지, 작업장, 의례 집전 장소들을 관리했음을 알 수 있다.

주나라 왕은 동부 지역에서 제후들을, 서부 지역에서 귀족층을 만들었다. 이들에게 왕실 직할지의 토지와 백성을 분할해 주었던 것이다. 제후국은 거의 독립된 영지였지만, 왕실 직할령에서 떼어 준 귀족의 농장에 대해서는 왕이 최고 종주권을 유지했다. 귀족 가문이 대를 이어가면서 방계로 갈라졌고, 이들이 중심 계열에 종속되어 그 안에서도 위계질서가 형성되었다.³² 공동 주거, 생활 의례, 축제 등을 통해 친족의 연대 의식은 더욱 강화되었다. 귀족 가문의 경제를 관리하는 조직이 있었는데(다양한 부류의 노비, 즉 농사, 기술, 목축, 가사 등을 전담하는 이들이 포함되었다), 이 조직 역시 구조는 왕실의 관리 조직과 다르지 않았던 것 같다. 그러나 가문의 지도자들은 가문의 일을 믿을 만한 외부인에게 맡기기도 했다. 귀족 가문도 왕실처럼 집안 살림을 관장할 행정가를 키웠다.

31 재수궤(宰兽簋, Luo Xizhang 1998에서 재인용)와 이궤(伊簋, Ma Chengyuan 1988: #222). Le Feng 2008: 153-54; Matsui 2002: 96-97.
32 von Falkenhausen(2006: 69-70)은 가문에서 방계 계보가 갈라져 나오기 시작한 때를 기원전 900년경으로 추정한다.

기원전 841년 기록에 따르면, 백화보(伯龢父)가 사훼(師毀)라는 이에게 집안 관리를 맡기는 내용이 나온다. 당시 백화보는 쫓겨난 려왕(厲王)을 대신하여 궁정에서 통치 업무를 맡고 있었다. 백화보는 사훼에게 아버지의 영지 관리를 맡아서 "가문의 하인들, 즉 마부, 온갖 기술자, 목부, 남녀 노예(僕馭, 百工, 牧, 臣妾)"에게 명령을 내리라고 했다. 같은 시기의 또 다른 청동문에는 어느 가문의 원로가, 역(逆)이라고 하는 청동기 제작자가 그의 아버지와 할아버지의 명에 따라 청동기를 잘 만들었다고 칭송하면서, 역(逆)을 "공실(公室, 즉 종가)과 소자실가(小子室家, 즉 종손 이외의 지손)의 집안 남녀 노비 관리자로 임명"하는 내용이 나온다.[33] 왕으로부터 임명을 받았을 때도 그렇지만, 귀족 가문에서 임명을 받은 경우에도 그 직책이 세습되는 경우가 많았다. 또한 왕실 관리가 그랬던 것처럼, 귀족 가문에서 일하는 관리자에게도 정기적 급여 대신 토지와 노예가 주어졌다. 귀족 가문의 관리에서 중요한 일은 방계가 경제적 독립체로 떨어져 나가지 않도록 하는 것이었다. 가문의 재산과 부는 종가의 통제 아래 남아 있어야 했다.[34]

왕가(王家)와 귀족 가문의 내부 관리를 비교해보자면, 그들은 종류가 달랐다기보다 규모가 달랐을 뿐이다. 앞에서 언급한 사훼궤(師毀簋)에 기록된 것처럼, 귀족 가문에는 수공업 방식의 작업장(공장)을 포함해 다양한 수입원이 있었다. 구위(裘衛)라는 사람에게 헌정된 청동기(구위정

---

33 사훼궤(師毀簋, Ma Chengyuan 1988: #384); 역종(逆鐘, Ma Chengyuan 1988: #274). Zhu Fenghan 2004: 313, 319에서 재인용.
34 Zhu Fenghan 2004: 328.

裵衛鼎)에는 방대한 양의 가죽 제품 및 수레 장식 목록이 등장한다. 모두 땅을 매매하는 데 사용되었던 물품이라고 한다. 어떤 학자들은 구위의 가문이 이런 물품을 전문적으로 제조하는 가문이었다고 해석한다. 또한 이 같은 수공업 제품 생산으로 획득한 부를 바탕으로 구위의 가문이 귀족의 반열에까지 올랐다는 주장도 있다.[35]

많은 귀족 가문, 특히 가장 지체 높은 가문은 비록 그들의 토지는 멀리 떨어져 있을지라도 주거지는 주원에서 왕과 가까운 거리를 유지했다. 서주 중엽 궁중에서 위세를 떨친 정씨(井氏) 가문도 그들의 토지는 서쪽으로 멀리 떨어진 보계(寶雞)에 있었지만, 종손(公室)도 주원에 거주했고, 방계 후손(小子室家)도 풍(豊)과 정(鄭) 등 왕실 직할령의 도시에서 거주했다.[36] 정방(井邦)이라고 하는 정씨 가문의 영지는 서주 말까지 유지되었지만, 최소한 정씨 가문의 일부 지파는 특권을 상실했으며, 토지의 몰수와 약탈을 방어하지 못했다.[37]

기원전 900년 무렵, 귀족 소유 토지는 넓은 지역에 흩어져 있었다. 앞에서 언급한 바와 같이 왕실 직할령 토지가 갈수록 줄었기 때문에, 왕이 토지를 하사할 때는 전체 지역 단위가 아니라 "견(甽)"이라는 개별 필지 단위로 주는 경우가 점점 많아졌다.[38] "견"의 크기가 얼마나 되는지는

---

35 Itō 1987: 219; Zhu Fenghan 2004: 326-27; Li Feng 2008: 169.
36 정씨(井氏) 가문의 재구성에 관해서는 Matsui 2002: 215-27 참조.
37 정씨(井氏) 가문의 일부 토지의 몰수와 다른 가문으로의 이전에 관한 내용이 대극정(大克鼎)에 새겨져 있다(Ma Chenyuan 1988: #297). Shaughnessy 1999: 328 참조.
38 예를 들어 묘궤(卯簋, Ma Chengyuan 1988: #244)의 명문에 의하면, 재상 묘(卯)는 군주로부터 4군데 리(里)에 각각 떨어져 있는 4개 필지를 받았다.

분명하지 않다. 그러나 토지와 일꾼을 일정한 비율로 하사하는 관행에 비추어 보자면, 하나의 "견"은 한 사람의 농부가 경작할 수 있을 정도의 넓이였을 것으로 추정된다(일반적으로 한 사람이 경작하는 농지의 크기는 100무畝, 즉 1.82헥타르로 본다). 이 같은 소규모의 필지는 또한 귀족 가문들 사이에서 매매의 대상이 되기도 했다. 기원전 10세기 말의 청동문에는 4필(匹)의 좋은 말과 30필지의 견(畖)을 교환한다는 사실을 기념하기 위해 (그리고 법적 증거로 남기기 위해) 청동기를 제작한다고 기록되어 있다.[39] 이외에도 다른 경우들을 보면 토지를 매매하는 대가로 다양한 물품들이 사용되었다. 옥 장신구, 의례용 제기, 수레나 마차, 비단 등이었다.

    이 같은 방식으로 견(畖)을 거래하는 것을 "사(舍, 버리다)"라고 표현했다. 토지 소유권을 주장하려면 경계를 조사하고 담당 관리의 인증 기록을 남겨두어야 했다. 그러나 이런 식의 거래가 토지 소유권을 절대적으로 보장해줄 수는 없었다. 왕은 (실제로 주장하지는 않지만 원칙적으로) 언제나 해당 토지에 대한 권한을 보유했으며, 언제든 다른 귀족에게 소유권을 넘겨줄 수 있었다. 재산 상속을 위해서도 복잡한 의례가 필요했으며 관리의 인증도 받아야 했다. 기원전 867~866년에 소씨(召氏) 가문의 수장이 두 아들에게 유산을 상속하는 내용을 담은 한 쌍의 기록이 남아 있다. 청동기 만드는 일을 하던 동생 주생(琱生)은 왕실에서 관직을 가지고 있었다. 그는 아버지의 처분에 동의하며 형을 돕겠다는 맹세를 하고 옥, 비단, 의례용 청동기 등의 선물을 아버지와 어머니와 형에게 보

---

39 붕생궤(倗生簋, Ma Chengyuan 1988: #210).

냈으며, 이 모든 것을 기념하기 위해 청동기를 제작했다. 형은 왕실에서 나온 관료에게 아버지의 유언을 확인해주었고, 관원이 발급한 확인서 사본을 동생에게 보내주었다.[40]

왕실 직할령에서 귀족 가문들이 경쟁적으로 토지 소유권을 주장하고 나서면 이들의 분쟁에 왕실이 개입하지 않을 수 없었다. 기원전 913년으로 기록된 한 사례에는 구위(裘衛, 가죽 제품을 만들어 부자가 되었다고 앞에서 언급한 사람)가 분쟁 조정을 신청한 내용이 등장한다. 왕실 관료인 려(厲)라는 사람이 구위에게 5필지의 토지를 "버리겠다고(舍)" 한 약속을 어겼다는 청원이었다. 5명의 고위 관료로 구성된 심사단이 나와서 구위의 청원을 듣고 구위의 요구대로 처분을 내려, 려에게 4필지의 견(甽)과 1필지의 주거지를 이전해주라고 명령했다. 이후 3명의 감독관이 다시 나와서 구위에게 이전된 려의 토지를 다시 조사하고 경계를 확정해주었다. 3명의 감독관을 위해 려의 가문에서도 연회를 베풀어 감사를 표했다. 토지 분쟁이 있을 때는 이처럼 왕실 관료들이 나와서 조정을 하는 절차가 표준적 관행이 되었다.[41]

---

40 오년주생궤(五年琱生簋, Ma Chengyuan 1988: #289)의 명문은 판독이 어렵기로 악명이 높은 자료로, 오래도록 두 귀족 가문에서 재산을 다투는 내용으로 해석되어왔다(예컨대 Matsumaru and Takeuchi 1993: 29-33 참조). 그러나 최근 오년주생준(五年琱生尊)이 발견됨으로써, 여기서의 재산 이전은 두 아들에게 유산을 나누는 내용이라는 사실이 확인되었다. Xu Yihua 2007 참조.
41 오년위정(五年衛鼎, Ma Chengyuan 1988: #198). 명문의 해석은 Shaughnessy 1999: 327; Cook 1997: 271; Itō 1987: 188-89; Matsumaru and Takeuchi 1993: 10-13 참조. 거래의 성격은 아직 완전히 밝혀지지 않았다. 내가 보기에 가장 적절한 해석은 Matsumaru and Takeuchi(1993)이다. 여기서는 구위(裘衛)가 왕실 직할령 안에 있는 토지의 관개 시

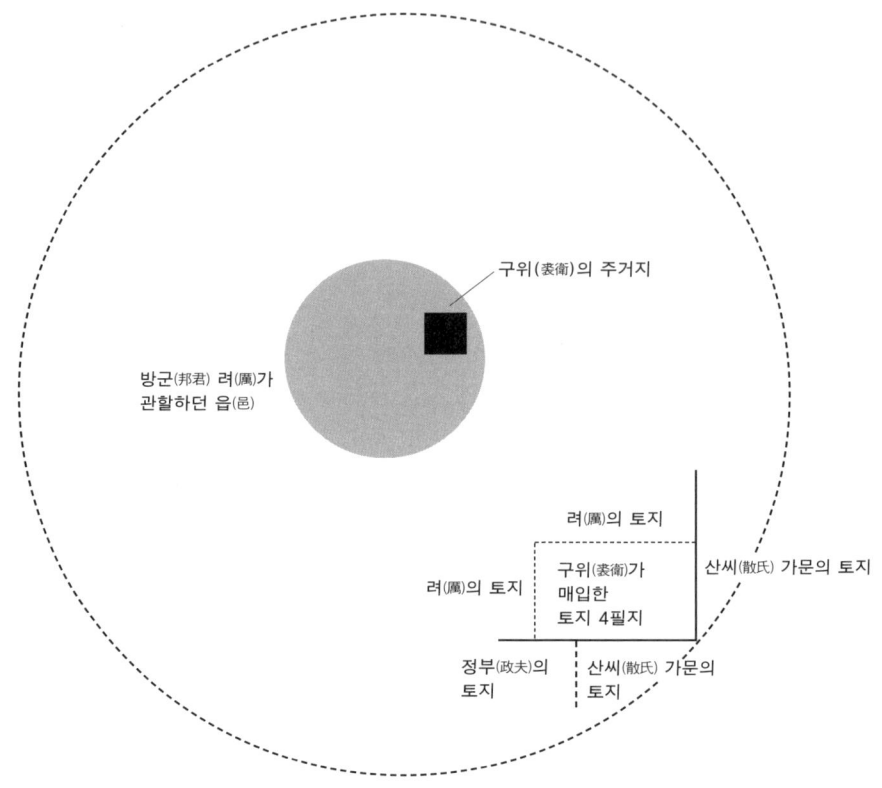

〔그림 1-1〕 오년위정(五年衛鼎) 청동문 기록에 따른 토지 소유 개념도

설 건설을 도와준 대가로 려(厲)가 토지를 증여한 것으로 해석했다. Shaughnessy(1999)는 려가 구위에게 토지를 "팔았다(買)"고 해석했지만, 청동문에서는 이 같은 편무(片務, 일방) 계약의 경우 "버렸다(舍)"라는 표현이 여러 차례 반복해서 등장한다(Li Ling 1998: 99 참조). 주요 논점은 려가 구위에게 증여한 토지의 규모와 관련이 있다.

이토 미치하루(伊藤道治, Itō Michiharu)와 이봉(李峰, Li Feng)이 보여 준 바와 같이, 구위정의 청동문에 등장하는 토지 경계들을 고려할 때 토지 소유 형태는 매우 복잡했음을 알 수 있다. 서로 다른 귀족 가문에 소속된 필지들이 모자이크 모양처럼 산재했던 것이다(그림 1-1 참조). 이렇게 소유 토지가 대규모 영지처럼 한꺼번에 몰려 있지 않고 소규모 필지로 흩어져 있는 상태는 아마도 서주 말기 위수 유역에서는 흔한 일이었을 것이다. 토지 소유권과 거래에 관한 분쟁 때문에 경제에 대해서는 이전보다 강력한 기준이 필요한 상황이 되었다. 서주 말기 왕권의 쇠락은 귀족 가문의 자산 변동과 궤를 같이했다.

생산과 노동

청동기 제작자를 비롯한 서주(西周)의 기술자들은 상당히 세련된 기술을 가지고 있었지만, 농업만은 여전히 석기 시대의 기술에서 크게 벗어나지 못했다. 북중국은 건조 기후로 강우가 매우 불규칙해서 가뭄 피해를 자주 겪을 수밖에 없었다. 황하(黃河) 중상류의 비옥한 황토 지대는 농사짓기가 수월했다. 기원전 7000년경 시작된 동아시아 농업의 기원지가 바로 이곳이었다. 그러나 물이 잘 스며드는 황토는 강물에 쉽게 침식이 되었다. 황하가 이 지역을 가로지르면서 방대한 양의 황토가 강물에 쓸려 내려갔다. 황하라는 강의 이름도 그래서 생겨난 것이었다. 중원(中原) 지역은 황하가 범람해 자주 홍수가 났는데, 서부 고원 지대에서 황토가 떠내려와 두꺼운 충적토가 쌓였다. 그러나 황하의 홍수 때문에 중원 지역의 상당 부분이 습지로 바뀌기도 했다. 이 같은 환경에서 중원 지역의 농부들은 위수(渭水) 유역의 농부들과는 전혀 다른 문제와 상황에 직면해 있었다.

　청동기 시대 중국의 주식 작물은 기장과 콩으로, 둘 다 황하 중류의 황토 지대에서 처음 재배가 시작되었다. 주(周)나라의 농부들은 다양한 작물을 재배했지만, 그중에서 (찌거나 삶아서 죽으로 먹는) 기장(*Panicum miliaceum*)이 가장 맛이 좋았다. 그러나 기장은 가루로 만들기가 어려웠다. 당시 북중국에는 밀(서아시아에서 수입)이나 쌀이 드물었고, 지배층에서나 일부 소비되었던 것으로 추정된다. 마(麻)는 특히 유용한 작물이었다. 그 씨는 곡물로 먹거나 압착해서 조리용 기름을 얻을 수 있었고, 그 줄기의 섬유질을 이용해서 리넨 비슷한 천을 짤 수도 있었다. 가장 중요한 가축은 돼지, 닭, 개였다. 이들이 주요 단백질 공급원이었다. 소와 양은 주로 희생 제물로 사용되었을 뿐 돼지에 비하면 일상적으로 소비되는 경우가 훨씬 드물었다. 술은 기장을 발효해 만들었다.[42]

　주나라 초기의 농업 기술에 대해서는 오늘날 잘 알지 못한다. 그러나 당시 정착 농업이 널리 퍼져 있었던 것만큼은 분명하다.

　농지에 물을 댄 흔적은 없지 않다. 주로 물줄기를 인근 농지로 돌리는 방식이었다. 대규모 관개 시설은 훨씬 후대에 가서야 나타난다. 청동기는 너무 고가여서 농기구 같은 실용적 도구로 사용할 수가 없었다. 주나라의 농부들은 청동이 아니라 돌이나 동물 뼈 혹은 조개껍데기로 만든 농기구를 사용했다. 농기구라고 하면 주로 땅을 파는 도구였다. 끝이 하나 또는 둘로 갈라진 막대기나 삽 모양의 도구가 있었고, 낫 모양의 수확 도구도 있었다.[43]

42　Chang 1977.

왕실이나 귀족 가문에서 노동 조직이 어떻게 구성되어 있었는지에 대해서도 거의 알려진 바가 없다. 학자들은 대체로 《시경(詩經, 기원전 6세기경)》에 수록된 시편을 참고하여, 주나라 초기 통치자들이 수백 명의 일꾼을 모아서 대규모 영지를 경작했을 것으로 추정하고 있다. 다음의 시편에는 주나라의 초대 왕인 성왕(成王)이 봄 제사 때 관리들에게 농사의 시작을 명했다는 내용이 나온다.

아아, 성왕께서 명령을 내리셨네.
농부들을 거느리고 백곡을 파종하라.
사방 삼십 리(里)까지 서둘러 사전(私田)을 갈아라.
만인(十千)이 짝을 지어 착실하게 밭을 가네.[44]

이 시편을 비롯해서 《시경》에 수록된 다른 시편에도 왕실 관리들이 수많은 일꾼의 작업을 직접 감독한다는 내용이 나온다. 기원전 300년경에 쓰인 《시경》의 주석에 따르면, "유우(維耦, 짝을 지어 일하다)"란 삽을 양쪽에서 잡고 고랑을 파는 모습을 일컫는다. "유우"로 고랑을 파는 기술에서 기본 도량형 단위인 무(畝)가 비롯되었다. 이는 원래 폭 1걸음, 길이 100걸음에 해당하는 면적을 지칭했다.[45] 또한 위의 시편에는 "사적

---

43 당시의 농사 기술과 도구에 대한 개관은 Hsu and Linduff 1988: 351-55; Zhou Ziqiang 2007: 576-602 참조. 가장 이해하기 좋은 중국 농업 개론서는 Bray 1984이다. 그러나 이 책은 시대순으로 구성되어 있지 않다.
44 희희(噫嘻, Ode 277), in *ShJ*, 1: 770(噫嘻成王 既昭假爾 / 率時農夫 播厥百穀 / 駿發爾私 終三十里 / 亦服爾耕 十千維耦).

소유 농지(私田)"에 대한 언급이 나오는데, 학계에서 많은 논란을 불러일으켰던 주제다. 〈대전(大田, 큰 농지)〉이라는 시편에서도 비슷한 표현이 등장하는데, 신의 은총으로 풍성한 수확을 거둔 데 감사를 표현하는 내용이다.

먹구름 가득 일더니 조용히 비가 내리네.
공전(公田)에 비 내리고 사전(私田)까지 적셔주네.
여기에는 덜 익은 알곡이 물결치고 저기에는 볏단을 쌓아두었네.
여기에는 떨어진 낱알이 남겨져 있고 저기에는 이삭이 땅바닥에 떨어져 있네.
과부와 고아들의 몫이라네.[46]

사전(私田)은 농부 자신이 먹을 것을 농사짓는 땅으로 해석하는 주석가가 많지만, 그보다는 수확물을 왕실에서 직접 거두어 가는 왕실 직할 토지와 관리들에게 하사해준 토지를 구분하는 용어인 듯하다.[47]

---

45 〈考工記: 匠人〉, in ZL, 2A: 395. 농업 기술과 무(畝) 단위의 관계에 대해서는 Li Xueqin 1982: 70 참조.
46 大田(Ode 212), in ShJ, 1: 680-81(본문에서는 저자의 영어 번역을 존중하여 한글로 옮겼다. 문맥상 큰 차이는 없겠으나 옮긴이의 한문 번역은 저자와 조금 다르다. 먹구름 가득 일더니 조용히 비가 내리네(有渰萋萋 興雨祁祁) / 공전에 내리는 비 사전까지 적셔주네(雨我公田 遂及我私) / 여기저기 덜 익어서 거두지 않은 벼도 있고(彼有不穫穉 此有不斂穧) / 여기저기 남겨진 볏단에는 이삭도 붙어 있네(彼有遺秉 此有滯穗) / 이것은 과부의 몫이라네(伊寡婦之利) - 옮긴이).
47 시의 번역은 Zhou Ziqiang(1987)을 참고했다. 그러나 그가 주나라를 노예제 사회로 간주한 해석에는 동의하지 않는다.

앞에서 인용한 시편은 왕과 관료의 입장에서 쓰인 것으로, 엄청나게 많은 수의 일꾼이 함께 일했던 대규모 농장을 묘사하고 있다. 이와 달리 〈칠월(七月)〉이라는 시편은 가난한 농민의 시각을 드러낸다. 여기서 화자는 가족이 1년 내내 수행하는, 농장과 가정의 일에 대해 노래하고 있다. 농민 가족의 노동 리듬을 잘 보여주는 이 시는 길게 인용할 가치가 있다.

칠월에는 화성이 자오선을 넘어가고, 七月流火,
구월에는 따뜻한 옷을 준비하네. 九月授衣.
첫째 달에는 쌀쌀한 바람이 불고, 一之日觱發,
둘째 달에는 추워서 뼛속까지 시리네. 二之日栗烈.
거친 베로 짠 옷이라도 없으면, 無衣無褐,
어떻게 한 해를 마칠 수 있을까? 何以卒歲?
셋째 달에는 삽을 손보고, 三之日于耜,
넷째 달에는 들로 나가네. 四之日擧趾.
아내와 아이들과 함께, 同我婦子,
들밥을 싸서 남쪽 밭에 나가 일하니, 饁彼南畝,
전준(田畯, 주나라의 농업 담당관)께서 나와 보고 기뻐하시네. 田畯至喜.
칠월에는 화성이 자오선을 넘어가고, 七月流火,
구월에는 따뜻한 옷을 준비하네. 九月授衣.
봄날에는 온기가 돌고, 春日載陽,
꾀꼬리 우는 소리 들리네. 有鳴倉庚.
아가씨들이 속 깊은 바구니를 들고, 女執懿筐,

비좁은 오솔길을 따라 걸으며, 遵彼微行,

부드러운 뽕잎을 따러 다니네. 爰求柔桑.

봄날은 길기도 하여라, 春日遲遲,

캔 쑥이 수북이 쌓였네. 采蘩祁祁.

아가씨의 마음에는 시름도 깊어, 女心傷悲,

공자(公子)께서 잡아갈 날이 가까웠기 때문이네. 殆及公子同歸.

칠월에는 화성이 자오선을 넘어가고, 七月流火,

팔월에는 갈대가 무성하네. 八月萑葦.

누에 치는 달에는 뽕나무 가지가 헐벗는 법이니, 蠶月條桑,

크고 작은 도끼를 손에 들고, 取彼斧斨,

높이 뻗은 가지를 잘라, 以伐遠揚,

여린 잎 붙은 가지 추려서 가네. 猗彼女桑.

칠월에는 때까치 울고, 七月鳴鵙,

팔월에는 길쌈을 시작하네. 八月載績.

검은 실도 걸어보고 누런 실도 걸어보지만, 載玄載黃,

그래도 가장 좋은 것은 붉은 실이라, 我朱孔陽,

아껴두었다가 공자(公子)님 옷(바지) 지으려 하네. 爲公子裳.

사월에는 토끼풀이 꽃 피고, 四月秀葽,

오월에는 매미 소리 울리네. 五月鳴蜩.

팔월에는 곡식을 거두고, 八月其穫,

시월에는 낙엽이 모두 떨어지네. 十月隕蘀.

첫째 달에는 오소리 뒤를 좇다가, 一之日于貉,

여우랑 살쾡이도 잡아 와, 取彼狐狸,

공자(公子)님께 털가죽을 바치네. 爲公子裘.

둘째 달에는 모두 주군(公)의 전차를 따라 늘어서, 二之日其同,

(사냥대회에서) 전투 대형을 취하네. 載纘武功.

새끼 돼지(豵)는 우리 차지고, 言私其豵,

큰 돼지(豜)는 주군(公)께 바치네. 獻豜於公.

…

유월에는 산앵두와 머루를 따먹고, 六月食鬱及薁,

칠월에는 아욱과 콩을 삶네. 七月亨葵及菽.

팔월에는 대추를 따고, 八月剝棗,

시월에는 벼를 거두네. 十月穫稻.

이걸로 봄술을 빚어, 爲此春酒,

노인들의 건강을 비네. 以介眉壽.

칠월에는 참외를 먹고, 七月食瓜,

팔월에는 박을 자르고, 八月斷壺,

구월에는 삼 씨를 모으고, 九月叔苴,

씀바귀 나물을 뜯고 가죽나무를 자르네. 采荼薪樗.

우리네 농부의 먹을거리. 食我農夫.

구월에는 채마밭을 만들고, 九月築場圃,

시월에는 집안에 들여쌓네 벼이삭을, 十月納禾稼,

올기장과 늦기장을, 黍稷重穋,

삼(麻) 씨와 콩과 밀을. 禾麻菽麥.

아아 우리 농부들이여! 嗟我農夫!

추수를 모두 마쳤으니, 我稼既同,

올라가 집수리를 시작해야 할 때. 上入執宮功.

낮에는 띠풀을 베어 모으고, 晝爾於茅,

밤에는 새끼를 꼬아야 하네. 宵爾索綯..

지붕 꼭대기에 올라가면, 亟其乘屋,

이제 곧 백곡을 파종할 때가 오리라. 其始播百穀.

둘째 달에는 쾅쾅하며 도끼로 얼음 깨는 소리 울리고, 二之日鑿冰沖沖,

셋째 달에는 얼음 창고 가득 채우네. 三之日納於凌陰.

넷째 달 초에, 四之日其蚤,

양과 부추로 제사를 드리네. 獻羔祭韭.

구월에는 된서리가 내리기 시작하면, 九月肅霜,

시월에는 마당을 깨끗이 치우고, 十月滌場,

두 통의 술을 헐어 건배를 하네. 朋酒斯饗.

말하기를 "양도 잡고 염소도 잡아라, 曰殺羔羊,

주군(公)의 댁으로 올라가자. 躋彼公堂.

뿔로 만든 잔을 높이 들어서, 稱彼兕觥,

주군(公)의 만수무강을 축원하자!" 萬壽無疆!⁴⁸

목가적인 정서의 이 노래는 농부들이 주군을 위해 해야 할 의무들을 시간 순서에 따라 열거하고 있다. 주군이 사냥을 나갈 때 따라가야 하고, 주군의 건물을 수리해야 하며, 주군의 얼음 창고에 얼음을 저장해야 하고, 비단 천을 주군에게 바쳐야 한다. 이 시에서 농부와 농지 소유

---

48 七月 (Ode 154), in *ShJ*, 1: 604-07.

주의 신분 차이는 막대하다. 농부의 거친 옷과 음식은 주군의 세련된 비단 옷과 사치스러운 음식 저장고(얼음 창고)에 뚜렷하게 대비된다. 그러나 〈대전(大田)〉 같은 시에 등장하는 대규모 일꾼 집단에 비하면 위 시에 등장하는 규모는 상당히 소박한 편이다.

《시경》에서 확인되는 내용에 비추어 볼 때, 서주 시기에는 "공전(公田)"과 "사전(私田)"을 막론하고 감독관 지휘하의 집단 노동이 일반적이었다는 해석에 대부분의 학자들이 동의하고 있다. 주봉한(朱鳳瀚, Zhu Fenghan)은 〈칠월〉 같은 시편을 인용하여, 당시 농업 생산 노동의 기본 단위가 노예 집단이라기보다 확대 친족 집단이었다고 주장한다. 그의 주장에 의하면, 평민 가문은 "사전"을 경작해 생계 수단으로 삼고 "공전"의 수확물은 지주에게 바쳤다. 또한 평민 가문은 개별 가족 단위로 공동 작업에 참여했고, 그 결과로 얻은 소득을 서로 나누었다고 한다. 따라서 〈대전〉이라는 시편에 등장하는 과부와 고아는 이삭줍기에 생계를 의존할 수밖에 없었다. 그들은 수확물의 분배 대상에서 제외되어 있었기 때문이다.[49]

현 단계의 연구 성과를 통해 주봉한의 가설을 깊이 고찰해볼 필요가 있다. 불행하게도 고고학적 연구는 평민의 생활이나 사회 조직에 대해 거의 아무런 내용도 알려주지 않고 있다. 서주의 수도 중 하나인 풍경(豊京)과 가까운 지역에서 평민 집안의 묘역이 발견되었는데, 이 발굴 결과가 주봉한의 분석을 어느 정도 뒷받침해 주고 있다. 이 묘역에는 45기의 무덤이 있는데, 7~8개 구획으로 나뉘어 배치되어 있다. 아마도 가

---

49 Zhu Fenghan 2004: 322-26.

문에서 세분화되어 나뉘는 분파에 따른 구획 분류로 추정된다. 각 구획이 포괄하는 시간 범위는 대동소이하다. 모두가 서주 중기부터 후기에 걸쳐 있는 무덤으로, 대부분의 무덤에서는 크기가 작고 소소한 부장품이 발견되었을 뿐이다. 그런데 그중 한 구획만은 규모가 뚜렷하게 크고, 그 구획에 있는 세 기의 무덤에서 청동으로 만든 미늘창이, 또 한 기의 무덤에서는 청동 제기가 발견되었다. 주봉한은 이에 대해 매우 설득력 있는 주장을 내놓았다. 이 구획이 가문의 종손 계보에 속하며, 특징적인 부장품으로 볼 때 이 계보에 속한 사람들은 풍경에 주둔한 육사(六師)에 소속되어 군사 업무에 종사했으리라는 것이다.[50]

《시경》에는 대규모 농장이 등장하지만, 서주 중·후기의 청동문 기록에 따르면 농장의 규모가 《시경》에 묘사된 것보다 훨씬 작았다. 실제로 작업 규모는 개별 농가 정도였을 것으로 추정된다. 앞에서도 언급했듯, 청동문에 등장하는 "견(甽)"은 농부 한 사람이 경작할 수 있을 정도의 농지 크기를 가리킨다. 구체적인 청동문의 사례를 보면, 어느 귀족 가문에서 아랫사람들이 저지른 곡식 절도죄에 대한 보상으로 농부 5명과 4필지의 견을 제공했다는 기록이 있다. 또 다른 청동문에는 일을 잘한 관료가 5가구의 농가와 10필지의 견을 상으로 받았다는 기록이 있다.[51] 이같은 인력 대비 견의 비율(농부 5명과 견 4필지, 농가 5가구와 견 10필지)을 볼 때, 개별 농가 정도의 소규모 단위로 농작업이 이루어졌을 가능성

---

50 같은 책: 421-23.
51 홀정(曶鼎, Ma Chengyuan 1988:#242); 불기궤(不其簋, Ma Chengyuan 1988: #441). Li Ling 1998: 93에서 재인용.

이 다분하다.

　노동 조직 문제는 필연적으로 서주 경제에서 종속적 지위의 성격에 대한 문제로 이어진다. 신첩(臣妾)이라는 어휘를 나는 "남성 및 여성 하인(bondservant)"으로 번역하는데, 이 어휘가 심각한 논란의 중심에 놓여 있었다. 중국의 마르크스주의 학자들은 신첩이 과연 노예(slave)를 지칭하는 말인지, 농노(serf)를 지칭하는 말인지를 두고 오래도록 논쟁을 벌였다. 그 해석에 따라 서주를 노예제 사회로 볼 것인지, 봉건제 사회로 볼 것인지가 결정되었다. 나중에 동주(東周) 시대에 이르러서는 신첩이 사고팔 수 있는 노예를 가리키는 말이 되었다(제2장 참조). 그렇지만 서주 시대에 그 의미가 무엇이었는지에 대해서는 명확히 밝혀지지 않았다.[52] 왕실 토지를 하사할 때, 혹은 귀족 가문들 간에 토지 거래가 이루어질 때, 부수적으로 신첩의 거래도 동시에 이루어졌다. 이로 보아 신첩은 지주의 명에 따라 농지를 경작하는 사람들이었을 것이다. 신첩은 그들이 경작하는 농지에 결부되어 있거나, 다른 농지로 이관이 되기도 했다. 게다가 왕실에 소속된 신첩을 하사한 경우에도 신첩과 왕실의 관계는 완전히 해소되지 않았다. 왕은 그들을 상으로 하사한 뒤에도 여전히 그들(王家, 王人)과 관련된 일부 권리를 가졌던 것 같다.

　신첩 이외에도 예속 신분을 뜻하는 용어가 몇 개 더 있다. 복(僕, 종), 부용(附庸, 부속 노동자), 역(鬲, 평민), 서인(庶人, 평민) 등이다. 어떤 기록

52　Yates(2002)는 불가지론의 입장을 취한다. 단지 서주 시대의 신첩이 노예를 가리키는 말이었는지 아닌지를 확정할 수 있는 근거가 아직은 부족하다는 객관적 사실만 확인할 뿐이다. Li Feng(2008)은 "하인" 혹은 "수하" 등 중립적으로 해석한다.

에는 이런 용어들이 함께 등장하기도 한다. 현재까지의 지식으로는 이들 사이의 명확한 구분이 어렵다. 다만 부용은 토지에 부속된 농업 노동자라는 특징이 있다. "노예"나 "농노" 같은 용어를 쓰면 불가피하게 특정 생산 양식을 전제로 하게 된다. 따라서 이 책에서는 불분명한 이 모든 용어를 통틀어 "하인(bondservant)"이라고 번역하고자 한다.

지배 계급과 농업 노동자의 복잡한 관계는 홀정(曶鼎, 기원전 899)의 청동문에서 잘 나타난다. 그 내용은 소송에 초점을 맞추고 있다. 홀(曶)은 왕실 소속 점술가였다. 그는 고위 공직자인 정숙(井叔)에게 효부(效父)라고 하는 귀족을 고발했다. 효부는 5명의 하인(五夫)을 팔고 그 대가로 말과 비단을 받기로 했는데 약속을 지키지 않았다고 한다. 정숙은 이들의 거래를 중재하여 판결을 내렸다. 홀은 애초에 지불하기로 한 말과 비단 대신 청동 100근을 주기로 했다. 홀이 사들인 5명의 하인(五夫)은 원래 경작하던 토지에서 계속 일했다. 물론 토지의 소출은 홀에게 지급되었다. 5명의 하인은 이후로도 계속해서 효부와 가까운 곳에 살았을 것이다. 즉 "살던 마을에서 계속 거주하며 농사짓던 토지를 계속 경작하도록(必尙不卑處氒邑, 田氒田)" 했다. 또한 정숙은 홀에게, 하인들과 이전 주인(效父) 사이에 문제를 일으키지 않도록 주의를 당부했다. 하인 5명의 신분은 왕인(王人)이었다. 아마도 그래서 새로운 주인 홀이 그들을 부리는 데 한계가 있었던 것 같다. 그 한계가 무엇이었는지는 확실하게 알려져 있지 않다. 거래가 성사된 기념으로 홀은 잔치를 열어 5명의 하인에게 양고기와 술을 대접하고 비단을 선물로 주었다. 홀이 그들의 새로운 주인이 된 일을 기념하기 위해서였다.[53]

이 청동문은 물품을 대가로 지불하고 사람을 거래한 내역이 나타나는 매우 드문 사례 중 하나다. 거래의 특성을 보면 통상적인 "매매"라는 말뜻과는 조금 다른 면이 있다. 흘은 물건으로 대가를 치르고(償) 하인들을 되찾아왔다(贖)고 한다.⁵⁴ 흘은 하인들을 물리적으로 소유한 것이 아니었다. 하인들은 원래 거주하던 곳에 계속 살면서 원래 하던 일을 계속했다. 게다가 판매자에 해당하는 효부(效父)는 5명의 하인에 대한 권리뿐만 아니라 그들이 경작하는 땅에서 나오는 소출까지, 그러니까 결과적으로는 그들이 일하는 토지까지 포기했다. 하인들은 복합적인 관할 아래 생활했던 것 같다. 그들이 새로운 주인에게 충성을 맹세하려면 축제와 선물을 제공하는 형식의 의례를 거쳐야 했다. 다른 청동문도 마찬가지지만, 이 경우 역시 하인들의 경제적 가치는 그들의 노동에 의해 생산된 생산물에 있으며 그들의 노동력 그 자체에 있는 것이 아니었다. 어떤 청동문에도 하인이 주인의 명령에 따라 직접 노동력 서비스를 제공했다는 내용은 없다.

서주 시기 중기 혹은 후기의 청동문에 나타난 거래 내역에는 개인 소유의 농지와 주택도 포함되어 있다. 이는 그 이전 시기 청동문, 특히 책명(冊命)에서 영지나 대규모 집단의 인원이 등장하던 것과 뚜렷한 대조를 이룬다. 시간이 지나면서 토지가 소필지로 나뉘었고, 소유 필지들이 상당한 거리를 두고 떨어져 있는 경우도 많아졌다. 개인적으로 이러

---

53 흘정(曶鼎, Ma Chengyuan 1988: #242). 이 책에서는 Itō 1987: 193-202의 번역을 따랐다. 다른 번역과 결론도 있다. Matsumaru 1984 참조. Ma Chengyuan의 해석은 Itō의 해석에 더 가깝다. 흘정의 편년에 관해서는 Shaughnessy 1991: 284 참조.
54 Itō(1987: 206)에 의하면, 흘정(曶鼎)은 주나라 청동문 중에서 속(贖)이 "~을 사다"라는 의미로 사용된 유일한 사례다.

한 토지와 그 토지에서 일하는 하인들을 함께 묶어서 거래하게 되었고, 이는 농민들의 친족 유대를 약화시키는 대신 농민들이 거주하는 마을에 더 강하게 소속되는 결과를 초래했다. 주인에게 예속되는 경우 집단이 아니라 개인적으로 예속되었고, 주인이 멀리 떨어진 마을에 거주하는 경우라도 마찬가지였다. 평민 가문에서 친족 유대를 강조한 주봉한(朱鳳瀚)과 달리 이토 미치하루(伊藤道治)는 서주 후기의 집단 정체성이 친족보다 거주지 공동체에 있었다고 주장한다.[55]

왕가(王家)와 귀족 가문에 소속된 전문 작업자와 작업장에 대해서는 앞에서 이미 언급한 바 있다. 도자기 같은 생활 도구를 제조하는 곳은 다양했다. 때로는 일반 가정집에서 만들기도 했고, 지역권 내에서 교환되기도 했으며, 수도에 위치한 작업장에서 왕실 관리들의 감독하에 전문 기술자들이 생산을 담당하기도 했다. 시편〈칠월〉에는 시골 여인이 비단실을 자아 비단을 짜는 장면이 등장한다. 또한 비단을 염색해서 주인에게 바치는 이야기도 나온다. 이 여인들은 물론 가족을 위해 삼베옷도 지었을 것이다. 주나라 전역에서 출토되는 의례용 청동기들은 구조와 장식이 매우 유사한데, 이는 금속 제련 기술이 전국적으로 공유되었음을 의미한다. 이와 달리 도자기는 지역별로 다양한 특성이 있었다.

아마도 귀족 가문에 소속되었던 것으로 추정되는 상당수의 작업장이 주원(周原) 지역에서 발굴되었다. 청동기, 골각기, 도자기, 옥, 기와 등을 제작하는 각종 작업장이었다. 작업장의 규모로 보아 생산량은 한 가문이나 확대 친족들까지 다 사용하고도 남을 만큼 많았을 것으로 추정

---

55 Itō 1987: 207-20.

된다. 따라서 생산품 중 일부는 가문을 넘어서는 범위에서 교환 혹은 거래를 하기 위해 생산되었던 것으로 보인다. 주원의 운당(雲塘) 골각기 작업장은 특정 장신구(비녀) 생산에 특화되어 있었고, 귀족 가문의 범위를 넘어 유통시킬 목적으로 생산이 이루어진 증거가 발견되었다.[56]

왕가나 귀족 가문에 고용된 장인은 청동문에서 신첩(臣妾)을 비롯한 기타 노복(奴仆)과 같은 범주로 언급된다. 어떤 청동문에는 귀족 가문들 사이에 장인을 거래하는 내용도 나온다. 최근 주원 지역에서 결(玦)이라고 하는 패옥 귀걸이(가장 흔했던 옥 장신구 중 하나) 생산 작업장에 소속된 장인들의 묘지가 발굴되면서 수직적 신분 체계가 드러났다. 어떤 무덤에는 매우 다양한 청동 의례 용기들이 부장되어 있었다. 뿐만 아니라 칠기와 옥 장신구, 갑골 등과 함께 결을 만드는 작업장에서 사용하던 도구들도 발견되었다. 이로 보아 무덤의 주인공은 지위가 매우 높았던 인물로 추정되는데, 아마도 작업장 감독관으로서 귀족 가문 집사 정도의 지위였을 것이다. 이 같은 청동 제기들이 부장된 무덤은 이 무덤 말고 전혀 없었다. 다만 전체 무덤은 두 부류로 나뉘었다. 무덤의 규모, 옥 장신구, 도자기 같은 평민의 부장품 등이 분류 기준이 되었다. 이러한 구분은 기술자와 조수로 구분했던 작업장의 신분 구분을 그대로 반영한 것으로 추정된다. 성별을 구별할 수 있을 정도로 유골의 보존 상태가 양호한 무덤은 많지 않았다. 그러나 적으나마 확인된 유골은 모두 여성이었다. 작업장과 무덤은 상류층 거주지에서 매우 가까운 곳에 조성되어 있었다. 이로 보아 작업장 장인들은 독립적으로 노동력을 제공하는 방식이 아니

---

56 Sun Zhouyong 2008: 20-22, 106.

라 특정 귀족 가문에 용역별 부문으로 소속되어 있었던 것 같다.[57]

성주(成周) 부근에서 거대한 청동기 제작소가 발굴되었는데, 서주 초기의 유적으로 틀림없이 왕실 소속 작업장이었던 것 같다. 서주의 수도인 풍경(豊京)과 호경(鎬京) 근처에서도 이보다 규모가 작은 작업장이 몇 군데 발굴되었다. 그중 하나는 수레굴대끝(車軎, 차축 마개)을 전문적으로 제작하는 곳이었다. 귀족 가문은 전속 청동기 제작 작업장을 보유했던 것 같다. 사적으로 보유한 작업장의 기술자들은 왕실 소속 기술자들에 비해 기술이 다소 뒤떨어졌다. 구위(裘衛)라는 인물의 가문은 가죽 제작 사업을 했을 뿐만 아니라 스스로 기념을 위한 청동기 제작도 감당했었다. 기원전 9세기에 의례가 혁명적으로 바뀐 뒤 청동 제기의 유형과 장식도 근본적 변화를 겪지만, 기술적으로는 서주 시대에 더 이상 뚜렷한 변화는 없었다. 주나라에서 청동기를 제작하던 장인들은 기원전 6세기까지도 상나라의 청동기 제작 기법인 분할주조법(piece-mold casting)을 그대로 사용했다.[58]

수레는 이 시대의 가장 복잡한 제품이었다. 정복 전쟁 이후 주나라는 무덤에 수레를 부장하던 상나라의 관습을 따르기 시작했다. 지도층의 장례 때 수레와 함께 말과 수레 모는 사람까지 다 묻었다. 수레가 부장된 무덤들은 풍경과 호경 근처에서 집중 발굴되어 있다. 이곳은 주나라 육사(六師)가 주둔하던 곳이었다. 주원 지역에 있는 서주 초기의 무덤은 수레가 부장된 경우가 거의 없으나, 서주 중기로 갈수록 부장 무덤이 점

---

57 같은 책: 95-100.
58 Hsu and Linduff 1988: 311-18.

점 늘어난다. 수레 제작을 위해서는 목수, 청동 주조 기술, 가죽 손질, 옥 세공, 칠 기술 등이 종합적으로 어우러져야 한다. 청동제 소품들이 복잡하게 조립되어 있는 수레는 귀족의 지위를 나타내는 고귀한 상징이며 주나라 왕의 하사품 목록에도 자주 등장한다. 그러나 수레 제작 작업장으로 확인된 유적은 아직 발견된 적이 없다.

부의 축적

서주(西周)의 지배 계급은 선물, 토지의 소출, 생필품 제조, 귀족 가문들끼리의 거래 등을 통해 부를 창출했다. 불행하게도 우리는 이러한 수입이 가정 경제에서 차지하는 비중을 평가할 수 있는 근거를 아직 확보하지 못했다. 토지와 농업은 서주 경제의 물질적 기반이었다. 그러나 폭넓은 범위의 귀중품들이 개인 혹은 가문에 하사되어 사회적 지위를 표시하는 지표로 기능했다. 서주 시대에서 우리는 불완전하나마 유통 경제의 초기적 면모를 확인할 수 있다. 왕실에서 상이나 선물을 하사함으로써 재화가 유통되었고, 유통된 재화의 항구적 소유권 및 정당한 계약에 의한 거래를 기반으로 사적 소유의 경제 체제가 구축되었다.

　　서주의 국가적 기반은 선물 분배에 있었다. 왕은 신하들, 즉 제후와 왕실 관료에게 선물을 제공했다. 왕이 하사한 토지와 부속 노동자는 가장 중요했으며, 귀족 가문의 독립적 경제 기반이 되었다. 게다가 왕은 청동기를 제조해 청동문을 새기고 청동기를 의례에 사용할 권리를 하사해 주었다. 청동기는 주(周)나라 엘리트 계층의 결정적 지표였다. 이외에도 청동문에 등장하는 다른 선물 품목은 개오지 조개, 청동 의례 용기, 제사용 술, 청동 금속, 수레, 말, 깃발, 무기, 갑옷, 기타 무장 도구, 옥 장신구,

의복 등이다(엘리트 계층의 무덤에서도 이런 물품들이 흔히 발굴된다). 기원전 9세기에 의례가 개혁되기 이전에는 품계가 분명히 규정되지 않았던 것 같지만, 이런 물품들을 소유하거나 과시함으로써 사회적 신분을 나타낼 수 있었다. 따라서 의례 개혁 당시 장례에서 사치품을 엄격히 규제한 것은 주나라 귀족 사회의 세습 신분 질서가 무너져가는 현실에 대한 반작용이었다고 이해할 수도 있겠다. 주나라 초기 관직 임명 때 흔히 개오지 조개를 하사했는데, 이는 상(商)나라의 관습을 그대로 따른 것이었다. 사실 개오지 조개는 상나라 갑골문에 기록된 거의 유일한 하사품이었다. 개오지 조개껍데기는 고대 아시아와 아프리카 지역에서 화폐로 사용되었다. 그것은 금속 화폐 같은 장점이 많았다. 즉 구하기가 어렵고, 오래 보존되고, 모양과 크기가 일정하고, 낱개로 셈을 하기 좋았다. 무엇보다 중요한 요인은 복제가 불가능하다는 점이었다. 개오지 조개는 서주 시대에도 거래 상품의 가치를 나타내는 척도로 사용되었으나(이에 대해서는 후술한다), 그 자체로 거래 수단이 되지는 못했다.[59] 한때 상나라와 주나라 당시 개오지 조개가 화폐로 사용되었을 것이라는 설이 당연시되었으나 요즘은 상당한 의심을 받고 있다.[60] 개오지 조개의 가치는

---

59 Ma Chengyuan(2000)에 의하면, 항정(亢鼎, 서주 초기, 1998년 상해박물관 구입)에 매매 기록이 등장하는데, 옥 장신구를 지불하고 개오지 조개, 의례 용기, 술, 소 등을 구입(買)했다. 그러나 이러한 해석은 의문의 여지가 있다. Ma Chengyuan도 인정하듯이, 이 외에 다른 어떤 주나라 청동문에서도 매(買)라는 글자가 "거래"의 의미로 등장하는 경우가 없다. Kakinuma(2011: 108-9)의 해석에 따르면, 이 거래는 사실상 선물 교환이며 여기서 개오지 조개는 교환 수단이라기보다 가치 측정의 기준으로 사용되었다. 이 논점에 대해서는 또한 Li Yung-ti 2006: 9-11 참조.
60 Cook 1997: 262-65; Li Yung-ti 2006; Kakinuma 2011: 73-104.

화폐의 추상적 가치라기보다 제수 용품이나 장례 용품으로서의 가치로부터 비롯된 것이 거의 확실하다. 게다가 서주 시기를 거치는 동안 선물용으로 우선시되던 개오지 조개의 지위는 갈수록 약화되었다.

서주 지역의 토지 임대료에 관한 자료는 거의 남아 있지 않다. 기원전 4세기의 철학자 맹자(孟子)에 의하면, 상나라와 주나라 초기 통치자는 수확의 10분의 1을 토지세로 거두었다.[61] 《주례(周禮)》에는 주나라의 질서가 매우 도식적이고 이상적인 형태로 기록되어 있는데, 귀족은 왕실 토지 소출의 3분의 2를 왕에게 바치고 자신은 3분의 1만 취해야 했다.[62] 그러나 이러한 내용을 검증할 방법이 없기 때문에 전적으로 신뢰하기는 어렵다. 《시경》의 〈칠월〉 같은 시에서도 농민이 주인을 위해서 가벼운 노동을 제공한다고 했지만, 실제로는 농사의 소출이나 수공예품을 바쳤을 뿐 노동력을 직접 제공한 것은 아니다. 또한 주나라 왕의 명령에 따른 대형 건축물 조성에 동원되는 일도 당시에는 매우 드물었다.

서주에 시장은 존재하지 않았다. 청동문에 기록된 개인 간 거래는 모두 귀족 가문 간 거래였다. 토지를 양도하는 과정에서 왕실 관료나 지방 관리가 개입하는 경우가 많았고, 복잡한 물품 거래가 수반되었다. 서주 후기의 왕들은 왕실 명의 토지에 대한 권리를 새로운 주인에게 이전해주기도 했다. 이 같은 왕실의 개입에 불만도 없지 않았다. 구위정(裘衛鼎)의 청동문에서 보듯이, 토지를 획득하고 보유하기 위한 의식적 노력의 증거도 없지 않지만, 충분한 자료들을 근거로 볼 때 서주 시기 토지

---

61 *Mencius*, IIIA. 3.
62 "夏官司馬, 司勳," in ZL, 2: 257.

의 소유권은 현실적으로 매우 복잡했음을 알 수 있다.

앞에서 살펴보았듯이, 구위(裘衛)는 왕의 임명을 받은 것이 아니라 아래로부터 신분 상승을 꾀한 상인이었다(그가 받은 관직은 전혀 없었던 것으로 추정된다). 그의 재산은 도구를 제작하는 작업장에서 비롯된 것이었다. 구위가 구백(矩伯)이라는 귀족으로부터 토지를 구입하는 거래 내용이 두 가지 서로 다른 기록에 남아 있다. 그중 하나의 기록(위화衛盉)에는 구백이 구위로부터 왕실 의례에 참석할 때 착용할 예복과 옥으로 만든 장신구를 구입하고 그 대가로 토지(田)를 지불했는데, 모두 합해서 13필지였다.

구백(矩白) 아래의 관리가 구위(裘衛)로부터 옥으로 만든 반쪽 홀(瑾璋)을 얻었는데, 값어치가 개오지 조개 80꿰미(朋)에 상당했다. 그 값으로 10필지의 토지(田)를 주었다. 또한 구백은 호랑이 모양 붉은 옥(赤虎) 2개, 사슴 가죽으로 만든 무릎싸개(麂) 2개, 가죽으로 만든 장식 앞드리개(鞃) 1개를 얻었는데, 값어치가 개오지 조개 20꿰미(朋)에 상당했다. 그 값으로 토지 3필지를 주었다.

거래를 완료한 후 구위는 5명의 우두머리(白=伯: 伯邑父, 榮伯, 定伯, 亮伯, 單伯)에게 결과를 보고했다. 그리고 이들은 다시 3명의 감독관(司: 司土, 司馬, 司工)에게 토지 거래 내역을 전달했다. 끝으로 (지위는 확인되지 않지만 아마도 구백의 가문 사람인 듯한) 몇 사람과 구위의 가문 사람들이 잔치를 열어 관리들을 대접했다.[63]

첫 번째 거래에서 토지의 가치는 1필지당 평균 개오지 조개 8꿰미

(朋)였고, 두 번째 거래에서는 6과 3분의 2꿰미였다. 이로 보아 토지의 크기나 품질이 각각 달랐던 것 같다.[64] 이 청동문은 토지의 가치가 개오지 조개로 표현된 사례들 중 하나이긴 하지만, 이런 관례가 과연 어느 정도로 일반화되어 있었는지는 불분명하다. 구위가 5명의 우두머리에게 보고해야 할 의무가 있었고, 이들은 다시 3명의 감독관에게 거래 내역을 전달했는데, 이는 토지 거래를 확정하는 과정이었다. 이러한 과정은 다른 청동문에서도 확인되듯이 일반적인 관례였다. 이 같은 관례로 보아 당시 토지 거래는 왕을 대리하는 관리들에게 공증을 받아야 했다.[65] 관리들에게 잔치를 열어주는 것도 거래 과정에서 필수적인 의무였다.

구위와 구백의 두 번째 거래에서 토지 소유 관계가 얼마나 복잡했는지를 더욱 잘 볼 수 있다. 구백은 구위로부터 수레와 여러 가지 수레 장식품들을 구입하는데, 장식품은 대체로 동물 가죽 제품이다. 이에 대한 보상으로 구백은 구위에게 임의리(林䜌里) 소재 산지를 "버렸다(舍)." 그 뒤 구위는 안진대(顔陳大)라는 사람에게 말 두 마리를, 그의 아내에게 옷감(絞)을, 그의 수하에 있는 수상(壽商)이라는 사람에게 담비 가죽 가리개(貉裘)와 돼지 가죽 덮개(𩊱䁠)를 "버렸다(舍)." 이 거래에서 토지를 조사하고 경계를 획정하는 업무는 수상을 비롯한 안진대의 수하들이 맡았

---

63 위화(衛盉, Ma Chengyuan 1988: #193)(矩伯庶人取菫章于裘衛, 才八十朋, 氒貯, 其舍田十田, 矩或取赤虎兩, 麂兩, 𩊱一, 才廿朋, 其舍田三田, 〈衛盉〉). 이 청동문에 대한 논의는 Zhao Guangxian 1979; Itō 1987: 190-91; Hsu and Lindruff 1988: 275-78; Cook 1997: 271-73; Li Yung-ti 2006: 6-9 참조.
64 상주(商周) 시기 개오지 조개는 꿰미(朋) 단위로 기록되어 있는데, 과연 한 꿰미가 얼마만 큼인지는 확인된 바가 없다
65 민사 소송에서 5명의 관리가 판결을 내리는 과정에 대해서는 Li Feng 2008: 84-85 참조.

다. 이들에게 구위는 여러 가지 선물을 주었는데, 대부분 동물 가죽이었다. 끝으로 구위의 친족들이 안진대의 수하들을 위하여 잔치를 준비했고, 이들은 그 보답으로 구위의 수하들에게 선물을 증정했다.[66] 학자들은 대체로 안진대라는 사람이 토지 소유주 구백보다 하급 관료라고 추정하는데, 아마도 지방관이었을 것이다. 안진대는 분명 거래 대상 산지에 대한 모종의 권리를 소유하고 있었는데, 구백이 이 산지를 구위에게 넘겨준 뒤 그에 대한 보상을 안진대에게 해주어야 했다. 이토 미치하루가 연구한 바 있듯이, 구위의 복잡한 선물 공여 과정을 보면, 이 토지 거래를 순수하게 실용적 관점에서만 보기는 어렵다.[67]

이 거래를 서주 중기 귀족 계층의 재산 변동 과정을 보여주는 상징적 사건으로 해석하는 학자도 있다. 구백은 형편이 어려워져서 왕실 의례에 참여하는 데 필요한 복장을 마련하려면 토지를 팔 수밖에 없는 처지인 반면, 구위는 수공업 제품을 제작하여 부를 축적한 상인으로서 계층 상승을 대표하는 인물이라는 것이다.[68] 이런 관점은 서주의 사회 질서 변동 과정에서 재력의 비중을 지나치게 과장한 견해다. 게다가 모든 귀족이 토지 소유를 통한 재산 축적을 도모했던 것도 아니다. 어느 가문의 하인들이 집단적으로 곡식을 훔친 적이 있었는데, 그 하인들의 소유주인 귀족은 토지와 노동력을 제공해 보상하고자 했지만, 상대측에서는 반드시 곡식으로 보상을 해달라고 고집한 사례가 있다.[69]

66 구년위정(九年衛鼎, Ma Chengyuan 1988: #203). 이 청동문에 대한 논의는 Cao Wei 2002: 237-41; Itō 1987: 163-64; Li Ling 1998: 97 참조.
67 Itō 1987: 164.
68 Zhao Guangxian 1979.

토지 거래 내용이 등장하는 몇몇 기록에 의하면, 거래의 마지막 과정에서 서로가 확인을 위해 나뭇조각(析)을 나누어 가졌다. 물론 청동문도 이 같은 기록을 목적으로 작성되었던 것이다. 서주 후기의 토지 거래에는 맹세의 관습이 포함되었는데, 이는 합의를 되돌리지 않겠다고 확인하는 과정이었다. 그렇다고 해서 토지 거래가 자유로웠다고 보기는 어렵다. 이령(李零, Li Ling)은 서주 청동문에 등장하는 토지 거래가 매매였다기보다 부채를 변상하는 것이었다고 주장했다. 이령의 연구에 따르면, 청동문에 사용된 어휘가 한쪽에서는 얻었다(取)고 하고 상대편에서는 버렸다(舍)고 하는데, 이는 두 가지 행위가 동시에 일어난 거래가 아니라 시간 차를 두고 이루어졌음을 함축하고 있다.[70] 개오지 조개나 화폐 비슷한 것을 주고 토지를 거래한 사례는 전혀 없었다. 토지 거래에서 왕실 관리들의 업무는 거래를 확인하고, 현장을 조사하며, 경계를 획정하는 등의 일이었다. 뿐만 아니라 맹세 의례와 잔치에 참석하여 거래를 확정하는 업무까지도 이어졌는데, 이런 점들로 보아 당시 토지가 과연 엄밀한 의미에서 사적 소유였다고 판단하기는 조심스럽다. 거래의 목적은 신분을 표시할 수 있는 귀중품을 획득하는 데 있었다. 이 목적을 위해서 지불되는(舍) 수단이 주로 토지와 노동력이었을 뿐, 토지와 노동력이 거래의 목적은 아니었다.

귀중품이나 귀족 신분도 그러했지만 토지 또한 개인이 아니라 가문

---

69 훌정(曶鼎, Ma Chengyuan 1988: #242).
70 Li Ling 1998: 99. Cook(1997: 282)도 마찬가지로 서주 전체 시기를 통틀어 토지의 "양도 불가능성"(거래 이후에도 소유권은 왕에게 남아 있다)을 강조했다.

이 소유하는 것이었다. 콘스탄스 쿡(Constance Cook)의 견해에 따르면, "귀중품과 재산의 축적은 곧 대를 이어 전해지는 지속적 과정이었다."[71] 귀족이 처음 토지를 취득할 때에도 왕실의 허가가 반드시 필요하지만, 이후 세대에 신분과 관직이 계승되는 것도 왕실에 의해 재확인을 받아야 했다. 분명 개별 가문의 재산은 늘어나기도 하고 줄어들기도 했다. 또한 시간이 지남에 따라 가문의 재산이 점점 나뉘기도 했다. 이런 과정을 거치면서 틀림없이 각 가문들 사이에 경제적 불평등이 점차 확대되었을 것이다. 그러나 세습 질서의 원칙은 변함이 없었다. 그리고 시장을 통한 교환 경제도 아직은 출현하지 않았다.

결론

서주(西周)에서 왕, 제후, 왕실 관료들은 모두 토지에서 소득을 얻었고, 그 토지는 그들 가문의 공동 소유로 세습되었다. 세금 개념은 아직 나타나지 않았다. 따라서 서주는 영지 국가(domain state)로 분류할 수 있겠다. 영지 국가에서 지배 계층의 부와 소득은 관직의 특권이 아니라 개인 및 가문이 소유한 토지와 노동력에 대한 권리에서 비롯된다.[72] 그러나 서주 시기를 거치면서 왕실의 권위는 점차 축소되었다. 주(周)나라 왕은 처음부터 과거 상(商)나라의 중심지였던 중원(中原)의 토지와 인구에 대한 통제권을 제후에게 넘겨주었다. 서부 지역에 있던 왕실 영지에서는

---

71 Cook 1997: 278.
72 여기서 말하는 "영지 국가(domain state)" 개념은 슘페터가 구분한 영지 국가와 조세 국가(tax state) 개념에서 차용한 것이다. Schumpeter 1991; Musgrave 1992; Bonney 1999 참조.

관료들에게 하사한 토지가 점차 늘어나면서 왕실이 직접 관할하는 토지와 노동력과 자원이 그만큼 줄어들었다. 그럼에도 불구하고 주나라 왕은 간접적으로나마 왕실 영지에 대해서 상당한 권한을 행사했다. 주나라 정부는 관료 체제를 강화하고 실질적인 재판 기능도 행사했다. 왕실 관료의 주요 업무는 귀족 가문들끼리의 분쟁을 중재하는 것이었다. 왕가(王家)가 왕조의 정부로부터 독립적으로 운용된 것은 왕의 개인적 권한을 강화해주었을 것이다. 그러나 왕 개인의 영지는 갈수록 줄어들었다. 왕이 권한을 조금씩 잃어감으로써 귀족 가문들의 위계도 그만큼 더 위태로워졌다. 주나라 귀족 가문의 세습 질서는 가문의 연대와 조상 숭배에 기반을 두고 있었다. 시간이 지날수록 촌수는 점점 더 멀어졌고 친족의 연대는 그만큼 더 느슨해졌다. 가문이 소유한 토지가 갈수록 분할되고 지리적으로 흩어지게 된 것도 귀족 가문의 사회 및 경제적 지위가 다양화된 원인이었다. 귀족이나 평민 모두에게 사회적 정체성은 갈수록 지역 기반 공동체, 즉 마을(里)에 중점을 두게 되었다.

    기원전 771년 서주가 와해되고 왕실이 고향을 잃어버린 뒤, 주나라 왕들은 서서히 실권이 없는 명목상 군주의 지위로 전락했다. 그들은 이미 지나가버린 정치 질서의 명목상 우두머리일 뿐이었다. 군사적·경제적 권한은 모두 제후들에게 넘어갔고, 이후 제후들은 왕실로부터 아무런 간섭을 받지 않았다. 서주 시기 제후의 역할에 대해서는 우리에게 알려진 것이 거의 없지만, 동주(東周) 시기에는 그들이 무대의 중심에 서 있었다. 제후들이 서주 왕실의 면모를 흉내 내기도 했지만, 새로운 형태의 정치체(도시 국가)들이 정치, 사회, 경제를 이끌었다. 이때를 춘추 전국(春秋戰國) 시대라 한다. 서주의 상속 제도는 왕을 권력의 정점에서 물러나게 했지만, 그럼에도 불구하고 도시 국가들 또한 그 제도를 바탕으로 형성되었다. 도시 국가들 나름대로 정치, 군사, 경제적 힘을 키워 나갔지만, 그 또한 세습 왕조의 파국적 결말을 재촉할 뿐이었다.

CHAPTER 2

도시 국가에서 전제 군주정으로
기원전 707~250

기원전 771년 서주(西周)가 막을 내린 뒤 왕실은 기나긴 쇠락의 황혼 길로 접어들었다. 크고 작은 지역별 군주들이 주(周)나라의 통치로부터 독립하여 떨어져 나갔다. 그러나 의례상 주나라 왕실의 권위는 계속 유지되었다. 수백 개의 정치적 독립체가 생겨났고, 이들은 농업 기반의 도시 국가 형태를 띠었다. 주군의 가문이 거주하는 곳이 곧 수도였고, 수도를 중심으로 그 주변의 시골을 병합했다. 병합된 지역의 주민은 농사를 지었지만 노예와 같은 신세였다. 규모가 큰 정치체는 주로 변경 지역에 있었다. 북쪽에 진(晋), 동쪽에 제(齊), 서쪽에 진(秦)이 있었고, 남쪽으로 초(楚)가 길게 뻗어 있었다(지도 2-1). 동주(東周) 시대를 이른바 춘추(春秋) 시대(기원전 771~481)라고도 하는데, 공자(孔子, 기원전 551~479)가 썼다고 전해지는 그 시대 연대기의 제목 《춘추(春秋)》를 따른 이름이다. 동주 시대 초기에는 만성적인 전쟁이 극성을 부렸다. 여러 나라가 난리를 겪었고, 외부의 공격뿐만 아니라 내전으로도 많은 희생을 치렀다. 세력이 강한 나라들조차 이러한 정치적 흐름에서 참화를 피할 길이 없었다. 주나라 왕실의 후손인 진(晋)나라의 기원지는 분하(汾河) 하류 지역이었다. 이후 진나라는 이민족들을 정복하며 북쪽으로 영토를 확장해 나갔다. 그러나 진나라 왕실은 무례하게 독립을 주장하는 귀족 가문들을 통제하기 어려웠고, 마침내 기원전 678년 쿠데타에 굴복하고 말았다. 진나라는 강한 군사력을 보유했지만, "사실상 거의 독립적인 도시 국가의 연합체에 불과했고, 왕실과 도시 국가 간의 전쟁 혹은 도시 국가끼리의 전쟁이 끊이지 않았다."[1]

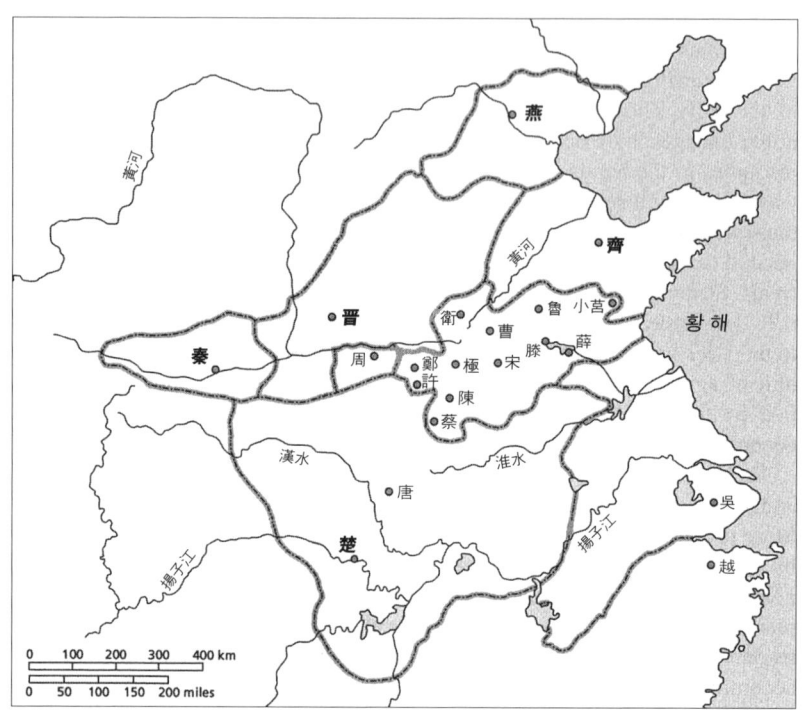

〔지도 2-1〕 춘추(春秋) 시대의 주요국, 기원전 771~481년

춘추 시대에는 무질서가 전염병처럼 주(周)나라 전역으로 퍼져 나갔다. 그러다가 패(霸)라고 하는 헤게모니가 형성되면서 일시적으로나마 상황이 호전되기 시작했다. 패권(霸權)은 기원전 667년 처음 등장했다. 최초의 패권은 제(齊)나라 환공(桓公, 재위 기원전 685~643)이 차지했다. 환공은 주나라 왕의 이름으로 각국의 통치자를 소환해 모았다. 각

---

1 Lewis 2000a: 364.

국의 휴전과 후계 문제를 논의하고, 이민족 정벌을 위한 군사 행동에 각국의 참여를 호소했다. 그러나 제나라의 패권을 지탱하던 군사적 기반은 불안정했고 정치적 연맹도 일시적이었다. 기원전 7세기에 이르러 진(晉)나라가 제나라의 패권을 탈취했다. 그러나 진나라 또한 계속되는 도전을 감내해야 했다. 특히 남쪽 초(楚)나라의 반대가 심했다. 공자의 시대에 이르면 어느 누구도 넉넉히 패권을 주장하지 못하는 상황이 되어버렸고, 패권 제도는 지나간 흔적으로 남아 있을 뿐이었다.

도시 국가의 정치도 불안정했다. 서주의 통치자처럼 도시 국가의 군주도 왕실의 인척이나 관리에게 토지와 인력을 넉넉히 하사했고, 그러는 바람에 자신들의 권위를 지탱해줄 재정적 기반이 줄어들었다. 그 결과 힘 있는 장관이 정부 내에서나 외교 관계에서 주군의 권위를 능가하기도 했다. 장관끼리 내전을 일으키는가 하면, 정치적 파벌의 힘으로 세습 군주의 자리를 빼앗거나 주나라 왕처럼 꼭두각시로 만들어버리기도 했다. 관료 신분이 점차 귀족의 세습 신분을 능가하게 되었다. 기원전 5세기에 이르러, 전권을 행사하는 중앙 집권 군주를 중심으로 하는 새로운 정치 질서가 등장했다. 전국(戰國) 시대(기원전 453~221)에 살아남은 나라는 20여 개국뿐이었다. 그중에서도 가장 강력한 7개국이 최종 승자의 자리를 다투었다.

이처럼 전국 시대에 이르러 과거 주나라의 가산 국가 체제가 사라졌다. 가산 국가 체제에서는 통치자가 근친 및 귀족 가문과 권력을 나누었지만, 새로운 정치 체제에서는 모든 권력과 경제력이 절대 군주의 손안에 집중되었다. 과거 주나라 전역에 걸쳐 일련의 사회적·기술적·경제적 변화가 일어났고, 그에 따라 전제 군주 국가가 등장했다. 전국 시대의 군주는 경쟁자들과 싸우기 위해 더 많은 수입을 확보하고, 군사력을 더욱더 확대해야 했다. 귀족으로부터 토지와 관료를 빼앗고, 농민에게는 토지 소유권을 인정해주는 대신 노역과 군역을 부과했다. 그리고 세금은 국고로 직접 납부하도록 했다. 이때부터 부부 중심의 가정이 농업 생산과 세금 부과의 기초 단위가 되었다. 가족이 운영하는 소규모 농장은 이후 왕조 시대 중국 경제사를 통틀어 전형적인 모습으로 자리 잡았다.

정치적 변화뿐만 아니라 기술적 변화 또한 부와 권력의 원천이었다. 제철 기술은 군사 부문의 혁명적 변화에 불을 댕겼다. 철제 무기를 대량 생산함으로써 귀족이 전차를 타고 하는 전쟁 기술은 구식이 되어버렸다. 당시 통치자는 농민을 징집하여 전차전 대신 대규모 보병전을 펼쳤다. 또한 신흥 상업 계층에 관심을 갖고 이들을 이용해서 경제적 자원을 모아 중앙 집중화를 추진했다. 금속 화폐가 발명되어 원거리 무역과 부의 축적을 촉진했다. 지배 계층은 뚜렷하게 갈라졌다. 전제 군주 체제하에서 통치자가 관료와 군사 지휘관을 신뢰하자 신흥 관료 계급이 형성되었다. 이들은 주로 사(士)라고 하는, 지위가 낮은 귀족 출신이었다. 특권을 인정받지 못하거나 토지를 빼앗기거나 관직을 얻지 못한 수많은 귀족 가문이 곤궁한 처지로 전락해 정치권력에서 멀어져갔다.

전국 시대에 발달한 전제 군주 국가 체제는 장차 중국이 통일된 제국으로 발전하는 데 제도적 기반을 마련해주었다. 과거 주나라 변경에 위치한 진(秦)나라는 어떻게 보더라도 중앙 집권제의 선구자가 아니었으나, 기원전 4세기에서 기원전 3세기 사이 재산과 군사력 면에서 경쟁국들을 능가했다. 진나라는 강압적으로 행정 및 형벌에 관한 법령을 정비했고, 엄격한 관료 제도를 수립했으며, 국가가 상상을 초월할 정도로 막대한 인력과 자산을 동원할 수 있도록 했다. 이러한 점들을 기반으로 진나라는 급속한 성장을 이루었다.

도시 국가의 전성기

제1장에서 살펴본 바와 같이 읍(邑)이라고 하는 거주지는 초기 청동기 시대의 가장 기본적인 사회 단위였다. 읍의 크기는 마을 하나 정도를 넘어서지 않았다. 상(商)나라 수도인 안양(安陽)에는 궁궐, 사원, 작업장, 지배 계층의 거주지, 농업 공동체 등이 함께 모여 있었다. 면적은 24제곱킬로미터에 달해, 당시 일반적인 마을의 45배나 되었다.[2] 서주(西周) 시기에 국가 행정 기능이 왕실 직할 도시 네트워크를 따라 곳곳으로 퍼져 나갔던 것 같다. 그러나 이들을 관장할 중앙 기구는 존재하지 않았다. 동주(東周) 시기의 새로운 수도인 성주(成周)는 의례의 중심으로서 상징적으로 중요한 곳이었지만, 정치적으로는 빈껍데기에 불과했다. 춘추(春秋) 시대의 새로운 정치 조직들은 공통적으로 정치 및 군사적 힘을 성벽으로 둘러싸인 도시에 집중시켰다. 이러한 도시가 수많은 독립 통치 가문의 수도가 되었다. 그리하여 중국 역사에서 춘추 시대의 특징이라 하면 곧 도시 국가의 전성기라 일컬어진다.

　　상나라 및 서주 시기 도시들은 궁전과 사원 및 지배 계층의 무덤을 중심으로 형성되었다. 이곳을 중심으로 의례가 거행되었고, 그 주변으로 위성 도시처럼 거주지가 형성되었다. 귀족 가문이 주로 그곳에서 거주했는데, 각 가문의 거주지에 농부, 수공업자, 하인 등이 포함되어 있었

2　Li Feng 2008: 25.

다. 예를 들어 주원(周原) 지역에서 지배 계층 20여 가문의 거주지가 발굴되었는데, 청동기, 골각기, 토기, 옥 제조 공장 등이 15제곱킬로미터에 걸쳐 퍼져 있었다. 주(周)나라 수도인 풍경(豊京)과 호경(鎬京)은 물론 다른 도시들도 비슷한 패턴으로 구성되었다. 즉 농경 지역과 도시 지역의 경계가 불분명한 채로 각종 기능이 흩어져 있었다. 가장 충격적인 사실은 주나라의 수도에도 방어용 성벽이 없었다는 점이다. 성벽이 중국 도시의 기본 양상으로 자리 잡은 것은 춘추 시대 이후의 일이었다.[3]

춘추 시대 중국 도시의 결정적 특징으로 도시 건축의 급증과 성벽의 출현을 들 수 있는데, 이는 공격으로부터 도시를 방어할 필요가 커졌기 때문이다. 노(魯)나라는 비교적 작은 나라였지만 기록이 가장 잘 남아 있다. 기원전 770년에서 기원전 480년 사이 노나라에서 성벽을 갖춘 도시는 20개 이상이었다.[4] 불행하게도 고고학적으로 발굴된 춘추 시대 도시 유적은 매우 드물다. 실제로 대부분의 도시가 전국(戰國) 시대에 더 큰 규모로 재건축되었기 때문에 그 이전의 면모는 거의 살아남지 못했다. 춘추 시대 수도로 기능한 일부 도시들, 예를 들어 노(魯), 진(秦), 정(鄭)나라의 수도는 13~15킬로미터의 성벽으로 둘러싸여 있었다. 그러나 당시 대부분의 도시는 이보다 규모가 훨씬 더 작았다.[5] 권세를 얻은 관료나 귀족 또한 자신의 거처 주변에 성벽으로 둘러싸인 도시를 건설했다(이런 도시를 도都라고 했는데, 나중에는 都가 "수도"를 의미하게 되

---

3 Xu Hong 2000: 61, 81-2.
4 같은 책: 166, appendix table 4.
5 같은 책: 128.

지만 당시에는 귀족의 거처를 뜻했다). 당시 사람들은 귀족 가문에게 도성 건축을 허용하면 어떤 위험이 도사리고 있는지 잘 알고 있었다. 기원전 722년 정(鄭)나라의 재상 채중(祭仲)은 국왕이 동생에게 성벽 도시를 하사하려 하자 반대하고 나섰는데, 그 이유는 성벽의 길이가 100치(雉, 약 4.5킬로미터)를 넘기 때문이라고 했다. 채중은 도성(都城)의 규모가 왕성(王城)의 3분의 1을 초과해서는 안 되며, 그보다 더 커지면 나라에 해가 된다는 선왕의 법도를 근거로 제시했다.[6] 춘추 시대의 정치사는 채중의 경고가 틀리지 않았음을 거듭 확인시켜준다. 기원전 626년 노(魯)나라 왕이 죽자 세 명의 아들은 각자 자신의 성을 근거지로 후계 분쟁에 돌입했다. 각자의 성을 근거지로 왕자들은 지역 주민의 노동력을 징발했으며, 자신의 군대를 조성했고, 정권의 정통성을 뒤흔들었다. 기원전 562년 이후 노나라는 사실상 셋으로 쪼개지고 말았다.[7]

재정적 측면에서 볼 때 도시 국가는 영지 국가였다. 통치자와 그의 관료는 개인 혹은 가문 단위로 토지와 노동의 결과를 취득할 수 있는 권리를 행사했다. 춘추 시대 정치권력은 대부분 관료를 두 단계, 즉 장관(경卿)과 실무 관료(대부大夫)로 나누었다. 이들은 모두 재상(宰相)의 관할 아래 있었다. 서주(西周)의 경우 관료의 업무는 재정, 공공사업, 군사 등 세 분야로 나뉘었다. 춘추 시대에는 여기에 재판 부문이 추가되었다. 관료는 급료 대신 (채읍采邑이라고 하는) 특정 지역을 할당받았다. 대체

---

6 Yingong 1st Year, in ZZ, 3A: 3 (祭仲曰: "都城過百雉, 國之害也. 先王之制, 大都, 不過參國之一; 中, 五之一; 小, 九之一. 今京不度, 非制也, 君將不堪."《左傳: 隱公元年》).

7 Du Zhengsheng 1990: 41; Yang Kuan 1998: 165; Lewis 1999: 598.

로 거주지나 토지의 단위로 수량을 측정했다. 따라서 관료는 자신의 구역과 백성 및 그 소출을 확보할 수 있었다. 할당되는 거주지와 관할 구역의 규모는 경우에 따라 달랐다. 정(鄭)나라는 최고위 관료인 재상에게 8개 읍(邑)을 할당하는 것이 관행이었다. 그러나 제(齊)나라 사례로 남아 있는 기록 중에는 업적이 뛰어난 장군이나 관료에게 상으로 할당한 구역의 규모가 300개 읍에 달하는 경우도 있었다.[8] 정나라 기록에 등장하는 읍은 도시와 그 배후의 농촌 지역을 가리키는 것 같다. 그러나 제나라 기록에 나오는 읍은 아마도 작은 마을 정도를 일컫는 단위일 것이다.[9] 기원전 4세기의 병법서에서는 일승지읍(一乘之邑, 즉 전차 1대를 주군에게 바쳐야 하는 읍邑)이 90가구로 구성된다고 규정했다.[10] 다른 기록에 의하면, 읍의 크기는 30가구에서 100가구까지 다양했다.[11]

같은 시기에 귀족 가문에서도 지위와 부에 따라 내부적 차별이 시작되었다. 이런 움직임은 이미 서주 때부터 나타났으며, 춘추 시대에 이르러 가속화된 것이었다. 명목상 토지는 가문 전체의 소유였지만, 가문의 각 지파에 따라 거주지와 농지를 배분하는 것이 관행이었다. 이를 통해 종손이 아닌 방계는 귀족 가문에서 갈라져 경제적 독립을 하게 되었

---

8 Du Zhengsheng 1990: 112.
9 Zhu Fenghan 2004: 491-92.
10 사마법(司馬法)은 소실되었지만 두예(杜預)의 《춘추경전집해(春秋經傳集解)》에 인용된 문구가 남아 있다. Du Zhengsheng 1990: 100 참조.
11 Du Zhengsheng 1990: 100-1. 연대가 불분명하지만 기원전 300년경의 텍스트로 추정되는 《일주서(逸周書)》에 의하면, 성벽을 두른 도(都)와 시골 마을인 비(鄙)는 농사일의 편의를 도모하기 위하여 100가구를 초과할 수 없다고 규정했다. "Zuolou" in YZS, 1: 531(都鄙不過百室, 以便野事.《逸周書: 作雒解》) 참조.

다.[12] 무덤 부장품을 보면 같은 가문이라도 지파에 따라서 부와 지위가 상당히 불평등했음을 알 수 있다. 혹은 종손보다 방계의 부장품이 더 화려한 경우도 없지 않다.[13]

　춘추 시대에 귀족 신분을 자처하려면 "세 가지 큰 일"에 독점적으로 참여해야 했다. 세 가지 큰 일이란 전쟁, 제례, 사냥이었다. 목숨을 좌우하고 피를 보는 과정에서 귀족은 고귀한 신분을 과시할 수 있었다. "세 가지 큰 일"에 함께 참여함으로써 귀족끼리 전우애를 다졌다. 함께 의례를 거행하며 피의 맹세를 나누고 정치적 연대를 강화하면서 전우애는 더욱 두터워졌다.[14] 동시에 의례에서 귀족 사이의 지위 구분은 더욱 엄격해졌다. 세밀한 규정에 따라 위계질서를 엄격히 세웠다. 애초에 의례는 조상을 위해 희생 제물을 바치는 과정에서 같은 후손으로서의 친밀감을 높이는 행사였지만, 갈수록 이러한 의미는 퇴색하고 점차 각 지파의 지위를 과시하고 살아 있는 후손 간의 연대감을 높이는 방향으로 변모해갔다.[15] 귀족의 신분은 세습되었다. 그러나 내부적 지위와 재산과 세력은 관직과 긴밀히 연결되어 있었다. 장관이나 관료가 왕의 신임을 얻어 새로운 정치적 계층을 형성했고, 이들이 나라를 다스렸다. 그리고 앞에서 노(魯)나라의 예를 들었듯이, 각 지파별로 따로 세습이 되었다. 귀족 가문에서 토지와 재산을 두고 경쟁이 치열해질 때는 대개 군사력이 결정적으로 승패를 갈랐다.

12　Zhu Fenghan 2004: 493-99.
13　Von Falkenhausen 2006: 144.
14　Lewis 1990: 17-36.
15　Von Falkenhausen 2006: 294-97.

서주(西周)에서와 마찬가지로 귀족 가문은 자신들에게 할당된 영지에 거주하지 않고 주로 도성에 와서 통치자와 가까운 거리에 머물렀다. 도시 국가의 인구는 크게 도성에 사는 사람(국인國人)과 시골에 사는 사람(야인野人)으로 나뉘었다. 그러나 도성에 사는 모든 사람에게 시민권이 주어지지는 않았다. 원래 시민권은 사(士)라고 하는 지위가 다소 낮은 귀족까지 포괄한 귀족 가문에 한정된 것이었다. 이들은 주군의 요청에 따라 군역의 의무를 지는 사람들이었다. 시간이 지나면서 시민권의 범위는 군역에 따라 확대되어서 일부 평민이 포함되기도 했다. 그러나 상인, 기술자, 농부는 배제되는 것이 원칙이었다.[16] 이 시대의 중국 사회는 "도시에 기반을 둔 무장 귀족(armed nobility)과, 그 주변의 시골에 거주하는 예속 농민(servile peasantry)"으로 비교적 단순히 설명할 수 있다.[17]

춘추 시대 도시 국가에서 살던 시민(귀족)이 곧 정치 세력이 되는 일이 많았다. 위기의 시대, 예컨대 군사적 위기나 후계 분쟁이 벌어질 때, 통치자나 장관이 귀족의 회합을 청하여 자신의 입장을 따라달라고 요구했다. 통치자와 귀족 가문 사이, 혹은 경쟁 정파 간의 정치적 싸움에서

---

16 Lewis(2000a: 369, 2006: 144-45)는 Masubuchi Tatsuo의 입장을 추종하여 평민이 시민권에 포함되는 점을 강조하고 있다. 중국의 학자들(예를 들면 Si Weizhi 1978, Yang Ying 1996)은 시민권의 의미를 더욱 폭넓게 잡아서, 일부 농민뿐만 아니라 상인과 기술자도 포함되었다고 한다. 그러나 Yoshimoto(1986)는 군역 참여가 시민권의 결정적 요소였음을 명확히 입증했다. 상인과 기술자가 시민권에 포함된 경우는 단 한 차례뿐이었다. 그 이유는 때마침 그들이 군대에 필요했기 때문이다.
17 Lewis 2000a: 361. 《주례(周禮)》에 따르면, 도성의 시민(귀족)들은 전투 요원으로 전쟁에 참여했고, 시골 사람들은 건설이나 무기 운반, 말 먹이기 등의 노동력을 제공했다. Du Zhengsheng 1990: 39 참조.

귀족이 결정적 역할을 하는 경우가 많았다. 때로는 이들의 집단행동으로 폭군을 몰아내기도 했다. 내전이 벌어지면 도시는 고통을 겪어야 했고(세습 군주나 귀족 가문 모두 손상을 피할 수 없었다), 궁극적으로 시민권이 뒤바뀌기도 했다. 정(鄭)나라의 이야기는 이러한 측면을 아주 잘 보여주는 사례였다.[18]

정(鄭)나라를 통치한 가문은 주(周)나라 왕실의 방계 친족이었다. 이들은 동주(東周) 초기, 수도가 정나라 인근의 성주(成周)로 옮겨 온 직후부터 강한 영향력을 행사했다. 그러나 기원전 7세기를 거치며 정나라는 내부의 음모와 암살과 잦은 정권 교체로 병들어갔다. 제(齊), 진(晋), 초(楚) 등이 강력한 패권 경쟁자로 부상하자 정나라 같은 소국은 나라의 존립 자체를 걱정해야 할 처지가 되었다. 진(晋)나라와 초(楚)나라의 대립에 끼인 정나라의 지배층은 양쪽 모두와 동맹을 맺고 시류에 따라서 거리를 조정하면서 스스로를 보호할 수밖에 없었다. 통치 가문과 고위 관료와 귀족의 내전이 격화되면서 정나라의 정치적 혼란은 갈수록 더 악화되었다.[19] 기원전 565년 정나라의 재상인 자사(子駟)가 배후 조종하여 통치자(희공僖公)를 암살하고, 보다 다루기 쉬운 군주(간공簡公)를 새로 앉혔다. 그로부터 2년 뒤 자사가 일부 토지의 소유권을 조정하다가 5개 귀족 가문이 들고일어나는 일이 벌어졌다. 반란은 결국 진압되었지만, 그 과정에서 자사는 적들의 손에 목숨을 잃었다.

---

18 이어지는 정나라 자산(子產)의 이야기는 Yamazaki(1978)의 상세한 연구를 바탕으로 한 것이다. 또한 Lewis 2000a: 369-70 참조.
19 아마도 정나라는 의례와 장례를 통해 지배 가문이 그보다 낮은 귀족 가문과 차별화를 시도한 최초의 사례였던 것 같다. von Falkenhausen 2006: 361-62 참조.

자사(子駟)를 죽인 연합 세력에는 자산(子產, 기원전 581?~522)의 아버지도 포함되어 있었다. 그는 정(鄭)나라 통치 가문의 방계 혈족이었다. 이후 20여 년 동안 자산은 요령 있게 정나라의 혼란한 정치 흐름을 잘 타서 마침내 권력을 잡게 되었다. 기원전 554년, 정나라의 귀족이 자사의 뒤를 이은 재상을 죽이자 자산은 고위 관직에 올랐다. 자산이 이웃한 진(陳)나라와의 전쟁에서 승리하고 돌아오자, 왕은 그에게 상으로 수레 한 대와 예복 한 벌과 6개 읍(邑)을 하사했다. 그러나 자산은 자신의 신분에는 2개 이상의 읍을 거느릴 수 없다며 한사코 상을 거부했다. 마침내 설득에 못 이겨 자산은 3개 읍을 상으로 받았다. 범상치 않은 자산의 겸손한 행동에 사람들은 자산을 존경하게 되었다. 기원전 543년, 정나라의 귀족이 또 다른 재상을 처형한 뒤 정나라의 통치 가문은 자산에게 재상의 자리를 맡겼다. 자산은 처음에는 사양했으나 전권을 위임한다는 약속을 받고 나서 마침내 재상 자리에 올랐다.

자산(子產)은 귀족의 신뢰를 받고 있었지만, 더욱더 확고한 지지를 얻기 위해서 성실히 노력했다. 마침내 안정적 통치 기반이 구축되자 자산은 과감한 개혁 정책을 꺼내 들었다. 옛날에 자사(子駟)가 시도하려고 한, 정부의 자원 통제를 강화하는 정책이었다. 자산은 운하를 건설하고, 농토를 통일된 단위로 구획했다. 이를 기반으로 조세를 관리하고 군역을 조정하여 더 많은 사람이 군대에 참여할 수 있도록 했다. 기원전 536년, 자산은 법령을 선포하고 이를 청동기에 새겼다. 청동기는 최고 권위를 표현하는 수단이었다. 법령은 대중에게 공표되었으며, 평민과 귀족 구분 없이 모두가 법을 따라야 했다. 《좌전(左傳)》에 따르면, 처음에는 분노한 귀족이 자산의 개혁에 저항했으나 결국 받아들였고, 정(鄭)나라는 다시금 번영을 구가하게 되었다.

자산(子産)이 정치를 맡은 뒤 1년이 지나자, 사람들은 이런 노래를 불렀다.

내 의관(衣冠)을 빼앗아서 감추어버리고,
내 농토를 빼앗아서 다섯으로 나누네.
누가 자산을 죽이려 하는가?
나도 그와 함께하려네.

그러나 3년 뒤 노랫말이 달라졌다.

나에게도 아들이 있었다네.
자산이 아이들을 가르쳐주었네.
나에게는 농토가 있었다네.
자산이 그것을 불려주었네.
자산이 죽어야 한다면
누가 그 뒤를 이을 수 있을까?[20]

자산(子産)은 정(鄭)나라 귀족의 지지를 받았고, 기원전 522년 사망

---

20 Zhao 4th Year, in *ZZ*, 3A: 564(從政一年, 輿人誦之曰: 取我衣冠而褚之, 取我田疇而伍之, 孰殺子産, 吾其與之. 及三年, 又誦之曰: 我有子弟, 子産誨之, 我有田疇, 子産殖之, 子産而死, 誰其嗣之.《左傳: 襄公三十年》).

하기까지 정나라 재상의 자리에 머물렀다.

도시의 귀족은 전씨(田氏) 가문이 제(齊)나라 왕위를 찬탈할 때도 중요한 역할을 했다. 자산(子產)이 정(鄭)나라에서 재상 자리에 있을 무렵, 제나라에서는 전무우(田無宇)가 궁정의 실권을 장악했다. 그는 귀족에게 유리한 조건으로 곡식을 빌려주는 등 그들의 환심을 사려고 노력했다.[21] 그의 아들 전걸(田乞)은 기원전 481년에 귀족의 지지를 등에 업고 제나라 정권을 탈취하고, 이후 왕위를 찬탈할 수 있는 길을 닦았다. 마침내 기원전 386년 제나라의 통치 가문은 전씨로 바뀌었다.[22]

마크 루이스(Mark Lewis)는 자산(子產)이 고대 그리스 도시 국가의 폭군 혹은 선동가와 같다고 평했다. 그는 권력을 잡기 위해 대중적 지지를 호소했고, 권력을 잡은 뒤에는 이를 유지하기 위해 강력한 통치를 실행했다.[23] 자산이나 전무우(田無宇)는 어쩌면 그리스의 폭군들처럼 새로운 정치 질서의 선구자였을지도 모른다. 새로운 정치 질서가 도래한 뒤에는 권력이 중앙의 통치자에게 집중되었고, 도시 국가와 혼란한 정치 풍습이 사라졌다. 훗날 법가(法家)의 한비자(韓非子, 기원전 280?~233)가 보기에 자산은, 고대에 운하를 건설하여 대홍수로부터 세상을 구했다고 하는 전설적인 우(禹) 임금에 비견할 만한 인물이었다.[24] 그러나 한비자의 경쟁자로 같은 시대를 산 순자(荀子, 기원전

---

21 Zhao 3rd Year; in *ZZ*, 3A: 598.
22 Lewis 1999: 598.
23 Lewis 2000a: 370.
24 Chapter 50, "Xianxue", in *HFZ*, 2: 1104(昔禹決江濬河, 而民聚瓦石, 子產開畝樹桑, 鄭人謗訾. 禹利天下, 子產存鄭, 皆以受謗, 夫民智之不足用亦明矣.《韓非子：顯學》). 여

310?~215? 활동)의 의견은 달랐다. 공자를 추종한 그는 훨씬 더 야박한 평가를 남겼다. "자산은 백성의 마음을 얻는 데 성공했지만 그들을 다스릴 줄은 몰랐다."[25]

전제 군주 국가의 등장

기원전 6세기 동안 주(周)나라의 도시 국가들 사이에 긴장이 고조되었고, 그에 따라 정치 및 사회적 변화의 물결이 강하게 일어났다. 명확하던 귀족의 위계도 흔들리기 시작했다. 부와 권력 면에서 지배 계층 내부의 격차가 점점 더 커지고, 통치자와 귀족의 격차는 더더욱 커졌다. 새로운 정치 질서가 도래한 것이다. 모든 권력은 전권을 쥔 군주에게로 집중되었다(지도 2-2 참조). 이후 수 세기 동안 귀족 가문과 그들이 관할하던 토지 기반 경제도 점차 쇠락해갔다. 통치자는 토지를 직접 통제하고자 했다. 농민에게 직접 토지를 나누어 주고, 그 대가로 세금과 노역과 군역을 부과했다. 관직을 세습하던 귀족의 특권도 폐지되었다. 대신 관료 중심의 정부가 구성되었다. 관료들은 왕의 마음에 들기 위해 온갖 노력을 기울였다. 제철 기술의 출현은 귀족의 지위, 특권, 신분에 직접적인 도전이었다. 전투 양상은 엄격한 기사도 법칙에 따르던 전차전이 줄어드는 대신 훨씬 더 많은 피를 보아야 하는 육박전으로 옮겨 갔다. 농민을 징발하여 보병을 편성했고, 이들이 철제 무기와 석궁으로 무장한 채 대규

기서 한비자는 사람들에게 큰 이익을 가져다주었지만 조롱과 비난을 감내해야 했던 역사적 인물들을 거론하면서, 백성의 어리석음을 보여주고 있다.

25 Chapter 9, "Wangzhi", in *XZ*: 168(子產取民者也, 未及爲政也.《荀子:王制》).

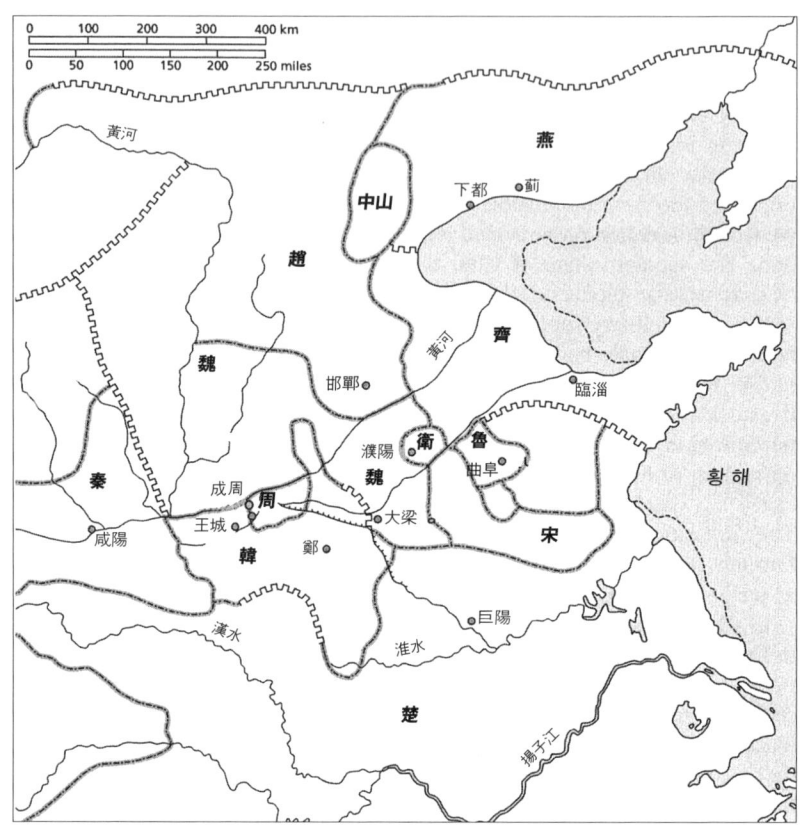

〔지도 2-2〕 전국(戰國) 시대의 주요국, 기원전 481~221년

모 육박전을 펼쳤다. 평민 출신의 군사 지도자도 실력으로 승진을 할 수 있었고, 이들이 새로운 군대를 이끌었다.

이처럼 통치자와 백성의 관계가 바뀌었다. 나라의 군사력을 키우려면 백성이 중요했다. 그에 따라 기록 문화도 발달했다. 백성 개인, 가구,

재산 등에 관한 정보를 종합적으로 관리해야 했기 때문이다.[26] 애초에 등록 제도를 만든 이유는 징병 때문이었다. 기원전 645년의 기록에 따르면, 진(晉)나라의 통치자는 초(楚)나라와의 전쟁에서 패배한 뒤 군역에 대한 보상으로 토지를 분배해주었다. 그러나 이 사례는 일시적인 데다 도성의 시민에게만 한정된 것이어서, 왕권이 강력했다기보다 쇠약했다는 증거다.[27] 과세 및 징병의 대상을 늘리고자 하는 시도는 강대국 사이에 끼인 약소국에서 먼저 시작되었는데, 노(魯)나라는 기원전 590년대, 정(鄭)나라는 기원전 543년 자산(子産)의 개혁 때였다. 노나라와 정나라의 관리들은 공통적으로 토지 조사를 실시했고, 시골의 인구를 군대 편제에 맞도록 조직했다. 다만 당시의 토지 등록과 군대 편제의 연관 관계에 관해서는 남아 있는 자료가 충분하지 않다. 남쪽에 있는 초나라는 최초로 전차 대신 보병으로 전쟁을 수행했다. 이와 함께 징병과 보급 관련 관료 체계도 선구적으로 개발했다. 초나라 정부는 기원전 589년에 최초로 정상인 성인 남성 모두를 병역 기록에 등재했고, 기원전 548년에는 토지, 삼림, 광산, 가축 등 광범위한 자원 조사에 착수했다. 이미 기원전 500년 이전에 이 같은 등록 방식이 제(齊)나라에도 전해졌다. 이 무렵 진(晉)나라 전역에서 토지세는 수확량의 20퍼센트였다. 진나라의 토지는 이른바 육경(六卿)이라는 6개 귀족 가문이 실질적으로 관할했다. 토지세를 부과하려면 농가에 토지를 임대해야 했고, 이를 위해서는 어

---

26 이 단락은 다음 자료들을 참고했다. Du Zhengsheng 1990: 22-25, 175-78; Hori 1996: 47-55; Yang Kuan 1998: 151-67.
27 Du Zhengsheng 1990: 177-78.

떤 식으로든 등록도 했을 것이다.

이와 더불어 진(晋)나라, 진(秦)나라, 초(楚)나라 같은 팽창 도중의 거대 국가는 새로운 행정 단위를 창설했다. 주로 변방 지역이나 새로 정복한 지역에 설치된 이른바 현(縣)이었다. 처음에 현은 순전히 군사 목적으로 설치되었다. 때문에 이 지역은 귀족에게 상으로 하사되기보다 관료를 지명해서 통치를 맡겼다. 지명된 관료에게는 원칙적으로 현(縣)을 세습할 권리가 주어지지 않았지만, 현의 통치를 맡은 관료가 사적으로 가문의 영지처럼 관리하는 경우도 생겨났다. 춘추 시대 진(晋)나라에는 40개의 현이 있었다고 하는데, 진나라 왕이 때때로 공적이 있는 관료에게 현을 하사했고, 그 현이 세습적 특권의 일부가 된 사례가 있었다. 그러나 기원전 514년에 진나라 왕에게 대항하여 음모를 꾸미던 두 귀족 가문이 적발되었다. 진나라 재상은 그들의 땅을 몰수했고, 그곳에 10개 현을 설치했으며, 국가에서 직접 관리하도록 했다.[28] 춘추 시대 후기에는 고위 관료의 가문도 자신의 영지 내에 현을 설치했다. 기원전 4세기 중반 진(秦)나라에서 상앙(商鞅)이 개혁을 실시했는데, 그 뒤로는 국가가 직접 영토를 관할하는 종합적 체계에서 현(縣)이 가장 기본적인 단위가 되었다.[29]

기원전 453년 진(晋)나라가 셋으로 갈라져 위(魏), 한(韓), 조(趙) 세 나라가 성립했다. 위(魏)나라는 제도 개혁의 선구자였다. 위나라의 제도

---

28 Zhaogong 28th Year, in *ZZ*, 3A: 753(《左傳: 昭公二十八年》).
29 Du Zhengsheng 1990: 119-23. 춘추 시대 후기에 최초로 군(郡)이라는 지역 단위를 설치한 나라는 진(晋)이었다. 군사적 요충지에 군이 설치되었는데, 현(縣)보다 규모는 크지만 경제적 가치는 적었다. 아마도 인구가 적고 토지가 척박한 곳이라서 그랬던 것 같다. 같은 책: 123-24 참조.

는 이후 전국 시대 전제 군주 정치의 모범이 되었다. 기원전 419년 위나라 군대는 진(秦)나라와 싸워 크게 이긴 뒤 중원 지역 서부의 넓은 농토를 합병했다. 위나라의 재상 이괴(李悝)가 개혁 정책을 실시한 때가 이 무렵이었다. 그의 정책은 제도적으로 농업 생산성 향상과 농가의 안녕을 강화하는 데 초점을 맞추었다. 당시 위나라는 아마도 인구 밀도가 가장 높은 지역이었을 것이다. 그래서 이괴는 더욱 근면 성실을 기반으로 한 농업 기술을 도입했고, 여러 작물(기장, 밀, 마, 콩)을 재배함으로써 농업 생산성을 높여 흉작에 대비했으며, 농사짓기 어려운 땅에는 뽕나무를 비롯한 비식량 작물을 심도록 했다. 또한 이괴는 간접적 방식으로 물가를 통제했는데, 풍년이 들어서 곡물 가격이 낮아질 때는 정부의 수매량을 늘려 농가 소득을 안정화시켰고, 반대로 흉년이 들었을 때는 정부 비축 곡물을 팔아서 도시 소비자를 보호했다. 이 같은 국가의 개입으로 식량 가격 변동의 폭을 줄일 수 있었으며, 이는 이후 왕조 시대 중국 정치경제의 가장 기본적인 특징으로 자리 잡았다.[30]

또한 이괴(李悝)는 법령을 제도화했고, 아마도 최초로 법 연구서를 쓴 인물일 것이다. 그 책이 바로 《법경(法經)》이다. 비록 이괴가 제정한 법령은 남아 있지 않지만, 이후 진한(秦漢) 제국 법령의 기초가 되었다고 전해진다.[31] 이괴는 법치주의의 선구자이자 부국강병(富國強兵) 정책

---

30 이괴의 경제 정책에 관해서는 Yang Kuan 1998: 188-92; Hu Jichuang 1962: 1, 265-78 참조.
31 기원전 252년의 위(魏)나라 법령 가운데 두 조항이 〈위리지도(爲吏之道)〉라는 필사본에 남아 있다. 이 필사본은 수호지(睡虎地) 유적에서 발굴된 진(秦)나라 텍스트(睡虎地秦簡) 가운데 섞여 있었다. 명(明)나라 후기 역사서에도 이괴의 법령 가운데 10여 개 조항이

의 원조라고도 전한다. 이괴의 관점에서 농민은 국가 재정의 원천이기 때문에 농민이 가난해지는 것이 국가의 가장 큰 위험이었다. 따라서 통치자는 농민에게 최소한의 부담을 지워야 하며, 사치를 규제함으로써 낭비를 줄여야 하고, 상인의 물가 조작은 농민과 소비자 모두에게 고통을 주기 때문에 억제해야 한다고 주장했다. 이괴는 평민의 후손이었는데, 오래된 귀족을 경멸했으며, 신분과 부와 지식의 격차가 사회 질서와 국가의 안정을 해칠 것이라고 경고했다.[32]

전제 군주 국가의 최전성기는 기원전 4세기 중엽 진(秦)나라 때였다. 당시 진나라의 재상이 상앙(商鞅)이었다. 진나라의 개혁 정책은 앞서 실시된 위(魏)나라의 개혁 정책에서 강한 영향을 받았다. 기원전 385년, 10세 나이에 위나라로 망명한 진나라 왕자가 30년 만에 돌아와 왕위를 계승했다. 그가 바로 진 헌공(秦獻公, 재위 기원전 385~362)이다. 주지하듯이 그는 위나라의 제도를 진나라에 도입했다. 시장 감독관을 지정하고 거래에 따른 세금을 거두며, 병역 자원 파악을 위하여 호적을 등록하고, 현(縣)이라고 하는 행정 단위를 설치했다. 또한 진나라 수도를 옹성(雍城)에서 약양(櫟陽)으로 옮겼다. 위나라 및 중원 지역과의 교역을 위해서는 지리적으로 약양이 더 유리했기 때문이다. 그의 아들 진 효공(秦孝公, 재위 기원전 361~338)은 아버지의 개혁 정책을 계속 추진하는 한편 재능 있는 인재를 널리 구했다. 그의 부름에 응답한 인물 가운데 공손앙(公孫鞅, 기원전 390~338, 상앙商鞅이라는 이름으로 더 유명하다)이 있

수록되었다고 전한다. 그러나 그 출처가 매우 의심스럽다. Ikeda 2008a: 112-31 참조.
32 이괴의 정치사상은 매우 파편적으로 흩어져 있는데, Ikeda 2008a에서 이를 취합했다.

었다. 그는 위나라 왕실 혈족이었지만 위나라 재상의 가문에서 관리로 일하고 있었다. 진 효공과 마찬가지로 공손앙 또한 부유하고 강력한 위나라가 장차 진나라가 본받아야 할 모범이라고 생각했다.

기원전 356년, 진 효공(秦 孝公)은 상앙(商鞅)을 고위 관직에 임명하고 그에게 행정 및 법률 개혁을 맡겼다.[33] 상앙은 즉시 법령을 제정했다. 원칙적으로 이괴(李悝)의 법률을 기초로 했지만 군대 체계만큼은 새로운 제도를 도입했다. 군인은 모두 17계급으로 나뉘는데, 전쟁에서의 공로를 평가해서 계급을 부여하도록 했다.[34] 《상군서(商君書)》는 상앙의 정책과 정치 이론을 집약한 책으로 기원전 3세기에 쓰였다. 그 내용에 따르면 전쟁터에서 적 1명을 사살한 병사는 1계급을 올려주고, 농지 100무(畝)와 주거지 9무, 하인으로 농민(서자庶子) 1명을 상으로 주었다.[35] 이같이 상앙은 국가에 대한 공적을 기반으로 하는 체계를 만들고자 했다. 새로운 체계는 과거 귀족의 특권을 바탕으로 한 체계를 대신했고, 토지와 부가 이동할 수 있는 기반이 되었다. 또한 상앙은 모든 인구를 군대 체제로 조직하여 5가구 내지 10가구를 하나의 단위로 묶었고 연대 책임의 원칙을 세웠다. 구성원 중 어느 하나라도 죄를 범하면 나머지 구성원이 모두 함께 그 책임을 져야 했다. 그리고 상앙의 개혁 정책에는

---

33 Lewis 1999: 612-16; Yang Kuan 1998: 201-11; Hori 1996: 33-38.
34 상앙이 진(秦)나라에 도입한 법령이 이괴가 제정한 법률에 기초했다는 내용은 훨씬 후대의 자료에 기록되어 있으며, 일부 학자들(예컨대 Cao Lüning 2002: 57-63)은 이를 인정하지 않는다. 이 논점에 관한 더 깊이 있는 논의는 Ikeda 2008a 참조.
35 Chapter 19, "Jingnei", in *SJS* : 119(能得甲首一者, 賞爵一級, 益田一頃, 益宅九畝. 級除庶子一人, 乃得入兵官之吏.《商君書: 境內》); 또한 Yang Kuan 1998: 180 참조.

비양심적 상인의 폭리를 규제할 수 있는 법적 장치들이 포함되었다. 상앙 또한 이괴와 마찬가지로 농민의 안녕을 최고의 가치로 간주했다. 농업을 "가장 중요한 일"이라는 의미에서 본업(本業)이라고 일컬었다. 농업이 국부의 원천이었다. 한편 "별로 중요하지 않은 일"이라는 의미에서 수공업과 상업을 말업(末業)이라 했다.[36]

상앙의 개혁에 귀족 가문의 불만과 반발이 터져 나왔지만 진 효공은 상앙을 일관되게 보호해주었다. 상앙은 기원전 352년 대량조(大良造)라고 하는 최고위 관직에 올랐다. 이는 정부와 군대를 모두 장악하는 직책이었다. 그로부터 2년 뒤인 기원전 350년, 상앙은 더욱 가혹한 두 번째 개혁을 실시했다.

상앙의 주요 목표 중 하나는 부부 중심의 가정을 사회 및 경제의 기본 단위로 삼는 것이었다. 기원전 356년 상앙이 제정한 법에 따르면, 한집에 성인 남성이 둘 이상이면 세금을 두 배로 내야 했다. 그런데 두 번째 개혁에서는 아버지와 성인 아들이 한집에 거주하면 범죄로 규정했다. 게다가 장자 상속 관습을 폐지하고 아버지 소유의 농지를 모든 아들이 동등하게 나누어 상속받도록 규정했다. 이러한 법 조항들은 모두가 과거 귀족의 경제적 기반을 약화시키기 위한 의도를 내포했다. 많은 아들을 거느린 귀족은 영지를 쪼개어 모든 아들에게 나눠 주어야 했다. 최근에 발굴된 일반 호구 등록 자료 및 법전 자료로 미루어 보건대, 당시

---

36 "농업을 통해 국부를 이루고자 하는 통치자는 나라 안에서 식량 가격을 높게 유지해야 한다. 그리고 농사를 통하지 않은 소득이나 시장에서 얻은 이익에는 반드시 세금을 무겁게 매겨야 한다." Chapter 22, "Wainei," in *SJS*: 129(欲農富其國者, 境內之食必貴, 而不農之徵必多, 市利之租必重.《商君書: 外內》).

가혹했던 상앙의 개혁 조치는 심지어 진(秦) 제국이 성립되었을 때까지도 완벽히 실행되지는 못했던 것 같다.[37] 그러나 균등 상속 제도는 이후 왕조 시대 중국의 법령으로 전해져 무려 2000년 이상 존속했고, 중국 농민의 가정 경제에서 가장 특징적인 요소 중 하나로 자리 잡았다.

기원전 350년에 상앙이 제정한 제도에는 농토를 일정한 규격으로 구획하는 법령이 포함되어 있었다. 토지를 구획하는 두둑을 천맥(阡陌)이라 했다. 이러한 정책은 위(魏)나라 이괴의 개혁에서 비롯된 것이며, 비록 우리에게 잘 알려져 있지는 않지만, 과거 자산(子産)의 개혁에도 포함되었던 정책인 듯하다. 최근에 발굴된 기원전 309년의 진(秦)나라 법령 자료에는 천맥에 관한 어느 정도 상세한 내용이 포함되어 있다. 법은 토지를 폭 1보(步), 길이 240보 면적으로 구획하도록 했다. 2개의 구획이 합쳐져서 1무(畝)가 되는데, 100무(1경頃)가 농가 1가구에게 주어지는 기본 농지였다. 토지 구획은 둑이나 길 등으로 테두리가 표시되어야 하며, 소유주는 매년 경계 표시가 제대로 되어 있는지를 확인해야 한다.[38] 이 같은 토지 구획의 표준화가 새로운 토지 소유와 세금 체계의 기

---

37 예를 들어 〈리야호적간독(里耶戶籍簡牘)〉에 등장하는 일부 기록이나 〈장가산한간(張家山漢簡)〉에 의하면, 한(漢)나라 초기에도 장자에게 신분이나 토지가 훨씬 더 유리하게 상속되었음을 알 수 있다. Maxim Korolkov 및 Anthony Barbieri-Low와의 私談.

38 Huang Shengzhang 1982; Li Xueqin 1982; Yamada 1993: 34-6; Hori 1996: 33-7. 진(秦)나라의 토지 구획은 앞서 조(趙)나라의 구획 방식을 따랐으며, 조나라의 1무(畝)는 위(魏)나라의 1무보다 넓었다. 1무의 면적이 더 넓다는 것은 곧 농가에서 국가로부터 할당받는 토지의 면적이 더 넓다는 의미였다. 그러나 위나라나 한(韓)나라 같은 핵심 지역의 토지 생산성이 조나라나 진(秦)나라 같은 변방 지역의 토지 생산성보다 더 높았다는 사실을 잊어서는 안 된다. 《여씨춘추(呂氏春秋)》에 따르면, 위나라는 업(鄴) 지역에서 유독 토지 할당 면적을 200무까지 늘려주었는데, 그곳은 토지 생산성이 낮았기 때문이다(魏氏之

본이 되었다. 진(秦)나라 정부는 개별 농가에 토지를 나누어 주고 세금으로 곡식이나 말먹이, 짚 등을 거두었을 뿐만 아니라 노역과 병역의 의무까지 부과했다. 이는 200년 전 정(鄭)나라에서 자산이 도입했던 토지 소유 제도와 비슷해 보인다. 또한 위(魏)나라와 진(晋)나라의 다른 후계자들(한韓나라와 조趙나라)에도 이미 이 같은 제도가 있었고, 다른 나라에서도 유사한 제도가 실시되었을 것이다. 상앙이 귀족 가문의 토지를 얼마나 많이 빼앗아서 농가에게 나누어 주었는지는 명확하게 알 수 없다. 다만 새로 개척한 땅이나, 혹은 새로 정복한 지역의 주민은 강제 이주를 시키고 그 토지를 농가에 나누어 주었을 가능성이 매우 크다.[39]

상앙은 또한 중앙 집권 정책도 실시했다. 기원전 344년 그는 진(秦)나라 관리들이 제복을 입도록 했으며, 조세 형평성을 강화하기 위해 도량형 단위도 통일시켰다. 또한 그는 진나라 수도를 함양(咸陽)으로 옮기고 통치자의 권위에 걸맞은 기념비적 규모의 궁궐 건축을 시작했다. 새로운 수도를 건설하자 정부가 귀족의 거주지와 멀어졌다. 귀족은 과거 수도인 옹(雍) 지역에 남아 있었다. 상앙의 개혁은 결코 진나라의 귀족을 철폐하지 않았다. 오히려 기원전 340년 위(魏)나라와의 전쟁에서 승리한 상앙은 진 효공에게 15개의 읍(邑)을 하사받고 귀족이 되었다.

기원전 338년 진 효공이 죽은 뒤 상앙의 정적들은 재빨리 재상 상앙에 대한 신임 군주의 의심을 부채질했다. 1년도 채 지나지 않아 상앙은 반역죄로 체포되었고, 사지가 찢기는 끔찍한 형벌에 처해졌다. 그러나

行田也, 以百畝, 鄴獨二百畝, 是田惡也). Zhu Honglin 2008: 223 참조.
39 Maxim Korolkov와의 私談.

상앙의 정책은 지속되었다. 상앙이 죽을 무렵 진(秦)나라는 이미 주(周)나라 영역에서 군사력이 가장 강한 나라였고, 장차 최초의 통일 제국으로 성장해 나갈 기나긴 장정에 이미 들어서 있었다.

    진(秦)나라를 비롯한 여러 나라에서 수립된 전제 군주 체제는 주(周)나라의 사회 질서를 바꿔놓았다. 많은 귀족 가문이 사라졌고, 정부나 전쟁에 공을 세운 업적을 토대로 국가에서 보상을 받고 새로운 귀족 계층으로 성장한 이들이 과거의 귀족 가문을 대체했다. 도시의 귀족과 시골의 평민을 나누던 계급적 구분은 대체로 사라졌다. 새로운 평민 계급(서인庶人)이 출현했는데, 이들은 직접적으로 국가에 속해 있었고, 국가로부터 농지를 할당받았으며, 그 대가로 세금과 법으로 정해진 노역 및 병역의 의무를 졌다.[40] 서주(西周) 시대에 서인(庶人)이라 하면 귀족 가문에 소속되어 농사를 담당하는 하층민이었다. 기원전 6세기부터 새로운 제도가 퍼져 나가면서 서인이라 하면, 비록 하층민이라는 개념은 남아 있었지만, 독립적 농민 가정을 지칭하게 되었다. 공자는 주나라 귀족 계층의 몰락을 애석해했다. 그는 서인에게 어떤 식으로든 정치적 의견을 허용하는 것에 강력히 반대했다.[41] 그러나 공자의 입장을 추종한 맹자는 기원전 4세기 중반에 이미 서인이 정부를 위해 일할 수 있고 그래야 한다고 주장했다. 맹자는 도시민(재국在國)과 시골 주민(재야在野)의 구별이 이미 사라졌다고 말했다. 그렇지만 지배 엘리트와 관직이 없는 일반

---

40 서인(庶人) 범주의 변화에 대해서는 Si Weizhi 1978; Yang Ying 1996 참조. 이들의 논의에 공감하는 측면이 많지만, 춘추 시대의 도시민(國人)에 서인도 포함되었다는 이들의 주장에 특히 동의한다(앞의 주 16번 참조).
41 *Analects* 16.2(天下有道, 則庶人不議.《論語: 季氏》).

서민 간의 정치적 위계질서는 엄격히 유지되어야 한다고 주장했다.[42]

이 시대의 다른 기록에서는 서인(庶人)을 상인(商人)이나 공인(工人)과 같은 반열에 위치시키고 있다. 이는 낮은 귀족 계층(士)보다 아래이며 하인 조(皁), 종 예(隸), 하인 신(臣) 같은 노예적 지위를 나타내는 어휘나 마부 여(輿), 마부 어(圉), 목부 목(牧) 같은 특정 직업군을 나타내는 어휘보다 위인 단계를 지칭했다.[43] 노예적 지위에 있는 사람들과, 서인(말뜻 그 자체로는 농업 종사자라는 의미를 내포한다)이나 상인 및 공인을 구분하게 된 기준은 생계 수단의 종속성 여부였던 것 같다. 그러나 엄밀히 말해서 서인이 할당받은 농지의 소유권을 가진 것은 아니었다. 그보다는 물품과 용역을 제공하는 대가로 국가로부터 사용권을 받았다고 하는 것이 더 정확하다.

과거의 도시 국가 체제에 비해 전제 군주 체제에서 서인은 비록 노예와 같은 계층은 아니었지만, 그들에게 부과되는 노동력은 새로운 국가 경제에서 훨씬 더 중심적인 위치를 차지했다. 법령에 따른 노역은 지나치게 과중할 때가 많았고, 과도한 노역의 요구에 저항하는 일도 흔히 일어났다(특히 공인工人의 저항이 많았다).[44] 정부 소유 공방에서는 주로 죄수들이 형벌을 대신하여 노역을 했다. 이런 관행은 진(晋)나라의 뒤를 이은 나라들에서 시작되었던 것 같다. 그러나 진(秦)나라에서는 상앙(商鞅)에 의해 이 관행이 법적 제도의 기초가 되었다. 상앙의 개혁으로 남

---

42 *Mencius* 5B. 2(《孟子: 萬章下》〈周室班爵祿〉); 5B. 7(《孟子: 萬章下》〈往見不義也〉).
43 Si Weizhi 1978: 105에서 《左傳》 인용 부분; Yoshimoto 1986: 635 참조.
44 Si Weizhi 1978: 108.

성과 여성에게 동일하게 적용되는 노역형이 만들어졌다. 모두가 예신첩(隸臣妾)이라고 통칭되었는데, 이 말은 죄를 범해서 노역을 하는 자와 정부 소속 노예(대부분 전쟁 포로)를 포괄하는 의미였다. 이전까지 하인은 귀족 가문에 예속되어 있었지만, 전국(戰國) 시대 들어 대부분의 예속 계층은 국가 직속으로 편제되었다. 진(秦)나라 법으로는 노역형에 처해진 죄수와 정부 소속 노예를 구분하지만, 이들은 기본적으로 국가에서 부과하는 노역에 무조건 복종해야 하는 공통점이 있었다.[45] 안정적 직업에 종사하지 못하면 그 자체가 범죄였다.《상군서(商君書)》에 의하면, 국가는 게으른 자를 노예로 지정할 수 있었다. 한편 기원전 252년의 위(魏)나라 법령은 게으른 자를 군대에 편입시켜 일반 군인보다 가혹하게 대접해줘야 한다고 규정했다.[46] 전제 군주 체제의 경제에서 노동은 개인의 결정적 가치 기준이 되었다. 이 점에 있어서는 자유민과 예속민 모두 다를 바가 없었다.

철기 시대의 여명과 경제적 변화

진(秦)나라가 최초의 통일 제국을 수립한 때는 기원전 221년이지만, 경제 생활에 주목할 만한 변화가 일어난 시점은 그로부터 3세기 이전이었

---

45 Huang Shengzhang 2001; Yates 2002; Li Li 2007. 노역형에 처해진 죄수는 주로 3~6년에 걸친 고된 노역을 선고받았다. 그 사이에 생을 마감하는 경우가 많았다. 일반적으로 전쟁 포로와 죄수 중 일부 계층만이 노예가 되었다. 그러나 공적이 뛰어난 관료나 군인에게 선물로 노예가 주어지는 경우도 많았고, 최소한 기원전 3세기에 이미 노예 시장이 있었다.
46 Yates 2002: 312.

다. 진(秦)나라, 초(楚)나라, 제(齊)나라 등 패권을 다투던 주요국에서 토지, 노동력, 물품의 중앙 집중화 경향이 점차 강화되었다. 예속 신분의 하인은 주인의 지배에서 벗어나 어느 정도 재산권을 획득했다. 제철 기술과 철제 도구가 도입되면서 농업 생산력도 급증했다. 정치적 중앙 집권화 및 화폐의 탄생으로 지역 간 무역, 도시의 성장, 독립 상인 계층의 부상에 박차가 가해졌다. 진(秦) 제국과 한(漢) 제국을 거치면서 이러한 경향 가운데 일부는 더욱 성장했고 일부는 위축되었다.

    동주(東周) 시대의 기술 혁신 가운데 으뜸은 제철 기술의 도입이었다. 철기를 처음 만든 시기는 기원전 9세기까지 거슬러 올라간다. 그러나 철제 도구(주로 삽과 괭이였으나 쟁기, 낫, 칼, 도끼, 정 등도 포함) 생산이 본격화된 증거는 기원전 5세기가 되어서야 확인된다. 이때의 철제 도구는 대체로 형틀주조법(cast molding)을 따랐으므로 크기가 비교적 작고 무게도 가벼웠다. 전국(戰國) 시대 통치자들은 대규모 농민군을 보유했다. 그들이 먼저 만든 것은 농기구가 아니라 철제 무기였다. 농기구를 만들려면 탄소 함량을 낮추고 철을 더욱 강하게 하는 기술이 필요했다. 철제 농기구 제작 및 사용이 널리 확산된 때는 전국 시대였다. 농업의 작업 효율성이 그만큼 더 높아졌고 수확량도 늘어났다. 이 같은 농업 생산량의 증대 덕분에 통치자들은 더 많은 군사를 먹일 수 있었고, 생산 단위로서는 더 작은 규모의 가구를 선호하게 되었다.[47]

    철제 도구 이외에도 전국(戰國) 시대 농업 생산성을 크게 높인 여러 가지 기술이 있었다. 소가 끄는 쟁기가 언제 도입되었는지는 확실하지

---

47 Emura 2005: 110.

않지만, 기원전 3세기부터 진(秦)나라 문서에서 소가 끄는 쟁기가 자주 언급된다. 황하(黃河)의 홍수를 통제하기 위해 둑을 건설한 것은, 연대기의 기록에 따르면 기원전 602년이 최초였다. 기원전 362년 위(魏)나라는 수도를 대량(大梁, 오늘날 개봉開封)으로 옮긴 뒤 그 주변에 대규모 관개 시설을 건설했다. 기원전 3세기 진(秦)나라 관리들은 새로 정복한 지역에서 주요 관개 시설 건설을 시작했다. 예를 들면 정국거(鄭國渠) 같은 운하가 그것인데, 이 운하를 통해 4만여 경(頃, 18만 헥타르)의 토지에 물을 공급했다고 한다. 기원전 250년경에는 이빙(李冰)이라는 관리가 도언(都堰, 혹은 도강언都江堰)을 건설하여 사천성(四川省)의 성도(成都) 평원을 비옥한 논농사 지대로 바꾸어놓았다. 진나라 관리들은 관할 구역에서 농업 생산을 극대화함으로써 기원전 4~3세기 진나라의 급격한 세력 확장에 기여했다. 오늘날 학자들은 대체로 이러한 해석에 동의한다.[48]

전국(戰國) 시대 경제의 기초로서 가족 영농이 부각되었다는 사실은 당시의 경제 정책을 살펴보면 충분히 확인된다. 당시 국가에서 필요로 하는 노역과 세금을 부과할 때는 핵가족 단위를 기본으로 했다. 앞에서 보았듯이, 위(魏)나라 재상 이괴(李悝)는 농가 소득을 올리고 국가 세수를 늘리기 위해 집약적인 토지 이용을 장려했다. 이괴는 곡물 시장에 국가가 개입해서 가격을 조정해야 한다고 했는데, 이러한 주장은 일반 농민 가정의 열악한 경제 사정을 전제로 한 것이었다. 이괴에 따르면 전형적인 농민 가정의 구성원은 5명인데, 이들이 경작할 수 있는 토지

---

48 Hsu 1980: 99-100. Honda 2000a: 6.

는 100무(畝)였다. 여기서 수확하는 곡식은 연간 150석(石)이다(1석=20리터). 국가에서 부과하는 세금은 10퍼센트, 즉 15석이고, 농민 1가구의 생계를 위해 필요한 곡식은 연간 90석이다. 그러면 45석이 남는다. 시장 가격은 곡식 1석에 동전 30전(錢)이다. 따라서 농가의 잉여 수확량은 동전 1350전이다. 공동체의 의례를 위해서 연간 300전이 필요하고, 5명이 입을 옷값으로 연간 1500전이 필요하다. 그러면 한 가정에서 연간 450전의 적자가 발생한다. "이는 질병, 사망, 장례 등의 불상사에 들어가는 비용이나 정부에서 요구하는 특별 징수 등 특별 사항은 고려하지 않은 계산이다."[49] 이괴의 계산법을 살펴보면 일반 농민의 생활에서 시장은 없어서는 안 될 필수적 요소로 자리 잡고 있었다. 잉여 수확물을 시장에다 내다 팔고, 이를 통해 확보한 현금(즉 錢)으로 여러 가지 필요한 수요를 감당했다. 이 같은 시장 의존 상태 때문에, 이괴는 가격의 급변으로부터 농민을 보호하기 위해서 국가가 시장에 개입해야 한다는 결론에 도달했다.

당시의 농업 경제에서 과연 시장의 영향이 그토록 전면적이었는지에 대해서는 많은 학자들이 회의적이다. 특히 이괴(李悝)의 말이라고 하면서 인용된 문장은 훨씬 후대인 기원후 1세기의 역사서에 수록된 내용이다.[50] 분명 이괴의 언급은 전국(戰國) 시대의 모든 나라에서 다 그랬다

---

49 HS 24A: 1124-25(今一夫挾五口, 治田百畝, 歲收畝一石半, 爲粟百五十石, 除十一之稅十五石, 餘百三十五石. 食, 人月一石半, 五人終歲爲粟九十石, 餘有四十五石. 石三十, 爲錢千三百五十, 除社閭嘗新春秋之祠, 用錢三百, 餘千五十. 衣, 人率用錢三百, 五人終歲用千五百, 不足四百五十. 不幸疾病死喪之費, 及上賦斂, 又未與此.《漢書: 食貨志上》); 영어 번역은 Hsu 1980: 235-36; Swann 1950: 140-43.

128   중국 경제사

는 말이 아니라 위(魏)나라에 한정된다. 당시 위나라는 주(周)나라 영역에서는 상업화가 가장 진전된 나라였다. 전국 시대에 나타난 부의 집중화 현상은 통치자나 그 친인척, 고위 관료를 중심으로 일어났겠지만 분명 일부 상인도 그러한 집중화의 중심에 놓여 있었다. 그리고 이렇게 부가 집중되는 일부 세력과, 그들보다 지위가 낮은 엘리트 사이의 격차가 급격히 벌어졌다. 고고학적 발굴 결과는 이괴의 우울한 증언과 조금 다르다. 전반적으로 하위 엘리트와 평민 사이의 경계가 지어지면서 이들 사이에 부의 분배가 더 폭넓게 이루어졌다. 진(秦)나라에서 상앙(商鞅)의 개혁 당시 장례 풍습에 근본적 변화가 있었는데, 이를 통해 귀족의 지위가 급작스레 바뀌었음을 확인할 수 있다. 하위 계층의 장례 풍습에 대해서는 초(楚)나라의 자료가 가장 많이 남아 있는데, 전국 시대에 무덤 부장품의 종류가 갈수록 동질화되는 경향을 보였다. 이는 하위 계층 귀족 가문의 특권이 줄어들고 사회적 지위의 기준으로 부의 중요성이 갈수록 커져갔음을 의미한다. 초나라 무덤 대부분에 아주 적게나마 부장품이 있는 것은 아마도 전반적으로 형편이 좋아졌기 때문일 것이다.[51] 일부 학자들은 초나라의 폭넓은 사회 계층에서 청동 의례 용기를 소유한 것, 또한 청동기가 더욱 다양해지고 크기도 더 커지고 장식도 더 화려해진 것은 지위가 낮은 귀족 계층과 새롭게 부를 축적한 평민 계층에

---

50 Kanaya(1987: 147)는 이 문구를 전국(戰國) 시대의 기록으로 보는 반면, Hu Jichuang(1962, 1: 277)은 서한(西漢) 시대의 기록이라는 의견이다.
51 진(秦)나라와 초(楚)나라의 무덤 부장품에 관해서는 von Falkenhausen 2006: 370-99 참조. 다만 이 책의 저자는 현 단계에서 무덤 부장품으로부터 사회경제적 흐름까지 추론하는 것은 조심스럽다는 입장이다.

서 수요가 늘어났기 때문이라고 한다.[52] 제(齊)나라에서도 이와 유사한 사례가 발견되었다. 무기를 포함해서 부장품의 출토 양상이 대체로 비슷했던 것이다. 이는 "엘리트 계층에서 최소한 일부 서민에 이르기까지 생활 방식이 유사했음을 의미한다."[53]

중국에서 시장과 화폐는 통치자의 필요에 의해 출현했다. 그들은 갈수록 더 먼 곳으로부터 자원을 거둬들여야 했다. 칼 모양(도전刀錢)이나 삽 모양(포전布錢)의 청동 화폐가 처음 등장한 때가 기원전 600년경이었다. 지중해 지역에서도 이 비슷한 시기에 처음 동전이 등장했다. 처음 중국 화폐의 모양은 실제 사용되는 도구를 모방한 것이었다. 아마도 실생활 도구의 경제적 가치가 점점 커져가던 당시의 경제적 상황을 반영했을 것이다. 최초의 삽 모양 포전(布錢)은 주(周)나라 왕의 이름으로 발행되었지만, 곧이어 진(晉)나라, 정(鄭)나라, 송(宋)나라, 위(衛)나라 등의 중원 지역 핵심 국가들도 이를 모방했다. 기원전 500년경에 이르면 동쪽으로 해안에 접한 제(齊)나라와 연(燕)나라도 화폐를 만들었는데, 이전 것과는 전혀 다른 칼 모양의 도전(刀錢)이었다. 한편 진(秦)나라는 최초로 둥근 모양의 동전을 만들었다. 이를 반량전(半兩錢)이라 하며, 기원전 335년경에 처음 주조된 것으로 추정된다. 남쪽의 초(楚)나라에는 매우 독특한 화폐 체계가 있었다. 초나라에서는 황금, 청동으로 만든 개오지 조개 모형, 삽 모양의 포전 등이 두루 통용되었다. 초나라는 여러 가지 화폐가 통용된 덕분에 화폐의 추상적 가치 단위가 일찍부터 발달했

52 Emura 2005: 104-07.
53 Li Min 2003: 109-11.

다. 추상적 가치를 기반으로 하여 서로 다른 종류의 화폐가 서로 교환될 수 있었다. 또한 초나라의 황금 화폐는 어느 정도 국제 화폐의 기능도 있었다. 특히 제(齊)나라와 진(秦)나라에서 이를 사용할 수 있었다.[54]

화폐 유형의 분포와 화폐 단위로 볼 때 4개의 화폐 유통 구역이 구분된다(지도 2-3). 제(齊)나라의 도전(刀錢)과 진(秦)나라의 반량전(半兩錢)이 가장 보편적인 화폐였지만, 유통 범위가 국경 멀리 넘어서는 화폐는 없었다. 게다가 제나라나 진나라 지역에서도 다른 나라가 만든 청동 화폐는 거의 발굴되지 않는다. 아마 이들도 국가 간 교역을 위해서는 초(楚)나라의 황금 화폐에 의존했던 것 같다. 이와 달리 중원 지역의 나라들에서 발행된 화폐는 국경을 넘어서 유통되었다. 진(晉)나라의 뒤를 이은 나라들과 중원 핵심 지역에 있는 나라들은 여러 가지 다양한 청동 화폐를 발행했다. 이처럼 다양한 화폐를 주조한 선구자는 진(晉)나라의 뒤를 이은 조(趙)나라와 위(魏)나라였다.[55] 초(楚)나라의 화폐 체제가 독특하기는 했지만, 초나라의 청동 화폐(그중에는 위나라 포전을 모방한 것도 있었다)들은 위나라와 중원의 다른 나라에서도 유통되었다. 이로 보아 이들 지역 간에는 왕성한 경제 교류가 있었던 것 같다. 중원 지역에서 발굴되는 화폐의 양이 많고 또한 다양하다는 사실은, 상업 거래가 이 지역(특히 위나라와 한(韓)나라의 중심지인 하남(河南) 지역)에 집중되었을 것이라는 결론을 더욱 강화해준다.[56]

---

54 선진(先秦) 시기의 화폐에 대한 개괄은 Yamada 2000: 29-51 참조. 지역별 형태에 관한 상세한 분석은 Emura 2011 참조.
55 Wu Liangbao 2005: 59-60.

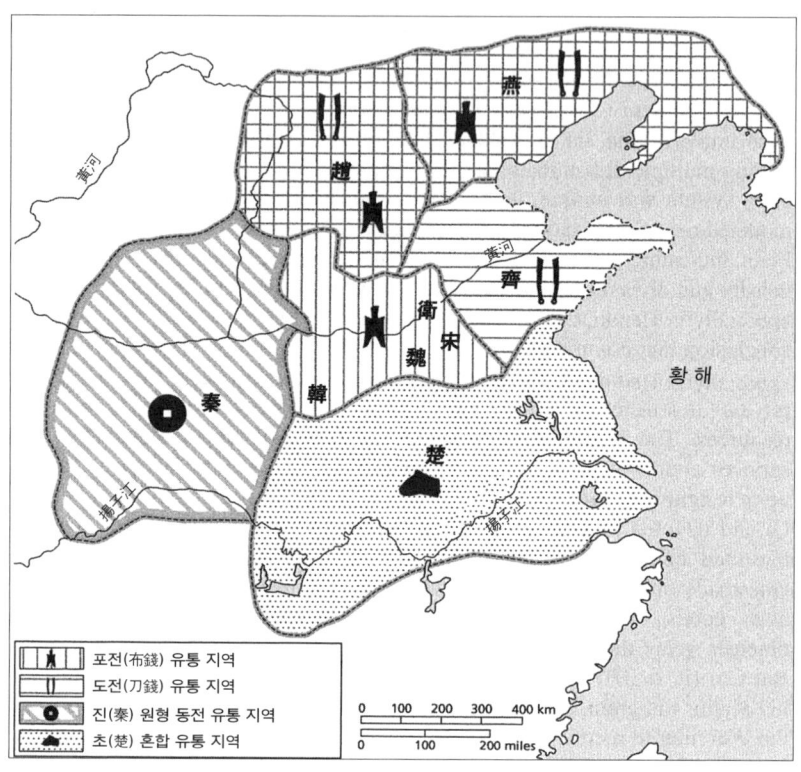

〔지도 2-3〕 전국(戰國) 시대 청동 화폐 유형별 유통 구역

　화폐 유통의 확산과 함께 사적 거래를 담당하는 상인 계층이 등장했다. 통치자들은 이들로부터 생필품과 주요 물자를 구입했다. 상인의 부와, 그들을 찾는 수요가 급증했다. 그러자 상인에게 상당한 정도의 독립성이 주어졌다. 기원전 473년 월(越)나라의 재상 범려(范蠡)는 재상

---

56 Emura 2005: 125-31; Yazawa 2008.

의 자리에서 물러난 뒤 제(齊)나라로 갔다. 거기서 농사를 지으면서 모은 재산이 수십만 전(錢)에 이르렀다. 이후 범려는 다시 도(陶)라는 곳으로 거처를 옮겼다. 그곳은 중원 지역에서도 가장 중요한 상업 거점이었다. 그곳에서 "그는 거래를 통해 물건을 사들여 창고에 쌓아두었다가 언제 팔면 좋을지 기회를 엿보았다. … 19년 동안 세 번이나 천금(千金)에 달하는 재산을 이루었다." 위(魏)나라의 상인 백규(白圭, 기원전 370?~300? 활동)는 곡물, 비단, 칠기(漆器) 등을 거래하여 엄청난 재산을 모았다. 백규의 뛰어난 상술을 보고 위나라 통치자는 그를 높은 관직에 임용했다. 위나라 재상이 된 백규는 사업 우선 정책을 강력히 추진했다. 예를 들면 상거래에 따른 세금을 10퍼센트에서 5퍼센트로 낮추는 등의 정책이었다.[57] 상업적 성공을 발판으로 정계에 진출한 상인은 또 있다. 위(衛)나라 출신의 여불위(呂不韋)는 여러 곳을 다니는 상인으로, 조(趙)나라의 수도 한단(邯鄲)에서 큰 부를 축적했다. 그는 한단에 와 있던 진(秦)나라 왕자와 친구가 되었는데, 이 왕자가 훗날의 장양왕(莊襄王)이다. 기원전 250년 왕위에 오른 장양왕은 여불위를 승상(丞相)에 임명했다. 기원전 247년 장양왕이 갑자기 사망한 뒤 13세의 어린 아들이 왕위를 계승하자, 여불위는 섭정을 하며 어린 왕의 정치적 스승 역할을 맡았다. 그 어린 왕이 훗날 중국 최초로 황제의 자리에 오르는 시황제(始皇帝)이다.[58]

---

57 *SJ* 129.3257-59(乃治産積居, 與時逐而不責於人. … 十九年之中三致千金.《史記: 貨殖列傳》). 백규의 상거래 조세 감면에 관해서는 *Mencius* 6B. 10(白圭曰, 吾欲二十而取一, 何如?《孟子: 告子章句下》) 참조. 또한 Hu Jichuang 1962, 1: 174-92, 278-84 참조.

전국(戰國) 시대의 통치자들은 끊임없는 전쟁의 와중에 전략 물자의 가치를 너무 잘 알고 있었다. 《관자(管子)》에는 "숨겨져 있는 왕(음왕陰王)"이라는 개념이 등장한다. 초(楚)나라, 제(齊)나라, 연(燕)나라 등이 각기 보유한 광물 자원을 일컫는 말이다(초나라는 황금, 제나라와 연나라는 소금). 이러한 자원을 가장 잘 활용하는 통치자가 가장 강한 나라를 건설할 수 있었다. 예컨대 제(齊)나라는 백성으로 하여금 소금을 생산하게 해서, 곡물은 풍부하지만 소금이 부족한 중원 내륙 국가들에 소금을 팔아 많은 황금을 얻을 수 있다. 일단 황금을 충분히 확보하고 나면 제나라 왕은 모든 나라의 금 가격을 통제할 수 있게 된다. 그 단계에 이르면 제나라 왕은 더 이상 부족함이 없게 된다. 그러나 자국 내의 천연자원을 활용할 줄 모르는 통치자에게 그것은 먼지와 다름없다.[59]

기업형 상인의 등장은 통치자의 수요뿐만 아니라 생산의 전문화도 반영하는 것이었다. 즉 지역별로 철, 소금, 칠기, 비단 등의 생산이 전문화되어 있었다. 통치자들은 특히 이익이 많은 철광과 소금 산업에 눈독을 들였다. 이 사업을 통해 모은 재산은 "왕가의 재산에 비할 정도였다."[60] 진(秦)나라는 철광과 염전을 통치자 개인 소유로 지정했는데, 이를 당시 표현으로는 "산택지리(山澤之利)"라고 했다. 그러나 다른 나라에서 그랬던 것처럼, 왕실에서 직접 경영을 하는 대신 수익성 좋은 사업으로부터 수익금을 떼는 방식을 취했다. 《관자》는 정부가 직접 철광 경영을 해

---

58 여불위와 그의 정치 이력을 둘러싼 논란에 관해서는 Knoblock and Reigel 2000 참조.
59 Chapter 80, "Qingzhongjia", in *GZ*, 1: 1422-23(《管子: 輕重甲》); 영어 번역은 Rickett 1998: 456-57 참조.
60 *SJ* 129.3259(而邯鄲郭縱以鐵冶成業, 與王者埒富.《史記: 貨殖列傳》).

서는 안 된다고 경고하고 있다. 광산이 먼 거리에 위치하기 때문에 강제 노역에 동원되는 범죄자나 노예가 도망칠 우려가 있고, 그렇게 힘든 일에 일반 백성을 강제로 동원하면 백성의 원성을 사게 될 것이었다. 그래서 《관자》는 제(齊)나라 통치자에게 사기업이 광산을 유지하도록 하고 수익금(30퍼센트)을 취하라고 조언했다.[61]

교역을 통제하는 일은 국가의 경제적 안녕과 군사 안보의 양 측면에서 매우 중요한 문제였다. 기원전 323년에 초(楚)나라 중앙 정부에서 지방 관리에게 발행한 악군계절(鄂君啓節)이라는 부절(符節)이 있는데, 전국(戰國) 시대 국내 상거래를 정부에서 어떻게 통제했는지를 엿볼 수 있는 희귀한 유물이다. 정해진 교역로를 따라 국내 교역을 하는 경우 수레는 50대, 화물선은 150척까지 관세를 면제하며, 특혜는 매년 갱신해야 한다. 여기서 등장하는 상단의 이동은 분명 초나라 국내에서 정부의 감독하에 이루어지는 것이었다. 그러나 어떤 물품이 거래되었는지, 국가에서 거두는 세율이 얼마였는지는 부절에 기록되지 않았다. 악군계절 중에서 거절(車節, 수레를 규제하는 내용)은 초나라의 북방 국경 지역으로 통하는 길과 관련되어 있는데, 금속, 가죽, 화살 등의 물품, 즉 전략 물품의 운반을 금지하고 있다. 반면 악군계절 중에서 주절(舟節, 선박 규제 내용)은 초나라 남부 지역으로 가는 화물에 관한 내용인데, 특별한 금지 품목이 없었다.[62] 악군계절을 통해 초나라는 주요 무역로를 따라 세관을

---

61 Chapter 81, "Qingzhongyi", in *GZ*, 3: 1448(《管子: 輕重乙》). 텍스트에는 국가의 분배 비율이 13분의 3이라고 나오지만, Ma Feibai(1979, 2: 577)의 교정에 따라 10분의 3으로 이해하는 편이 더 논리적이다. 진(秦)나라의 광산 세금에 관해서는 He Qinggu 2003a 참조.

설치하고 국내 교역에 대해 세금을 거두었음을 알 수 있다. 제(齊)나라도 이 같은 관행이 있었던 사실이 확인되었다. 이와 달리 진(秦)나라는 국경 지역에서의 무역을 엄격히 규제했지만 국내의 상품 이동에 대해서는 세금을 부과하지 않았다.[63]

변화된 도시

전국(戰國) 시대 경제 변화의 가장 극명한 증거는 바로 도시다. 이 시기에 도시의 수, 규모, 구조 면에서 극적인 변화가 나타났다. 고고학자들이 발굴한 이 시대의 성벽 도시만 400곳이 넘고, 그중 면적이 최소 1제곱킬로미터 이상인 도시가 114곳이었다(지도 2-4). 전국 시대 도시의 급격한 성장이 가장 잘 드러나는 곳이 바로 왕국의 수도였다. 세력이 강성한 7개국 도성의 성벽은 모두 4킬로미터 이상이었다. 그중 성벽이 가장 긴 도시는 연(燕)나라의 하도(下都)였는데, 도합 8킬로미터에 달했다. [표 2-1]은 성벽 길이를 기준으로 가장 규모가 컸던 20개 도시의 목록이다(그러나 이 표에서는 중요하지만 누락된 도시들이 있는데, 예를 들면 기원전 362년에 건설된 위魏나라의 수도 대량大梁은 아직 발굴되지 못했다). 전국 시대의 도시는 이전 춘추(春秋) 시대의 도시에 비해 규모가 커졌을뿐더러 형태도 뚜렷하게 달라졌다. 춘추 시대의 도시는 요새화된 성벽이 둘러싸고 있었고, 한가운데 통치자의 궁궐이 있었다. 이는 통치자를 방어하는 보루로서의 도시 기능을 극대화한 것이었다. 전국 시대의 전형

62　악군계절(鄂君啓節) 번역은 von Falkenhausen 2005 참조.
63　Yamada 1993: 446-49.

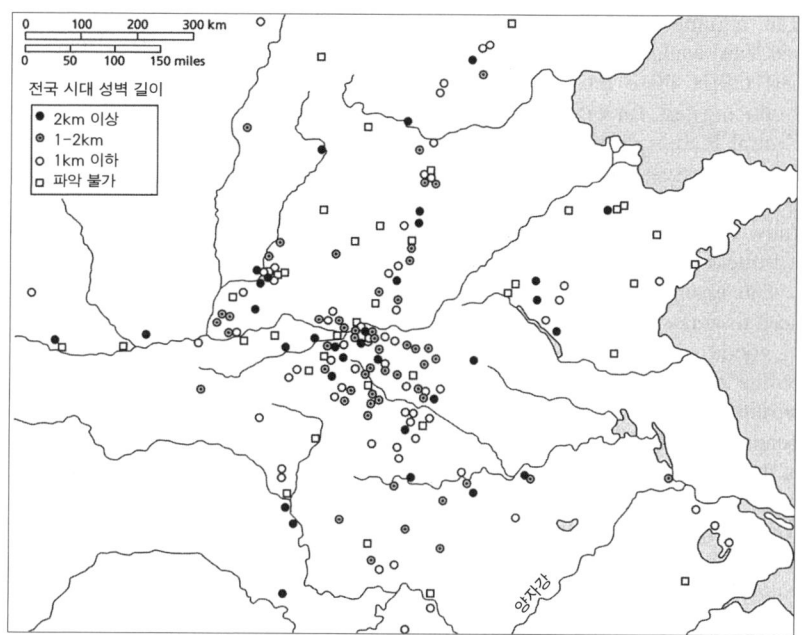

[지도 2-4] 전국(戰國) 시대의 도시들(고고학 발굴에 근거)

적 도성은 이와 달랐다. 전국 시대의 도성은 운하와 성벽 두 부분(혹은 그 이상)으로 나뉘었다. 궁궐이 위치하는 구역은 거대한 언덕이었는데, 그곳에 주요 궁전과 사원이 건축되었다. 한편 백성이 거주하는 구역에는 청동기, 철기, 옥기, 골각기 등을 제조하는 작업장이 있었고, 장인, 상인, 도성 근처의 농지에서 농사짓는 농민이 그 구역에 살았다.

전국(戰國) 시대 도시의 형태 변화는 이미 제(齊)나라 수도 임치(臨淄)에서 나타났다. 임치의 남서쪽 구석에는 성벽으로 둘러싸인 조그만 궁궐 구역이 있었다. 그 안에 제철 작업장과 화폐 주조소도 있었다. 궁

(모든 연도는 기원전)

도시	성벽 건설 연도	국명	최장 성벽(m)	면적(km²)	국가의 수도
1) 하도(下都)		燕	8,000	32	*
2) 함양(咸陽)	350	秦	7,200		*
3) 수춘(壽春)		楚	6,200	26	*(241-224)
4) 신정(新鄭)		韓	5,000		*
5) 한단(邯鄲)		趙	4,880	19	*(386부터)
6) 임치(臨淄)		齊	4,500	20	*
7) 영(郢, 기남紀南)	519	楚	4,500	16	*(241까지)
8) 영수(靈壽)		中山	4,500		*(380?-296)
9) 안읍(安邑)	385	魏		13	*(362까지)
10) 요(蓼)		楚	3,775		
11) 곡부(曲阜)		魯	3,700	10	*
12) 옹(雍)		秦	3,480	10	*(383까지)
13) 설(薛)	323	齊	3,300	7.36	
14) 주왕성(周王城)	510	周	3,200		*
15) 채(蔡, 상채上蔡)		楚	3,187		*(447까지)
16) 곡옥(曲沃)		晉	3,100		*(403까지)
17) 송(宋, 상구商丘)		宋	3,050		*
18) 강(絳, 양분襄汾)		韓	2,700	5.0	
19) 진양(晉陽)		趙	2,700		
20) 기왕성(紀王城)		周	2,530		*

〔표 2-1〕 전국(戰國) 시대 도시 규모

궐 구역과 연접하여 구도심이 위치했는데, 면적이 훨씬 더 넓었다. 구도심 지역에는 폭 6~20미터의 도로가 격자무늬로 건설되어 있었다(그림 2-1). 임치의 궁궐 구역은 나중에 추가로 건설되었다. 고고학자들은 기원전 362년 전씨(田氏) 가문이 제나라 왕실을 대체한 이후로 이 구역이

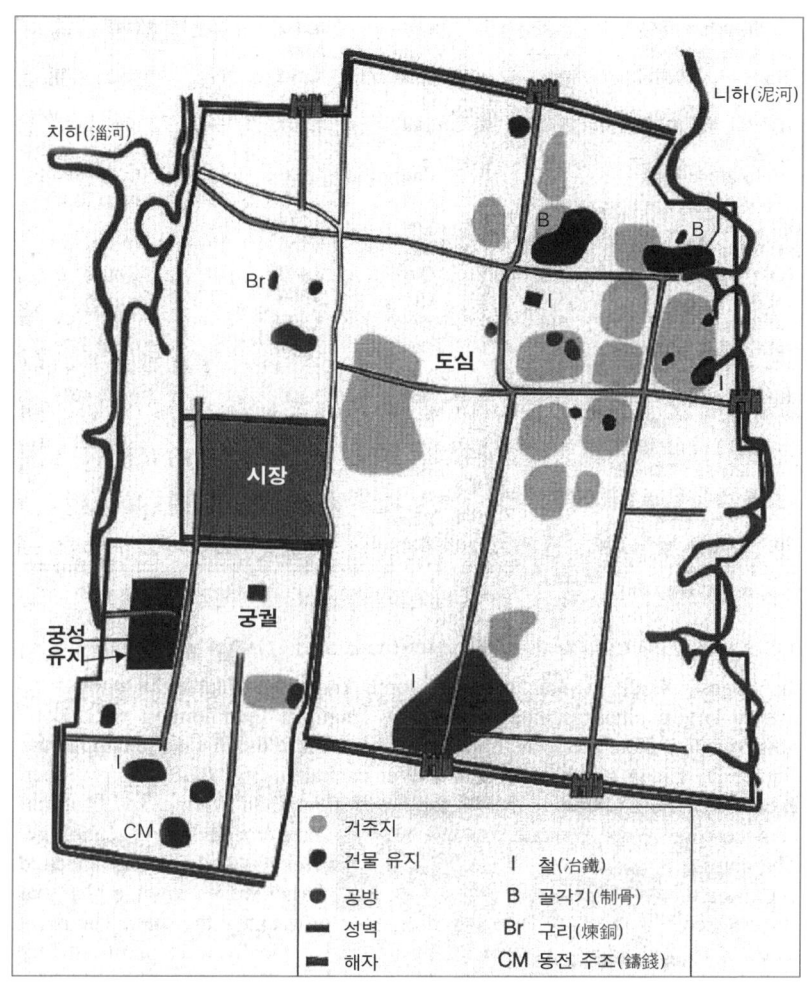

[그림 2-1] 고고학 발굴 결과로 재구성한 제(齊)나라의 수도 임치(臨淄)

건설되었을 것으로 추정한다. 궁궐 구역에 위치한 작업장은 의심할 여지가 없이 국가 소유의 공방이었다. 이보다 규모가 작은 사적 소유 작업장들은 넓은 구도심 구역에서 중앙부, 북동부, 서부 등지에 산재했다.[64] 연(燕)나라 하도(下都)에서도 이러한 패턴을 확인할 수 있다. 하도는 전국 시대 왕성으로는 최대 규모였다. 이곳에는 거대 규모의 국영 제철소와 화폐 주조소를 비롯한 작업장들이 궁궐 주변에 위치했고, 소규모 민간 소유 작업장들은 백성 거주 지역에 흩어져 있었다(그림 2-2). 도시 서부에 성벽으로 둘러쳐진 구역에는 건설의 흔적이 전혀 없다. 아마도 나중에 도시를 확장할 계획으로 터를 잡아놓았던 것으로 추정된다. 그러나 기원전 222년 아직 이 구역이 개발되기 전에 연나라는 진(秦)나라에 의해 멸망하고 말았다.[65]

거대 왕성 도시들보다 더 큰 의미가 있는 것은 작은 도시들에 긴밀한 네트워크가 형성되었다는 사실이다. 이런 네트워크는 기본적으로 상업적 성격을 띠었는데, 중원 지역의 남부, 특히 위(魏)나라와 한(韓)나라 지역(대체로 오늘날 하남河南에 해당)이 그러했다. 이곳은 주요 무역로가 거쳐 가는 지역이면서 동시에 가장 중요한 철 생산지였다. 고고학적으로 청동기와 칠기(漆器)도 남쪽의 초(楚)나라 못지않게 이 지역에서 매우 집중적으로 발굴되었다(지도 2-5). 재상 이괴(李悝)가 정책을 펼 당시 위(魏)나라는 시장의 가격 변동으로부터 농민을 보호하기 위한 정책을 실시했다. 그러나 기원전 4세기 중반 백규(白圭)가 재상 자리에 있을

64 Xu Hong 2000: 98-100.
65 Chen Shen 2003.

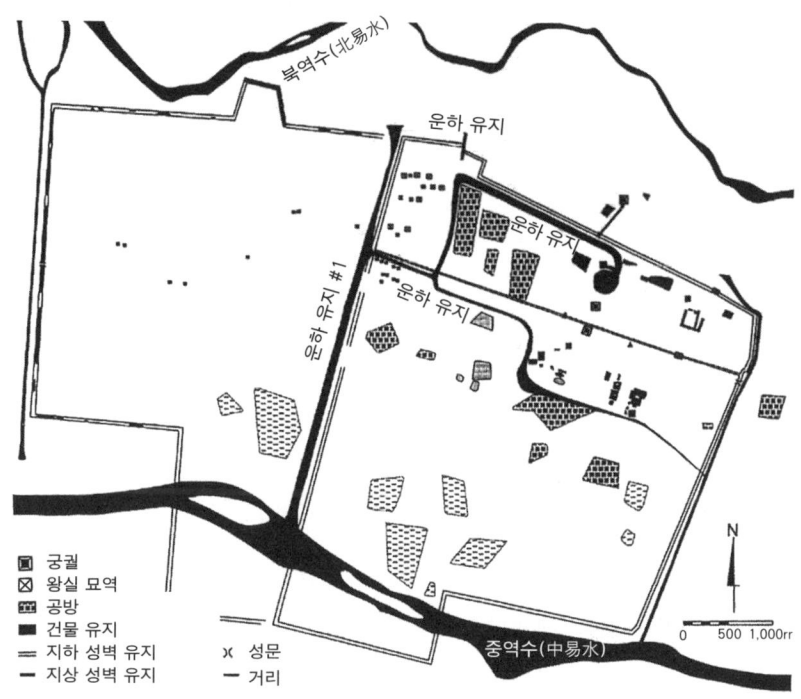

[그림 2-2] 고고학 발굴 결과로 재구성한 연(燕)나라의 수도 하도(下都)

때 위나라는 자유 시장 정책으로 방향을 틀었다. 당시 상인은 국가의 통제에서 벗어나 상당한 자율성을 얻었다.[66] 이후 위나라는 군사력의 쇠퇴에도 불구하고 엄청난 상업적 성장을 기록했다. 기원전 289년 진(秦)나라는 위나라에 빼앗겼던 하내(河內) 지역을 되찾았다. 그곳은 과거 위나라에서 재상 이괴가 재직할 당시에 빼앗긴 땅이었다. 당시 진나라 군대

66 Emura 2005: 132-34.

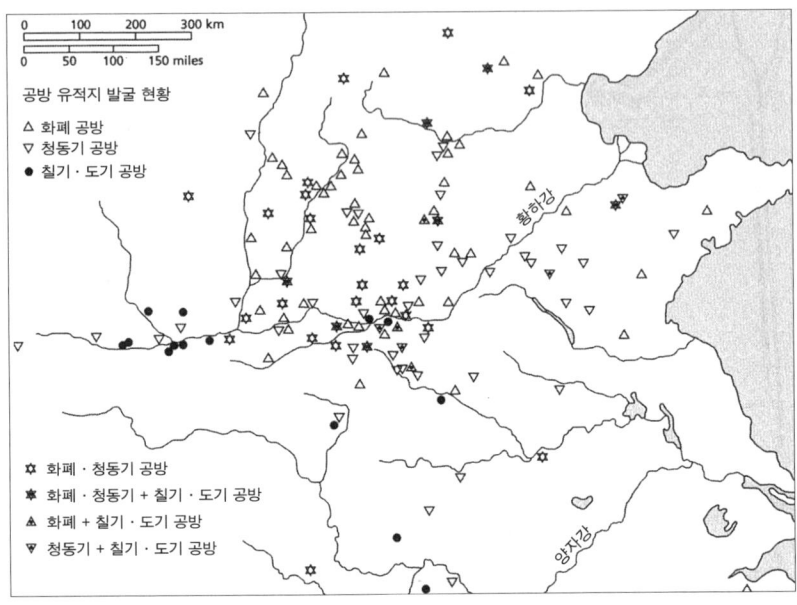

[지도 2-5] 전국(戰國) 시대 도시 유적과 경제 활동

가 점령한 성벽 도시가 60곳 이상이었다. 기원전 260년 위나라의 관리가 기록한 바에 의하면, 위나라 수도 대량(大梁)의 동쪽으로 "1000장(丈)에 달하는 성벽을 두르고 1만 가구가 거주하는 큰 도시(大縣)가 17곳, 도시 안에 시장이 있는 작은 도시(小縣)는 30여 곳이 있었다."[67] 불행하게도 황하가 반복적으로 범람해 이 지역을 덮치는 바람에, [지도 2-4]를

---

67 Chapter 26, "Jian Tian Bing yu Liangnan zhang", in *ZGZH*: 165(千丈之城, 萬家之邑, 大縣十七, 小縣有市井卅有餘.《戰國縱橫家書: 見田兵於梁南章》); 또한 Emura 2005: 78-87; Sahara 2002: 310 참조.

보더라도 대강 짐작할 수 있듯이 이 지역에서는 전국(戰國) 시대 도시를 발굴한 성과가 거의 없다.

위(魏)나라 도시에 1만 가구가 거주했다는 기록을 액면 그대로 받아들이기는 어렵다. 다른 자료에 의하면, 작은 도시의 경우 인구는 약 1000명, 큰 도시는 약 1만 명이었다. 수도의 왕성은 아마도 이보다 훨씬 컸을 것 같다. 기원전 3세기 기록으로 전하는 자료에 따르면 제(齊)나라 수도 임치(臨淄)에 7만 가구가 거주했다고 하지만, 이는 과장이 틀림없다.[68] 그렇지만 이 기록에서 위(魏)나라 영역에 시장이 있는 도시가 조밀하게 산재했다는 내용은 타당성이 있다. 주요 상업 중심지는 모두가 중원 지역의 핵심에 있었다(지도 4-2 참조). 송(宋)나라의 도(陶)라고 하는 도시는 동서 교역로와 남북 교역로의 교차로에 위치했는데, "천하의 중심에 위치하여 사방의 제후국으로 통하며 물자를 교역하는 곳"이라 일컬어졌다.[69] 위(衛)나라의 수도 복양(濮陽) 또한 주요 교역로상에 위치하여 임치 못지않게 번성했던 도시다.[70]

전국(戰國) 시대 도시의 핵심 기능이 상품의 대량 생산에 있었다는 사실은 고고학적으로 입증이 되었다. 청동기(특히 무기)와 도자기 상표는 대개 상품을 만든 장인의 이름을 따랐다. 이런 관행이 국가 주도의

---

68 Emura 2005: 60. 임치에 7만 가구가 거주한다는 기록은 *SJ* 69.2257(臨淄之中七萬戶…《史記: 蘇秦列傳》). 임치는 당시 사람들이 보기에 엄청나게 변화한 상업 도시였다. 제(齊)나라 출신인 한 무제(漢 武帝, 재위 기원전 141~87)는 임치의 인구가 10만 가구에 달하며, 인구수나 도시민의 부유함이 수도 장안을 능가한다고 했다. *SJ* 52.2008(齊臨淄十萬戶, 市租千金, 人眾殷富, 巨於長安…《史記: 齊悼惠王世家》) 참조.
69 *SJ* 129.3257(朱公以爲陶天下之中, 諸侯四通, 貨物所交易也.《史記: 貨殖列傳》).
70 Emura 2005: 93-94; Utsunomiya 1955: 110.

대량 생산 체제로 넘어가면서 그대로 반영되었다. 기원전 3세기의 자료로서 연간 작업 관리를 위한 지침서를 보면 "물품에는 반드시 만든 사람의 이름을 새겨야 한다. 그래야 얼마나 성실하게 만들었는지 검사할 수 있다. 만약 만든 사람의 잘못이 있다면 반드시 처벌이 따라야 할 것이며, 왜 그런 잘못이 발생했는지 원인을 찾아야 한다."[71] 새겨진 이름은 주로 작업자나 작업장의 책임자 혹은 감독관의 것이다. 위(魏)나라 국영 작업장에서 만든 청동기에는 주문자의 이름, 제조 일자, 감독관, 장인, 용도와 무게 등이 새겨져 있다.[72] 작업장 감독관의 직위는 사구(司寇)라고 기록된 경우가 많다. 사구는 원래 재판과 치안 업무를 담당했던 관직이다. 당시 사구가 공적 노동 감독관으로 임명되는 경우가 많았던 이유는, 작업장 노동자가 대부분 범죄자였기 때문이다.[73] 국경 지역에 위치하고 중앙 집권화가 강화된 제후국은 국가가 담당하는 상품 생산 비중이 훨씬 더 컸다. 민간 운영 작업장에서 소비재 상품을 제조하는 경우에도 정부 관료의 엄격한 감독 아래 작업이 이루어졌다.[74]

진(秦)나라에서도 무기의 생산과 저장은 중앙 정부의 엄격한 감독하에 이루어졌다. 진나라 무기에는 운송될 지명이 새겨지는 경우가 많았는데, 운송지는 대개 생산지로부터 멀리 떨어진 곳이었다. 이와 달리 진

---

71 "Mengdong ji", in *LSCQ*, 1: 516(物勒工名, 以考其誠. 工有不當, 必行其罪, 以窮其情. 《呂氏春秋: 孟冬紀》); Knoblock and Riegel 2000: 225의 번역은 약간 다르다. Chapter 6, "Yueling", of the *Li ji*에도 같은 구절이 있다. *LJ*, 2A: 273-74(《禮記: 月令》) 참조.
72 Huang Shengzhang 1974b.
73 Yang Kuan 1998: 107.
74 연(燕)나라와 진(秦)나라 등지에서 사기업이 그릇, 장신구, 철제 도구 등을 제조했던 증거에 관해서는 Chen Shen 2003; He Qinggu 2003a 참조.

(晋)나라의 뒤를 이은 위(魏), 한(韓), 조(趙) 3국은 무기 생산이 중앙 집중화되지 않고 산재했다. 무기 생산 작업장은 주로 무기 저장고와 붙어 있었다. 이러한 작업장이 여러 지방 도시에서 발굴되었다. 위나라 영토에서만 이러한 작업장 유지가 17곳이나 발굴되었다.[75] 마찬가지로 금속 화폐 생산도 지역별 다양성을 확인할 수 있다. 진(秦), 초(楚), 제(齊), 연(燕) 등의 관료제 국가는 대체로 금속 화폐 생산도 중앙에서 엄격히 관리했다. 따라서 각 나라마다 주로 수도에서 금속 화폐를 생산했다. 그러나 진(晋)나라 후계 3국은 여러 도시에서 도시 명의로 금속 화폐를 주조했다. 오히려 위(魏), 한(韓), 조(趙) 3국의 수도에서 생산된 금속 화폐는 상대적으로 드물었고, 지방 도시에서 주조되는 경우가 많았다. 화폐가 생산된 지방 도시에는 대체로 무기 생산 작업장도 함께 있었다. 게다가 하나의 화폐 제작소에서 생산되는 화폐의 유형도 여러 가지였다. 예컨대 한(韓)나라의 도시 진양(晉陽)에서는 칼 모양의 도전(刀錢)과 삽 모양의 포전(布錢) 및 동그란 모양의 동전을 생산했다. 이로 보아 진양은 제(齊)나라 화폐 유통 지역과 진(秦)나라 화폐 유통 지역이 서로 겹치는 곳이었음을 알 수 있다.

금속 화폐 및 무기 제작을 통해 다시 한 번 확인할 수 있는바, 변경 지역에 위치한 관료제 국가는 내부 경제에 대한 강력한 중앙 통제를 실시했고, 이와 달리 진(晋)나라 후계 3국은 정치·군사·경제가 상당히 자율적인 편이었다. 3국의 도시들은 중원 지역 핵심부에 집중되어 있었다. 그곳에서 독립 상인 계층은 중앙 통제 국가의 도시에서보다 상업 활동

---

75 Huang Shengzhang 1974b: 40.

에 훨씬 더 많은 자유를 누렸을 것이다.[76]

비록 고고학적 발굴로 도시 구역에서의 시장 발달이 뚜렷하게 드러날 수는 없겠지만, 도시는 물품 생산뿐만 아니라 상거래의 중심이기도 했을 것이다. 춘추(春秋) 시대의 텍스트들을 보면, 도시에서 사람들이 모이는 곳, 즉 축제나 회합이나 공개 처형의 장소를 언급할 때 시(市)라는 어휘가 등장한다. 그러나 여기서 상거래와 관련된 내용은 언급된 바가 없다.[77] 그런데 전국(戰國) 시대 중반에 이르러 시(市)라고 하면 곧 시장을 의미하게 되었다. 게다가 시장은 도시와 같은 말로도 쓰였다. 그래서 성시읍(城市邑, 성벽과 시장이 있는 도시)이라는 표현이 자주 등장한다. 국가의 경제적 안녕을 위한 상거래의 현실적 가치는 현재 그 일부가 전해지는 제(齊)나라의 "시법(市法)"에 아주 설득력 있게 서술되어 있다.

진정한 왕의 영토에는 시장이 없고, 패자(霸者)는 상점 구역을 설치하지 않는 법이다. 그러나 중간 규모의 나라는 시장에서 이득을 취하고, 작은 규모의 나라는 시장에 의존해야 한다. 시장이라는 곳에는 온갖 물건이 펼쳐

---

76 Emura 2005: 116-37. Sahara(2002a: 152)는 이런 해석에 반대하는 입장이다. 진(晉) 나라 후계 3국이 주로 관료가 통치하는 군사 도시였기 때문이다. 그러나 나는 Emura의 의견에 동의한다. 군사적 방어와 무기 산업이 어느 도시에서나 중요하게 부각된 것은 사실이지만, 진(晉) 후계 3국의 가장 뚜렷한 특징은 도시 연합이었다는 점이다. 이 도시들은 정치 구조와 경제 생활 측면에서 중앙 집권 관료제 국가들의 도시와는 현저히 달랐다. 예를 들어 진(秦)나라는 군사 요충지에 군(郡)이라고 하는 행정 구역을 편성했는데(모두 36개 군이었다), 문관이 관리하던 일반 행정 단위인 현(縣)과는 분리된, 더 높은 차원의 행정 단위였다. 그러나 진(晉) 후계 3국에는 국경 지역의 군(郡)이 불과 몇 군데(3~6개)였다.
77 Hori 1996: 211-14; Sahara 2002a: 307.

져 있어서 양껏 쓸 수 있다. 중간 규모의 나라가 시장에서 이익을 잘 만들어내면 강해질 것이고, 작은 규모의 나라가 시장에서 이익을 잘 만들어내면 나라가 안정될 것이다. 시장에서 이익이 나면 상품 유통이 활발해질 것이고, 상품 유통이 활발하면 사람들이 ■할 것이며, 사람들이 ■하면 그 나라의 제후도 재물이 풍부해질 것이며, 제후가 재물이 풍부하면 비록 소국이라도 부유해질 것이며…⁷⁸(■은 판독 불가 문자)

당연히 전제 군주제 국가의 군주들도 시장에 눈독을 들였다. 상인의 활동을 감독하고 도시의 군중이 불법적인 일을 하지 못하도록 질서를 유지할 감독관을 임명했다. 고고학자들은 진(秦)나라 수도인 옹성(雍城)의 북동부에서 벽으로 둘러싸인 사각형 구역을 발굴했다. 그곳이 바로 가로 150미터, 세로 180미터 크기의 시장이었다. 사방의 벽마다 가운데 문이 있었고, 시장 안에는 격자 모양으로 도로를 놓았다.⁷⁹ 제(齊)나라 "시법(市法)"에 나오는 규정에 의하면, 시장은 반드시 도시 안에 설치되어야 하고 그 크기는 도시 크기에 비례해야 한다. 왕성인 경우 시장은 400보(步) 크기여야 한다(이 정도면 옹성의 시장보다 3배가량 크다). 또한 시장에는 함부로 접근하지 못하도록 벽을 둘러야 하며, 출입문은 상품을

---

78 Yinqueshan hanmu zhujian zhengli xiaozu 1985: 31(王者无市, 朝(霸)者不成肆, 中國利市, 小國恃市. 市者, 百化(貨)之湊, 用之量也. 中國能利市者強, 小國能//利市者安. 市利則化貨行, 化貨行則民■, 民■則諸侯財物至, 諸侯財物至則小國富, …《銀雀山漢墓竹簡: 市法》).
79 Yang Kuan 1998: 128. 시장 건설 시기는 불분명하다. 옹성(雍城)은 기원전 677년부터 기원전 383년까지 진(秦)나라의 수도였다. 진나라는 기원전 378년에 최초로 시장 규제를 법제화했다고 알려져 있다.

운반하는 데 불편함이 없도록 충분히 커야 한다. 가게는 거래 품목별로 일렬로 배치해야 한다. 가게 크기는 취급하는 상품의 가치에 반비례한다 (값싼 물건을 파는 가게는 더 넓은 공간을 허용해야 한다).[80] 그러나 안타깝게도 진(晉)나라 후계 3국의 상업 도시에서 시장이 어떻게 조직되었는지에 대해서는, 문헌 자료나 고고학 발굴 자료 모두 확인된 것이 없다.

정부의 감독관은 정기적으로 상업 활동을 감독했다. 전국(戰國) 시대의 도자기나 칠기 제품에는 먹으로 시(市, 시장)나 정(亭, 정부 사무소 또는 치안 관리소) 혹은 합쳐서 시정(市亭)이라는 글자가 쓰여 있는데, 이는 시장 감독관이 품질 검사를 완료했다는 의미로 해석된다.[81] 최근에 초(楚)나라의 도시 채(蔡, [표 2-1]의 15번)에서 봉니(封泥)가 발굴되었는데, 이를 통해 시장 통제의 더 많은 측면을 엿볼 수 있다. 봉니 가운데 석시(夕市, 야간 시장)나 공시(功市, 장인들의 시장, 功=工)처럼 시(市)라는 글자가 포함된 여러 표현이 발견되었다. 또한 개인이 운영하는 귀금속점이나 포목점 등을 나타내는 표현으로 추정되는 특이한 글자의 봉니들도 있다. 시발(市鉢) 혹은 채시발(蔡市鉢)이라는 글자가 새겨진 봉니가 상당히 많은데, 아마도 채의 시장에서 사용된 측정 단위였을 것으로 추정된다. 특히 정부의 창고를 뜻하는 부(府) 자가 포함된 봉니가 가장 많은데, 예를 들면 우부(右府), 동부(東府)(서부, 남부, 북부도 있다), 동문부(東門府)(북문부도 있다), 세관을 뜻하는 문관부(門關府, 혹은 문새부 門塞府),

---

80 Yinqueshan hanmu zhujian zhengli xiaozu 1985: 32(《銀雀山漢墓竹簡: 市法》). 또한 Emura 2005: 160 참조.
81 Emura 2005: 117.

곡식을 뜻하는 속부(粟府) 등이다. 또한 장소 명칭이 적힌 봉니, 동물 형상이 찍힌 봉니(아마도 상표인 듯하다), 신용(信), 성실(篤), 맹세(質) 등의 글자가 적힌 봉니도 있다. 대부분은 채(蔡)를 비롯해 초(楚)나라에 속하는 지역의 봉니지만, 위(魏)나라, 진(秦)나라, 제(齊)나라의 봉니 몇 점도 함께 발굴되었다.[82] 채(蔡)에서 발굴된 봉니를 종합적으로 고찰해볼 때, 이 도시의 시장은 엄격히 통제되었고, 도시에 시장이 하나가 아니라 여러 개 존재했으며, 외국 상인이 현지 사무역 상인과 섞여서 거래를 했다. 또한 도시 경제에 기본적으로 정부의 개입이 있었다. 정부가 상품 생산을 견인하고 시장 질서를 유지했던 것이다.[83]

재정 국가 경제 체제의 출현

전국(戰國) 시대의 정부 관료나 학자들은 농업을 "가장 근본적인 일(본업本業, 본사本事)"로 규정했다. 백성의 양식과 통치자의 재산이 모두 농업에 달려 있었기 때문이다. 전제 군주제 국가를 설계한 사람들은, 국가의 힘이 군사력에서 나오고 인구가 많아야 더 큰 군대를 거느릴 수 있다는 사실을 잘 알았다. 그래서 《상군서(商君書)》에서는 "나라의 부흥은 농업과 전쟁에 달려 있다"라고 했다.[84] 이괴(李悝) 같은 정부 관료들은 농업 생산성을 늘리기 위해 농업 기술을 개선하는 한편, 가뭄이나 홍수로부터 백성을 보호하고, 계절에 따른 시장 가격 변동에도 대응했다. 《상

---

82 Zhou Xiaolu and Lu Dongzhi 2005.
83 추가로 판독된 또 다른 부류의 봉니들은 수익성이 아주 좋은 소금 거래를 통제할 때 정부 관료들이 사용한 것으로 밝혀졌다. Zhao Ping'an 2004 참조.
84 Chapter 3, "Nongzhan", in *SJS*: 22(國之所以興者, 農戰也. 《商君書: 農戰》).

군서》보다 더 오래된 시기의 자료인《관자(管子)》에는 농지를 더 늘리고, 농번기의 백성을 노역이나 군역에 동원하지 말며, 흉년에 대비하여 곡식을 저장하도록 권고하는 내용이 있다. "오곡과 쌀이 곧 백성의 사명"이라는 유명한 구절이 바로 이 책에 나온다.[85] 또한 유학자들은 통치자가 백성의 도덕성을 훈련하기 전에 먼저 물질적 풍요를 제공해야 한다고 주장했다.《맹자(孟子)》에 따르면 "백성은 안정적이고 확고한 생계 수단(항산恆産)이 없으면 변치 않는 굳은 마음(항심恆心)도 없다." 심지어 맹자는 "대개 어진 정치란 반드시 토지의 경계를 분명히 하는 데서 시작되어야 한다. 경계가 분명하지 않으면 토지를 정전제(井田制)에 따라 균등하게 분배할 수 없고, 세금도 공평하게 부과할 수 없다"라고 주장했다.[86] 맹자는 정전제(우물 정井의 모양처럼 토지를 구획한다고 해서 정전제井田制라 하는데, 글자 모양처럼 토지를 9개 구획으로 나눈다)에 대해, 통치자에게 약간의 소출을 바치기도 하지만 기본적으로 각 가정이 자급자족할 수 있도록 하기 위해 옛 성현들이 만든 제도라고 했다.

농업이 경제의 기둥이라는 공감대는 있었지만, 농업은 백성에게 필수적 생계 수단인 동시에 전제 군주 국가를 운영하는 데도 필수적 요소였기 때문에, 갈수록 주민과 국가 간 긴장이 높아졌다. 더욱이 전국(戰國) 시대의 정치 지도자들은 시장 경제를 방치하면 부의 불평등이 심화되어 국가 권력에 해롭고 백성의 복지에도 해가 된다는 점을 잘 알았다.

---

85 Chapter 73, "Guoxu", in *GZ*, 3: 1259(五穀食米, 民之司命也.《管子: 國蓄》); 또한 Rickett 1998: 377 참조.
86 *Mencius* IIIA. 3(若民, 則無恆産, 因無恆心.《孟子: 梁惠王上》; 夫仁政, 必自經界始, 經界不正, 井地不鈞, 穀祿不平.《孟子: 滕文公上》).

처음에 중국 관료들은 상인과 상업 활동에 대해 방임하는 태도를 취했다. 진(晋)나라 관리 한기(韓起)는 정(鄭)나라에 사신으로 왔다가, 정나라 상인이 가지고 있던 옥가락지(環)를 얻어달라는 부탁을 했다. 그러나 정나라 재상 자산(子産)은 이를 거절하면서, 정나라 통치자는 이미 상인들의 활동에 개입하지 않겠노라 약속했음을 밝혔다.[87] 기원전 523년 제(齊)나라 재상인 안영(晏嬰)이 제나라 왕에게 충언한 내용이 기록되어 있다. 그는 광산, 숲, 바다의 자원을 통치자가 독점하고, 왕의 첩들이 도성 상인에게 값을 치르지 않고 물건을 빼앗는다고 비판했다. 멀리 시골의 백성이 도성으로 끌려와 힘든 노역을 감당하며 과도한 세금에 시달리고 있는 점도 지적했다. 안영은 이러한 약탈적 행위가 틀림없이 제나라 몰락의 원인이 될 것이라고 결론 내렸다.[88] 맹자는 부와 권력을 탐하는 당시 통치자들을 호되게 비판했다. 맹자의 견해에 따르면, 옛날 관리들은 시장의 질서를 유지할 뿐 거래에 관여하지 않았다. 그런데 천박한 자들이 가격을 부풀리기 위해 상품을 비축했기 때문에, 관리들이 그런 못된 짓을 방지하기 위해 상거래에 개입하여 세금을 부과했다.[89]

87 Zhaogong 16th Year, in ZZ, 3A: 683-84(宣子(韓起)有環, 其一在鄭商. 宣子謁諸鄭伯, 子産弗與, 曰, 非官府之守器也. 寡君不知. … 我無彊賈, 毋或匄奪, 爾有利市寶賄, 我勿與知. 恃此質誓, 故能相保, 以至于今.《左傳: 昭公十六年》).
88 Zhaogong 20th Year, in ZZ, 3A: 706(山林之木, 衡鹿守之, 澤之萑蒲, 舟鮫守之, 藪之薪蒸, 虞候守之, 海之鹽蜃, 祈望守之, 縣鄙之人, 入從其政, 偪介之關, 暴征其私, 承嗣大夫, 强易其賄, 布常無藝, 徵斂無度, 宮室日更, 淫樂不違, 內寵之妾, 肆奪於市, 外寵之臣, 僭令於鄙, 私欲養求, 不給則應, 民人苦病, 夫婦皆詛.《左傳: 昭公二十年》).
89 *Mencius* IIB. 10(古之爲市也, 以其所有易其所無者, 有司者治之耳. 有賤丈夫焉, 必求龍斷而登之, 以左右望而罔市利. 人皆以爲賤, 故從而征之. 征商, 自此賤丈夫始矣.《孟子: 公孫丑下》).

맹자는 이익을 좇다 보면 반드시 탐욕과 기만이 싹트고, 그러면 정치가 상인 계층을 위주로 하게 된다고 확신했다. 이미 상인은 경제 생활뿐 아니라 정계에서도 강한 세력으로 자리 잡고 있었다. 이익에 따른 움직임을 비판한 맹자의 견해는 여러 철학 분파에서 공감을 얻었다. 가장 깊은 공감을 표시한 분파는 맹자의 가장 강력한 경쟁자인 법가(法家)였다. 이괴(李悝)나 상앙(商鞅) 같은 정부 관료는 상업과 이익을 좇는 상인이 군주 국가의 안녕을 위협하는 요소라고 생각했다. 법가의 철학자 한비자(韓非子)는 상인의 손에 부가 집중되면 사회 질서가 흔들린다고 주장했다. 가장 큰 이유는, 그리 되면 모두가 힘든 농사일을 마다하고 손쉬운 이익을 좇아 장사를 하러 나설 것이기 때문이었다.

관직을 살 수 있게 되자 상공인을 미천하게 여기지 않는다. 조잡한 물건으로 시장에서 돈을 벌 수 있다면 상인의 수는 줄어들지 않을 것이다. 중개인이나 미리 사재기하는 자가 농사짓는 자보다 두 배를 더 벌고 농민이나 군인보다 더 존경을 받는다면, 지조 있는 선비는 줄어들고 돈을 좇는 백성은 늘어날 것이다.[90]

이같이 한비자(韓非子)는 상인을 군주가 경계해야 할 다섯 가지 해충(오충五蠹) 가운데 하나로 취급했다.

---

90 Chapter 49, "Wudu", in *HFZ*, 2: 1075-76(官爵可買則商工不卑也矣. 姦財貨賈得用於市則商人不少矣. 聚斂倍農而致尊過耕戰之士, 則耿介之士寡而高價之民多矣.《韓非子 : 五蠹》).

그럼에도 불구하고 심지어 진(秦)나라조차 상인을 제거하기보다는 규제하는 방향을 선택했다. 예를 들어 여불위(呂不韋)가 그린 진(秦) 제국의 청사진 가운데, 가을이 한창인 때(仲秋, 음력 8월) 농민이 추수한 작물을 쌓아두고 팔려고 하면 상거래에 따른 세금을 낮추어 유통을 원활하게 해야 한다는 내용이 있다.

이번 달에는 통관과 시장 거래 세금을 낮추어 행상이 몰려오도록 한다. 상품과 보물이 들어오면 백성의 생활이 편리해진다. 사방에서 상인이 몰려들고 먼 지방 사람들까지 오게 되면 재물에 부족함이 없을 것이다. 통치자는 수입이 부족할 일이 없고, 온갖 일이 모두 잘될 것이다.[91]

여기서 보듯이 여불위(呂不韋)의 견해는 《상군서(商君書)》의 입장과 모순된다. 《상군서》에서는 힘든 노동의 관습을 옹호하고, 시장에 세금을 부과하는 이유는 상거래를 억제하기 위해서라고 했다.[92] 그러나 당시에는 예컨대 순자(荀子)나 관자(管子)처럼 관세를 낮추어 무역을 진작할 것을 권하는 사상가도 많았다.

아마도 전국(戰國) 시대 새롭게 부흥하는 정치경제 사상이 가장 잘

---

91 Chapter 8, "Zhongqiu ji", in *LSCQ*, 1: 422(是月也, 易關市, 來商旅. 入貨賄, 以便民事. 四方來雜, 遠鄉皆至, 則財物不匱, 上無乏用, 百事乃遂. 凡擧事無逆天數, 必順其時, 乃因其類.《呂氏春秋: 中秋紀》); Knoblock and Riegel 2000: 192의 영어 번역은 조금 다르다.
92 Chapter 2, "Kenling", in *SJS*: 17(重關市之賦, 則農惡商, 商有疑惰之心.《商君書: 墾令》).

드러난 텍스트가 바로 《관자(管子)》일 것이다. 여기에는 여러 편의 글이 수록되어 있다. 이 책은 최초의 패자(霸者)인 제(齊)나라 환공(桓公)과 냉혹한 마키아벨리즘의 재상 관중(管仲, 기원전 710?~645)의 대화를 기록한 것이라고 하지만, 그 내용을 보면 훨씬 후대에 작성되었음을 알 수 있다. 《관자》 중에서도 오래된 부분은 아마도 전국 시대 말기 제(齊)나라 왕립학술원인 직하학궁(稷下學宮)에서 저술된 것 같다. 여기에 수록된 글들이 담고 있는 주제와 정신은 매우 빼어나며, 폭넓은 철학적 입장들을 반영하고 있다. 〈경중장(輕重章)〉(《관자》의 68~85장)은 다른 글들과 달리 일관되게 경제 정책에 관한 내용을 담았으며, 분명하게 중상주의 및 통상 우선주의 입장을 취하고 있다. 이 부분은 아마도 최소한 한(漢)나라가 성립된 이후 100년 이내에 쓰인 것으로 추정된다. 《관자》는 여러 사람의 글을 묶은 것이 분명하지만, 경중장 자체는 그 내용의 일관성으로 보아 한 명의 저자가 쓴 것으로 넉넉히 추정할 수 있다. 나는 편의상 경중장을 "후(後)-관자"로 부르고자 한다. "후-관자"의 경제 철학에 관해서는 다음 장에서 자세히 검토해볼 예정이다. 여기서는 《관자》의 오래된 글들("후-관자"와는 전혀 다른 입장이다)에 나타나는 정치경제적 관점을 분석해보고자 한다. 여러 저자가 포함된 이 글들을 여기서는 "전(前)-관자"라고 칭할 것이다.[93]

---

93 〈경중장〉과 다른 글들의 경제 철학을 구분하는 입장은 Kanaya 1987: 119-75에 근거했다. 《관자》의 경제 사상에 대한 해석은, 내가 보기에는 이 책이 가장 인정할 만하다. 또한 Hu Jichuang 1962, 1: 288-377; Rickett 1985, 1998 참조. 중국 학계에서는 《관자》의 경제 사상을 이렇게 나누지 않고 전체를 하나로 보는 입장이다. 예를 들면 Zhou Junmin 2003 참조.

《관자》 제1장의 제목은 목민(牧民), 즉 백성을 기른다는 의미인데, 이 제목에서도 짐작할 수 있듯이, "전-관자"에서 가장 중요한 원칙은 백성이 빈궁할 때를 대비하여 통치자가 곡식과 물품을 저장해두어야 한다는 것이다. 통치자는 저장하는 데 신중해야 할 뿐만 아니라 자신의 재산을 나눌 수 있는 관대함도 갖춰야 한다. "전-관자"에는 새롭게 출현한 전제 군주 체제와 시장 경제 사이에서 발생하는 긴장과 갈등에 대한 인식이 담겨 있다. 예를 들면 다음과 같은 대목이다.

> 들판과 시장은 서로 노동력을 다투고, 민가와 정부의 창고는 서로 재화를 다툰다. 화폐와 곡식은 서로 가격을 다투고, 지방과 조정은 서로 정치권력을 다툰다.[94]

생산과 교환은 둘 다 국가와 백성의 안녕에 꼭 필요한 요소다. 그러나 통치자는 이 두 가지의 균형을 섬세하게 조정해야 한다. 만약 상거래의 이익이 농사의 소출보다 많다면 농민은 땅을 버리고 농사를 짓지 않을 것이다. 만약 정부에서 과도한 세금을 부과한다면, 백성은 힘들게 일해야 할 때를 대비하여 식량을 비축할 수 없을 것이다. 계절마다 혹은 해마다 곡식의 수요와 공급이 달라지면 식량 가격이 천정부지로 요동칠 것이며, 이는 파국적 결과를 초래할 수도 있다. 곡물 가격이 너무 내려가면 생산자가 빈곤해지고, 곡물이 너무 귀해지면 소비자가 위태로워질

---

94 Chapter 3, "Quanxiu", in *GZ*, 1: 52(野與市爭民, 家與府爭貨, 金與粟爭貴, 鄉與朝爭治.《管子: 權修》); 다른 영어 번역은 Rickett 1985: 94-5 참조.

것이다. 그래서 현명한 통치자라면 이괴(李悝)의 발자취를 따라, 가격 균형이 잘 유지될 수 있도록 반드시 시장에 개입해야만 한다.

"전-관자"는 또한 중국 사회의 기본 핵심을 4가지 직능별 계층으로 명확하게 요약 정리했다. 바로 통치 계층(士), 농민(農), 장인(工), 상인(商)이다. 각각의 계층은 사회에서 고유의 필수적 기능을 담당했다. 그러나 "전-관자"는 이러한 지위가 아버지에서 아들로 상속되어야 한다고 주장했다. 심지어 각 계층별로 거주지도 분리되어야 했다. 장인은 정부 작업장에 거주해야 하고(處工必就官府), 상인은 시장에 거주해야 한다(處商必就市井)는 주장이 특히 흥미롭다. 이 또한 국가 주도 경제의 단면을 보여주는 사례로서, 기업 주도의 상업 경제와는 구별되는 측면이다. "전-관자"에는 또한 상인 계층의 행동이나 사업 활동이 어떠했는지 그 원형을 보여주는 기록이 있다.

상인이란 자들은 한곳에 모여 흉년이 드는지 기근이 발생하는지를 살펴보고, 그 나라 재산의 변동을 검토한다. 사계절의 변화를 관찰하며 어느 물품이 어느 곳에서 나는지를 알아본다. 시장에서의 물가 지식을 바탕으로 온갖 물품을 모아서는 소와 말이 끄는 수레에다 싣고 온 사방을 다닌다. 어느 곳에 남아돌고 어느 곳에 부족한지 헤아려보고, 비싼 것과 싼 것을 계산해본 뒤, 그들이 가진 것을 팔고 가지지 않은 것을 사는데, 살 때는 싸게 사고 팔 때는 비싸게 판다. … 때맞춰 괴이한 물건이 들어오고, 진귀한 보물이 모여든다. 상인들은 밤낮으로 이런 일에 종사하면서 그 자제들에게도 일을 가르친다. 서로 이익에 관한 얘기를 나누며, 때맞춰 물품을 공급하는 미덕을 가르치고, 물건의 가격을 알아보는 법을 훈련시킨다.[95]

이 대목에는 도덕적 비난이 전혀 드러나지 않는다. 하지만 "전-관자"의 다른 부분에서는 상인의 무제한적 이윤 추구를 비난하고, 그들이 1차 생산자에게 미치는 해악을 지적한다.

그러나 궁극적으로 백성의 안녕과 번영은 통치 권력의 손에 달려 있다. "전-관자"에서 재정 관리를 기술한 장(승마乘馬)에 "물품이 풍부하고 생산이 제대로 관리된다면 굳이 하늘에 복을 구하는 사람이 적어질 것(貨多事治, 則所求於天下者寡矣)"이라는 대목이 있다. 통치자의 사치와 무분별한 지출이 백성을 빈곤하게 하고 결과적으로 나라를 위태롭게 한다는 경고가 "전-관자"에 반복적으로 등장하지만, 여기서 강조하고자 하는 바는 절제일 뿐 궁핍이 아니었다. 통치자는 궁핍과 낭비 사이의 균형을 잘 조절해야 한다.

황금은 곧 지출의 기준이다. 황금의 기본 법칙을 이해하면 사치와 검소를 알게 된다. 사치와 검소를 알면 지출을 적절히 할 수 있다. 너무 검소하면 생산(농사)을 그르치게 되고, 너무 사치하면 상품 거래에 해가 된다. 검소하면 금의 가치가 떨어지고, 금의 가치가 떨어지면 생산이 이루어지지 않는다. 그래서 생산을 그르친다고 한다. 사치하면 금의 가치가 올라가고,

---

95 Chapter 20, "Xiaokuang", in *GZ*, 1: 402(令夫商群萃而州處, 觀凶飢, 審國變, 察其四時, 而監其鄉之貨, 以知其市之賈, 負任擔荷. 服牛輅馬以周四方; 料多少, 計貴賤, 以其所有, 易其所無, 買賤鬻貴, 是以羽旄不求而至, 竹箭有餘於國, 奇怪時來, 珍異物聚, 旦昔從事於此, 以教其子弟, 相語以利, 相示以時, 相陳以知賈. 《管子: 小匡》); Rickett 1985: 327 번역 참조. 거의 비슷한 대목이 《국어(國語)》에도 나온다. Chapter 6, "Qiyu", in *GY*: 200-21(《國語: 齊語》) 참조.

금의 가치가 올라가면 상품의 가치가 떨어진다. 그래서 상품 거래에 해가 된다고 한다. 상품이 바닥난 이후에 부족함을 깨닫는다면, 이는 지출을 잘 못한 것이다. 생산이 멈추었는데도 상품이 남아돈다면, 이 또한 지출을 적절히 하지 못한 것이다.[96]

"전-관자"의 이 대목은 상품이나 돈이 그 자체로 가치를 가진다는 사실을 부정하고 있다. 통치자가 재정 정책을 통하여 상대적 가치를 수립하는 것이다. 세금 수입과 지출을 줄이면 황금에 대한 수요가 감소할 것이고, 그 결과 시중에 황금이 과잉되면 물가도 올라간다. 반대로 세금을 올리고 지출도 늘리면 황금 수요가 증가할 것이고, 그 결과 디플레이션과 생산량 감소가 초래된다. 그래서 지나치게 검소한 군주는 과도한 사치를 부리는 군주와 마찬가지로 백성에게 해를 끼치게 된다.

《관자》에서 "과도한 사치(치미侈靡)"라는 제목이 붙은 장이 있는데, 내용이 워낙 독특해서 별도의 독립적인 글로 추정된다. 여기서는 기존 입장에서 더 나아가 경제적 번영을 위한 자극제로 정부 지출의 긍정적 측면을 언급하고 있다. 이 장은 인구 증가의 부정적 결과에 대한 이야기부터 시작된다(《한비자(韓非子)》에도 이런 내용이 있다). 즉 땅값이 오르고 농민들의 경쟁이 치열해지며, 일자리를 얻지 못한 가정이 많이 늘어나서 폐해를 가져오기 때문이다. 가난한 자를 구제할 수 있는 방책은 바로

---

96 Chapter 5, "Chengma," in *GZ*, 1: 88-89(黃金者, 用之量也. 辨於黃金之理, 則知侈儉. 知侈儉, 則百用節矣, 故儉則傷事, 侈則傷貨 ; 儉則金賤, 金賤則事不成, 故傷事. 侈則金貴, 金貴則貨賤, 故傷貨. 貨盡而後知不足, 是不知量也, 事已而後知貨之有餘, 是不知節也.《管子: 乘馬》); Rickett 1985: 118 번역 참조.

부자의 사치스러운 생활이다. 예를 들면 비싼 자재를 들여 화려한 무덤을 건설하고 정교한 무덤 부장품을 사 모으는 등의 일을 말한다. "부자들을 사치하도록 내버려두면 가난한 자들이 일거리를 얻을 것이다(富者靡之, 貧者爲之)." 이 글은 상업적 및 과시적 소비가 지역 경제 활력에 도움이 된다고 권장한 매우 독특한 사례에 속한다.

옮겨 다니는 상인들은 국가의 일반 백성이 아니다. 그들은 거처를 확정하지 않으며, 주군을 선택하여 섬기지도 않는다. 이득을 좇아 물건을 팔기 때문에 다만 필요한 것을 가지려고 물건을 사는 법이 없다. 나라의 산과 숲에서 이득이 될 만한 것들을 찾아낸다. 그리고 시장에 가져가서 들인 돈의 두 배를 거둔다. 그러므로 상하를 막론하고 사치를 부린다. 임금과 관료들이 상하 상인들과 모두 친밀하고, 임금과 관료들이 모두 사사로이 재물을 감추지 않으면, 가난한 자들은 할 일을 얻고 먹을 음식을 구할 수 있다.[97]

공적 소비의 경제적 이득을 이례적으로 옹호하는 입장은 《관자》의 다른 부분에서는 찾아볼 수 없다. 그러나 최소한 "전-관자"는 일관되게 통치자의 과도한 근검절약을 비판하고 있다.

《관자》〈치미(侈靡)〉장은 일단 논외로 하고, 정치경제와 관련하여 "전-관자"에 나타나는 기본 입장은 당시의 철학자와 관료들이 널리 공

---

97 Chapter 35, "Chimi", in *GZ*, 2: 652, 730(然後移商人於國, 非用人也, 不擇鄉而處, 不擇君而使. 出則從利, 入則不守. 國之山林也, 則而利之, 市廛之所及, 二依其本, 故上侈而下靡. 而君臣相上下相親, 則君臣之財不私藏, 然則貧動枳而得食矣.《管子: 侈靡》); Rickett 1998: 311, 330 번역 참조.

유하던 입장이다. 비록 유가(儒家)에서는 나라의 재정을 늘려 군대를 보강하는 단순한 목표를 거부했지만, 그럼에도 불구하고 군주는 백성의 빈곤한 삶을 구제할 책임을 기꺼이 맡아서 시장에 자연스럽게 개입해야 한다는 데 충분히 동의했다. 예를 들어 순자(荀子)는 모든 백성의 이익을 위해 군주가 자원을 관리하는 경제 체제를 설명했다. 이 경우 상품의 광범위한 유통을 보장하되 세금은 최소한으로 거두어야 한다.

올바른 군왕의 법도는 다음과 같다. 공평한 조세 제도를 수립하고, 백성의 일상생활을 관리하며, 온갖 물건을 부족함이 없도록 공급한다. 이로써 만 백성을 기른다. 토지 세금은 10분의 1을 거둔다. 국경의 관문과 시장에서 관리들이 상품을 검사하도록 하지만 세금을 부과하지는 않는다. 산과 숲과 그물을 쳐둔 연못을 언제 개방하고 언제 폐쇄할지 결정한다. 개방 시 이를 이용하는 백성에게는 세금을 부과하지 않는다. 관리들은 농지를 살펴보고 생산성에 따라서 등급을 나눈다. 조공을 받을 때는 운반 거리의 멀고 가까움을 헤아려 적절하게 조정한다. 상품과 곡물이 자유롭게 유통되도록 보장함으로써 막힘이 없게 한다. 필요한 곳으로 상품이 흘러가도록 하면 사해가 한 가족처럼 될 것이다.[98]

---

98 Chapter 9, "Wangzhi", in *XZ*: 175(王者之法: 等賦政事財萬物, 所以養萬民也. 田野什一, 關市幾而不征, 山林澤梁, 以時禁發而不稅. 相地而衰政. 理道之遠近而致貢. 通流財物粟米, 無有滯留, 使相歸移也, 四海之內若一家.《荀子: 王制》). *Mencius* VIB. 7(《孟子: 告子下》)에서도, 예전 패자였던 제(齊)나라 환공(桓公)이 곡물의 자유 무역을 허가했는데 후손들이 이를 준수하지 못한다고 비판했다.

백성의 안녕과 군주의 수익을 위해서 민간 상거래의 이익을 환수하는 방법을 강구한다고 했지만, 말처럼 쉽지는 않았다. 법가(法家)의 철학자들은 사유 재산과 경제적 불평등의 사회적 폐해를 우려했으며, 관리가 잘되는 시장조차 인정하지 않으려 했다. 그들이 보기에 백성의 안녕을 도모하는 길은 오직 국가를 부강하게 만드는 데 있었다. 이를 위해서 국가는 기업형 상인들이 부를 축적하여 사적 이익을 극대화하는 것을 사전에 근절해야 했다.

　전국(戰國) 시대의 정치경제는 당시의 시대적 환경을 반영하고 있다. 당시는 의례를 기반으로 한 통치가 성문법에 의한 통치로 전환되는 시기였고, 지배 엘리트 계층의 세습 권력이 정부의 공공 권력으로 넘어가는 시대였다. 춘추(春秋) 시대의 영지 중심 권력(domainal regime)를 딛고 새로운 정치 형태(재정財政 국가)가 형성되었다.[99] 전국 시대에 출현한 재정 국가의 전제는 (혼인 부부 중심 가정으로 구성되는) 사회가 (세금, 노역, 군역을 통해) 군주에 종속되는 것이다. 경제적 자원의 집중화 및 군사력 강화를 통해 군주는 경쟁자로부터 자신의 왕국을 안전하게 지키고, 백성의 경제적 안정을 진작하며, 개인의 이익보다 공공의 이익을 우선

99　이 책에서 재정 국가라는 용어는 슘페터(Schumpeter)의 개념에서 빌려 왔지만(1장 주석 72번 참조), 내가 사용하는 개념과 슘페터의 개념은 차이가 있다. 슘페터는 근대의 민주적 민족 국가를 염두에 두고 이 용어를 사용했다. 최근의 연구 성과들(Bonney 1999; Yun-Casalilla 2012)도 대체로 "재정 국가"라고 하면 근대 서양의 역사적 맥락에서 이해하고 있다. 그러나 중국의 경우 일찍이 전국(戰國) 시대에 재정 국가의 근본 원칙이 출현했었다는 증거가 충분히 드러났다. Deng 2012 참조. 유럽 학계는 공공 부채를 통한 자금 조달 능력과 부채 및 세금을 기반으로 한 국가 권력의 한계에 초점을 두고 "재정 국가"를 정의한다. 왕조 시대 중국의 경우 전자는 관련이 없고, 후자는 전혀 다른 제도를 통해 관련이 있다.

시했다. 더불어 국가는 시장을 규제하고, 상거래와 소유권 분쟁을 중재하며, 전략 물자 생산을 직접 관리했다. 분명 유가 철학자들은 "취렴지신(聚斂之臣)"을 혐오했다. 백성의 형편은 아랑곳하지 않고 세금을 거두는 데 혈안이 된 관리를 "취렴지신"이라 했다.[100] 순자(荀子)는 오직 주군만 홀로 취렴에 힘쓰는 나라는 틀림없이 쇠락할 것이라고 예언했다.[101] 그러나 진(秦) 제국과 한(漢) 제국은 재정 국가의 원칙에 전적으로 충실했고, 유가 철학에 입각한 관료들은 몇몇 예외를 제외하면 거의 모두가 재정 국가 체제의 현실적 필요성을 받아들였다.

결론

가산 국가 서주(西周)는 의례적 질서에 기초를 두고 있었다. 왕실 친인척의 지위에 따라, 또한 왕실 관료의 업적에 따라 왕이 작위와 관직과 재산을 하사하는 의례였다. 왕실의 권위가 쇠락해감에 따라 제후들은 주(周)나라 왕실로부터 독립을 주장했다. 이런 움직임은 기원전 771년

---

100 공자는 제자 염구(冉求)를 꾸짖었는데, 염구가 당시 실권을 장악한 재상 계씨(季氏)를 도와 "세금을 거두는(聚斂)" 일을 했고, 그 결과 "계씨가 주공보다 더 부유해졌기" 때문이다. *Analects* 11.17(季氏富於周公, 而求也爲之聚斂而附益之.《論語: 先進》) 참조. "취렴(聚斂)"이라는 말의 전거는 한(漢)나라 당시의 유교 경전《대학(大學)》이다. Chapter 42, "Daxue", in *LJ*, 2A: 778(百乘之家, 不畜聚斂之臣.《大學》). 이 책의 영어판에서 저자는 취렴지신(聚斂之臣)을 "세무 회계 장관(fiscalist ministers)"이라고 번역했는데, 영어로 세무 회계사를 뜻하는 "fiscalist"란 프랑스어 "fiscalisme"에서 차용한 어휘다. 프랑스어 "fiscalisme"이란 근대 초기 프랑스가 국가 재정 수입을 확대하기 위해 산업 생산에 직접 개입한 것을 지칭하는 용어였다.
101 Chapter 9, "Wangzhi", in *XZ*: 168(故修禮者王, 爲政者彊, 取民者安, 聚斂者亡.《荀子: 王制》).

서주가 막을 내리기 이전부터 이미 시작이 되었다. 그럼에도 불구하고 춘추(春秋) 시대 새롭게 부상하는 도시 국가에서 사회 질서를 규정하는 것은 여전히 귀족의 지위, 친인척의 위계, 의례 등이었다. 주나라 영역 제후국들의 지배 계층 엘리트들은 이 시대에 갈수록 서로 동질화되었다. 그러나 춘추 시대에 끊이지 않은 전쟁은 새로운 세력의 등장을 초래했다. 사회의 군대화, 시민 계급의 부상, 세습 군주로부터 관료와 장군으로 권력의 이행 등이었다. 이러한 경향은 끊임없는 내부 권력 다툼에 빠져 있는 혈통 중심의 정치 문화를 밀어냈다. 결국 전염병처럼 확산되는 무질서 때문에 보다 강력한 중앙 집권화 관료주의 정권이 탄생했다. 새로운 정권은 수많은 도시 국가를 흡수해서 거대한 영지 국가로 발전해 나갔다.

기원전 600년경부터 강력한 군주들을 중심으로 중앙 집중 권력이 형성되고 권역별 통합이 진행되자, 주(周)나라 영역의 경제와 사회 구조는 극적인 변화를 맞이했다. 철기 시대 혁명은 사회 질서 변동에 막대한 영향을 미쳤다. 철제 도구 덕분에 생산 기술뿐만 아니라 파괴 기술도 발달했다. 이는 국가 권력의 집중화를 더욱 가속화했다. 전국(戰國) 시대 전제 군주 체제의 등장을 주도한 것은 전쟁에 따른 인력과 물자의 동원이었다. 이를 위해서는 새로운 정치와 경제 및 법적 통제 방식이 필요했다. 새로운 방식은 국가와 백성의 직접적 관계를 발달시켰다. 이러한 정책 덕분에 가족 중심 영농이 농업 생산의 중심축이 되었고, 부부 중심의 가정이 기본적인 사회 구성 단위가 되었다. 국가에서 부과하는 세금, 노역, 군역이 모두 이러한 가정을 기본 단위로 삼았다. 농업 생산력은 급증했고, 갈수록 더 많은 사람들이 광산, 벌목, 수공업, 운송 등의 일에 고용되었다. 정부 직할 작업장의 대량 생산 체제에서 생산된 물품은 국가의 수요 물품부터 도시의 생필품에 이르기까지 그 범위가 매우 방대했다. 동시에 원거리 무역도 꽃을 피웠다. 지역별 생산 특화 품목이 있어서 무역을 더욱 촉진했다. 그리하여 독립 상인 계층이 출현했고, 청동 화폐가 도입되었다. 물질적 부와 관직이 전통적 혈통이나 신분보다 더 중요한 사회적 기준이 되었다. 유가의 전통주의자들은 가산 국가 체제의 몰락을 슬퍼했지만, 이미 기원전 4세기 맹자(孟子)의 시대만 하더라도 생활 경제를 관리하는 새로운 국가 체제(재정 국가)가 춘추(春秋) 시대 도시 국가의 영지 중심 권력 체제를 능가했다. 통치자는 전례 없이 강력한 권위를 앞세우며 공적 이익을 명분으로 경제적 자원을 차출했다. 그렇지만 국가의 부와 권력 및 백성의 생계 수요 사이에서 어느 쪽을 강화할지 고민하지 않을 수 없었다.

전국(戰國) 시대 말에 두 가지 분명한 경제 발전 패턴이 출현했다. 화북평원(華北平原) 인구 밀집 지역에 있는 중앙 집중 권력이 진(晉)나라였는데, 중앙 권력이 약해지다가 급기야 기원전 453년에 위(魏), 한(韓), 조(趙) 3국으로 갈라졌다. 이 지역의 도시들에서 상공인 계층은 군주의 영향력을 어느 정도 벗어나 상당한 자율성을 누렸다. 이와 반대로 변경 지역의 진(秦), 초(楚), 연(燕)나라는 전제 군주가 관료제를 공고히 하여 경제적 자원을 총괄했다. 여기서 재정 국가 체제가 비롯되었다. 이들 나라에서 물품 생산은 국가 직영 작업장에 집중되었고, 관리들은 무역을 더욱 엄격히 통제했다. 강력한 국가가 나서서 경제를 통제하는 전국 시대 후기의 경제 체제는, 기원전 221년 진(秦)나라가 통일 제국을 건설한 이후 성공적으로 자리 잡았다.

CHAPTER 3

세계 제국의 경제적 토대
기원전 250~81

진(秦)나라 왕 정(政, 재위 기원전 247~210)의 재위 시절 형성된 정치 제도와 관습은 중국 왕조 시대 내내 이어졌다. 정(政)은 진나라 왕이자 최초의 중국 황제(시황제始皇帝)로 등극한 인물이다. 기원전 221년에 이르러 진나라는 남아 있는 모든 경쟁자를 물리치고 최종적으로 승리를 거두었다. 진나라의 승리는 시황제(始皇帝)의 냉혹한 추진력과 예리한 정치적 판단력에 힘입은 바 컸다. 시황제는 자신의 제국이 "만대를 거듭할 때까지" 지속되리라고 장담했지만, 기원전 210년 시황제가 죽은 뒤 제국은 금세 혼란에 빠져들었고, 그의 후계자도 기원전 207년에 암살당하고 말았다. 중국은 다시 한 번 분열과 전쟁의 불길 속으로 빨려 들어갔다. 결과적으로 진나라는 정복전에 성공했지만 통치 방안을 개발하는 데는 실패했다고 말할 수 있다. 그러나 이런 정도의 분석은 너무 진부한 말에 지나지 않는다. 진나라는 전통 제도의 기본 토대와 전통 정치의 관행을 수립했다. 그 덕분에 방대한 지역을 총괄하는 통일 제국이 건설될 수 있었던 것이다.

진(秦)나라의 군사적 승리는 무기나 전략이 앞섰기 때문이라기보다, 나라 전체를 대상으로 전시 동원 체제를 실시한 덕분이었다. 군대는 사회 조직의 모델이었다. 진나라의 관리들은 모든 인구를 5가구 단위로 등록했다. 그리고 이 단위를 기본으로 해서 세금과 군역 및 공공시설 건설을 위한 노역을 부과했다. 사회적 위계 또한 군대 계급을 바탕으로 만들어졌다. 공적이 있는 군인 혹은 농민에게는 보상과 승진의 특혜가 주어졌다. 지방 관리들은 명확한 기준에 입각해 의무를 부과했고, 사소한 잘못에도 가혹한 형벌을 가했다. 당시의 유가(儒家) 철학자 순자(荀子)의 말을 빌리자면, 진나라 통치자는 "그 백성을 부리는 데 가혹했으며, 힘을 앞세워 겁박했고, 고되고 험난한 삶을 살게 했고, 상을 주어 길들였으며, 형벌로써 다스렸다."[1]

제2장에서 살펴보았듯이, 전국(戰國) 시대에는 정권의 중앙 집권화가 이루어졌다. 그에 따라 세습 통치(patrimonial governance)가 밀려나고 재정 국가(fiscal state)가 등장했다. 재정 국가 체제는 제국이 수립된 이후에도 통치의 기본으로 존속했으나, 오랜 왕조의 역사와 함께 시대마다 새로운 형태를 띠었다. 진(秦) 제국 및 한(漢) 제국 초기의 재정 국가 체제에서 뚜렷하게 드러난 특징은 군사-중농주의였다. 이는 군사 조직에서 비롯된 계급 질서와 의무를 농업 경제 체제와 섞어놓은 것이었다. 당시의 통치자들은 중농주의 입장에서 상업을 바라보았다. 상업 그 자체는 영양가 없는 경멸의 대상으로 간주되었다. 이러한 입장을 가장 설득력 있게 논파한 사람들이 법가(法家)였다. 그들이 보기에 노동력은 가장 중요한 자원이었다. 국가는 노예나 죄수 혹은 일반 백성을 징집해 광산, 수공업 작업장, 집단 농장에서 일을 시켰고, 대규모 건설 공사에도 투입했다. 전국의 모든 성인 남성에게는 동등한 노역이 부과되었다. 국가 시스템은 이들의 노동력을 어떻게 활용할 것인지에 초점이 맞춰져 있었다. 이를 보더라도 당시 노동력이 얼마나 중시되었는지 짐작할 수 있다. 또한 노역 부과 및 집행 과정을 들여다보면 국가가 지역 사회에 얼마나

---

1 Chapter 15, "Yibing", in *XZ* : 317(秦人其生民郟陋, 其使民也酷烈, 劫之以埶, 隱之以阨, 忸之以慶賞, 酋之以刑罰…《荀子 : 議兵》); 영어 번역은 Watson 1967 : 61-62.

깊숙이 영향을 미쳤는지도 알 수 있다. 노역을 부과하기 위해 상세한 정보가 장부에 등록되어 관리되었다. 이런 정도의 관리 수준을 근대 이전에는 상상하기도 어려웠다.

    진(秦) 제국은 불과 15년밖에 유지되지 못했다. 그러나 그 정책은 뒤이은 한(漢) 제국(기원전 202~기원후 220)에 전해져 오래도록 살아남았다. 한 제국 당시에 진시황(秦始皇)은 모든 분야에서 비난을 면치 못했다. 그러나 한 초기의 황제들은 여러 측면에서 진 제국의 정책을 그대로 답습했다. 정부 관료 중에는 법가(法家)를 추종하는 사람들도 있고, 유가(儒家)를 추종하는 사람들도 있었다. 경제 생활에서 정부가 개입해야 하는 정도에 대해서는 양측의 의견에 차이가 있었다. 그러나 법가든 유가든 부유한 농부나 상인에게 부가 집중되는 것은 공히 반대했다. 또한 황제의 정당성을 평가할 때는 백성의 경제적 안녕을 상당한 정도로 고려해야 한다는 점도 다 같이 동의했다. 대중의 경제적 안녕을 위한 기본 토대는 소규모 가족이었다. 이는 진 제국이나 한 제국이나 모두 마찬가지였다. 진 제국의 수많은 기본 정책(가정을 사회 및 국가 재정의 기본 단위로 설정, 공을 세우면 상으로 토지 소유권을 지급, 친족 및 이웃이 책임과 의무를 공유하도록 강제한 법적 원칙, 상업 및 생산에 대한 국가의 강력한 통제 등)은 한 제국에서도 핵심 정책으로 자리 잡았다.

    그렇지만 한(漢) 초기의 통치자들은 진(秦) 제국의 과도한 억압 통치와는 거리를 두고자 했다. 고대의 성현과 같은 자비로운 통치를 자처한 그들은 정권 분담이라는 가산 국가의 원칙을 회복했다. 한 제국 최초의 황제인 유방(太祖 高皇帝 劉邦, 재위 기원전 202~195)은 종친에게 여러 지역의 종주권을 나누어 주었다. 이는 과거 서주(西周)의 관행을 모방한 것이었다. 황로학(黃老學)의 통치 철학에 의하면, 최고 통일 제국의 군주는 자연의 법칙을 따라야 했다. 황로학은 한 제국 초기에 대단히 유행한 철학이었다. 유방의 아들 문제(文帝, 太宗 孝文皇帝 劉恆, 제5대 황제, 재위 기원전 180~157)는 황로학에서 말하는 이상적인 군주를 적극 추구했다. 스스로 검소하고, 세금은 최소화하며, 민생에 방해가 되는 일을 삼갔다. 이로써 백성의 경제적 안정을 보장하는 통치자가 바로 이상적인 군주였다.[2] 그러나 무제(武帝, 世宗 孝武皇帝 劉徹, 제7대 황제, 재위 기원전 141~87)는 문제(文帝)의 자유방임주의를 거부하고 진(秦) 제국과 같은 고도의 중앙 집권화를 추진했다. 무제(武帝)는 전 방위적 제도 개혁을 실시해, 국가가 대부분의 생산 및 상거래를 통제할 수 있도록 했다. 전제 군주 체제가 경제 생활에 전례 없이 강하게 개입하자 거센 반발이 일어났고, 무제(武帝)가 실시한 국가 통제 정책의 대부분은 끝내 그 실효성을 잃어버렸다.

고고학 발굴 성과 및 무덤 출토 기록물의 해독을 통해 이 시대에 관한 우리의 지식은 크게 확장되었다. 1930년대에 감숙성(甘肅省) 거연(居延, Edsin-gol)에서 문서 저장고가 발견되었다. 그곳에서 온전한 형태의 행정 문서들이 나왔는데, 한(漢) 제국 중기의 유물이었다. 한 제국 당시 거연은 국경 지역이었고, 주요 군사 주둔지였다.[3] 거연이 당시의 전형적

---

2 황로학의 경제 원칙에 대해서는 Peerenboom 1993 참조.
3 거연 발굴 고문서(거연한간居延漢簡)는 목간이나 목판에 붓과 먹으로 쓰여 있다. 이 시대의 일반적 문서들은 비단이나 죽간에 쓰인 경우가 많았다. 그러나 거연을 포함한 북서부 건조 지역에서는 뽕나무와 대나무가 자라지 않았다. 기원후 1세기 종이가 필사 재료로 널리 확산되자, 역사학의 입장에서는 오히려 부정적 결과가 초래되었다. 종이는 약해서 죽간이나

인 도시라기보다 국경의 군사 주둔지였다는 한계에도 불구하고 〈거연한간(居延漢簡)〉의 기록적 가치는 충분히 인정되었다. 그 내용을 통해 지방 사회와 일반 백성의 삶을 엿볼 수 있었기 때문이다. 오늘날 전해지는 일반적 문헌 자료에서는 이런 면모를 거의 볼 수가 없었다. 최근 수십 년간 고고학 조사가 급속히 진전되었다. 기록물의 유형이나 분량 혹은 문서의 해독 가능성은 유적지별로 크게 차이가 있지만, 어쨌든 기록물이 출토된 유적지가 무려 150여 곳에 달한다.[4] 발굴된 기록물 중에서 경제사 측면으로 가장 중요한 유물을 들자면 〈수호지진간(睡虎地秦簡)〉(기원전 217년경 사망한 진秦나라 지방 관리의 무덤에서 출토된 행정 법규집이 포함되어 있다), 〈장가산한간(張家山漢簡)〉(기원전 186년 한漢나라 궁정에서 공표한 이년율령二年律令의 일부가 포함되어 있다),[5] 〈봉황산한묘간독(鳳凰山漢墓簡牘)〉(기원전 2세기 중엽 지방의 징세 관련 기록이 포함되어 있다)[6] 등이 특히 주목할 만하다. 발굴 고문서는 우리에게 새로운 내용을 전해 주기도 하지만 기존의 문헌 자료를 재조명하는 기회가 되기도 된다. 예를 들어 발굴된 진(秦)나라 법률 문서 및 행정 법규는《주례(周禮)》의 내용과 매우 유사하다. 후대의 유가(儒家)에서는 이 책을 주요 경전으로 떠받들었는데, 발굴 고문서를 통해 우리는《주례》가 사실상 (주周나라가

목간보다 훨씬 보존성이 나빴다. 사실상 기원후 7세기 이전의 종이 문서는 거의 남아 있지 않다. Loewe(1967)는 〈거연한간(居延漢簡)〉 초기 유물에 관한 영어권의 연구로서 매우 소중한 성과를 남겼다.
4 진한(秦漢) 시대 고문서 발굴 개요는 Giele 2010 참조.
5 번역은 Hulsewé 1985b 참조.
6 간략한 개괄은 Li Xueqin and Xing Wen 2001; Loewe 2010a 참조. 자료 전체의 영문 번역이 준비 중이다(Barbieri-Low and Yates forthcoming).

아니라) 진(秦)나라의 원칙과 형식을 반영하고 있다는 사실을 알 수 있게 되었다.[7]

제국 치하의 사회 조직: 가구 등록, 군역, 토지 소유

인구 등록은 전제 군주 체제를 수립하는 데 가장 기본이었다. 인구 등록 원칙은 "편호제민(編戶齊民)"이라는 말에 압축되어 있다. 이는 곧 가구(戶)를 등록하여 백성을 평등하게 다스린다는 의미였다. 주민을 등록할 때는 귀족의 지위와 특권을 박탈하고 모든 자유민을 평민으로 평준화했다. 즉 모든 주민에게 통치자의 백성이라는 동등한 지위를 부여했다.[8] 상앙(商鞅)의 개혁에 의거해 친족 가문은 강제로 나뉘어 개별 가정 단위로 재편되었다. 각 가정은 결혼한 부부와 미성년 자녀들로 구성되었다.[9] 부부 중심의 가정이 생산, 조세, 사회적 재생산의 기본 단위가 되었다. 각 가정의 아들은 성인이 되면 유산을 상속받고 독립 가정으로 분리되어 살아야 했다. 개별 가정은 정기적으로 법정 노역과 군역 의무를 감당해야 했다. 재산권은 부계 혈통을 따라 아버지로부터 아들에게로 상속되며, 아들은 또한 부계 혈통에 따라 자신의 아들에게 유산을 상속했다.

진(秦)나라는 군대식 위계질서와 규율로 주민을 통제했다. 상앙(商

---

7 Li Xueqin 1999; Schaberg 2010.
8 이 같은 평등 원칙에 예외가 있었다. 이후에 논의하겠지만, 진(秦)나라는 군대 계급에 따른 새로운 사회 질서를 제도화했으며, 예속민도 있었는데 대표적으로 노예와 죄수였다.
9 진(秦)나라 법에서 가정은 함께 거주하는 집단을 의미했고, 예속 신분의 하인들도 포함되었다. 그러나 공동 거주 그 자체만으로 하나의 가구로 인정되는 것은 아니었다. Hori 1996: 56-61, 75-76 참조.

鞅)의 개혁(이 개혁 자체가 위魏나라를 비롯한 중원 지역 여러 나라의 기존 관행을 따른 것임을 기억해야 한다) 당시 다층적 행정의 위계질서가 만들어졌고, 주민은 군대식으로 상하 관계를 거쳐 통치자까지 연결되었다. 진나라는 상앙의 개혁 이전에 이미 주민을 5가구 단위로 조직해두었다. 〈수호지진간(睡虎地秦簡)〉에는 이 단위가 오(伍)라는 명칭으로 등장한다. 오(伍)가 바로 조세와 징병의 기본 단위였다.[10] 앞서 제2장에서 언급했듯이, 하나의 오(伍) 단위에 속하는 사람들은 구성원 가운데 누구라도 죄를 범하면 공동으로 법적 책임을 져야 했다. 오(伍) 단위는 혈연관계가 아니라 거주지의 공간적 인접성을 바탕으로 구성되었다.

전국(戰國) 시대 주민 등록 자료는 전해지는 것이 없다. 그러나 《관자(管子)》에 기록된 증언을 참고하면, 당시 제대로 된 통치를 위해서 어떤 정보가 필요하다고 생각했는지를 엿볼 수 있다.

전쟁에서 사망한 자의 자식(고아) 중에서 집과 토지를 소유하지 못한 자가 있는지 묻는다. 나이가 젊고 장애가 없는데 아직 군역에 나아가지 않은 자가 몇 명인지 묻는다. 전쟁에서 사망한 자의 과부들에게 응당 받아야 할 곡식을 받았는지 묻는다.
… 홀아비, 과부, 가난한 자, 병든 자는 몇 명인지 묻는다. 추방된 자들이 어느 가문의 자제인지 묻는다. 그 지방에서 훌륭한 가문은 누구이며, 그들이 먹여 살리는 사람이 몇 명인지 묻는다. 도시(邑)의 가난한 자들 중에서 빚을 얻어 먹고사는 집이 몇 가구인지 묻는다. 마을(理)에서 농장을 경영하여

10 Yates 1987.

먹고사는 집은 몇 가구이고, 밭을 개간하여 먹고사는 집은 몇 가구이며, 관리(士)이면서 자신의 농사도 짓는 사람이 몇이나 되는지 묻는다. 마을에서 가난한 사람은 어느 가문의 후손인지 묻는다.

… 기술이 있어 쓸모 있는 것을 만들 줄 아는 남녀가 몇 명인지 묻는다. 결혼을 하지 않고 가내 수공업에 종사하는 처녀가 몇 명인지 묻는다. 한가로이 나라를 향해 입을 벌리고 밥을 얻어먹는 자는 몇 명인가? 한 사람이 일해서 한 해에 몇 명을 먹여 살리는지 묻는다. 병거(兵車)는 몇 대인지, 손수레와 마차는 몇 대인지 묻는다.[11]

관리가 모아야 할 자료의 전체 목록은 이보다 훨씬 더 길다. 과연 전국(戰國) 시대 당시의 정부가 백성에 관하여 과연 이토록 상세한 정보를 수집할 방법이 있었을지는 논외로 하더라도, 인구의 생산 능력, 소비 수요량, 전쟁 물자 보유량 등에 대한 정보가 우선시되었던 것만은 분명하다. 또한 주목해야 할 것은, 여성 노동력의 생산성 극대화를 강조했다는 점이다.[12]

11 Chapter 24, "Wen", in *GZ*, 1: 486-87(問死事之孤其未有田宅者有乎? 問少壯而未勝甲兵者幾何人? 問死事之寡其饘廩何如? … 問獨夫 寡婦 孤寡 疾病者幾何人也? 問國之棄人何族之子弟也? 問鄉之良家其所牧養者幾何人矣. 問邑之貧人債而食者幾何家? 問理園圃而食者幾何家? 人之開田而耕者幾何家? 士之身耕者幾何家? 問鄉之貧人何族之別也? … 問男女有巧伎, 能利備用者幾何人? 處女操工事者幾何人? 冗國所開口而食者幾何人? 問一民有幾年之食也? 問兵車之計幾何乘也? 牽家馬軛家車者幾何乘. 《管子: 問》). Rickett 1985: 368-75 번역 참조.
12 《관자(管子)》에 수록된 글에서는 특히 천 짜기를 비롯하여 여성 노동력의 경제적 가치를 반복해서 강조하고 있다. Chin 2014: 194-99 참조.

《주례(周禮)》는 인구 등록에 대해 가장 상세한 목록을 담고 있다. 이 책은 물론 어디까지나 규정을 적어놓은 것에 불과하지만, 진(秦)나라 당시의 고문서가 발굴되면서 실제 시행된 관행이 어느 정도 반영되어 있음이 확인되었다. 《주례》에 따르면, 향(鄕)이라고 하는 지방 행정 단위의[13] 관리들은 "나라의 법률에 따라 정기적으로 각 가구별로 인원을 파악하고, 나이-귀천-장애와 질병-가축을 점검한다. 그리고 노역(勞役)을 부과할 수 있는 인원과 면제해야 할 인원을 구별한다."[14] 이 대목 바로 앞에는 가구 조사를 할 때 가족이 소유한 무기(병기兵器)도 살펴보라는 내용이 있다.[15] 〈수호지진간(睡虎地秦簡)〉 가운데 포함된 사례를 보

---

13 향(鄕)의 규모는 이론상 가구 수 기준 1000호에서 5000호 사이다. 그러나 실제로는 이보다 조금 작아서 300호 내지 2000호 사이였다(Huang Jinyan 2005: 151). 향(鄕)은 지방 정부의 가장 기본 단위였다. 각각의 향(鄕)에는 10개 내지 수십 개의 리(里)라고 하는 마을이 포함되어 있었다(리里의 규모는 10호 내지 100호 사이였는데, 평균적으로 40~50호였던 것 같다). 향(鄕)은 자의적으로 구획한 행정 단위인 데 비해 리(里)는 실제 거주지를 기준으로 했다(자연 부락 혹은 도시 근교 마을). Du Zhengsheng 1990: 108-15; He Shuangquan 1989: 179-80 참조. 진 제국 당시 행정 단위로서의 향(鄕)의 기능은 국가 소유의 토지, 산지, 목초지, 농지, 작업장 등의 관리, 세금 징수, 노역 할당, 사법 경찰과 행정, 농사와 시장 감독 등이 모두 포함되었다. Hashimoto 2007 참조.
14 "Xiangshi", in ZL, 2A: 102(以國比之法, 以時稽其夫家眾寡, 辨其老幼-貴賤-廢疾-馬牛之物, 辨其可任者與其施舍者, … 《周禮: 鄕師》). 《주례》는 "이가 나는(生齒)" 나이(남자 아이는 생후 8개월, 여자 아이는 생후 7개월)가 되면 가구원으로 등록하라고 규정하고 있다. 전근대 사회는 세계 어디에서나 생후 6개월 이내 영아 사망률이 매우 높았는데, 《주례》의 규정은 이러한 현실을 반영한 결과일 것이다.
15 당시 사회의 과도한 군사화를 고려하면 무기 등록 자체가 그리 놀라운 기록은 아니다. 다만 주요 국가들 중에서도 무기의 개인 소지 정책은 서로 달랐다. 초(楚)나라의 경우 기원전 5세기 이전의 무덤에서는 무기가 전혀 출토되지 않는다. 그러나 전국(戰國) 시대 남성 무덤 중에서 무기가 출토된 무덤은 절반가량 된다. 여기서 무기는 기타 개인 소지 물품과 함께 부장되어 있다. 이와 달리 진(秦)나라의 무덤에서는 무기가 전혀 출토되지 않는다.

면, 진나라 등록 대장에는 이름, 혼인 여부, 가장에게 부여되는 임무, 아내, 아이, 노비가 기록되어 있다. 이와 함께 해당 가정에서 소유한 동산(動産, 천과 그릇), 가축, 주택 규모(문과 마당이 몇 개인지, 지붕은 기와인지 아닌지) 등의 내용이 있다.[16] 아이들의 나이는 기록되지 않았고, 대신 남자 아이들의 키만 적혀 있다. 진나라에서 남성들의 나이를 기록하기 시작한 때는 기원전 231년이다. 그 이전에는 군역의 부과를 나이가 아닌 키로 결정했다. 그 이전에 기록된 출생 연도를 신뢰할 수 없었기 때문일 것이다. 《주례》에 따르면, 군역 대상 기준은 도성에 사는 남성의 경우 키 7치(尺, 161센티미터) 이상 나이 60세 이하, 시골에 사는 남성은 키 6치(138센티미터) 이상 나이 65세 이하였다. 실제로 진나라 당시 군 입대 기준은 키 7.1치(163센티미터) 이상이었다.[17]

현존하는 가장 오래된 가구 등록 자료는 리야(里耶)에서 발굴되었다. 리야는 원래 초(楚)나라의 변방 지역이었는데, 출토 문헌이 기록될 당시는 진(秦) 제국 통치 시기였다. 하나의 리(里)에 24가구가 등록되어 있으며, 그중 15가구는 가구 구성원과 집안 구조를 파악할 수 있을 정도로 판독이 가능하다. 등록은 표준 형식을 따랐다. 먼저 리(里)의 명칭을 적고, 가구 구성원은 노역에 따라 분류했다(성인 남성, 성인 여성, 미성년 남성, 미성년 여성, 노파와 노비 같은 노역 면제 대상자). 예상대로 부부가 가

분명 진나라는 무기를 정부 창고에 보관했고 사용할 때만 군인에게 개별 지급했던 것 같다. von Falkenhausen 2006: 384, 413 참조.
16 Du Zhengsheng 1990: 7.
17 같은 책: 17-21. 한(漢)나라 때 기록인 〈거연한간(居延漢簡)〉에 등록된 군인의 키는 평균 168센티미터였다(같은 책: 18).

구의 중심이었다. 15가구 중에서 12가구가 부부 중심 가구였다(이 중에서 홀시어머니가 포함된 가구가 2가구다). 결혼하지 않은 형제가 포함된 가구가 1가구, 나머지 2가구는 결혼한 형제와 그 아이들까지 포함된 대가족이었다. 〈리야진간(里耶秦簡)〉에는 〈수호지진간(睡虎地秦簡)〉에 등록된 항목과 비교해 일부 빠진 부분이 있다. 그러나 노역에 따라 가구 구성원을 분류한 점으로 볼 때 진(秦)나라 정부는 백성의 인력 동원에 주안점을 두었음을 알 수 있다.[18]

세금 부과(賦)의 개념이 군역에서 비롯되었다는 점을 기억해둘 필요가 있다. 전국(戰國) 시대의 여러 나라가 적용한 재정 국가 체제에서는 세금 부과를 국가의 군사력 강화 수단으로 이해하는 개념이 강하게 개입되어 있었다. 진(秦) 제국은 법가(法家)의 원칙(《상군서商君書》에 자세히 드러나 있다)을 전적으로 도입하지는 않았다. 법가에서는 남자뿐 아니라 여자도 예외 없이 군역에 동원해야 한다고 주장했다. 진 제국은 여자를 군역에 동원하지는 않았지만 국가의 중요한 노동력으로 사용했다.[19] 진나라에서 가구별로 부과하는 세금인 호부(戶賦)가 기원전 348년 상앙(商鞅)에 의해 시행되었다. 모든 성인 남성에게는 군역이, 모든 성인에게는 노역이 부과되었으며, 여기에 곡식으로 납부하는 토지세가 더해

---

18 Chen Jie 2009; Lai Ming-chiu 2009; Washio 2009: 148-54. 리야는 초나라의 먼 변경 지역이었는데, 오늘날 호남성(湖南省) 서부에 위치했다. 〈수호지진간〉에 비해 등록된 내용이 간소한 이유는 이곳이 그리 중요한 지역이 아니었기 때문일 수도 있다.
19 진나라 때 텍스트인 《묵자(墨子)》에는 여성이 무기를 들고 성을 지키는 유명한 장면이 등장한다. 그러나 실제로 진나라에서 여성을 군대에 동원했는지는 확인되지 않았다. 후대에 진나라의 통치를 비난할 때 남성에게 과도한 군역을 부과한 점, 그리고 여성에게 물자를 도성으로 운반하는 노역을 시킨 점을 들었다. Zhang Rongqiang 2005: 31-32 참조.

졌다. 발굴된 진나라 고문서(秦簡) 중에서는 안타깝게도 건초(가축의 먹이)를 제외하면 가구별 세금 부과 내역이 발견되지 않는다. 일반적으로 말하자면, 전국 시대 제후국은 토지세로 수확량의 10퍼센트를 거두었다. 발굴된 진나라 고문서에 따르면, 곡식으로 납부하는 세금의 비율은 작황에 따라 해마다 조정되었다.[20] 진나라에서 일부 가구는 확실히 동전으로 세금을 납부했다. 그러나 이러한 관행이 어디에서 비롯되었는지는 아직 알려지지 않았다(기원전 336년경 진나라 정부에서 반량전半兩錢을 발행한 이후부터 시작되었을 수도 있다).

가구 등록은 또한 나라에서 토지를 분배할 때도 그 토대가 되었다. 춘추(春秋) 시대 중원 핵심 지역의 여러 제후국에는 개별 가구에 토지를 분배하는 관행이 널리 퍼져 있었다. 상앙(商鞅)의 개혁은 세습 귀족으로부터 지위와 특권을 몰수하고 군대에서의 공적에 따라 새로운 사회 질서를 만드는 것이었다. 17단계의 군대 계급을 사회에 적용해 각 개인마다 법적 특권을 달리 부여했다. 계급에 따라 경작할 토지와 주거지도 다르게 할당되었다. 이 같은 제도를 "명전택(名田宅)"이라 했다.[21] 토지 할당(일반적으로 분전分田이라 한다)은 진(秦)나라뿐만 아니라 전국(戰國) 시대 다른 주요국에서도 시행되던 제도였다.

20　Yang Zhenhong 2009: 173-81.
21　한(漢)나라의 역사가 사마천(司馬遷)은 상앙의 개혁에 대해 "개인의 군역에 따라 토지와 주거가 달랐고, 노비와 의복 소유도 집안의 위계에 따라서 달랐다"라고 설명했다(SJ 78.2230. 各以差次名田宅, 臣妾衣服以家次.《史記: 商君列傳》).〈장가산한간(張家山漢簡)〉에서도 각 계급별 토지와 주거 규모를 지정하는 내용이 발견되었는데, 이는 진(秦)나라의 제도를 이어받은 것으로 보인다. Yang Zhenhong 2003, 2009: 126-86 참조.

주민 등록은 다른 목적을 위해서도 사용되었다. 전국(戰國) 시대에 경제는 점점 더 복잡해지고 지리적 이동 또한 갈수록 빈번해졌다. 이 문제는 전제 군주가 감당해야 할 하나의 도전이었다. 왜냐하면 전제 군주제는 엄격한 질서하의 고정된 사회를 바탕으로 하는 체제였기 때문이다.《상군서(商君書)》에서 강조하는 바에 따르면, 통치자는 백성의 이름을 파악하고 백성의 주거지를 확정해야만 필요할 때 자원을 동원할 수 있고, 백성도 생계를 위해 필요한 토지와 주거지를 얻을 수 있다.[22] 기원전 252년의 위(魏)나라 법령은 일정한 주거지나 직업이 없는 자를 가구로 등록하지 말 것이며, 그에게 토지를 할당해서도 안 된다고 규정하고 있다.[23] 진(秦)나라 법령은 허가받지 않은 거주지 이전을 극악한 범죄로 간주했고, 이 죄를 범한 자는 노역형에 처하도록 했다. 당시에 쓰인 수많은 정치철학서에 등장하는 현실은, 촘촘한 감시의 그물망에서 어느 누구도 빠져나갈 수 없는 세상이었다.

고정된 사회는 지리적 이동뿐만 아니라 직업의 변경도 금지했다. 전국(戰國) 시대의 몇몇 텍스트에 기록된 관중(管仲)의 발언은 다음과 같다. "옛날에 성왕(聖王)께서 천하를 다스릴 적에 도성의 주민을 세 개의 군대로 나누시고, 시골의 주민을 다섯 가구씩 하나의 단위로 편성하셨다. 그

---

22 Chapter 15, "Laimin", in *SJS*: 87(民上無通名, 下無田宅, 而恃姦務末作以處.《商君書: 徠民》). 또한 Du Zhengsheng 1990: 34; Cao Lüning 2002: 70 참조.
23 대부분의 학자들은 이 법령의 내용이 행상(行商)을 염두에 둔 것이라 해석하고 있다 (예를 들면 Du Zhengsheng 1990: 182; Hori 1996: 55; Sahara 2002a: 312). Cao Lüning(2002: 64-72)은 기존 해석에 문제를 제기하며, 여기서 말하는 사람들은 상인이라기보다 근거지가 없는 "방랑자들"이라고 해석한다.

래서 백성의 주거지를 확정하고 적당한 직업을 배당해주셨다." 이어서 관중이 말하기를, 도성은 21개 구획(鄕)으로 나뉘어야 하는데, 그중 6개 구획은 공인(工)과 상인(商)에게 할당하고, 15개 구획은 통치자의 군대에 소속되어 근무하는 관리와 농민에게 할당한다(여기서 공인과 상인의 차별이 군 면제와 연결되어 있었다는 사실을 다시 한 번 확인할 수 있다). 공인은 정부 지정 작업장에 배정하고, 상인은 지정된 시장에서 장사를 하되 정부에서 파견한 관리의 감독을 받아야 했다.[24] 직업에 따라 지위가 고정되는 이 같은 원칙은 유가(儒家)의 입장에서도 다를 바가 없었다. 유가의 정치철학서인 《순자(荀子)》에도 같은 맥락의 내용이 등장한다. 《순자》에 따르면, 사회 질서를 바로잡기 위해서는 노동의 구분이 분명해야 한다. 그러한 가운데 모든 사람은 자신의 재능에 맞는 직업을 가져야 하며, 사회에서 자신이 창출한 부에 따라 적당한 만큼(分)을 받아야 한다.[25]

상인은 물론 지리적 이동과 직업 변동이 가장 심한 계층이었다. 진(秦) 제국의 설계자들이 이런 상인 계층을 반겼을 리 없다. 진 제국의 규제 대부분은 자국민보다 이방인을 통제하는 데 집중되었다. 상인에 대한 차별적 법제가 최초로 확인된 시기는 진 제국의 설립 직후였다. 기원전 214년 운송에 관한 법이 시행되었다. 여기에 남쪽 및 북쪽 국경으로

---

24 "Qiyu", in *GY*, 6.219(昔者, 聖王之治天下也, 參其國而伍其鄙, 定民之居, 成民之事, …《國語: 齊語》); 같은 내용이 《管子: 小匡》에도 나온다(*GZ*, 1: 480); 전체 단락의 번역은 Rickett 1985: 323-24 참조. "전-관자"의 다른 대목에는 관리들에게 타국에서 방문하는 자들의 이름과 "안색"과 직업을 적어두라는 조언이 있다: chapter 24, "Wen", *GZ*, 1: 499(視其名, 視其色, 是其事…《管子: 問》).
25 이러한 주제는 《순자(荀子)》 중에서도 특히 〈왕제(王制)〉와 〈부국(富國)〉 장에서 분명하게 드러난다. Knoblock 1988: II: 85-138 참조.

가는 화물의 운송을 위해서 상인과 기타 이동 수단을 군역에 강제 동원할 수 있다는 규정이 포함되어 있다. 국경 방어 의무는 일반 백성 사이에서 광범위한 불만과 저항을 불러일으켰다. 진 제국 정부는 시적(市籍, 시장 등록 장부)을 기록했다. 일반 백성과는 별도로 상인과 장사꾼의 명단을 기록해둔 장부였다. 시적에 등록되어 있는 자, 혹은 그의 아버지나 할아버지가 시적에 등록되었던 자는 운송 명령에 따라야 했다.[26] 과연 시적에 등록된 자들이 당시 직업에 근거해서 등록되었는지, 아니면 선대로부터 세습되었는지에 대해서는 학자들의 의견이 일치하지 않는다. 그러나 갈수록 세습적 지위가 강화되었던 것만은 분명하다. 태어난 곳에서 벗어나 여행을 하는 사람들은 누구나 여권을 소지해야 했다. 행상은 지역 관리에게 등록을 하고, 가지고 온 물품을 판매해도 좋다는 허락을 얻어야 했다. 상인에 대한 사회 및 경제적 규제는 한(漢) 제국에서 더욱 엄격해졌다. 한 제국에서 시장 등록 상인은 관리의 요구에 따라 물품을 제공해야 했고, 광범위한 법적 차별도 가해졌다(예를 들면 상인과 장인은 정부 관리로 임명될 수 없다거나 농지를 소유할 수 없다는 규제가 종종 시행되었다).[27]

〈장가산한간(張家山漢簡)〉과 〈거연한간(居延漢簡)〉을 보면, 한(漢) 제국은 진(秦) 제국의 주민 등록을 판에 박은 듯이 그대로 따라 했다. 〈장가산한간〉에서 "호율(戶律)"이라는 자료를 보면, 지방관은 주민 등록에 5가

---

26 Yamada 1979, 1988: 12-13; Shigechika 1990: 28-29; Cao Lüning 2002: 64-72; Sahara 2002a: 312-13; Barbieri-Low 2007: 126.
27 Barbieri-Low 2007: 126-27; Yamada 1979.

지 항목을 포함했다. 가구원 수, 토지 자산 소유, 주택과 마당, 세금, 노역이 그것이었다. 지방관은 여기에 상속이나 매매 관련 기록도 적어두어야 했다.[28] 해마다 음력 8월에 가구 조사를 실시했으며, 지방에서 단계를 거쳐 중앙 정부에까지 종합 통계를 보고해야 했다. 이러한 보고 과정을 "상계(上計)"라 했는데, 매년 음력 3월에 실시했다.[29] 기원전 13년의 동해군(東海郡, 동중국 회수淮水 이남) 지역 상계(上計)가 남아 있어서, 상계에 어떤 유형의 통계 정보가 포함되었는지를 알 수 있다(표 3-1).

한(漢)나라의 초대 황제 유방(劉邦)은 전쟁에서 공을 세운 군인에게 상을 내리기 위해 진(秦) 제국의 명전택(名田宅) 제도를 그대로 따랐다. 즉 군대 계급에 따라 토지를 할당해주었던 것이다.[30] 게다가 군대 공적 이외에도 다양한 업적에 따라 상을 주었다. 그러다 보니 등급은 진 제국 당시보다 더욱 확대되어, 결과적으로 1등급에서 20등급까지 나뉘었다. 가장이 특별한 계급이 없는 기본 가구(〈장가산한간〉에는 공졸公卒, 사오士伍, 서인庶人 등 다양한 명칭으로 등장한다)에 주어지는 토지는 농지 1경(頃, 100무畝)과 (사방 30보徒의) 주거지였다.[31] 공적이 있는 자에게는

28　Zhu Honglin 2008: 243-56.
29　Satō 1967: 2-7; Hori 1996: 62-63.
30　Zhu Shaohou 1985: 25-29. 전쟁으로 삶의 터전을 잃은 사람들을 다시 정착시키기 위해 한 고조(漢 高祖)는 이전 진 제국 군대 계급에 따라서도 가장에게 토지를 하사했다. Wang Yanhui 2006: 24
31　이런 명칭들은 다양한 지위를 나타낸다. 공졸(公卒)은 하층민이지만 단순한 평민(사오士伍)보다는 조금 위다. 서인(庶人)은 "자유민"인데, 예전에 하인이나 노예 혹은 죄수였다가 풀려난 사람이다. 서인의 과거는 지워질 수 없었지만 그 아이들은 평민으로 간주되었다. Anthony Barbieri와의 私談.

인구 통계

지방 행정 기관	38	18현(縣), 18후국(侯國), 2읍(邑)
향(鄕)	170	1,566호(戶) / 향(鄕)
리(里)	2,534	14.9리(里) / 향(鄕)
호(戶)	266,290	105호(戶) / 리(里)
구(口)	1,397,343	5.25인(人) / 호(戶)
남자	706,064	50.2%
여자	688,132	49.8%

세수 통계

등록 토지 총계(頃)	512,092	192무(畝) / 호(戶)
밀/보리* 경작 면적(頃)	107,380	40.3무(畝) / 호(戶)
동전 수입 총계(文)	266,642,506	190문(文) / 인(人)
곡물 수입 총계(石)	506,637	0.36석(石) / 인(人)
		0.047석(石) / 경작 면적(畝)

* 당시에는 밀과 보리를 모두 맥(麥)으로 표기했다.

[표 3-1] 동해군 상계(上計), 기원전 13년

더 많은 토지가 주어졌다. 예를 들어 관리 중에서 공승(公乘, 20등급 중 8등급, 평민이 도달할 수 있는 가장 높은 지위)에게 주어지는 농지는 20경, 최고 등급의 관리(관내후關內侯)에게 주어지는 토지는 95경이었다. 특정 조건(예를 들면 구매자의 기존 토지와 경계가 접해 있는 경우 등)에서 토지의 양도나 매매도 가능했다. 그러나 이 경우 토지를 판 사람은 추후 농지를 불하받을 자격을 상실했다.[32]

32 Yang Zhenhong 2003. 〈장가산한간〉에 등장하는 명전택 시스템에 관해서는 또한

그리하여 진(秦) 제국과 한(漢) 제국이 공통적으로 사용한 가구별 토지 할당 기본 단위는 100무(畝)였다. 100무(혹은 맥陌이라고도 한다)는 이후 토지 소유나 세금 부과의 기본 단위가 되었다. 토지 할당 대상은 결혼한 부부 한 쌍이 기준이었다(이를 일부일부一夫一婦라 했는데, 남경여직男耕女織이라고 표현한 문헌도 있다). 이러한 토지 할당은 기본적으로 사용권을 주는 것이지 배타적 소유권을 주는 것은 아니었다. 그러나 실제로는 할당받은 토지가 부계 혈통으로 상속되었다.

상앙(商鞅)의 개혁 정책에 따르면, 재산은 상속자들에게 공동 분배되어야 하고, 형제들은 각자 분리된 가정에서 살아야 했다. 균등 상속 원칙은 한(漢) 제국에서 보편적으로 시행되었고, 이후에도 법과 관습으로 정착되었다. 아버지의 후계자(대개 맏아들)는 아버지의 등급을 그대로 상속받았다. (지위가 낮은 가구의 경우) 그에 따라 토지 사용 자격도 그대로 물려받았다. 물론 형제들끼리 물려받은 토지를 나누어야 했다. 아들 중 하나가 결혼할 때 분가하여 독립 가구를 구성하는 경우가 많았다. 아버지는 문서를 통해 아들들의 유산 분배에 개입할 수 있었고, 그 문서는 법적 구속력이 있었다. 기원전 186년의 율령(〈이년율령二年律令〉)은 형제의 공동 주거를 허용하고 있으나, 이때는 이미 분가 관습이 안착된 지 오래였다. 한(漢) 제국은 분가를 권장했다. 독립 농민 가구가 많아질수록 경제의 사회적 기반이나 재정 국가 체제가 튼튼해지기 때문이었다. 명전택(名田宅) 제도에 따른 토지 할당은 현실적으로 부계 혈통으로 재

Zhang Jinguang 2007; Zhu Honglin 2008: 210-30; Ikeda 2008b: 487-511 참조. 한 제국의 등급별 보상 정책에 대해서는 Loewe 2010b: 297-99 참조.

산과 지위가 상속되는 결과를 가져왔다. 따라서 이 제도는 부계 혈통을 유지 및 강화하는 데도 기여했다.[33]

등급이 높은 사람들은 훨씬 더 많은 명전택(名田宅)을 받을 권리가 있었다. 그러나 서류상 권리가 실제로 시행되지는 않았던 것 같다. 토지를 할당받은 사람들의 대부분이 일반 농민 가구였다는 사실은 명확하게 밝혀졌다.[34] 게다가 〈이년율령(二年律令)〉(기원전 186)에서는 진(秦) 제국 당시 시행되었던 토지 소유 상한선 규정을 회복하고자 했다.[35] 문제(文帝, 재위 기원전 180~157)는 이후 유가의 역사서에서 관대한 군주로 신성시되었는데, 〈이년율령〉이 시행된 지 얼마 지나지 않은 시기였음에도 불구하고 개인 가구가 소유할 수 있는 노비와 토지의 상한선을 없애 버렸다.[36] 물론 (인구 밀도, 작물 정책, 토지 생산성 등의) 지역 변수에 따라서도 토지 할당의 규모가 달라졌다.

토지 할당 제도, 즉 국가가 토지를 소유하고 개별 가구가 토지를 경작하는 제도는 소규모 가족 중심 농업 경제의 기초가 되었다. 전국(戰國)시대 관료들이 이 제도를 발달시킨 이유는, 이 제도가 개별 가구의 경제적 안정을 가져옴으로써 사회 안정에 기여했을 뿐만 아니라 농업 생산성 향상에도 도움이 된다고 믿었기 때문이다. 여불위(呂不韋)는 정치를

---

33 Wang Yanhui 2006. 거연(居延)의 군사 주둔지(기원전 1세기 말 이후)에서 발굴된 자료(《居延漢簡》)에 의하면, 전체 47가구 중 67퍼센트가 부부 가정이었고, 9퍼센트가 노부모와 함께 사는 가구였다. 나머지 24퍼센트는 미혼 독신 가구였다. 형제가 함께 거주하는 가구는 하나도 없었다. 같은 책: 28-29 참조.
34 Zhang Jinguang 2007.
35 Yang Zhenhong 2003: 62-63.
36 HS 29A.1142.

논하는 글에서, 개인이 최선을 다하지 않는 집단 농장보다는 가구별 농장에서 노동에 대한 보상이 더 크다고 주장했다.[37] 유가의 철학자들도 이와 비슷한 입장이었다. 이들은 중원 지역 소규모 농가의 생산과 검소한 소비를 찬양했다. 이와 달리 국경 지역에서는 상업에 의존해 결과적으로 경제적 불평등 때문에 곤란을 겪는다고 했다.[38] 토지 할당 제도 덕분에 한(漢) 제국이 성립된 후 불과 수십 년 만에 경기가 살아나기 시작했고, 경기 활성화는 거꾸로 토지 제도를 무너뜨리는 원인이 되었다.

진 제국 경제의 공적 영역

진(秦) 제국의 통치 철학은 법가(法家)였다. 법가 철학에는 국가의 목표라는 개념이 있었다. 백성에게 안전과 물질적 복지를 제공하는 것이 곧 국가의 목표였다. 그래서 대부분의 물품 생산을 정부가 직접 관리했다. 비록 민간의 생산 및 상거래가 존재했다는 증거도 점점 더 많이 발견되기는 하지만, 생산 수단의 대부분은 강력한 정부의 통제 아래 놓여 있었다. 제철 공장, 수공업 작업장, 광산, 산림, 목초지 등이 모두 정부의 관리 목록에 포함되었다. 농업 분야에서도 정부의 비중이 적지 않았다. 이 같은 여러 업무를 감당하기 위해서 국가는 관료 체제의 폭을 넓힐 수밖에 없었다. 여불위(呂不韋)가 썼다고 전해지는《여씨춘추(呂氏春秋)》에는 정부 조직에 대한 내용이 나오는데, 정부의 기능을 구현하기 위해서

---

37 Book 17, "Shenfen", in *LSCQ*: 1029(《呂氏春秋: 審分》); Knoblock and Riegel 2000: 405. 또한 Hori 1996: 31-32 참조.
38 Chapter 3, "Tongyou", in *YTL*, 1: 42(《鹽鐵論: 通有》).

필요한 20개 부서가 열거되어 있다. 즉 역법과 점사(예언)를 담당하는 5개 부서 이외에도 노비, 의복, 지도, 활, 전차, 수레, 배, 가축, 궁궐, 술, 우물, 시장, 절구(곡식 도정용), 의사, 무당 등을 담당하는 부서들이 포함되어 있다.[39] 이 중에서 의사와 무당이 특히 눈에 띄는데, 이는 당시 통치자들이 신탁이나 점술, 장생불사에 과도하게 집착한 현실을 반영하고 있다. 다른 부서들은 국가의 생산 능력과 군사력을 강화하는 데 초점이 맞추어져 있다. 불행히도 진 제국 중앙 정부의 실제 구조를 파악할 수 있는 자료는 남아 있지 않다. 그러나 발굴 문헌으로 볼 때, 특히 〈수호지진간(睡虎地秦簡)〉에서 드러난 행정 관련 법률의 내용으로 보자면, 민간 경제를 관에서 주도한 것만큼은 분명한 사실로 확인된다.

상앙(商鞅)은 정부 조직을 개혁하면서, 왕을 보좌하는 내사(內史)에서 국가 재정을 관리하고 이와 관련된 폭넓은 사법권을 관장하도록 했다. 당시 최고위직 관료는 상(相)으로, 군사와 외교를 담당하는 관직이었다. 상앙의 개혁으로 내사는 그 바로 아래의 두 번째 높은 기관이 되었다. 기원전 3세기 중반 제국의 영토가 급격히 확장될 때는 물류 문제도 내사가 감당해야 할 힘겨운 과제로 대두되었다. 한편 진(秦)나라에는 소부(少府)라는 기관이 있었다. 여불위(呂不韋)가 상(相)의 지위에 있을 때 설치한 기관이라고 하는데, 왕을 비롯하여 궁궐에서 사용할 사치품

---

39 Book 17, "Wugong", in *LSCQ*: 1077-78(大橈作甲子, 黔如作虜首, 容成作厤, 羲和作占日, 尚儀作占月, 后益作占歲, 胡曹作衣, 夷羿作弓, 祝融作市, 儀狄作酒, 高元作室, 虞姁作舟, 伯益作井, 赤冀作臼, 乘雅作駕, 寒哀作御, 王冰作服牛, 史皇作圖, 巫彭作醫, 巫咸作筮, 此二十官者, 聖人之所以治天下也.《呂氏春秋: 勿躬》); Knoblock and Riegel 2000: 420.

을 생산하는 공장들을 감독하는 부서였다. 진나라 말고도 조(趙), 한(韓), 초(楚)나라에도 이 같은 유형의 왕실 재산 전담 기관이 확인된 바 있다.[40] 기원전 227년경 진나라의 중앙 정부가 다시 한 번 개편되었다. 당시 왕은 정(政, 훗날 진시황), 재상은 이사(李斯)였다. 이때 내사(內史)가 2개 기관으로 나뉘었다. 하나는 황제의 비서 업무를 수행하는 어사대부(御史大夫)로, 이 기관의 대표가 정부 관료를 통솔했다. 어사대부는 재상에 버금가는 두 번째 실권을 잡게 되었다. 또 하나는 치속내사(治粟內史)였는데, 곡물로 납부하는 조세 수입과 정부 직할 농지를 관리하는 업무를 담당했다. 한편 소부(少府)는 재상 이사(李斯)의 직속 기관이었다. 소부가 행사하는 사법권의 범위는 점점 확장되었고, 결국 국가 재정 사무와 세금 문제까지도 소부의 관할이 되었다. 이후에도 소부의 관할은 문어발처럼 마구 뻗어 나갔다. 소부는 귀중품, 작업장, 금과 동전을 저장하는 금고를 관리하는 복합 행정 기관이었으며, 국가 소유의 정원과 목초지 및 삼림을 관리하고 공공 건설을 감독하는 역할도 맡았다.[41]

진(秦) 제국이 패권을 향해 나아가는 과정은 곧 도시를 정복하고 장악하는 과정이었다. 기원전 257~226년 진나라는 중원 핵심 지역의 이른바 삼진(三晉, 즉 진晉나라의 후계 3국인 조趙, 한韓, 위魏)을 점령했다. 삼진은 상인 계층의 재산이 불어나고 자율성이 커져가던 와중이었다. 그러나 진나라의 점령으로 이러한 경향은 일거에 뒤집어졌다. 주요 도시에는 군사 주둔지와 방어 요새가 건설되고, 관료 체제가 도시를 지배

---

40 Sahara 2002a: 130-35.
41 Yamada 1987, 1990.

했다. 또한 중원 3국(조, 한, 위)에서 상인을 비롯하여 부유한 계층 12만 가구를 진나라의 수도 함양(咸陽)으로 강제 이주시켰다. 이는 상인 계층의 독립적 상황을 탄압하기 위해 의도된 정책이었다.[42] 강제 이주는 유능한 기업가들을 통제하여 새로운 자원 개발을 추진하는 방안이기도 했다. 예를 들면 부유한 제철 기업가들의 자산을 몰수하고 새로 정복한 초(楚)나라 사천(四川)의 촉(蜀)나라 지역으로 이주시켰다. 이들에게는 신규 정복지에 철 생산 중심지를 개발하는 임무가 주어졌다.[43]

진(秦) 제국의 통치 아래 사회 전체가 군사화되었으며, 생산과 무역에도 그 영향이 미쳤다. 시장의 발달은 군수 물자 조달과 밀접한 관련이 있었다. 도시의 핵심에는 군수 창고, 귀금속 창고, 곡물 창고가 자리 잡고 있었다.[44]

산업 생산은 제국의 수도에 집중되어 있었다. 이는 상앙(商鞅)의 개혁 이후 변함없이 지속되어온 일이었다. 도량형의 통일은 애초 세금 관리의 편의를 도모하려는 목적이 있었다. 아마도 상앙의 개혁 때 처음 시작되었을 것이다. 〈수호지진간(睡虎地秦簡)〉에는 도시의 시장을 엄격하게 관리 및 감독한 증거들이 풍부하게 남아 있다. 시장 감독관이 시장을 열고 닫는 시간을 결정했고, 시장에서 판매하는 상품의 품질과 가격을

---

42 Emura 2005: 210.
43 《사기(史記)》에 나오는 탁씨(卓氏), 정씨(程氏), 공씨(孔氏) 가문 이야기 참조. 사마천은 이들이 이주한 뒤에 진(秦) 제국 정부가 사유 재산 축적을 선호하지 않는 환경에서도 다시금 재산을 모으는 과정을 보고 그 재능을 칭송하기는 하지만, 그럼에도 불구하고 산업 발달에 기여한 그들의 공적을 얕보는 경향이 있다. *SJ* 129.3278-79(《史記: 貨殖列傳》); Wagner 2008: 140-44.
44 Sahara 2002a: 153.

검열했으며, 화폐를 엄격히 통제했다.⁴⁵

도로, 운하, 성벽(도시뿐만 아니라 북방 국경 지대의 만리장성까지) 등의 건설을 포함해 진(秦) 제국에서 활발히 추진한 정책은 모두 막대한 노동력을 필요로 했다. 법률은 엄격했다. 법을 어긴 자는 대체로 1년 이상 6년 이하의 노역형에 처해졌다. 법조문에 의하면 남성 범죄자는 주로 성벽 건설 등의 작업에 투입되었고, 여성 범죄자는 대부분 곡식의 방아 찧기 작업에 투입되었다. 이외에도 법에 의거해 모든 성인 남녀에게 노역 의무가 부과되었다. 따라서 매우 많은 인원이 노역에 동원되었다. 노역자도 범죄자와 마찬가지로 주로 건설 작업에 투입되었다. 범죄자든 노역자든 작업 도구는 국가로부터 "임대"해 사용했다. 도구를 분실하거나 부러뜨리면 혹독한 처벌이 뒤따랐다.⁴⁶

또한 농업 발전을 위해서도 활발한 정책이 펼쳐졌다. 국가 소유 토지를 임대함으로써 이민자의 유입과 정착을 도모한 나라는 과거 진(秦)나라가 거의 유일했다. 여불위(呂不韋)는 진나라 재상으로 있을 때인 기원전 239년경 《여씨춘추(呂氏春秋)》라고 하는 백과사전을 펴냈는데, 1년 동안 해야 할 일과 행사가 연감 형식으로 수록되어 있다. 이 책은 농사 관행에 대한 내용이 등장하는 최초의 문헌이다. 농사 관련 내용은 주로 들판과 토양의 준비 방법이나 각종 곡식을 파종하는 적당한 시점에 초점을 맞추고 있으며, 토양의 비옥화를 위하여 기장과 밀을 번갈아 심을 것을 권장하고 있다.⁴⁷ 가족 중심 농업은 진 제국에서도 여전히 국가 경

---

45 Hulsewé 1985a: 227-33; Cao Lüning 2002: 130-42; Sahara 2002a: 312-13.
46 Hulsewé 1985a: 226-27.

제의 주류이자 국가 수입의 주요 원천이었다. 그러나 진(秦) 정부는 대규모 농장을 직접 경영하며 죄수들을 동원해 농사일을 시켰다.

농지 이외의 토지에서 생산되는 모든 것은 통치자의 소유였다. 이미 상앙(商鞅) 당시에 이런 규정이 선포되었다. 광산, 삼림, 야생 동물 등 모두가 마찬가지였다. 국가는 광산을 민간에 임대해주고, 그 대가로 세금을 거두었다. 정부는 국가 자산을 엄격히 관리하고, 이를 위반하면 가혹한 형벌이 뒤따랐다. 예를 들어 국가의 사냥터에서 허락 없이 동물을 사냥하면 사형에 처했다. 개인이 나무를 베는 것도 금지했다(관을 짜기 위해서라면 예외였다). 샘을 막거나 물길을 돌리거나 초원을 불태우거나, 봄과 여름에 숲이나 초원에서 새알을 줍는 것도 불법이었다.

특히 가축 사육과 관련해 정부가 취한 정책은 주목할 만하다. 지방 행정관은 직접 목장을 경영했다. 여기서 수레를 끌 수 있는 소나 말 등의 동물을 키워서 개별 농가에 임대해주기도 하고, 군사용 말을 기르기도 했다. 정부 소유 가축의 관리 규정도 매우 상세했다. 가축 종류별로 하루에 먹여야 할 사료의 양, 시킬 수 있는 일의 양을 지정해두었다. 만약 정부 소유 가축이 사유지에서 풀을 뜯으면 담당 관리가 벌금을 물어야 했다. 또한 정부 소유 가축의 매매, 이동, 사망 기록도 자세히 관리하도록 했다. 가축 소유자 혹은 관리 담당자가 가축을 끌고 강을 건너거나 관문을 통과할 때는 소유권을 입증하는 서류를 제시해야 했다. 세금 항목에는 곡식뿐만 아니라 사료용 건초가 포함되어 있었다. 이를 보더

---

47 《여씨춘추(呂氏春秋)》의 농사 관련 내용에 관한 간략한 논의는 Hsü 1979: 7-9 참조. 또한 Bray 1984에 수록된 이 대목에 관한 참고 문헌 참조.

라도 당시 경제에서 운송 수단으로 사용되는 가축이 얼마나 중요했는지 충분히 짐작할 수 있다.[48]

진(秦) 제국 정부는 막대한 양의 곡식을 비축했다. 관리와 군인의 봉급도 곡식으로 지불했고, 노역에 동원된 죄수의 식량도 필요했기 때문이다. 법령에 따르면, 군(郡) 단위의 행정 기관은 1만 석(石, 20만 리터)의 곡식을 저장해두어야 했다. 제국의 수도 함양(咸陽)은 10만 석을 비축했다.[49] 창고를 제대로 관리하는 법도 상세히 규정되어 있었다. 창고 지붕에서 비가 새거나 쥐구멍이 셋 이상 발견되면(생쥐 구멍 3개는 시궁쥐 구멍 1개로 간주), 담당 관리가 벌금을 물어야 했다.[50] 빈민이나 재난 구제를 위해 곡식을 분배하는 규정은 없었고, 심지어 법령에 의거해 노역에 동원된 일반 백성을 위한 곡식 배급 규정도 없었다.

앞에서 인용한《관자(管子)》에도 나오듯이, 빈민은 가족을 먹여 살리기 위해 빚을 얻어야 했다. 정부는 수레 끄는 동물, 종자, 농기구뿐만 아니라 동전, 곡식, 심지어 노비도 빌려주었다. 전국(戰國) 시대에는 곡식과 돈을 빌려주는 것이 공공 자선 구제로 간주되었고, 상환은 거의 필요치 않았다.[51] 그러나 진(秦) 제국에서는, 가축이나 도구가 손상되면 보상을 요구했듯이 정부의 각종 대출도 상환하지 않을 수 없었다. 민간인이 대출을 해주고 이자 수익을 거두거나, 혹은 빚 때문에 아내 혹은 아이를 팔아넘기는 일은 법률로 금지되어 있었다.[52] 당시 민간에서 사적으로 빚

---

48 Ikeda 2008b: 452-53, 460-68, 494-95, 497-98.
49 Hulsewé 1985a: 222-24.
50 Hulsewé 1981: 17.
51 Okada 1990.

을 얻은 근거 자료는 거의 없다. 그 목적이 생산에 있든 소비에 있든, 대출이 필요할 때는 정부에서 대출을 내도록 했다.

경제적 통제의 또 다른 측면으로 화폐 정책을 들 수 있다. 화폐를 통해 민간 기업도 공적 지배를 받도록 엄격히 통제했다. 기원전 336년경 진(秦)나라가 반량전(半兩錢)을 주조한 것은 곧 경제적 독립 선언이었다.[53] 반량전은 둥근 모양이었는데, 이는 당시 중원 지역에서 주로 통용되던 삽 모양의 포전(布錢)이나 칼 모양의 도전(刀錢)과 비교하면 그 형태와 무게에서 놀라운 차이가 있었다. 〈수호지진간(睡虎地秦簡)〉에는 공식 화폐의 사용에 관한 행정 규칙이 포함되어 있다. 또한 위조나 다른 나라의 화폐 사용에 따른 가혹한 형벌도 규정되어 있다. 원래 진나라 본토에 해당하는 지역에서는 다른 나라의 화폐가 거의 출토된 적이 없다. 이는 화폐 관련 법규가 얼마나 실질적으로 집행되었는지를 뒷받침하는 근거가 된다.

한(漢) 제국의 역사가 사마천(司馬遷)에 의하면, 진(秦) 제국 수립 이전에 세 가지 화폐가 유통되었다. 동전(반량전), 황금, 삼베가 그것이다. 그러나 진나라에서는 교환 수단으로 거의 반량전을 사용했다. 삼베는 개인 간 거래가 아니라 세금 지불 수단이었다(삼베 1필疋은 병사의 군복 1벌을 만들 수 있는 양이 기준이었다).[54] 〈수호지진간〉에 포함된 법령에 천

---

52 《주례(周禮)》에서 국가는 개인의 빚을 독촉할 의무가 있다고 했는데, 진나라는 실제로 이를 실행했던 것 같다. Zhu Honglin 2008: 151-54 참조.
53 진나라의 화폐 체제에 관해서는 Inaba 1978, 2007; Yamada 2000: 43-75; He Qinggu 2003b; Shi Junzhi 2009; Kakinuma 2011: 170-90; Emura 2011: 374-98 참조.
54 진시황릉 출토 병마용에서 착용하고 있는 군복을 통해 이러한 결론에 이를 수 있었다.

을 지불 수단으로 사용한다는 규정이 있지만, 한(漢) 제국의 〈이년율령(二年律令)〉(기원전 186)에서는 이러한 조항이 모두 사라졌다.[55] 아마도 황금이 진나라 화폐 체제에 편입된 것은 기원전 278년 이후일 텐데, 당시 진나라는 초(楚)나라의 수도 영(郢, 강릉江陵)을 정복했다.[56] 그곳은 당시 금 생산의 중심지였고, 초나라의 금화 주조도 대개 그곳에서 이루어졌다. 진나라도 병사나 공적이 있는 백성에게 상으로 금을 주기는 했지만, 국가 재정 행정에서는 사실상 금이 들어설 자리가 거의 없었다.[57]

진(秦) 제국은 새로운 지역을 점령할 때마다 그곳에 진나라의 동전을 유통시켰다. 그런데 정복 속도가 워낙 빠르다 보니 기존 화폐를 단일 화폐로 대체하기에는 물량이 부족했다. 많은 지역에서, 특히 중원 지역에서 반량전은 실물 경제에 거의 침투하지 못했다. 포전(布錢)과 도전(刀錢)은 이미 멸망한 나라에서 주조한 것이지만, 진나라의 점령 이후에도 계속 유통되었다.[58] 〈수호지진간〉에 등장하는 화폐 관련 규정에 따르면,

    Cao Lüning 2002: 132 참조.
55 〈수호지진간〉에 기록된 여러 벌금 조항은 11의 배수로 기록되어 있다(예를 들면 이십이전廿二錢, 육백육십전六百六十錢 등). 이는 당시 동전과 천의 공식 교환율 때문일 것이다(베 1필은 동전 11전). 이러한 관행은 베 1필이 회계 단위로 사용되었음을 보여주는 증거지만, 그렇다고 해서 실제로 천이 교환 수단이었다고 확정하기는 어렵다. 대부분의 학자들(예를 들면 Yamada 2000: 70-75; Cao Lüning 2002: 131-34; Zhu Honglin 2008: 180)은 진 제국과 한 제국에서 천이 교환 수단으로 사용되지 않았다고 결론 내리고 있다. Kakinuma(2011: 283-302)는 천이 화폐 기능을 하지도 않았다고 주장한다. 그러나 내가 보기에 그의 주장은 설득력이 없다.
56 Inaba 2007: 247-55.
57 과거 초나라 지역에서 진 제국이 금을 화폐의 일종으로 사용하기 시작한 증거가 일부 발견되었다. 이 또한 금이 이 지역에서 얼마나 중요했는지를 보여주는 것이다. Yates 2013: 305-11 참조.

공공 기관이나 민간의 거래에서도 "품질이 좋건 나쁘건" 모든 종류의 동전을 받아야 하며, (특정 종류의 동전을 거부할 우려가 있기 때문에) 환전은 금지되었다.[59] 진시황이 사망한 뒤 정치적·사회적 혼란이 밀려오자 위조 화폐가 도처에 만연했다. 2세 황제는 반량전의 무게를 절반 이하로 줄여서 다시 주조하라는 명을 내렸다.[60] 제국 체제가 갑자기 무너지면서 화폐 통일이 잠시 주춤했지만, 한(漢) 제국은 진 제국이 멈춘 바로 그 지점에서 다시 시작했다. 단지 반량전뿐만이 아니었다. 한 제국의 창업주는 진 제국의 재정 국가 틀을 통째로 이어받았다.

한 제국 초기의 국가 재정 및 화폐 정책

유방(劉邦)은 평민 출신으로 장군의 지위에 오른 인물이었다. 마침내 그는 주요 경쟁자들을 물리치고 한(漢) 제국을 세웠다. 기원전 202년 한(漢)은 진(秦)의 계승자를 자처했다. 내전 기간 동안 유방은 지지 세력들에게 "왕(王)"의 칭호를 부여함으로써 충성심을 이끌어내고자 했다. 이들은 유방의 이름을 내세워 곳곳을 점령했으며, 점령한 지역을 다스릴 수 있는 권한을 얻었다. 그러나 유방이 황제의 자리에 오른 뒤에는 사정이 달라졌다. 황제는 거의 모든 영토를 종친에게 넘겨주도록 했다. 종

---

58 Emura 2011: 73.
59 Hulsewé 1985b: 52-53.
60 진시황 당시의 동전은 약 8그램 전후였다. 기원전 210년 2세 황제가 즉위한 뒤 주조된 반량전의 무게는 3~4그램이었고, 심지어 2그램짜리도 유통되었다. He Qinggu 2003b: 318-24 참조. 곧이어 한 제국은 반량전의 공식 무게를 5.2그램으로 표준화했다. Yamada 2000: 87-88 참조.

친은 하사받은 땅의 통치권을 세습할 수 있었다. 이렇게 형성된 왕국(王國)은 그 성격상 과거 주(周)나라의 가산 국가 체제로 복귀한 측면이 있었다. 가산 국가 체제에서 제후 왕들은 황제의 종친으로서 일정 영역에 대해 황제의 권한을 위임받아 통치를 맡았다. 이와 달리 유방의 직할지는 정치 제도, 법률, 행정 규칙, 관료 체제 면에서 진(秦)을 거의 그대로 답습했다.[61] 그리하여 한(漢) 제국은 설립 초기부터 전제 군주 체제와 가산 국가 체제가 공존하게 되었으며, 이러한 체제의 혼란에서 비롯된 각종 문제에 시달렸다.

한(漢) 제국 초기의 이중적 체제 때문에 제국 영토의 3분의 2 이상이 종친의 통치하에 놓였다. 종친은 재정의 자율권을 비롯하여 황실로부터 상당히 독립적으로 영토를 관리했다(지도 3-1). 게다가 한(漢) 제국의 황제는 친인척이나 개인적으로 호감을 갖는 사람들에게 상으로 후국(侯國)을 내리는 경우가 많았다. 이들에게는 정해진 수만큼의 가구(적게는 수백 가구에서 많게는 수만 가구 이상)를 대상으로 법질서를 통제하는 사법권이 주어졌다. 뿐만 아니라 거두어들인 세금도 일정 정도 나누어 가질 수 있었다. 기원전 201년부터 기원후 5년 사이에 모두 788개의 후국(侯國)이 생겨났다. 이들이 모두 한꺼번에 존재했던 것은 아니다. 명목상 후국은 세습이 가능했지만 여러 가지 이유로 몰수될 수도 있었다. 기원전 112년 무제(武帝)는 100여 년 전에 성립된 후국들의 권한을 박탈하기도 했는데, 그 수가 100개국을 넘었다.[62]

---

61 한(漢) 제국 정부 조직과 운영에 관한 간략한 개관은 Loewe 2006 참조.
62 한(漢) 제국의 후국 체제는 Loewe 2006: 49-51 참조. 후국에 귀속된 가구 수와 관련해

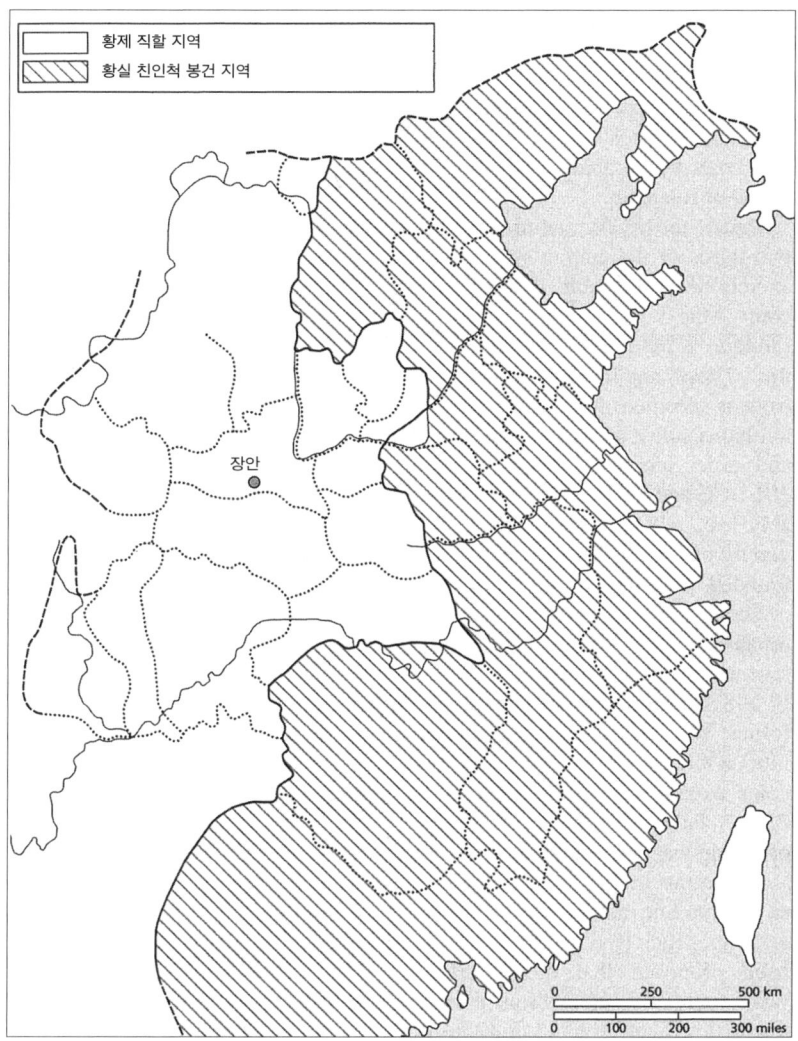

〔지도 3-1〕 한(漢) 제국 초기

CHAPTER 3 - 세계 제국의 경제적 토대

중원 지역의 상업 중심지를 비롯한 여러 중심 도시는 중앙 정부가 직접 관할했다. 막 걸음마를 내딛는 한(漢) 제국으로서는 막대한 재원이 필요했으므로, 중원 지역에 집중된 부를 제국의 재산으로 편입시키고자 했다. 기원전 198년 유방(劉邦)은 예전 전국(戰國) 시대부터 내려오던 많은 귀족 가문을 제국의 수도인 장안(長安) 근처로 강제 이주시켰다. 게다가 재산이 300만 전(錢) 이상 되는 부자들 1000여 가구에게 유방의 아버지 능묘를 관리하는 일을 강제로 떠맡겼다. 상인에게는 사치를 금하고, 상인 가문의 후손은 관직에 오를 수 없도록 했다.

진(秦) 제국의 최우선 과제는 영토 확장이었지만, 한(漢) 제국은 전쟁으로 폐허가 된 내부 지역을 회복하고 안정화하는 일이 급선무였다. 내전 기간 동안 수많은 토지가 황폐해졌다. 추정치에 의하면 기원전 200년경 한 제국 초기의 인구는 대략 1500만~1800만 명이었다. 인구가 가장 많았을 때인 진 제국 초기(대략 2500만~4000만)에 비해 절반으로 줄어든 상태였다.[63] 유방(劉邦)은 군대를 해산하면서 군인과 관리에게 명전택(名田宅)을 하사했다. 곡식과 건초로 징수하던 세금의 부과 기준은 전체 토지가 아니라 농지만으로 계산했고, 그마저도 토질과 수확 조건에 따라서 조정을 해주었다. 한 제국 초기에 거둔 세금은 수확량의 15분의 1이었는데, 아마도 진 제국 때보다 줄어든 수치였을 것이다.[64]

기원전 203년 유방(劉邦)은 산부(算賦)라고 하는 인두세 제도를 만

서는 Ge Jianxiong 2002: 329-30, table 7-1에서 사례를 확인할 수 있다.
63 Higo 1990; Ge Jianxiong 1999. 이 수치는 주의해서 보아야 하는데, 최초의 인구 조사가 시행된 기원후 2세기의 수치를 근거로 역산한 추정이기 때문이다.
64 한(漢) 제국 초기의 토지세에 관해서는 Yamada 1993: 60-70 참조.

들었다. 이때는 아직 경쟁 상대인 항우(項羽)를 완전히 물리치기 전이었다. 산부는 인두세를 모두 동전으로 거두는 제도였는데, 성인 1인당 동전 120전(錢)이었다(7~14세의 어린이는 1인당 20전). 국가의 주요 수입원은 인두세(人頭稅)와 노역(勞役) 두 가지였다(제국이 멸망할 때까지 변함이 없었다). 이를 부과하려면 방대한 양의 문서 작업이 필요했다. 가구 구성원의 성별과 나이를 모두 기록해야 했다. 주민 등록 대장에는 인두세와 노역(주요 변수는 연령) 및 군역(주요 변수는 성별) 의무를 분명히 하기 위해 상세한 정보를 등록했다. 장팽조(張彭祖)라는 사람의 여행 허가서(부전符傳)는 이를 잘 보여주는 사례다. 그는 거연(居延)이라고 하는 북서부 국경 지역 군사 주둔지에 거주하던 장교였다(그림 3-1).

　산부(算賦)라고 하는 인두세는 노역 및 군역과 짝을 이루었다. 한(漢) 제국 당시 노역과 군역이 어떻게 운영되었는지를 알려주는 사료는 불행하게도 전해지는 것이 없다. 그래서 파편적으로 남아 있는 자료에 대한 해석은 연구자에 따라 편차가 큰 편이다. 〈장가산한간(張家山漢簡)〉 같은 최근 발굴 문헌들로 일부 지식의 빈자리를 메울 수는 있지만, 여전히 많은 주제들이 풀리지 않는 의문으로 남아 있다. 특히 한 제국은 군역과 노역 의무를 분명히 구분하지 않았기 때문에 더욱 혼란스럽다. 한 제국 초기 성인 남성은 일반적으로 2년 동안 군역에 복무했다. 1년은 도성에서 경비를 서고, 또 1년은 국경 지역의 군사 주둔지나 징집 대상자의 고향 근처에 있는 주둔지로 파견되었다.[65] 진(秦) 제국의 징집 연령은 17세부터였지만, 한(漢) 제국은 이를 20~24세로 변경했다. 이는 개인별

---

65 Du Zhengsheng 1990: 32; Lewis 2000b: 34-36; Watanabe 2010: 108-11.

영광 4년 1월 사유일	永光四年正月巳酉
탁타 연수대 대장 장팽조의 여행 허가서	橐佗延壽隧長張彭祖符
아내: 성인 여성 / 소무현 만세리 / 이름 ■■ / 나이 42세	妻大女昭武萬歲里■■ 年四十二
자녀: 성인 남성 / 이름 보(輔) / 나이 19세	子大男輔年十九歲
자녀: 미성년 남성 / 이름 광종(廣宗) / 나이 12세	子小男廣宗年十二歲
자녀: 미성년 여성 / 이름 여족(女足) / 나이 9세	子小女女足年九歲
보(輔)의 아내: 이름 남래(南來) / 나이 15세	輔妻南來年十五歲
모두 검은색	皆黑色

〔그림 3-1〕 거연(居延) 출토 여행 허가서

공적에 따라 달라졌는데, 최고 등급의 공적이 있는 사람은 군역을 면제받았다. 그러나 기원전 155년에 이러한 등급은 철폐되었다. "모든 남성은 20세가 되면 군역을 시작했다."[66]

성인 여성은 성인 남성과 마찬가지로 노역에 징집되었다. 그러나 군역은 면제였다. 인구 회복을 촉진하기 위해 임신한 여성이나 젖먹이가 있는 어머니는 3년 동안 노역을 면제받았다. 게다가 15세 이상 30세 이

---

66 *HS* 5.141(令天下男子年二十始傅.《漢書: 景帝紀》). Zhang Rongqiang(2005: 34)은 당시 여성이 강제 징집을 면제받았을 것으로 이해하지만, 나는 그의 견해에 동의할 수 없다.

하의 미혼 여성에게는 벌칙을 부여함으로써(산부算賦에서 5배 할증) 젊은 여성들이 결혼을 하도록 강제했다.[67]

그러나 남성과 여성에게 부과되는 노역이 평등하지는 않았다. 남성에게는 경졸(更卒)이라고 하는 순환 근무 의무가 주어졌는데, 둑이나 도로 건설 혹은 곡식이나 정부 물자 운송 등의 임무가 부과되었다(5개월마다 1개월씩 노역이 부과되었는데, 아마도 산부算賦 중에서 가장 번거로운 의무였을 것이다). 경졸(아마도 군역에서 비롯된 제도인 듯하다)에 나갈 때는 집에서 멀리 떨어진 지역에 배치되는 경우가 많았으나, 여성의 노역은 주로 거주지 인근을 벗어나지 않았다.[68] 남성들 사이에서도 노역은 결코 평등하게 부과되지 않았다. 기원전 139년경 남군(南郡, 오늘날 호북성 서부)의 노역 관련 자료가 발굴되었는데, 심각한 불평등이 확인되었다. 경졸로 노역에 등록된 성인 남성의 숫자와 실제 징집된 숫자는 전혀 달랐다. 성인 남성의 절반, 혹은 아마도 3분의 2가 노역을 면제받았다(표 3-2). 남군의 인구 구성을 보더라도 성인의 남녀 성비(여성이 62퍼센트)와 미성년의 성비(남성이 61퍼센트)가 너무 달라서 잘 이해되지 않는다. 이러한 현상의 원인은 남녀에 따라 노역의 의무가 부과되는 연령이 다르기 때문일 수도 있고(남녀 모두 15세가 되면 산부算賦의 징세 대상이 되며, 남성은 20세가 되면 기존의 산부에 더하여 군역의 의무를 진다), 남성들이 군역을 모면하기 위해 온갖 노력을 기울였기 때문일 수도 있다.[69]

---

67 여성의 면제 혜택과 벌칙 부과에 대해서는 Yamada 1993: 178-83 참조.
68 경졸과 여성 노역 의무가 서로 상반된다는 해석은 Washio(2009: 58-65; 164-65)에 의해 제시된 바가 있는데, 나는 그의 견해가 가장 타당한 것 같다.

성인 남성	使大男	20,362	21.5%
소년	小男	25,334	26.7%
남자 합계		45,696	48.2%
성인 여성	大女	32,640	34.4%
소녀	小女	16,534	17.4%
여자 합계		49,174	51.8%
등록 인구 총계		94,870	
병졸	卒	7,344	48.7%
"일을 시킬 만한 사람"	可事	1,828	12.1%
노인 면제	免老	2,033	13.5%
장애인	罷癃	2,190	14.5%
특권 면제	復	1,683	11.2%
총계		15,078	

주: 위의 수치는 남군(南郡) 소속 7개 현(縣)과 1개 후국(侯國)의 자료를 바탕으로 한 것이다. 이외에 나머지 6개 현과 1개 후국의 자료는 온전하지 못한 상태다.

〔표 3-2〕 **남군(南郡) 문서에 나타난 노역 인구와 면제 인구 비중**

이 같은 예외적 경우와 달리, 한(漢) 제국 초기에는 재산, 소득, 성별, 직업에 상관없이 모든 성인에게 동등한 산부(算賦) 의무를 부과하는 원칙이 유지되었다.[70] 여기서 우리는 편호제민(編戶齊民)의 평등 원칙이 구현된 것을 다시 한 번 확인할 수 있다. 진(秦) 제국과 한(漢) 제국 초기

---

69 과거 초(楚)나라의 수도 영(郢) 인근 송백(松柏)이라는 곳에서 남군(南郡)의 문서가 발굴되었는데, 지금까지 극히 일부 내용만 출간되었다. 기초적인 접근을 위해서는 Yang Zhenhong 2010 참조.

70 산부 조세에 관한 가장 철저한 연구로 Yamada 1993: 137-262가 있다. 간략한 개괄은 Ma Daying 1983: 59-66 참조.

향(鄕)	호(戶)	구(口)	산부 대상자(事算)
1. 도향(都鄕, 현청 소재지)	2,398	10,819	5,055
2. 동향(東鄕)	1,783	7,795	3,689
3. 양지향(楊池鄕)	1,451	6,328	3,169
4. 국향(鞠鄕)	880	4,500	1,890
5. 원옹북향(垣雍北鄕)	1,375	6,354	3,285
6. 원옹동향(垣雍東鄕)	1,282	5,669	3,689
기록상 합계	9,169	40,970	20,009
실제 합계	9,169	41,465	20,777
향별 평균	1,528	6,910	3,463

[표 3-3] 동양현(東陽縣)의 인구 및 산부 자료, 기원전 119년경

에는 모든 성인에게 재산이나 소득에 상관없이 동일한 세금 의무가 부과되었다.[71] 기원전 119년경 동양(東陽, 오늘날 강소성江蘇省 우이현盱眙縣 근처)이라는 곳의 인구 자료(가구당 평균 등록 인구 2.27명)와 산부(算賦) 자료가 발굴되었는데, 산부 의무가 부과된 인원은 등록 인구의 절반에 불과했다. 또한 조세 의무가 남성뿐만 아니라 여성에게도 동등하게 부과된 사실도 확인되었다(표 3-3).[72]

소하(蕭何)는 기원전 198~193년 한 고제(漢 高帝) 유방(劉邦)의 재상이었다. 그의 지휘 아래 한(漢) 제국은 진(秦) 제국의 고도로 중앙 집중

71 Yamada 1993: 49-54, 140-42, 190-91.
72 동양(東陽)에서 세금을 면제받은 사람은 총 2055명(전체 인구의 5퍼센트)이었다. 이유는 연령 초과, 높은 공적 등급, 기타 왕실의 혜택 등이었다. Yamada 2007: 2에 근거하여 이 문헌을 기원전 119년경으로 추정했다.

화된 재정 체제를 반대로 뒤집었다. 진 제국 당시 소부(少府)는 재상 이사(李斯)의 직할 기관으로 국가 재정의 중심이었지만, 재상 소하는 이를 다시 궁궐 내부에 생필품을 공급하고 황제의 사유 재산(내탕금)만 관리하는 부서로 되돌려놓았다. 한편 치속내사(治粟內史)는 국가 재정 행정의 중심이 되었다. 이들 각 기관으로 들어오는 돈은 그 경로가 달랐다. 토지세, 산부, 국가 소유 토지의 소출은 치속내사 소관이었다. "산과 못에서 거두는 것(山澤之稅)"(즉 광물과 목재), 상거래 세금, 미성년자 몫의 인두세, 외국의 조공, 화폐 주조, 황제 개인 소유 토지의 임대료는 모두 소부로 들어갔다. 군사적 위기나 자연재해가 발생할 때면 정부가 긴급 대응을 해야 했고, 이때는 치속내사가 소부의 내탕금을 요구하는 경우가 많았다.[73]

전국(戰國) 시대와 마찬가지로 한(漢) 제국도 물품 생산을 국가에서 직접 관장하는 경우가 많았다. 대개는 임금 노동자와 징집된 공인(工人)을 고용해 무기와 귀금속 등을 생산했다. 이와 달리 광산이나 주물 공장에서는 예속 노동자(죄수나 노역)만 고용했다. 죄수는 또한 국가에서 운영하는 염색, 화폐 주조, 염전, 벽돌, 건설 공사 등에 동원되었고, 가축을 먹일 풀을 베거나 나무를 베거나 세금으로 거둔 곡물을 운반하는 일 등에도 투입되었다. 국가 직영 작업장은 대부분 궁궐 안에 위치했는데, 내탕금과 관련되어 있었기 때문이다. 그러나 장안(長安)의 군수 물자 창고는 도성의 관리 책임 아래 있었다. 여기서는 치안 담당 관리가 창고도 담당했다. 비단이나 칠기 등 고가의 물품 제조에 투입되는 공인(工人)

---

[73] 한(漢) 제국 초기 재정 행정 제도에 관해서는 Yamada 1987; Loewe 2006: 29-32 참조.

은 대부분 여성이었다. 〈장가산한간(張家山漢簡)〉에 따르면 공인 징집에서 여성의 정원이 두 배 더 많았는데, 이로써 남성이나 미성년자보다 여성을 선호했음을 알 수 있다. 궁궐 안 작업장에서는 노비도 상당한 비중을 차지했다. 정부 소속 노비는 대부분 범죄자의 가족이었다. 죄수의 재산과 함께 가족도 몰수 및 징발 대상이었다. 노비 중에는 손재주가 좋은 여성이 많았는데, 이들의 노동력을 광산이나 주물 공장 같은 험난한 곳에서 소비한다면 너무 아까운 일이었다. 그래서 이들은 노역에 동원되는 일반 죄수보다는 좀 더 지위가 있고 안락한 처지에 놓여 있었다.[74]

앞에서도 언급했듯, 진(秦) 제국의 수명은 매우 짧았다. 그 짧은 기간 동안 화폐를 반량전(半兩錢)으로 미처 통일하지 못했다. 한(漢) 제국에 들어 산부(算賦)라고 하는 인두세를 모두 동전으로 내도록 했다. 이것이 국가의 주요 수입원이었던 만큼 표준 화폐의 수요는 훨씬 더 커졌다. 한 제국은 진 제국의 반량전을 그대로 받아들였다. 한 제국 초기에는 자유롭게 반량전을 주조하도록 허용했다. 전국(戰國) 시대의 다양한 화폐들이 여전히 유통되고 있는 상황에서, 신속하게 반량전으로 교체가 가능하도록 하기 위해서였다. 그랬더니 민간에서 주조한 반량전은 무게가 표준에 크게 모자랐다. 보잘것없는 금속 고리에 불과해서 별명이 협전(莢錢, 콩깍지 돈)이었다. 그 결과 엄청난 인플레이션 현상이 나타났다. 기원전 186년 여태후(呂太后, 한 고제 유방劉邦의 왕비)가 섭정할 당시 궁정은 경제 활동에 관한 정부의 개입을 강화하는 법령(일부가 〈장가산한간〉에 남아있다)을 발표했으며, 화폐 주조 권한을 국가가 독점하는 조치가 취해졌

---

74 Barbieri-Low 2007: 107-14, 212-56.

다. 새로운 법령에 따라 만들어진 반량전은 무게가 훨씬 더 많이 나갔다 (무게 5.2그램). 그러나 동전을 새로 만드는 바람에 일반 백성의 세금 부담은 더욱 늘어났고, 동전을 주조하는 비용도 훨씬 더 많이 들어갔으며, 새로운 화폐가 만들어지는 족족 불순 세력의 도가니 속으로 들어가 사라져버렸다. 기원전 182년 한(漢) 제국 정부는 기준을 다소 완화하여 반량전의 표준 무게를 절반 이하로 낮추었다(무게 2.4그램). 그럼에도 불구하고 화폐 위조 및 위조 화폐로 인한 인플레이션을 멈추지 못했다.[75]

여태후(呂太后)가 사망한 직후 문제(文帝)가 등극했다. 문제(文帝)는 황로학(黃老學)에 의거하여 옛날처럼 최소한의 개입 정책을 지지했다. 그는 기원전 175년 화폐 주조의 자율화 정책을 다시 실시했고, 대신 화폐를 주조하는 개인은 정부에 면허 비용을 납부하도록 했다. 철광이나 소금 같은 광물 자원도 자유롭게 개발하도록 허용했다. 이전의 황제들은 광물 자원 개발 권한을 모두 왕실의 특권으로 간주했다. 이처럼 전반적인 자유화 분위기 속에서 특별히 기회를 잡은 사람들이 있었는데, 유비(劉濞)도 그중 한 명이었다. 그는 오나라 왕(오왕吳王)에 봉해졌는데(수도는 오늘날 강소성 양주揚州), 그의 영지에 구리가 풍부한 광산이 있었다. 또한 등통(鄧通)이라는 상인도 그러한 기회를 잡은 사람 중 하나였다. 그는 장안(長安)에 근거지를 두고 사천성(四川省) 지역의 광산 채굴권과 화폐 주조권을 임대했다. 당시 반량전의 표준 무게는 이전보다 조금 더 무거워진 2.6그램이었다. 민간의 화폐 생산으로 화폐 공급이 어느 정도 안정화되자 인플레이션도 잦아들었다.[76]

75 Yamada 2000: 73-88.

기원전 170년 황제의 자문역(태상장고太常掌故)을 맡은 조조(鼂錯)는 남쪽과 북쪽 국경 지대에 주거지를 조성하자고 제안했다. 그렇게 하면 조세 수입도 안정적으로 얻을 수 있고, 국경 주둔 군대의 식량과 보급품을 멀리 운반해야 하는 노고도 덜 수 있었다. 이와 함께 정해진 곡물을 국경 주둔지까지 운반하는 사람에게는 공적 등급을 부여하자는 제안도 했다. 조조의 정책은 대성공을 거두었다. 이에 고무된 문제(文帝)는 곡물로 납부하는 모든 세금을 면제해주었다. 도성 궁궐 안에서 수행원들이 소비하는 곡식은 국가 직영 농장에서 거두어들이는 것만으로도 충분하다고 판단했다. 그러나 조조는 이러한 정책에 반대했다. 문제(文帝)의 자비로운 통치는 황제의 권위를 약화시키고 유비(劉濞) 같은 힘 있는 제후들의 반역을 부채질할 것이기 때문이었다. 그러나 조조의 경고는 무시되었다.

문제(文帝)의 정책은 중앙 정부의 재산을 점차 고갈시키는 방향으로 나아갔고, 제후국들에 대한 중앙 정부의 통제력도 약화시켰다. 문제(文帝)의 뒤를 이어 황제에 오른 경제(景帝, 재위 기원전 157~141)는 곡물로 납부하는 세금을 즉시 부활시켰다. 세율은 수확량의 30분의 1이었는데, 한 고제 유방(劉邦) 당시의 세율에 비하면 절반에 불과했다. 조조(鼂錯)의 조언을 구하는 가운데 경제(景帝)는 황제의 특권을 회수하고자 했다. 이에 반발하여 기원전 154년 이른바 오초칠국의 난(오초칠국지란吳楚七國之亂)이 벌어졌다. 유비(劉濞)가 반란 세력의 주축이었다. 결국 반란은 막아냈지만, 조조(鼂錯)는 반란의 구실을 만들었다는 죄를 뒤

76 같은 책: 89-93.

집어쓰고 처형되었다. 조조의 죽음에도 불구하고 오초칠국의 난은 경제(景帝)가 문제(文帝)의 자유화 정책을 폐지할 명분을 제공해주었다. 기원전 145년 제후국의 재정 자율 정책은 백지화되었다. 제후국에 거주하는 백성도 산부(算賦)와 노역을 중앙 정부에 직접 제공해야 했다. 민간에서 동전을 주조하는 관행도 폐지되었고, 화폐 위조는 주요 범죄로 간주되었다. 뿐만 아니라 경제(景帝)는 상인에게 보다 우호적인 정책을 펼쳤다. 예컨대 상인의 자식은 관리에 등용될 수 없다는 등의 조치를 완화해주었다.

경제(景帝)의 정책은 중앙 정부의 역할을 강화했다. 제후국에서 올라오는 세금 덕분에 치속내사(治粟內史)의 지위도 강화되었다. 치속내사는 훨씬 더 많은 자원에 대한 재량권을 갖게 되었다.[77] 제국 경영은 상당히 평화로웠고 번영을 누렸다. 기원전 141년 경제(景帝)가 사망할 당시 중국 인구는 다시 최고조에 이르러 4400만~5000만 명에 달했다. 그러나 인구 증가와 자산의 불평등 심화는, 모든 성인에 대한 동등한 세금 부과를 핵심으로 하는 한(漢) 제국의 재정 질서를 점차 갉아먹었다. 또한 북방 유목 민족 흉노(匈奴)와의 긴장이 고조되다가 기원전 133년부터 마침내 기나긴 전쟁 상황으로 접어들었다. 흉노와의 전쟁 비용 부담 때문에 정부의 실물 경제 개입은 점점 심화되었고, 결국은 진시황(秦始皇) 때보다 더 심한 지경에 이르게 되었다.

---

77 기원전 143년 재무 관료의 명칭이 치속내사(治粟內史)에서 대농령(大農令)으로 바뀌었고, 그 뒤 기원전 104년에 다시 대사농(大司農)으로 바뀌었다.

한 제국 초기의 지방 사회

봉황산(鳳凰山)에서 발굴된 한(漢) 제국 당시의 묘지들(한묘漢墓)은 기원전 160~150년대에 조성된 것으로 보이는데, 여기에서 출토된 고문서를 비롯하여 여러 유물들은 한(漢) 초기의 지방 사회를 엿볼 수 있는 독보적 자료다. 봉황산한묘(鳳凰山漢墓)는 오늘날 호북성(湖北省)의 양자강(揚子江) 북쪽에 접해 있던 도시 강릉(江陵)과 가까운 곳에 위치해 있다. 과거 초(楚)나라의 수도 강릉은 주요 상거래 물류가 집중되는 거대 도시였는데, 한 제국 당시에도 변함없이 유지되고 있었다. 여러 한묘(漢墓) 가운데 피장자가 확인된 무덤이 있는데, 장언(張偃)이라는 사람의 무덤이다. 여기에서 다양한 고문서가 발굴되었다. 그 내용은 지방의 재정(財政) 행정에서부터 상거래 활동에 이르기까지 다양했다. 재정 관련 문서에는 토지세 납부, 정부 당국에서 직접 시행하는 종자 분배, 노역 의무 등이 기록되어 있었다. 고고학자들은 여기에 세금과 관련해 이름이 기록된 당사자들이 실제로는 도시 거주자였을 것으로 추정하고 있다. 아마도 농사 수익은 이들의 수입 가운데 일부에 불과했을 것이다.[78]

장언(張偃)은 평리(平里)라는 마을을 관리하는 이정(里正)으로 일했던 것 같다. 전국(戰國) 시대 문헌에 따르면, 리(里)는 도시민의 행정 단위였다. 예를 들어 제(齊)나라의 수도 임치(臨淄)에는 300개 리(里)가 있

---

78 이 고문서들이 출간되자 서로 대립되는 학계의 의견들이 표출되었다. Huang Shengzhang 1974a, 1977; Qiu Xigui 1974; Hong Yi 1974 등 이들 고문서를 연구한 1세대에서도 다양한 해석이 존재했다. 한편 Qiu와 Sahara(2002b) 등은 주로 지방 행정관으로서의 장언(張偃)의 역할에 주목했으며, Huang, Hong, Yamada(1981)와 Suzuki(1990)는 모두 장언의 사적 상거래도 같은 비중으로 강조하고 있다.

었다. 그러나 진한(秦漢) 시대에는 도시 인근 지역과 시골에서도 리(里)라는 명칭을 사용했던 것 같다.[79] 〈봉황산한묘간독(鳳凰山漢墓簡牘)〉에 등장하는 리(里)라는 명칭은 분명 도시 강릉(江陵)의 내부 혹은 그 인근 지역을 가리킨다. 리(里)는 20가구에서 많게는 50가구 이상이 포함되었다. 이로 보아 인위적으로 행정 구역을 편성한 것이 아니라 자연적으로 형성된 마을 및 그 주변을 아울러 리(里)로 편성했던 것 같다.[80] 진(秦) 제국 당시 마을을 대표하는 관리로 이정(里正)을 임명했다. 마을에서 부유한 사람들 가운데 이정을 선정해서 세금 징수, 공공 치안, 농업 개선 등의 임무를 맡겼다.[81] 즉 이정은 국가 행정 체계의 최말단을 담당했다. 장언(張偃)은 평리(平里)라는 마을에서 세금도 걷고 노역도 할당했다. 하지만 평리 이외에 최소한 4개 리(里) 행정에도 관여했다. 세금 관련 기록을 보면 산부(算賦)라는 인두세 납부 내역, 건초와 볏짚 납부를 동전으로 교체한 내역, 노역 수행 여부 등을 월별로 꼼꼼히 적어두었다. 간독(簡牘) 한 묶음에 3~5가구의 성인 이름이 기록되어 있는데, 10명 단위로 노역 명부가 같이 묶이고, 노역 임무는 남자 한 번 여자 한 번으로 번갈아 가며 할당되었다. 장언 같은 이정은 지역 사회 징세 행정에서 폭넓은 재량권을 가졌던 것 같다.[82]

79 Du Zhengsheng 1990: 102-10에서는 리(里)가 항상 도시 안의 행정 구역을 가리킨다고 주장했지만, 이는 옳지 않다. Hori(1994: 271-74)는 도시와 시골에 관계없이 농업 관련 마을 공동체에 리(里)라는 명칭이 부여된다고 주장했지만, 이 또한 받아들일 수 없다.
80 Du Zhengsheng 1990: 104; Zhu Honglin 2008: 228-29.
81 〈수호지진간(睡虎地秦簡)〉에는 이 같은 관직이 이전(里典)으로 나온다. 정(正)이 당시 진시황제의 이름(政)과 유사하여 금기시했기 때문이다. 진(秦) 제국 및 한(漢) 제국 초기의 행정 단위 리(里)의 구성과 기능에 관해서는 Iio 2007 참조.

〈봉황산한묘간독〉에서 장언(張偃)의 재산에 대해 직접 언급된 내용은 없다. 그러나 개인적으로 거래하는 금액의 규모가 상당한 것으로 보아 그는 어느 정도 공적(功績) 등급을 보유했던 것 같다.[83] 사적 내용을 기록한 문서에 따르면, 10명이 함께 상거래를 위한 기업을 구성하며 그 대표는 장언이 맡기로 했다. 각 구성원은 200전(錢)을 출자하고, 상거래를 위한 여행에 함께 참여해야 했다. 여행에 참여하지 않으면 벌금을 내야 한다는 규정도 포함되어 있다(아마도 다른 인력을 고용하는 비용일 것이다). 또한 상품을 할당된 만큼 준비하지 못하거나, 다른 사람의 상품을 횡령하거나, 기업의 대표가 소집하는 모임에 참석하지 못한 경우에도 벌금을 내야 했다. 상품이 훼손되면 그 비용은 회사 전체가 부담하기로 했다. 다른 문서에는 대나무 바구니, 삼실(마사麻絲), 식초, 숯 등의 거래 품목과 상품 가격, 그리고 거래 상대방이 기록되어 있다. 4개월 동안 지출 합계가 1828전이라는 기록도 있다.[84] 이런 기업은 비록 작은 규모였지만, 우리는 이로써 장언의 소득 경로가 다양했음을 확인할 수 있다. 그는 직접 보유한 농지도 있었을 것이고, 상거래를 통해서도 수익을 올렸다. 또한 지역의 세금을 걷는 업무도 그에게 수입원이 되었다.

---

82 Sahara 2002b: 429.
83 Suzuki 1990: 52; Yamada 1981: 185. 공적 등급을 매매할 수 있는 법령은 기원전 186년에 제정되었다. 국경까지 곡식 4000석(石)을 운반한 자에게는 공적 등급을 부여했다. 장언이 생존할 당시 공적 등급의 거래 가격은 6만~12만 전(錢)이었다(운반비 별도). Ding Bangyou 2009: 94 참조.
84 Yamada 1981: 183-86; Suzuki 1990: 51-55. 이외에도 다른 10건의 문서에는 각 개인별로 물품 생산량 할당 내용이 나오는데, 가치로 따지면 50~800전으로 다양했다(평균 236전).

장언(張偃)과 같은 회사에 참여한 사람들 중에는 자본이 아니라 노동력만 제공하는 경우도 있었던 것 같다. 그들은 재산이 없는 가난한 노동자였다. 〈봉황산한묘간독〉에서 가장 주목을 끈 문서는 정부에서 종자를 나누어 준 목록이었다. 정리(鄭里)라는 마을에서 25가구를 대상으로 분배가 이루어졌다(표 3-4). 목록에는 각 가정에서 농사일을 할 수 있는 사람(能田)과 먹고살아야 할 식구(口)의 숫자(즉 가구당 생산 및 소비 능력)와 함께, 농지의 규모와 종자 분배 수량이 적혀 있었다(기본 단위는 농지 1무畝에 종자 1두斗). 가구당 평균 2.8명이 가용 인력이었던 점으로 미루어 볼 때, 어린이나 특히 허약한 성인이 아니면 모두 농사일에 투입되었던 것 같다. 가장 충격적인 사실은 가구당 보유 농지가 평균 25무(畝)에 불과했다는 점이다. 국가 시책인 가구당 농지 100무에 한참 못 미치는 현실이었다. 이 정도로는 최소한의 생계유지도 어려웠을 것이다. 이 목록에는 정리 마을 총 50가구 중 25가구가 포함되었는데, 학자들은 이 목록이 당시 농지 보유의 양극화를 보여주는 자료라는 데 대체로 동의하면서, 강릉(江陵) 지역의 빈곤층 규모가 상당했을 것으로 추정하고 있다.[85]

이와 같이 빈부 격차가 심했다는 해석은 봉황산한묘의 다른 부장품을 통해서도 확인된다. 봉황산한묘에서 출토된 독특한 유물로 목제 인형이 있다. 모두 3기의 무덤에서 목제 인형이 출토되었는데, 인형에는 각자가 담당하는 업무가 적혀 있다(그중 하나에는 노비의 이름도 있다)(표 3-5). 이 인형들은 집안에서 실제 가사 노동을 담당한 노비를 표현

---

85 이 문제를 집중적으로 연구한 위의 주석 78번의 연구 성과 및 Watanabe 1986: 21-23 참조.

가구의 명칭*	능전(能田)	가구원 수 (口)	토지 소유 (畝)	능전 1인당 토지 소유(畝)	종자 대출
1) 聖	1	1	8	8.00	8斗
2) 犢	1	3	10	10.00	1石
3) 牝牛	2	4	12	6.00	1石2斗
4) 野	4	8	15	3.75	1石5斗
5) ■治	2	2	18	9.00	1石8斗
6) ■	2	3	20	10.00	2石
7) 立	2	6	23	11.50	2石3斗
8) 越人	3	6	30	10.00	3石
9) 不章	4	7	37	9.25	3石7斗
10) 勝	3	5	54	18.00	5石4斗
11) 虜	2	4	20	10.00	2石
12) 積	2	6	20	10.00	2石
13) 小奴	2	3	30	15.00	3石■1石5■■
14) 佗	3	4	20	6.67	2石
15) 定民■	4	4	30	7.50	3石
16) 靑肩	3	6	27	9.00	2石7斗
17) ■奴	4	7	23	5.75	2石3斗
18) ■奴	3	–	40	13.33	4石
19) ■	4	6	33	8.25	3石3斗
20) 公士	3	6	21	7.00	2石1斗
21) 騈	4	5	30	7.50	
22) 朱市	3	4	30	10.00	
23) ■奴	3	3	–	–	
24) ■	2	3	20	10.00	(2石)
25) 公士市人	3	4	32	10.67	
합계 25가구	69	110	603+	9.28	凡61石7斗

* 가구의 명칭에는 개인의 이름, 공적 등급, 사회적 지위 등이 혼용되어 있다.
옮긴이 주: 원서의 표에는 대출 수량이 포함되지 않았다. 독자들의 편의를 위해 원출처인 Qiu Xigui 1974를 참조하여 보충했다. 또한 합계 수치에 소소한 오류가 있어 바로잡았다(■는 판독 불가 문자).

〔표 3-4〕정리(鄭里)에서 실시한 종자 분배

	8호묘	167호묘	168호묘
마부	5	1	5
시종	6	2	3
가사 노동자	10(女)	12(女)	14(女)
농업 노동자	7(男)	7	8(男)
	8(女)		8(女)
선박 노동자	6	–	–
수레(牛車) 끄는 하인	–	2	1
합계	42	24	39

[표 3-5] 봉황산한묘 출토 인형(木俑)

하고 있다. 농사일을 담당하는 노비(남녀 성비는 반반)는 전체 노비의 절반도 되지 않지만, 어쨌든 이 묘주들은 상당한 규모의 농지를 소유했던 것 같다.[86] 봉황산한묘 168호묘의 피장자는 영수(嬰遂)라는 사람인데, 그 역시 장언(張偃)처럼 공적 등급을 보유하고 있었다. 거주지는 도시 안에 있었고, 문제(文帝) 치하에서 민간의 동전 주조가 가능할 당시 그 일을 했던 것으로 추정된다.[87] 앞서 살펴본 장언의 무덤 부장품 중 인형은 3개밖에 없었다. 영수의 무덤이나 피장자의 이름을 알 수 없는 8호묘와 비교했을 때 장언의 무덤은 검소한 편에 속한다. 아마도 장언은 대

---

86 봉황산한묘 167호묘의 피장자는 여성이며, 집안일을 하는 노동자는 대부분 농사일을 하는 노동자와 친척 관계였을 것이다.
87 영수(嬰遂)의 무덤에는 동전 무게를 측정하기 위해 특별히 제작된 저울이 부장되어 있었다. Huang Shengzhang(1977: 45)은 이를 근거로 영수가 동전 주조에 관여했다고 주장했다. 강릉(江陵, 예전 초楚나라의 수도 영郢)은 전국 시대 초나라의 화폐 주조 중심지였다.

다수의 평민과 일부 부유층 사이에 위치하는 중산층이었던 것 같다. 봉황산의 다른 무덤들도 규모 면에서는 장언의 무덤과 비슷하지만 부장품은 없다. 이로 보아 강릉(江陵) 지역 사회에는 중산층 가구들이 존재했던 것 같다.[88]

뿐만 아니라 장언(張偃)이 관리한 리(里)는 도시에 속했던 것으로 추정되는데, 그렇다면 [표 3-4]에서 제시된 바와 같이 가구별 보유 토지 규모가 작다고 해도 농민 가구가 반드시 빈곤했다고 보기는 어렵다. 〈수호지진간(睡虎地秦簡)〉에서 확인할 수 있듯이, 가구별 종자 분배는 (실제로 해당 가구의 필요와는 상관없이) 지방 관리의 중요한 임무였고, 이는 국가가 농업 경제를 지원하는 다양한 시책 가운데 하나였다. 강릉(江陵)은 주로 쌀농사 지역이었다. 쌀농사 지역은 북중국의 밀이나 기장 농사 지역과 비교할 때 개별 토지 규모가 작았다. 실제로 목록에는 다양한 인구 구성이 포함되어 있다. 가장(家長)의 신분이 공사(公士, 20등급 관작 가운데 가장 낮은 등급, 토지 150무畝 할당)인 가구가 2가구(20번, 25번), 노(奴, 해방된 노예 신분으로 추정, 노비는 농지 할당 대상에서 제외)인 가구가 4가구(13번, 17번, 18번, 23번), 상인인 가구가 2가구(22번, 25번)였다. 따라서 이 목록은 빈곤을 나타내는 증거 자료로 보기 어렵다. 그보다는 오히려 강릉 지역 경제의 다변화를 확인하는 자료로 보아야 할 것이다. 강릉의 도시 인구 가운데 상당수는 농지의 과다를 불문하고 어쨌든 농사에 관여했다. 그리고 도시 인근 변두리의 사람들 혹은 재산이 전혀 없는 사람들은 상거래에 종사했다. 이후로 1세기가 지나 한(漢) 제국의 사

---

88 Suzuki 1990: 57-62.

회는 더욱 양극화된다. 지역 유지의 측근으로 소소한 엘리트 신분을 유지하는 일부 가구를 제외하고 대다수 가구는 대토지 소유주에게 굴복할 수밖에 없는 처지에 놓였다.

한 무제 치하 국가 재정의 중앙 집중화

한(漢) 제국 정부와 제도가 결정적 변화를 맞이한 시기는 무제(武帝, 재위 기원전 141~87) 치세 때였다. 무제는 황제와 중앙 정부의 특권을 회수하기 위해 전 방위적인 노력을 기울였다. 그 일환으로 제후국은 정치적 자치뿐만 아니라 재정적 자치권도 반납해야 했다. 또한 무제는 유목민족 연합체인 흉노(匈奴)에 대해서도 공격적인 태도를 취했다. 이전의 황제들은 흉노에게 상당히 많은 선물을 주고 국경 무역을 허락함으로써 친화적인 정책을 폈다. 그러나 무제는 수차례에 걸쳐 군사 원정을 실시했다. 이를 통해 북방의 국경 안정을 도모하고 중앙아시아까지 세력을 확장하려 했다. 기원전 121년 한 제국은 흉노와 싸워 크게 이겼고, 이후 오늘날 실크로드라고 일컬어지는 무역로를 따라 곳곳에 군사 주둔지를 설치했다. 주둔지를 모두 연결하면 그 길이가 무려 1000여 킬로미터에 달했다. 또한 무제는 남부와 북동부 국경 지역으로 군대를 파견해 영토를 확장했다. 베트남 북부 절반 정도, 그리고 한반도의 상당 지역이 한 제국에 병합되었다. 이 같은 무제의 군사적 승리를 뒷받침하려면 막대한 비용이 소모될 수밖에 없었다.

이전 황제들과 마찬가지로 무제(武帝) 또한 황실 친인척과의 피비린내 나는 권력 투쟁을 피할 수 없었다. 기원전 122년 회남왕 유안(淮南王 劉安)과 형산왕 유사(衡山王 劉賜)의 반란이 그 절정이었다. 문제의 핵심은 토지를 차지하기 위해 지방의 제후와 상인 권력이 결탁하는 것이었다. 이 점에 대해서는 무제뿐만 아니라 다른 대신들도 같은 의견이었다. 이미 수십 년 전 조조(鼌錯)도 이 문제를 경고한 바 있었다. 즉 수많은 농민 가구가 기아와 파산의 벼랑 끝에 내몰려 빚을 얻어 쓰고는 자신에게 할당된 농지를 팔아넘겼다.[89] 조조는 곡물 가격을 올려서 농민을 보호하고자 했지만 별 효과가 없었다. 귀족과 부유한 상인의 "토지 확장(겸병兼併)"은 전혀 멈출 줄을 몰랐다.[90] 사마천(司馬遷)은 기업 활동의 자유를 옹호한 인물이지만, "당시 법이 느슨해져서 부유해진 사람들이 자신의 부를 이용하여 가난한 자들 위에 군림하며, 심지어 관직도 없이 시골 사람들에게 제멋대로 일을 시키고 땅을 빼앗는 무리가 나타났다"라며 비판을 아끼지 않았다.[91]

　무제(武帝)는 막대한 전쟁 비용을 감당하기 위해 새로운 국가 재정 전략을 마련하고자 했다. 이를 위해 상업에 밝은 인재를 등용했다. 당시 농민 가구는 빈곤에 처해 있었기 때문에 산부(算賦) 인두세나 토지세를 인상하는 것은 대책이 될 수 없었다. 기원전 120년경부터 무제의 참모들은 재정 행정을 개편하기 시작했다. 재무 관료의 중앙 정부 수입 관리를 강화하고, 특별 재무 관서(예를 들면 기원전 115년에 설치된 수형도위水衡都尉)를 만들어 개혁 정책을 실행하도록 했다. 무제는 문제(文帝)가

89　한 문제(漢 文帝) 당시 조조(鼌錯)의 정책은 한 제국 공식 역사서에서 매우 중요한 지위를 차지하고 있다. *HS* 29A. 1130-34 참조.
90　Zhu Shaohou 1985: 63-72.
91　*SJ* 30.1420(當此之時, 網疏而民富, 役財驕溢, 或至兼幷豪黨之徒, 以武斷於鄕曲.《史記: 平準書》).

펼친 작은 정부 정책을 계승하지 않았다. 그 대신 부자에게 무거운 세금을 부과했고, 화폐를 개조했으며, 수익성 좋은 소금 및 철광 산업을 국가 독점으로 전환했다. 상거래에도 관료가 적극 개입하도록 했다.

새로운 정책 기조에서 시행된 첫 번째 조치는 기존에 상인에게만 부과되던 상거래 세금을 모든 거래 당사자에게 보편적으로 확대 적용하는 것이었다. 이러한 새로운 정책을 산민(算緡)이라 했다. 누구라도 상거래에 참여하거나 고리대금업을 하려면 자산 2000전(錢)당 세금 120전을 내야 했다(세율 6퍼센트. 120전錢=1산算, 산부算賦 인두세의 기본 단위). 수레와 배에는 추가로 세금이 부과되었다. 탈세를 하다 걸리면 범죄로 처벌되고 재산을 몰수당했으며, 심지어 가족이 노예 신분으로 내몰릴 수도 있었다. 게다가 상인은 명전택(名田宅) 체제에서 할당된 농지를 소유할 수 없었고, 관직에도 오를 수 없었다. 법에서 상인을 차별 대상으로 지정해둔 것은 전문 직업 상인이 아닌 한 상거래에 뛰어들지 못하게 하려는 조치였다. 부유한 가문이 상거래나 고리대금업에 투자하지 못하도록 막아내고 상인은 농지를 획득하지 못하도록 제한함으로써, 당시 확대되고 있던 "겸병(兼併)" 문제를 억제하고자 했다.[92]

무제(武帝)가 실시한 두 번째 조치는 소금 및 철광 산업을 국가가 독점하는 것이었다. 이 두 가지는 당시 민간 영역의 생산품 중 가장 수익성이 좋다고 여겨지던 상품이었다. 황제는 이른바 산과 못에서 걷는 세금(산택지세山澤之稅)을 재무 관료(대사농大司農)에게 관장하게 했고, 대사농은 즉시 소금 및 철 생산 시설을 장악하여 국영 기업으로 편입했다

---

92 Yamada 1993: 220-38.

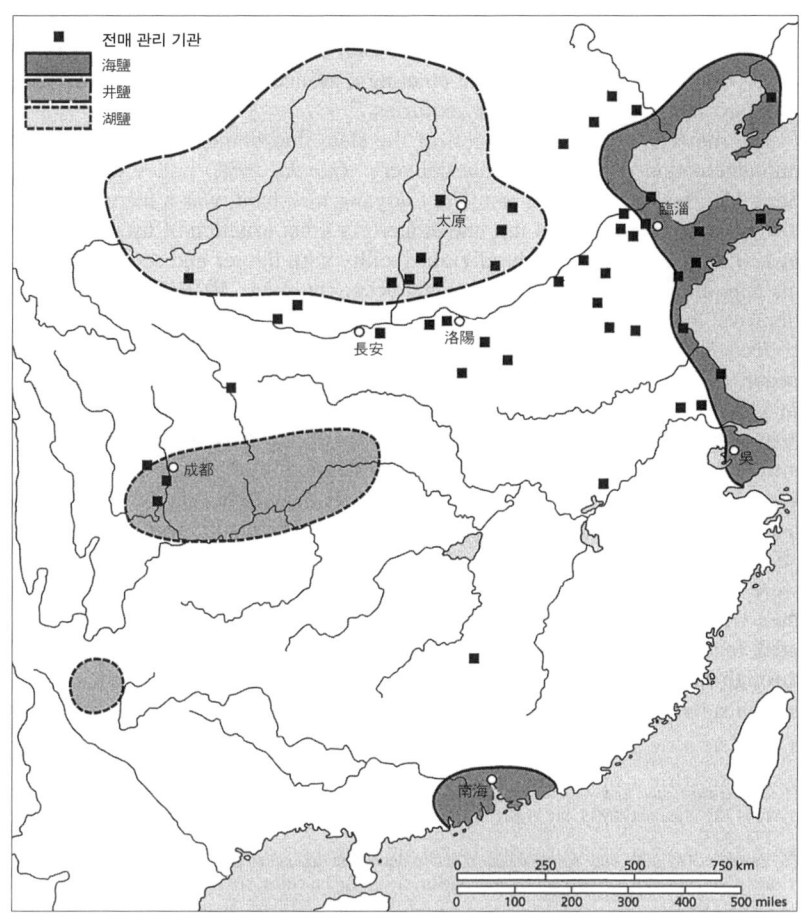

[지도 3-2] 한(漢) 제국의 철과 소금 생산

(지도 3-2). 한(漢) 제국은 이미 주철 공장으로부터 직접 철을 획득하는 정교한 시스템을 갖추고 있었다. 이 업무를 맡았던 관리들이 이제는 철의 생산뿐만 아니라 시장 거래까지 관장하게 된 것이다. 기존에 소금이

나 철 생산 시설을 소유하고 있던 사람들은 대부분 관료로 편입되어 계속 생산 업무를 담당했다. 기원전 98년에 한 제국은 술 생산도 국영 독점 산업으로 지정했지만, 통제하기가 너무 어려워 얼마 지나지 않은 기원전 80년 독점 지정을 폐지했다.[93]

세 번째 조치는 무게가 더 나가는 새로운 동전, 즉 오수전(五銖錢) 주조였다. 오수전은 당시 유통되던 반량전(半兩錢)을 대체하기 위한 동전으로, 기원전 118년에 처음 만들어졌다. 초기에는 여러 지방에서 주조되었고, 생산지에 따라 무게와 정교한 정도가 상당히 차이 났다. 기원전 113년부터는 수도에서 수형도위(水衡都尉)가 오수전 주조를 관장했다. 이때부터 무제(武帝)의 남은 임기 동안 상당히 많은 양질의 동전(무게 4.0~4.5그램)을 주조했는데, 연간 생산량이 약 4억 문(文)에 달했다. 무제는 생명력이 길지 않은 다양한 화폐(심지어 백록피폐白鹿皮幣라고 하는, 사슴 가죽으로 만든 화폐는 동전 40만 전의 가치가 있었다)를 생산하여 비판을 받기도 했지만, 마침내 유통 화폐를 통일하는 데 성공했고 이후 표준 화폐는 수백 년 동안 지속되었다.[94]

당시의 여러 가지 국가 개입 정책 가운데 후대에 가장 오래도록 영향을 미친 것은 운송 분야에 대한 정책이었다. 균수(均輸)라고 하는 운송 표준화 정책을 고안한 사람은 상홍양(桑弘羊)이었다. 그는 낙양(洛陽)

---

93 철, 소금, 술의 독점과 그로 인한 수입 추산은 Ma Daying 1983: 114-34; Yamada 1993: 485-521 참조. 철 독점 정책에 대해서는 또한 Wagner 2001b, 2008: 171-248 참조.
94 Yamada 2000: 99-105; 백록피폐(白鹿皮幣)를 비롯하여 무제(武帝)의 명에 따라 만든 다양한 화폐에 관해서는 같은 책: 126-30 참조. 다양한 오수전(五銖錢) 표본에 관해서는 Zhao Ming and Ma Liqing 2007: 119-20 참조.

에서 상인의 아들로 태어났다. 숫자와 회계에 뛰어난 능력을 보인 상홍양은 기원전 120년 불과 32세 나이에 황제 직속 경제 참모로 임명되었다. 기원전 116년 정부의 재무 책임자(대사농大司農 중승中丞)에 임명된 그는 군수 물자 운송 체계를 정비했다. 물산이 풍부한 지역에서 세금을 거두어 물품이 부족한 국경 지역으로 유통시켜야 했다. 상홍양은 유통 효율성을 높임으로써 이 비용을 줄여 나갔다. 또한 그는 소금 및 철의 국가 독점 정책 추진에도 관여했다. 기원전 110년 치속도위(治粟都尉)로 승진한 뒤에는 평준(平準, 균형과 표준)이라고 하는 야심 찬 정책을 추진했다. 평준은 운송 표준화를 의미하는 균수 체제와, 염철(鹽鐵, 소금과 철)의 생산 및 판매의 국가 독점 체제를 모두 포괄하는 정책이었다. 평준 정책에서 정부의 대리인은 독점 사업 등을 통해 획득한 공적 자본을 활용했다. 즉 물가가 내려갈 때는 물건을 사들이고 반대로 물가가 올라갈 때는 물건을 내다 팔아서 가격 변동 폭을 조절했다. 지방에서 사들인 물품은 일단 지방 창고에 보관했다가 한꺼번에 중앙으로 운송했다. 궁궐과 왕실 직영 작업장으로 그 물품들이 전달되었다. 평준 체제로 조달된 물품은 대부분 비단과 삼베 같은 직물이었다. 직물이 다른 상품에 비해 먼 거리를 운송하기에 비교적 용이했기 때문이다.[95]

한 무제(漢 武帝) 당시에 만들어진 국가 재정 시스템은 간접세에 상

---

95 평준(平準) 정책의 목적에 대해서는 학자들 사이에 논란이 있다. 세금 수입을 지역별로 재할당하기 위한 제도(Watanabe 1989)라거나, 정부의 새로운 수입원을 창출하려고 국가가 상거래에 직접 개입하기 위한 제도(Yamada 1993: 522-31)라는 주장도 있다. 나는 평준 정책의 목적이 둘 다였다고 생각한다. 평준 정책과 염철(鹽鐵) 독점 체제의 상관관계에 대해서는 Kakinuma 2011: 309-50 참조.

단위: 100만 전(錢)

수입원	중앙 정부	지방 정부	황실	합계
토지세(田租)	1,000	6,000		7,000
사료용 건초(芻稿)	80	1,200		1,280
산부(算賦)	2,071	2,071		4,142
전매(專賣)	3,800			3,800
기타	100			100
상거래 및 광산(山澤/市井)			1,300	1,300
미성년자 인두세(口錢)			287	287
화폐 주조세(鑄錢)			154	154
귀족들의 금 헌납(酌金)			19	19
황실 친족 토지(황후·황태자)			300	300
기타			600	600
합계	7,051	9,271	2,660	18,982

〔표 3-6〕 서한(西漢) 정부 수입 추정치

당히 의존하는 체제였다. 기원후 2년 인구 및 토지 조사 자료를 근거로 야마다 가츠요시(山田勝芳)가 추산한 자료에서 이러한 면모가 잘 드러나고 있다(표 3-6, 야마다 가츠요시는 현물세를 동전 가치로 환산하여 계산했다). 야마다 가츠요시의 계산에 따르면, 전체 재정 수입의 절반 정도가 지방에서 걷히는 세금이었다(주로 곡물과 사료용 건초). 중앙 정부의 수입(그러니까 이 또한 전체 재정 수입의 절반가량)은 대부분 동전 수입이었다. 야마다 가츠요시는 현금 수입을 총 92억 6000만 전(錢)으로 계산했고, 이를 인구수로 나누면 1인당 154전(錢)이 된다고 했다. 이 계산은 최근에 발굴된 동해군(東海郡)의 세금 장부와 어느 정도 일치한다. 기원전 13년 동해군의 장부에는 1인당 190전의 현금을 거두었다고 기록되어 있다(표 3-1). 염철 전매 수입은 중앙 정부 수입의 20퍼센트 정도였으며, 한나라 정부 수입에서 대단히 중요한 비중을 차지했다. 황실 재정(내탕금) 수입의 대다수 또한 동전으로 거두었는데, 모두 치속도위(治粟都尉) 상홍양(桑弘羊)의 관할이었다.

상홍양의 정책은 시행 첫해부터 대성공을 거두었다. 사마천은《사기(史記)》에서 이렇게 기록했다. "1년 안에 태창(太倉)과 감천창(甘泉倉)이 가득 찼다. 변방에도 곡식이 남아돌았고, 온갖 물품이 골고루 유통되었으며, (정부 소유) 비단이 500만 필이었다. 백성에게 조세(賦)를 늘리지 않았음에도 정부의 지출이 넉넉했다."[96]

무제(武帝) 치하의 대신들이 만든 재정 시스템은 국가 운영 방식에서 기존의 군대-농사 우선주의와 근본적으로 다른 길이었다. 새로운 시스템은 군대와 인력 동원보다 경제적 자원을 동원하는 데 집중되어 있었다. 부를 창출하는 데 상업과 산업의 가치를 인식한 상홍양과 그의 동료들은 상거래를 억압하려 하지 않았다. 그 대신 거래 조건과 화폐 공급에 개입함으로써 더 많은 물품과 자산이 국가 재정으로 유입되도록 했다. 국가는 전략 물자 생산뿐만 아니라 가장 수익성이 좋은 산업을 독점했고, 농산물이나 노동력 대신 화폐로 조세를 징수했다. 따라서 무제(武帝)의 정권은 중상주의 재정 국가(mercantilist fiscal state)로 분류할 수 있겠다.[97] 그러나 유럽 근세 중상주의 국가들이 상인 계층의 특권을 보호

---

96 *SJ* 30.1441(一歲之中, 太倉-甘泉倉滿. 邊餘穀, 諸物均輸, 帛五百萬匹. 民不益賦而天下用饒.《史記: 平準書》).

97 중상주의 원칙은 Vaggi and Groenewegen 2003: 15-22에 요약되어 있다. 근세 유럽 중상주의 정책에 대한 더 자세한 분석은 Schumpeter 1954: 335-76; Heckscher 1955 참조.

및 육성하기 위해 국가 권력을 사용했던 것과 달리, 중국의 중상주의 체제는 민간이 운영하던 상거래를 국영 기업으로 대체하고자 했다. 그리고 정부가 직접 상인들을 고용하여 그 기업의 운영을 맡겼다.

오늘날 많은 정치가들이나 학자들은 상홍양의 재정 정책을 비난한다. 정부가 산업과 상거래를 장악하는 것이 정당하지 못하다고 생각하기 때문이다. 사마천 또한 복식(卜式)이라고 하는 어느 관리의 말을 빌려, 당시에도 이 같은 견해가 있었음을 은근히 내비쳤다. "상홍양은 관리들로 하여금 저잣거리의 노점에 쪼그려 앉아서 물건을 팔고 이문을 다투도록 했다." 그러나 사마천 본인은 진시황 때보다 무제(武帝)의 치세를 선호하는 편이었다. 진시황 때는 "천하의 재물을 모아 통치자에게 바쳤어도 통치자는 부족하다고 여겼기" 때문이다.[98]

물론 황제의 사치 방탕과 국경 수비에 들어가는 막대한 비용은 국가 재정 능력으로 감당하기 어려운 면이 있었다. 새로 정복한 국경 지역에서 거둬들이는 세금은 거의 없었다. 그러나 유지비는 막대했다. 다른 지역에서 거둔 세금으로 비용을 투입하지 않으면 국경 지역을 정치 및 군사적으로 통제할 수 없었다. 그래서 무제(武帝)의 재정 및 물류 정책은 제국의 경제를 공간적으로 구분하는 것이었다. 인구 밀도가 높은 중원 지역으로부터 머나먼 국경 방어와 점령지 개척을 위해 나가 있는 주둔지로 인력과 물자를 운송하는 데 중점을 두었다. 새로운 경제 지리는 세

근세 유럽 중상주의의 긍정적 측면을 강조하는 수정주의적 관점은 O'Brien 2012 참조.
98 *SJ* 30.1442-43(卜式言曰, 縣官當食租衣稅而已, 今弘羊令吏坐市列肆, 販物求利. … 古者嘗竭天下之資財以奉其上, 猶自以爲不足也.《史記: 平準書》).

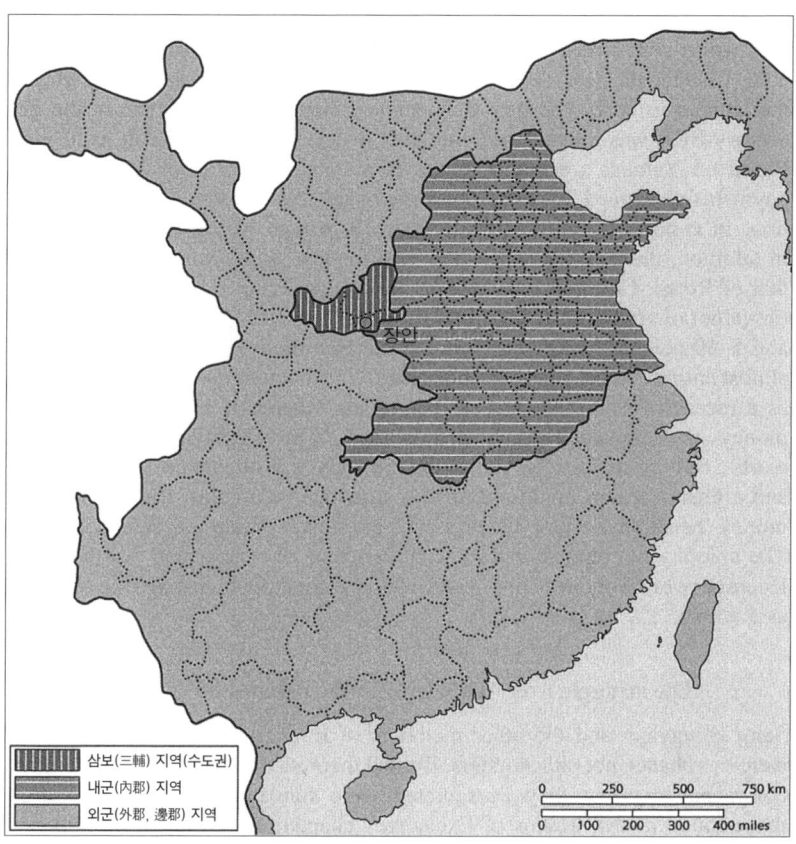

[지도 3-3] 한(漢) 제국의 공간 구조

가지로 나뉘었다. 1) 삼보(三輔, 장안 인근의 3개 군郡, 우선적으로 궁궐과 도성에 물자를 공급할 책임이 있다), 2) 내군(內郡, 내부 지역), 3) 변군(邊郡, 국경 지역)이다. 이러한 공간 구조는 중국의 왕조 시대 역사 내내 그대로 유지되었다(지도 3-3).[99]

오수전(五銖錢)이 단일 통화 표준으로 성공하자, 한(漢) 제국에도 신뢰할 수 있는 지불 수단이 마련되었다. 동전 생산이 계속 늘어났음에도 불구하고 한 제국의 화폐 경제 비중은 로마 제국보다 낮았다. 한 제국의 기원전 1세기 1인당 화폐 수는 로마 제국 전성기에 비해 거의 절반 정도에 불과했다. 야마다 가츠요시가 계산한 한나라 정부 수입 추정치(표 3-6)에 근거해 볼 때, 한나라에서는 전체 동전 유통량 가운데 약 30퍼센트 남짓을 정부 세금 수납에 사용했던 것으로 추산할 수 있다. 이와 달리 로마에서는 정부 세금에 사용된 동전이 전체 유통량의 10퍼센트 미만이었다.[100] 게다가 공급된 화폐의 구성 비율 또한 한 제국은 로마 제국과 전혀 달랐다. 기원후 160년경 로마 제국에서 유통되던 화폐의 비중은 가치 기준으로 금화가 60퍼센트, 은화가 30~35퍼센트, 동전이 5~10퍼센트였다. 반면 한 제국에서 유통되던 화폐는 거의 전부가 가치가 낮은 동전이었다.[101] 한 제국에서 동전은 정부 지불 수단의 의미가 컸던 반면, 로마 제국에서 화폐는 상거래와 민간의 저축용으로 쓰이는 비중이 더 컸다. 로마에서는 과두 정치를 주도한 의회 엘리트와 부유한 시민만이 금화를 저축할 수 있었던 반면, 한 제국에서는 더 낮은 사회 계층에게까지 널리 화폐가 유통되었다.[102] 동전이 그만큼 전 방위적으로

---

99 Iida 2004; Watanabe 2010: 165-99.
100 Scheidel 2009: 204.
101 로마 제국의 데이터는 같은 책: 177-78 참조.
102 로마 제국에서 대부분의 금화는 부유한 엘리트 계층의 수중에 있었다. 은화는 (사회적·지리적으로) 폭넓게 유통되었는데, 상거래와 군대 봉급 등에서 지불 수단으로 사용되었기 때문이다. 한편 동전의 생산과 유통은 지역적으로 매우 한정되어 있었다. Katsari 2011: 167-78, 207-8; von Reden 2010: 86-91 참조.

유통되었기 때문에 한 제국의 관료들은 화폐를 지렛대 삼아 국가 경제 전체를 조절할 수 있다는 자신감을 가졌던 것이다.

한 무제의 정책을 둘러싼 논쟁 : 염철론

상홍양(桑弘羊)을 비롯한 무제(武帝) 당시의 재무 대신들은 상인 출신이었다. 이들은 다른 관료들처럼 철학자 출신이 아니었다. 재무 대신들이 제정한 정책의 이론적 틀은 기본적으로 《관자(管子)》에서 "경중(輕重)"이라는 이름이 붙은 글들과 완전히 일치했다. 앞서 제2장에서 지적한 바와 같이, 〈경중장(輕重章)〉의 글들은 《관자》의 전반부와 전혀 다른 입장을 취하고 있다. 〈경중장〉은 익명의 저자가 남긴 글들인데, 나는 편의상 "후(後)-관자"라 일컫기로 한다. 이 글들은 아마도 기원전 2~1세기에 집필되었을 것이다. 특별히 무제(武帝)가 언급되지는 않지만, 무제 당시와 유사한 국가의 경제 개입 관점이 포함되어 있다. "후-관자"의 정치경제적 입장은 중상주의(重商主義)의 한 형태로 분류해도 좋을 것이다. 즉 농업, 광산업, 물품 생산의 극대화에 중점을 두고, 상거래의 균형을 유지하고자 하며, 금이나 동전을 장악함으로써 국가가 가격과 소비를 통제하려는 입장을 보이고 있다.[103]

무엇보다도 "후-관자"에 등장하는 군주는 끊임없는 투쟁으로 곤혹스런 처지에 놓여 있는 존재다. 군주를 공격하는 대상은 경쟁 국가들뿐

---

103 《관자(管子)》〈경중장(輕重章)〉의 경제 철학에 대해서는 von Glahn 1996a: 28-33; Kanaya 1987: 152-75; Hu Jichuang 1962: 238-377; Ma Feibai 1979 참조. 최근 Tamara Chin(2014)의 연구는 〈경중장〉의 철학과 수사법을 이해하는 데 기본이 되는 글이다.

만 아니라 귀족의 영향력에서 벗어나 있는 상인이나 고리대금업자 등이다. 이들은 자신의 잇속을 챙기기 위해 시장에서 탐욕스럽게 서민의 피를 빨아 먹는 기생충으로 묘사된다. 군주는 시장의 불균형으로부터 농민 가정을 지키는 정책을 실시해야 한다. 상품의 수요와 공급을 조절하고, 전체적으로 부의 불평등을 교정해야 한다. 이러한 목적에 도달하기 위해 군주는 두 가지 무기, 즉 지식과 전략을 갖춰야 한다. "후-관자"는 인구, 자원, 생산 능력에 관한 정확한 데이터 축적을 강조한다. 그래야 적절한 판단, 예를 들면 가격의 수준이나 화폐 공급량의 조절 등을 결정할 수 있기 때문이다. "후-관자"에 나타나는 이 같은 입장은 상홍양을 떠올리게 한다. 그는 재무 관련 데이터를 축적하고 분석하는 데 천재적 지식을 갖춘 인물이었다.[104]

무제(武帝)의 재무 관료들이 그랬듯이, "후-관자"도 1차 생산자의 세금을 완화하면서 동시에 세금 수입을 늘리는 방안을 추구했다. 노역(勞役)과 군역(軍役)이 결국은 국력을 쇠하게 한다는 경고와 더불어, 직접세 대신 생산 및 상거래에서 창출되는 이익에 간접세를 부과하자는 입장이다. 세금은 생산과 소비를 위축시킨다. 그러나 전략적으로 활용하면, 예를 들어 세금을 가지고 고리대금업자나 곡물을 비축하는 자를 압박하면 오히려 경제에 이득이 될 수도 있다. 또한 "후-관자"는 물품 생산 산업에서 국가가 할 수 있는 중요한 역할을 언급하고 있다. 《관자》에서 "국준(國准, 국가 재정 안정화)"이라는 제목의 글에는 통치자가 반드시 해야

---

104 《관자(管子)》에 의하면, 수학적 계산은 재정(財政)과 화폐 정책에서 결정적 역할을 한다. Chin 2014: 40-48 참조.

할 역할들이 열거되어 있다. 1) 산택(山澤, 산과 못)에서 나는 것은 독점해야 한다. 2) 무기뿐만 아니라 소비재도 생산해야 한다. 3) 소금과 철의 생산 및 거래에서 국가의 이익을 창출한다. 4) 화폐를 주조한다. 5) 농사짓기에 부적합한 언덕이나 습지는 가축을 위한 목초지로 활용한다.[105] 여기서도 그렇지만《관자》의 다른 대목에서도 소금과 철은 일반적인 수요 공급의 법칙을 벗어난다는 언급이 있다. 소금과 철은 수요 공급의 탄력성이 떨어지는(즉 비탄력적인) 상품이므로, 통치자는 이로부터 상당한 수익을 끌어낼 수 있고, 이를 통해 일반적인 직접세의 부담을 아예 없앨 수는 없더라도 상당히 줄일 수는 있다.

그러나 가격 결정에서 수요 공급의 법칙을 벗어나는 상품(소금과 철)은 극히 예외적인 사례일 뿐이다. 특히 곡물 가격은 전적으로 시장에 달려 있다(《관자》에는 곡물 가격이 백성의 "운명을 결정하는 주인(master of destiny)"이라는 표현이 여러 번 등장한다). 곡물 가격이 급격히 요동치는 것은 단지 가뭄이나 홍수 혹은 전염병 같은 자연재해뿐만 아니라, 사재기나 중개상의 장난에 의해서도 영향을 받는다("후-관자"에서는 이를 적여積餘, 장선藏羨, 치축지가峙蓄之家라 한다). 이들은 곡물을 저장하여 공급 부족 상황을 만들고 인위적으로 가격을 끌어올린 뒤에야 창고를 열어 곡식을 내다 팔면서 막대한 이익을 챙기는 자들이다. 통치자는 일반인의 상품 저장을 법으로 금지하고 국가에서 창고를 지어 상품을 저장

---

105 Chapter 79, "Guozhun", in *GZ*, 3: 1394(立祈祥以固山澤, 立械器以使萬物, 天下皆利, 而謹操重筴, 童山竭澤, 益利搏流, 出山金立幣, 存菹丘, 立騈牢, 以爲民饒, 彼菹菜之壤, 非五穀之所生也, 麋鹿牛馬之地.《管子: 國准》). 영어 번역은 Rickett 1998: 444-45 참조.

했다가 시장 가격이 높아서 백성이 고생할 때 창고를 열어 상품을 유통시킴으로써 정책적으로 경제를 통제할 수 있다. 깨어 있는 군주는 자신의 특권을 이용하여 시장을 조정한다. 예를 들어 곡물이나 어떤 상품의 가격을 올리면 생산이 더 늘어나고, 외국 상인이 군주가 의도한 상품을 더 많이 가지고 올 것이다. 《관자》는 곡물 가격이 높아야 한다는 점을 여러 차례 반복적으로 강조하고 있다. 높은 곡물 가격은 곧 농민 가구의 소득을 높이는 버팀목이 되기 때문이다. 한편 "후-관자"는 시장을 통하지 않고 직접적으로 농민을 상대하는 정책도 언급하고 있다. 예를 들면 국가가 가난한 농가를 대상으로 종자, 농기구, 자본, 식량 등을 제공해주거나, 혹은 농산물이나 직물의 구매 계약을 사전에 미리 체결하는 등의 정책이다.

게다가 통치자는 오직 자신만 가진 강력한 무기가 하나 더 있다. 바로 화폐를 주조할 권리다. 곡물 가격이 "운명을 결정하는 주인"이라면, 화폐는 "보편적 중개자(통시通施)"다. 화폐를 이용하면 곡식이나 다른 상품의 가격도 조절할 수 있다. "후-관자"의 화폐 철학은 그리스 철학의 그것과 달리, 상품 거래의 공정 가격을 어떻게 결정할 것인가 하는 문제가 아니라, 어쩔 수 없이 주기적으로 발생하는 통화량의 부족과 과잉 문제를 통치자가 과연 어떻게 극복해야 하느냐가 중심 주제다. 그래야 백성의 기본 수요를 충족시킬 수가 있기 때문이다. 오늘날의 정치인처럼 "후-관자"에서는 통화량과 상품의 가격이 반비례한다는 사실을 충분히 인지하고 있었다. 더 나아가 곡물이나 다른 상품들과 달리 화폐의 공급은 오직 통치자의 직접적 권한이라는 점을 강조하고 있다. 화폐는 그 자체로 고유의 가치를 지니지 않으며 의식주를 바로 해결할 수 있는 실용적 상품도 아니지만, 통치자는 화폐와 재정(財政) 정책을 통해, 예컨대 통화량을 늘리거나 줄임으로써, 혹은 세금을 인상하거나 인하함으로써 화폐의 교환 가치를 조절할 수 있고, 그 연장선상에서 상품의 가격도 통제할 수 있다. 이처럼 교환 가치를 지렛대 삼아 국가는 거래의 조건을 통제할 수 있고, 이를 통해 전체적 경제 행위를 관리할 수 있다.

이익이 한 곳에서 나오면 그 나라를 이길 상대는 없다. 이익이 두 곳에서 나오면 그 나라의 군대는 국경을 충분히 지킬 수 있다. 이익이 세 곳에서 나오면 병력을 징집하기가 어려워진다. 이익이 네 곳에서 나오면 그 나라는 반드시 망한다. 선왕은 그것을 잘 알았기 때문에 백성이 지나친 이익을 축적하지 못하도록 하셨고, 그 이익을 좇는 길을 막으셨다. 고로 주는 것도 군주에게 달려 있고 빼앗는 것도 군주에게 달려 있으며, 가난한 것도 군주에게 달려 있고 부유한 것도 군주에게 달려 있다. 그래서 백성이 군주 받들기를 해와 달을 우러러보듯 하며, 섬기기를 부모 섬기듯 하는 것이다.[106]

그러나 끊임없이 변화하는 현실 속에서 통치자는 단 하나의 고정된 전략에만 의존할 수 없다. 언제나 변화하는 경제 상황에 따라 적절한 대응을 주의 깊게 모색해야 한다.

〈경중장(輕重章)〉의 글들이 무제(武帝)의 재무 관료들이 실시한 균수

---

106 Chapter 73, "Guoxu", in *GZ*, 3: 1262(利出於一孔, 其國無敵. 出二孔者, 其兵不詘. 出三孔者, 不可以舉兵. 出四孔者, 其國必亡; 先王知其然, 故塞民之養, 隘其利途; 故予之在君, 奪之在君, 貧之在君, 富之在君. 故民之戴上如日月, 親君若父母.《管子: 國蓄》). 영어 번역은 Rickett 1998: 378 참조.

(均輸)나 평준(平準) 정책을 참조하지 않았다 해도, 결국 이들은 같은 경제 논리에 바탕을 두고 있다. "전-관자"는 곡물의 비축 전략을 강조하고, 시장이 원활하게 돌아갈 수 있도록 상인이 긍정적 역할을 한다고 평가했다. 그러나 "후-관자"에서 〈경중장〉의 중점은 전혀 다른 곳에 있었다. 즉 경제 운영의 핵심 열쇠는 화폐 정책에 있다고 본 것이다. 그리고 상인 계층뿐만 아니라 부유한 엘리트 계층도 공공의 복지에 적이 되는 존재로 간주했다. "후-관자" 중에서 특히 〈산지수(山至數, 지나친 낭비에 대하여)〉라고 하는 독특한 글은, 부자들의 과도한 소비를 옹호하는 논변을 명확히 비판하고 있다.[107] 다양한 경제 세력이 끊임없이 충돌하는 가운데 오직 통치자만이 균형(衡)과 안정(准)을 만들어낼 수 있으며(이들 두 개념은 《관자》 전체를 관통하는 표어와도 같다), 이는 국가와 백성을 부유하게 만들기 위해 꼭 필요한 역할이다. "후-관자"는 통치자가 경제를 "관리하는 능력(능리能理)"을 갖추려면 이론적 원리뿐만 아니라 백성과 자원에 관한 자료에 근거해야 한다는 점을 강조하고 있는데, 이러한 입장은 상홍양의 신념에 매우 근접해 있다.[108]

무제(武帝)가 생존한 당시에는 그의 재정 정책에 대한 공개적 비판의 목소리가 없었다. 그러나 기원전 87년 무제가 사망한 뒤 곧바로 의

---

107 Chapter 76, "Shanzhishu", in *GZ*, 3: 1322-51(《管子: 山至數》). 번역은 Rickett 1998: 406-20 참조.

108 통치자의 경제 "관리 능력(能理)"의 중요성에 관해서는 chapter 81, "Qingzhong yi", *GZ*, 3: 1453 참조(《管子: 輕重乙》). 번역은 Rickett 1998: 472 참조. 염철회의(鹽鐵會議)에서 상홍양은 가정을 "관리할 능력(能理)"을 갖추고 가족의 물질적 안정을 보장할 수 있는 사람이라야 제국을 통치할 자격이 있다고 주장한다. Chapter 17, "Pinfu", in *YTL*, 1: 220(《鹽鐵論: 貧富》) 참조.

견을 달리하는 관료들이 나타났다. 이들은 도덕성과 백성의 삶에 미치는 효과 측면에서 국가의 경제 개입 정책에 의문을 제기했다. 무제 당시에 황제의 명에 따라 공직자 선발 제도 개혁이 실시된 바 있었다. 그것이 유가식 도덕 철학에 흠뻑 물든 신진 관료 계층이 형성될 수 있는 통로가 되었다. 이후로 한(漢) 제국의 관료 집단은 이들 신진 계층이 장악하게 되었다. 기원전 81년 무제의 재정 정책이 공식적 논쟁의 대상이 되었다. 무제의 후계자인 소제(昭帝, 재위 기원전 87~74)의 명에 따른 회의였다. 상홍양은 이때까지도 여전히 한 제국 정부의 원로 자리를 지키고 있었다. 상홍양도 이 논쟁에 불려 나갔다. 그는 60명의 학자들(현량문학 賢良文學) 앞에서 기존의 염철(鹽鐵) 독점 같은 주요 정책을 옹호해야 하는 입장에 놓였다. 60명의 학자들은 기존 정책에 대한 불만을 제기하여 반대 논자로 초청된 사람들이었다. 상홍양과 반대론자들 사이의 논쟁은 대화 형식으로 기록되어 지금까지 전해지고 있는데, 바로《염철론(鹽鐵論)》이다. 아마도 실제 염철회의 이후 10~20년 뒤에 정리된 책으로 추정된다.[109]

염철회의에서 상홍양은 먼저 무제(武帝)의 재정 정책이 흉노의 위협과 전쟁 및 국방비 상승에 따른 불가피한 조치였음을 역설했다. 그러나 곧이어 이러한 정책은 임시 조치에 불과하다고 인정한 뒤, 공공의 복지를 위한 군주의 경제 관리 권한과 책임을 역설했다. 이러한 입장은 "후-

---

109 염철회의에 대해서는 Loewe 1974: 91-112; Kroll 1978-79 참조. Gale 1931도 참고할 만하지만 매우 파편적으로 번역되어 한계가 있다. 염철회의에 반대론자로 참여한 자들의 철학적 관점과 수사학적 스타일에 관한 명확한 분석은 Chin 2014 참조.

관자"에 서술된 입장과 매우 유사하다.

진정한 왕은 천연자원을 독점해야 하고, 국경의 관문과 시장을 통제해야 하며, 계절에 따라 시의적절한 명령을 내려야 하고, 경중(輕重, 환율)을 관리함으로써 백성을 다스려야 한다. 풍년이 들면 상품을 비축했다가 상품이 희소하거나 필요할 때 공급해야 한다. 흉년이 들면 군주는 화폐와 상품을 풀어 유통시킴으로써 공급 부족 상황을 개선해야 한다.[110]

상홍양은 중상주의 원칙을 옹호했을 뿐만 아니라 과거의 성과를 기반으로 정책을 정당화했다. 국가 재무 관리의 합리화, 건전하고 통일된 화폐 정책의 수립, 물 관리 시설 건설을 통한 농업 기반 강화, 선진 농업 기술의 확산, 국경 지역 농경 지원, 지역별 세금 차별 철폐 등이 상홍양이 언급한 성과들이었다. 개별 가구는 생존을 위해 단기적 결정을 해야 하지만, 국가는 체계적으로 오랜 기간에 걸쳐 계획을 세워야 한다. 이것이 상홍양이 칭송하는 관리자로서의 국가의 역할이었다.

상홍양이 강조한 국가의 역할 중 핵심은 경제 정의였다. 그가 군주에게 반복적으로 요청한 것은 "제후들을 통제할 것"과 "부유한 상인들을 배척할 것", 그리고 "관직은 없지만 세력이 있는 자들(호민豪民)"이 소금이나 철 같은 이익이 많이 남는 거래를 주도하여 사적으로 이익을 챙기는 일을 금지할 것 등이었다.[111] 상홍양은 부의 재분배, 즉 부자로부터

---

110 Chapter 2, "Ligeng", in *YTL*, 1: 28(王者塞天財, 禁關市, 執準守時, 以輕重御民. 豐年歲登, 則儲積以備乏絕; 凶年惡歲, 則行幣物, 流有餘而調不足也.《鹽鐵論: 力耕》).

가난한 자에게로의 부의 이전을 분명히 지지했다. 그러나 그에 못지않게 물품과 자원의 지역적 불균형을 해소해야 한다고 강조했다. 제국 내에서 부유한 도시가 부유한 이유는 그 자체로 농작물을 많이 생산하기 때문이 아니라 무역로가 교차하는 지리적 이점 덕분이었다. 통치자가 상품 거래의 향배를 잘 조절하면 지역 간 거래도 활성화할 수 있고, 지역 간 거래의 이익도 공정하게 분배하도록 할 수 있다는 것이다.[112]

염철회의에 참여한 현량문학(賢良文學)이라는 사람들은 대부분 중간 계급의 관리였다. 이들은 판에 박힌 보수적 논지를 되풀이했다. 즉 부의 원천으로서의 농업, 이윤 추구의 부도덕성, 검소함의 미덕 등이 거론되었다. 그들이 보기에 국가는 백성의 희생을 바탕으로 이익을 얻는다. 그래서 국가가 세수를 늘리는 것은 곧 관리 고유의 의무, 즉 백성을 정신적·물질적으로 보호하는 역할로부터 이탈시키는 것과 같다. 또한 이들은 정부 관리가 힘없는 백성을 쥐어짜면서 시장과 상품과 세금 등에 관한 자신들의 재량권을 남용한다고 비판했다(물론 이러한 비판에는 나름의 정당성이 없지 않았다). 상홍양을 비판한 이들은 중상주의 원칙을 거부했다. 그들이 원하는 사회는 자급자족 농민 가정을 기반으로 하는 중농주의 사회였다. 과거 문제(文帝) 당시의 자유방임 정책으로 돌아가자는 이들의 호소는 대지주와 귀족 가문의 이해와 맞아떨어졌다.

기원전 81년에 열린 염철회의 때문에 한(漢) 제국의 재정 정책이 근

---

111 Chapter 2, "Ligeng"; chapter 14, "Qingzhong"; and chapter 5, "Jingeng"; in *YTL*, 1: 27, 1: 179, and 1: 68("御輕重而役諸侯"《鹽鐵論: 2. 力耕》; "排富商大賈"《鹽鐵論: 14. 輕重》; "今罷去之則豪民擅其用而專其利"《鹽鐵論: 5. 禁耕》).
112 Chapter 3, "Tongyou," in *YTL*, 1: 41-43(《鹽鐵論: 通有》).

본적으로 바뀌지는 않았다. 소제(昭帝)는 술 독점을 폐지했지만, 소금과 철 독점은 그대로 유지해야 한다고 인정했다. 가장 큰 변화는 노역과 군역 부담의 감소였는데, 상홍양도 농업 생산성을 떨어뜨린다고 해서 부정적으로 생각하던 의무였다. 경졸(更卒)이라고 하는 징집은 5개월마다 1개월에서 1년에 1개월로 줄어들었다. 노역 징집의 상당 부분을 화폐로 대신 납부할 수 있도록 제도를 바꾼 것도 이때였다. 이는 직접적 증거가 아닌 주변 정황으로 추정한 판단이지만, 정황이 매우 분명하다.[113] 이후 10여 년 안에 한(漢) 제국은 수도 방위에 필요한 경비 인력의 동원을 대부분 면제했고, "내군(內郡)"에서 국경 주둔지로 차출되던 병력을 현격히 줄였으며, 국경 수비에 동원되는 사람이 대리인을 고용하는 것도 허락했다.[114] 이 같은 개혁으로 제국의 정치경제적 지형에서 내군과 국경 지역의 격차는 더욱 제도화되었다. 기원후 30년 한 제국 정부는 내군에서 군역 징집을 전면 중단했다. 농민 겸 병사 제도는 진(秦) 제국 당시 만들어진 제국의 토대였다. 한 제국의 징집 중단은 이러한 이상형을 전면적으로 거부한 조치였다. 이후로 한 제국은 죄수나 유목민 상인, 혹은

---

113 Watanabe(2010: 94-100)는 소제(昭帝) 치하에서 경요(更徭)라는 노동력 동원이 경부(更賦)라는 시스템으로 바뀌었다고 주장한다. 경부 시스템에서는 동전을 납부했을 것으로 추정한다. 노역을 화폐로 대체했음을 확정해주는 결정적 자료는 부족하지만, Watanabe의 분석은 이 주제와 관련해 상충되는 자료들을 해석할 때 가장 설득력이 있고, 다른 학자들도 그의 주장을 인정하고 있다(Washio 2009: 73; Shi Yang 2012: 199 참조).
114 Iida 2004: 17-21. 국경 수비 임무의 대리인 고용은 Xie Guihua 1989 참조. Xie Guihua의 연구가 보여주듯이, 내군에서 징집되는 사람들은 대개 국경 주둔지의 원주민을 고용했고, 그들에게 표준 임금을 지불했다(대부분 공적 등급이 같은 사람들이었다). 이 같은 경우는 군역 대신 돈으로 세금을 지불한 것과 마찬가지라고 할 수 있겠다.

임시로 소집한 국경 지역 주민을 만리장성 수비 인력으로 활용했다.[115]

　염철회의가 있고 10여 년이 지나자 무제(武帝)의 정책을 달가워하지 않은 보수파의 반발이 표출되었다. 상홍양의 반대파가 표방한 반-국가 개입주의 이데올로기와 중농주의 원칙이 젊은 관료들 사이에서 널리 받아들여졌다. 이들은 기본적으로 황제가 도덕적 모범으로서의 군주가 되어야 한다고 생각했다. 황제에게 기대되는 행위의 대부분은 의례 행사에서의 역할로 한정되었다. 이들은 무제가 실시했던 (그리고 그 이전에 이미 진秦 제국에서 실시했던) 시장과 생산에 대한 국가의 광범위한 개입에 반대했다. 뿐만 아니라 시장 경제 자체에 대해서도 반감을 가졌다. 당시 황제인 원제(元帝, 재위 기원전 49~33)의 비호 아래 이들의 견해는 부지불식간에 정부 정책과 제도로 깊숙이 스며들었다. 왕실의 내탕금은 대부분 재무 관료의 관할로 넘어갔고, 황제의 재정적 권위도 제한되었다. 기원전 44년 유가적 입장의 재상 공우(貢禹)는 심지어 모든 금속 화폐를 철폐하고 물물 교환 경제의 복원을 옹호하는 데까지 나아갔다. 공우의 제안은 실용적이지 못하다는 이유로 거부되었지만, 의례 개혁은 기원전 44년과 기원전 31년에 이루어졌다. 개혁의 초점은 황실의 탐욕스러운 소비에 대한 정부의 지출을 축소하는 것이었다.

　어쨌든 한(漢) 제국이 상홍양과 그의 동료들에 의해 추진된 적극적 정책에서 후퇴하자 토지 소유와 부의 집중화 현상이 심화되었다. 이후 수십 년 동안 신흥 정치 계급을 형성한 유가 관료들은 호족(豪族)이라고 하는 새로운 엘리트 계층으로 자리매김했다. 호족의 정치적 승리는 또

115　Lewis 2000b.

한 중요한 경제적 변화들을 촉발했다. 그중 가장 뚜렷한 변화는 부와 투자의 중심이 상업에서 토지로 이동한 것이었다.

결론

진한(秦漢) 제국은 군사 정복에서 관료 통치로 넘어가는 결정적 변화의 시기였다. 제국 창립자들은 성군(聖君)의 이념을 구현하고자 했다. 그래서 농사를 권장하고 상품 유통을 촉진함으로써 백성의 안녕을 보장하려 했다. 명전택(名田宅) 체제는 애초 진(秦)나라의 모델을 따른 것이었다. 진나라는 군대식 계급 사회였다. 전쟁에서 성취한 공훈에 따라 백성의 등급이 나뉘었다. 한(漢) 제국은 군사적 용맹보다 도시민의 미덕에 바탕을 둔 지적 엘리트를 육성하고자 했다. 그러나 문제(文帝)의 자유방임 정책으로 점차 보유 자산을 늘려가는 귀족이 늘어났다. 이들은 명전택 시스템을 토대로 하는 국가 경제의 기반을 서서히 무너뜨렸다. 토지 소유가 점점 권세 있는 가문에 집중되는 동안 상인은 새로이 재산을 축적했다. 특히 전국(戰國) 시대 상업의 중심지였던 중원(中原) 지역의 상인이 거상(巨商)으로 성장했다. 결국 군대 통치 방식에서 관료 정치로 넘어가는 과정에서, 정부의 관직이나 귀족 신분 또는 대토지 소유 등을 바탕으로 하는 새로운 지배 계층이 형성되었다.

대중 소비 상품의 공급과 세금 징수 정책, 이 두 가지가 제국 경제 관리 능력의 핵심이었다. 진(秦) 제국은 전형적인 통제 경제(command economy) 체제였다. 농업을 제외한 모든 생산적 자원을 국가가 소유했고, 대부분의 물품 생산을 (대개는 자유노동자를 고용해) 국가가 관리했으며, 시장을 엄격하게 감시했다. 군대 중심-중농주의 재정 국가 모델을 수립한 사람들이 법가(法家)였다. 그들은 노동의 결과물보다 노동력 징발을 우선시했다. 국가에서 징수하는 핵심 가치는 노역(勞役)이었다. 농지에 대한 세금 부담보다 노역 부담이 훨씬 더 컸다. 진 제국이 동전을 주조한 것도 시장을 활성화하기 위해서라기보다 세금 징수와 군대 식량 보급에 편의를 도모하기 위해서였다. 진 제국의 영토가 점차 확장되다가 마침내 기원전 221년 통일 제국이 수립되었다. 당시 초(楚)나라 중원 지역의 진(晋)나라 후계국(趙, 韓, 魏)에서는 이미 상인 계층이 왕성하게 성장해 있었다. 여기에다 진(秦) 제국의 정책을 그대로 실시하자 심각한 문제가 야기되었다. 진 제국은 상인의 이익을 부당한 폭리라고 간주하고, 징벌적 수단으로 이를 규제하려고 했다.

한(漢) 제국의 창립자 유방(劉邦)은 처음에는 진(秦) 제국의 재정 정책을 그대로 준용했다. 상인에 대한 차별, 과중한 노역 징발도 변함이 없었다. 그러나 (여전히 국가가 주도적 역할을 맡은) 물품 제조 이외에는 경제를 직접 통제하지 않았다. 진 제국과 마찬가지로 한 제국 또한 남녀 부부 중심 가정을 경제적 생산과 세금 부과의 기초 단위로 간주했다. 세금과 노역은 장애가 없는 모든 성인에 대해 일괄적으로 부과되었다. 그러나 사회경제적 평등은 악화되었고, 독립적 생계 수단을 잃는 농가가 많아졌다. 평등이라는 전제는 더 이상 의미가 없었다.

무제(武帝)는 외국과의 전쟁이나 중앙아시아, 한국, 베트남 등 원거리 국경 지역에 대한 군대 파견 등으로 예전 황제들의 자유방임 정책을 그대로 유지할 수 없었다. 국가가 나서서 산업과 상업의 영역을 과감히 탈취하기 시작했다. 그러나 무제의 이러한 중상주의 정책은 날로 악화되는 경제적 불평등을 해소하려는 의도가 깔려 있었다고 해석할 수도 있다. 상업 경제를 통제하고자 한 무제의 시도는 실패로 돌아갔다. 재정 정책은 보다 온건한 정도에 머물렀다. 장차 무제의 후계자들이 국가의 개입 정책에서 발을 빼게 되지만, 그 전조는 무제 당시에 이미 있었다. 그러나 후계자들도 소금과 철 산업의 독점만은 포기하지 않았다. 국가가 경제를 통제할 수 있는 지렛대가 줄어들자 사유 재산의 계층별 차이는 그만큼 더 확대되었다.

무제(武帝)의 정책은 아이러니하게도 부의 집중화를 완화하기는커녕 오히려 더 가중시키는 결과를 가져왔다. 무제 정부에서는 산민(算緡) 같은 조세 정책으로 부자들의 재산을 거두어들이고자 무척 많은 노력을 기울였다. 그러나 대토지 소유자들이 사라지지는 않았다. 오히려 이러한 강제 징수의 칼끝은 재산이 별로 없는 가구를 향했고, 가난한 이들의 세금 부담만 가중시켰다. 농민 가정은 독립을 유지하기가 점점 더 어려워졌다. 많은 농민 가정이 감당하지 못할 빚을 뒤집어썼고 결국 알량한 토지를 팔아야 했다. 토지를 나누어 주던 명전택(名田宅) 시스템은 사라져 버렸다. 애초 한(漢) 제국의 재정 정책은 농민 가구의 노동력과 토지 소유가 평등하다는 전제하에 수립되었다. 그러나 부자와 가난한 자의 경제적 격차가 커져감에 따라 이러한 재정 정책은 점점 더 작동하기가 곤란해졌다. 무제(武帝)의 경제 관료들이 가끔씩 활용하던 간접세는 국가 재정에서 차지하는 비중이 갈수록 커지며 필수 요소로 자리 잡았다. 평등과 보편의 원칙은 전국(戰國) 시대 이후로 국가 수립의 핵심이었지만, 마침내 한(漢) 제국에 이르러 폐기되고 말았다.[116]

---

116 Yamada 1993: 239-42.

CHAPTER 4

호족 사회와 장원 경제
기원전 81~기원후 485

한(漢) 제국 초기에는 대체로 진(秦) 제국의 질서가 변함없이 지속되었다. 소농(小農) 경제에 대한 정부 지원도 마찬가지였다. 농지 할당, 농업 기술 및 기반 시설 투자, 생산자 및 소비자 보호를 위한 시장 통제 등이 모두 소농 경제를 지원하는 정책이었다. 무제(武帝)는 정부의 통제를 더욱 확대했고, 군사적 팽창과 원거리 지역 행정에 걸맞게 국가 재정 구조를 개혁했다. 한 제국의 행정 범위는 중앙아시아, 한반도, 베트남에 이르기까지 방대하게 펼쳐져 있었다. 그러나 무제가 사망한 뒤 제국을 통할하던 장치는 더 이상 유지되지 못했다. 막대한 비용도 감당하기 어려웠거니와 당시 관료 사회를 장악한 유가(儒家) 철학자들이 중상주의 정책을 거부했기 때문이다. 정부가 무제의 재정 정책에서 물러서자 경제적 불평등은 더욱 심해졌다.

왕망(王莽)은 정부 관료였다. 그는 옛날과 같은 국가의 경제 개입 정책을 실시하고자 과감한 개혁을 시도했다. 그러다가 기원후 1세기 초 마침내 왕위를 찬탈하게 되었다. 명분은 옛날의 황금시대로 알려져 있는 주(周)나라를 회복하자는 것이었다. 그러나 정치적·경제적 혼란이 잇따랐고, 왕망의 정권도 얼마 지나지 않아 무너졌다. 한(漢) 제국은 신속히 복원되었으며, 이후 국가의 경제 개입 정책은 더더욱 신뢰를 잃었다. 기원후 30년, 동한(東漢, 기원후 25~220)의 황제는 백성에게 더 이상 군역(軍役)을 부과하지 않기로 했다. 이는 진한(秦漢) 제국의 질서와 확연히 결별하는 분기점이 되었다. 국가의 노동력 징발은 사회 질서의 기초였다. 이것이 철폐되자 갈수록 많은 사람들이 대토지 소유자(호족豪

族)의 수하로 편입되었다.

한편 오래도록 지속된 국내 평화는 경제 성장의 밑거름이었다. 새로운 농업 기술이 도입되고 농지 개간도 활성화되었다. 이에 힘입어 인구도 꾸준히 성장했다. 왕망(王莽)의 반란이 일어날 무렵, 한(漢) 제국의 인구는 6000만 명에 달했다. 장원 경제(manorial economy)가 꽃핀 시기가 동한(東漢) 때였다. 이때도 상거래와 화폐는 경제의 핵심 요소로 남아 있었다. 그러나 기원후 2세기에 이르러 한 제국은 내부 분열로 쇠락을 거듭하다가 결국 붕괴되었다. 기원후 220년 마침내 제국이 갈라졌고, 이후 400년 동안 분열의 시대가 지속되었다.

분열의 시대의 특징은 권력의 사유화였다. 군사력, 정치권력, 경제력 등 모든 방면에서 권력의 사유화가 이루어졌다. 특히 4세기 초 북중국 지역이 유목민에 의해 침략당한 뒤 이러한 경향은 더욱 강해졌다. 중국 왕실은 머나먼 남쪽 국경의 양자강(揚子江) 삼각주(강의 남쪽이란 의미에서 강남江南이라 했다)로 피난을 가야 했다. 여러 귀족 가문도 왕실을 따라 남쪽으로 떠났다. 그러나 끊임없는 전쟁과 파벌 다툼, 빈번한 정권 교체 때문에 강남(江南)의 왕실에서는 과두 정치가 안정화되지 못했다. 5세기에 이르러 궁중의 정치권력층과 특권 관료층은 대체로 군부 지도자나 출신이 미천하지만 고위직에 오른 인물이 차지하게 되었다. 그렇지만 궁중 밖의 지역 사회는 여전히 귀족 계층(북쪽에서 이주해 온 귀족층과 이들보다 다소 지위가 낮은 토착 귀족 계층)이 주도하고 있었다. 농업 인구의 대부분은 비참한 예속 상태로 전락했다. 피난 온 처지의 쇠약한 왕실이긴 하지만 중국의 정치적 중심이 다시 형성되자, 특히 강남을 중심으로 하는 남쪽 지방에는 전에 없던 경제 발전의 계기가 되었다. 호족(대토지 소유자)은 거대한 농장을 건설했고, 광대한 들판을 개간하여 비옥한 논을 조성했다. 왕실과 귀족의 수요에 힘입어 상거래와 물품 생산이 번성했다. 비록 강남의 왕조는 군사적·정치적으로 허약했지만, 그럼에도 불구하고 강남은 중국의 새로운 경제 중심지로 떠오르기 시작했다.

한 제국 시기 농업의 변화

한(漢) 제국 시기에 농업은 뚜렷한 발전을 거쳤다. 견고한 철제 농기구가 확산되고, 고도의 농업 기술이 집적되었다. 이를 바탕으로 농업 생산성과 인구가 꾸준히 성장세를 유지했다. 품질과 수량 면에서 철제 보습(쟁기 날)의 발전 및 확산 속도는 놀라울 정도였다. 당시 고대 세계 어디를 가더라도 농업 생산성이 중국만큼 이른 곳은 없었다.[1] 대규모 관개 시설이 건설되고 새로운 농업 기술이 도입되자, 북중국 건조 지대에도 엄청난 면적의 농지가 개간되었다. 국가는 제국 전역에 걸쳐 새로운 농업 기술을 보급하는 데 결정적 역할을 했다. 새로운 농업의 발전으로 결국 대규모 영농이 용이해졌고, 장원 기반 농업 경제(estate-based agrarian economy)가 부상했다.

신석기 시대 이후로 작물 재배나 음식 소비 패턴에서 가장 중대한 변화를 거친 때가 한(漢) 제국 시기였다. 가장 중요한 곡물은 여전히 기장(millet)이었지만, 북부 지역에서 밀이나 보리, 남부 지역에서 벼농사

---

1 소가 끄는 쟁기 사용에 관한 가장 이른 문헌 기록은 기원전 3세기 말 〈수호지진간(睡虎地秦簡)〉에서 발견되었다(Hulsewé 1985a: 221). 대부분의 학자들은 소가 끄는 쟁기가 도입된 시기를 기원전 5세기경으로 추정하고 있다. 한편 Bray는 훨씬 더 이전으로 본다. Bray 1984: 130-79 참조.

가 확산되었다. 밀은 기장에 비해 관개 시설이 더욱 중요했으므로, 처음에는 중원(中原) 지역처럼 물 공급이 원활한 곳에서 재배되었다. 동중국해 해안 지역인 동해군(東海郡)의 토지 이용 자료를 보면, 밀과 보리가 이 지역의 주요 곡물이었음을 알 수 있다(표 3-1 참조). 무제(武帝) 재위 당시에 관중(關中) 지역(오늘날 행정 구역으로 산서山西와 섬서陝西에 해당)에 수많은 관개 시설을 건설했다. 관중 지역은 수도 장안(長安)을 둘러싸고 있으므로 농부들에게 보다 안정적으로 물을 공급할 필요가 있는 곳이었다. 관리들도 밀 재배를 권장했다. 밀을 심으면 같은 면적에 기장을 심는 것보다 수확량이 2배 더 많았다. 기원전 1세기 말의 농학자 범승지(氾勝之)가 기록한 바에 따르면, 관중 지역에 밀과 보리가 널리 재배되고 풍성하게 수확을 하고 있었다. 밀 재배가 확산되면서 콩, 특히 대두 재배가 줄어들었다. 대두는 오래도록 중국의 주요 곡물이었다. 콩은 동주(東周) 시기 재배 곡물의 약 25퍼센트를 차지했는데, 한(漢) 제국 시기에 그 비중은 8퍼센트로 줄어들었다. 게다가 콩은 갈수록 간장이나 된장 같은 양념의 형태로 소비되었다.[2] 주식 작물의 변화 외에도 새로운 식물들로 중국의 식생활은 더욱 풍성해졌다. 수박, 오이, 샬롯, 마늘, 후추, 참깨, 포도, 알팔파(자주개자리) 등이 중앙아시아 무역로를 통해 한 제국으로 수입되었다.[3]

한(漢) 제국이 수립될 무렵 중국의 농업 지역은 크게 세 곳이었다. 관중(關中) 지역의 기름진 황토흙은 작업을 하기가 용이했다. 그러나 이

2 Peng Wei 2010.
3 Hsu 1980: 89.

지역은 건조 기후였으므로, 황토흙은 수분을 쉽게 잃었고 침식에도 취약했다. 황토흙을 갈 때는 가벼운 쟁기와 괭이면 충분했다. 이 지역 농부들의 주요 관심사는 적당한 시기를 파악하는 것이었다. 언제 쟁기로 갈고 언제 써레로 고르고 언제 잡초를 제거하는 것이 습기를 붙잡아두는 데 가장 유리한지, 신중하게 시기를 파악할 수 있어야 했다. 반면 중원(中原) 지역의 충적토는 빈번한 홍수에 시달렸으므로, 물을 빼내는 관수 시설이 중요했다. 그래서 농부들은 상당히 복잡한 농기구를 개발했는데, 예를 들면 소가 끄는 볏쟁기(moldboard plow) 같은 도구였다. 파종할 때 쓰는 드릴도 있었다. 이 도구를 이용하면 씨앗을 더 깊이 심을 수 있을뿐더러 종자도 절약할 수 있었다. 밭에 이랑과 고랑을 조성한 것은 불규칙한 강우에 대비한 농법이었다. 주로 소 두 마리가 끄는 쟁기를 이용해 밭을 만들었는데, 이 기술이 시작된 곳이 중원 지역이었다. 2년에 세 가지 작물을 돌려짓기하는 윤작(輪作, 주로 기장-겨울밀-대두 혹은 기장) 기법 역시 중원 지역이 선구자였을 것이다.[4]

 벼농사는 전혀 다른 농법을 사용해야 했다. 한(漢) 제국 당시의 기록에 의하면, 강남의 농부들은 "불로 밭을 갈고 물로 잡초를 제거했다(화경수누火耕水耨)." 이를 오해하여 강남에서 화전(火田) 농법을 사용했다고 해석한 학자들도 있었다. 수전(水田) 농법은 한 제국 당시에도 이미 오랜 전통이었다. 당시 농부들은 틀림없이 농지에 논을 조성해 벼를 재배했을 것이다. 위의 기록에서 "불로 밭을 간다(火耕)"라는 표현은 수확한 후에 그루터기를 태우는 것을 일컫는다. 그 뒤 그대로 쟁기로 갈면 그루

---

4 Bray 1979-80: 4-5; Hsu 1980: 111-16; Yoneda 1989: 6-9.

터기를 태운 재가 흙 속에 섞여 들어가 거름이 된다. 밭에 물을 채우는 것은 잡초를 제거하기 위함이다(水耨). 기원후 2세기 농서에 이미 이앙법(移秧法) 시행 기록이 등장한다.[5] 3세기가 되면 남부 지역에서 논농사에 특화된 쟁기가 사용된다.[6] 이때도 여전히 양자강(揚子江) 이남 지역은 변경이라 인구 밀도가 낮고 농업 기술도 집약적이지 않았다. 한(漢) 제국 시기 남부 지역의 주요 농업 시설은 방조제였다. 이는 관개 시설이라기보다, 해안 지역 농지를 해수 범람으로부터 보호하기 위한 시설이었다.[7]

한(漢) 제국은 대체로 관중(關中) 지역의 농업을 중점적으로 개발했다. 관중에서 도성에 식량을 제공하고, 매년 국경을 수비하는 군대를 위한 군량미 10만 톤을 생산했다. 무제(武帝) 당시의 관리들은 관중 지역과 국경의 군사 주둔지에서 보다 기술 집약적인 농법을 확산시켰다. 중원(中原) 지역에서 정부 주도로 대규모 관개 시설이 건설되었고, 이랑밭 조성 농법이나 볏쟁기가 사용되었다. 그러나 기원전 1세기 말에 이르자 한 제국 정부는 더 이상 농업 발전을 위한 투자에 나서지 않았고, 관중 지역 농민들도 대개 집약적 농법에서 거꾸로 퇴보하는 양상을 보였다.

허탁운(許倬雲, Hsu Cho-yun)은 일반 농민 가정에서 현금이 얼마나 필요했는지를 계산했다. 인두세를 내고 기타 필수 생활비를 지출하려면 상당한 정도의 현금(최소한 전체 수입의 25퍼센트)이 필요했다.[8] 현금 소

---

5 Bray 1979-80: 6-7; Hsu 1980: 121.
6 Watanabe 1986: 187; Fang Gaofeng 2009: 18-22.
7 Honda 2000b: 43-45.

득은 농사 이외의 여러 가지 일을 통해서 벌어야 했다. 예를 들면 식품을 가공하거나, 연료를 모으거나, 천을 짜거나, 기타 가내 수공품을 만들거나, 도구를 제작 및 수리하거나, 건축 일을 돕는 등이었다. 시골 여성들은 가정에서 필요한 천을 짜거나 옷을 만드는 데 많은 시간을 할애했다. "남자는 밭을 갈고 여자는 천을 짠다(남경여직男耕女織)"는 노동 구분은 이미 한(漢) 제국 이전부터 뚜렷하게 형성되어 있던 관습이다. 기원후 1세기 왕실 역사서에도 이 같은 맥락의 기록이 등장한다. "겨울이면 여인들은 저녁에 이웃 여인들과 함께 모여서 일한다. 그렇게 하면 불을 밝히거나 난방을 하는 비용을 절약할 수 있고, 기술을 평준화할 수 있으며, 조화로운 풍습을 기를 수 있다."⁹ 누에치기는 봄부터 초여름까지 하는데, 이때는 농사일에 노동력이 집중되어야 하는 시기이므로 양잠 일은 대체로 여성의 몫이 된다. 그러나 비교적 낮은 기술력이 요구되는 작업, 예를 들면 실패에 실을 감거나 누에고치에서 실을 뽑아내는 작업은 "여성의 일(여공女工)"로 간주되는 반면, 천을 짜거나 옷감을 완성하는 일은 남녀가 모두 관여했다.

중국에서 주거지가 고고학적으로 발굴된 사례는 매우 초보적 단계에 불과하지만, 최근 삼양장(三楊庄) 유지 발굴을 통해 위에서 언급한 대체적인 줄거리가 재확인되었다.¹⁰ 삼양장 유지는 중원 지역에 속하는데, 한(漢) 제국 시기 황하(黃河)의 물줄기를 기준으로 서쪽에 인접해 있다.

---

8 Hsu 1980: 79.
9 *HS* 24A.1121(冬, 民既入, 婦人同巷, 相從夜績, 女工一月得四十五日. 必相從者, 所以省費燎火, 同巧拙而合習俗也. 《漢書: 食貨志》).
10 Kidder et al. 2012의 기초 보고서 참조.

삼양장 지역은 대홍수가 덮쳐서 기원후 1세기 초부터 사람이 살지 못했다. 그래서 한 제국 후기의 농촌 모습을 그대로 간직하고 있는 유적지다. 이곳 농부들에게는 철기가 널리 보급되어 있었고, 소가 끄는 쟁기를 이용하여 고랑밭이 조성되었다. 뽕나무 재배와 베틀의 파편으로 보건대 집안에서 천을 짰던 것도 알 수 있다. 삼양장의 농가들은 마을 중심으로 모여 있지 않고 농지 가운데 점점이 흩어져 있었다. 이러한 농가 수십 가구로부터 발굴된 유물은 매우 소박한 것뿐이어서, 이 지역 사회 거주민의 경제 수준이 대체로 평등했음을 알 수 있다.[11]

가족 영농이 농업 생산의 기본 단위였지만, 오랜 시간에 걸쳐 농지 집중화 경향이 서서히 일어났다. 공적 등급에 따라 명전택(名田宅)을 할당하는 시스템은 소농 중심의 농업 기반을 강화하려는 의도에서 시행된 제도였지만, 결국에는 토지 소유 확대의 방편으로 이용되어 오히려 대토지 소유를 돕는 결과를 초래했다. 최고 공적 등급의 경우 상당한 규모의 토지를 소유할 수 있었다. 예를 들어 13등급은 2000무(畝)까지, 1등급은 9500무까지 소유가 가능했다. 이는 40~50무의 토지를 소유하던 일반 농가에 비해 월등히 많은 양이었다. 황제를 보좌하던 조조(鼂錯)는 이미 기원전 178년 빈곤해진 백성이 빚을 갚기 위해 가지고 있던 명전택을 팔 수밖에 없을 것이라고 경고했다. 상인들은 가난한 자들의 고통

---

11 이제까지 조사된 6~7개 마을 유지 가운데 삼양장(三楊庄) 유지가 가장 잘 보존되어 있는 것은 사실이지만, 마을 중심으로 주거지가 모여 있는 패턴이 훨씬 더 일반적이었던 것 같다. 놀라운 점은 이들 유지 가운데 어느 곳에도 방어 성벽이 없었다는 것이다. 문헌 기록에 따르면, 이는 당시 시골뿐만 아니라 도시의 주거지도 기본적으로 마찬가지였다. Bai Yunxiang 2010 참조.

으로부터 이익을 뽑아낼 뿐만 아니라, 나라에 군량미를 바치고 그 대가로 공적 등급을 사서 또한 이득을 본다는 것이 조조의 주장이었다.[12] 무제(武帝)는 상인들의 명전택 획득을 금지했지만, 현실적으로 토지 소유의 집중화를 거의 막지 못했다. 무제가 사망한 뒤에는 금지 규정마저 철폐되었다. 무제는 농지가 없는 가구에게 북방 국경 지역의 국가 소유 농지를 임대하여(가전假田) 정착을 유도했다. 그러나 이 농지마저 지역 유지에게 빚으로 넘어가거나 강제로 빼앗겨 집중화 과정으로 점점 빨려 들어갔다.[13] 공적 등급 시스템은 법적으로 기본 토지만 획득할 수 있도록 허용했지만, 이미 기원전 1세기에 법적 한도를 초과하여 토지를 소유하는 것에 대한 불만이 터져 나왔다.[14]

관중(關中) 지역과 국경 지역에서 국가가 시도하는 새로운 농업 기술을 도입하려면 농기구, 가축, 관개 시설 등에 대한 막대한 투자가 필요했다. 한(漢) 제국이 무제(武帝) 치하의 경제 개입 정책에서 발을 뺀 뒤 많은 농민들이 크나큰 위기에 맞닥뜨렸다. 개별 농가는 국가의 지원과 보조금 없이 자신만의 소득으로 생활할 수 없었으므로 부채의 수렁에 빠지고, 농지를 잃고, 소작농이나 임금 노동자로 전락했다.[15] 볏쟁기를 사용하려면 소가 있어야 했고, 3~6명이 함께 작업해야 했다. 이는 개별 농가 단위에서 감당할 수 없는 작업 규모여서, 어느 정도는 노동력을 보조할 인력이 반드시 있어야 했다.[16] 게다가 (기장처럼 죽을 쑤어

12 HS 24A.1132-33; 번역은 Hsu 1980: 162 참조.
13 Zhu Shaohou 1985: 116-42.
14 Yu Zhenbo 2004a: 36-38.
15 Bray 1979-80; Bray 1984: 591-96.

먹기보다 가루로 이용하는) 밀은 훨씬 더 정교한 제분 장비가 필요했다. ("생산성을 100배 향상시켰다"고 전하는) 물레방아가 문헌 기록상 최초로 언급되는 시기는 기원전 1세기였고, 밀 재배의 확장과 함께 물레방아도 확산되었다.[17]

농업의 변화는 대토지 소유 경향을 가속화했다. 게다가 무제(武帝)의 시장 개입 정책이 중단된 이후로 호족(豪族) 세력의 지배력이 강화되었고, 정부는 부와 토지의 집중화에 대해 관대해졌다. 기원전 1세기 말경에 이르자, 당초 제국의 경제적 기반이던 농민 가구가 점차 쇠락하고 이미 새로운 장원 기반의 지배층이 형성되었다.

장원 경제의 탄생

기원전 1세기를 거치는 동안 황제의 관대한 처분(이를테면 작위를 올려 명전택名田宅을 넉넉히 할당해준다거나, 관료 혹은 황제의 친인척에게 식읍食邑이라고 하는 귀족적 지위를 하사하는 등)의 결과로 대토지 소유주가 등장했다. 우진파(于振波, Yu Zhenbo)의 연구에 의하면, 자산 규모가 100만~300만 전(錢) 정도 되는 부유한 가정의 경우 30~100경(頃)의 농지를 소유했던 것으로 추정된다(1頃=100畝). 이는 명전택 시스템에서 정부 관료가 소유할 수 있는 농지의 최대치와 정확히 일치한다.[18] 식읍(食

---

16 Yoneda 1989: 16-17.
17 Amano 1979: 860-62. 환담(桓譚, 기원전 43?~기원후 28)의 《신론(新論)》에서 인용. *TPYL*: 829. 3699b(《太平御覽》)에 인용된 《신론》 참조.
18 Yu Zhenbo 2004a: 37. 부유한 가정의 경우 토지가 총자산의 3분의 2를 차지한다는 전제로 계산한 것이다. 농지 1무(畝)는 100전(錢)으로 계산했다.

邑)을 받는다는 것은 농지에서 수입을 얻는 것일 뿐 토지 자체의 소유권을 양도받는 것은 아니었다. 그러나 식읍을 보유한 사람들은 사적으로도 상당한 규모의 토지를 소유했다. 예를 들어 성제(成帝)가 가장 친애한 재상 장우(張禹, 기원전 5년 사망)는 기원전 33년에 최고 등급 작위인 관내후(關內侯)와 함께 식읍 600호(戶)를 받았다. 기원전 20년 그가 재상을 끝으로 관직에서 물러날 당시에는 식읍이 1000호(戶)까지 늘어났다. 이외에도 장우가 사들인 사유지가 400경(頃)에 달했다.[19] 우쓰노미야 기요요시(宇都宮淸吉)의 연구에 따르면, 기원후 25년 한(漢) 제국을 회복시킨 후한(後漢)의 초대 황제 유수(劉秀, 광무제光武帝, 기원전 6~기원후 57)의 사유 재산은 250~300경이었다. 여기에 더하여 유산으로 식읍 467호를 물려받았다(여기서 나오는 소득은 대략 농지 200경을 소유한 것과 같았다).[20]

대토지 소유자들은 남양(南陽) 지역(하남성)에 특히 많았다. 유수(劉秀, 光武帝)가 상속받은 식읍(食邑)도 그 지역에 있었다. 유수의 외가 쪽 선조 가운데 번중(樊重)이라는 사람이 있었는데, "번중이 재산을 관리하면 낭비하는 법이 없었다. 일꾼들에게는 각자의 능력에 맞는 임무를 부여했기 때문에 능력이 있는 자와 없는 자가 모두 힘을 합쳐 일했다. 재산은 매년 두 배씩 불어났고, 농지가 300경(頃)을 넘었다." 죽을 날이 가까워오자 번중은 자신이 가지고 있던 빚 문서를 모두 불태워 수백만 전

---

19 *HS* 81.3348-49(《漢書: 匡張孔馬傳》).
20 Utsunomiya 1955: 375-402. 우쓰노미야의 연구는 Hsu 1980: 50-51에 간략히 요약되어 있다. 식읍이란 단지 나라를 대신하여 세금을 징수할 수 있는 권리(수확량의 30분의 1)를 갖는 것이기 때문에 사유지(임대료는 수확량의 2분의 1)가 훨씬 더 큰 수입원이 된다.

CHAPTER 4 · 호족 사회와 장원 경제　　　　　　　　　　　　　　　　*253*

(錢)의 채무를 탕감해주었다.²¹ 유수의 처가, 즉 음씨(광렬황후光烈皇后 음려화陰麗華)의 가문도 소유한 토지가 700경(頃), 식읍(食邑)이 1000호 (戶)를 넘었다고 한다.²² 남양(南陽) 지역의 경제는 한(漢) 제국 당시, 특히 기원전 50~40년대에 대규모 관개 시설이 건설된 이후로 매우 안정적인 번영을 구가했다. 이 지역에 선진 농사 기술이 도입됨으로써 토지 집중화에 우호적인 여건이 조성되었던 것 같다. 번중의 경우에서 엿볼 수 있듯이, 소농 가구들은 빚을 갚지 못해 땅을 몰수당했고, 그 결과로 대토지 소유가 출현했던 것이다.

이렇게 토지를 거머쥔 호족은 대체로 고위 관료나 황제 혹은 황후의 친인척 가문이었다. 이들은 궁궐 안에서 큰 세력을 확보하고 있었다. 깨어 있는 관료나 사회 비평가 들의 경고가 반복되었다. 이 같은 대토지 소유 때문에 백성은 갈수록 빈곤해질 것이라는 경고였다. 이를 제한하려는 시도가 없지 않았다. 예컨대 기원전 7년 관중(關中) 지역에서 각 가구가 소유할 수 있는 토지를 30경(頃)으로 제한하는 제도를 시행하려 했다. 그러나 이러한 시도는 그 지역의 지주 세력과 결탁한 관리들의 방해로 결국 좌절되고 말았다.

한(漢) 제국의 비평가들은 부와 사회적 지위의 극심한 불평등 문제를 심각하게 인식하고 있었다. 사마천(司馬遷)에 의하면, 가난한 자들은 천시를 받거나 노예 같은 처지에서 일을 하는 경우도 많았다. "다 같은

---

21 *HHS* 32.1119(其營理產業, 物無所棄, 課役童隸, 各得其宜, 故能上下戮力, 財利歲倍, 至乃開廣田土三百餘頃.《後漢書: 樊宏陰識列傳》). 번중(樊重)에 대해서는 또한 Wilbur 1943: 212-13; Gao Min 1986: 55-6; Inaba 1984: 95-8, 105-07 참조.
22 Utsunomiya 1955: 391-93.

호적에 올라 있는 백성이지만, 서로 재산을 비교해서 10배가 많으면 스스로를 낮추고, 100배가 많으면 두려워하며, 1000배가 많으면 가서 일을 해주고, 1만 배가 많으면 그 집 종이 되는 법이니, 이것이 세상의 이치다."[23] 사마천을 비롯한 학자들의 글에 중가(中家)라는 표현이 자주 등장하는데, 이는 부자(대가大家)와 가난한 자(빈가貧家) 사이에 있는 중간 계층을 일컫는 말이다.[24] 와타나베 신이치로(渡辺信一郎)에 의하면, 중가(中家)는 전체 가구의 절반 정도를 차지했으며 평균적으로 토지 100무(畝), 유동 자산 5000~1만 5000전(錢), 그리고 아마도 노비 한두 명을 소유했다. 자산을 모두 합산하면 2만~4만 전 규모였다.[25] 이와 다른 의견도 있는데, 대부분의 소농 가구는 이보다 더 가난했으며, 소유 토지는 40~50무였고, 가난한 자(貧家)는 자산 합계가 5000전에도 못 미쳤다고 한다.[26] 이와 대조적으로 한(漢) 제국 당시의 학자들이 부자라고 언급하는 가구의 재산은 100만~300만 전 규모였다. 사마천에 의하면, 식읍을 가졌거나 부유한 상인들은 매년 20만 전의 수입을 올렸다.[27] 허탁운(許倬雲)의 연구에 의하면, 조정에서 봉직하는 재상의 연봉은 12만 전 이상

---

23 *SJ* 129.3274(凡編戶之民, 富相什則卑下之, 伯則畏憚之, 千則役, 萬則仆, 物之理也.《史記: 貨殖列傳》).
24 Watanabe 1986: 20-21. 유가 철학의 입장에서 볼 때 한 무제(漢 武帝) 치세에는 "대가(大家)"뿐만 아니라 "중가(中家)"도 넉넉한 생활을 했다. Chapter 19, "Sanbuzu", in *YTL*, 1: 348-400 참조(《鹽鐵論: 散不足》).
25 Watanabe 1986: 26.
26 Ōkushi 1985: 1188.
27 *SJ* 129.3272(《史記: 貨殖列傳》); 번역은 Sima Qian 1993: 448 참조. 사마천의 이러한 계산은 식읍 1000호를 가진 귀족 가문(千戶之君則二十萬)이나, 투자 금액 100만 전에서 20퍼센트의 수익을 올리는 상인 가문(百萬之家則二十萬)을 두고 하는 말이었다.

이었고, 중간 계급 관리의 연봉은 약 4만 전, 일반 농민 가정의 연 수입은 약 2만 전이었다.[28]

빈부 격차의 확대는 나라와 사회 전체를 과감히 개혁하고자 한 왕망(王莽)에게 크나큰 걸림돌이었다. 명문가의 후손인 왕망은 기원전 1세기에 나이 어린 황제의 섭정을 맡게 되었다. 그는 한(漢) 제국의 정치 및 사회 제도를 전면적으로 개혁함으로써 강력한 황제의 통치를 되살리고자 했다. 왕망의 정치관은 《주례(周禮)》에서 크게 영감을 얻었다. 이 책은 과거 주(周)나라의 통치 조직을 상세하게 기록해두었다고 전해지는 경전이었다. 기원후 6년 나이 어린 황제가 사망하자, 후계자로 왕망이 지명되었다. 그로부터 3년 뒤, 왕망은 과거 주나라의 영광을 되살린다는 명분으로 스스로 황제의 자리에 올라 국호를 신(新)이라 했다. 이후 왕망은 매우 혹독한 개혁 정책을 실시했다. 관료 조직을 개편하여 중앙 정부가 지방 관리들을 더욱 강력히 통제했고, 한(漢) 제국에서 내린 귀족 작위를 박탈했으며, 귀족 가문에 전해 내려오던 권리와 식읍도 거두어들였다. 왕망은 모든 토지가 왕의 소유라는 고대의 원칙을 내세우며 수많은 지주로부터 토지를 몰수하여 가난한 자들에게 나누어 주었다. 또한 같은 원칙에 따라 토지와 노비의 매매를 금지했지만, 3년 뒤 금지 조치를 해제할 수밖에 없었다.[29]

왕망(王莽)은 상거래 및 화폐 정책에 대해서도 관제 개혁 못지않은

28　Hsu 1980: 52-53, 76.
29　왕망의 통치에 대한 개관은 Bielenstein 1986: 224-40 참조. 왕망의 재정(財政) 정책은 Yamada 1975 참조.

강력한 의지를 보였다. 섭정할 당시에 이미 두 가지 청동 화폐를 도입했는데, 액면가는 당시 유통되던 오수전(五銖錢)과 동일했다. 조상들의 이념을 좋아한 왕망은 화폐 모양도 당시 유통되던 화폐처럼 둥근 모양이 아니라 옛날 방식의 칼 모양(刀錢)으로 했다. 스스로 황제의 자리에 오른 뒤에는 오수전의 유통을 금지했다. 그러면서 과거의 오수전을 녹여 새로운 화폐를 주조했는데, 잇달아 새로운 화폐들이 발표되어 혼란을 피할 수 없었다. 이외에도 왕망은 국가 독점 상품을 확대하기 위해 여러 가지 수단을 동원했다. 상거래와 금전 대출은 엄격한 국가의 통제를 받아야 했고, 금 거래도 국유화했다. 이러한 정책들 때문에 공인된 화폐와 금의 유통이 원활하지 못했고, 엄청난 인플레이션이 발생했으며, 상거래와 상품 생산이 심각한 문제에 봉착했다. 이 시대에 조성된 무덤에서 발굴되는 화폐들은 절대다수가 왕망 시대의 신규 화폐다. 이는 기존에 유통되던 오수전이 거의 전부 도가니에서 녹아버렸음을 의미한다.[30]

왕망(王莽)의 야심 찬 정책은 호족 가문으로부터 직접적인 도전에 직면했다. 이들은 정치, 사회, 경제적으로 강력한 반대 의사를 표출했다. 정부 관료는 자신의 친인척이 누리던 기득권을 위협하는 정책에 저항했다. 정치적 혼란은 경제적 고난으로 번져갔고, 사회 전체적으로 저항이 일어났다. 마침내 지주 계층의 단호한 저항과 결합된 민중 폭동이 일어났고, 왕망 정권은 몰락했다. 기원후 23년 반란 세력이 황궁을 접수하여 왕망의 목숨을 거두었다. 그로부터 2년 뒤 유수(劉秀, 光武帝, 재위 기원후 25~57)는 한(漢) 제국을 복원했다. 수도는 장안(長安)에서 낙양(洛陽)으

---

30 왕망의 화폐 정책에 관해서는 Yamada 2000: 143-86 참조.

로 옮겼다. 낙양은 그가 조상으로부터 물려받은 영지가 있는 남양(南陽)에서 가까운 곳이었다.

제국의 수도가 중원 지역으로 이전하자 한(漢) 제국의 역사는 새로운 단계로 접어들었다(이를 후한後漢 혹은 동한東漢이라 한다). 가장 중요한 변화는 제국 정부가 호족 세력의 사회·경제적 주도권을 확실하게 인정했다는 점이다. 광무제(光武帝)를 제외하고 동한(東漢)의 황제들은 권위를 거의 세우지 못했다. 기원후 88년 이후 동한의 황제들은 어린 나이에 제위(帝位)에 올랐고, 40세가 되기 전에 황제의 자리를 넘겨주거나 사망했다. 군사력의 중심은 지방 단위로 넘어갔다. 지방 정부의 통치자들이 자신의 군대를 소집했고, 이들은 지방 통치자의 사병(私兵)이 되었다.[31] 황궁에서는 외척이나 환관 세력이 권력을 장악하는 경우가 많았고, 궁정은 끊임없는 내분에 휩싸였다. 정부의 능력은 점차 줄어들어서 경제에 개입할 수 없었고, 사회 및 경제적 불평등은 더욱 심화되었다. 많은 가문이 빈곤의 나락으로 추락했고, 독립적 생계 수단을 잃어버렸다. 이들은 소작농이나 하인 혹은 고용 노동자 같은 미천한 신분을 받아들일 수밖에 없었다.

동한(東漢) 시기 부와 토지의 집중화 현상에 대한 비난의 목소리도 커져갔다. 기원후 2세기 무렵이면 정치 관련 글에서 "중가(中家)"가 더 이상 언급되지 않는다. 상위 계층이 하위 계층을 억압하는, 극단적으로 양극화된 사회 질서에 대한 언급이 등장하는데, 왕부(王符), 최식(崔寔), 중장통(仲長統) 같은 비평가들의 글이 대표적이다.[32] 이들이 부의 불평

---

31 Lewis 2000b: 69-74.

등보다 더욱 반감을 가진 부분은 국가를 대신하여 사적으로 노동력을 징발하는 것이었다. 백성은 국가에서 부과하는 노역이나 군역에 나가지 않는 대신 사적으로 호족 가문의 노예 처지로 전락해버렸다.³³

이 시대의 관행이던 예속 관계라든가 토지 소유의 집중화 등은 이야기로 전해질 뿐, 대토지 소유자들이 전체 토지 중에서 몇 퍼센트를 차지했다는 통계는 없다. 또한 독립 농가로 구성된 마을이 끈질기게 남아 있던 증거도 존재한다. 기원후 72년의 석권(石券, 돌에 새긴 계약 증서)에는 하남성 언사(偃師) 지역 25개 마을(7개 성씨)이 연합체(탄僤)를 결성한다는 내용이 새겨져 있다. 이들은 돈을 모아서 연합체 명의로 82무(畝) 규모의 토지를 구입했다. 여기서 나오는 수입은 연합체 공동의 의무를 위해 일하는 마을 어른들(부로父老)에게 지급하기로 했다. 이 어른들은 세금 납부, 공공 치안, 공동 노역과 공동 의례를 맡아 주관했다.³⁴ 각 가구에서 부담하는 금액은 2460전(錢)이었다. 이로 보아 이들은 중가(中家) 중에서도 상위에 있는 가구였던 것 같고, 마을 전체 인구의 4분의 1가량을 차지했다. 이 경우 마을 공동체는 지방 호족으로부터 상당히 독립적인 지위를 유지하고 있었다.

동한(東漢) 시기 대토지 소유자들이 등장한 이유는 명전택(名田宅)

---

32 Utsunomiya 1955: 316-18; Tada 1964: 18; Watanabe 1986: 86. 이들 비평가 그룹에 대해서는 Balazs 1964b 참조.
33 Ebrey 1986a: 626.
34 Ning Ke 1982; Yamada 1993: 391-403(《侍廷里父老僤買田約束石卷》). 이외에도 기원후 182년의 또 다른 기록물에 시골 주민들이 자체적으로 탄(僤)을 결성한다는 내용이 있다. 결성 목적은 노역을 대신할 사람을 고용하는 비용을 마련하기 위함이었다. Ning Ke 1982: 23-24 참조.

같은 정부의 토지 할당 때문이라기보다, 빚에 몰린 사람들이 땅을 처분했기 때문이다.[35] 사천성 비현(郫縣)에서 왕효연(王孝淵, 기원후 108년 사망)이라는 사람의 묘비가 발굴되었는데, 훼손이 심해서 부분적으로만 해독이 가능하지만, 부동산 형성에 시장이 결정적 역할을 했음을 확인할 수 있는 내용이 있다. 비문(碑文)은 왕효연이 소유 토지를 후손들에게 분할 상속하면서 분할 비중을 확인하는 내용이다.[36] 비문에는 최소 10여 필지의 농지 목록이 있다(크기는 8무畝에서 260무까지 다양한데 모두 합쳐서 1255무이고, 경작을 맡은 농가는 총 10가구). 토지 목록과 함께 이를 경작하는 농부의 이름, 관련 자산(소, 건물, 노비)이 기록되어 있다.[37] 비문에는 개별 자산의 가치도 기록되어 있는데, 자산별로 단위가 다르다. 건물과 노비는 대개 "치(直, 가치)"를 쓰고, 동전 수량으로 기록했다. 여기서 말하는 "치"는 아마도 시장 가격이 아니라 산부(算賦) 인두세를 지칭하는 것 같다. 이와 대조적으로 토지는 "질(質, 채권)" 혹은 "가(賈, 매매가)"로 기록했다.[38] 이로 보아 왕효연의 토지는 대부분 거래 혹

---

35 Gao Min 1986: 41-42; Yamada 1993: 207.
36 처음에는 비문 내용이 재산 등록으로 알려졌지만, Zhang Xunliao and Liu Panshi(1980)의 설득력 있는 연구를 통해 재산 분할 관련 내용으로 입증되었다. Yamada(1993: 202-07)도 이들의 연구를 받아들이고 있다. 비문에 대해서는 Xie Yanxiang 1974 참조.
37 일부 학자들은 농지와 함께 상속되는 노비(6개 필지에 분할되어 기록된 총 32명)가 토지에 딸린 일꾼이라고 추정하는데, 이러한 결론은 근거가 부족하다. 노비는 필지당 5명 단위로 할당되어 있다(1건은 예외적으로 7명). 농지의 크기와 노비의 숫자는 상관이 없다. 개별 필지의 크기는 상당히 작은 편이다. 그 정도 크기의 농지에 그렇게 많은 일꾼이 필요했던 것 같지 않다. 게다가 기록된 노비들 가운데 16명은 이름을 판독할 수 있는데, 그중 6명은 여성으로 분명 집안일을 하는 노비였을 것이다.
38 이들 단위가 갖는 의미에 대해서는 Ōkushi 1985 참조.

은 저당권부 대출(possessory loan)로 획득한 것 같다. 저당권부 대출의 경우 채권자는 이자 대신 실물 자산을 통제할 수 있는 권리를 얻었다.

왕효연(王孝淵)은 상당한 규모의 토지를 소유했던 것 같다. 여러 필지의 토지는 서로 떨어져 있었으며, 서로 다른 소작농이 경작했다. 이들은 아마도 왕효연에게 돈을 빌리는 대신 토지를 담보로 제공한 사람들일 것이다. 이러한 패턴은 한(漢) 제국 시기에 일반적인 일이었던 것 같다. 토지를 소유한 호족은 실제로 농업 생산에 참여하는 일이 거의 없었다. 대개는 토지를 소작농에게 임대해주고 소작료로 생산량의 절반을 받았다(땅 주인이 종자, 농기구, 짐 끄는 짐승 등을 제공한 경우 땅 주인의 몫은 더 커진다). 소작 규정에 관한 명확한 문헌 자료는 전해지는 것이 없지만, 소작농은 독립적 경제 단위로 존재했을 가능성이 매우 크다. 게다가 임금 노동자는 동한(東漢) 시대 들어 임금이 많이 올랐고, 사회적으로도 상당히 존중을 받았던 것 같다.[39] 왕효연이 생존한 당시에는 소작농이나 임금 노동자의 지위가 예속적이지 않았다. 다만 한(漢) 제국 말기의 수십 년 사이에 그러한 예속적 조건이 나타나기 시작했을 뿐이다.[40]

동한(東漢) 당시에 농지를 어떻게 관리했는지를 가장 잘 알려주는 기록이 《사민월령(四民月令)》이다. 이는 연간 농사일과 의례 일정을 알려주는 책으로, 최식(崔寔, 기원후 103?~170?)의 저술이다.[41] 최식은 학

---

39 Shi Yang 2012에서 강조하는바, 사적으로 노비를 소유하는 것은 법으로 금지되었지만 현실적으로 호족 가문에서는 별로 개의치 않았다. 노비가 풀려나서 평민이 된다 해도 다시 임금 노동자로 고용되면 그만이었다. 더욱이 한(漢) 제국 당시 이주 노동자는 진(秦) 제국의 법률에서 규정한 것과 같은 죄수나 범법자로 취급되지 않았다.
40 Tada 1964, 1965.

덕이 높은 명문가 출신으로, 낙양(洛陽)의 궁정에서 권력 투쟁에 휘말려 기원후 159년 관직에서 물러나야 했다.[42] 최식은 《정론(政論)》이라는 혹독한 비판서를 통해 정치적 좌절감을 표출했다. 그는 가난한 백성의 비참한 상황을 적나라하게 고발하며, 오만방자하게 이를 무시하는 호족과 관료를 신랄하게 비판한다. "지체 높은 가문(上家)에서는 수억 전(錢)의 돈과 제후에 못지않을 만큼의 땅을 모으는데… 가난한 집안(下戶)에서는 발 디딜 땅 한 쪽 없이 고난을 견디며 아비와 아들이 모두 돈 많은 집에 가서 머리를 조아리며 종노릇을 한다."[43] 최식도 당시 귀족에 비하면 재산이 그리 많지 않았던 것 같다. 아버지의 장례를 치르고 수중에 한 푼도 남지 않자, 최식은 농사 이외에도 술을 빚어 팔아서 소득에 보탰다고 한다.

최식(崔寔)의 《사민월령》은 교양 있는 지주층을 염두에 두고 저술된 책으로, 농장 관리에 대해 상세히 안내하고 있다. 기장, 밀, 보리, 콩, 참깨 등을 기르는 법과 함께 여러 가지 식품 제조 방법도 포함되어 있는데, 예를 들면 발효 조미료, 식초, 야채 절임, 누룩, 술 등이다. 농장에서

---

41 최식이 기록한 일정에 대한 연구로는 Yang Liansheng 1934; Nishijima 1966: 49-57; Amano 1967; Ebrey 1974; Zhu Shaohou 1985: 101-06 참조.
42 최식이 언제 《사민월령(四民月令)》을 집필했는가에 대해서는 의견이 나뉜다. Wang Guoding은 최식이 은퇴한 뒤 말년에 집필한 것으로 보는 반면, Shi Shenghan은 그보다 훨씬 이전인 140년대의 저술로 본다. 그러나 최식이 이 책을 저술할 당시 낙양에 거주했다는 점에 대해서는 두 학자의 견해가 일치한다. 따라서 《사민월령》은 당시 수도권의 경제 상황을 반영하는 책으로 간주할 수 있다. Amano 1967: 363-64 참조.
43 *ZhL*: 48(上家累巨億之貲, 斥地侔封君之土, … 故下戶踦嶇, 無所跱足, 乃父子低首, 奴事富人.《政論》).

〔그림 4-1〕 내몽골 호린게르(和林格爾) 지역의 농장, 한(漢)

는 자체 방앗간을 이용해 밀가루를 만들고, 비단이나 삼베 같은 천을 짜며, 초와 염료도 제작한다. 농사일이나 술 빚는 일은 믿을 만한 사람을 임명해 감독하게 한다. 이 책에는 여성이 감당해야 하는 여러 가지 일도 언급되어 있다. 뽕나무 밭을 돌보고, 비단실을 자아 비단을 짜고 옷을 짓는 일 등이다. 최식이 설명하는 농장의 일들은 여러 가지 면에서 그 당시에 조성된 무덤(기원후 145~180년으로 추정) 벽화의 장면과 닮아 있다. 그 무덤에는 오르도스(Ordos) 지역, 그러니까 지도를 보면 황하가 크게 굽어 흐르는 지역의 농장 모습이 그려져 있다(그림 4-1). 그림에는 농장의 주택과 함께 마구간, 양과 돼지와 닭을 가둔 울타리, 괭이를 들고 밭에서 일하는 농부 등이 등장한다. 오른쪽 상단에서 농부들은 소 여러 마리를 한꺼번에 매어 끄는 쟁기로 밭을 갈고 있고, 왼쪽 상단에서 여인들이 뽕잎을 따고 있다. 왼쪽 하단에 있는 세 개의 네모는 연못을 그린 것인데, 대마 줄기를 부드럽게 하려고 흠뻑 적셔둔 장면이다. 이 무덤 안의 다른 벽화에는 창고와 곡식의 껍데기를 벗기는 도리깨, 수확한 농작물을 운반하는 소가 끄는 수레, 술을 빚는 장면 등이 등장한다.[44]

최식(崔寔)의 농장 규모가 어느 정도였는지, 그의 농장에서 일하는 노동자의 신분이 어떠했는지를 짐작할 수 있는 단서는 그의 책에 나와 있지 않다. 그가 농장 일을 소작농에게 맡겼다고 보는 사람도 있고, 임금 노동자를 고용했다는 견해도 있으며, 둘 다 있었다고 보기도 한다. 빈민의 예속적 상황에 대해 신랄히 비판한 《정론》의 내용을 감안하면, 최식이 스스로 농장 일에 노예를 부렸을 것 같지는 않다. 최식은 지주가 직접 농장 운영에 주의를 기울여야 한다고 했지만, 관리인에게 일을 맡겨 농사일이나 술 빚는 일을 감독한다는 정도였다. 최식 수하의 농부들이 소작농이었는지 임금 노동자였는지는 알 수 없지만, 최식은 가부장적 농장주로서 그들과 집안일을 돌보는 노동자를 어느 정도는 직접 통솔했을 것이다.

《사민월령》은, 이런 부류의 글이 언제나 그러하듯이, 절약과 임기응변의 미덕을 역설하고 있다. 최식(崔寔)은 어쨌든 자급자족이 가능한 농장을 구상했다. 집안의 수요를 감당하고 추가 수입까지 올리려면 각종 물품을 어느 시점에 구입하는 것이 좋을지도 구체적으로 설명했다. 농장에서는 술을 빚어 파는 일 이외에도 기장, 콩, 참깨, 다양한 비단 제품을 팔아서 수입을 얻고, 그 수입으로 밀, 밀기울, 찹쌀, 삼베, 옷, 숯 등을

---

44 Wang Zhongshu 1982: 60.

산다. 이러한 물품들은 대부분 개월 단위로 사야 할 시점과 팔아야 할 시점이 있다. 시기별 가격 변동에 따른 이득을 취하기 위해서다. 적절하게 시장의 기회를 추구하는 것이 최식이 말한 검소와 자급자족의 미덕에 어긋나는 일은 아니었다.

최식(崔寔)의 시대에 중앙 정부는 지역 사회에 대한 실질적 통제력을 급격히 상실해가는 중이었다. 당파 싸움에 밀려 도성에서 은퇴한 최식 같은 인물들이 지역 공동체에서 다시 자신의 자리를 구축했다. 사회 질서가 무너지고 그에 따라 폭력이 난무하는 상황이 이미 《사민월령》에서도 드러나고 있었다. 《사민월령》에서 최식은 지주들에게 무기를 보유하고 농장을 둘러 성벽을 설치하여 유지 보수를 잘할 것과, 정기적으로 군사 훈련을 실시할 것을 권장했다. 기원후 184년 황건적(黃巾賊)의 반란으로 한(漢) 제국이 산산이 무너진 뒤 사적인 세력이 공권력을 완전히 대체했다. 지방 호족은 친인척과 소작농, 이웃 중에서 군인을 소집하여 반란군으로부터 가문과 농장을 지켜야 했다. 소작농이나 임금 노동자는 지방 호족에게 신변 보장을 의뢰해야 하는 처지에서 예속 신분으로 전락했다. 기원후 220년 마침내 한 제국이 멸망한 뒤 호족 가문의 이합집산이 이어져 긴밀한 귀족 계층이 형성되었고, 전적으로 혈통에 기초한 영지 중심의 질서가 출현하게 되었다.

인구 변화의 경향성

한(漢) 제국의 역사가 반고(班固)는 무제(武帝)가 일으킨 전쟁과 혼돈이 자연재해와 겹치면서 제국의 인구가 절반으로 줄었다고 거듭 주장했다. 현대의 학자들도 반고의 추산에 따르는 경향이 있는데, 무제 당시에 인구가 4400만~5000만에서 2200만~2500만으로 줄었다고 주장하기도 한다.[45] 무제 치하의 인구 감소에 대해 지적하는 고위 관료들의 글이 있기는 하지만, 그 정도로 급격한 인구 감소는 현실적으로 불가능하다. 이후 서한(西漢)의 마지막 한 세기 동안은 인구가 서서히 증가했다. 현존하는 가장 오래된 국가 인구 조사에 해당하는 기원후 2년 후한(後漢)의 조사에 의하면, 총 1220만 가구에 인구는 5960만 명이었다. 그다음의 인구 조사는 기원후 57년에 실시되었는데, 총인구가 불과 2100만 명이었다. 이는 왕망(王莽)의 통치 때 있었던 큰 혼란과 대규모 인구 손실을 반영하고 있다. 그리고 아마도 통계에서 누락된 인원도 많았을 것이다. 기원후 105년에 이르러 인구 5300만을 회복했고, 이후 이 상태가 안정적으로 유지되었다. 한 제국의 마지막 인구 조사는 기원후 157년에 실시되었으며, 총 1070만 가구에 인구 5600만 명이었다.

기원후 2년의 인구 조사에 따르면, 한(漢) 제국 인구의 절반가량이 중원(中原) 지역에 거주했다. 이곳의 인구 밀도는 장안(長安)을 비롯한 제국 내 다른 어느 지역보다도 높았다(표 4-1, 지도 4-1). 동한(東漢) 시기 수도를 낙양(洛陽)으로 옮긴 뒤에도 중원 지역에 더욱더 인구가 집중되었다. 동한 시기 인구가 가장 크게 성장한 지역은 낙양 남쪽의 남양(南陽)과 양자강 하류의 강남(江南)이었다. 그럼에도 불구하고 남부의 인구는 북부에 비하면 훨씬 적었다.

최근에 발굴된 고문서 자료들 덕분에, 우리는 한(漢) 제국의 인구에 대해 훨씬 더 자세한 정보를 얻을 수 있었다. 그러나 동시에 인구 통계

---

45 Higo 1990: 119-22, 129; Ge Jianxiong 2000: 375-95.

지역	인구(기원후 2년)	km²당 인구수
1. 수도권 지역(三輔)	2,436,360	45.1
2. 중원 지역	26,201,340	70.4
3. 남양 지역	9,266,019	43.0
4. 양자강 하류 지역	5,333,272	13.2
5. 사천 지역	3,105,848	8.4
6. 양자강 중류 지역	1,697,172	3.5
7. 북부 변경 지역	6,740,746	6.6
8. 남부 변경 지역	2,514,518	2.6

[표 4-1] 한(漢) 제국의 지역별 인구 밀도, 기원후 2년

의 정확성에 대한 의문도 그만큼 더 커졌다. 예를 들면 남군(南郡, 오늘날 호북성 강릉江陵) 서향(西鄉)의 기원전 139년 인구 등록 자료가 있는데, 중앙 정부에 보고하는 항목 중 인구 변화 항목이 간략하게나마 포함되어 있다(표 4-2). 또한 이 자료에서는 남성, 특히 성인 남성의 통계 수치에서 누락이 확연하게 나타난다. 분명 병역 회피 때문에 나타난 현상일 것이다. 가구당 구성원 수가 적게 나타난 것(일반적으로 4.8~5.2명이지만 여기서는 3.7명)은 등재를 회피한 남성들이 많았기 때문이다.

이와 비슷하게 남성 인구가 누락된 인구 조사 보고가 또 있다. 기원후 230년대 장사(長沙, 호남성)에서 실시된 조사 자료다. 〈주마루간독(走馬樓簡牘)〉이라고 하는 이 자료에는 거의 500가구(戶)가 등록되어 있는데, 모두 오(吳)나라에 속하는 하나의 현에서 등록한 자료다. 당시 오나라는 한(漢) 제국의 재정(財政) 시스템을 그대로 사용하고 있었다.[46] 전체 인구 성비는 남성 107명 대 여성 100명으로, 우리가 예측할 수 있는

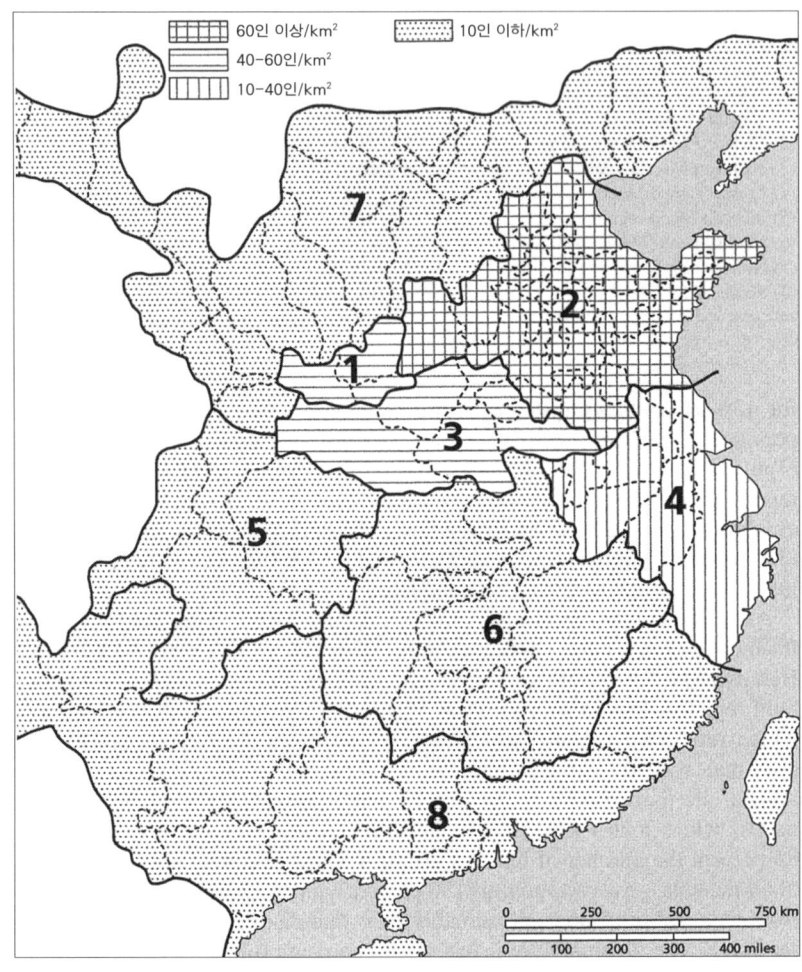

[지도 4-1] 한(漢) 제국의 지역별 인구 밀도, 기원후 2년

가구 수	1,196	
신규 추가 가구	70	
폐지 가구	35	
가구 순증가	*45	
성인 남성	991	전체 남성 2,036
소년	1,045	
성인 여성	1,695	전체 여성 2,337
소녀	642	
인구 총계	4,373	연간 순증가 0.99%
신규 추가 인구	86	
소멸 인구	43	
순증가	43	

* 착오가 명백하므로 35로 이해해야 한다.

〔표 4-2〕 서향(西鄕)의 등록 가구 수와 인구수, 기원전 139년

전근대 인구 구성비에서 크게 벗어나지 않는다. 그러나 14세 이하만 보자면 여성이 남성의 3분의 2인 반면, 20~59세(병역 대상 연령)에서는 남성이 여성의 88퍼센트에 불과하다(표 4-3). 게다가 전체 인구에서 육체적으로 건강 문제가 있는 비중이 10퍼센트이고 그중 80퍼센트가 남성이었는데, 아마도 신체장애는 노역 면제 요건이었을 것이다.[47] 〈주마루간독〉에는 60세 이상 인구가 이상하리만치 많다. 삼국 시대(三國時代) 내전의 혼돈 속에서 실시된 신생국 오(吳)나라의 인구 조사 능력에 비하면 한

---

46 〈주마루간독((走馬樓簡牘)〉에 관한 가장 종합적인 연구(그때까지 출토된 자료, 즉 최초 출토 고문서 세 묶음에 한정된다)는 Yu Zhenbo 2004b.
47 같은 책: 134-41. 신체장애 범주의 정확한 의미는 불분명하다.

연령	남성	여성	성비	합계	전체 대비(%)
6세 이하	229	182	126:100	411	16.5
7-14세	298	170	175:100	468	18.7
15-19세	88	83	106:100	171	6.8
20-29세	194	212	92:100	406	16.3
30-39세	180	229	79:100	409	16.4
40-49세	84	110	76:100	194	7.8
50-59세	88	81	109:100	169	6.8
60-69세	72	83	87:100	155	6.2
70세 이상	57	59	97:100	116	4.6
합계	1,290	1,209	107:100	2,499	100.0

[표 4-3] 〈주마루간독(走馬樓簡牘)〉 등록 인구수, 235년경

(漢) 제국의 재정(財政) 능력이 훨씬 신뢰할 만하다.

일부 인구사 연구 성과에 의하면, 한(漢) 제국의 인구 조사에서도 상당한 왜곡 현상이 보인다. 이는 당시 인구 조사 통계의 신뢰성에 문제를 제기하는 것이다.[48] 그러나 신규 발굴 자료들을 종합해서 볼 때, 한 제국의 인구 및 가구 등록은 상당히 정확했던 것 같다. 물론 성인 및 노년층 남성의 나이가 조작되는 경우는 있었다. 병역이나 노역을 회피한다든지, 나이 덕분에 받는 모종의 혜택을 기대했던 것 같다. 이러한 정도의 왜곡을 감안한다면 한 제국의 인구 구성 통계는 신생국이었던 중화인민

---

48 예를 들면 Gao Dalun 1998. 이러한 비판에 대한 반론은 Ge Jianxiong 2000: 323-27 참조.

단위: 퍼센트

	남군(南郡) (기원전 139년)	동해군(東海郡) (기원전 13년)	장사(長沙) (235년경)	1953년 인구 조사
6세 이하		18.8	16.5	20.6
14세 이하	44.0*		35.2	36.3
15-59세	(51.7)*		54.0	56.4
60세 이상	2.14** (4.3)		10.8	9.6
60-70세			6.2	7.3
70세 이상			4.6	2.3
80세 이상		2.43		0.34

* 남군 자료에는 "성년(大)"과 "미성년(小)"으로만 구분이 되어 있다. 남성의 경우 20세까지를 소남(小男)이라 했던 것 같고, 여성의 경우 15-20세도 대녀(大女)에 포함시켰던 것으로 추정된다.
** 자료에 남성 인구 수치만 존재하는 경우, 괄호 안의 수치는 60세 이상 남녀 인구 전체. 남성 인구를 2배로 계산하여 추정한 값이다.

[표 4-4] 한(漢) 제국 인구의 연령 분포

공화국에서 1953년 최초로 실시한 인구 조사에서 나타난 농촌의 인구 구성과 놀랍도록 일치하고 있다(표 4-4).

상거래, 도시, 대외 무역

진한(秦漢) 제국의 수립과 함께 국가 차원에서 필요로 하는 물품의 수요가 폭증했다. 한(漢) 제국의 정부 편제에는 수많은 물품 생산 부서가 포함되어 있었다(그중 핵심은 상방尙方이었다). 또한 지방관에게 제조나 조달품 구매를 할당했는데, 그 대상은 무기부터 옷감과 천, 청동기, 금을 비롯한 금속기, 함선, 칠기, 부장품, 기타 잡다한 수공업 제품까지 다양했다. 그 이전에 진(晉)의 후계 3국(趙, 魏, 韓)도 이미 국영 직물 작업장을 운영한 바 있었다. 세 나라 모두 산동(山東)의 임치(臨淄)에 공장을 설립했고, 각각의 공장에서는 노동자 수천 명이 왕실을 위해 고품질의 비단을 생산했다.[49] 서한(西漢) 시기에 소금과 철의 생산 및 판매를 독점하게 되면서 물품 생산과 거래에 미치는 국가의 영향이 더욱 강화되었다. 국영 공장에서 일하는 노동자는 대다수가 노역에 징발된 백성이거나 죄수였다. 소수의 장인이 이들을 감독하며 작업을 수행했다. 기원전 44년 정부 관료인 공우(貢禹)는 왕실의 지나친 낭비를 혹독하게 비판하면서, 정부가 공장, 조폐장, 광산 등지에 고용하고 있는 죄수가 10만 명이 넘는다고 지적했다.[50]

국가의 개입이 제철 산업만큼 강력했던 분야는 없을 것이다.[51] 제철 기술은 전국(戰國) 시대 말기에 고도화 단계에 접어들었다. 당시에 이미 풍로(風爐, blast furnaces)를 이용한 주철(鑄鐵, cast iron) 제작이 이루어졌다. 한(漢) 제국 시기 제철 작업은 두 가지였다. 하나는 풍로로 철광석을 녹여 철을 추출하는 작업, 다른 하나는 주물 공장에서 철을 재처리하는 작업이었다. 주물 공장에서는 철을 돔 모양의 용광로에 넣고 녹여서 무기나 농기구를 만들거나, 노상(爐床)에서 녹여 연철(鍊鐵, wrought iron)을 만들기도 했다. 기원전 119년에 철의 국가 독점 정책이 실시되자, 국가 주도의 제철 산업이 더욱 확고해졌다. 기원후 2년의 조사 목록에는

---

49 처음에는 세 나라가 각기 다른 도시에서 공장을 운영한 것으로 문헌을 해석했다(예를 들면 Satō 1962: 145-47). 그러나 최근에는 세 개의 공장이 모두 임치(臨淄)에 있었다고 보는 학자들이 더 많다. Wang Zijin 2005 참조.
50 한(漢) 제국이 물품 생산에서 노역과 죄수 노동력을 과도하게 사용한 문제에 대해서는 Barbieri-Low 2007: 212-56 참조. 공우(貢禹)가 추정한 수치에 관해서는 같은 책: 220 참조.
51 이어지는 제철 산업 독점 관련 내용은 Wagner 2001, 2008: 171-248을 요약한 것이다.

지방 소재 철 독점 관리 사무소 48곳이 등록되어 있으며, 대개 산동(山東) 지역, 강소(江蘇) 북부 지역, 하북(河北)과 산서(山西) 경계 주변, 그리고 산서(山西) 남부 지역에 분포했다(지도 3-2 참조). 국영 제철 공장은 대체로 광산이 아니라 도시 근처에 위치했는데, 이는 생산 비용보다 생산 관리가 우선적 고려 사항이었음을 알려준다. 국가는 예전의 상인과 장인 가운데 감독관과 작업 지도 인력을 모집했을 것이다. 그러나 비숙련 노동은 죄수에게 맡겨졌다.

철의 독점 정책이 시행되는 동안 소규모 연철로 기술(bloomery furnace, 유럽에서 12세기 전까지 철을 녹이는 기술은 오직 이 방식뿐이었다)은 완전히 사라졌던 것 같다. 동한(東漢) 시기, 철의 독점 정책을 폐지한 기원후 88년 이후에도 철은 여전히 대규모 용광로를 갖춘 대규모 작업장에서만 생산되었다. 용광로 기술도 기술이지만, 국가 독점으로 형성된 규모의 경제에서 연철로 방식은 경제적으로 쓸모없는 기술이 되어버렸던 것이다. 이후 송(宋)나라 때에 이르러 소규모 제철 산업이 다시 출현했지만, 그들도 연철로가 아니라 소규모 용광로를 사용했다.

동한(東漢) 정부는 점차 정부 감독 아래 이루어지는 물품 생산 방식보다 사적으로 물건을 만드는 장인이나 상인으로부터 물품을 조달하는 방식, 혹은 그들로부터 직접 세금 대신 물품을 거두는 방식으로 이끌려 갔다.[52] 한(漢) 제국 정부 직영 작업장에서 (발명까지는 아니더라도) 성취한 가장 주목할 만한 기술은 바로 제지술이었다. 기원후 105년 채륜(蔡倫)의 지휘 아래 상방(尚方)에서 품질이 우수한 종이를 만들어 황제에게

---

52 Yamada 1998: 726.

바쳤다고 한다. 채륜의 종이가 워낙 유명했고 많은 곳에서 이를 모방했다고는 하지만, 채륜 또한 기존에 이미 존재하던 제지 기술을 개선하는 정도였던 것 같다.[53] 한 제국 당시에 제작된 칠기나 청동 거울에는 제품을 만든 장인의 이름뿐만 아니라 상방(尙方)이라는 국영 작업장의 명칭이 새겨져 있다. 이는 시장에서 황실 제품이라는 상표와 같은 역할을 했다(개인이 무단으로 이를 도용하는 경우도 흔했다).[54]

한(漢) 제국 초기 산업 생산에서 국가의 비중이 컸지만 민간의 생산 또한 번성했다. 특히 문제(文帝)의 자유방임 정책 때 더욱 그랬다. 상홍양(桑弘羊)은 상인 가문 태생으로, 상인들의 사업 운영 능력을 칭송했다. "물건을 이곳저곳으로 가지고 다니면서 이익과 손해를 따져보고, 가격이 높고 낮은 차이를 이용하여 이익을 남긴다."[55] 역사가 사마천(司馬遷)은 여러 분야에 걸쳐 민간 기업을 언급했다. 그중에는 술, 음식, 가죽, 비단, 염색, 목재, 그릇, 청동기, 수레, 칠기 등이 포함되어 있었다. 사마천의 언급에서 이러한 사기업의 규모 또한 엿볼 수 있다. 사마천에 의하면 농부나 중개인이나 장인은 1년에 1만 전(錢)을 투자하면 2000전의 수익을 올릴 수 있는데, 상인도 이들처럼 연간 100만 전을 투자하여 20만 전의 수익을 올릴 수 있다. 이는 "세습 제후와 같은 정도의 소득"이었다.

---

53 Tsíen 1985: 38-41. 가장 오래된 종이 유물은 기원전 2~1세기까지 연대가 올라간다. 그러나 문자를 기록하는 도구로 사용된 종이 파편 중 가장 오래된 것은 채륜의 시대와 같다. 같은 책 참조.
54 Barbieri-Low 2007: 142-52.
55 Chapter 17, "Pinfu", in *YTL*, 1: 220(運之六寸, 轉之息耗, 取之貴賤之間耳!《鹽鐵論: 貧富》).

당시의 거상(巨商)을 언급하면서 사마천이 특히 지목한 업종은 제철, 소금, 생선 등이었고, 이들의 재산 규모는 2000만 전에서 심지어 1억 전 이상까지 다양했다.[56] 그러나 이런 정도의 재산이라 할지라도 동한(東漢)의 대부호들에 비하면 별것 아니었는데, 대부호의 재산은 수십억 전에 달했다.[57]

사마천이 거명한 기업들은 모두 가족 기업이었다. 앞서 제3장에서 언급한 장언(張偃) 같은 사람을 우두머리로 하는 행상에 대해서는 남아 있는 자료가 거의 없다. 한(漢) 제국 당시의 문헌 자료에서 "자본금을 모은" 경우는 공동으로 선박이나 짐 싣는 동물을 구입하는 경우에 국한될 뿐 위험을 공유하는 투자 개념은 없었다. 그런데 기원후 27년 상거래 관련 논란을 담고 있는 희귀한 소송 문서가 발굴되었는데, 여기에는 위탁 거래를 담당하는 대리인이 등장한다. 국경 지역의 군사 주둔지 거연(居延)에서 후속군(候粟君)이라는 어떤 관리가 구은(寇恩)이라는 전문 상인에게 거래를 위탁했다. 물고기 5000마리를 녹득현(觻得縣)에 가서 팔아 달라는 내용이었다. 후속군은 구은에게 위탁 비용을 지불하려고 다른 지방관 두 명으로부터 곡식과 소 두 마리를 받았다. 그런데 구은이 위탁의 대가로 후속관에게 받은 것은 소 한 마리와 곡식 27석(石)이었다. 구은은 물고기를 다 팔면 후속군에게 40만 전(錢)을 주기로 했다. 그런데 장사가 잘 되지 않아서, 구은은 가지고 간 소 한 마리도 함께 팔아서 32만 전을 지불했다. 이에 불만을 품은 후속군은 소송을 제기해, 애초 약속

---

56 *SJ* 129.3271-74(《史記: 貨殖列傳》); 번역은 Sima Qian 1993: 447-50 참조.
57 Yamada 2000: 210.

한 금액 전부와 더불어 소 한 마리 값까지 물어내라고 요구했다. 그런데 재판관이 조사를 해보니, 후속군은 이미 구은이 거연으로 돌아올 때 가져온 여러 가지 물품과 고기와 보리(합계 2만 4600전 상당)를 가져갔음이 드러났다. 게다가 후속군은 구은의 아들에게 100일간 (물고기 잡는) 일을 시키고도 임금을 지불하지 않았는데, 이것도 8만 전에 상당했다. 논란의 핵심은 구은이 대가를 받고 일을 해주는 용역 노동자인지, 아니면 후속군과의 지불 계약을 이행해야 하는 독립 계약자인지를 판단하는 일이었다. 재판관은 후속군의 소송 제기가 전혀 이유 없다고 판단했고, 곧이어 그를 관직에서 파면했다. 그러나 파면이 법에 따라 이루어진 것인지, 아니면 관리로서의 품위를 제대로 지키지 못했기 때문인지는 알 수 없다.[58]

구은(寇恩)의 소송 건을 비롯해 다른 거연(居延) 출토 고문서들을 통해, 국경 지역에 근무하던 관리들이 사적으로 거래에 참여하곤 했음을 알 수 있다. 후속군(候粟君)과 다른 관리 두 명의 관계는 불분명하다. 이들은 자유의사에 따른 동업자 관계가 아니라, 모종의 강요에 의해 투자

---

58 이 내용은 Kong Xiangjun 2012에 따른 것이다. 그는 거연(居延)에서 출토된 소송 관련 고문서(진술서와 판결문)들에 대해 새로운 관점과 보다 설득력 있는 해석을 제시하고 있다. 후속군(候粟君)과 구은(寇恩)의 소송 건은 Scogin 1990: 1362-65; Helen Wang 2004: 52-53에서도 연구된 바 있다. Ding Bangyou(2009: 318-19)는 이 건에서 물고기 한 마리당 80전(錢)으로 계약한 것은 다른 거연 문서에 기록된 일반적인 물고기 가격(10전, 혹은 그 이하)보다 지나치게 높다는 사실에 주목했다. 그러나 단지 물고기뿐만 아니라 이 건에 등장하는 물가가 전반적으로 매우 높게 나타나는데, 이는 왕망(王莽)의 극단적 화폐 개혁 정책 때문에 발생한 극심한 인플레이션을 반영하고 있다. 당시 여러 가지 지역 화폐가 발행되었고, 기준 이하의 화폐도 많았는데, 국경 지역에서는 이러한 화폐들이 모두 유통되고 있었다. Helen Wang 2004: 48-49 참조.

비를 제공했던 것 같다. 물론 관청을 상대하는 다른 상인들도 구은처럼 위탁 거래를 기꺼이 맡았을 것이다. 구은의 주소는 거연에서 한참 떨어진 하남(河南)의 영천(潁川)이었다. 이들의 임무는 물품을 멀리 떨어진 시장으로 운송하여 판매하는 일이었다. 계약에 따라 지불 조건은 다양했지만, 거연 고문서에서는 신용 거래 관행(세매貰買, 또는 세매貰賣)도 흔히 언급되고 있다.[59]

구은(寇恩)의 소송 건에서 보듯이, 구은과 그의 아들은 임금에 대한 대가로 노동력을 제공했다. 이는 한(漢) 제국 시기의 일반적 관행이었다. 최식(崔寔)의 증언에 따르면, 지방 관리가 "거느린 노비가 없는 경우" 비용을 지불하고 하인을 고용해야 했는데, 그가 먹는 곡식은 별도로 하더라도 "월급 1000전(錢)에다 사료와 고기를 사는 데 500전, 난방 연료(숯)와 소금과 채소를 사는 데 또 500전을 써야" 했다.[60] 관료도 그랬지만 고용된 노동자도 급여의 절반은 돈으로, 절반은 곡식으로 받았다. 이러한 노동자는 대부분 일(日) 혹은 월(月) 단위로 고용되었지만, 기간을 정해서 계약을 하는 경우도 있었다(이를 보역保役이라 하는데, 기간은 사례별로 1년에서 15년까지 다양하게 나타난다).[61]

야마다 가츠요시(山田勝芳)의 주장에 따르면, 동한(東漢) 시기에 대

---

59 거연(居延) 고문서의 해당 사례는 Xu Yueyao 1989: 55-56; Sumiya 1994; Helen Wang 2004: 53-54 참조. 한(漢) 제국 시기의 토지와 물품 및 기타 거래 계약에 관해서는 Scogin 1990 참조.
60 *ZhL*: 41(假令無奴, 當復取客. 客庸一月千, 芻膏肉五百, 薪炭鹽菜又五百. 《政論》).
61 Satō 1962: 287-90. 보(保, 혹은 葆)를 정기 계약 노동자를 지칭하는 어휘로 해석하는 근거에 대해서는 Qiu Xigui 1979: 109-10 참조.

규모 국영 공장이 쇠락할 무렵, 장인은 호족(豪族)을 위한 사치품 생산 쪽으로 넘어갔다. 장인이 개인적으로 갈수록 더 후원자에게 의존하는 상황이 벌어졌다는 것이 야마다의 주장이다. 그러나 이러한 주장의 근거는 그리 풍부하지 않다. 게다가 다른 학자들은 동한 시기 상업과 수공업 생산이 쇠락했다는 점을 들어 야마다의 주장에 의문을 제기하고 있다.[62] 왕실 직영 작업장이 흔들리면서 물품 생산에서 여성의 지위 또한 축소되었을 것이다. 국영 직물 생산 공장이나 칠기 작업장에는 여성 인력이 많았겠지만, 이들이 사적으로 고용될 기회는 별로 없었을 것이다.[63] 노동 임금에 관한 자료는 그렇게 많지 않지만, 그럼에도 불구하고 동한 시기 임금 노동자의 지위가 하락했다는 야마다의 주장과는 일치하지 않는다. 일반적으로 말하자면 동한 시기 곡물 가격(1곡斛에 150~200전錢)은 서한(西漢) 시기(1곡에 80~110전)와 비교했을 때 약 2배로 올랐다. 이에 비해 월 노임은 최소한 3배 이상 오른 것으로 확인된다.[64] 이처럼 실질 임금이 상승 기조를 보인 것은 동한 시기 임금 노동자의 사회 및 경제적 지위가 더 높아진 동시에 예속 노동자가 사라졌음을 알려주는 근거가 된다.[65]

62 Yamada 1998. Gao Min(1989)은 야마다의 가설에 반대하는 입장이며, Kakinuma (2011) 또한 야마다의 주장을 받아들이지 않는다.
63 한(漢) 제국 시기 여성 노동자에 관해서는 Barbieri-Low 2007: 107-14 참조. 진한(秦漢) 시기 제작된 칠기에 여성과 아이의 이름이 매우 많다는 사실에 주목한 연구다.
64 곡물 가격에 대해서는 Ding Bangyou 2009: 10-11, 162-89; Yu Yaohua 2000: 235-57 참조. 노임에 대해서는 Shi Yang 2012 참조. 한(漢) 제국 시기 1곡(斛)은 약 20리터 정도였다.
65 Shi Yang 2012. 이 연구는 동한(東漢) 시기 명목 임금이 높았다는 점만 언급할 뿐, 가격

이윤을 취하기 위해 금전을 대출하는 이른바 대식(貸殖, 여기서 식殖은 동물이 새끼를 낳는 생식生殖에서 파생된 말)의 관행은 전국(戰國) 시대에 분명하게 나타난다.[66] 한(漢) 제국 시기에도 신용을 관장하는 기관은 존재하지 않았다. 그러나 빚이나 빚에 팔려 가는 일들이 비록 불법일지라도 흔히 언급되는 것을 보면, 금전 대출은 한 제국 시기 국가 경제에서 중요한 요소로 작동했던 것 같다. 환담(桓譚, 기원전 43?~기원후 28)이라는 학자는 왕망(王莽)의 개혁에 크게 공감했던 인물인데, 고리대금 때문에 나라가 망한다고 탄식했다. "오늘날 부유한 상인은 막대한 토지와 돈을 가지고 대출을 한다. 중가(中家)의 자제들은 그들이 시키는 대로 일을 하는데, 바쁘기가 그 집 노비들보다 더하다. 부유한 상인들이 거두어들이는 수익은 세습 제후에 못지않다."[67] 앞서 왕효연(王孝淵)의 사례에서 보듯이, 호족이 토지를 불리는 결정적인 수단이 저당권부 대출(質)이었다. 왕망의 개혁으로 대출을 통제하는 제도가 마련되었다. 가난한 농민의 장례 비용은 정부에서 낮은 이율, 즉 매월 3퍼센트에 연이율 10퍼센트 이하로 대출해주었다. 아마도 이 정도 이율은 당시 시장 이율보다 크게 낮았을 것이다. 그러나 한(漢) 제국 시기의 수학 책에도, 단기 계약(1개월 혹은 그 이하)이기는 하지만 월 이자를 3퍼센트로 계산하는 문제가 있다.[68]

변동에 따른 실질 임금의 변화는 언급하지 않았다. 그러나 곡물 가격과의 비교에서 보듯이, 다른 가격 데이터들은 실질 임금이 상승했다는 가설을 뒷받침하고 있다.
66 Ymada 2000: 245.
67 *HHS* 28A: 1014-15(今富商大賈, 多放錢貨, 中家子弟, 爲之保役, 趨走與臣僕等勤, 收稅與封君比入…《後漢書: 桓譚馮衍列傳上》).

우쓰노미야 기요요시(宇都宮清吉)는 인구 3만~10만 규모의 서한(西漢) 시기 주요 도시 20개 이상을 밝혀낸 바 있다(지도 4-2).[69] 이들 도시는 대부분 중원 지역에 집중되어 있었고, 단 두 곳만 양자강 이남에 있었다. 진(秦) 제국이 그랬듯이, 한(漢) 제국도 시장을 엄격히 통제했다. 여러 정부 기관에 걸쳐 시장을 감독하는 관리들이 있었다.[70] 시장을 둘러싸고 장벽과 대문이 있었다. 특정 물품을 취급하는 상점들은 같은 거리에 한 줄로 늘어서 있었다. 시장 가운데에는 높은 감시탑을 세워두고, 관리들은 그 위에서 시장 대문을 열 때와 닫을 때 커다란 북을 쳐 시간을 알렸다(그림 4-2). 앞서 제3장에서 언급한 바와 같이, 한 제국은 상인을 명부에 등록해 일반인과 구분했고, 상인이 토지를 소유하거나 관직을 가질 수 없도록 제한했다. 무제(武帝)는 이 등록 명부를 근거로 상인에게 고유의 세금을 부과했으며, 이들을 징발하여 국경 주둔지에서 군사 복무를 하도록 했다.

이러한 제재 조치, 즉 국가의 시장 통제 시스템이 상거래 시장을 어느 정도까지 억제했는지 명확히 규정하기는 어렵다. 그러나 소금과 철의 독점 정책 시행으로 상인들의 가장 유리한 수익 원천을 빼앗은 것만큼은 분명한 사실이다. 게다가 고고학적 발굴 결과를 볼 때, 한(漢) 제국 시기 동안 도시의 규모도 줄어들었다.[71] 또한 이전 시대에 비하여 도

---

68 Ye Yuying 2005: 42-43에서는 한(漢) 제국의 관리들이 고리대금을 성공적으로 억제했다고 주장한다.
69 Utsunomiya 1955: 112-17.
70 정부의 시장 감시 문제에 관해서는 Xu Yueyao 1989; Sahara 2002a: 281-323 참조.
71 수도 장안(長安)을 제외하면 사실상 한(漢) 제국의 모든 도시의 규모가 뚜렷하게 줄어들

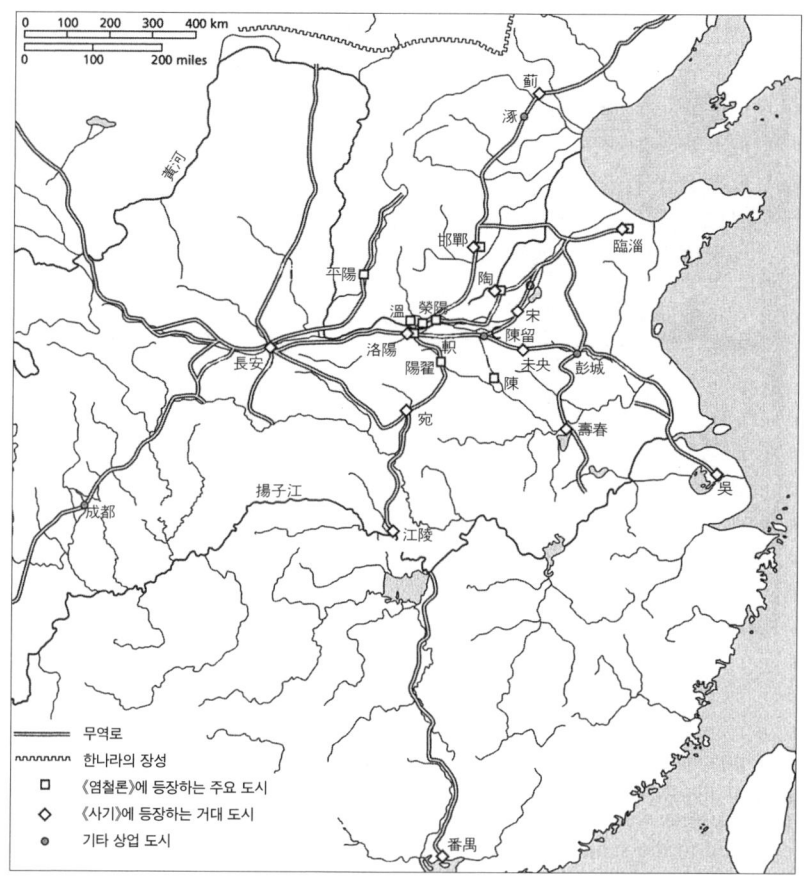

[지도 4-2] 한(漢) 제국 시기 상업 중심지

었다. Emura 2005: 265; Pirazzoli-t'Serstevens 2010: 185 참조. Sahara(2002a: 30-31)는 이 시대 도시들은 상업적 성격보다 군사적 성격이 더욱 강했다고 보는데, 한 제국 시기 도시 인구의 감소는 대규모 군대의 주둔 필요성이 줄어들었기 때문이지 상거래 축소 때문이 아니라고 주장한다.

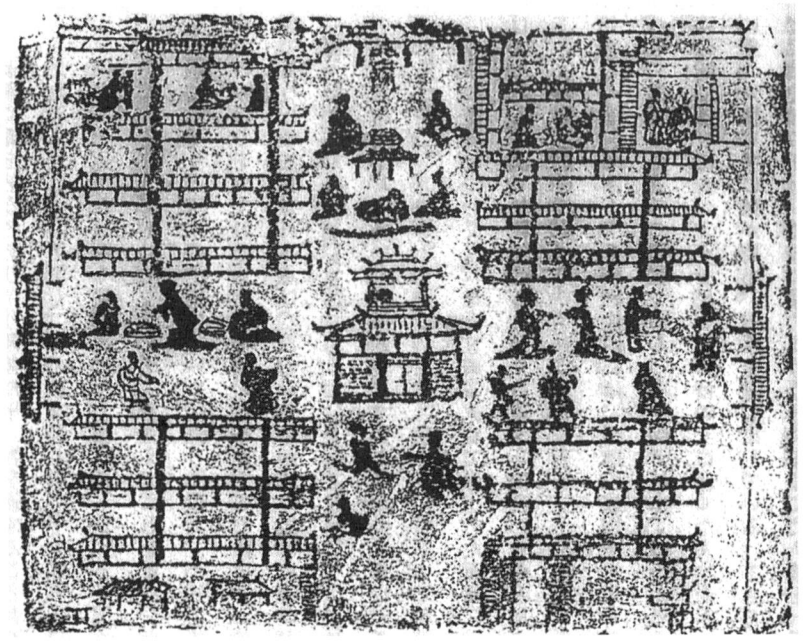

〔그림 4-2〕 성도(成都) 출토 무덤 벽화, 부조, 후한(後漢)

시 인구가 시골로 유입된 흔적들도 이 문제와 관련이 있는데, 결과적으로 소규모 마을 공동체가 더 많아졌다.[72] 무제(武帝) 시기 재정(財政) 정책의 궁극적 목적이 상업에서 농업으로 자본과 투자를 이동시키는 것이라는 주장들이 있었다.[73] 야마다 가츠요시는 무제의 개입 정책으로 화폐 주조가 줄어든 것이 상거래를 교란시켰고, 왕망(王莽)이 화폐 개혁을 실

---

72 Underhill et al. 2008: 21-24.
73 Yamada 1993: 238; Emura 2005: 264-71.

시하기 이전에 이미 시장이 혼란 상태에 있었다고 주장했다. 왕망의 개혁 실패로 오수전(五銖錢)이 유통 시장에서 철수했고, 화폐로 사용되던 금도 함께 사라져버렸다. 동한(東漢) 시기에 질 낮은 위조 화폐가 만연하고 세금도 곡식과 비단으로 납부하게 된 것은 도시 및 상업 경제가 지속적으로 쇠락한 결과를 반영하고 있다.[74]

한편 다른 학자들은 무제(武帝) 이후 시기에 화폐 경제가 활성화되지 않았고, 오히려 상업 활동이 도시 중심에서 거꾸로 시골의 시장으로 회귀하는 경향을 보였다고 주장한다.[75] 왕부(王符, 78?~163)는 "천하에 100개의 군과 1000개의 현, 1만 개의 시장과 마을(시읍市邑)이 있다"라고 했는데, 이 구절은 동한(東漢) 중기 시골 전역에 시장이 산재했다는 근거로 흔히 인용된다.[76] 그러나 이러한 논지는 여전히 가부를 확인하기 어렵다.

---

74 Yamada 2000: 143-222. Miyazaki Ichisada(宮崎市定)와 Lao Gan의 입장을 좇아 야마다 가츠요시 또한 중국의 금은 대부분 중앙아시아 무역로를 거쳐 수입된 것이라는 입장이다. 같은 책: 133-35 참조. 그러나 외부에서 금이 수입되었다는 근거는 희박한 편이다.
75 Tada 1965; Shigechika 1990; Kamiya 1994.
76 Chapter 12, "Fuchi", in QL: 120(天下百郡千縣, 市邑万數, 类皆如此.《潛夫論: 浮侈》). Huang Jinyan(2005: 153)은 여기서 더 나아가, 모든 향(鄉)과 리(里) 단위에 시장이 있었고(서한은 7만 2000개 이상, 동한은 대략 4만 개), 이들 시장은 자율적으로 운영되었다고 주장한다. Sahara(2002a: 303-5)도 이와 비슷한 입장이다. 중국의 시골에서는 보편적으로 정기 시장이 열렸으며, 도시 시장에 적용되던 정부의 엄격한 규제가 시골 시장에도 그대로 적용되었다고 한다. 또한 정(亭)이라고 하는 시골의 치안 관서가 시장이 열리는 장소였다고 한다. 앞서 제3장에서 언급했듯이, 진(秦) 제국 시기 시정(市亭)이라는 어휘는 국영 물품 생산 작업장을 의미했다. Kamiya(1994)는 Sahara와 마찬가지로 정(亭)을 시골의 정기 시장이라고 결론지었다. 일반적으로 무제(武帝) 이후 상업이 쇠퇴했다고 보지만, Kamiya는 이와 달리 서한 후기 및 동한 시기에 시골의 시장이 확산되었고, 시골의 관리들이 시장 규제에 상당한 역할을 했다고 본다. 동한 시기 존재한 정(亭)의 개수(기원

시골의 시장이 어떻게 작동했는지 알려진 것은 거의 없지만, 토지 소유자들이 초과 농산물뿐만 아니라 수공업 물품을 일상적으로 판매했던 것만은 분명하다. 앞에서 보았듯 최식(崔寔)은 여러 가지 식재료를 비롯해 술과 옷감을 팔았고, 번중(樊重)은 자기 땅에 오동나무를 심어 칠기 제작자에게 원목을 제공했다. 대토지 소유자인 호족은 지역 경제에서 독점을 행사하는 경우가 많았다. 정치권과 연결된 호족이 경쟁 상품을 지역 내 상권으로 들어오지 못하게 하는 것을 고각(辜榷, 전매)이라 했는데, 기원전 1세기 말에 이를 고발하는 목소리가 터져 나왔다.[77] 동한(東漢) 시기 대토지 소유자들이 등장하자 경제 활동 지역의 획기적 변화가 더욱 가속화되었다. 상거래는 일상생활에서 여전히 활발하게 유지되었지만, 상품은 도시 내 상업 중심지보다 시골 지역의 시장으로 유통되었다.

한(漢) 제국 시기 국경을 넘어 모험에 나서는 상인은 거의 없었다. 플리니우스(Pliny the Elder, 기원후 23~79)는 중국의 비단을 사느라 로마 제국의 금이 유출된다고 자주 한탄했지만, 한 제국 시기 "비단길(실크로드)"이란 아직 신화적 개념에 불과했다. 이집트나 시리아 출신의 로마 제국 상인이 인도로 항해해 목화, 향신료, 보석뿐만 아니라 중국산 비단을 사들이기도 했지만, 중국으로 유입된 로마의 상품은 거의 없었다. 중국에 수입되는 물품은 대체로 서아시아나 인도의 이국적인 사치품, 즉 산호, 보석, 진주, 향료 등이었다. 카라반은 한 제국 멸망 이후인 기원후

후 153년 기준 1만 2442곳)는 왕부(王符)가 말한 시읍(市邑)의 개수와 비슷하다. 그래서 Kamiya는 시읍(市邑)이 도시 시장이 아니라 시골 시장을 일컫는다는 결론을 내렸다.
77 Kamiya 1994: 662-66.

3세기에 이르러서야 구성되기 시작했다. 비단, 옷감, 칠기, 청동 거울 등 중앙아시아 전역에 걸쳐 발견되는 한 제국의 물품은 무역보다 조공, 약탈, 선물 공여 등에 의한 것이었다.[78]

기원전 첫 천년기 유라시아 동부의 스텝 초원 지역에 유목민이 부상함으로써 중국의 북방 국경 지역은 환경 및 경제 권역이 더욱 뚜렷하게 나뉘었다. 스텝 지역 주민은 대개 정착 생활을 포기했다(아마도 건조 기후가 갈수록 심화되었기 때문일 것이다). 대신 음식, 의복, 주거, 연료 등을 모두 가축 사육에 의존하는 경향이 커져갔다. 기원전 6~4세기 유라시아 동부에서 고전적인 스텝 유목 문화가 형성되었고, 귀족 전사 계급이 정치권력을 장악했다. 철기가 확산되자 유목민의 군사력은 더욱 강화되었다. 이들은 국경 지역의 백성을 복속시키고, 연맹을 결성하여 중국 정부와 외교적 및 상업적 관계를 맺었다.[79] 오르도스(Ordos) 지역에서 발굴된 고고학적 결과를 보면, 기원전 4세기 말에 분명한 변화가 나타난다. 즉 무기의 감소, 온갖 철기의 증가, 금·은·동기의 비축은 당시 엘리트 지위를 과시하기 위해 보물을 축적해야 했음을 말해준다. 구리나 금으로 만든 허리띠 장식을 비롯한 장신구는 진(秦)나라의 작업장에서 제작된 것으로, 동물 문양을 모티프로 하고 있다. 이는 유라시아 유목 문화

---

78 이 문제에 대해서는 Raschke(1978)의 상세한 연구를 참조.
79 스텝 유목민의 국가 형성 이유를, 당시 유목 사회에 정주 사회 물품이 필요했기 때문이라고 보는 경향이 많았다. 그래서 전사 군주, 약탈, 조공과 상거래를 비롯한 폭력적 해결책이 필요했다고 보았다. Khazanov 1989; Barfield 1989 참조. 이와 달리 Di Cosmo(2002: 167-74)는 유목민과 정주민의 대비되는 생활양식보다는 유목 정치체와 정주국 정부의 정치적 관계를 강조했다.

전반에 걸쳐 유행하던 모티프를 모방한 것인데, 제작자가 상품을 유목민에게 팔기 위해 제작했음을 확인해준다.[80]

한(漢) 제국은 초기부터 흉노(匈奴)라고 하는 스텝 유목 부족 연합의 공격을 받았다.[81] 흉노는 한 제국 성립 원년에 제국의 영토를 침략했고, 한 제국은 이미 기원전 198년에 흉노에게 비단과 곡물을 제공함으로써 북방 국경 지역의 안정을 도모했다. 한 제국의 조공 정책은 문제(文帝) 치하에서 시작되었다. 매년 기장과 황금, 명주실과 옷감을 흉노에 보내주는 대신, 흉노는 더 이상 한 제국을 침략하지 않고 명목상 한 제국의 통치권을 인정해주는 방식이었다. 또한 국경을 따라 시장을 설치해 흉노와 중국 상인의 물물 교환을 허락해주었다. 무제(武帝)는 "돈을 주고 평화를 구걸한다"는 오명을 벗기 위해 기원전 133년 휴전 정책을 폐기하고 이른바 "서역(西域)" 원정을 시작했다. 상홍양(桑弘羊)은 외국과 무역을 하면 제국 정부가 막대한 이익을 거둘 수 있음을 꿰뚫어보았지만, 오히려 머나먼 국경 주둔지와 요새를 건설하는 데 한 제국의 재화가 흘러 들어갈 뿐이었다. 무제의 후계자들은 다시 조공 시스템을 재개했다. 흉노는 기원전 1세기 말에 두 그룹으로 나뉘어 세력이 약화되었지만, 조공은 여전히 정부 재정에 성가신 부담이었다. 기원후 1세기 말 조공 물량은 정부 수입의 7퍼센트였다는 보고가 있다.[82]

군사 주둔지나 국경 지역에서 이루어진 무역은 대개 지역에 국한된

---

80 So and Bunker 1995: 53-67; Di Cosmo 2002: 83-87.
81 흉노(匈奴)와 한(漢) 제국의 관계에 대해서는 Cosmo 2002: 161-311 참조.
82 Yü 1967: 64.

거래였고, 그 품목은 주로 기본 생필품이었다. 중앙아시아를 가로지르는 원거리 무역은 기원후 2세기가 되어서야 출현했다. 이때가 아프가니스탄 지역을 중심으로 하는 쿠샨 왕국(Kushan kingdom, 기원후 30?~260)의 전성기였다.[83] 쿠샨 왕국의 통치자들은 유목민 전사의 후예로서 상거래를 적극 권장했다. 쿠샨 왕조는 동쪽으로 중국, 남쪽으로 인도, 그리고 아라비아해를 가로질러 로마 세계까지 연결되는 무역의 중심지가 되었다. 베그람(Begram) 지역에 있던 쿠샨 왕조의 보물 창고에는 로마에서 수입된 청동기, 유리, 석고상, 인도에서 수입된 상아, 중국에서 수입된 칠기 등이 있었다.[84] 또한 쿠샨 왕조는 막대한 양의 금화를 주조했다(인도 권역 최초의 금화였는데, 아마도 로마 금화를 녹여 다시 만든 것으로 추정된다). 그러나 중앙아시아의 상인들은 교환 수단으로 금화보다 중국 비단을 선호했다. 쿠샨의 금화는 한(漢) 제국의 영역에서 발굴된 적이 없다. 한 제국 정부는 국경 지역 주둔지 군인의 봉급으로 막대한 양의 동전을 보냈지만, 이 동전은 군사 주둔지 도시를 넘어서까지 유통되지 못했다. 기원후 30년 호탄(Khotan)이라고 하는 오아시스 도시 왕국의 통치자가 쿠샨의 화폐를 모방하여 동전을 발행했는데, 이 동전에도 무게 단위를 기록한 한자가 새겨져 있었다. 이는 호탄 사람들이 쿠샨과 한 제국의 화폐를 모두 받아들였다는 의미지만, 호탄의 화폐가 유통된 범위로 볼 때 이들이 원거리 무역을 수행했다고 보기는 어렵다.[85]

83 이 시기 유라시아 전역을 가로지르는 교역에서 쿠샨 왕국의 역할에 대해서는 Liu Xinru 1988 참조.
84 베그람 유물에 관해서는 Raschke 1978: 632-34; Mehendale 1996 참조. Mehendale은 왕실 금고가 아니라 상인의 창고라고 주장하지만, 나로서는 동의하기 어렵다.

분열의 시대 경제 후퇴

한(漢) 제국 정부는 기원후 184년 황건적(黃巾賊)의 난 이후 완전히 무너졌다. 비록 명목상 지위는 유지하고 있었지만 권력은 모두 군벌에게로 넘어갔다. 지역 군벌은 사병(私兵)을 양성해 황건적의 침략에 대비했다. 그중 가장 유명한 군벌이 바로 조조(曹操)였다. 기원후 220년 조조가 사망한 뒤, 그의 아들 조비(曹丕)는 한(漢) 제국을 승계하는 새로운 왕조를 선포하고 국호를 위(魏)라고 칭했다. 그의 경쟁자들도 즉시 독립국을 선포했다. 남서부에서 촉(蜀)나라, 남동부에서 오(吳)나라가 일어나 바야흐로 삼국(三國) 시대로 접어들었다.

북부의 위(魏)나라는 기원후 265년 진(晋)나라로 대체되었다. 진(晋)나라는 280년 삼국을 통일하고, 제국 전역과 경제에 중앙 정부가 적극 개입하는 야심 찬 계획을 시도했다. 그러나 진나라 궁정은 극심한 내분으로 갈라졌고, 스텝 유목민 중 적대 세력이 북쪽의 국경을 어지럽혔다. 311년 유목민이 침입하여 수도 낙양(洛陽)을 약탈하자, 왕실은 남동부로 피난을 떠날 수밖에 없었다. 진나라는 317년 건강(建康, 오늘날 남경南京)에 다시 궁궐을 세웠다. 양자강 남쪽 강변의 도시였다. 4세기 동안 북중국에서는 중국인과 이방인 군대의 전쟁과 약탈이 끊임없이 이어졌다. 그러다가 선비(鮮卑)의 군장을 중심으로 어느 정도 질서를 회복했다. 선비는 유목 전사 연맹체로, 386년에 북위(北魏)를 세웠다. 439년에 이르기까지 북위의 통치 범위는 북중국 거의 전역에 이를 정도로 확대되었다. 중국은 거의 300년 동안 중국인이 통치하는 남조(南朝)와 이방인

---

85 Helen Wang 2004: 37-8.

이 통치하는 북조(北朝)로 갈라져 있었다.

　같은 시기 호족 가문의 사회 및 경제적 지배력은 더욱 강화되었다. 지역 군벌과 부유한 지주는 은퇴한 군인(부곡部曲)을 모아 사병을 조직하고, 마을에 성벽을 둘러 재산과 수하의 사람들을 보호했다. 전쟁 피난민 혹은 독립 농가는 객(客)이라 하여, 지방 호족과 종속 관계를 맹세하는 경우가 많았다. 그러면 호족의 요새 안으로 피난을 할 수 있었다. 전쟁이 점차 잦아들면서 군대에서 은퇴한 많은 사람들이 농업 노동자가 되었다. 객은 기본적으로 노예적 성격으로 변해갔다. 이들은 수확량의 절반 혹은 그 이상을 주군에게 바치는 대신, 국가에 대해서는 세금이나 노역을 바치지 않았다.[86]

　위(魏)나라는 나라의 근본을 튼튼히 하기 위해 새로운 관료 모집 정책을 실시했다. 구품중정제(九品中正制, 혹은 구품관인제九品官人制)라고 하는 이 제도는 가장 힘 있는 호족 가문에게 관직을 세습할 수 있는 권한을 부여하는 것이었다. 이와 비슷한 제도가 위나라 이후 남조(南朝)와 북조(北朝)를 막론하고 여러 나라에서 시행되었다. 구품중정제는 또한 일반 백성을 사족(사士)과 서민(서庶)으로 나누었고, 법적·제도적으로 엄격하게 계급 사회를 뒷받침했다. 사족(士)에 속하는 가문은 광범위한 특권을 누릴 수 있었다. 예를 들면 법적인 면책, 특정 세금과 노역 면제 등이었다. 이로써 사족은 뚜렷하게 구별되는 귀족 계층으로 규정되었다. 분열의 시대에는 남조와 북조를 막론하고 이러한 귀족층이 사회와 경제를 주도했다.

86　Tang Changru 1990.

중국 전역을 휩쓴 황건적의 난으로 사회 및 정치적 혼란은 불가피했다. 유력 군벌은 제국의 지위를 얻기 위해 서로 경쟁했다. 이들의 주요 관심은 토지 소유를 늘리는 데 있지 않았다. 이들은 인구의 손실이나 영지의 황폐화를 더 걱정했다. 196년의 내전으로 수도 낙양(洛陽)과 장안(長安)이 폐허가 되었다. 조조(曹操)는 한(漢) 제국 황제 자리에 꼭두각시를 앉혀두고, 그사이 자신은 힘을 키워 나갔다. 그는 군인과 백성을 동원해 황폐화된 땅을 경작하도록 했는데, 이들은 사실상 군벌 조조의 소작인이 되었다. 이 같은 개척 농지를 둔전(屯田)이라 했는데, 여기에서 나오는 수입을 기반으로 조조의 북중국 지배가 강화되었다. 그러나 위(魏)나라가 세워진 뒤, 조조의 후계자들은 관습적으로 수하의 장군이나 관료에게 둔전과 소속 인력을 나누어 주었고, 결국 이들 자원의 사유화를 초래했다.[87]

조조(曹操)는 또한 진한(秦漢) 시기의 일률 조세 원칙을 과감히 폐지했다. 대신 가구당 재산의 정도에 따라 세금을 차등화했다. 이는 이미 오래도록 물밑에서 진행되어온 관행을 조조가 공식화한 것이었다. 왕망(王莽)의 시대 이후로 정부는 군사 원정 자금을 마련하기 위해 수시로 물자를 징발했는데, 이를 조(調)라 했다. 산부(算賦)는 사람의 수대로 부과되는 인두세(人頭稅)로서 동전으로 납부하도록 한 반면, 조(調)는 가구의 재산 정도에 따라서 부과되어 대개는 여러 가지 직물로 납부하도록 했다. 동한(東漢) 시기에 이 같은 부정기적 세금 부과가 점차 관행으로 자리 잡게 되었다. 기원후 198년 조조는 호조(戶調)라고 하는 새로운 가

---

87 Fujiie 1989: 119-40; Gao Min 1986: 109-20.

구별 세금 부과 제도를 시행하면서 조(調)를 세금의 중심으로 자리매김 했다.[88] 호조 체제에서 세금은 곡물이나 직물로 납부했으며, 동전은 사용하지 않았다. 그래서 과세의 기본이 인원수에서 가구로 바뀌었을 뿐만 아니라 국가 재정에서 동전이 차지하는 비중이 더 빠르게 축소되어 갔다. 동한(東漢)의 제1대 황제인 광무제(光武帝)는 오수전(五銖錢)을 다시 주조했지만, 화폐 주조 업무는 대체로 지방 관리에게 이관되었고, 화폐 주조량도 금세 불규칙해졌다. 유통되는 동전의 무게가 줄어들거나, 혹은 위조 화폐가 기승을 부렸다. 정부에서 가치가 높은 비단으로 수납을 한 것은 동전의 가치를 그만큼 경시한 풍조를 반영하고 있다.[89] 위(魏)나라와, 그 뒤를 이은 진(晉)나라는 모두 화폐 주조를 중단했고, 동전 대신 비단 두루마리가 표준 화폐 기능을 담당하기 시작했다.

경쟁국인 오(吳)나라의 왕 손권(孫權)은 한(漢) 제국 때처럼 동전으로 납부하는 산부(算賦) 인두세를 그대로 유지했다. 그러나 손권 또한 유랑민을 정착시키는 과정에서 둔전(屯田)을 할당해주었고, 그것이 국가로서는 새로운 수입원으로 확고히 자리 잡았다.[90] 그러나 오나라는 위(魏)나라와 달리 둔전의 관리를 군대가 아니라 지방 행정 관료에게 맡기는 경우가 많았다. 장사(長沙) 지역에서 출토된 〈주마루간독(走馬樓簡牘)〉(230년대)을 보면 둔전을 할당받은 가구는 대부분 피난민, 죄수, 전쟁 포로, 정부 소속 노비 등으로 정부가 마음껏 권력을 휘두를 수 있는

---

88 Tang Changru 1955; Yang Jiping 2006: 43-6; Watanabe 2010: 239-54. 다만 호조(戶調)라는 용어 자체는 후대에 등장한다.
89 Yamada 2000: 204-22.
90 Gao Min 1986: 120-25; Fang Gaofeng 2009: 28-33.

가난한 사람들이었다. 게다가 이들이 둔전에 자리를 잡은 것도 강제적이었으며, 국가는 일반적으로 지주가 소작농으로부터 걷는 소작료보다 훨씬 더 많은 곡물을 납부하도록 강요했다. 조조(曹操) 정권의 개혁 의도는 세금을 단순화하고 농민의 세 부담을 줄여주는 것이었다. 이와 달리 오(吳)나라는 동한(東漢) 시기에 만들어진 복잡한 세금 구조를 그대로 유지했다. 게다가 산부 인두세는 동전으로 납부해야 했다. 결과적으로 오나라의 관리들은 세금으로 곡물과 직물, 동전을 받아냈을 뿐만 아니라 비정기적으로 부과되는 조(調) 또한 풍성하게 거두어 갔다.[91]

기원후 256년 조씨(曹氏) 위(魏)나라의 뒤를 이은 사마씨(司馬氏) 진(晉)나라는 조조(曹操)의 호조(戶調) 시스템을 그대로 유지하는 대신 좀 더 단순화된 세금 체제를 복원하고자 했다. 진나라는 둔전(屯田)과 일반 소작의 구분을 없애고 모두 지방 행정관의 관할 아래 두도록 했고, 토지세와 노역을 표준화했다.[92] 280년 진나라는 오(吳)나라를 정복하고 통일 제국을 회복했으며, 그 첫걸음으로 새로운 재정 정책 수립을 위한 인구 조사를 실시했다. 280년의 인구 조사 결과 가구 수는 총 246만 가구에 불과했다. 이는 그 이전에 마지막으로 실시된 157년 한(漢) 제국의 인구 조사 결과인 1068만 가구의 4분의 1에도 못 미치는 수치였다. 이

---

91 Yu Zhenbo 2004b: 25-31, 89-91; Jiang Fuya 2008: 56-7. Gao Min(2006: 26-27)에 따르면, 오(吳)나라의 산부 인두세 세율은 동한(東漢) 때보다 아주 조금 높았다(성인 1인당 동한이 120전이면 오나라는 130전). 그러나 오나라는 토지세를 훨씬 더 무겁게 매겼으며, 이에 더하여 조(調)를 폭넓게 부과했다. 삼국(三國) 중에서 세 번째로 수립된 촉한(蜀漢) 또한 260년대에 위-진(魏-晉)에 흡수되기 전까지 한(漢) 제국의 재정 시스템을 그대로 유지했다. 다만 촉한의 재정 정책에 대한 자료는 거의 남아 있지 않다.
92 Fujiie 1989: 141-54.

러한 인구 손실은 한 세기 동안 이어진 참혹한 내전의 결과였다. 그러나 많은 인구가 예속민으로 편입되어 통계에 잡히지 않은 것도 큰 이유였다. 220년 위(魏)나라에서 실시한 구품중정제(九品中正制)는 귀족 가문에 대해 법적·경제적 특권을 넉넉히 허용해주었다. 노역 면제도 그러한 특혜 중 하나였다. 평민은 스스로를 귀족 계층에 예속된 신분으로 간주함으로써 귀족의 특권 뒤에 숨어 세금을 회피할 수 있었다.

진(晉)나라는 이러한 흐름을 바꾸고자 했고, 새로운 재정(財政) 시스템을 시행했다. 당시 세금은 곡식이나 비단으로 부과했는데, 점전-과전(占田-課田)이라고 하는 새로운 제도는 가구별로 토지 소유와 구성원의 나이 및 성별에 따라 세율을 조정했다. 멀리 떨어져 외진 곳이나 비중국인 인구에 대해서는 더 낮은 세율을 적용했다. 새로운 제도에 따라 농가에 토지를 분배해주었을 것이라고 짐작한 연구자가 많았지만, 사실은 그렇지 않았다. 오히려 새로운 제도의 목적은 성인 남성이 경작할 수 있는 최대 면적(50무畝)을 기준으로 한 표준화된 세율을 도입하는 것이었다.[93] 이렇게 한 이유는 농가의 경제적 독립을 보장하기 위해서가 아니라 세금을 더 많이 걷기 위해서였다. 진(晉)나라는 예속 농가의 수를 제

---

93 점전-과전(占田-課田)에 대한 영어권의 연구 성과가 (오래전이기는 하지만) 조금은 있었다(예를 들면 Lien-sheng Yang 1961: 135-39; Balazs 1964a: 104-05). 이들 연구는 점전-과전제가 정전제(井田制)를 따랐다는 전제를 그대로 받아들였다. 이는 과거 학계의 상식이었다. 즉 토지를 가구별 인구 구성에 따라 공평하게 할당해주었고, 그래서 북위(北魏)에서는 토지 평등 정책이 시행된 것으로 이해했다. 그러나 오늘날 학계에서는 일반적으로 점전-과전이 토지 소유 관련 제도가 아니라 세금 관련 제도였다는 사실을 받아들이고 있다. 예를 들어 Gao Min 1986: 190-99; Jiang Fuya 2005: 140-49; Watanabe 2010: 207-28 참조.

한함으로써 농장의 비대화를 막아보려 했다. 즉 최고위직 관리라 할지라도 예속 농가는 50가구 이하, 토지 규모는 5000무(畝) 이하로 제한했다. 이러한 제도가 실제로 어느 정도까지 시행되었는지는 분명하게 알 수 없지만, 그렇다고 예속 농가의 수가 실제로 줄어들지는 않은 것 같다. 구품중정제를 매개로 귀족 가문의 세습 특권이 진나라 때 더더욱 깊이 뿌리내렸기 때문이다.

기원후 311년 이후 북부 유민이 남부로 대거 유입된 뒤, 토지와 자원을 통제하는 국가의 능력은 더욱더 줄어들었다. 동진(東晉) 시기(317~420)는 귀족 세력의 힘이 최고조에 이르렀던 때다. 건강(建康)에 있는 동진(東晉)은 북방 유민을 받아들였다. 이들은 북부를 수복하여 통일 제국을 꿈꾸던 사람들이었다. 그래서 남부의 지방 정부와는 별도로 임시 행정 기구(교군僑郡)를 설치해 이들 유민을 관할하도록 했다. 일부 교군(僑郡)은 피난민에게 농지를 제공하는 등 지방 정부의 기능을 거의 다 수행하기도 했으나, 대개는 단지 명목상 권위를 가지고 널리 흩어져 있는 유민의 이름만 등록해두었다. 교군에 등록된 유민에게 부과되는 의무는 거의 혹은 전혀 없었다. 때로 진(晉)나라의 관리들이 거주자 조사(토단土斷)를 실시하기도 했는데, 피난민 가구를 일반적인 세금 납부 대상으로 편입시키려는 시도였다. 그러나 기껏해야 일시적인 효과가 있었을 따름이다.[94] 413년에 군벌 유유(劉裕)가 쇠약해진 동진(東晉)의 권력을 장악했다. 유유는 "토단(土斷)"을 정착시키기 위해 강한 노력을 기울였다. 그는 북부에서 피난 온 사람들의 분리 등록 제도를 철폐하는 동

---

94 Crowell 1990; Chen Mingguang 1997: 110-20.

시에 교군도 폐지했다. 또한 호족이 야생 지대를 무단으로 점유하는 것도 금지했다.[95]

유유(劉裕)는 420년에 송(宋)나라(420~479)를 선포함으로써 자신의 권력을 정당화했다. 유유의 쿠데타는 남부 지역 정부와 호족(豪族)의 관계 변화에 결정적 계기가 되었다. 이후 송나라 왕들과 송나라의 뒤를 이은 다른 왕조들도 군권을 강력히 장악했고, 평민 출신 군 지휘관을 임명했다(유유 본인이 평민 출신이었다). 그러나 장군들 사이의 지속적 경쟁이 중앙 정부의 권위를 손상시켰고, 연이은 군사 쿠데타에 취약한 구조를 만들었다. 호족은 군권과 행정권을 빼앗겼어도 여전히 지역 사회와 경제 생활을 좌지우지하는 힘이 있었다.

남조 치하 강남에서의 유민 정착과 경제 발전

남북조(南北朝)가 갈라져 있을 당시는 정치적으로 대혼란기였지만, 그 몇 세기 동안 남부는 북부보다 훨씬 큰 경제적 번영을 누렸다. 강남(江南) 지역은 수도에서 멀리 떨어진 국경 지대로 인구 밀도가 낮았지만, 남조(南朝) 치하에서 경제적 핵심 지역이 되었다. 강남 지역의 대부분은 낮은 습지였으나, 이러한 지형은 벼농사에 이상적인 조건이었다. 진(晋)나라 왕실과 함께 강남으로 내려온 귀족 가문들은 곧바로 광대한 야생 지대에 대한 권리를 주장했다. 전통적으로 누구라도 이용할 수 있는 곳에 누군가가 사적으로 농지를 개간하고 경계를 설정하자, 이에 대한 불만이 쏟아져 나왔다. 호족(豪族) 가문이 소유한 농지는 수백 무(畝)

---

95 Fujiie 1989: 240, 253.

에서 수만 무에 이르기까지 다양했다. 가장 부유한 지주는 소유한 토지를 경작하기 위해 하인을 수천 명이나 고용했다고 한다. 안지추(顏之推, 531~591)는 아들을 위해 검소한 삶의 미덕을 알려주는 책을 썼는데, 한 가정의 식솔이 20명이면 노비 20명에 토질이 좋은 농지 10경(頃, 1000 畝)이 적당하다고 조언했다.96 아마도 이는 호족으로서 가져야 할 최소한의 재산 규모를 일컫는 말이었을 것이다.

한 가문의 토지 자산은 주로 여러 곳에 흩어져 있었고, 각각을 담당 소작농이 경작했다. 이외에도 별서(別墅)라고 하는 지주의 농막을 중심으로 주인이 직접 수많은 하인을 거느리고 농사를 짓는 대규모 장원(莊園)이 있었다. 그러나 장원에서도 주인이 직접 작업을 감독하기보다 하인이나 임금 노동자를 개인별 혹은 소규모 팀별로 구분해 작업 구획을 나누어 주었다. 이러한 패턴은 강남(江南) 지역 벼농사 방식이 주로 소규모 경작 방식이었기 때문이다.97

앞에서 언급한 바와 같이, 3세기 무렵 오(吳)나라는 경쟁국인 위(魏)나라를 모방해, 강남(江南) 지역과 양자강(揚子江) 유역에 민간인과 군인을 동원해 농업 식민지를 개척했다. 그런데 진(晉)나라가 건강(建康)으로 내려온 뒤에 왕실을 따라온 귀족들이 오나라 때 개척한 식민지를 대부분 차지했다. 이때 새롭게 개척된 지역은 대부분 태호(太湖)의 북부와 서부, 그리고 항주만(杭州灣)의 남쪽 해안을 따라 형성되어 있었다. 고지

---

96 Chapter 13, "Zhizu", in *YSJX*: 317(常以二十口家, 奴婢盛多, 不可出二十人, 良田十頃…《顏氏家訓: 止足》).
97 Tang Changru 1954, 1990; Watanabe 1986: 132-72.

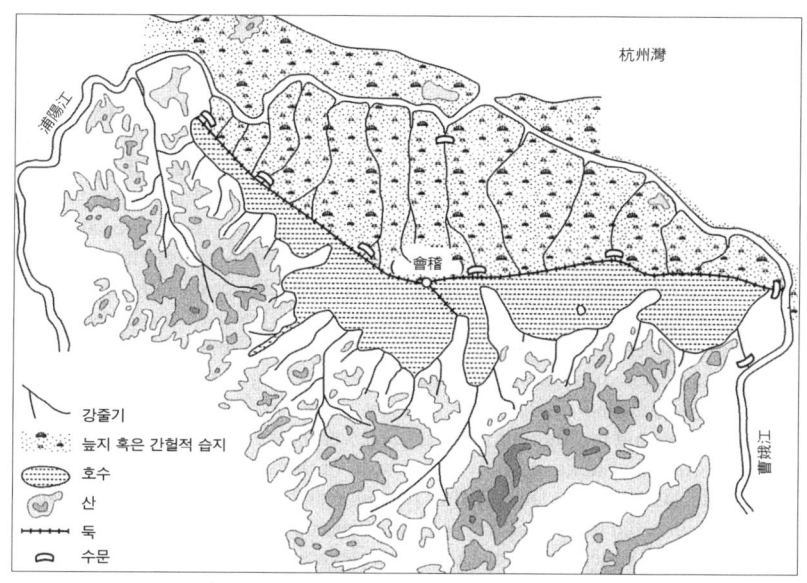

〔지도 4-3〕 소흥(紹興) 평야 관개 시설, 한 대(漢代)

대에 저수지를 만들어 저지대 논에 물을 공급했다. 한(漢) 제국 말기에 소흥(紹興)의 평야 지대에는 구릉을 따라 둑이 건설되었다. 고지대에서 내려오는 물을 가두어두기 위해서였다. 이렇게 조성된 호수는 동서의 길이가 50킬로미터를 넘었다. 호수와 해안 사이에 논이 펼쳐져 있었는데, 호수에는 69개의 수문을 설치하여 규칙적으로 호수에서 논으로 흘러 들어가는 물을 조절했다(지도 4-3). 5세기 초 이곳은 생산성 면에서 최고의 벼농사 지역이었고, 높은 가격에 팔렸다. 인근에 사적으로 농지를 소유한 사람들도 이러한 사례를 따랐다. 하인을 모집해 둑을 쌓고 연못을 만들어 자신의 농지에 물을 댔다.[98]

소흥(紹興)에는 북부에서 이주해 온 귀족이 많았지만, 지역 경제를 좌우한 것은 토착 호족(豪族) 세력이었다.[99] 동진(東晉) 초기 소흥에 재판관으로 부임한 정직한 관리가 있었는데, 부임 2개월 만에 수천 가구가 불법적으로 호족 가문에 예속되어 세금 등록에서 누락되어 있는 사실을 적발했다. 그러나 세금 탈루로 고발당한 호족 가문은 처벌을 받기에 지위가 너무 높아서, 결국 재판관이 갑자기 다른 곳으로 소환된 일이 있었다.[100] 전형적인 소흥의 호족 중에 공영부(孔靈符, 465년 사망)라는 사람이 있었다. 그의 "영지는 둘레가 33리(里)였고, 두 개의 산을 둘러 논이 265경(頃)이었으며, 이외에 과수원 9필지가 있었다(周回三十三里, 水陸地二百六十五頃, 舍帶二山, 又有果園九處)." 공영부는 457년경 정부에 이주민 정책을 제안했다. 소흥 지역에서 인구가 밀집한 산음(山陰)이라는 현(縣)에 살면서 토지를 소유하지 못한 가구를 동쪽으로 멀리 인구가 희박한 지역(오늘날 영파寧波)으로 옮기자는 의견이었다. 공영부의 계획은 폭풍처럼 거센 반발을 불러일으켰다. 왕실 관료들은 온갖 이유를 갖다 댔다. 가난해도 부지런하기만 하면 산음에도 토지는 얼마든지 있다거나, 황무지를 개간하여 정착하려면 훨씬 더 심각한 식량 위기에 직면한다거나, 변두리 토지를 개간하는 미천한 농부로부터 거두어들일 수 있는 세금은 미미한 반면 이주 비용은 그보다 훨씬 더 크다는 등의 이유였다. 그러나 이러한 반발의 핵심적 이유는 분명 노동력을 제대로

---

98 Honda 2000b: 47.
99 소흥 지역의 경제를 이끌었던 대표적 호족 가문에 대해서는 Liu Shufen 1992: 255-315 참조.
100 Tang Changru 1990: 120-21; Liu Shufen 1992: 289.

수급하지 못하는 데 대한 두려움이었다. 마침내 송(宋)나라 왕은 공영부의 계획에 동의했고, 결과는 성공적이었다. 그러나 공영부는 많은 적들을 만들었다. 얼마 지나지 않아서 그는 불법으로 토지를 차지했다고 고발을 당했으며, 일시적으로 관직에서 물러나야 했다.[101]

488년의 인구 조사에 따르면, 산음(山陰)에서 세금을 납부하는 가구는 2만 호(戶)였는데 이들 각각의 자산은 3000전(錢)이 채 못 되었다. 또한 같은 보고서에는 굉장히 부유한 호족(豪族) 가문에서 세금과 노역을 회피한다고 고발하는 내용이 담겨 있다. 한편 가난한 백성은 노비 신세로 전락하고 세금 등록에서 이름이 삭제되었다고 한다. 중가(中家, 중위 가구)의 자산이 3000전이 채 못 된다는 사실은, 소흥(紹興) 지역 소농 가구들의 자산이 한(漢) 제국 시기 중가에 비해 훨씬 더 적었음을 알려 준다.[102]

소흥(紹興)은 농산물이 풍부했을 뿐만 아니라 산업과 상업 중심지로서도 번성했다. 전국(戰國) 시대와 한 대(漢代)에도 이 지역에 도자기 가마가 설치된 곳이 수백 곳에 이르렀다. 남조(南朝) 시기에는 이 지역에서 생산된 월요(越窯)가 그 아름다움이나 기술력 면에서 비할 데 없는 명성을 얻었다. 또한 이 시기의 소흥은 청동기 생산에서도 가장 중요한 중심지였다. 특히 한 대(漢代) 이래로 이 지역에서 생산된 청동 거울

---

101 *SoS*, 54.1532-33(《宋書: 列傳14》). 또한 Watanabe 1986: 188-89 참조.
102 분명 오늘날 학계는 당시의 물가가 이전 시대에 비해서 매우 낮았다고 이해하고 있다. 그러나 당시의 쌀값(Yu Yaohua 2000: 357-58에 의하면 1곡에 100전)은 서한(西漢) 때와 거의 비슷했지만, 서한 중가(中家)의 자산 규모는 당시의 농민 가구보다 훨씬 더 컸다. 앞의 책, pp. 135-36 참조.

은 매우 가치가 뛰어난 사치품으로 자리 잡았다. 소흥 지역에서 청동 거울을 제작하던 장인들은 높은 수요에 힘입어 중국의 다른 지역이나 심지어 일본으로 진출하여 공방을 설치하기도 했다. 일본에서 중국산 청동 거울은 정치적으로 매우 중요한 가치를 지니는 사치품이었다. 또한 소흥에서는 토산 뽕나무나 등나무를 원료로 하는 종이 산업도 번성했다.[103]

양자강(揚子江) 하류 삼각주에서 토지 개간이 이루어지고 둑을 쌓아 저수지를 만들자 새로운 물길이 생겨났다. 이 길 덕분에 운송과 상업의 효율성은 더욱 증대되었다. 양주(揚州), 소주(蘇州), 소흥(紹興) 같은 주요 도시들과 수도 건강(建康)이 일련의 운하와 뱃길로 연결되었다. 5~6세기 건강은 지역 내는 물론 국제적 교역망의 중심지가 되었다.

6세기 초 최전성기의 건강(建康)에는 28만 가구가 거주했다고 한다(물론 과장 섞인 말일 것이다).[104] 성벽으로 둘러싸인 북부의 도시와 달리 건강은 단지 궁궐만 성벽으로 막혀 있을 뿐 관료나 귀족의 저택, 시장, 장인의 공방, 노동 계층의 허름한 주택 등이 궁궐 주변 들판에 드문드문 흩어져 있었다. 건강에는 관료의 감독을 받는 주요 시장 10여 곳이 있었다고 전한다. 곡물 시장, 소금 시장, 직물 시장, 어패류 시장, 가축 시장이 있었고, 이외에도 100여 곳 이상의 작은 시장이 있었다. 당(唐)나라 역사가들은 당시 건강의 상업적 번영을 언급하면서 "소인은 장사를 하고

---

103 Liu Shufen 1992: 210-16; 2001: 46.
104 남조(南朝) 치하 건강(建康)의 도시 및 경제 발전에 관해서는 Liu Shufen 1992: 3-192; Liu Shufen 2001 참조.

군자는 관리의 봉급에 의지한다"라고 기록했지만, 실제로 귀족과 황실의 왕공들도 상업과 고리대금업에 깊이 관여하고 있었다.[105] 호족 가문은 직접 장사에 나서기보다 하인 중에서 대리인을 뽑아 일을 시키는 경우가 많았다.

그런데 화폐 부족이 상업 발달의 발목을 잡았다. 삼국(三國) 시대 각국은 저마다 새로운 동전을 주조했지만 그 양이 매우 적었고, 진(晉)나라는 그마저도 모두 중단해버렸다. 호조(戶調) 체제에서 정부는 주로 직물이나 곡식으로 세금을 거두었지만, 민간 상거래의 교환 수단으로는 직물보다 동전이 사용되었다.[106] 동전 주조는 남부의 여러 왕조 중에서 430년 송(宋)나라 때부터 시작되었다. 그러나 신규 공급이 수요를 따라잡지 못했고, 그 결과 수시로 유동성 부족과 화폐 위조 문제에 시달렸다. 고고학적 발굴에 의하면, 당시 유통된 동전의 대부분은 한(漢)나라의 오수전(五銖錢)이었다. 그리고 이보다 훨씬 더 일반적으로 통용된 화폐는 오수전의 모조품이었다.[107]

남조(南朝) 치하에서 강남(江南)의 경제 성장은 정부의 재정 정책도 바꾸어놓았다. 진(晉)나라에서 시작된 점전-과전(占田-課田) 제도는 한(漢) 제국 때처럼 인구를 기준으로 세금을 부과하는 원칙을 되살리고자 했던 것이다. 그러나 송(宋)나라는 재산을 기반으로 한 세금 체제로 회

---

105 인용문은 SS, 31.887(小人率多商販, 君子資於官祿.《隋書: 地理下》).
106 Wang Yichen 2007: 106-27. Kakinuma(2010)는 국가의 지출이나 선물 및 기타 용도를 감안했을 때, 지불 수단으로서의 직물의 가치를 간과해서는 안 된다는 입장이다. 그러나 동전이 시장 거래에서 주도적인 교환 수단이었다는 점은 인정한다.
107 Miyazawa 2000: 57-58.

귀했다(농지, 뽕나무, 주거지 등을 조사했다). 그러나 남조의 여러 정권은 영토와 인구에 대한 통제 능력이 제한적이었기 때문에, 상거래 과정에서 거둘 수 있는 다양한 세금에 크게 의존할 수밖에 없었다. 예컨대 물품의 판매와 구입에 따른 세금, 가게나 여관에 부과되는 세금 등을 동전으로 거두었다. 이외에 정규적인 호조(戶調)도 갈수록 동전으로 거두는 비중이 늘어났다. 가장 규모가 큰 두 도시의 476년 세금 체납 관련 보고에 의하면, (가치로 따졌을 때) 체납액의 약 38퍼센트가 동전으로 기록되어 있는 데 비해 곡물은 47퍼센트, 직물은 15퍼센트였다. 479년은 제(齊)나라(479~502)가 수립된 첫해였는데, 양자강(揚子江) 중류 3개 지방에서 세금 수입의 69퍼센트가 동전이었고, 곡물은 21퍼센트, 삼베는 10퍼센트였다.[108] 480년대에 제(齊)나라 정부는 세금에서 갈수록 늘어나는 동전 납부 관행을 공식 법령으로 명시했다. 이후로 가구별 세금은 동전과 직물을 반반씩 납부하도록 했다. 이러한 변화의 중요한 동기는 동전의 가치를 아주 분명히 인식한 데 있었다. 동전과 달리 곡물과 삼베는 가격이 하락해서 국가의 세수에 손해를 끼쳤다. 제나라는 488년 동전 5000만 전(錢)을 풀어 11개 지방에서 비단, 삼베, 쌀, 콩, 보리, 참깨 등을 매입함으로써 가격 하락의 흐름을 되돌려보려 했다. 그러나 이 또한 일반 농가의 수입에 부정적 영향을 미쳤을 뿐이다.[109]

---

108 Chen Mingguang 1997: 155, 163; Watanabe 2010: 284. 이 수치가 전체 세금의 동전, 곡물, 직물의 비율을 반영하는 것인지는 명확하지 않다. 다만 학자들은 대체로 그렇다고 받아들이는 편이다.

109 Watanabe 2010: 270-71; Chen Mingguang 1997: 147-51; 164-65; Fujiie 1989: 147-50.

송(宋)나라와 제(齊)나라의 왕들은 국가 재정에 강력히 개입했으나, 권력을 남용해 방탕한 소비를 일삼곤 했다. 양(梁)나라(502~557)를 수립한 무제(武帝, 재위 502~549)는 이와 달리 관료의 권한을 강화하는 길을 선택했다. 즉 최고 재무관(태부경太府卿)이라는 관직을 신설하여 재정과 금전 문제에 관한 폭넓은 권한을 위임하고, 내탕금까지도 그가 관리하도록 했다.[110] 또한 무제(武帝)는 가구의 재산에 따라 세금을 부과하는 것이 생산적 투자를 가로막는다는 건의를 받아들였다. 그래서 세율을 일원화해 개인별로 세금을 부과했다. 그렇지만 양(梁)나라 또한 이전의 다른 나라들과 마찬가지로 상거래에 따른 간접세에 주로 의존하여 국가의 수입을 늘려갔다. 무제의 개혁 정책은 그의 의도와 달리 농민 가구의 예속화나 사회 깊이 뿌리박힌 빈부 격차를 완화하지 못했고, 왕실의 사치조차 막지 못했다.[111] 양나라 초기의 특권층(왕실 친인척, 귀족, 고위 관료)은 사치스런 생활을 즐겼다. 당대의 비평가들이 보기에는 이들의 사치가 예전에 비해 결코 못하지 않았다. 어느 역사가가 일컬은 이 "소비의 붐"도 화폐 경제의 활성화에 의해 가능했던 것이다.[112]

남조(南朝)의 여러 왕조 중에서 양(梁)나라는 동전을 다시 표준 화폐로 자리매김하려고 가장 애쓴 나라였다. 무제(武帝)는 즉시 새로운 오수전(五銖錢)을 주조했다. 또한 이른바 여전(女錢)이라고 하는 동전도 주조했는데, 이는 당시 민간에서 흔히 사용되던 동전을 공식화한 것이었다.

---

110 Watanabe 2010: 266-68.
111 Chen Mingguang 1997: 215-26.
112 Kawakatsu 1982: 386.

그러나 동전의 주조량은 시장 수요에 비해 턱없이 부족했다. 무제는 동전으로 건전한 화폐 유통을 회복하고자 노력하던 끝에, 523년 정책의 방향을 돌려 구리로 만든 동전(銅錢)이 아닌 철로 만든 철전(鐵錢)을 주조함으로써 화폐 부족 현상을 극복해보고자 했다. 철전이 대량으로 쏟아지자 경제는 대혼란에 빠졌고, 어마어마한 인플레이션이 일어났다. 철전 꿰미(관貫)를 사용하는 것이 평범한 관습이 되어버렸다. 명목상으로 철전 100개를 묶어 1관(貫)이라 했지만, 실제로는 70~90개뿐이었으며, 지역에 따라 사정이 달랐다. 양나라 말기에는 단관(短貫)이라 하여 불과 철전 35개만으로 1관을 만들었다. 철전의 효용성은 사라져버렸고, 사람들은 철전보다는 오히려 곡식이나 직물을 사용하는 데 더 의존하게 되었다.[113]

양(梁)나라의 경제적 번영은 사실상 호족(豪族) 계층의 경제적 기반을 약화시켰다. 귀족은 시골 저택을 짓고 문화적 매력을 과시하며, 도성에서의 사치스러운 쾌락을 그대로 누리고자 했다. 이들은 관직에서 나오는 급료로 생활하면서 자신이 가진 토지 자산의 관리는 도외시했다. 철전(鐵錢) 발행으로 비롯된 화폐의 대혼란 때문에 농가의 소득도 줄었지만, 화폐 가치의 하락으로 정부에서 받는 급료도 그만큼 타격을 입었다. 급료는 거의 동전으로 지급되었기 때문이다. 그러나 이러한 가설은 아직은 두고 보아야 할 여지가 있다. 보다 확실한 것은, 548~552년 후

---

113 Kawakatsu 1982: 359-66; Miyazawa 2000: 46-48, 60. 이 시기 관(貫)은 100문(文)을 지칭하고 다른 말로 맥(陌)이라고도 했으나, 당(唐)나라와 그 이후에 관(貫)은 동전 1000문(文)을 의미했다.

경(侯景)의 난이 대귀족 계층의 특권에 결정적 타격을 입혔다는 사실이다. 이 반란으로 양나라의 국력은 극도로 쇠약해졌다(그로부터 5년 뒤 멸망했다). 건강(建康)은 폐허가 되었고, 가문의 토지도 황폐해졌다. 위엄 있는 가문의 지체 높은 후손들도 불쌍한 신세로 머나먼 피난길을 떠나지 않을 수 없었다. 심지어 북방으로 추방된 사람들도 있었다. 양나라를 계승한 진(陳)나라(557~589)의 통치자들은 살아남은 대귀족 가문의 후손들을 기꺼이 환영했지만, 이는 어디까지나 자신의 궁정에 우아한 옛 향수의 후광을 비추기 위해서였을 뿐이다. 실질적 권력은 미천한 출신의 관료나 장군에게 주어졌다.[114]

결론

무제(武帝) 치하의 한(漢) 제국은 오랜 격동의 시기를 보냈다. 진한(秦漢) 제국을 이어오던 질서는 이 시기를 지난 뒤로 점차 무너지기 시작했다. 아이러니하게도 국가에서 신분을 보장해준 관료들이 새로운 장원 경제로 나아가는 기반이 되었다. 장원 경제란 부와 권력이 대토지 소유자인 호족(豪族)의 손에 좌우되는 체제였다. 동한(東漢)의 최후 수십 년, 그리고 이어지는 분열의 시대에 권력의 사유화가 집중적으로 강화되었다. 호족은 지역 공동체의 지도자를 자임하며 지역 사회의 치안과 안정을 관리했다. 장원 경제가 성장하자 인구와 경제 활동이 도시에서 시골로 이전되는 경향을 보였다. 부유한 상인에 대한 한 제국의 징벌적 처우가 아마도 이러한 경향을 더욱 강화했을 것이다. 동한 시기 지방 호족은

---

114 Kawakatsu 1982: 407-35.

정부의 통제로부터 한 걸음 물러남으로써 활동 영역을 더욱 확대할 수 있었다. 기원후 311년 낙양(洛陽)이 약탈당하고 진(晉)나라 왕실이 강남(江南)으로 피난을 떠난 뒤에는 호족 계층의 경제 주도권이 최고조에 이르렀다.

〈주마루간독(走馬樓簡牘)〉이 보여주듯이, 한(漢) 제국은 멸망에 이르기 전까지 지역 사회를 상당히 강력한 정도로 통제했다. 그러나 동시에 국가의 요구에 대하여, 특히 군역(軍役)과 관련하여 폭넓은 저항이 있었다는 사실도 〈주마루간독〉을 통해 알 수 있다. 한 제국 이후의 통치자들은 안정적인 국가의 수입 기반을 만들기 위한 시도를 끊임없이 계속했다. 예를 들면 조조(曹操)가 창안하고 삼국 시대의 통치자들 모두가 시행한 둔전(屯田, 농민 겸 군인이 경작을 담당한 농업 식민지), 진(晉)나라에서 실시한 점전-과전(占田-課田) 조세 체제, 6세기 초 양(梁)나라 설립자가 시행한 재정(財政) 개혁이 모두 그러한 노력의 일환이었다. 그러나 이 모든 노력에도 불구하고 토지와 노동력에 대한 호족의 통제력을 약화시키는 데 실패했으며, 흔히 처음 의도와 상관없이 통치자 개인의 배만 불리는 결과를 초래했을 따름이다.

이미 동한(東漢) 때부터 경제적 불평등이 심화되어, 정부는 모든 백성에게 일괄적 세율을 적용하는 원칙에서 물러설 수밖에 없었다. 적절한 방법을 고민하던 관료들은 가구의 실질적 재산에 근거하여 기본 세율을 결정하는 새로운 방식을 고안했다. 게다가 동전으로 납부하던 세금의 비중이 점차 직물과 곡물로 대체되었다. 그러나 현물세 경향이 화폐 경제의 종말을 예고하는 것은 아니었다. 민간의 상거래에서 동전은 필수적이었다. 게다가 5세기와 6세기 남조(南朝) 치하 남부 지역의 경제가 번영하자 화폐의 수요가 급증했다.

이처럼 경제가 다시금 활력을 띠게 된 것은 강남(江南)이 남조(南朝)의 핵심 지역으로 부상했기 때문이다. 그러나 이러한 경제 부활이 국가에 도움이 되는 일은 거의 없었다. 토지를 소유한 호족이 남부 벼농사 발전의 최첨단 지역을 차지했고, 황무지를 개간하고 개발하기 위해 노동력 동원을 주도했다. 사적인 예속 노동은 남조 치하 장원 경제 발전의 대들보가 되었다.

경제가 번성하자 남조(南朝)는 세금의 상당량을 예전처럼 동전으로 받았다. 국가 재정에서 동전의 중요성이 높아졌다고 해도, 이를 국가 재정의 강화 징후로 해석하기는 어렵다. 이는 오히려 정권의 위기를 반영하는 것이었다. 당시 북방에서 수립된 북위(北魏)라고 하는 강력한 나라의 압박이 강화되면서 군사비도 급증했다.[115] 464년 남송(南宋)에서 실시한 인구 조사에서, 총 가구 수는 90만 7000호(戶)였고 인구는 500만 명이 채 못 되었다(기원후 140년 한漢 제국에서 실시한 인구 조사에 등록된 남부 인구의 절반이 안 되는 수치다). 이는 국가가 노동 인구를 제대로 통제하지 못하고 있었음을 의미한다.[116] 이와 달리 이방인이 통치하던 북방의 북위(北魏)는 새로운 제도를 통해 매우 훌륭한 군사 체제를 갖추었다. 이는 6세기 말에 중국을 다시 통일하는 밑거름이 되었다.

---

115 Watanabe 2010: 289.
116 이 수치는 Liang Fangzhong 1980: 22(table A.6), 47(table A.16)에서 인용.

CHAPTER 5

정주-유목의 통합과 제국의 재통일

485~755

분열의 시대를 거치는 동안 북중국과 남중국의 경제는 완전히 다른 길을 걸었다. 북중국은 끊임없이 반복되는 유목민의 침략으로 농업과 상업에 심각한 타격을 입었다. 무정부적 전쟁 상황은 마침내 탁발규(拓跋珪)에 의해 끝을 맺었다. 그는 선비(鮮卑)라고 하는 유목 민족의 수장으로서, 398년 중원(中原)을 점령하고 북위(北魏) 왕조(386~534)의 기초를 닦은 인물이다. 북위 치하의 북중국은 어느 정도 정치적 안정을 누렸다. 이는 남중국과 전혀 다른 상황이었다. 남중국에서는 수명이 길지 않은 왕조들이 빈번히 교체되고 있었다. 이윽고 북위의 지도자들은 초원(스텝)의 정치·문화적 전통에 등을 돌렸다. 자신들의 나라를 중국식 제국 체제로 개조하고자 했기 때문이다. 그 과정에서 북위는 중국식과 초원식의 제도를 융합했다. 즉 관료 체제(중국식)와, 직업을 상속하는 카스트 제도 비슷한 사회 질서(초원식)를 그 바탕으로 삼았다. 이를 통해 짧은 기간 안에 농업 생산력을 회복하는 데 성공하기도 했다. 안정화 단계에 접어든 이후(485년 이후) 북위의 경제 정책은 군사-농업 우선주의를 재현하는 면모를 보였다. 이는 초기 제국들, 즉 진(秦)과 전한(前漢)의 통치자들이 기본 원칙으로 삼았던 정책이다. 과거의 제국들처럼 북위 또한 공평한 토지 분배, 물품과 노역 등 조세의 단순화, 보편적 징병제 실시 등을 통해 군사력을 강화하고자 했다. 그러나 북중국에서는 남중국에서와 달리 상업이 발달하지 못했고, 화폐의 유통 또한 미미한 정도에 그쳤다.

북위(北魏)는 또한 선비족과 한족(漢族)이 융합된 지배 계층을 형성하고자 했다. 그리하여 선비족 귀족과 한족 귀족 가문 간의 통혼을 권장했다. 그 과정에서 소수의 몇몇 한족 귀족 가문이 지배 계층으로 편입되기도 했다. 그러나 전반적으로 보자면, 북위 치하에서 북중국 한족 토호(土豪) 가문의 사회적 영향력은 상당히 위축되었다. 북위가 토호들의 특권과 부를 직접적으로 박탈해서 그리 된 것은 아니다. 다만 북위에서는 평민에 대한 국가의 직접 통제가 더욱 강화되었다. 선비족 주도의 군사 제도와 균전제(均田制) 등이 그 원인이었다.[1] 북위의 제도적 장치들은 534년 왕조가 막을 내릴 때까지는 물론, 이후 북위를 나누어 이어받아 경쟁하던 두 왕조(동위東魏, 서위西魏)에서도 지속되었다. 수(隋)나라(581~618)를 세운 양견(楊堅)은 589년 북중국과 남중국 모두를 통할하는 통일 제국을 건설하는 데 성공했다. 수나라에서도 북위의 정치 및 제도적 유산은 적지 않은 영향을 미쳤다.

수(隋)나라와 그 뒤를 이은 당(唐)나라(618~907)의 설립자들은 공통적으로, 과거 위대했던 한(漢) 제국에서 정치적 모델을 찾았다. 이들은 중앙 정부의 관료 체제, 성문법에 의한 통치, 유학(儒學)의 진흥, 예법의 실현, 도덕적 규범을 회복하고자 했다. 그러나 이들은 또한 북중국의 다종족 사회와 세계시민적 문화도 받아들였다. 불교 신앙도 그 일환이었다. 분열의 시대 동안 불교는 북중국과 남중국 양쪽 모두에서 깊이 뿌리내렸다. 양견(楊堅)조차 열렬한 불교 신자였다. 그는 백성의 신앙, 가치, 사회적 관습의 중심으로 유교보다 불교를 권장했다. 불교를 통해 서로 다른 민족이 그의 치하에서 하나로 통합되기를 원했다. 수나라와 당나

---

1 Chen Shuang 1998: 189-202.

라의 통치자들은 수백 년 전의 한(漢) 제국보다 훨씬 규모가 큰 세계 제국을 기획했다. 과거 주(周)나라 영역을 넘어 스텝 유목민의 세계와 그 너머까지를 아우르는 대제국이었다. 당나라의 통치자들은 자신의 존엄을 나타내기 위해 스스로를 황제라 일컬었지만, 동시에 칸(khan, "초원의 군주"를 뜻하는 투르크어)이라는 칭호도 사용했다. 양견, 그리고 7세기 후반 잠시 당나라를 지배한 여성 황제 측천무후(則天武后)는 스스로를 전륜성왕(轉輪聖王, çakravartin)으로 일컫기도 했다. 이는 불교에서 진리를 전파하기 위하여 정의로운 전쟁을 수행하는 군주를 의미하는 호칭이다. 이러한 행태 자체는 비잔틴 제국의 로마 기독교 황제들이나 프랑크 제국 혹은 이슬람 칼리프 왕조의 군주들과 다를 바가 없었다. 수나라와 당나라는 모두 공격적인 확장 정책 때문에 무너지고 말았으나, 수당(隋唐) 제국 전성기의 부와 권위는 중국의 이웃 나라에 깊은 영향을 남겼다. 일본과 한반도의 국가들, 그리고 (잠시나마) 티베트조차 수당 제국의 모델을 따랐고, 정도의 차이는 있으나 중국 문자(한자漢字), 정치 제도와 법, 유교 이데올로기, 불교 신앙 등을 받아들였다. 바로 이 시기에 동아시아는 국경을 초월하여 공통된 문명 공동체로 성립되었으며, 이러한 문명적 토대는 오늘날까지도 그대로 이어지고 있다.[2]

동아시아에서는 감히 당(唐)나라를 대적할 상대가 없었지만, 당나라는 스스로 지나치게 엄격한 제도적 장치에 매혹되었다. 이는 오히려 당나라의 재정 및 물류 능력을 감소시키는 결과를 초래했다. 북위(北魏)의

---

2 이 시기 세계사에서 동아시아의 독특한 문화가 형성된 문제에 관해서는 Holcombe 2001 참조.

균전제는 시장의 변화로부터 고립된 소규모 농민을 위주로 하는 제도였다. 즉 정체되고 단일화된 사회가 제도의 전제 조건이었다. 당나라는 균전제를 남중국에도 적용하려 했지만, 자산과 토지 소유의 격차가 크고 상업 활동이 번성한 남중국에는 이러한 제도가 안착될 수 없었다. 인구가 증가하고 늘어가는 세금 부담 때문에 불평등 또한 확대되자, 정착하지 못하고 떠도는 "유민(流民)" 집단이 대규모로 불어났다. 급기야 이들은 국가의 치안 담당 기구를 공격하기 시작했다. 당나라의 재정 행정은 현물을 납부하는 현물세에 크게 의존했고, 농업 이외에 상업이나 산업에서는 세수를 획득하려는 노력이 거의 없었다. 당나라는 필요한 만큼의 동전을 발행하지도 못했다. 세금으로 거두어들인 곡식과 직물을 수집 및 운반하려면 대규모 교통 체계를 구축하지 않을 수 없었다. 여기에는 막대한 비용이 소모되었다. 마침내 8세기 중반 안녹산(安祿山)의 난이라는 대재앙이 닥쳤다. 이를 계기로 북위 이래 이어져오던 제도적 유산은 최종적으로 막을 내렸다. 이후 당나라는 전혀 다른 방식의 재정 정책을 수립할 수밖에 없었다.

북위 치하에서의 회복과 안정

북중국에서 북위(北魏)의 통치가 안정화되자, 중원(中原)의 질서도 어느 정도 회복되기 시작했다. 선비족 군주들은 전통적으로 관료보다 군벌에 의존하여 지역을 통치해왔다. 그러나 탁발규(拓跋珪, 도무제道武帝, 재위 386~409)는 수하 전사들과 부족 단위의 충성 서약 관계를 파기하고, 이들을 북위 왕조에 충성하는 세습 군벌 계급으로 전환하는 매우 특별한 업적을 남겼다.[3] 통치를 시작한 뒤 처음 한 세기 동안 선비족 왕조는 중국의 한족 귀족들과 불편한 동거 관계를 이어갔다. 선비족은 선도적인 한족 귀족 가문에게 고향의 일정 범위에서 백성과 군사에 관한 폭넓은 재량권을 인정해주었다. 398년 도무제(道武帝)는 많은 사람들을 중원에서 새로운 수도 평성(平城) 인근으로 강제 이주시켰다. 이주민은 여러 인종으로 구성된 주민 36만 명과 전문 기술 장인 10만 명이었다. 그곳은 만리장성의 바로 안쪽으로 인접해 있는 초원 지역이었다. 수도 평성의 주민과 선비족 궁정에서 필요로 하는 생필품을 조달하는 것이 강제 이주의 목적이었다.[4] 그곳에서 선비족 유목민과 한족 농민의 이익이 충돌할 때면 공공연한 적대감이 표출되었고, 주기적으로 긴장 관계가 형성되었다. 5세기 중반에 이르러 중원의 인구 회복세가 지속되며 토지가 부족해지자 마침내 토지 수요의 압박이 시작되었다. 한편 북위의 군주는 한족 귀족 가운데 뛰어난 인물을 궁중에 초빙하여 발탁하기 시작했다. 이 때문에 선비족 귀족의 불만도 상당히 높아졌다(지도 5-1).

과거 한(漢) 제국이 무너진 뒤, 특히 311년 낙양(洛陽)에 약탈의 참화가 휩쓸고 지나간 뒤, 토호는 스스로 지역 공동체의 방위와 안전을 책임졌다. 호족이 "요새화된 주거지(오보塢堡)"를 건설하자 여기에 의탁하는 사람들이 많아졌고, 이들은 사병의 역할(부곡部曲)을 자처했다. 요새끼리 서로 연합체를 구성해 장군의 지휘를 따르기도 했으며, 공식적으로 연맹의 의례를 거행하고 서약을 문서로 작성했다. 혼란이 가라앉은 뒤에도 사병은 호족에 예속된 신분으로 남아 있었다. 이들은 호족에게 충

---

3 Graff 2002: 69-72; Lewis 2009: 79-81.
4 Hori 1975: 102.

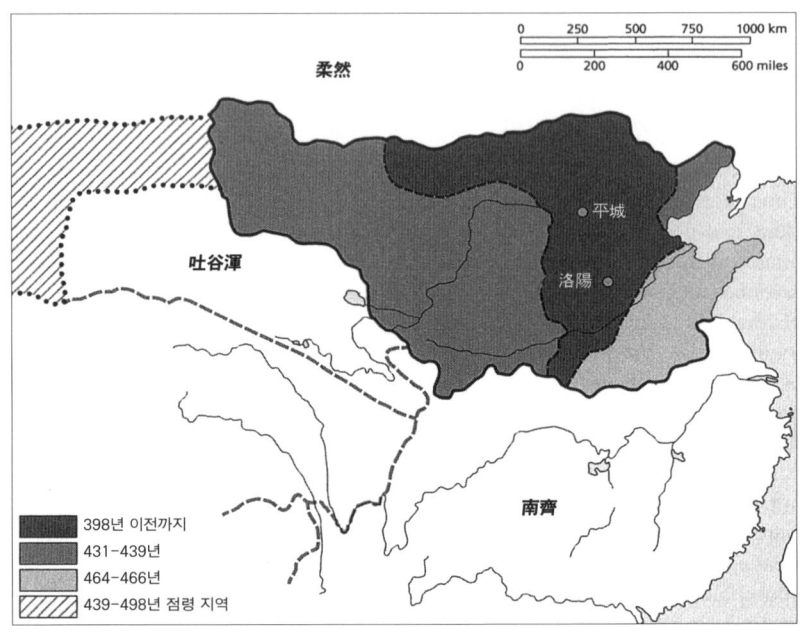

〔지도 5-1〕 북위(北魏)의 팽창

성을 맹세하고 조공을 바쳤다. 그리하여 지역 마을 공동체(이른바 "촌村" 으로, 이때 만들어진 신조어다)의 구성원 신분이 황제에게 예속된 신분을 대체했다.[5] 지방 호족에 의해 동원된 사병에는 친인척도 있었지만, 혈통

---

5 Miyakawa 1956; Hori 1975: 132-33; Liu Shufen 1992: 368-73; Fan Zhaofei and Zhang Mingming 2011. Tanigawa(1985: 100-10)는 전통적 해석을 거부하며, 당시 호족이 지역 사회에서 독재적인 통치자로 군림하지 않았다고 주장한다. 오히려 당시 사회 구조는 "공동체주의"가 강했고, 귀족은 윤리-종교적 가치를 기반으로 설득력 있는 도덕적 리더십을 발휘했다는 것이다. 나 또한 Tanigawa의 주장에 일리가 있다고 믿는다. 최근에 나온 Tanigawa의 공동체론에 대한 비판은 Chittick 2009 참조.

과 상관없는 예속민 혹은 하인도 포함되어 있었다. 당시 친족 집단의 조직 체계는 불분명한 상태였으나, 지방 호족이 친족 집단의 충성도에 크게 의존한 것은 분명한 사실이다. 예를 들어 이현보(李顯甫)는 젊은 시절 저명한 조군이씨(趙郡李氏) 집안의 친척 수천 가구를 모아, 하북(河北) 남서쪽에 있는 태행산(太行山) 인근에서 "사방 50~60리를 개척하여" 정착하도록 이끌었다고 한다. 이현보의 가문 내 위치는 그리 높은 편이 아니었지만(아버지의 관직은 형이 물려받았다), 정착민은 이현보를 종주(宗主, 가문의 대표)라고 일컬었다.[6]

북위(北魏)의 선비족 통치자들은 지역 사회의 질서를 유지하기 위해 처음에는 이현보(李顯甫) 같은 유서 깊은 귀족 가문에 의존했다. 자신의 고향에서 그대로 지방관에 임명된 호족이 적지 않았다. 이렇게 함으로써 북위 왕조는, 특히 하북(河北)과 산서(山西) 지역에서 호족 계층과의 연대를 강화하는 동시에 지역 사회를 더욱 긴밀히 통제할 수 있었다.[7] 이 같은 협력 정책이 북위 정부에게는 부담을 남겼다. 세금을 걷거나 군사를 징발하기가 어려워졌기 때문이다. 460년대에 송(宋)으로부터 산동(山東)과 회북(淮北)을 빼앗은 뒤에는 세금과 군사 수요가 더욱 긴박해

---

6 *BS* 33.1202(悅祖弟顯甫, 豪俠知名, 集諸李數千家於殷州西山, 開李魚川方五六十里居之, 顯甫爲其宗主.《北史: 列傳》). 또한 Fan Zhaofei and Zhang Mingming 2011: 18 참조. Yang Jiping and Li Qing(2003)은 이 기사에 문제를 제기했지만, 이현보(李顯甫)에 관한 사실을 반박하지는 않았다. 북위(北魏)의 지방 통치에서 가문 종주(宗主)의 역할에 관해서는 Li Ping 2000: 365-407 참조.
7 이러한 정책 실시에 대해서는 Ebrey(1978: 52-61) 및 Holmgren(1983)의 하북 중앙 박릉최씨(博陵崔氏) 연구, Mao Hanguang(1990a)의 산서 남부 하동설씨(河東薛氏) 연구, Chen Shuang(1998: 81-134)의 하북 북부 범양노씨(范陽盧氏) 연구가 있다.

졌다. 선비족도 초창기 정복전에 나설 무렵에는 유목 민족의 전통에 따라 공을 세운 장군이나 관료 혹은 귀족에게 넉넉한 수의 전쟁 포로를 나누어 주어 노예로 삼게 했다(이를 동예僮隷 혹은 예호隷戶라고 했다). 당시의 농업 노동 인구 중 이러한 천민이 차지하는 비중은 과거에 비해 훨씬 더 커졌다.[8] 북위는 또한 전쟁 포로 가운데 특별한 기술을 지닌 장인도 천민 신분을 세습하도록 했다. 이들은 궁정을 위해 서기로 일하거나 광대 노릇을 하거나 소금을 만들거나 천을 짜거나 기타 기술자로 일했는데, 통틀어 "잡호(雜戶)"라고 했다.[9] 호족 역시 기술자나 광대를 사적으로 거느리고 있었다. 한족 혹은 선비족 귀족 가문에 예속된 인구가 워낙 많다 보니 국가에서 동원하는 강제 노역은 소규모 농가의 부담으로 남겨졌다. 소농의 수는 상대적으로 그리 많지 않았다. 게다가 473년 선비족 전사를 보조하게 하려고 한족 백성도 군대에 징집하기 시작했다. 그 뒤로는 노역에 동원할 수 있는 대상자가 더욱더 줄어들어 방대한 영토 전역에 드문드문 흩어져 있을 따름이었다. 이러한 형편이다 보니 그나마 남아 있던 소규모 농가도 강제 노역의 의무를 회피하기 위하여 특권 호족 가문의 예속 신분으로 들어가고자 했다.[10]

문명태후(文明太后, 438~490)가 일련의 과감한 개혁을 추진한 배경

8 Wang Yi-t'ung 1953; Hori 1975: 178-79.
9 Hori 1975: 377-88. 북위는 이들에게 지위의 세습을 강제했다. 이들은 마음대로 직업을 바꾸거나 다른 고용주의 밑으로 들어갈 수 없었다. 또한 자유민과의 혼인도 금지되었지만, 이들의 지위는 그래도 노예보다 위였다. "잡호"는 여전히 별도의 가구 단위로 간주되었으며, 노예로 취급되지 않았다. 노예는 이들과 달리 주인과의 관계를 벗어난 사회적 지위가 전혀 없었다. Pearce 1991 참조.
10 균전제 탄생의 동기가 된 무장 인력 수요의 증가에 대해서는 Sagawa 1999 참조.

에는 이러한 문제가 놓여 있었다. 문명태후는 북위(北魏)의 귀족 정치를 중국식 중앙 집권 관료 체제로 바꾸고자 했다.[11] 손자 효문제(孝文帝, 재위 471~499)의 이름으로 섭정을 맡은 문명태후는 선비족 귀족과 몇몇 한족 귀족 가문의 통혼을 통해 융합된 지배 계층을 구축하고자 했다 (태후가 사망한 뒤에도 효문제가 태후의 정책을 계속 이어 나갔다). 또한 문명태후는 선비족이 한족의 언어와 복식과 관습을 받아들이기를 권장했다. 493년 효문제는 북위의 수도를 평성에서 낙양(洛陽)으로 옮겼다. 낙양은 전통적인 중국의 수도로서, 중원(中原) 지역에 있는 도시였다. 수도 이전은 단지 상징적 조치를 넘어 실제로 정착 농경 제국 건설을 강화하고자 한 통치자의 의지를 단적으로 보여주었다.

문명태후는 한족 귀족의 북위(北魏) 정부 참여를 독려하는 동시에 국가의 재정 기반을 더욱 확고히 하고자 했다. 485년 북위는 균전제(均田制)라고 하는 토지 할당 정책을 도입했다.[12] 시행 이후 몇 년에 걸쳐 새로운 정책을 보충하는 제도들이 뒤를 이었다. 그중 가장 중요한 것은 정밀한 주민 등록 체계 구축이었는데, 향촌 사회를 국가의 행정 체계로 편입시키기 위한 것으로 이른바 "삼장제(三長制)"라고 했다. 485년의 토지 제도에 수반하여 (위魏나라와 진晉나라에서 시행한 호조제戶調制를 기

---

11 문명태후가 476년 이후부터 490년 사망하기까지 북위 궁정을 어떻게 이끌었는지, 그리고 그녀가 펼친 한화(漢化) 정책의 내용이 어떠했는지에 대해서는 Li Ping 2000: 194-280; Holmgren 1983 참조.
12 균전제 관련 연구는 매우 방대하다. 일본 학계의 연구 성과에 관한 전반적 개괄은 Sagawa 2001a 참조. 나의 해석은 주로 Hori Toshikazu(1975)의 고전적 연구 및 Sagawa(1999, 2001b)의 교정에 의거한다. 중국 학계에서 가장 중요한 연구는 Yang Jiping 2003이다.

CHAPTER 5 - 정주-유목의 통합과 제국의 재통일

	토지 유형	양민		노비*	소**
		성인 남성	성인 여성		
노전(露田)	정전(正田, 표준 농지)	40무	20무	주거지 이외에는 모두 양민과 같음	30무
	배전(倍田, 추가 농지)	40무	20무		30무
상전(桑田)		20무			
마전(麻田)		10무	5무		
주거지		3인당 1무		5인당 1무	

* 노비의 수는 무제한 인정.
** 가축의 수는 가구당 4마리까지만 인정.

〔표 5-1〕 북위(北魏) 균전제에 따른 토지 분배

반으로 하는) 조세 제도가 개정되었다. 이 제도에 따라 각 가구는 국가가 할당한 토지의 규모에 비례하여 곡식, 옷감, 노동력을 제공해야 했다. 이외에도 국가는 둔전(屯田, 군사 주둔지 보급용) 설치를 위해 전체 토지의 10분의 1을 별도로 남겨두었다.

균전제에 따른 토지 할당이 처음 실행된 때는 492년일 가능성이 가장 높다(표 5-1).[13] 각 가구별로 보유 노동력에 따라 토지를 할당받는데, 사용권을 기준으로 두 가지 유형의 토지가 주어졌다. 1) 곡식을 재배할 수 있는 노전(露田)과, 2) 옷감 생산을 위한 식물을 재배하는 토지다. 옷감 생산용 토지에는 또한 두 가지 경우가 있는데, 비단 생산을 위해 뽕나무를 재배하는 상전(桑田)과, 양잠이 불가능한 지역에서 주어지는 마

---

13 균전제 시행과 관련된 법령의 세부 사항에 대해서는 Gao Min 1987 참조. Gao Min은 균전제가 실제로 시행된 연도에 대해 여전히 485년이라고 고집하지만, 내가 보기에는 일본 학계에서 대체로 합의하고 있는 바와 같이 492년이 타당하다.

전(麻田)이 그것이다. 정부는 각 가정의 성인 남성 1인당 곡식 재배용 토지 40무(畝)와, 옷감 생산용 토지 10 혹은 20무(작물에 따라 차등)를 할당했다. 성인 여성의 경우는 성인 남성의 절반을 할당했다. 노비가 있거나 쟁기를 끌 수 있는 소가 있는 가정은 훨씬 더 많은 토지를 할당받았고, 토지 비옥도가 떨어지거나 인구가 희박한 지역에서는 기준의 2~3배도 받을 수 있었다. 각 가구에서 토지를 할당받은 인물이 사망할 경우, 원칙적으로 노전(露田)과 마전(麻田)은 국가에서 회수했다. 그러나 상전(桑田)은 영구 보유를 인정하고 후손이 상속받도록 했다. 뽕나무 과수원을 조성하려면 많은 시간 투자가 필요한 점을 감안한 조치였다. 할당받은 토지를 매매하는 것은 금지했지만, 경우에 따라 임대는 할 수 있었다. 매년 각 가구의 인원과 가축의 수를 조사했고, 이에 따라 토지 할당도 매년 조정되었다.

균전제는 백성 간의 사적인 예속 관계를 끊고 국가가 직접 백성을 통제 및 관리하기 위한 폭넓은 노력 가운데 하나였다. 균전제를 더욱 정밀하게 다듬어가는 과정에서 북위(北魏)는 백성의 법적 지위를 엄격히 구분했다. 즉 "양인(良人, 문자 그대로 해석하면 "좋은 사람")"과 "천인(賤人)"으로 나누었는데, 천인은 노비와 죄수(죄를 짓고 국가 직속 노비로 편입된 사람의 가족 포함)에 국한되었다. 이 같은 개념 규정에 따르면, 사적인 예속 관계에 놓여 있는 가구나 심지어 "잡호(雜戶)"조차 모두 토지를 할당받을 자격이 주어졌다. 이후로도 수십 년에 걸쳐 북위는 천인에 속하는 일부 범주를 제거하거나 호족과의 사적 예속 관계를 박탈하기 위한 일련의 법령을 시행했다.[14]

균전제를 보면 비록 맹자가 언급한 평등한 토지 분배 제도인 정전제(井田制)가 떠오르기는 하지만, 사실 균전제의 목적은 그보다 더 실용적인 데 있었다. 즉 토지 경작 면적을 최대한 늘리고 국가의 세수 안정을 보장하는 것이었다. 토지 할당 기준을 각 가구의 소비량이 아니라 노동량에 둔 것은 그 목적이 백성의 기본적 생존을 보장하기보다 세금 수입의 안정을 꾀하는 데 있었기 때문이다. 상전(桑田)과 마전(麻田)은 기본적인 세금 의무를 전제로 했다. 즉 각 가구는 직물이나 생사(生絲) 형태로 세금을 납부해야 했다. 결국 균전제는 다양한 목적을 염두에 두고 있었던 셈이다. 농경지의 면적을 늘리는 것, 탈세를 막고 사적으로 예속된 인구를 납세자(특히 군사 징집 대상자)로 등록하는 것, 관리에게 정기적 급여를 지급하기 위하여 정부의 수입을 늘리는 것, 기근 구제를 위하여 지방 단위로 곡식을 저장하는 것(487~488년 극심한 기근이 휩쓸고 지나간 뒤 더욱 중요한 문제가 되었다) 등이 모두 균전제의 목적에 해당되었다. 그러나 이러한 정책으로 토지 소유 개념이 근본적으로 바뀌는 데까지 나아가지는 못했다.[15] 다시 말해 왕망(王莽)이 의도한 것 같은 전적인 국가의 토지 소유 제도를 만들지는 못했다. 가구 및 토지 분배 대상자를 제대로 등록하려는 과감한 개혁 조치에도 불구하고, 노비나 가축을 많이 소유한 자에게 더 많은 토지가 할당되는 현실에는 변함이 없었다. 뿐만 아니라 기존에는 호족의 농장에서 일하는 노동력이 예속 가구였는데(이들도 토지를 할당받을 자격이 있는 자유민이었다), 호족은 예속 가구를

---

14 Hori 1975: 380-86; Takenami 1984; Pearce 1991: 120.
15 이 논점에 대해서는 Hori 1975: 173-75 참조. 중국 학자들은 대부분, 예를 들면 Yang Jiping 2003에서 보듯이, 균전제가 토지의 완전한 국가 소유를 의도했으나 실패했다는 주장을 고수하고 있다.

적극 노비로 편입시키려 했다. 균전제는 이러한 호족의 노력을 더욱 부추긴 셈이 되었다.

균전제는 분명 대토지 소유자에게 직접적 도전이 되었을 것이다. 토지 할당 업무는 이른바 삼장제(三長制)라고 하는 새로운 제도에 의해 임명된 마을 관리가 담당했지만, 정책이 실제로 뿌리내리려면 귀족의 협력에 의지하지 않을 수 없었다. 국가 관료 조직을 귀족이 주도했기 때문이다. 따라서 485년의 토지 관련 법령이 권세 있는 귀족 가문의 기존 토지 소유를 침해하지는 못했을 것이다. 오히려 균전제에 의해 할당되는 토지는 아마도 버려진 들판이나 경작되지 않은 황무지였을 것이다. 그러니까 인구가 밀집되지 않은, 상대적으로 토지가 풍부한 지역에서 토지 할당이 실시되었을 것이다.

실제로 균전제가 시행된 직접 증거로 토지 및 가구 등록 대장(서위계장호부西魏計帳戶簿)이 남아 있는데, 서위(西魏)의 통치를 받던 547년에 국경의 군사 주둔지 돈황(敦煌)에서 작성된 것이다.[16] 이들 고문서에 따르면 균전제는 애초의 계획대로 실시되었다. 가구 구성원이 사망하면 토지를 회수하여 다른 사람에게 할당하는 것도 규정 그대로였다. 그러나 고문서에 따르면 실제로 법령과 중요한 차이가 있었던 것도 사실이다. 대부분의 가구에 주어진 토지의 규모는 법령 규정의 절반 혹은 그 이하였다. 그러나 이 자체로 놀라운 사실은 아니다. 왜냐하면 돈황은 농지가 부족한 사막의 오아시스 도시였기 때문이다. 부족분은 대체로 곡

---

16 이들 고문서에 대한 연구 성과는 상당히 방대하다. 나는 주로 Hori 1975: passim; Ikeda 1979: 37-56에 의거한다.

식을 재배하는 노전(露田)으로, 경작하던 사람이 사망하면 국가에 다시 회수되는 땅이었다. 마전(麻田)은 사정이 현저하게 달랐다. 돈황의 주민 대부분에게 마전은 법령에 규정된 만큼 할당되었다. 마전은 할당받은 가구에게 영구적으로 사유 재산권이 인정되고 상속도 가능했다(표 5-2). 지방 관리들은 언젠가 노전도 법령에 규정된 만큼 지급하고자 했던 것 같다. 그러나 우선적으로 할당한 농지는 어디까지나 마전이었다. 이는 국가 재정 체계상 직물(그리고 직물을 생산하는 여성 노동력)의 중요성을 엿볼 수 있는 대목이다.[17] 노동력을 많이 확보한 가구에 더 많은 토지를 할당한 것으로 보아, 제도의 목적은 토지의 경작을 최대화하는 데 있었으며 토지 소유의 평등보다 노동을 우선시했음을 알 수 있다. 다만 노약자나 장애자 혹은 미성년 남성에게는 규정된 만큼의 토지를 부족함 없이 할당한 것으로 보아(애초에 규정된 양 자체가 훨씬 적었다), 생존을 위한 최소한의 토지를 보장해야 한다는 인식은 있었던 것 같다.

수도에서 멀리 떨어진 지방에서도 토지 할당과 회수가 제대로 이행되었다. 이는 북위(北魏)가 영토 전역에 걸쳐 균전제를 성공적으로 안착시켰음을 의미한다. 그러나 간과하지 말아야 할 점은, 돈황이 중요한 군사 요충지였다는 사실이다. 돈황에서의 균전제 핵심에는 징병 문제가 자리 잡고 있었다. 북위는 물론 그 뒤를 이은 나라들도 돈황 같은 군사

---

17 이 논점에 대해서는 Ikeda 1979: 47-50 참조. 서위가 돈황 지역을 되찾은 때는 불과 3년 전인 544년이었다. 북위가 무너진 이후 중단된 균전제를 다시금 시행하기 시작한 것도 바로 그해였다. 이들 가구에게 부과되는 세금은 가구 구성에 따른 것(즉 가구 구성원에 따라 할당하기로 되어 있는 토지의 규모에 따른 것)이었으며, 실제로 할당된 토지의 규모에 따른 것이 아니었다. Ikeda의 추론은 이러한 사실을 근거로 한다.

단위: 무(畝)

	가구수	인구수	소	토지 할당	할당 기준	실제 할당	합계	가구당
족(足, 완전 할당)	6	장애자, 노인, 미성년 남성 6	1	경작지(正田) 마전(麻田) 주거지(宅園)	80 30 6	80 30 6	116	19.3
삼분미족(三分未足, 4분의 3 할당)	6	성인 남성 11 성인 여성 9	3	경작지(正田) 마전(麻田) 주거지(宅園)	370 155 6	244 135 6	531	88.5
이분미족(二分未足, 2분의 1 할당)	13	성인 남성 18 장애인/노인 남성 1 성인 여성 15 노비 여성 1	2	경작지(正田) 마전(麻田) 주거지(宅園)	570 265 13	170 250 13	848	65.2
일분미족(一分未足, 4분의 1 할당)	7	성인 남성 8 성인 여성 8	0	경작지(正田) 마전(麻田) 주거지(宅園)	220 110 7	− − 7	■	■
무전(無田, 할당 없음)	1	노인 여성 1	0	경작지(正田) 마전(麻田) 주거지(宅園)	10 5 0	0 0 0	0	0
합계	33	성인 남성 37 성인 여성 30 장애인 노동 등 7 노비 여성 1 노인 여성 1	6	경작지(正田) 마전(麻田) 주거지(宅園)	1,250 565 32	500+ 415+ 32	947+	

〈표 5-2〉 균전제에 따른 토지 할당, 돈황(敦煌), 547년

요충지에서는 균전제가 제대로 시행되고 있는지 특별히 주목해서 살펴보았을 것이다.

균전제는 문명태후(文明太后)와 그를 둘러싼 조언자들이 주의를 기울인 여러 가지 정책 중 하나였다. 이들은 국가의 세금 수입을 안정화하는 것은 물론 중앙 집권을 강화하고자 했다. 인구 및 토지 조사를 실시하여 삼장제(三長制)라고 하는 마을의 행정 체계를 수립한 뒤 등록 인구는 2배로 늘어났다. 전체 가구 수로는 500만 가구 이상이었다.[18] 와타나베 신이치로(渡辺信一郎)는 인구 조사를 근거로 북위(北魏) 정부의 수입과 지출을 계산했는데, 그 결과는 [표 5-3]과 같다. 지출 관련 정보는 옷감으로 거두어들인 조(調)를 가지고 정기적으로 급여를 지불한 항목에 국한되어 있지만, 그럼에도 세금 수입이 재정 행정에서 다양한 계층에게 어떻게 분배되었는지를 알 수 있는 자료다. 488년에 수립된 정부의 지출 계획은 다음과 같다.[19]

중앙 정부: 39퍼센트
지방 정부: 20퍼센트
관리 봉급(중앙 관리와 지방 관리 모두): 30퍼센트

---

18 *TD* 7.40a.
19 Watanabe 2010: 308. 다만 기억해야 할 점이 있다. 여기서는 정기적 조세 수입(상조常調)만을 적용했을 뿐이며, 이외에 중앙 정부의 재정 담당 부서 말고 다른 부서로 바로 들어간 세금도 있었을 것이다. 예를 들어 병역세(병조兵調)로 거두어들인 비단([표 5-3]에서 3) 군역 세금)은 군대 사령관에게 바로 들어갔으며, 군사 주둔지의 둔전(屯田)에서 거두어들이는 곡식([표 5-3]에서 4) 둔전 수입) 또한 마찬가지였다.

수입		지출	
1) 정기 세금 常調, 五調		1) 중앙 정부	175만 疋
(a) 곡물 粟調	900만 石	(a) 군대	
(b) 비단과 삼베 絹布調	450만 疋	(b) 의례	
(c) 명주실, 삼실 綿麻調	3600만 斤	(c) 궁정 소비	
2) 부정기 세금 雜調	■	(d) 선물 포상	
3) 군역 세금(비단) 兵調	450만 疋	(e) 봉급	
4) 둔전 수입(곡식) 屯田	3000만 石	(f) 비축	
5) 사찰 소속 승기호의 세금 僧祇粟	■	2) 관료 급여	105만 疋
6) 소금세 鹽稅	30만 疋	3) 지방 정부	70만 疋
7) 상거래 세금 市稅	■	4) 지방 비축	100만 疋
8) 국유지 임대 수입	■		

〔표 5-3〕 북위(北魏) 정부의 수입과 지출 추산

기근 대비 저장: 11퍼센트

우리가 아는 한 이 자료는 제국 중앙 정부가 지방 정부 및 기근 대비를 위해 고정 예산을 편성한 최초의 사례다. 한(漢)나라 때만 하더라도 지방 정부는 그것이 얼마든 중앙 정부에 바치고 남은 예산을 사용해야 했다. 그러나 이제 지방 정부는 총수입 중 자신이 쓸 수 있는 예산을 고정 비율로 확보할 수 있게 되었다. 물론 확보된 예산이라 하더라도 지출에 대한 중앙 정부의 승인은 받아야 했다.

[표 5-3]에서 보는 바와 같이, 북위(北魏)는 세금을 곡식과 직물로만 거두었다. 이는 남중국의 왕조들과 크게 달랐다. 남조는 특히 이 시기에 세금의 상당 부분을 동전으로 대체했다. 그러나 북위의 재정 행정에서

동전이 차지하는 비중은 전혀 없었다. 북위도 495년 자체적으로 오수전(五銖錢)을 주조하기 시작했으나, 새로 주조한 동전은 기껏해야 낙양(洛陽) 인근에서만 유통될 따름이었다. 수도에서 멀리 떨어진 지방에서는 한(漢)나라 때 동전을 여전히 사용했고, 남중국의 여러 왕조에서 발행한 다양한 동전도 동시에 사용되고 있었다. 북위 정부는 직물로 지급하던 관료의 봉급을 일정 비율 동전으로 바꾸는 등의 노력을 기울였지만, 동전에 관한 최소한의 표준과 직물 대비 동전의 고정 환율을 제도화하고자 한 북위 정부의 노력은 끝내 결실을 맺지 못했다.[20]

징병 제도는 물론 균전제와 통합되어 있었다. 삼장제(三長制)를 통해 성인 남성을 15명씩 그룹으로 묶어 이들이 1년씩 돌아가며(즉 15년에 한 번) 병역 의무를 감당하도록 했다. 547년에 작성된 돈황의 등록 대장에 따르면, 순환 근무 주기가 짧아져서 6년 주기에 이르렀다. 이와 달리 둔전(屯田)에 배속된 가구(전체 인구의 10퍼센트를 차지했다는 기록이 있다)는 곡식을 납부하는 한 가지 의무만 다하면 그만이었고, 그 외에 병역 의무뿐만 아니라 정기 및 부정기적으로 부과되는 세금도 면제되었다. 이와 같이 균전제는 병역 및 노역을 부과하는 근거가 되었고, 둔전(병영 근처에 위치했다)은 군대에 식량을 공급하는 역할을 맡았다.

문명태후(文明太后)와 효문제(孝文帝)가 추구한 북위(北魏) 정부와 사회의 심도 있는 개혁은 초원의 부족 문화에 근거한 선비족 군부의 불만

---

20 Miyazawa 2000: 62-66, 2007: 125-29. 안양(하북성)에서 발굴된 북위 시대의 유적에서 동전 2885문(文)이 발견되었는데, 그중 55퍼센트는 동한(東漢) 때, 43퍼센트는 한나라 멸망 이후에 주조된 것이었다. 한나라 이후에 주조된 동전 중 60퍼센트는 무게가 상당히 미달되었다(같은 책: 128).

을 키워갔다. 이들은 초원 전사로서 선비족 전통을 고수했다. 523년 초원 지역의 군부에서 반란이 일어났다. 뒤이은 내전으로 534년 북위 왕조가 멸망했으며, 그 뒤 북중국은 동위(東魏)와 서위(西魏)로 갈라졌다. 550년대에 이들 두 왕조는 각기 다른 왕조로 대체되었다. 동위는 북제(北齊, 550~577)가, 서위는 북주(北周, 557~581)가 그 뒤를 이었다. 서쪽은 인구가 적고 생산성도 낮았으며, 선비족 및 티베트 유목민과 한족 농민이 뒤섞여 사는 지역이었다. 한편 동쪽은 중원(中原) 지역을 기반으로 훨씬 더 자원이 풍부했지만, 대귀족 가문이 주도권을 장악하고 그 아래로는 크고 작은 호족이 다양하게 흩어져 있었다. 동쪽과 서쪽의 왕조는 모두 북위의 제도를 그대로 유지하면서도 자기만의 방식으로 응용을 했다.

북위(北魏)가 멸망한 뒤 수십 년 동안 중원(中原) 지역, 특히 하북(河北)과 하남(河南)에서 한족 귀족층의 세력은 절정에 이르렀다. 한때 북제(北齊)의 재무 관료를 지낸 송효왕(宋孝王)은 북제 시기 잘못된 운영으로 토지 제도가 무너진 사실을 맹렬히 비난했다. 국가에서 토지를 내주자 "힘 있는 귀족은 청탁을 하든 임대를 하든 무슨 수를 쓰든 간에 기름지고 물이 잘 드는 토지를 모두 차지했고, 백성에게는 산비탈의 쪼가리 땅조차 남은 것이 없었다." 북제의 수도 업(鄴) 주변의 국유지는 선비족 귀족에게 선물로 나누어 주었고, 관료의 급여를 대신하여 할당한 토지는 결국 관리의 사유 재산이 되어버렸다.[21] 564년에 시행된 북제의

---

21 *TD* 2.15c. 송효왕의 저서로 알려진 《관동풍속기(關東風俗記)》를 인용했다. 이 책은 지금은 전하지 않는다. 애초 북주가 북제를 점령한 뒤에 출간되었는데, 그 내용은 북제 지도

토지 법령에 담긴 개혁 의지는 그리 분명하지 못했다. 그러다 보니 현실에서는 오히려 관리나 귀족이 누리던 특권을 합법화해주는 효과를 발휘하고 말았다. 보유한 노비 수를 기준으로 할당하던 토지의 규모를 처음으로 제한하는 내용이 포함되기는 했지만, 관직 등급에 따라 노비 수를 최소 60명에서 최대 300명까지 인정해주었다. 법령의 내용이 이처럼 관대하다 보니 무서운 속도로 토지 규모를 늘려가던 귀족을 제한하기는커녕 오히려 부추기는 효과를 가져왔다. 새로운 법령에 따라 노비 보유에 따른 세금을 올렸지만, 자유민에게 부과되는 세금의 절반에 불과했다. 또한 상전(桑田)의 경우 토지를 할당받은 사람의 영구적 소유권(영업永業)을 인정하는 내용도 최초로 법령에 명문화되었다. 빚에 묶인 농민은 자신들에게 할당된 토지의 소유권을 팔 수밖에 없었지만, 여기에 대해 관리는 아무런 관여를 하지 않았다. 그러니 그 후손의 가난은 더욱 가속화될 수밖에 없었다.[22] 결과적으로 북제는 관직 등급에 따라 초래된 토지 소유의 불평등을 법적으로 인정해준 셈이었다. 이러한 불평등은 이후 수(隋)나라와 당(唐)나라의 균전(均田) 정책에도 끈질기게 남아 있는 현상이었다.

서위(西魏)의 실질적 지도자인 우문태(宇文泰)는 542년 동위(東魏)

자들의 권력 남용으로 나라가 망할 것을 미리 예견한 셈이 되었다. 당나라의 두우(杜佑)는 이를 존중하여 《통전(通典)》에 인용했다. 관련된 논점은 Chen Shuang 1998: 152-54 참조. (關東風俗傳曰: 其時強弱相淩, 恃勢侵奪, 富有連畛亙陌, 貧無立錐之地.《通典: 食貨二-田制下》. 저자는 《통전》을 직접 인용하면서 맥락을 풍부하게 살려서 영어로 의역했다. 한국어 번역은 저자의 영역을 최대한 살렸음을 밝혀둔다 - 옮긴이.)

22 Sagawa 2001b: 20-25. 564년에 시행된 토지 관련 법령은 SS 24.677-78 참조.

정복에 나섰다가 휘하의 군사 대부분을 잃었다. 새롭게 군사력을 강화하려면 힘 있는 호족 세력이 보유한 사병을 이용하는 수밖에 없었다. 그가 실시한 새로운 제도를 부병제(府兵制)라 하는데, 지역 주둔군(향병鄉兵) 개념이었다.[23] 이후 10여 년 동안 우문태는 새로운 군사 조직을 전문 직업 군인 조직으로 만들어 나갔다. 부병제하의 부대 단위는 해당 지역의 지도자가 지휘하도록 되어 있고 지도자의 지위 또한 세습되었지만, 시간이 지날수록 지역 지도자에 대한 군인의 충성도가 약해지는 대신 중앙의 직접적 통제는 오히려 강화되었다. 또한 우문태는 부병제를 지원하는 수단으로 균전제를 활용했다. 즉 6개 가구를 하나의 단위로 묶어서, 1가구씩 돌아가면서 1년 단위로 군역에 종사하되, 나머지 5가구는 군역에 나간 1가구에게 음식, 무기, 옷감, 말 등을 공급하도록 했다.[24] 547년에 작성된 돈황(敦煌)의 가구 등록 대장(西魏計帳戶簿)을 보면, 서위가 돈황을 수복한 지 3년밖에 지나지 않은 때였지만 제도가 원활히 집행되고 있었다는 사실을 알 수 있다.[25]

556년 우문태가 사망한 뒤, 우문태의 가문은 공식적으로 서위(西魏)에서 왕위를 넘겨받아 북주(北周)라는 새로운 왕조를 수립했다. 이 무렵 북주의 군사력은 동쪽의 경쟁자보다 우위에 놓여 있었다. 북주의 선비

---

23 사병(私兵)과 부병(府兵)의 관계에 대해서는 지금도 논란이 남아 있다. 일부에서는 사병을 통합하여 부병을 조직했다고 보는 반면, 다른 입장에서는 등록 인구 중에서 직접 징병하여 부병제라는 새로운 제도를 만들었다고 주장한다. 부병제 및 제도의 복잡한 진화 과정에 대한 가장 종합적인 연구는 Kegasawa 1999에서 볼 수 있다. 또한 초기 부병제의 발달에 관해서는 Mao Hanguang 1990b; Graff 2002: 107-16 참조.
24 Kegasawa 1999: 76-144; Watanabe 2010: 339-41.
25 Ikeda 1979: 45-50.

족 통치자들은 관중(關中) 지역의 한족 귀족과 혼인 등을 통하여 긴밀한 관계를 맺고 있었지만, 그럼에도 불구하고 이들은 소규모 농가를 위하여 균전제를 강화하는 정책을 취했다. 보유한 노비나 가축 수에 따라 토지를 더 많이 할당하던 정책을 취소했고, 군역 의무도 6년에 1년 근무에서 12년에 1년 근무로 축소했다. 북제(北齊)와 달리 북주의 토지 법령은 관료 계층보다 소규모 농가에 유리한 법령이었다.[26]

시간이 지날수록 부병(府兵)은 세습적 병역 담당 계층(군인軍人)으로 변해갔다. 한족 가운데 군인(軍人)의 지위를 얻은 자가 급속히 불어났다. 부병제는 일반 백성의 등록 시스템으로 출발했으나 이후 군인의 등록 시스템으로 바뀌었고, 중앙 정부 직속으로 편입되었다. 아마도 선비족 군인과 달리 한족 군인은 시기에 따라 농사를 짓기도 하고 부분적으로 생계를 스스로 해결해야 했을 것이다. 부병제와 옛날에 조조(曹操)가 만든 둔전(屯田)은 비록 서로 다른 원칙에서 출발했지만, 결과적으로 비슷한 모양새가 되었다. 이 두 제도에는 모두 병사에게 자급자족 체계를 갖춰줌으로써 정부의 군비 지출을 줄이고자 하는 의도가 포함되어 있었다. 북주(北周) 왕조에서 부병 계층의 인구는 20만 명까지 확대되었다. 북주의 장군 양견(楊堅)은 과거 문명태후(文明太后)가 권장한 선비족-한족 융합 귀족 가문의 후손이었다. 그는 (자신의 손자이기도 한) 나이 어린 황제를 끌어내리고 스스로 황제의 자리에 올라 어마어마한 규모의 군대를 장악했다. 양견의 군대는 머지않아 그를 통일 제국의 황제 지위에 올려줄 참이었다.

---

26 Sagawa 2001b: 27-30. 6세기에 군사력의 균형이 동쪽에서 서쪽으로 이동해 간 과정에 대해서는 Graff 2002: 97-116 참조.

통일 제국 건설 : 수나라와 당나라

581년 쿠데타에 성공한 양견(楊堅)은 수(隋) 왕조를 선포했다. 그로부터 10년도 채 되지 않은 589년, 양견(문제文帝, 재위 581~604)은 남중국을 정복하는 데 성공하여 중국에 다시금 통일 제국을 수립했다. 문제(文帝)는 제도 개혁 및 국가 건설 정책을 공격적으로 펼쳐 나갔다. 중앙 집중화된 권력을 한 손에 거머쥐기 위해서였다. 기존의 북중국 왕조에서 실시한 제도들, 예컨대 균전제나 부병제는 그대로 이어받았다. 그러나 수나라는 최초의 제국인 진(秦)나라와 놀라울 만큼 유사한 면모를 보였다. 수나라도 진나라처럼 제2대 황제 때 몰락하고 말았다. 618년에 수나라를 대신하여 당(唐)나라가 수립되었다. 당 제국의 황실 또한 북중국의 선비족-한족 융합 가문 출신이었고, 수나라와 마찬가지로 북중국 과거 왕조의 정치 스타일을 그대로 따랐다.

수(隋)나라가 진한(秦漢) 제국의 틀을 준용하여 새로운 제국을 수립하는 데는 엄청난 난관이 있었다. 진한 제국 때와 달리 중국은 이미 다인종 다문화 사회였다. 또한 불교가 주도적 종교로 부상한 뒤 유교는 그만큼 쇠퇴했고, 근 300년의 정치적 분열 시기를 거치는 동안 종교적 다양성은 그만큼 더 강화되었다. 그리고 남중국과 북중국 모든 지역에서 지배층 귀족 가문은 사회 깊숙이 기반을 다져두고 있었다.

수(隋)나라 문제(文帝)는 북중국 귀족 가문에 크게 의존했다. 이들은 학식 있는 관료가 아니라 전사였고, 서위(西魏)와 북주(北周)의 궁정을 주도한 가문이었다. 중원 지역의 귀족 가문과 남중국의 귀족 가문은 모두 문제(文帝)에게 적대적 태도를 보였다. 수나라는 귀족이 누리는 특권적 지위의 기반이 되고 있는 구품중정제(九品中正制)를 신속히 폐지했다. 그에 따른 관료 지위의 세습도 중단했다. 서둘러 제정한 583년의 법령에서는 기존의 귀족-평민 차별을 철폐하고, 과거 제국에서 그랬던 것처럼 관료-백성의 구분으로 대신했다. 황제는 중앙 정부를 강화하기 위해 집행 관서 조직을 체계화했다. 문하성(門下省, 비서실), 내사성(內史省, 사무국), 상서성(尙書省, 행정 관료 총괄)과 육부(六部)가 그것이었다. 이 같은 3성 6부제는 이후 중국에서 왕조 시대 후기까지 그 골격이 그대로 유지되었다. 분열의 시대에 만연한 지방 관료의 사치 행태는 확연히 줄어들었다. 예전에는 지방 행정관이 사실상 호족 가문으로 득세했다. 그러나 수나라는 지방관의 근무지를 2년 내지 3년마다 정기적으로 이동시켰고, 지방관 관할의 군사 조직도 분리시켰다. 따라서 지방관은 순수하게 민간 백성을 관리하는 임명직 관리에 불과하게 되었다.[27]

수(隋)나라는 정치 및 사회적 기반을 북중국 중에서도 서부 지역에 두었다. 그곳은 경제적으로 약한 지역이었다. 농업 생산력이 가장 왕성한 지역이라면 중원(中原)과 강남(江南)이 있었다. 수나라의 첫 인구 조사가 589년에 실시되었는데, 당시 파악된 가구 수는 410만 가구였다. 570년대 말 북주(北周)와 북제(北齊)에서 실시한 인구 조사 결과의 합(690만 가구)보다 훨씬 적은 수치였다. 609년에 수나라가 다시 제국 전역을 대상으로 인구 조사를 했을 때 가구 수는 900만 가구, 인구는 4600만 명이었다. 경작지 면적의 증가는 놀라울 정도여서 무려 280퍼센트가 성장했다.[28]

---

27 수나라의 기초와 문제(文帝)가 도입한 정치 및 제도적 개혁에 관해서는 Wright 1978 참조.
28 Liang Fangzhong 1980: 38(table A.13), 69(table A.21).

수(隋)나라는 균전제를 그대로 유지했지만 약간의 변화가 없지 않았다. 농가에 황무지를 할당하여 개간을 시키는 대신 농지를 할당함으로써 소득을 높여주는 일을 국가의 최우선 사무로 삼았다. 노비와 가축을 소유한 가구에게 더 많은 토지를 할당하는 제도도 폐지했다. 이러한 변화는 물론 대토지 소유주에게 불리하게 작용했다. 북제(北齊)의 관행을 따른 수나라는 여성과 미혼 남성에게 토지 할당을 없애는 대신 혼인 가구를 기준으로 토지를 할당했다. 혼인 가구를 상(床, 침대)이라 했는데, 이것이 균전제의 기초 단위가 되었다. 각 가구의 남성 가장이 전적으로 세금과 노역 의무에 대한 책임을 졌다. 이러한 변화는 말할 것도 없이 가부장적 가정 문화를 강화하려는 의도를 내포했다. 또한 수나라는 관리로부터 충성심을 이끌어내기 위하여 관등에 따라 상당한 규모의 토지를 할당했다.[29] 가장 중요한 정책은 바로 문제(文帝)가 시도한 균전제와 부병제의 통합이었다. 남중국 지역을 정복한 뒤 군인이 집으로 돌아가자 둔전(屯田)은 지방관 관할로 편입되었고, 편입된 토지는 다시 균전제에 의거해서 나누어 주었다. 그리고 세금을 납부하는 남성에게 군역도 부과되었는데, 주로 국경 지역 경계 업무에 배정되었다. 옷감을 지불하고 병역 면제권을 사는 것도 허용되었지만, 문제(文帝)의 정책은 기본적으로 진한(秦漢) 시대 농민-병사라는 이상형에 그 뿌리를 두고 있었다.[30]

수(隋)나라는 제국 전역으로 균전제를 확대하고자 했다. 그러나 과

---

29 Hori 1975: 171-72, 193-226, 235.
30 Watanabe 2010: 357-58, 377-83; Graff 2002: 138-41.

거 남중국의 왕조가 지배하던 지역에서는 실제로 토지 할당이 광범위하게 이루어지지 못했던 것 같다. 벼농사를 지으려면 관개 시설을 건설하고 유지해야 했는데, 이는 막대한 비용과 노동력을 필요로 했다. 그런데 토지를 주기적으로 할당했다 거두어들이기를 반복하는 과정에서는 이러한 대규모 투자의 이점이 큰 폭으로 줄어들 수밖에 없었다. 게다가 남부 지역 농업의 잠재력은 대체로 세력 있는 지주 가문에게 있었다. 이들은 남조의 황제들이 어떤 식으로든 토지 소유를 제한하려 했을 때 적극 반대했던 사람들이다.

문제(文帝)와 그의 아들 양광(楊廣, 양제煬帝, 재위 604~618)은 공적으로 이익이 될 만한 투자라고 생각되면 제국의 자산을 과감하게 쏟아부었다. 과거 한(漢)나라의 수도였던 장안(長安) 인근에 새로 건설한 수(隋)나라의 수도 대흥성(大興城)에는 거대한 창고가 즐비했다. 문제는 옛날 도시를 허물고 그 동남쪽에 훨씬 더 큰 규모의 새로운 도시를 건설했었다. 대흥성과 낙양(洛陽)의 창고에는 "50년은 먹을 수 있는" 어마어마한 양의 곡식이 저장되어 있었다고 한다. 수나라는 국가의 복지 책임을 확대했다. 즉 수나라는 제국 전역에 걸쳐 지역별로 기근 구제를 위한 창고를 설치한 최초의 제국이었다. 또한 문제는 운하 건설에도 착수했다. 대운하는 수도 지역의 부족한 식량을 운송해 오기 위한 교통로였다.

아버지가 사망한 뒤 제위를 물려받은 양제(煬帝)는 낙양을 제2의 수도로 개발했다. 낙양은 대흥성보다 더한 육로 및 수로 교통 요지에 위치해 있었다.[31] 대규모의 강제 노역 동원이 이루어졌다. 동원된 인력만 남

---

31 Xiong 1993.

자 200만 명 이상이었다. 양제는 운하를 잇달아 건설했는데, 나중에 이를 대운하라 일컬었다. 대운하는 농업 생산의 중심지 강남(江南)과 중원(中原)을 낙양과 이어주었다. 대운하 설계는 대규모 도로 및 교량 건설 계획과 함께 실시되었다. 도로와 교량 또한 대운하 못지않은 야심 찬 프로그램이었다. 대운하가 완공된 후 강남 지역의 풍부한 쌀을 수도 및 수도 인근에 주둔하는 군대(부병)에 집중적으로 보급할 수 있었다. 대운하와 도로 체계를 정비한 덕분에 제국 변방의 군사 요충지에 대한 군사적 통제도 강화할 수 있었다. 그러나 이러한 대규모 공사에 들어간 막대한 비용 때문에 민심은 왕조를 떠나고 있었다.

수(隋)나라 통치자들은 또한 과거 한(漢)나라가 점령한 적 있는 외부 지역까지도 다시 정복하고자 했다. 예를 들면 북베트남(602년에 문제文帝가 점령)이나 한반도 같은 지역이었다. 582년 중앙아시아에서 투르크 제국이 둘로 갈라지자 북서부 국경의 압박이 완화되었다. 양제(煬帝)는 한반도를 점령하기로 마음먹었다. 그러나 동북아시아의 정치 지형은 한나라 멸망 이후로 극적인 변화를 겪었다. 한반도에는 세 왕국(고구려, 백제, 신라)이 들어서 있었고, 중국의 지배는 3세기에 막을 내린 뒤였다. 고구려는 한반도의 북부 절반과 북쪽으로 만주까지 차지하고 있었는데, 한반도의 세 왕국 중 가장 강한 나라였다. 양제는 612년, 613년, 614년에 걸쳐 잇달아 고구려 침략을 감행했지만 매번 치욕적인 패배를 안고 돌아와야 했다. 민심의 이반과 내부 관리의 암투가 고조되었다. 양제는 616년 양주(揚州)로 물러나야 했다. 그로부터 2년 뒤 양제는 북주(北周) 왕실의 후손에 의해 살해되었다. 그리고 당(唐)이라는 새로운 왕조가 권력을 접수했다.

당(唐)나라를 세운 이연(李淵, 고조高祖, 재위 618~626) 또한 양견(楊堅)과 마찬가지로 선비족-한족 융합 가문의 후손이었다. 그의 조상 계보는 북위(北魏)까지 거슬러 올라간다. 당나라 초기의 통치자들은 관중(關中) 지역 호한(胡漢) 융합 귀족의 지지를 기반으로 하고 있었지만, 그럼에도 불구하고 유교식 관료 통치를 수나라 때보다는 훨씬 더 비중있게 인정해주었다. 당나라 황제들도 선조들과 마찬가지로 호전적 유목 전사와 초원 문화 전통, 중국식 정치 및 문학의 전통을 모두 이어받은 계승자로 자처했다. 당나라의 수도 장안에서는 세계시민적 문화 양식이 특히 번성했다. 그러나 내부의 피비린내 나는 분쟁이 당나라 궁정의 단결을 가로막고 있었다. 제2대 황제 이세민(李世民, 태종太宗, 재위 627~649)은 왕세자를 살해하고 아버지를 강요하여 제위를 강제로 넘겨받았으며, 측천무후(則天武后)는 이씨 왕조 당나라를 잠시 중단하고 스스로 주(周, 혹은 무주武周, 690~705)의 황제에 올라 불교식 여성 군주를 자처했다. 갈등이 극심했던 측천무후의 정권은 궁정을 주름잡고 있던 호한 융합 귀족 계층을 약화시켰다. 그들은 주로 중원을 기반으로 하는 귀족 세력이었다. 그들의 세력이 약화되자 지방 출신의 학자 겸 관료 계층이 세력을 차지하게 되었는데, 이들은 주로 과거 남중국 왕조들이 통치하던 지역 출신자였다.[32]

당(唐)나라 또한 이전 수(隋)나라와 마찬가지로 북중국 왕조들의 재정 정책을 기본으로 유지하며 약간의 변형을 가했다. 균전제에 따른 토지 소유 관계 법령도 재정비했다. 그러나 앞에서 언급했듯, 남중국 지역

---

32 당나라 초기 지배 계층의 분열과 대립에 관해서는 Twitchett 1973 참조.

에서는 균전제가 시행된 것 같지 않다. 북중국 지역에서도 인구 성장으로 인구 밀도가 높아져 균전제가 규정대로 시행되기는 어려웠다. 규정에 따르면 성인 남성은 농경지(구분전口分田, 할당받은 사람이 사망하면 국가에 반납해야 하는 토지) 80무(畝)와 영구히 소유할 수 있는 토지(영업전永業田, 뽕나무桑 혹은 마麻를 재배한다) 20무를 할당받아야 했지만, 이대로 농경지를 다 받을 수 있는 지역은 북중국 중에서도 인구 밀도가 낮은 지역(즉 관향寬鄕)뿐이었다. 관중(關中)이나 중원(中原) 같은 인구 밀도가 높은 지역(즉 협향狹鄕)에서는 현실적으로 규정의 절반 정도밖에 할당받지 못했다. 690년에서 769년 사이 국경의 오아시스 도시 돈황(敦煌)과 투르판(Turfan)의 인구 등록 대장을 보면, 균전제가 상황에 따라 어떻게 바뀌어 시행되었는지 알 수 있다. 돈황의 경우 영업전은 규정대로 전부 지급되었으나, 구분전은 규정에 훨씬 못 미치는 일부만 지급되었다. 이는 사실상 토지의 사적 소유가 강화되고 있었음을 의미한다.[33] 한편 협향(狹鄕, 인구 과밀 지역)으로 간주되던 투르판의 경우에는 영업전도 경작자가 사망하면 다시 국가에 환수되었다. 게다가 할당되는 토지 규모도 매우 작았다. 성인 남성 1인당 10무(畝)의 토지가 할당되고, 여성이나 미성년자 혹은 노인에게는 더욱 적게 지급되었다.[34] 균전제에서 할당되는 토지가 부족했기 때문에 국가 혹은 사찰 소유의 토지를 임대하는 경우가 많아졌고, 심지어 개인이 할당받은 토지를 임대하는 것은 불법이었지만 이 또한 관행적으로 이루어졌다.[35] 이 같은 투르판의

---

33 Niida 1937: 756-92; Twitchett 1963: 6-9.
34 Nishijima 1966: 672-715; Ikeda 1988; Xiong 1999.

상황은 물론 예외적인 경우에 속하지만 북중국 중원 지역의 이른바 "협향"에서의 사정도 분명 크게 다르지 않았을 것이다.

624년에 당(唐)나라는 균전제를 바탕으로 새로운 조세 제도를 도입했다. 이 제도를 조용조(租庸調)라 하는데, 세 가지 핵심 요소를 따서 일컫는 명칭이었다. 즉 곡식으로 납부하는 세금을 조(租), 성인 남성에게 부과되는 노역을 용(庸), 직물로 납부하는 세금을 조(調)라고 했다.[36] 혼인한 남녀의 가구를 세금의 기본 단위로 하던 예전과 달리, 당나라는 21세 이상 59세 이하의 남성을 세금 단위로 삼았다. 이를 과구(課口) 혹은 정(丁)이라 했다. 규정상 모든 성인 남성은 동일한 규모의 토지를 할당받고 동일한 세금을 납부해야 했다. 세금은 곡식 2석(石, 119리터)과 직물 2장(丈, 6.22미터, 비단이 아니라 삼베 혹은 모시로 납부하면 20퍼센트 추가), 그리고 20일간의 노역이었다. 직물(調)을 더 내고 노역(庸)을 면제받을 수도 있었다. 남중국 지역에서는 직물 대신 곡식(租)을 더 내야 했다. 조용조는 성인 남성을 기준으로 부과되었지만, 납부 책임은 가구의 가장에게 있었다. 조용조의 핵심 중 하나인 직물은 대부분 여성이 생산했을 것으로 추정되지만, 여성에게는 세금 납부 의무가 없었다. 예전 북중국 왕조들에 비하면 당나라 정부는 예속 전문직 가구(잡호雜戶)에 의존하는 비중이 훨씬 더 적었다. 그 대신 지방 정부에 소속되어 돌아가면서 색역(色役)이라고 하는 전문직 업무를 맡았는데, 어느 시점을 기준으로 하더라도 근무하는 인원이 30만 명에 이르렀다. 이들의 임무는 지방

---

35 Hori 1975: 278-326.
36 이하 당나라 세금 제도에 관한 개괄은 Twitchett 1963: 24-34를 바탕으로 했다.

정부의 사무 보조나 비서 업무에서부터 요리사나 마부 일까지 매우 다양했다. 군역도 이러한 특수 노역으로 간주되어, 군역 이외에 기타 정기적으로 돌아오는 노역은 면제되었다.[37]

당(唐)나라의 세금에는 조용조(租庸調)와는 별도로 가구별로 주택과 토지 등의 자산에 부과되는 항목이 있었다. 토지에 대한 세금(지세地稅)은 곡식으로 거두었다. 균전제가 정착되지 못한 남중국 지역의 경우에는 지세(地稅)가 세금 수입의 중심이 되었다. 남중국의 지세는 연간 400만 석(石, 2380만 리터)에 달했다. 처음에는 기근을 대비하여 저장해두는 용도였으나, 8세기에 이르러 중앙 정부의 일반 세수와 통합되었다. 주택에 대한 세금(호세戶稅)은 재산 정도에 따라 9등급으로 나뉘었고, 동전으로 거두었으며, 이는 특히 지방 정부가 사용할 몫으로 지정해두었다. 호세(戶稅)는 상대적으로 그리 많지 않았는데, 740년대에 평균적으로 부과된 호세는 가구당 240전(錢)으로, 조용조를 통해 거두어들인 세금의 5퍼센트에 지나지 않는 규모였다. 다만 이는 토지를 소유하지 않은 자들이 내는 유일한 세금이었다.

대운하를 완성한 뒤 북중국과 남중국의 교통이 훨씬 용이해졌고, 실크로드 육로 수송 또한 번성했다. 그리하여 당(唐) 초기에 원거리 무역이 촉진되었다. 그러나 동전 유통량이 부족해 화폐 경제의 발달에는 한계가 있었다. 621년 당나라는 개원통보(開元通寶)라는 표준 통화를 도입했는데, 이것이 한(漢)나라 초기 이후 역대 왕조를 거치면서 거듭 발행

---

37 Twitchett 1963: 30-31; Watanabe 2010: 409-12. 경우에 따라서는 이러한 특수 임무도 물품이나 돈을 내고 면제받을 수 있었다.

된 오수전(五銖錢)을 대체했다. 그러나 당나라 중앙 정부가 화폐 주조를 직접 관할하지는 않았다. 대부분의 화폐가 지방에서 발행되었다. 특히 초기에는 당나라 황실의 왕자들이 주조를 맡았다가, 나중에는 지방 정부에서 그 업무를 담당했다. 당나라의 동전 생산은 중앙 정부의 통제를 받지 않았음에도 불구하고 8세기 중반 사회 급변기가 오기 전까지 표준을 거의 벗어나지 않았다. 동전 주조량은 연간 2억 개에 달했으나, 여전히 시장의 수요를 따라잡지 못했다. 결국 화폐 위조 또한 만연하여, 당나라는 중국 역사상 어느 왕조보다 위조 화폐 생산량이 많은 나라였다.[38] 직물(비단, 삼베, 모시 포함)은 가장 간편한 방식의 유통 화폐였고, 당나라 초기 재정 행정에서도 사실상 표준 화폐였다. 직물은 동전보다 운반비가 적게 들뿐더러 무엇보다 가치가 안정적이었다. 당나라 정부는 대부분의 세입을 직물로 거두어들여, 병사의 제복을 만들 뿐만 아니라 병사와 관리의 급여도 직물로 지급했다.[39]

당(唐)나라 군대의 핵심은 부병(府兵)이었다. 630년대 중반을 기준으로 350개의 부병 부대가 편성되었다. 대부분이 관중(關中) 지역과 수도인 장안(長安) 지역에 분포해 있었다(지도 5-2). 8세기 초에는 부병 부대가 633개로 늘어났고, 전체 병력의 수는 대략 60만이었다.[40] 부병에 소속된 병사는 보급품과 무기를 스스로 마련해야 했다. 이들은 일종의 전문직(색역色役) 중 하나로서, 병역 이외에 조용조 세금은 면제받았다.

38 Miyazawa 2008: 144-53; 또한 Twitchett 1963: 66-77 참조.
39 Cartier 1976; Trombert 2000.
40 당나라 부병제에 관한 개괄적 해설은 Graff 2002: 189-91 참조. 보다 상세한 설명은 Kegasawa 1999: 267-319 참조.

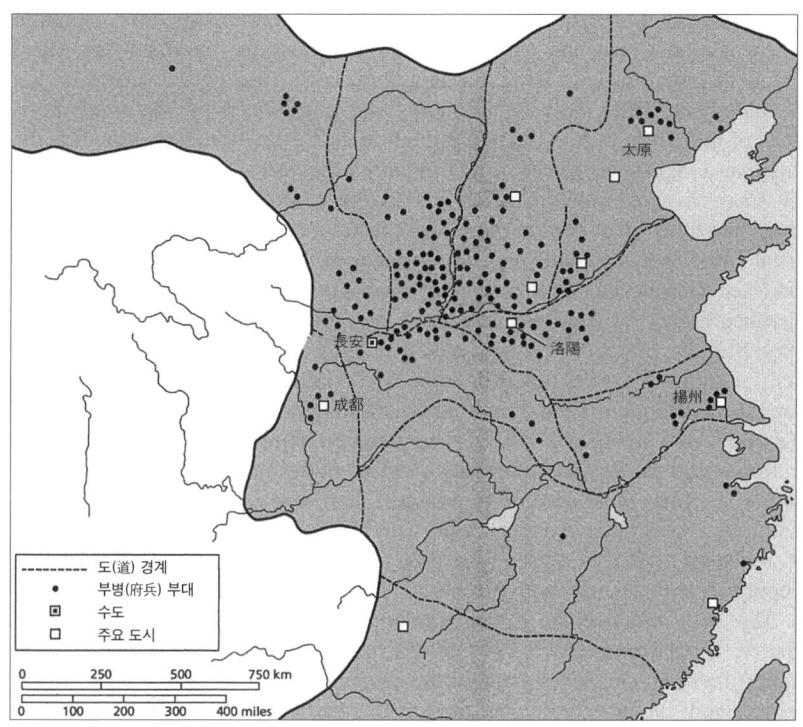

〔지도 5-2〕 당(唐) 초기 부병제 부대 주둔 현황

부병의 군역은 연간 72~75일(주둔지로 이동하는 시간 포함)을 근무해야 했다. 일반 백성에게 부과되는 세금과 노역에 비해 과연 군역이 더 가혹한 부담이었는지에 대해서는 학자들 사이에 의견이 첨예하게 나뉜다.[41]

41 예전의 일본 학자들은 부병제에 따른 군역 부담이 일반 백성에게 부과되는 조용조의 부담과 거의 비슷하다고 주장했다. 이와 달리 Kegasawa(1999: 306-09)는 부병제가 상대적으로 가벼운 부담이었다는 견해를 밝혔다. 그러나 Zhang Guogang(2006: 183)의 연구는 부병제에 따른 군역이 조용조보다 훨씬 부담스러운 의무였음을 보여주었다.

그러나 부병제에 따른 군역을 지는 일은 어느 정도 귀한 대접을 받았던 것 같다. 게다가 높은 관직으로 진출할 수 있는 기회가 주어졌고, 고위직에 오르면 추가적으로 토지 할당도 받을 수 있었다. 또한 당나라에는 부병제에 따른 군대뿐만 아니라 일반 백성을 소집하여 편성한 군대도 있었다. 매년 수십만 명의 백성이 머나먼 국경 지역으로 차출되어 성벽을 쌓거나 망루에서 경비를 서는 임무를 맡았다.[42] 일반 백성에게는 매년 20일의 노역(庸) 의무가 부과되었다. 직물을 납부하고 노역을 면제받는 것도 가능했는데, 특히 남중국 지역에서 그런 경우가 많았다. 이외에 긴급한 상황이 벌어지면 정부에서 잡요(雜徭)라고 하는 강제 노역을 부과할 수 있었다. 이때는 평상시보다 훨씬 긴 시간의 노역이 부과되었다. 잡요에 동원된 인원은 노역 기간이 40일을 넘긴 경우 조용조를 부분적으로 혹은 전적으로 면제받았다.[43]

당(唐)나라의 사회적 기반은 기본적으로 한(漢)나라와 다르지 않아서, 세금 수입 지역(중원 지역과 양자강 유역)과 지출 지역(수도와 국경 지역)이 확연히 나뉘어 있었다(지도 5-3). 한나라 때와 마찬가지로 당나라의 재정 행정은 고도로 중앙 집중화되어 있었다. 사실상 모든 결정권은 재정 수입 담당 부서인 탁지사(度支司)에 집중되어 있었다. [표 5-4]에서 보듯이, 곡물과 직물로 납부하는 세금이 90퍼센트에 달했다. 정부로 들어온 세금을 전달하는 수단은, 특히 국경 지역의 군대에 전달된 것은 대개 비단이나 삼베 같은 직물이었다. 이로써 지불 수단으로서의 직물

---

42 Watanabe 2010: 357-64, 397-99.
43 같은 책: 403-07.

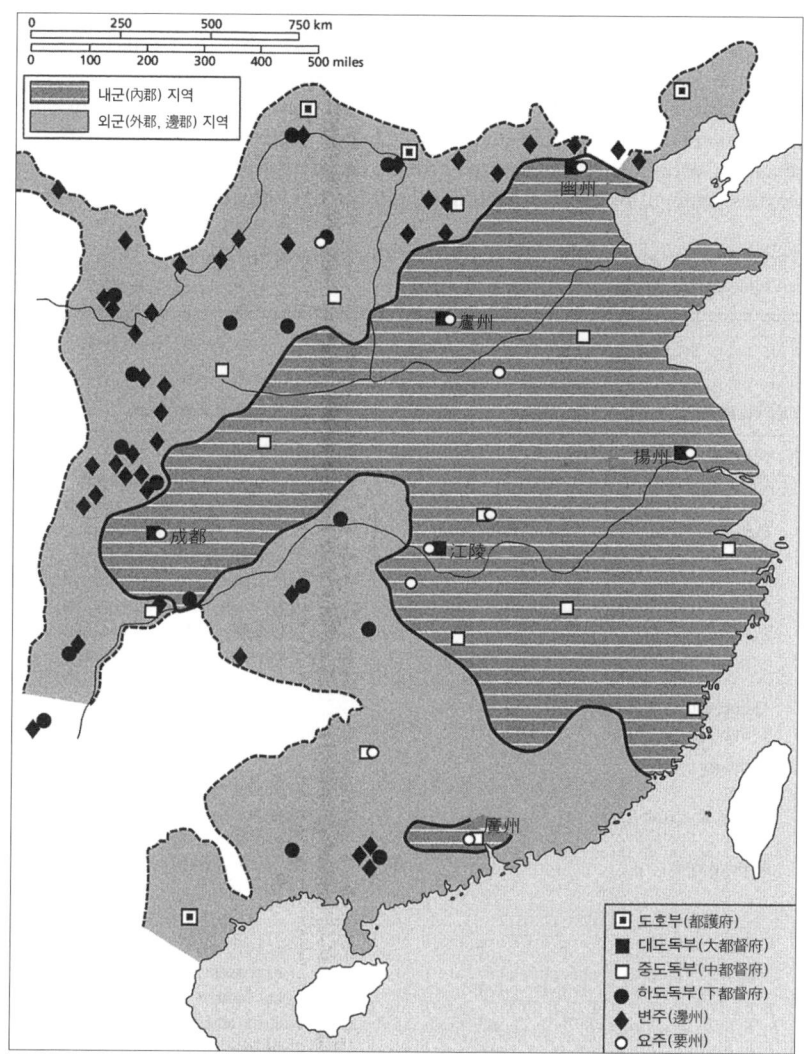

〔지도 5-3〕 당(唐)나라 세금 수입과 물류

단위: 100만

	세금 수입	곡물(石)	직물(疋)	동전(貫)	목적
(1)	도성				
	곡물	3.0			비단과 삼베로 교환하여 도성 창고에 보관
	곡물	3.0			쌀과 콩으로 교환, 왕실 친위대와 궁정과 중앙 관료들의 식사 준비에 사용
	곡물	4.0			강남 지역에서 수납하여 기근 구제용, 창고 저장 물량(義倉米), 관료들의 봉급 등 중앙 정부 지출에 사용
	삼베, 비단, 비단솜(綿)		13.0		장안(長安)에 비축
	삼베, 비단, 비단솜(綿)		1.0		낙양(洛陽)에 비축
(2)	군대				
	곡물	1.9			지역 주둔군(節度使)
	삼베, 비단, 비단솜(綿)		11.0		지역 주둔군 소요 경비, 군량미 구입에 사용
	동전			0.6	군량미 구입에 사용
(3)	지방 정부				
	곡물	5.0			지방 관료 봉급, 교통비 등에 사용
	곡물	8.9			지역 차원 기근 구제 창고 비축용
	동전			1.4	지방 정부의 봉급과 소비 지출, 역참에 사용할 말 구입 비용
(4)	기타				
	삼베, 비단, 비단솜(綿)		2.0		원거리 소규모 행정 기관의 관리 봉급, 교통비 등에 사용
	합계	25.8	27.0	2.0	
	가치 환산 비중*	55%	35%	9%	

* Trombert 2000: 108.

〔표 5-4〕 탁지사 수입 통계, 742~755년경

의 중요성을 다시 한 번 확인할 수 있다.

현실적으로는 조용조 중에서 조세(租稅)로 거두어들인 곡식이 지방 정부의 행정 비용으로 사용되었지만, 그럼에도 당(唐)나라 중앙 정부가 지방 정부의 예산을 상시적으로 편성하지는 않았다.[44] 지방에서 거두어들인 세금의 대부분은 도독부(都督府, 지방 군사 지휘부로, 전국에 43개가 있었다)로 보내야 했다. 재정 행정에서 가장 부담스러운 일은 아마도 세금으로 거두어들인 물품을 운송하는 일이었을 것이다. 매년 800만 명의 인원이 노역에 동원되었는데, 그중 절반 정도가 세금으로 거둔 곡식과 직물을 운송하는 업무에 투입되었다. 당나라 정부는 지방 정부가 개별적으로 물품 운송 인원을 고용하거나 세금으로 거둔 현물을 동전으로 교환하지 못하도록 엄격히 금지했다. 당나라의 재정 행정은 앞서 북위(北魏)에서 수립된 관행을 따라 자체 자원을 통해 직접 관리했을 뿐 결코 시장 메커니즘에 의존하려 하지 않았다.[45]

농업을 비롯한 산업의 발전

분열의 시대 동안에도 한(漢) 제국 당시에 이룩한 농업 개혁은 더욱 원숙해지는 과정을 거쳤다. 특히 북중국 건조 지대의 농업 효율성이 크게 증대되었다. 2년에 걸쳐 세 가지 작물, 즉 대개는 보리(冬麥), 기장(稷), 콩(大豆)이나 유채(油菜)를 돌아가며 재배하는 이년삼숙(二年三熟) 윤

---

44 Ōtsu 1986; Watanabe 2010: 430-38. 당나라의 재정 행정에 관한 일반적 개괄은 Twitchett 1963: 98-106 참조. 당 초기 지방의 재정 자율권 부족에 관해서는 Twitchett 1969-70 참조.
45 Watanabe 2010: 438-50.

작이 이 시기에 널리 보편화되었다.⁴⁶ 콩과 식물, 예컨대 팥 같은 작물은 공기 중 질소를 뿌리에 저장하여 토양에 고착화하는 기능이 있다. 이런 식물을 녹비 작물(綠肥作物)이라 한다. 동물이나 사람의 배설물에 더해서 녹비 작물 이용이 활성화된 것도 이 시기였다.⁴⁷ 밭을 가는 노동력도 인력에서 점차 축력으로 대체되었다. 굽은 쟁기 날과 멍에가 발명되어 소 (두 마리가 아니라) 한 마리만 가지고도 쟁기를 끌 수 있게 되었다.⁴⁸ 쇠스랑을 부착한 써레를 소가 끄는 방식도 이 무렵에 널리 확산되었다.⁴⁹ 이러한 기술적 발전 때문에 가축을 소유한 농가와 그렇지 못한 농가 사이의 격차는 더욱 커졌다. 북위(北魏)의 관료들도 이러한 격차를 충분히 인식하고 있었다. 그래서 상호 협력(인력 및 축력의 공유)을 권장하는 포고령을 여러 차례 발표했다. 예를 들어 5세기 중엽의 포고령에 따르면, 소를 가진 자가 이웃에게 소를 빌려주면 그 대가로 이웃은 소를 빌려준 사람의 밭에서 잡초 제거를 해주도록 했고, 그 비율은 밭갈이 20무(畝)에 잡초 제거 7무였다.⁵⁰ 소를 소유하는 편이 훨씬 유리했으므로 대토지 소유자는 당연히 이를 선호했다. 소규모 농가는 대부분 소를 소유하지 못했다. 547년의 돈황(敦煌) 등록 대장(西魏計帳戶簿)에 기록된

---

46 Yoneda 1989: 199-291. Nishijima(1966: 249-78)는 이 시기에 이년삼작이 보편화되었다는 Yoneda의 견해를 반박하고 있지만, 내가 보기에는 Yoneda의 견해가 더 설득력 있다. Bray 1984: 464 참조.
47 Bray 1984: 293-94.
48 같은 책: 180.
49 같은 책: 223-38.
50 *TD* 1.12c(其有牛家與無牛家一人種田二十畝, 償以耘鋤功七畝, 如是爲差.《通典: 食貨一田制上》). Elvin 1973: 45; Watanabe 1986: 177 참조.

바, 소농 33가구가 소유한 소는 모두 합해서 6마리에 불과했다(표 5-2).

우리가 당시 농업에 대해서 알 수 있는 것은 534년에 출간된 가사협(賈思勰)의 농서《제민요술齊民要術》) 덕분이다. 그는 산동(山東) 지역에서 지방관을 지낸 인물이다.[51] 가사협의 책에는 대규모 농장을 관리하는 데 필요한 세부적 내용들이 매우 구체적으로 기술되어 있다. 밭을 갈거나 곡식을 재배하는 법, 가축을 기르는 법, 과수원이나 연못을 관리하는 법, 양잠하는 법, 술 빚는 법, 음식을 준비하고 양념을 만드는 법 등이 포함되어 있다. 또한 300무(畝)의 토지와 한 쌍의 소가 있으면 한 가구가 먹고사는 데 충분하다는 내용이 있는데, 아마도 후대인 당(唐)나라 때에 어느 편집자가 보충한 것으로 추정된다. 이로 보아 이 책에서 서술된 다양한 활동은 가족 중심의 농가가 아니라 전형적인 대토지 소유자의 농장을 전제로 한 것임을 알 수 있다. 가사협은 서문에서 짤막한 문장으로 유감을 표시하며, 이 책은 학자가 아니라 "가동(家童)"을 위한 책이라고 밝히고 있다. "가동"이란 들판에서 일하는 노동자를 주로 지칭하는 말이었다. 당시 하인 중에서 능력 있는 자를 선발하여 집사나 감독관으로 임명하는 관행이 있었는데, 아마도 가사협이 말하는 "가동"이란 그런 존재를 염두에 둔 표현이었을 것이다.[52] 가사협은 노비의 비용을 여러 가지 물건으로 환산하여 기록한 적은 있지만, 농장의 고용 노동자에 대해서 직접 언급하지는 않았다. 다만 고용 노동자에 대해 간접적으로 "이들

---

51 가사협의 농서에 대해서는 Bray 1985: 55-59 참조. Lewis 2009: 118-25는 가사협의 농서에 기록된 농법을 간략하게 요약해두었다.
52 "Preface", in *QMYS*, 1: 9(鄙意曉示家童, 未敢聞之有識, 故丁寧周至, 言提其耳, 每事指斥, 不尚浮辭.《齊民要術: 自序》).

의 임금은 하루에 땔감 10단(束)인데, 땔감 1단은 동전 3문(文)이다"라고 언급한 적은 있다.⁵³ 300무(畝) 정도의 농장이라면 노동자를 고용하기보다 하인을 동원해서 농사를 지었을 가능성이 크다. 가사협이 말한 이상적 농장을 소대환(蕭大圜)이 찬양한 전원생활에서 다시 마주하게 되는데, 570년경 출간된 책《주서周書》에 소대환의 글이 실려 있다. 소대환이라는 학자는 황실의 후손이었다. 그는 소박한 농장만으로도 만족감을 표하며 이렇게 말했다. "뒷마당에는 과수원이 있고… 앞에는 채소밭이 있으며… 2경(頃)의 땅을 갈아 밥을 해결하고, 10무(畝)의 땅을 갈아 옷감을 해결한다. 3~5명의 시녀(侍兒)면 옷감을 짜기에 충분하고, 4명의 가동(家僮)이면 넉넉히 밭을 간다." 소대환은 닭과 돼지와 양을 기른다고 했으며, 재배하는 작물로는 기장(黍)과 콩(菽)과 아욱(葵)을 언급했다.⁵⁴

가사협은 자신의 책 서문에서 장사를 통한 이문에는 관심이 없다는 듯 상투적인 말들을 늘어놓았지만, 정작 책에는 농장이 도시 근처에 있으면 상당한 이득을 얻을 수 있다는 내용이 포함되어 있다. 순무(蔓菁, 기름을 짜는 데 중요한 식물로, 채소 절임을 담그기도 한다)를 심으면 곡식보다 3배 더 많은 수익을 거둘 수 있고, 과채류(瓜)나 아욱(葵, 널리 재배한 채소로, 의학적 효능이 있다고 해서 귀하게 여겼으며, 1년에 세 번 수확한

---

53 Chapter 46, "Zhong yu baiyang", in *QMYS*, 2: 303(其歲歲料簡剗治之功, 指柴雇人, 十束雇一人, 無業之人, 爭來就作. … 一束三文.《齊民要術 : 種楡柏楊》).
54 *ZS*: 42.758(果園在後, 開窓以臨花卉; 蔬圃居前, 坐簷而看灌畦. 二頃以供饘粥, 十畝以給絲麻. 侍兒五三, 可充紈織; 家僮數四, 足代耕耘.《周書 : 蕭大圜傳》). 소대환은 양(梁)나라의 마지막 황제(간문제簡文帝)의 아들이다. 북중국 지역으로 피신했는데, 동위와 북제의 통치자들이 환영해 받아주었다.

다)을 심으면 곡식 못지않은 수익을 거둘 수 있으며, 느릅나무(楡木)나 백양목(白楊木) 목재를 생산하면 채소보다 더 수익성이 높은데, 나무를 기르는 데 오랜 시간을 투자해야 하지만 수익은 곡식 농사에 비할 바가 아니다.[55] 1경(頃)의 토지에 홍람화(紅藍花, 요리할 때 기름으로 사용할 뿐만 아니라 양초나 염료 혹은 수레 차축 윤활유로도 쓰인다)를 심으면 삼베 300필과 맞먹는 수입을 거둘 수 있다. 1경(頃)의 홍람화를 수확하려면 100사람의 손이 필요하다. 그러니 "하인과 아이를 모아 10명 혹은 100명 단위로 편을 짜서 함께 수확케 하되, 수확량을 정확히 측정해서 그중 절반을 일꾼에게 공평하게 나누어 준다."[56] 가사협은 농장 경영의 한 가지 모델만 제시한 것이 아니라, 지역 환경과 시장 접근성을 고려하여 여러 가지 다양한 대안을 모색했다.[57]

그러나 가사협의 책에서 전혀 눈에 띄지 않는 내용이 있다. 바로 전문 기술 노동에 대한 부분이다. 뽕나무 재배나 양잠은 길게 설명하면서도 비단을 짜는 내용은 없다. 칠기 공예를 설명하는 글에 적절한 관리에 대한 내용만 있을 뿐 제작에 관한 내용은 없다. 농작물을 가공하는 내용은 술을 빚거나 절임 혹은 발효 음식을 만들고 장 담그는 법 정도에 그쳤다. 시장 수요에 대한 농장의 대응은 주요 작물 재배나 일상 소비 음식물 정도에 불과했던 것이다.

---

55 Yoneda 1989: 23-28.
56 Chapter 52, "Zhong honglanhua zhizi", in *QMYS*, 2: 330-31 (負郭良田種一頃者, 歲收絹三百匹. … 一頃花, 日須百人摘, 以一家手力, 十不充一. 但駕車地頭, 每旦當有小兒僮女十百爲群, 自來分摘, 正須平量, 中半分取.《齊民要術: 種紅藍花梔子》).
57 Yoneda 1989: 37.

가사협이 언급한 농장 경영 방식은 당시에 과연 어느 정도로 보편화되어 있었을까? 물론 그 대답은 지역에 따라서 달라질 것이다. 6세기 중반 산서(山西) 북부의 몇 개 마을에 있었던 종교적 기부 목록을 분석해 본 결과, 마을 공동체는 종교적으로 통일되지 않은 고만고만한 형편의 가난한 가구로 구성되었고, 특별히 대토지 소유자나 부유한 가구는 존재하지 않았으며, 친인척 관계로 볼 만한 근거도 없었다.[58] 6세기 말에 이르러 농업에서 예속 노동력의 사용이 급격히 줄어들었다. 577년 북주(北周)는 영토 내의 모든 전쟁 포로를 해방시켰다. 이러한 조치가 현실적으로 어느 정도까지 완전하게 이루어졌는지는 알 수 없지만, 개인 및 국가 소유를 막론하고 과거 북제(北齊) 점령 지역까지도 동일한 조치가 실시되었다. 균전제는 북제와 수(隋)나라에 이르기까지 계속해서 변형되어왔는데, 노비 보유에 따른 토지 할당 특혜는 점점 줄어들다가 결국 폐지되었다. 제국의 질서가 회복되면서 사병의 필요성도 사라졌고, 토지보다는 노동력이 더욱 구하기 어려운 자원이 되었다.[59] 돈황(敦煌)은 실제로 사적인 대토지 소유가 전혀 없었던 지역이다. 8세기 가구 등록 대장

---

58 Hou Xudong 2005: 231-64. Hou는 또한 마을 공동체의 유대가 매우 약했다고 주장한다. 연구 대상 마을들에는 여러 종교 단체가 공존했는데, 이는 아마도 마을 공동체의 단결을 저해하는 요인이었으리라는 것이다. 그러나 이들 마을이 얼마나 대표성이 있는지는 분명하지 않다.

59 Hori 1975: 190-97; Wang Yi-t'ung 1953: 360-61. Tang Changru(1990: 130-34)는 이와 반대로 북주에서 수나라에 이르는 동안 노비 개인의 주인에 대한 예속이 더욱 강화되었다고 주장한다. 그렇지만 수당 대(隋唐代) 대토지 농장에서 가장 중요한 노동력은 이른바 "부객(浮客)"이었다는 Hori의 주장에는 동의하고 있다. 당시 토지를 소유하지 못하고 떠도는 사람들이 무척 많았는데 이들을 부객이라 했다. 이들은 자유민 신분이었고, 아마도 소작농으로 일했던 것 같다.

을 보면, 노비의 수는 인구 중에서 고작 2퍼센트를 차지했다.⁶⁰

방아(연애碾磑)는 곡식을 빻거나 기름을 짤 때 사용하는 기구였다. 이 시기에 방아(수력을 이용하는 물레방아와, 가축의 힘으로 돌리는 연자방아 모두)가 중요한 경제적 자산이었다는 사실은 놀라운 일이다. 대규모 물레방아가 처음 출현한 시기는 3~4세기였지만, 중요한 재산 목록으로 자주 언급된 때는 6세기 이후다. 특히 6세기에 방아가 확산된 이유는, 이때 북중국 지역의 주요 작물과 식생활이 (주로 죽을 쑤어 먹는) 기장에서 (가루로 빻아 국수나 떡 혹은 만두를 빚어 먹는) 밀 중심으로 급격히 변화했기 때문이다. 방아는 대토지 소유자의 입장에서 중요한 수입원이었다. 자신이 생산한 농작물로 가루를 빻거나 기름을 짜는 데도 사용했지만, 임대를 해주고 수입을 얻을 수 있었기 때문이다. 동시에 물레방아 때문에 새로운 분쟁도 일어났다. 특히 수량이 풍부하지 않은 북중국 지역에서 물 사용권을 두고 자주 다툼이 발생했다. 8세기에 당(唐)나라 정부는 터져 나오는 민원을 감당하지 못하고 황실 인척 소유의 물레방아를 파괴한 사례가 몇 차례 있었다. 이들이 농사짓는 데 쓰는 물을 빼돌려서 방아를 돌렸기 때문이다.⁶¹

분열의 시대 동안 직물은 세금의 상당 부분을 차지했으며, 기술적으로도 직물 생산에 상당한 발전이 있었다. 모든 가구에서 직물을 생산하도록 되어 있었다. 북중국 지역에서는 비단과 삼베, 남중국 지역에서

---

60 Ikeda 1973: 139. Ikeda에 의하면, 투르판에서 노비 인구의 비중은 이보다 훨씬 높았다 (아마도 20퍼센트 정도였을 것이다). 투르판은 상업이 훨씬 발달한 지역이었기 때문에 경제적 격차도 그만큼 더 컸을 것으로 Ikeda는 추정한다.
61 Nishijima 1966: 233-49; Amano 1979: 860-62, 905-07; Gernet 1995: 142-50.

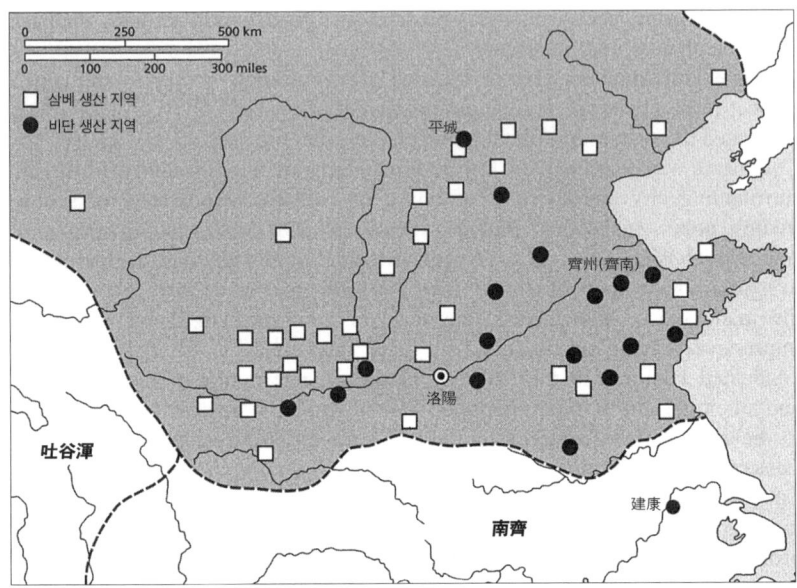

[지도 5-4] 북위(北魏)의 비단과 삼베 생산 지역

는 모시를 비롯한 인피(靭皮) 섬유 직물을 주로 생산했다. [지도 5-4]에서 볼 수 있듯이, 북위(北魏) 시기에 비단 생산은 경제적 중심지인 중원(中原) 지역에 집중되어 있었고, 삼베는 변두리 지역에서 주로 생산되었다. 대마, 모시, 칡 등에서 추출하는 인피 섬유는 길게 뽑아서 서로 꼬아야 비로소 실이 된다. 이는 목화나 양모처럼 짧은 섬유질로 실을 잣는 것과는 다른 방식이었다. 농가의 여인들은 집에서 이른바 "허리 베틀(요기腰機, 날실을 허리에 매고 팽팽하게 당기면서 직물을 짜는 간단한 기계)"을 이용하여 직물을 생산했다. 식물의 섬유질을 이용하는 인피 섬유보다는 비단을 짜는 데 더 많은 시간이 걸렸다. 인피 섬유 직물은 한 필(疋)을 짜는 데 이틀 정도가 걸리는 반면, 비단은 8~16일이 걸렸다(직물의 표준 크기는 너비 56센티미터에 길이 12미터였다). 실을 잣고 직물을 짜는 일은 모두 여성의 몫이었다. 균전제에 따르자면 한 가구 세금의 절반은 여성 노동의 결과물이었다. 뿐만 아니라 가족이 입을 옷을 지을 때도 바로 그 천을 이용했고, 아마도 시장에 내다 팔아서 추가 수입까지 올리곤 했을 것이다. 대토지 소유주는 수직기(手織機) 같은 보다 복잡한 기계를 보유했다. 평직(平織) 이외에 고도의 복잡한 직물을 짜려면 복잡한 기계가 필요했다. 당시의 구전 설화에는 상류층 여인의 직조 기술에 대한 내용이 자주 등장한다. 당시 직조 기술은 아마도 경제적 차원의 문제를 넘어 성별(젠더)과 사회적 위상에 관련된 문제였을 것이다.[62]

수직기가 한(漢)나라 때 중국에서 독자적으로 발달했는지, 아니면 5세기 무렵 위능직(緯綾織)과 함께 중앙아시아로부터 수입되었는지에 대해서는 학자들의 의견이 갈리고 있다. 어느 쪽 의견이 옳든, 한나라 때의 비단 직조 방식인 경능직(經綾織)이 위능직으로 교체된 때는 북위(北魏) 시기였다. 씨실과 날실의 색깔을 달리함으로써 줄무늬와 바둑판무늬를 만들어낸 것도 이 시기였는데, 이는 당시 인도에서 굉장히 유행하는 디자인이었다. 진주 문양, 식물 모티프, 사자나 코끼리 혹은 공작새 같은 이국적인 동물 문양과 함께 인도의 유행 디자인이 중국에 전해졌을 가능성이 매우 크다.[63]

당(唐)나라 초기에는 민간의 상거래를 담당하는 상인들이 큰 재산

---

62 Bray 1997: 191-202.
63 Liu Xinru 1988: 72-75; Li Wenying 2012.

을 모으기도 했다. 그러나 상업 자체는 매우 복잡한 규제 아래 놓여 있었다.[64] 당나라는 진한(秦漢) 제국 때와 마찬가지로 도시의 시장을 공적(公的)으로 관리했다. 거래는 지정된 몇몇 시장에서만 가능했고, 시장에는 벽을 둘러 도시의 다른 지역과 구분했다. 감독관은 시장 운영 시간을 통제하고, 물건의 무게와 수량, 화폐, 사기꾼 등을 엄격히 감시했다. 역내 상인은 모두 정부에 등록하고 정해진 행(行)에 소속되도록 했다. 시장 안에서는 각 행별로 무리 지어 장사를 해야 했다. 그럼에도 불구하고 주요 시장의 규모는 놀라울 정도였다. 장안(長安)에는 대표적인 시장 두 곳이 있었다. 외국 상인들이 장사를 하는 서시(西市)는 실크로드의 종착지로서 이국적인 상품이 넘쳐났고, 동시(東市)는 수도 장안의 상류층이 필요로 하는 다양한 물품을 거래했다. 장안의 동시에는 220행이 있었고, 역시 벽으로 둘러쳐진 낙양(洛陽)의 남시(南市)에는 400개의 여관과 3000개의 상점이 있었다고 한다.[65] 여관은 물론 여행 중인 상인들의 숙소였지만, 이외에도 중개업이나 상품을 저장하는 창고업도 겸했다.

실크로드 전성기의 국제 무역

분열의 시대 중국은 정치적 분열과 거듭되는 전쟁에 시달렸다. 그럼에도 불구하고 국제 무역은 번성 일로를 달렸다. 실크로드가 유라시아 전역에 걸친 무역의 동맥으로 성장한 전성기가 바로 이때였다(지도 5-5). 당시 불교가 인도에서 동아시아로 전파되었고, 멀리 떨어진 스텝 지역

---

64 당나라 초기 상업과 규제에 관해서는 Twitchett 1966 참조.
65 장안의 시장에 관해서는 Xiong 2000: 165-94 참조. 낙양에 관해서는 Xiong 1993 참조.

에서는 초원 제국들이 일어섰다. 그 여파로 경제는 물론 문화 교류가 촉진되었고, 중앙아시아의 카라반 루트가 활성화되었다. 인도와 중국의 외교 및 상업적 교류 관계도 이 무렵에 시작되었다. 750년 이전에 이미 인도의 왕공과 당(唐)나라 정부 사이에 50회 이상의 조공 사절 교환이 이루어졌다.[66] 동남아시아 및 인도양 지역과 해상 무역이 발달한 것도 이때였다. 국제 무역을 통해 기술이 전파되었고, 새로운 패턴의 소비가 촉진되었다. 중국의 비단 생산 기술은 이란, 비잔틴 제국, 인도 등지로 전해지는 한편, 사탕수수 재배 및 설탕 정제 기술은 인도에서 중국으로 전해졌다. 인도 남부 원산의 검은 후추(black pepper)는 8세기 말엽에 이르러 중국에서 주요 작물의 반열에 올랐고, 페르시아 문양이 새겨진 은 접시는 인도 부유층의 식탁에서 빼놓을 수 없는 필수품이 되었다.

유라시아 전역에 걸쳐 가장 중요한 무역 상품은 물론 비단이었다. 중국에서 비잔틴 제국과 지중해 지역으로 수출한 비단은 대개 생사(生絲), 즉 실의 형태였다. 이후 콘스탄티노플에서 염색과 직조를 했고, 그렇게 완성한 비단 천으로 서양인의 취향에 맞는 옷이나 장신구를 만들었다. 양잠 기술이 지중해 동부 지역에 전해진 때는 6세기 무렵이었으며, 이후로는 중국산 비단 수입이 줄어들었다.[67] 그러나 고급 비단은 사정이 달랐다. 인도와 이란 지역에서 자체적으로 양잠 및 비단 생산 기술이 발

---

66 당나라 시기 중국과 인도의 (주로 불교를 매개로 한) 외교 및 상업적 관계에 대해서는 Sen 2003 참조.
67 양잠 기술의 전파 및 비잔틴 제국의 비단 산업 발달에 관해서는 Liu Xinru 1996: 73-91 참조. 양잠 기술은 5세기 무렵 비잔틴 제국이 지배하던 시리아로 먼저 전해졌다. Muthesius 2002 참조.

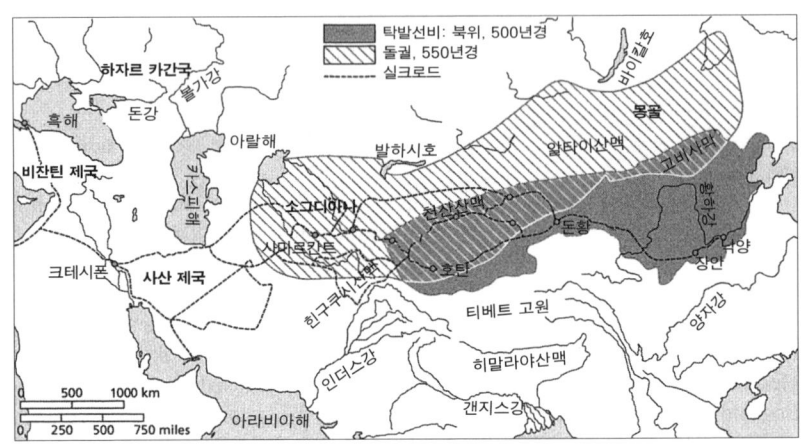

[지도 5-5] 실크로드 무역로

달한 이후에도, 중국산 고급 생사와 비단 수요는 여전히 줄어들지 않았다. 중국으로 수입되는 물품은 주로 사치품이었다. 인도양 및 홍해 지역에서 나는 산호와 진주, 로마의 유리, 옥, 보석, 향수, 향료 등이었다. 이 같은 품목은 대부분 불교의 종교 관습과 관련이 있었다. 의례 행위는 물론이고 사원이나 불상을 장식하는 데도 이러한 물품들이 사용되었다.[68]

한(漢) 제국이 무너진 뒤에는 국경의 군사 주둔 지역에 외국인 상인들이 정착했다. 오아시스 도시들은 중앙아시아 무역로에 점점이 걸쳐 있었다. 국제 상인들이 그곳으로 모여 도시가 번성했다. 4~5세기의 상인들은 타클라마칸 사막 남부를 우회하는 교통로를 선호하여 누란(樓蘭)과 호탄을 지나갔다(지도 5-5). 수십 명, 심지어 수백 명으로 구성된

---

68 Liu Xinru 1988: 54-64, 93-5.

상단이 조직되었다. 이들은 낙타 카라반을 이끌고 중앙아시아의 사막과 산악 험로를 넘어 무역에 나섰다. 예컨대 4세기 호탄에서 작성된 고문서에는 동물 319마리, 비단 4326필을 비롯한 여러 상품을 운송했던 상단이 등장한다.[69] 상인들은 오아시스 도시와 스텝 유목민에게도 직물과 모피, 소금, 술, 곡식, 철제 도구 등을 공급했다.

소그디아나(Sogdiana)는 이란과 아프가니스탄으로 들어가는 길목에 위치했다. 소그디아나 출신의 상인들은 4세기 말엽에 이미 실크로드 무역을 주름잡았다.[70] 6세기에 에프탈과 투르크의 유목 제국이 성립된 뒤에는 소그드 상인의 위상이 더욱 강화되었다. 소그드인은 강요에 의해 투르크와 연맹을 맺었고, 투르크 칸의 행정, 군사, 외교의 범위 안으로 편입되었다. 에프탈과 투르크는 정주 제국의 통치자로부터 막대한 조공을 받아냈다. 사산조 페르시아에서는 은화를 실은 노새가 줄지어 에프탈로 향했고, 6세기 말 북제(北齊)와 북주(北周)의 통치자들은 매년 비단 10만 필을 투르크 칸에게 바쳐야 했다. 유목 제국의 통치자들은 조공으로 받은 물품을 소그드 상인에게 맡겨 처분하게 하는 대신, 그들이 탐내는 물품을 소그드 상인이 가져오도록 했다. 투르크의 보호 아래 이제는 타클라마칸 사막 북방을 우회하는 교통로가 실크로드의 제1무역로가 되었다. 투르판, 쿠차(Kucha), 카슈가르(Kashgar)를 거치는 무역로였다. 7세기 초의 상업 관련 세금 목록에 따르면, 투르판에서 소그드 상인들은 비단, 은, 금, 향수, 사프란, 놋쇠, 의약품, 설탕 등을 사고팔았다.[71]

---

69 De la Vaissière 2005: 188.
70 이후의 내용은 주로 de la Vaissière 2005에 바탕을 두었다.

실크로드 상업 네트워크를 따라 소그드인이 진출하자 무역 디아스포라가 형성되었다. 소그드인은 종교와 언어뿐만 아니라 친족 관계나 경제적 후원 관계로 얽혀 있었다. 이들이 진출하는 곳이면 서로 멀리 떨어진 상업 거점들도 서로 긴밀히 연결될 수 있었다.[72] 많은 소그드 상인이 주요 오아시스 도시로 유입되어 정착했는데, 카라반 무역상뿐만 아니라 여관 주인, 술 만드는 사람, 가축 도살업자, 가죽 처리업자, 가죽 세공인, 예술가, 낙타 편자공 등이 있었다. 북중국의 상업 중심지에는 대규모 소그드인 공동체가 형성되었다. 북위(北魏)는 낙양성 밖에 외국 상인 전용 시장을 만들어주었다. 하타(何妥)라고 하는 소그드인 비단 상인은 6세기 중엽에 중국으로 들어왔는데, 중국의 왕자 측근과 선이 닿아서 굉장한 재산을 축적했다. 그의 맏아들과 조카는 보석 세공 전문가였다. 수(隋)나라 문제(文帝)는 하타의 조카를 황실 보석 세공 작업장의 책임자로 임명했다. 중국에 유리 제작법을 소개해준 사람들도 바로 이 하씨(何氏) 가문이었던 것으로 추정된다.[73] 실크로드 무역을 소그드인이 장악한 뒤로, 소그드인은 재산이 많고 얄팍한 상술을 부린다는 고정관념이 생겨났다. 한족 불교 순례자 현장(玄奘) 법사는 630년에 사마르칸트를 지나간 적이 있는데, 소그드인을 "욕심 많은 사기꾼"이라 평하며 "아비와 아들이 모두 이익을 도모하고, 재물을 귀하게 여기는 데는 귀천이 따로 없다"라고 비난했다.[74]

71 Skaff 1998: 89–93.
72 Skaff 2003. 무역 디아스포라의 개념에 관해서는 Curtin 1984 참조.
73 하씨 가문에 대해서는 de la Vaissière 2005: 144–45 참조.

3세기에서 5세기에 이르기까지 동부 스텝 지역에서는 혼란이 끊이지 않았다. 그 와중에 동전은 모두 사라졌고, 그 대신 직물과 카펫이 지불 수단으로 사용되었다. 5세기와 6세기에는 에프탈이 사산조 페르시아로부터 조공으로 거두어들인 은(銀)이 굉장히 많았다. 그런데 그 은이 중국으로 가는 상단을 통해 동쪽으로 흘러들기 시작했다. 502년부터 640년까지 투르판은 고창국(高昌國)이라고 하는 독립국이었다. 고창국은 사산조의 은화를 기준 화폐로 했는데, 무역 거래 대금이나 임금 및 과수원이나 포도밭 같은 부동산의 임대료 지불 수단으로도 은화를 사용했다(과수원이 아닌 곡식을 재배하는 농지 임대료는 곡식으로 지불했다). 사산조의 은화(당시 이란을 통치하던 아랍의 통치자들이 제작한 모조품)는 640년 당(唐)나라가 투르판을 점령한 뒤에도 여전히 주요 화폐로 기능했다. 그러나 이후로는 화폐 대신 비단이 지불 수단으로 점점 더 중요해졌다. 국경의 군사 주둔지에서 근무하던 중국인 관리와 병사는 급료를 비단으로 받았으므로, 비단을 팔아서 일상에 필요한 생필품을 구입해야 했다. 수(隋)나라와 당나라 정부는 사산조 페르시아의 은화를 중국 본토(China proper)에서 유통할 수 있는 공식 화폐로 결코 인정하려 하지 않았다. 그러나 외국인에 한해서는 은화로 지불하는 것도 일부 허용해주었다. 8세기 즈음에는 투르판 경제에서 이미 은화가 사라졌고, 이를 대신하여 비단과 중국 동전이 자리 잡았다. 이는 투르판이 점점 더 중국 경제권에 더 강하게 편입되었음을 뜻하며, 동시에 실크로드 무역이 그

---

74 *XYJ*: 1.8(志性悁怯, 風俗澆訛, 多行詭詐, 大抵貪求. 父子計利, 財多爲貴, 良賤無差. 《大唐西域記: 颯秣建國》).

CHAPTER 5 - 정주-유목의 통합과 제국의 재통일

만큼 쇠락했음을 의미한다.[75]

기원후 1세기에 메콩강 삼각주에 부남국(扶南國)이라고 하는 왕국에서 상업이 번성하자, 인도양 지역과 중국의 무역도 활성화되었다. 3세기 부남국의 상황이 묘사된 중국의 기록에 따르면, 인도와 사산조 페르시아의 무역선이 그곳까지 와서 거래를 했다. 부남국은 문화적으로 인도의 영향을 강하게 받은 나라였다. 관세는 금이나 은, 진주, 향수 등으로 받았다. 태국에서 가져온 구리와 주석이 부남의 작업장에 공급되었다. 중국, 말레이, 페르시아 상인들이 인도의 후추, 아라비아의 유향, 그리고 상아나 장뇌(樟腦)나 향신료나 약용 식물 같은 이국적인 물품을 싣고 남중국으로 들어갔다. 부남은 5세기부터 쇠락하기 시작했다. 해상무역로가 말레이반도와 수마트라 사이의 믈라카해협으로 바뀌었기 때문이다. 그곳이 더 빠른 지름길이었다.[76] 413년에 중국인 승려 법현(法顯)은 스리랑카로부터 자바 루트를 거쳐 중국으로 돌아왔다. "200명은 태울 수 있는 큰 배를 타고, 수많은 상인으로 구성된 상단과 함께, 50일 예정의 항해에 나섰다."[77] 7세기에 중국과 동남아시아 및 중국과 인도 무역의 주요 중개지로 활약한 곳은 수마트라에 있는 스리위자야 제국이었다.[78]

중국과 일본의 통치자가 직접적으로 의사소통을 한 때는 기원후 3세

---

75 Thierry 1993; Skaff 1998; Helen Wang 2004: 78-88.
76 Hall 2011: 33-66.
77 *FXZ*: 5.145(得此梵本已, 即載商人大船, 上可有二百餘人. … 商人議言: "常行時正可五十日便到廣州, 爾今已過期多日, 將無僻耶?"《佛國記》).
78 Hall 2011: 103-33.

기 이후였다. 남중국 지역의 오(吳)나라와, 일본 왜(倭)의 여왕 히미코(卑彌呼)가 서로 사절을 교환했다.[79] 5세기 무렵 외교 관계는 더욱 긴밀해졌으나, 당시 중국과 일본 사이에 유의미한 무역 관계가 있었다는 근거는 그리 많지 않다. 고고학적 유물을 통해 보건대, 7세기 이전에 중국에서 일본으로 수입된 유물은 거의 다 한반도를 거쳐서 들어왔다.[80] 중국산 청동 거울은 일본 상류층에서 높이 평가되는 귀중품이라 일본에서도 복제품이 제작되었다. 그러나 이 복제품을 만든 사람들조차 중국에서 건너온 이민자들이었던 것으로 추정된다.[81] 수당(隋唐) 시기 중국과 일본의 무역은 대부분 사치품을 취급했고, 대체로 외교 사절의 조공 무역을 통해 이루어졌다.[82] 일본에서 이른바 "가라모노(唐物, 당나라의 물건)"라 하면 선망의 대상이 되는 귀중품이었다. 중국에서 제작된 사치품뿐만 아니라 실크로드 무역을 통해 들어온 상품도 모두 가라모노라고 일컬었다. 쇼무 천황(聖武天皇, 재위 724~749)의 보물창고인 쇼소인(正倉院)에는 비단, 칠공예 목가구, 불교 의례 용품, 필통, 중국산 약재뿐만 아니라 비잔틴 제국의 유리 제품, 페르시아의 은 제품, 나전으로 장식된 치터 악기 등이 있다. 악기의 나전 장식은 소그드인이 낙타 위에 걸터앉아 악기를 연주하는 모습을 표현했는데, 그가 연주하는 악기 또한 치터다.

---

79 구체적인 면모를 알기 어려운 왜국의 여왕 히미코는 일본 최초의 통치자로 기록되어 있다. Kidder 2007 참조. 고대 중국과 일본 사이의 외교 사절에 관한 연구로는 Wang Zhenping 2006이 있다.
80 Farris 1998: 68-97.
81 일본의 3~4세기 고분에서 출토된 청동 거울의 제작처에 관해서는 논란의 여지가 있다. Farris 1998: 42-46; Kidder 2007: 160-85 참조.
82 수당 시기 중국과 일본의 조공 무역에 관해서는 von Verschuer 2006: 1-22 참조.

불교의 경제적 영향

불교를 전파하려고 수도승들이 중국으로 처음 들어온 때는 기원후 1세기였다. 이들은 인도에서 중앙아시아 루트를 거쳐 중국으로 들어왔다. 전파 초기에 불교는 중국 사회에 별다른 영향을 미치지 못했다. 그러나 5~6세기에 이르러 중국 불교는 종교뿐만 아니라 사회 및 경제적으로도 가장 큰 세력이 되었다. 공적으로 혹은 사적으로 불교 사찰에 기부한 재산이 축적되었고, 결국 사찰은 막대한 토지를 보유하게 되었다. 불교 사찰은 종교 의례를 거행하는 과정에서 시주와 기부금을 받았지만, 이외에도 직접 상거래를 하거나 대출을 해주고 이자 소득을 올리기도 했다.

사찰의 경제적 기반이 결정적으로 확대된 때는 5세기 말에서 6세기 초였다. 493년 효문제(孝文帝)가 북위(北魏)의 수도를 낙양(洛陽)으로 옮길 당시 낙양에 있는 불교 사찰이 100곳가량이었다고 한다. 북위가 멸망한 534년 당시 낙양의 사찰 수는 1367곳까지 치솟았다.[83] 법림(法琳)이라고 하는 어느 승려의 주장에 의하면, 북위 시기만 하더라도 귀족과 고위 관료가 세운 거대 사원이 47곳, 사찰이 839곳이었으며, 일반 백성이 설립한 사찰이 3만 곳이었다.[84] 남중국 지역에서도 불교는, 특히 불교의 위대한 후원자로 일컬어지는 양(梁)나라 무제(武帝, 재위 502~549)의 재위 기간 동안 북중국 못지않은 놀라운 확장성을 보여주었다.

유학자들은 불교의 파국적 비용에 분개했다. 그들이 보기에 사찰이나 불상 혹은 의례는 터무니없는 낭비였고, 다른 사람이 가져다주는 물

---

83 Tang Yongtong 2006, 2: 451.
84 Gernet 1995: 4에서 재인용.

질적 공양에 기대어 사는 승려는 사회적 부담이었으며, 사찰에 대한 세금 면제는 지나친 남용이었다. 그러나 당시 불교 사찰로 들어간 자산이 다양한 경제 활동을 촉진한 효과도 없지 않았다. 앞에서 언급했던 것처럼, 실크로드 전성기에 중국으로 들어온 수많은 상품은 불교 신행(信行)과 관련이 있었다. 또한 불교 때문에 장인(匠人)과 상인(商人)의 네트워크도 형성되었다. 이들은 사원과 일반 신도를 대상으로 다양한 신행 물품을 공급했다. 사찰을 건축하거나, 사원의 자산을 유지 및 관리하거나, 종교 의례를 거행할 때면 건축가, 목수, 대장장이, 벽돌공, 청동기 기술자, 조각가, 금은 세공인 등 많은 기술자가 필요했다.

　　6세기 말을 기준으로 성직자로 임명된 승려의 수는 기껏해야 20만을 넘지 않았을 것이다. 그러니까 전체 인구 대비 1퍼센트가 채 못 되었다. 그러나 당시 북중국에서는 전체 인구의 5~6퍼센트에 해당하는 사람들이 허위로 성직자로 등록한 채 세금을 면제받고 있었던 것으로 추정된다.[85] 중국의 승려들은 인도에서 선배들이 그랬던 것처럼 법과 제도를 도입했고, 그 결과 법적 실체로서의 승가(僧伽)가 조직되었다. 중국의 사찰 규칙을 광범위하게 수집한 승려 도선(道宣)에 의하면, 불당과 불상, 경전, 승려의 거주지뿐만 아니라 사찰 소유 토지, 노비, 가축 등이 모두 "상주(常住, 영원한 존재)"로서 승가(승려들의 공동체)에 속했다.[86] 일반적인 재산은 균등 상속을 규정한 법에 따라 세월이 지나면 흩어지게 마련이지만, 이른바 상주(사찰의 재산)는 이 법의 적용을 받지 않았다. 사

85　같은 책: 10-2, 39-40.
86　같은 책: 66-73.

찰 법규에서는 승려들이 임무를 수행하는 데 필수적인 물품(옷, 밥그릇, 지팡이, 기타 일상생활 용품) 이외의 것은 일절 소유하지 못하도록 엄격히 규정했다.[87] 그러나 현실적으로 비구와 비구니는 토지, 수레, 수레를 끄는 동물, 도구, 금은붙이 등의 개인 재산을 소유했으며, 이를 통해 일정한 경제적 독립성을 가질 수 있었다.[88]

사찰은 국가의 후원금과 일반 신도의 시주에 힘입어 토지를 비롯한 상당한 규모의 자산을 보유했다. 사찰의 재산에는 농업 노동자도 포함되었다. 469년 북위(北魏)는 둔전(屯田)에서 거두어들이는 수입의 일부를 불교 사원에 후원했다. 476년부터는 전쟁 포로, 국가 소유 노비, 범법자 가운데 일부를 "승기호(僧祇戶)"로 지정하여 사찰에 "기부"했다. 승기호로 지정된 가구는 기본적으로 노비 신분이 세습되는 사람들이었다. 이들은 사찰 소유 농지에서 일을 했고, 기타 사찰에서 필요로 하는 노동력을 제공했다.[89] 남중국 지역에서도 노비를 사찰에 "시주"하는 것은 일반적인 관행에 속했다.

대형 사찰의 토지는 대개 1000~4000무(畝)였다. 이 정도면 상당한 규모였지만, 대토지 소유자와 비교하면 그리 많은 정도는 아니었다. 8세기의 통계를 보면, 사찰에서 소유한 토지는 제국 전역의 농지 가운데 2퍼센트에 불과했다. 다만 당(唐)나라의 수도 장안(長安)과 낙양 근처에 집중되어 있었다.[90] 12세기와 13세기의 보다 구체적인 자료를 보면,

---

87 불교 승려의 개인 재산에 관해서는 Kieschnick 2003: 83-156 참조.
88 Gernet 1995: 78-93, 131-34. 불교 승려의 상업 및 금융 활동에 대해서는 Trombert 1995 참조.
89 Gernet 1995: 100-12.

불교 조직이 상당히 강세였던 복주(福州, 복건성)의 경우에는 전체 농지의 17퍼센트, 경작 불가능한 토지의 25퍼센트를 불교 사찰이 소유했다. 오늘날 절강성(浙江省)에 속하는 영파(寧波)와 태주(台州)는 사찰의 농지 소유 비율이 서로 비슷했는데, 대개 4~5퍼센트 정도였다.[91] 사적으로 대토지를 소유한 대지주와 마찬가지로 사찰에서도 곡식을 빻거나 기름을 짜는 데 쓰는 도구를 자산으로 소유했고, 여기서 상당한 소득을 올리기도 했다. 돈황(敦煌)의 사찰에서는 이러한 시설을 제분업자나 기름장수에게 임대해주었고, 이들은 매년 사찰에 정해진 임대료를 납부하거나, 혹은 본인이 생산한 곡식 가루나 기름의 일부를 바쳤다.[92]

불교 사찰은 신용 거래 발달에 혁신적 역할을 담당하기도 했다. 사찰은 재산을 저당 잡고 대출을 내주었는데, 인도의 선배들로부터 전해 내려오는 제도를 모방한 것이었다. 이를 고질전(庫質錢)이라 했으며, 돈이나 직물로 지불이 가능했다. 가장 이른 시기의 사례로, 남중국 지역 사찰에서 5세기에 자산을 담보로 하는 대출이 실행되었다. 이러한 대출을 낸 사람들은 주로 유복한 신도였는데, 아마도 사찰의 후원자였을 가능성이 크다. 사찰에서는 유지 존속되는 사찰의 자산을 "무진장(無盡藏, 고갈되지 않는 저축)"이라고도 했다. 돈뿐만 아니라 곡식도 무진장에 포함되었다. 사찰은 부유한 자든 가난한 자든 원하는 이에게 무진장을 빌려주고 이자를 받았다.[93]

90 같은 책: 138-40.
91 You Biao 2003: 110, 116-17.
92 Gernet 1995: 142-52.
93 같은 책: 161-71.

돈황에서 발굴된 9세기 대출 서류 뭉치에서도 사찰은 중요한 신용 제공자 역할을 하고 있었음이 드러났다.[94] 이 고문서에 기록되어 있는 많은 사례들로 보건대, 사찰은 가난한 농민에게 곡식과 씨앗을 빌려주었다. 그중에는 "승기호(僧祇戶)"도 포함되어 있었다. 돈황 고문서에서는 이들을 "사호(寺戶)"라고 일컬었다. 이들은 다음 추수 때까지 사찰에 매여 있어야 했다. 승기호에 대해서는 사찰에서 대출의 대가로 이자를 요구할 수 없었다(대출은 주로 봄이나, 혹은 수확이 실패한 해에는 가을에 이루어졌다). 아마도 사찰로서는 자비를 베풀어야 하는 윤리적 책임이 있었기 때문일 것이다. 그러나 동정심에도 한계는 있었다. 빌려 간 사람이 제때에 빚을 갚지 못하면 부채는 2배로 늘어났다. 개인 간의 대출이나 사찰에서의 대출이나 이런 경우의 이자율은 모두 100퍼센트였다. 이는 실정법 위반이었다. 당시 국법으로는 월 6퍼센트가 이자율의 상한이었다. 그러나 누적 이자가 원금의 100퍼센트를 넘을 수 없다는 규정도 있었기 때문에, 이 법규에 따라 100퍼센트의 이자를 부과했던 것이다. 돈황의 대규모 사찰에서는 이자 수익이 전체 수입의 3분의 1을 차지했다.[95]

대출 계약서에는 빚을 갚지 못할 경우 특정 재산(동산)을 압수한다는 문구가 포함되었다. 10세기 이후로는 압수 물품 대신 보증인이나 담보물이 설정되었다. 담보 대출에는 두 가지 유형이 있었다. 빚을 갚지 못

---

94 이 단락과 이후의 내용은 Trombert 1995의 돈황 고문서에 대한 꼼꼼한 분석을 바탕으로 하고 있다.
95 Gernet 1995: 178.

할 경우 담보물로 대신 갚는 저당 개념(후대의 중국어로 저압抵押이라 한다)과, 돈을 빌려준 사람이 담보물을 마음대로 사용하되 빚에 해당하는 금액이 상쇄되면 원주인에게 되돌려주는 개념이었다. 돈황에서는 전(典)이라는 용어로 두 가지 경우를 모두 지칭했다. 그러나 훗날 전(典, 전매典賣와 같은 어군에 속하는 말)이라 하면 주로 후자의 경우를 가리키는 말로, 현대어로 번역하자면 모기지(mortgage, 담보 대출)와 비슷하다. 돈황에서 몇몇 사례를 보면, 땅을 소유한 자가 빚을 갚지 못하게 된 경우 소유한 땅의 일부에 대한 사용권을 2년 혹은 그 이상(심지어 어떤 경우는 22년) 동안 대출해준 사람에게 양도했다. 이때 대출을 해준 사람은 원금 대신으로 경작권을 받은 셈이었다.[96] 균전제에 따라서 토지는 양도할 수 없었지만, 이 같은 관행이 발달하면서 토지를 잃고 가난의 굴레를 쓰는 사람들이 늘어나게 되었다.

　사찰의 경제력은 845년에 궤멸적 타격을 입었다. 당(唐)나라 황제 무종(武宗, 재위 840~846)은 불교에 대해 광적인 반감을 가진 데다 긴급히 전쟁 자금을 모을 필요도 있어서, 불교 사찰과 승려가 소유한 모든 자산과 재물을 몰수하라는 폐불(廢佛) 명령을 내렸다. 기록에 따르면, 사찰 4600곳과 불교 시설(초제招提, 난야蘭若) 4만 곳이 국가에 몰수되었고, 비구와 비구니 수만 명이 강제로 환속을 당했다. 1년 뒤 무종이 사망하고 나서 폐불령은 해제되었지만, 이미 수많은 불교 기관이 회복할 수 없는 상처를 입은 뒤였다. 일부 지역, 특히 수도에서 멀리 떨어진 복건(福建)이나 안휘(安徽) 지역의 사찰들은 여전히 상당한 규모의 토지를

96　Trombert 1995: 173-78.

소유했다. 그러나 경제 생활에 미치는 불교 사찰의 영향력은 845년의 훼불(毁佛) 이후 쇠락하기 시작했다.[97]

북위의 유산 균전제 소멸

당(唐)나라가 출범한 뒤 한 세기 동안 균전제(均田制)와 부병제(府兵制)는 점점 약화되다가 결국 무너졌다. 이러한 제도는 북중국 지역에서 유목민 출신의 통치자들이 만들었으며, 애초의 목적은 유민(流民)을 정착시키고 국가의 인적·물적 자원을 안정적으로 확보하는 것이었다. 당시는 경제가 급변하고 인력 손실이 막대하던 시기였다. 결국 이러한 제도의 유산으로 중국의 사회와 경제에는 엄격한 획일성이 자리 잡았다. 수(隋)나라와 당나라의 통치 아래 중국에는 평화의 시대가 다시 도래했고, 덕분에 경제적 역량들이 활발하게 펼쳐졌다. 그러나 그것이 곧 균전제의 기반을 침식하는 결과를 가져왔다. 동시에 기나긴 제국의 국경선에서는 끊임없이 전쟁이 벌어져, 부병(府兵)의 훈련과 병사 징집이 매우 곤란한 지경에 이르렀다. 당나라의 재정 시스템은 농업 생산자에게 거두는 곡물과 직물에 크게 의존했고, 농업 이외의 경제 영역에 대해서는 세금을 부과하려는 노력이 전혀 없었다. 이 문제는 이미 7세기 후반 명백히 노출되었고, 8세기에는 통제가 되지 않을 정도로 갈팡질팡했다.

갈수록 토지가 부족해져서 균전제의 운영은 벽에 부닥쳤다. 특히 북중국의 유서 깊은 지역에서 문제가 더 심각했는데, 인구가 점차 불어났기 때문이다. 관중(關中)이나 중원(中原) 같은 인구 밀집 지역에서는 토

---

97 사찰 소유 재산의 규모 파악과 재정에 미친 영향에 대해서는 Ch'en 1956 참조.

지 할당 규정의 절반 정도가 지급되었다. 그러나 이들에게 부과되는 조용조(租庸調)는 실제 토지 할당 규모와 상관없이 일률적으로 부과되었다. 과중한 세금 부담을 견디지 못한 농가는 토지 사용권을 포기할 수밖에 없었다. 땅을 잃은 많은 농민은 대토지 소유주에게 노비로 흡수되거나, 아니면 인구 밀도가 더 낮은 남중국 지역으로 이주했다. 남중국 지역은 농지가 비교적 풍부했고, 균전제도 그리 엄격하지 않았다. 결과적으로 (세금 특혜를 받는) 귀족, 관료, 불교 사찰이 엄청난 규모의 토지를 손에 넣었다. 특히 수도 장안(長安)과 낙양(洛陽) 인근에 이런 부호가 많았다. 8세기에 이르러 당나라 정부에서 "부도호(浮逃戶)"라고 일컬은 이들이 사회적으로는 물론 재정적으로도 심각한 문제로 대두되었다. 장부에 등록된 가구 중 더 이상 세금을 내지 않거나 노역에 동원되지 않는 가구가 많았고, 관리는 누락된 이들의 책임을 지역 공동체에 나누어 부과했다. 724~727년에 유민을 구제하기 위한 특별 정책이 실시되었다. 즉 황무지를 개간한 가구에게는 개간한 농지에 대해 완전한 사유권을 인정해주고 무단 거주에 대한 처벌을 면제해주었다(이들을 "객호客戶"라 했다). 이 정책이 어느 정도 성과를 거두어서 등록 인구가 12퍼센트가량 증가했다. 그러나 개혁 정책에도 불구하고 약 20퍼센트의 인구는 여전히 미등록 상태로 남아 있었다.[98]

동아시아에서 군사적으로 당(唐)나라를 대적할 만한 경쟁자는 없었다. 그러나 650년대에 당나라 정부는 힘겨운 전란을 치러야 했다. 서쪽

---

98 유민에 관해서는 Nakagawa 1962; Tang Changru 1961; Twitchett 1963: 12-6, 27-8; Dong Guodong 2002: 152-82 참조.

으로는 티베트, 북쪽으로는 동투르크, 북동쪽으로는 거란과 고구려를 상대로 전쟁을 했다. 그 이전 640년대에 투르판과 쿠차 등 머나먼 오아시스 도시들을 병합한 뒤, 당나라의 국경 수비대는 이란 접경까지 이어지는 기나긴 국경선에 위험할 정도로 가늘고 길게 분산 배치되었다. 고구려와 적대적 대치를 계속하다가 660년대에 마침내 범-동아시아 "세계 대전"이 발발했다. 당나라와 동맹을 맺은 신라가 한 축이었고, 고구려가 다른 한 축이었으며, 백제-야마토(일본) 동맹이 또 다른 한 축이었다. 당-신라 연합군은 668년 고구려와 백제를 멸망시키고, 일본에게 굴욕적인 패배를 안겨주었다. 그러나 뒤이어 당나라 장군들이 고구려 영역을 차지하려 하자 당나라와 신라의 관계가 악화되었다. 675년에 신라는 당나라 군대를 몰아내고 한반도 전역에서 독보적인 세력을 과시했다. 이 무렵 북서쪽의 군사력 균형도 변화를 겪고 있었다. 당나라는 원정을 위해 거대 규모의 군사를 동원하고, 티베트와 투르크의 도전에 맞서기 위해 국경 수비대를 늘려갔다. 부병제에 따른 징집 횟수가 지나치게 늘어나자 많은 병사들이 징집을 회피했다. 무너진 균전제는 부병제의 생명력을 뿌리째 흔들어놓았다. 8세기로 넘어가는 즈음에 당나라는 일반 백성의 군역 복무 기간을 점점 늘리기 시작했다. 근무 교대 주기가 (1년에서 점차 증가하여) 717년에는 4년으로 늘어났다.[99]

당나라의 근간이 되는 제도에서 날로 심화되는 모순을 제대로 해결하지 못한 이유는 궁정 내의 파벌 다툼 때문이었다. 그러나 736년 당나

---

99 부병제의 붕괴에 관해서는 Kurihara 1964; Graff 2002: 205-9 참조. 복무 기간 연장에 관해서는 Watanabe 2010: 367-68 참조.

라 재상인 이임보(李林甫)는 정부 주도권을 장악하고(독재라고 보는 견해도 있을 수 있다) 폭넓은 개혁을 실시했다. 이임보는 건전한 재정 기반을 회복하기 위해 1) 수백 개로 흩어져 있는 부병 지역 단위를 10개 지역으로 재편했다. 2) 새로운 곡물 운송 시스템을 구축해 지방관은 운송 인력을 징발해야 하는 책임을 면할 수 있었으며, 군대 식량 보급은 시장 구매에 크게 의존했다. 3) 법에 따른 노역 중 많은 부분을 금전 납부로 대체했고, 더불어 전문 기술 인력인 색역(色役) 22만 자리를 철폐했다. 4) 예산 수립 과정을 합리화하고 할당된 범위에서 지방관의 재량권을 대폭 확대해주었다.[100] 이와 같이 재정 정책을 합리화한 결과 국가의 재정 수입 기반이 안정화되었다. 등록 인구는 705년 616만 가구에서 726년 710만 가구, 742년 870만 가구로 늘어났다. 37년 동안 41퍼센트가 증가한 셈이다.[101] 그러나 이러한 개혁은 균전제와 부병제의 명백한 사망을 알리는 부고장이나 다름없었다.

결론

6세기 중국 경제의 면모는 진한(秦漢) 시대와 비교해 근본적으로 달라져 있었다. 분열의 시대에는 어느 나라도 일찍이 진한 제국이 그랬던 것처럼 경제를 장악하지 못했다. 특히 북위(北魏)를 비롯하여 국가가 직접

---

100 이임보의 정부와 주요 개혁 정책에 관해서는 Twitchett 1979: 409-20; Watanabe 2010: 453-61 참조. 부병을 전문 직업 군인으로 대체한 문제는 Graff 2002: 205-14 참조. 예산 수립 과정을 분권화한 문제에 대해서는 Twitchett 1969-70: 91-2; Ōtsu 1986: 1856-59 참조.
101 Dong Guodong 2002: 97, table 2-2.

토지를 관할하려는 노력이 없지 않았지만 귀족 가문 중심의 토지 집중을 막지 못했다. 귀족과 평민 간의 사회 및 법적 차별이 심화되면서 부자와 가난한 자의 골은 더욱 깊어졌다. 이즈음 불교는 막강한 경제 세력으로 등장했다. 주요 불교 사찰의 승려는 대부분 귀족 가문 출신이었다. 사찰이 그 자체로 대토지 소유주가 되었고, 자금 대출에서 수공업 제품 생산에 이르기까지 방대한 경제 영역에 직접 영향을 미쳤다. 가장 큰 의미를 지니는 변화는 남중국의 위상이었다. 국가 경제에서 남중국이 차지하는 비중이 획기적으로 확대된 때가 이 무렵이었다. 당시에도 중국 인구의 대다수는 전통적 중심지인 황하 유역에 남아 있었다. 그러나 획기적인 변화가 일어났고, 그 결과로 중국 경제의 중심이 남부 벼농사 지역, 특히 양자강 삼각주의 강남(江南) 지역으로 옮겨졌다.

618년 이연(李淵)의 당(唐)나라 수립은 끊임없이 이어져온 쿠데타의 정점이었다. 북위(北魏) 멸망 이후 선비족-한족 융합 귀족 가문이 잇달아 나라를 세웠고, 모두가 오래 살아남지 못했다. 그러나 당나라는 거의 300년을 버텼다. 제국 수립 이후 처음 100년 동안 당나라는 평화롭고 번성하는 제국을 안정적으로 유지하는 한편, 이웃한 나라들에도 한(漢) 제국을 능가하는 정치 및 문화적 영향력을 미쳤다. 중국뿐만 아니라 스텝 지역의 전통을 이어받은 계승자로서 당나라 황실은 세계 제국의 시야를 가졌다. 그 결과 외국과의 교역이 전례 없이 번성했다. 당나라의 수도 장안(長安)은 당시 세계에서 가장 큰 도시였다. 아마도 100만 명 이상의 주민이 장안에 거주했을 것이다. 755년 안녹산(安祿山)의 난이 일어난 뒤 당나라의 황금시대는 서서히 막을 내렸다. 이후 8년간 내전이 지속되는 동안에도 왕조는 살아남았다. 그러나 반란으로 중앙 정부는 마비되었고, 정치 및 경제 제도도 근본적으로 수정하지 않을 수 없었다. 따라서 안녹산의 난은 중국 정치 제도사는 물론 지성사의 전통이나 사회 생활사 측면, 뿐만 아니라 중국 경제사에서도 새로운 출발을 알리는 획기적 사건이었다.

CHAPTER 6

당송변혁기의 경제 혁신
755~1127

755년 안녹산(安祿山)이 난을 일으켰다. 소그드인의 후손으로 국경 수비대의 장군을 맡고 있던 그는 제국에 불만을 품고 궁정을 향해 칼끝을 겨누었다. 안녹산의 난으로 당(唐)나라는 풍비박산이 나버렸다. 황제는 장안(長安)으로 피난했지만, 그곳도 안전하지 못하여 다시 남서쪽으로 도망을 쳐야 했다. 안녹산은 756년 장안을 점령했고, 이후 티베트 군대가 그곳에서 약탈을 자행했다. 반란은 763년 마침내 수그러들었지만, 농업 생산의 중심지인 중원(中原)은 폐허가 되어버리고 수많은 사람이 목숨을 잃은 뒤였다. 위구르 용병에 힘입어 당나라 정권은 가까스로 회복되었지만, 지역 군벌에게 대부분의 북부 지역에 대한 실권을 넘겨주지 않을 수 없었다. 반란의 참화를 모면한 당나라 정권은 다만 옛 정권의 그림자에 지나지 않았다. 당나라의 제도적 기반은 이미 돌이킬 수 없을 정도로 파괴되고 말았다.

750~1250년의 시기를 학계에서는 "당송변혁기(唐宋變革期)"라 일컫는데, 중국 경제사의 물줄기가 바로 이때 결정적으로 바뀌었다고 평가하기 때문이다.[1] 이 시기에 중국 경제의 무게 중심이 기존의 중원 지

---

[1] 당송변혁기를 중국사의 결정적 변곡점으로 보는 개념은 20세기 초기의 일본 학자 나이토 고난(內藤湖南)의 연구 성과에서 비롯된 것이다. 나이토 고난은 당송(唐宋) 시기를 중국에서(뿐만 아니라 세계사에서도) 이른바 근세(近世, modern age)의 시작으로 파악한다. 나이토 고난의 제자인 미야자키 이치사다(宮崎市定)는 나이토 고난의 학설을 경제사 개념으로 더욱 구체화했다(Miyazaki Ichisada 1950). 나이토 고난의 학문과 그 영향에 관해서는 Miyakawa 1955; Fogel 1984; von Glahn 2003a: 37-42 참조. 당송변혁기 개념과, 특히 미야자키 이치사다의 해석은 일본의 송대사(宋代史) 연구에서 중심적인 학설로 자리 잡았

역에서 벼농사 중심의 양자강 유역으로 바뀌었다. 북중국에서 남중국으로 대규모 인구가 이동하자 그 여파로 농업 생산, 기술, 산업, 교통, 금융, 국제 무역 등 다방면에서 심오한 변화가 일어났다. 경제가 지속적으로 성장한 덕분에 중국의 인구는 유례를 찾아보기 힘들 정도로 크게 성장했다. 1100년 기준 중국의 인구는 1억 명에 달했다. 한(漢)나라 혹은 당(唐)나라 최전성기(약 6000만)보다 훨씬 많은 수치였다. 당송변혁기에 새롭게 구축된 경제적 기반은 이후 중국에서 왕조 시대 내내 그대로 지속되었다.

당송변혁기를 휩쓴 경제적 변화는 근본 제도의 변화로 나타났다. 균전제가 무너진 뒤 사적 토지 소유가 법제화되었다. 세금 또한 일률적으로 부과되던 당(唐)나라의 조용조(租庸調) 방식이 아니라, 도시나 지방을 막론하고 가구의 보유 자산을 기반으로 차등 부과되는 정책으로 바뀌었다. 인구 대부분에 대한 노역이 폐지되었고, 사적 예속 관계도 오랜 세월 서서히 줄어들다가 이 시기에 마침내 막을 내렸다. 개별 가정의 입장에서는 노동력 부담이 완전히 해소된 것이다. 세금 납부에서 화폐의 비중이 점차 확대됨에 따라, 특히 직물로 지불하던 세금 비중이 급격히 줄어

다(Satake 1996; Maruhashi 2001 참조). 당송변혁기 학설은 서구 학계에도 지대한 영향을 미쳤다. Mark Elvin 1973과 Robert Hartwell 1982의 연구에서 그 영향이 잘 드러나고 있다(Hartwell의 연구는 당송변혁기의 변화를 사회경제적으로 가장 타당성 있게 설명한 것으로 평가되는데, 이에 관해서는 Luo Yinan 2005 참조). 그러나 중화인민공화국에서만큼은 당송변혁기 학설이 별다른 여파를 미치지 못했다. 기존의 교조적인 중국사 시대 구분과 이 학설이 잘 들어맞지 않았기 때문이다. 그러나 1990년대 말 이후 중국 역사학자들의 저술에서는 당송변혁기 학설의 일부를 받아들이는 흔적이 엿보이고 있다. 이 학설을 경제사에서 가장 유의미하게 적용한 연구 성과로는 Lin Wenxun 2011 참조.

듦에 따라 각 가구의 노동력도 그만큼 자유로워졌다. 스스로 필요하다고 생각하는 곳에 노동력과 자본을 투입할 수 있는 자율성이 주어졌다. 인구의 지속적 성장, 잉여 농산물의 증가, 신속한 수로 교통의 발달 덕분에 노동력의 전문화가 훨씬 더 가속화되었다. 화폐 공급량이 크게 증가했고, 새로운 금융 중개 방식이 출현했으며, 자본 출자와 계약 보증 및 상업적 분쟁 해결 등과 관련된 보다 신뢰할 만한 메커니즘이 형성되었다. 덕분에 거래 비용이 크게 낮아졌다. 더욱이 국가의 재정 정책이 경제 전 분야에 걸쳐 강한 영향을 미쳤고, 전체적으로 비용을 낮추고 이익을 늘리는 결과를 가져왔다.

이러한 변화는 제국의 권력이 가장 약화되었을 때 나타났다. 송(宋)나라는 군부의 인물들이 세운 나라였다. 이들은 10세기 전반기 북중국 지역에서 끊임없이 이어진 전쟁을 견디고 살아남은 인물이었다. 조광윤(趙匡胤, 태조太祖, 재위 960~976)이 960년 송나라 수립을 선포했을 당시, 오늘날의 북경(北京) 주변을 포함해 중원의 북부 지역은 거란족 요(遼)나라가 장악하고 있었다. 송나라는 979년에야 비로소 남중국 지역 독립 왕조들을 정복하고 중국을 다시 하나로 통일할 수 있었다. 요나라는 979년, 986년, 1004년에 걸쳐 송나라에 궤멸적 타격을 입혔고, 북서쪽의 탕구트(당항黨項) 왕조 또한 송나라로서는 섬뜩한 위협 요인이었다. 잠시나마 북방의 국경에서 전쟁을 막고 평화를 유지하기 위해 막대한 경계 병력을 유지해야 했고, 은과 비단으로 상당한 물량의 조공을 바쳐야 했다. 1127년 만주에서 여진(女眞)이 금(金)나라를 세우고 급격히 힘을 키워 나갔다. 금나라는 곧이어 송나라의 방어선을 궤멸시키고 수도 개봉(開封)을 점령했다. 북중국은 다시 한 번 이방인 정복자의 수중에 떨어졌다. 송나라는 남중국으로 축소되어 항주(杭州)를 수도로 왕조를 재건했다. 남중국의 활발한 경제는 송나라가 명맥을 유지하는 데 큰 힘이 되었다. 그러나 1270년대에 이르러 몽골의 사나운 공세를 끝내 이겨내지 못한 송나라는 결국 무너지고 말았다.

안녹산의 난이 경제에 미친 영향

안녹산의 반란은 난이 끝난 이후에도 수십 년 동안 영향을 미쳤다. 반란 기간 동안 북중국 지역에서는 수백만 명이 삶의 터전을 잃었다. 그중 많은 사람은 남쪽으로 이주해서 강남(江南) 지역과, 당시 반란군과 대치 전선이 형성된 양자강 중류 지역에 새롭게 정착했다. 이 같은 인구의 이동은 4세기 이후 북방 유목민의 침략이 강화된 이래 꾸준히 지속되어 온 경향이지만, 이 시기 들어 특히 급격하게 진행되었다. 당시의 인구 이동은 중국 인구사에서 획기적 계기가 되었다. 안녹산의 난 이전에는 중국 인구의 3분의 2가 북중국 건조 농업 지대에 거주했으며, 그 중심지인 중원은 인구가 가장 밀집된 지역이었다. 1100년을 기준으로 인구 구성은 정반대로 역전되었다. 전체 인구의 3분의 2가 강남의 벼농사 지역에 거주했고, 북중국에 거주하는 인구는 3분의 1에 불과했다. 이 같은 인구 분포 비율은 오늘날까지도 그대로 이어지고 있다(지도 6-1, 지도 6-2).

안녹산의 난이 일어난 이유는 균전제(均田制)와 조용조 때문이었다. 이 두 가지 제도는 서로 긴밀하게 얽혀 있었다. 반란의 와중에 등록 인구는 4분의 3 이상 줄어들었고, 북중국에서는 군벌이 지역별로 세력을 장악했다. 이들은 일반적으로 세금 수입을 중앙 정부로 전달하던 "상공(上供)"을 거부하거나, 공식적으로 면제받기도 했다(지도 6-3). 중앙 정

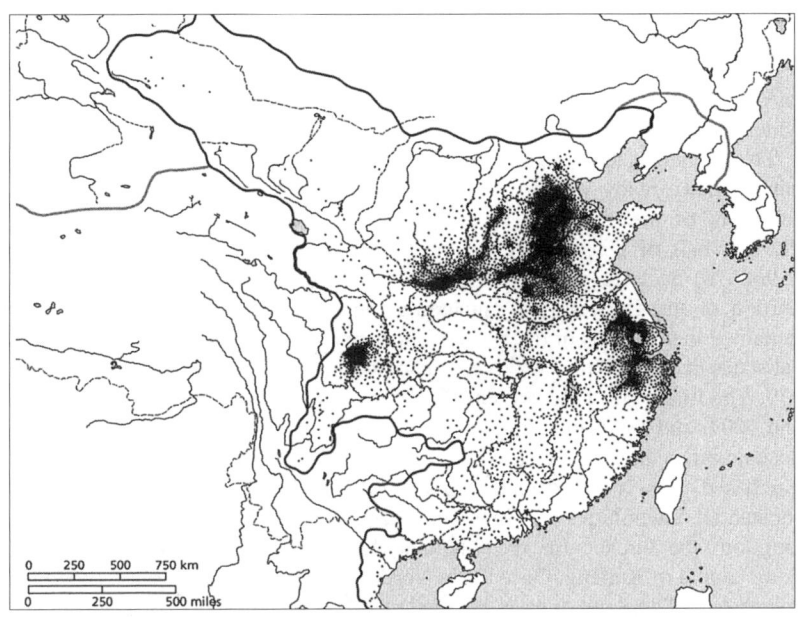

[지도 6-1] 당(唐)나라의 인구, 742년

부의 재정 기반은 주로 남부 지역에 국한되었다. 여기서는 균전제가 제대로 뿌리내린 적이 없었다. 가구별로 거두던 세금(호세戶稅)이 정부의 주요 수입원이었지만, 이외에도 소비와 거래에 부과되는 간접세, 특히 소금세가 중앙 정부의 재정 행정에 주요 버팀목이 되었다.

720년대에 당(唐)나라의 재정 시스템에는 심각한 징후가 나타나기 시작했다. 궁중에서는 상당수의 전권 장관을 임명했다. 재정 전문 관료인 이들은 유민(流民), 세금 탈루, 곡물 이송, 동전 주조 등의 문제를 맡아 해결하고자 했다. 한(漢)나라 때 시행된 소금과 철의 독점 정책을 다시 시행해야 한다는 주장도 이 무렵에 새삼 대두되었다. 지방에서 몇 년

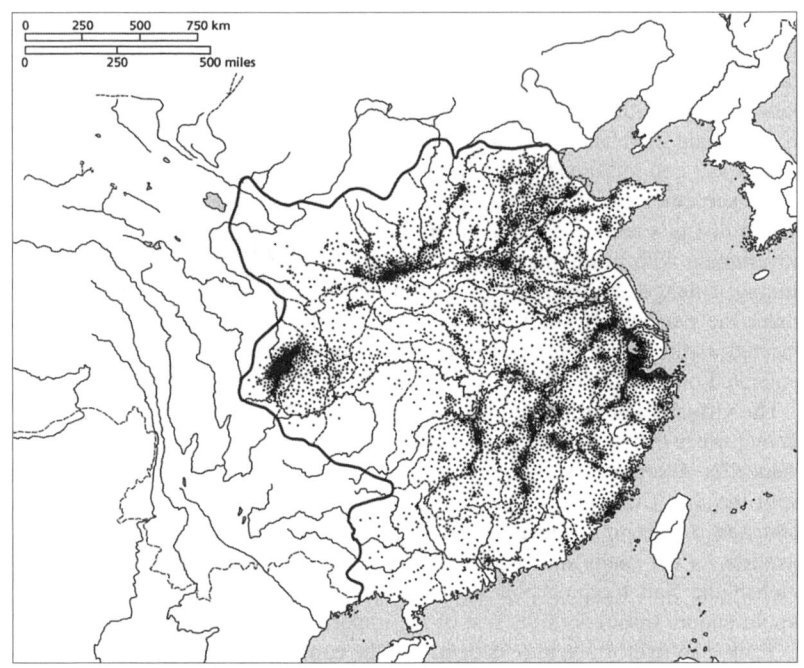

[지도 6-2] 북송(北宋)의 인구, 1102년

에 걸쳐 정책 실험을 거친 뒤, 758년 각염철사(榷鹽鐵使)를 새로 설치하고 소금의 생산과 판매를 독점하도록 했다.[2] 소금 생산자는 모두 국가에 고용되었고, 생산된 소금은 모두 정부에서 임명한 지휘부(감監)에 직접 운송하도록 했다. 감(監)에서는 상당한 이문을 남기고 도매상에게 소

---

2 각염철사(榷鹽鐵使)는 소금과 철의 독점 장관을 의미했다. 이는 한(漢)나라 때의 소금 및 철의 독점 정책을 참조한 것으로, 명칭에는 철과 소금이 모두 포함되어 있지만 당나라 때는 실제로 소금 시장만 관할했다. 철에 대한 국가 독점을 다시 시행하려는 움직임은 전혀 없었다.

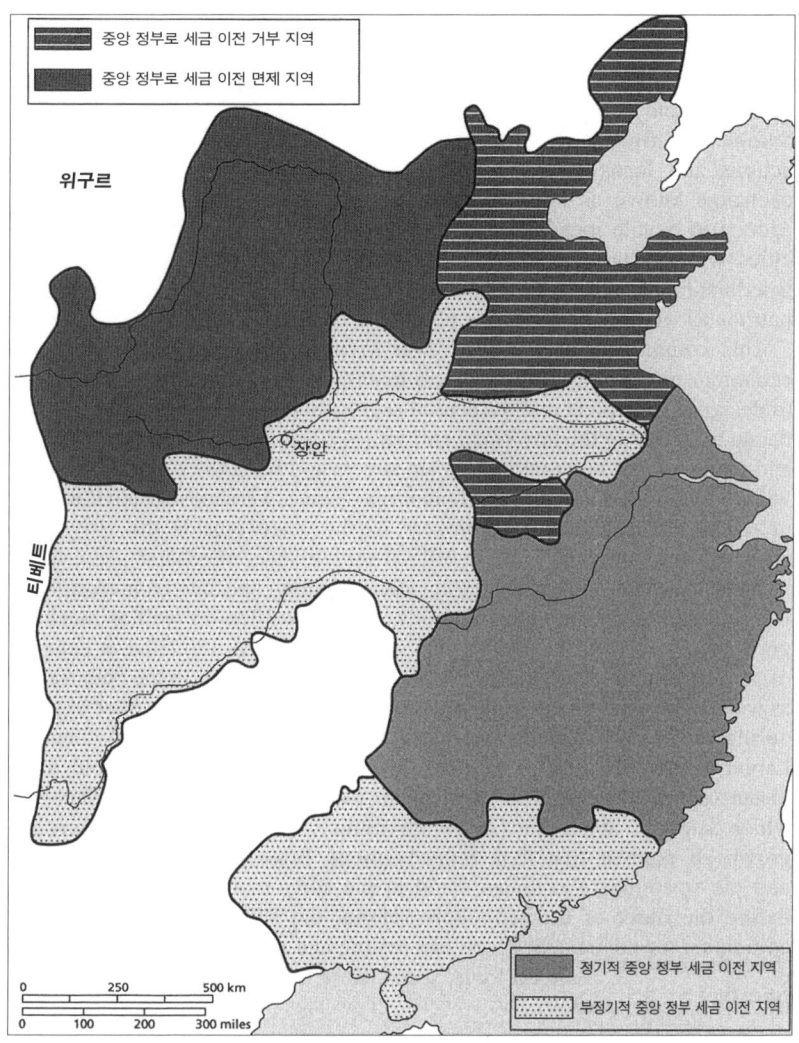

〔지도 6-3〕 당(唐)나라 후기의 재정 기반

CHAPTER 6 - 당송변혁기의 경제 혁신

금을 팔았다. 유안(劉晏)은 760~779년 각염철사의 최고 책임자를 역임했다. 유안이 각염철사로 재임하는 동안 소금 수입은 10배가 늘어났다. 779년 정부 재정 수입의 절반이 여기서 나왔다. 유안은 또한 광산 채굴, 동전 주조, 남중국에서 세금으로 거둔 곡식을 수도로 운송하는 일 등을 모두 각염철사의 관할 아래 두도록 했다. 유안의 뒤를 이어 각염철사를 맡은 관리들도 술이나 차(茶)에 소비세를 추가하기도 했지만, 여기서 거두어들이는 수입이란 미미한 정도였다.[3]

사실상 견제 장치가 없었던 유안의 권력 행사는 다른 관리들의 불만을 샀다. 유안의 강력한 라이벌인 양염(楊炎)은 779년 재상의 자리에 올랐다. 그는 각염철사 수중의 국가 재정 행정 권한을 빼앗아 원래 재정 담당 부서인 태부시(太府寺)에 돌려주었다. 또한 양염은 세금 제도 전반에 대한 개혁을 실시했다. 목표는 현물세를 다시금 국가 재정 수입의 주요 원천으로 회복하는 것이었다. 각염철사를 아예 폐지하려는 양염의 시도는 무산되었다. 그러나 그가 만든 새로운 세금 제도는 당나라가 멸망하기까지 지속되었다.

양염의 개혁은 균전제의 폐지를 선포했다. 동시에 당나라 재정 정책의 근간인 조용조도 폐지했다. 공식적으로 조용조를 폐지하는 대신, 새로운 세금 체제에서는 호세(戶稅, 가구별)와 지세(地稅, 토지별)가 부과되었다. 이를 양세(兩稅)라 했다. 호세는 각 가구를 재산에 따라 9등급으로 나누어 등급에 따라 동전으로 세금을 부과했다. 그러나 현실적으로 동전 부족은 고질병과도 같았다. 그래서 호세는 금세 현물세로 대체되고,

---

3 Twitchett 1954 , 1963: 49-53. 소금 수입의 기준 연도는 같은 책: 264, n. 20에서 인용.

주로 직물로 납부했다. 지세는 원래부터 곡물로 거두었다. 호세는 늦여름에, 지세는 가을에 거두었다. 1년에 두 번 세금을 낸다고 해서 양세(兩稅)라고 일컬었다.[4]

양세는 사실 현실 상황을 합리화한 조치였을 뿐이다. 그러나 경제철학적 관점에서 이러한 개혁 조치는 근본적이고도 장기 지속적인 변화를 내포하고 있었다. 균전제가 함축한 평등의 원칙과, 토지 집중화를 제한할 수 있는 정책적 수단을 포기했기 때문이다. 이후로 1950년대에 중화인민공화국의 공산당 체제에서 집단 농장 정책이 실시되기 전까지는, 어떤 심각한 정책을 써도 이를 되돌릴 수 없었다. 정부와 정부의 핵심을 차지한 유학자 관료는 토지 소유의 불평등을 인정하고, 그 대신 농지의 규모에 따라 세금을 부과하는 진보적 정책에 집중하고자 했다. 게다가 새로운 세금 체계는 중앙 정부가 부과하는 노역도 폐지했다. 지방 관리는 당면 과제가 있을 때 여전히 (이른바 잡요雜徭라는) 공공 노동력을 동원할 수 있었다. 마을의 관리 책임은 가장 지위가 높은(말하자면 가장 영향력이 있는) 가구에게 맡겼다. 730년대에 국민개병제(國民皆兵制, 보편적 징병제)가 폐지되고 정기적 노역도 중단되었다. 그 결과 상당량의 노동력을 사적으로 자유롭게 활용할 수 있는 긍정적 효과가 나타났다.

양세는 재정 담당자의 입장에서 볼 때 꽤나 성공적이었다. 시행 첫해부터 중앙 정부의 재정 수입은 소금 전매를 포함해 모든 부문에서 전해에 비해 크게 늘었다. 그러나 지방 관료는 시간이 갈수록 중앙 정부의 통제를 벗어났고, 수도로 보내는 세금의 양도 차츰 줄여 나갔다. 지역에 따

---

4 Twitchett 1963: 39-43.

소속 지방 관청(鄕)	194	
소속 가구 수(戶)	143,261	
세금 수입(貫)*	692,885	
가구당 세금 부담(貫)	4.84	
중앙 정부 이전(上供, 貫)	306,830	44%
도독부(留使)	**207,720	30%
지방관(留州)	178,349	26%

* 양세(兩稅)와 차, 소금, 술 전매를 비롯한 각종 세금.
** 단순 표기 오류 교정 후.

〔표 6-1〕 소주(蘇州)의 세금 수입, 861년경

라 다르기는 하지만, 전체적으로 보자면 지방에서 거두어들인 세금 수입의 3분의 1 정도만 중앙 정부로 전달되었다(양자강 유역 지방 정부의 실제 수치가 [표 6-1]에 나온다). 나머지는 도독부와 지방관이 나누어 가졌다. 중원 지역을 관할하던 도독부는 중앙 정부로부터 재량권을 폭넓게 인정받았다. 중앙 정부로 전달하는 세금 또한 거의 없었다. 중앙 정부의 수입은 남부 지방에서 거두어들인 것이 거의 전부였다. 특히 양자강 하류 지역과 사천(四川) 지역이 핵심이었다(지도 6-3). 양세(兩稅)로 부과되는 세금(가구당 4.3관貫)은 조용조(租庸調)로 부과되는 세금(가구당 4.2관)과 거의 차이가 없었지만, 전체 세금 수입은 60퍼센트가량 증가했다. 그 원인은 차와 술, 그리고 무엇보다도 소금에 부과되는 소비세 덕분이었다.[5]

애초 양세의 목표는 불평등 완화가 아니라 정부의 재정 수입 증대였

---

5 안녹산의 난 이후 당나라 재정 행정의 변화와 그로 인한 경제적 효과에 관해서는 Watanabe 2010: 467-561 참조.

다. 그러다 보니 몇 가지 근본적 결함을 내포하고 있었다. 과세 대상으로 오로지 농지에만 중점을 둠으로써, 도시 지역의 부동산이나 상업에 대한 세금 포착에는 실패하고 말았다. 중앙 정부는 풍작이나 흉작에 상관없이 일정한 세금 목표량을 지방에 할당했다. 이에 따라 실질적 세금 부담은 지역별로 큰 차등을 보이게 되었다. 호세를 동전에서 직물로 대체한 것도 불평등을 심화하는 원인이 되었다. 직물 가격이 지역별·시기별로 달라졌기 때문이다.[6]

소금 전매 정책을 시행하는 과정에서 더 많은 화폐가 필요했고, 게다가 양세 가운데 호세가 처음에 동전으로 부과되자 통화량 부족은 더욱 심화되었다. 동전 부족은 디플레이션을 촉발했다. 780년대부터 시작된 디플레이션은 9세기 중엽까지 지속되었다. 디플레이션 때문에 동전으로 부과된 세금의 실제 비용은 더욱 늘어난 셈이었다. 그래서 여름 세금(하세夏稅)은 더욱더 화폐보다는 비단이나 기타 직물로 납부하게 되었다. 821년에 이르러 하세(夏稅)는 전적으로 직물로 대체되었다.[7] 당나라 중앙 정부에서도 대규모 상거래는 지불 수단을 비단으로 하도록 강제하고자 했다. 9세기 초에 화폐 위조는 극에 달했다. 당시 동전 1관(貫)은 100문(文)을 한 줄에 꿴 것이었지만, 동전 수를 부족하게 꿰어 명목상 1관이라고 속였다. 이런 식의 위조는 일찍이 남중국의 양(梁)나라에서 성행한 바 있었다. 845년 황제의 칙령으로 폐불이 단행되고 사찰 재

---

6 Twitchett 1963: 43-48. 유동적인 직물의 시장 가격에 맞추어 세금을 책정하는 문제에 관해서는 Shimasue 1990 참조.
7 Shimasue 1990: 338-44.

산이 몰수되었을 때 잠시나마 동전 부족 현상이 완화된 적이 있었다. 구리로 만든 불상이나 범종 등 사찰에서 사용하던 도구가 엄청나게 공급되는 바람에 동전 주조가 그만큼 늘어날 수 있었다. 지방에서 새로 건설된 화폐 주조 공장이 최소한 23개 이상이었다. 그러나 폐불 칙령이 1년도 채 못 가서 해제되었고, 사찰 재산 몰수도 중단되었다. 이에 따라 갑작스레 분출되던 동전 주조도 그대로 멈추었다.[8]

동전이 제한적으로 공급되었음에도 불구하고 안녹산의 난 이후 상업은 더욱 발달했다. 중앙 정부의 힘이 약해지면서 상인과 상거래를 제한하던 규제들도 상당수가 힘을 잃었다. 폭넓게 재량권을 행사하던 지방관은 자체적으로 재정 담당 부서를 조직하고 전문 상인을 관료로 채용했다. 각 지방의 중심지에는 세금과 조공품도 모였지만, 상거래도 집중되었다. 대운하와 양자강이 교차하는 양주(揚州)는 남중국에서 물산이 가장 많이 모여드는 집산지로 부상했다. 당시 최대 규모의 소금 시장이 위치한 양주는 주요 해외 무역항이었을 뿐만 아니라 조선(造船), 직물, 가죽 가공, 구리 및 청동 제철의 중심지였다.[9] 성도(成都)는 고급 비단과 종이 생산 중심지로 번성했고, 차(茶) 무역도 급성장했다. 장안(長安)을 비롯한 여러 지역의 상인은 신용과 은행 업무를 발달시켰다. 궤방(櫃房)은 보증금을 안전하게 맡아주는 곳이었는데, 상거래에 필요한 금융 서비스를 제공했고, 군사적 위기가 닥치면 지방 정부를 대상으로 대

---

8 Twitchett 1963: 67-69, 76-83; Miyazawa 2007: 154-63.
9 당나라 시기 양주(揚州)의 상업적 번영(그리고 이후의 쇠락)에 관해서는 Quan Hansheng 1972 참조.

출도 해주었다. 정부 당국은 이른바 "비전(飛錢, 날아가는 돈)"이라고 하는 어음을 발행했다. 상인은 귀중한 동전을 운반하는 위험을 감수하지 않고 "비전"만 가지고 가면 멀리 떨어진 지방 도시에서 돈을 받을 수 있었다.[10] 제5장에서 살펴보았듯이, 불교 사찰에서도 부유한 후원자나 궁핍한 빈민을 대상으로 신용 금융을 제공한 바 있다.

　상업의 번영은 도시의 모습과 경제적 양상을 확연히 바꾸어놓았다. 상거래 장소는 격리된 시장에 국한되었고, 상인은 폐쇄된 구역에 거주했다. 이러한 폐쇄성은 당(唐)나라 후기에 점차 희미해지기 시작하다가, 송(宋)나라에 이르러서는 완전히 사라졌다. 상점과 시장은 도시 중심가에 위치했고, 운하의 좌우 강변이나 성벽을 따라서도 설치되었다. 도시의 성벽 아래로 여관, 창고, 도매상, 중개인이 버섯처럼 자라났다. 감독관은 사라지고 없었지만 같은 물품을 취급하는 상인은 한 구역에 모여서 장사를 했다. 그래서 금은 세공 전문 시장, 비단 전문 시장, 서적 전문 시장이 생겨났고, 고기, 곡물, 목재 전문 중개상도 출현했다. 정부는 야간 통행 금지령을 내렸지만, 이를 비웃듯 야시장이 만개했다. 시골에서도 시장이 출현했다. 시골 시장은 대부분 정기적으로 열렸는데, 중국식 달력은 열흘 단위였으므로 열흘에 한 번 혹은 두 번 시장이 열렸다. 시골의 일반 백성을 대상으로 하는 시장이었다. 사찰에서 열리는 큰 행사는 멀리서 오는 신도뿐만 아니라 장사꾼도 불러들였다. 이 모든 시장 중에서 가장 유명한 시장은 성도(成都)의 잠시(蠶市, 양잠 시장)였다. 늦어

10　"비전" 제도와 관련해서 가장 종합적인 연구 성과는 Hino 1982: 15-230에서 볼 수 있다. 또한 Miu Kunhe 2002: 15-27 참조.

도 8세기 말부터 잠시가 유래했을 것으로 추정된다. 잠시는 송나라 때 더욱 유행해서 성도와 그 인근에서만 15곳에서 열렸다. 양잠 시즌이 시작되기 직전인 새해 벽두에 열렸는데, 누에를 기르는 도구나 비단실을 잣는 혹은 비단을 짜는 도구를 팔았다. 농부들은 농기구, 파종할 씨앗, 수레, 목재, 의약품 등 잡다한 물건도 살 수 있었다.[11]

안녹산의 난 때문에 중국의 국제 무역도 중대한 변화의 계기를 맞았다. 아랍 세력이 (소그디아나를 포함한) 중앙아시아를 점령했고, 티베트는 실크로드 무역을 주름잡던 소그드인의 무역 네트워크를 교란시켰다. 돈황(敦煌)의 시장에서는 동전이 부족해서 옛날처럼 상거래 수단으로 곡물과 양털을 이용했다.[12] 쇠락의 가장 결정적인 요인은 해상 무역이었다. 해상을 통한 인도나 이슬람 세계와의 거래가 점차 육로 대상 무역의 빛을 가렸다.[13] 8세기에 접어들자 수마트라에 있는 도시국가 스리위자야(Srivijaya)의 군주들은 팔렘방(Palembang)을 비롯한 중개 무역의 거점을 건설했다. 중국 상선은 그곳에서 계절풍을 기다려야 했다. 아랍 및 페르시아의 무슬림 상인이 해양 무역로를 장악하고 있었다. 9세기 중엽 아랍의 지리학자는 페르시아만의 시라프(Siraf)에서 남중국의 항구 도시 광주(廣州, Canton)에 이르는 번성한 무역로를 기록한 바 있다. 광주에는

---

11 Katō 1952b, 1952d; Twitchett 1966: 230-43.
12 아랍의 소그디아나 점령 이후 소그드 상인의 무역 네트워크 소멸에 관해서는 de la Vaissière 2005: 261-330 참조. 일부 학자들(예를 들면 Zheng Binglin 2004)이 안녹산의 난 이후 돈황이 실크로드 무역의 중심지였다고 주장하지만, 사실상 돈황은 지역 권역에 국한된 시장으로 그 역할이 축소되었다(Hansen 2012: 196). 더욱이 돈황의 외부 거래는 주로 중국보다 투르판이나 중앙아시아를 향했다(Trombert 1995: 106).
13 Sen 2003: 142-96.

중국인보다 외국 상인이 더 많았다고 한다.[14] 825~850년경 수마트라 앞바다 벨리퉁(Belitung)섬에서 좌초한 아랍의 상선은, 양주(揚州)에서 물건을 싣고 동남아시아 무역 거점을 거쳐 최종적으로는 시라프를 향해 갈 계획이었던 것으로 추정된다. 배에는 도자기 6만 점(대부분 장사長沙에서 제작된 자기瓷器)을 비롯하여 납 잉곳, 금판과 은판, 청동 거울, 향신료 등이 실려 있었다.[15] 이후 수 세기에 걸쳐 중앙아시아를 통한 무역은 붐을 이루었다. 또한 중국의 국제 무역은 실크로드 육로를 벗어나 해상으로 옮겨 갔고, 이후로 다시 육로로 방향을 바꾸는 일은 영원히 없었다.

안녹산의 난은 중국 경제사에게 가장 중대한 전환점이었다. 재정 시스템의 기본을 고정된 인두세에서 진보적인 토지세로 바꾸는 등의 몇 가지 변화는 반란의 직접적 결과로 촉발되었던 것이다. 토지 소유는 더 이상 균전제의 규제를 받지 않았다. 그러나 후한(後漢) 이후로 토지를 축적해온 귀족도 부침하는 시장 경제에 노출되었다. 농업이든 상업이든 사적인 기획이 번성했다. 특히 소금 산업처럼 경제의 일정 분야가 국가 직속으로 편입되기도 했지만, 시장 경제를 규제하던 시스템은 무너지기 시작했고 상인은 대체로 더 확대된 자유를 만끽했다. 그러나 무엇보다 중요한 변화는 반란의 직접적 결과로 주어진 것이 아니었다. 오래도록 암묵적으로 진행되던 흐름에 안녹산의 난이 속도를 더해주었을 뿐이다. 그것은 바로 남부의 벼농사 지역으로의 인구 이동이었다. 남중국의 생산 잠재력은 북중국에 비해 훨씬 더 컸다.

---

14 Heng 2009: 23-36.
15 Guy 2010; Hsieh 2010.

쌀 경제의 부상

균전제(均田制)가 수명을 다한 뒤 토지의 사적 소유가 중국 전역에서 보편화되었다. 송(宋)나라가 다시 통일 제국을 수립한 뒤에도 이 같은 경제의 기본 토대를 되돌리려는 시도는 없었다. 송나라 정부는 상속자가 없어서 국가로 귀속된 토지를 비롯해 애초부터 국가가 소유한 토지까지 거의 모두 팔아 치웠다. 1082년 기준으로 국가 소유의 토지는 전체 등록 토지의 1.4퍼센트에 불과했다.[16] 토지의 사적 소유는 토지 자산의 상업화를 촉진했다. 또한 벼농사가 급격히 확대되면서 토지와 농산물도 시장 경쟁의 대상이 되었다.

토지 자산의 집중화 경향은 당(唐)나라 후기부터 나타나기 시작했다. 특히 안녹산의 난으로 궤멸적 타격을 입은 북중국 지역에서 이러한 현상이 두드러졌다. 당시 문헌 자료를 보면 이른바 장원(莊園)이라고 하는 용어가 자주 등장한다. 황실의 친인척이나 관료, 부유한 가문이 토지를 모아 장원을 조성하곤 했다. 예전에는 장원의 확산이 봉건적 사회 질서(manorial social order)를 가져왔다고 이해하기도 했다. 이는 마크 엘빈(Mark Elvin)이 주장한 개념으로, 중세 유럽의 사회 질서와 비슷하다고 본 것이다. "대부분 농민이 농노로 편입되었고, 지주가 거의 모든 사람에게 영향력을 행사했다"라는 것이 그 근거였다.[17] 그러나 오늘날 학계에서는 장원과 봉건 농노제를 동일시하는 것을 받아들이지 않는다. 대신

---

16 Zhang Jinpeng 2003: 203-04.
17 Elvin 1973: 69. Elvin의 분석은 Katō Shigeshi(1952e)와 Sudō Yoshiyuki(1954c)의 연구 성과에 바탕을 두고 있다.

토지 소유와 소작 관계가 지역별로 (심지어 지역 내에서조차) 다양하다는 사실을 인정하고 있다. 장원은 한 덩어리로 붙어 있는 큰 규모의 토지가 아니었다. 오히려 한 필지씩 여러 차례에 걸쳐 사 모아서 여기저기 흩어져 있는 수많은 필지를 총칭해서 일컫는 말이었다. 장원은 대부분 소작농이나 고용 노동자가 경작했다. 특히 남부 지역에서 더욱 그러했는데, 왜냐하면 벼농사가 소규모 집약 농업에 적합했기 때문이다.

당시 소작의 구체적 상황이 어떠했는지를 단언하기란 쉽지 않다. 특히 소농은 자신이 소유한 토지 이외에 일정량의 농지를 임대해서 농사를 짓는 경우가 많았다. 경제적으로 소작농은 지주로부터 독립된 존재였다. 지역별로 소작의 조건이 다양했지만, 그럼에도 불구하고 대체로 인적 예속 관계보다는 계약 관계에 놓여 있었다. 다만 호남(湖南)이나 사천(四川) 같은 내륙의 국경 지역은 인구 밀도가 희박했기 때문에 예외적 상황이었다.[18] 가장 평범한 소작 형태는 수확물을 나누는 방식이었다. 소작농은 지주에게 소출의 절반을 주어야 했다(지주가 종자와 농기구를 제공한 경우에는 지주 몫이 60퍼센트). 예속 관계는 주로 빚을 진 사람들이 노동 계약을 맺는 방식으로 이루어졌다. 이들을 흔히 전복(佃僕)이라고 일컬었다. 이러한 예속 관계에 있는 사람들은 주인에게 매여 있을 뿐 토지와는 상관이 없었다. 오래도록 예속 관계가 지속되는 경우도 있었지만, 어디까지나 계약과 국가의 법에 따른 관계였다. 옛날에는 법령에 따라 지주가 소작농이나 계약 노동자를 마음대로 부릴 수 있었다. 그러나 송(宋)나라에 이르러 이러한 법령을 폐지했다. 그럼에도 불구하고

---

18 Yanagida 1973; Golas 1980: 299-309; McDermott 1984; Kusano 1996.

예속적 성격은 부분적으로나마 그대로 남아 있었다. 예를 들면 지주는 계약 노동자와 노비의 결혼 상대자를 지정할 권한이 있었다. 또한 소작농은 지주에 비하자면 다양한 법적 차별을 감수해야 했다.[19] 강서(江西)나 안휘(安徽)처럼 새로 이주한 사람들이 정착한 남중국 지역에서는 소작농이 하인으로 일하는 경우가 많았다. 그러나 인구 밀도가 더 높은 양자강 유역이나 복건(福建) 같은 지역에서는 그런 경우가 흔치 않았다.[20] 일반적 관행으로 봤을 때 강력한 예속 관계를 동반하는 강제 노동이 행해진 곳은 노동력이 부족한 남중국의 국경 지역에 국한되어 있었다.[21]

북중국 지역의 농업은 당(唐)나라 때 최전성기에 도달했다.[22] 북중국에서 가장 중요한 곡물이었던 기장을 완전히 밀어내고 밀이 그 자리를 차지했다. 곡물 농사와 병행하여 다양한 겨울 작물이 재배되었다. 콩, 완두콩(서아시아에서 수입), 누에콩, 유채, 흰토끼풀(사료용) 등과 함께 2년 3숙 윤작이 갈수록 보편화되었다.[23] 규모가 큰 장원(莊園)도 소규모 농가에게 한 필지씩 나누어 경작을 맡겼을 뿐, 하나의 통일된 관리 아래 놓이지는 않았다. 오사와 마사아키(大澤正昭)에 의하면, 당나라 후기 북

---

19 Takahashi 2001.
20 McDermott 1984: 24-30.
21 Von Glahn 1987: 48-58.
22 당나라 시기 북중국 농업 정책에 관해서는 Ōsawa 1996: 79-124; Zhang Guogang 2012 참조.
23 대부분의 학자들(예를 들면 Li Bozhong 1990: 253; Zhang Guoguang 2012: 36)은 2년3숙 윤작이 당나라 시기에 널리 확산되었다는 Yoneda(1989)의 견해에 동의하고 있다(Li Bozhong에 의하면 농가 중 3분의 2가 2년3숙을 실시했다). 그러나 Ōsawa(1996: 91-94)는 이 견해에 의문을 제기하며, 아무리 빨라도 송나라 이전에는 2년3숙이 보편화되지 않았을 것이며, 심지어 송나라 이후일지도 모른다는 견해를 제시하고 있다.

중국 지역에서 전형적인 장원의 규모는 240~300무(畝)였다. 이는 소 두 마리로 경작할 수 있는 최대한의 농지였다. 여기에 투입되는 인력은 다 합해서 농부 10명 남짓이었다. 장원의 노동자(장객莊客)는 주로 소작농이었다. 장객(莊客)은 비록 지주에게 어떤 식으로든 예속되어 있었지만(예를 들어 지주가 요구하면 여러 가지 잡다한 노동을 제공해야 했다), 이들의 생계는 어디까지나 스스로의 책임이었다.[24] 이백중(李伯重, Li Bozhong)이 계산한 바에 따르면, 북중국에서 소 한 마리를 가진 농가 하나가 77무의 농지를 경작했다고 한다. 다른 사람이 가진 소를 빌려서 농사를 짓는 경우에는 50무밖에 경작하지 못했다. 이는 한 가족이 최소한의 생계를 유지할 수 있는 정도의 규모였다.[25] 돈황(敦煌)에서 출토된 10세기 세금 등록 대장에 따르면, 돈황은 중원(中原) 지역보다 농지 대비 인구 밀도가 조금 더 여유 있는 지역이었는데, 가구당 평균 68무의 농지를 경작했다. 그러나 평균만 가지고 본다면 중요한 사실을 간과할 위험이 있다(표 6-2). 돈황의 농가는 세 계층으로 나뉜다. 즉 300~400무를 소유한 몇몇 대토지 소유자, 생계유지에는 별 무리가 없을 정도로 충분한 토지를 소유한 폭넓은 중간 계층, 그리고 땅을 아주 조금밖에 가지지 못한 하층민(전체 인구의 20~25퍼센트로 추정)이다. 하층민은 생계를 위해 소작 이외에도 다른 수단을 강구해야 했으며, 고용 노동자로 일하거나 농업 이외의 다른 일거리도 마다하지 않았다. 이 같은 돈황 지역 사회의 모습은 비단 돈황뿐 아니라 북중국 지역의 일반적인 사회 양상이

24 Ōsawa 1996: 106
25 Li Bozhong 1990: 256-58.

토지(畝)	가구 수	전체 가구 대비(%)	전체 토지(畝)	전체 토지 대비(%)	가구당 평균(畝)
20무 이하	29	15.8	383	3.1	13.2
20-130무	136	73.9	6,686	53.6	49.2
130-400무	14	7.6	3,979	31.9	284.2
400무 이상	3	1.6	1,422	11.4	474.0
합계	182		12,469		68.5

〔표 6-2〕 돈황(敦煌)의 토지 소유 상황, 10세기

었을 것이다.

당송변혁기(唐宋變革期)에 상업과 도시의 급성장을 떠받친 힘은 양자강 유역의 쌀 경제로부터 나왔다. 건조한 밭이 아니라 물을 댄 논에서 벼농사를 지으려면 훨씬 고된 노동력이 투입되어야 했다(표 6-3). 그러나 노동력이 더 투입되는 만큼 생산성도 더 높았고, 휴경 기간 없이 연속적으로 재배가 가능했으며, 같은 땅에 밀이나 기장을 심었을 때보다 최소 5배 이상의 식량을 생산할 수 있었다. 벼농사 기술은 상당한 진보를 거듭했다. 예를 들면 농기구 개량, 이앙법 시행, 관개 기술 발달, 빈번한 잡초 제거, 2모작(겨울에는 건조 농법으로 주로 밀을 재배) 등의 기법은 이미 당나라 후기에 출현했으나, 충적 평야가 아니라 그보다 위쪽의 고지대에서만 시행되었다(지도 6-4).[26] 당나라 때 이미, 그 이전 분열의 시대에 비해 벼농사의 집약화가 상당한 정도로 진행되었다. 이백중의 연구에 의하면, 당나라에서 벼농사를 짓는 농가의 대부분은 소를 소유했

---

26 Shiba 1988: 179-93; Ōsawa 1996: 253-82.

곡물	100무(畝)당 필요 노동 일수	기준 대비(밀=100)
쌀	948	536
기장	283	160
밀	177	100
콩	192	108

[표 6-3] 주요 곡물 생산 노동 강도

지만 쌀과 겨울밀을 이모작하는 경우는 드물었다.[27] 농가의 규모가 과거에 비해 훨씬 작아졌지만, 이백중의 계산에 의하면 당나라 후기 강남 지역 농가의 쌀농사 수입은 분열 시기에 비해 70퍼센트 증가했다(표 6-4). 직물 생산을 포함해 계산하면 농가 수입은 5배나 더 상승했다(표 6-5). 게다가 최고 생산량을 생산할 수 있는 농가를 기준으로 한 계산이지만, 현실적으로 그 정도 실력이 되는 농가는 소수에 지나지 않았을 것이다. 더군다나 노동 일수에 따른 최소 수입이 지나치게 낮다(소를 이용한 단작 농가는 540퍼센트가 아니라 250퍼센트 증가). 벼농사와 양잠을 병행한 농가의 입장에서 보면, 노동 강도가 워낙 강한 데다 연간 노동 일수도 아주 길었다. 이러한 현실을 감안할 때 양세(兩稅, 1년에 두 번 내는 세금) 체제에서 왜 노역을 없애고 현물을 거두었는지 이해할 수 있다. 봄에 볍씨를 파종할 때는 양잠에 노동력이 가장 많이 필요한 때이기도 했다. 그래서 이 두 가지 일을 다 하려면 성별로 분업을 할 수밖에 없었다. 양잠

27 Li Bozhong 1990: 129-57.

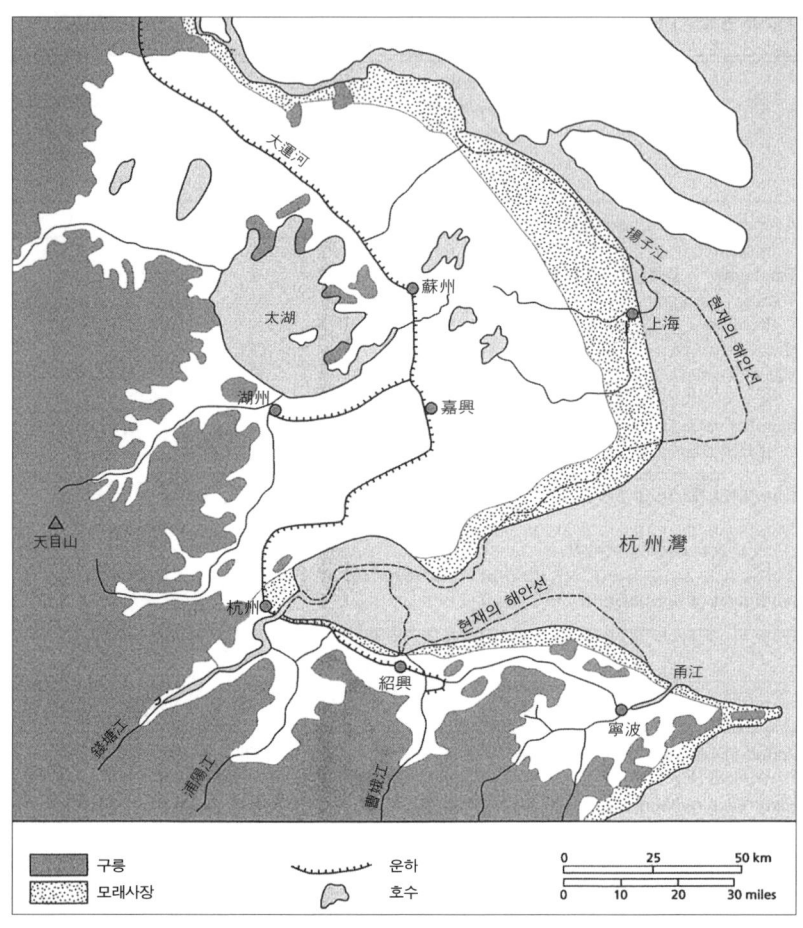

[지도 6-4] 양자강 삼각주의 생태 환경

에 관련된 노동은 대부분 여성의 몫이었다.[28]

28 같은 책: 203, 208.

	분열의 시대(六朝)	당나라(唐)		
	가축 없이	가축 없이	가축 포함	쌀과 밀 이모작 (가축 포함)
가구당 평균 경작 면적(畝)	77	22	31	23
곡물 생산 총계(石)	55	66	93	92
곡물 생산 총계 환산 (단위:100리터)	32.5	38.9	54.9	54.3
토지 1무(畝)당 곡물 생산량(단위: 리터)	42.1	177	177	236
비단 기준 곡물 생산 총량 가치(疋)	19.8	23.8	33.5	33.1
기준 대비(분열의 시대=100)	100	120	169	167

〔표 6-4〕 강남(江南) 지역 토지 대비 쌀 생산량

단위: 비단 필(疋)

	고정비	변동비	총수입	순수입	세금	세후 소득
분열의 시대 가축 없는 농가 (六朝, 無牛)	0.5	27	29.8	2.3	5.2	-2.9
당 초기 가축 없는 농가 (初唐, 無牛)	0.3	27	35.4	8.1	4.7	3.4
당 초기 가축 있는 농가 (初唐, 有牛)	8.5	27	45.1	9.6	4.7	4.9
당 중기 가축 없는 농가 (盛唐, 無牛)	0.3	27	37.0	9.7	6.9	2.8
당 중기 가축 있는 농가 (盛唐, 有牛)	8.5	27	47.5	12.0	6.9	5.1
당 후기 가축 없는 농가 (中晚唐, 無牛)	0.4	27	38.2	10.9	7.4	3.5
당 후기 가축 있는 농가 (中晚唐, 有牛)	8.5	27	47.9	12.4	7.4	5.0

주: 당나라 말기 이전 직물 수입은 주로 모시(苧), 당나라 말기에는 주로 비단(絹).

〔표 6-5〕 강남(江南) 지역 쌀 농가 순수입 추정치, 당나라

송(宋)나라 때 농업에서 가장 의미 있는 발전은 벼농사 면적의 확장이었다. 양자강 하류 삼각주가 개간되었고, 내륙의 고산 지역에 다랑논이 조성되었다. 절강(浙江), 안휘(安徽), 강서(江西) 지역의 충적토는 수많은 벼농사 신기술의 진원지였다. 관개용 저수지, 다랑논, 깊이갈이와 빈번한 제초 작업 등의 노동 집약적 기술이 모두 이 지역에서 처음으로 시도되었다.[29] 점성도(占城稻, Champa rice)라고 하는 단단하고 빨리 여무는 개량종 벼가 동남아시아로부터 수입되었다. 점성도는 재배 기간이 짧고, 알곡이 여물지 않는 비율도 낮았다. 송나라 때의 벼농사 지역 확대로 양자강 삼각주 평야 저지대도 벼농사로 이끌리게 되었다. 이 지역에서는 고지대와 반대로, 농사에 필요한 물을 저장하는 것이 아니라 습지나 호수의 물을 빼내는 것이 문제였다. 그래야 농사에 적당한 농지를 조성할 수 있었다. 둑을 쌓고 간척지를 조성하는 일은 막대한 인력 및 자본 투자를 필요로 했다(먼저 물을 빼내고 그다음에는 논농사에 필요한 관개 시설을 갖춰야 했다). 10세기의 오(吳)나라와 월(越)나라, 그리고 11세기 왕안석(王安石)이 행정을 총괄할 당시에 이 같은 간척 작업에 막대한 투자가 이루어졌다. 북송(北宋) 최후 50년 동안 양절(兩浙) 주변과 강동(江東) 주변 두 지역에서 개간된 농지만 해도 3500만 에이커(약 14만 제곱킬로미터)에 달했다.[30] 양자강 삼각주 간척 작업은 남송(南宋) 때에도 계속 이어졌다. 그러나 남송 때의 간척은 국가에 의해 공적으로 이루어진 것이 아니라 주로 지주에 의해 사적으로 시행되었다.[31]

29 Ōsawa 1996: 253-82.
30 Mihelich 1979: 193.

간척 사업이 신속히 진행되자 그 결과로 농지가 확장되었지만 삼각주의 생태 환경에도 변화가 있었다. 소흥(紹興)에 있는 감호(鑒湖)라는 호수는 그러한 생태 환경의 변화를 잘 보여주는 사례다. 감호는 농지에 공급할 물을 저장해두려고 한(漢)나라 때 인공적으로 조성한 호수였다(제4장 참조). 11세기 초에 농부들은 호수의 둑을 따라 방벽을 둘러치고 호수 바닥을 농지로 바꾸어 나갔다. 1060년대에 이르러 이런 식으로 새로 만들어진 농지가 700경(頃)에 달했다. 12세기 말에는 2000경의 농지가 추가되었다. 호수는 광대한 무논 사이로 군데군데 습지가 산재하는 형태로 축소되었다(지도 6-5, 지도 4-3 참조).[32] 호수가 점점 줄어들고 강물이 역류하는 지역에 침식이 가속화된 결과, 해안 평야 지대는 갈수록 홍수에 취약한 지역으로 변해갔다. 운하를 준설하여 호수의 물을 바다로 빼내고 구불구불한 물길을 똑바로 펴주자 예상치 못한 결과가 나타났다. 둑에 가해지는 압력이 증가하고 바다의 파도가 내륙 깊숙이 밀려 들어오는 것이었다. 간척지는 침수되기 쉬웠고, 침수된 땅은 생산성이 떨어졌으며, 겨울 건조 농법을 통한 이모작을 할 수가 없었다. 송나라 때 간척 농지의 생산량은 고지대의 집약 농지에 비해 훨씬 더 낮았다.[33]

균전제가 소멸된 이후 토지가 집중화되는 경향으로 흐르기는 했지만, 송(宋)나라 때에는 대토지 소유가 갈수록 드문 경우로 변해갔다. 벼농

---

31 Shiba 1988: 203-22; Ōsawa 1996: 236-52.
32 Honda 2000b: 51. 12세기 초에 소흥(紹興) 서쪽에 건설된 인공 호수 상호(湘湖)가 이런 식으로 훼손되는 것을 막기 위한 투쟁에 관한 연구로는 Schoppa 1989: 9-27 참조.
33 Adachi 1985; Shiba 1988: 137-39; Li Bozhong 2003: 147-53. 항주-소흥 지역의 환경 변화와 농업의 발전에 관해서는 Shiba 1998 참조.

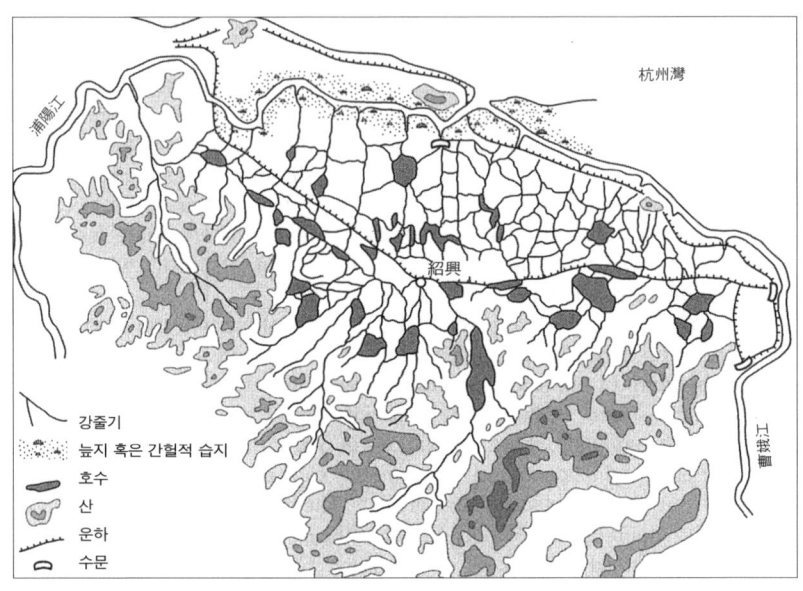

[지도 6-5] 소흥 감호(鑑湖)의 간척 사업

사가 소규모 농사에 알맞았기 때문이다. 송나라는 1033년 가구별 등급제를 실시했다. 전체 등록 가구의 약 10~15퍼센트는 100무(畝) 이상의 농지를 소유한 상호(上戶)였고, 50~60퍼센트는 평균적으로 25무 이하의 농지를 소유한 하호(下戶)였으며, 나머지 약 3분의 1에 해당하는 가구는 소유한 농지가 전혀 없었다.[34] 상호가 전체 농지의 80퍼센트를 소유하기는 했지만, 농지 소유 규모는 과거에 비해 훨씬 분산되어 있었다. 13세기 절강(浙江)의 온주(溫州)라는 곳에서 실시한 조사에 의하면, 농지 400무

34 이 수치는 Yanagida 1986: 192-97에서 수집한 자료에 근거했다.

이상을 소유한 가구는 1.5퍼센트에 불과했다(가장 많은 농지를 소유한 경우는 2600무였다). 반면 전체 가구의 85퍼센트는 30~150무의 농지를 소유했다.[35] 12세기 벼농사 지역 농가가 소유한 농지는 저지대의 경우 평균 30~40무, 고지대의 경우 평균 10무 정도였다. 송나라 당시 강남 지역 농장의 규모는, 소작농이 경작하는 농지를 모두 포함해, 대체로 30~40무 정도였을 것이다.[36] 농지 규모로 보건대, 혼인 부부를 중심으로 하는 구성원 5~6명 규모의 농가가 농업 생산의 기본 단위였던 것이다.

마크 엘빈은 당송(唐宋) 시기 중국 농업의 변화를 "농업 혁명"이라고 했지만, 실제 변화 과정은 점진적이었다.[37] 송나라 때 강남 지역에서 간척이 이루어진 저지대의 간척지는 당나라 때 조성된 고지대의 농지에 비해 생산성이 더 높지 못했다. 송나라 때 출간된 농서에 등장하는 농법들은 명청(明淸) 시대 이전에는 보편적으로 실행되지도 못했다.[38] 그럼에도 불구하고 주요 곡물이 기장과 밀에서 쌀로 바뀌면서 곡물 총생산량이 극적으로 증가했다. 그 결과 중국 인구는 8세기에서 12세기에 이르는 동안 2배로 증가했다. 980년과 1110년의 가구 등록을 비교하면 3배가 불어났다. 그러나 등록된 농지의 증가 속도는 이보다 훨씬 느렸다. 1000년과 1060년을 비교하면 약 50퍼센트 증가하는 데 그쳤다(그

---

35 Qi Xia 1999, 1: 286-87.
36 Liang Gengyao 1984: 101-11; Li Bozhong 2003: 162-65.
37 Elvin 1973: 113-30.
38 Li Bozhong 2003: 147-53. 여기서 신중히 평가하고 있는 송나라 때 강남 지역의 생산성 한계란 토지 임대와 소출의 관계를 근거로 하고 있는데, 이는 의심스러운 점이 많다. 여기에 대한 중요한 비판으로 Ge Jinfang and Gu Rong 2000 참조.

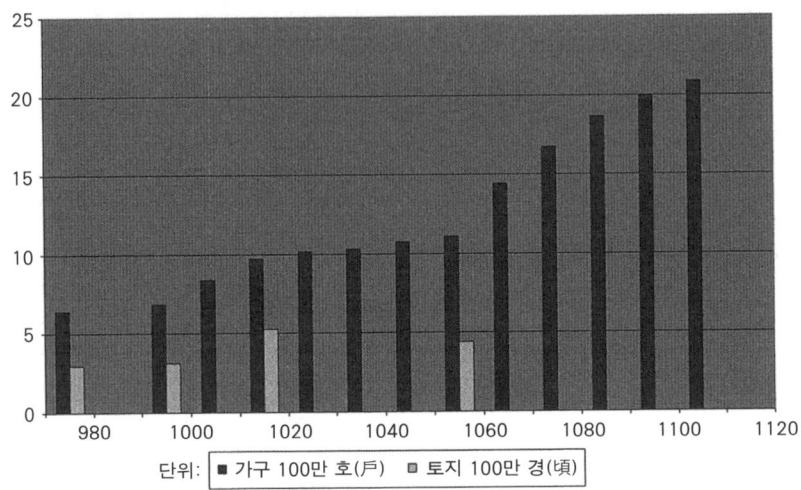

[그림 6-1] 북송(北宋)의 인구 및 토지 등록, 980~1110년

림 6-1). 무엇보다 중요한 것은 상업화였다. 농업이 상업화되면서 생산의 전문화가 이루어졌다. 국가 전체적으로도 그랬지만 각 가구를 보더라도 마찬가지였다. 도매상, 중개인, 숙박업자, 대리인, 소매상은 지역별 시장과 전국 규모의 시장을 건설했다. 시장에서는 곡식을 비롯한 식재료뿐만 아니라 소금, 차, 목재, 직물, 칠기, 종이, 도자기 등도 거래되었다.[39]

중상주의 정책으로의 회귀

907년 당(唐)나라가 최종적으로 무너진 뒤 중국의 정치 단위는 다시 한번 남북으로 갈라졌다. 북부에서는 907년부터 960년까지 5개 왕국이

---

39 Shiba 1968: 167-84, 391-420; Shiba 1970: 67-80, 165-80.

번갈아가며 일어났다 스러졌다(그래서 이 시대를 통상 오대五代라고 일컫는다). 불안정이 지속되는 동안 실질적 권력은 각 지역별로 형성된 수십 개 군벌이 장악했다. 그러나 남부는 사정이 달랐다. 7개 왕국이 할거하는 가운데 비교적 안정적이었다. 7개 가운데 마지막 왕국이 송(宋)나라에 편입된 때가 978년이었다. 팽창 정책과 세계 제국을 지향한 수당(隋唐) 제국과 달리 이 시기의 통치자들은 지역 차원에서 정치적 기반을 다지는 데 주안점을 두었다. 다국가 체제의 남중국에서는 경제적 발전도 지역별로 다양한 양상으로 나타났다. 지역 국가의 틀은 송나라의 지방 행정에서도 지속되었고, 이후 명(明)나라와 청(淸)나라의 지방 행정 단위에도 영향을 미쳤다.

당(唐)나라 후기에는 군사 지배 체제가 우선이었고, 오대(五代)에도 이런 상황은 변함이 없었다. 농부가 곧 병사를 겸한 부병제(府兵制)는 이미 안녹산의 난이 일어나기 이전부터 상당히 부패한 상태였다. 국경을 방어하기 위해 대규모 직업 군인을 고용하지 않을 수 없었다. 오대에도 통치자들의 권력은 상비군에서 나왔다. 국가 지출의 대부분은 수십만 대군에게 음식과 옷과 급료(동전)를 지급하는 데 사용되었다. 북중국 나라들 중 후당(後唐)과 북주(北周)에서 실시한 토지 조사(각각 929년과 958년) 자료를 보면, 중앙 정부의 권위가 지역 차원까지 골고루 미치고 있었던 것 같다.[40] 당나라 후기에 그랬던 것처럼 오대에도 동전이 부족해서 양세(兩稅) 중 여름 세금(하세夏稅)을 현물세로 바꿔 직물로 납부하도록 했다.[41]

40 Sudō 1954a.

남중국에서는 지역별로 독립국이 수립되어 경제 성장에 건전한 자극이 되었다. 생산이 지역별로 특화되었기 때문이다. 각국은 상대적으로 유리한 생산 품목에 집중하여 이익을 극대화하려 했다. 차, 소금, 목재, 종이, 구리, 은, 직물 등의 생산이 강화되었다. 정치적으로 지역별 할거와 적대 관계가 상호 무역에 장애가 되기도 했지만, 통치자들도 생필품을 구하려면 어차피 상거래에 의존해야 했다. 특히 당시에 이미 없어서는 안 될 소비재였던 차(茶)를 비롯해 철, 소금, 유황, 명반(明礬) 등이 이러한 품목에 속했다. 남중국 왕조들은 멀리 떨어진 북방의 외국과도 우호적인 무역 관계를 발전시켰다. 탕구트 및 거란족의 요(遼)나라와 주로 전투용 말과 차를 교환했다.[42] 남중국 왕조들 가운데 해안에 위치한 오(吳), 월(越), 민(閩), 남한(南漢) 등은 해상 무역에 적극적이었다. 동남아시아뿐만 아니라 거란, 한반도의 고려(高麗), 일본과도 활발한 무역 관계를 맺었다.[43] 남한(南漢) 정부의 역할은 920~960년경 자와(Jawa)섬 인근에서 침몰한 인탄(Intan) 난파선 화물에서 분명하게 드러났다. 동남아시아에서 건조된 이 선박은 중국과 동남아시아의 도자기, 향신료, 구리와 주석 잉곳, 동남아시아산 금 장신구, 남한(南漢)의 납 동전, 은괴 약 190킬로그램 등을 싣고 있었다. 은괴는 그 새겨진 문구로 보건대 남한 정부에서 소금 소비세로 받은 것이었다. 아마도 선박은 향료와 향신료를 비롯한 이국적인 물품을 싣고 광주(廣州, Canton)로 들어갔다가 물품

41 오대(五代)의 재정 행정에 관한 간략한 소개는 Hino 1980: 87-124 참조.
42 Miyazaki 1943: 83-117. 남중국 왕조들의 경제 정책 개관은 Clark 2009 참조.
43 오월(吳越, 양자강 삼각주), 민(閩, 복건) 등에서 국가 차원으로 펼친 무역 촉진 정책에 대해서는 Hino 1984: 17-248; Yamazaki 2010b 참조.

대금으로 은괴를 받아 나온 것으로 추정된다.[44]

10세기는 또한 중국과 일본 사이에 최초로 사무역이 번성한 시기였다. 당나라와 일본 정부 사이의 외교적 관계는 838년에 단절되었다. 이후 일본은 중국인 및 한국인 상인을 통하여 중국과 거래했다. 영파(寧波)와 다른 절강(浙江)의 항구들이 당시 중국과 일본 무역의 중심지였다. 이 항구들은 수당(隋唐) 제국의 해상 무역 중심지였던 양주(揚州)를 능가했으며, 광주(廣州)에 필적할 정도였다.[45] 월주요(越州窯)는 영파 인근의 소흥(紹興) 등지에서 생산된 청자(靑瓷)로, 9~10세기 일본으로 수입된 중국 도자기의 대부분을 차지했다. 나중에는 형주요(邢州窯) 백자(白瓷)나 장사요(長沙窯) 도기(陶器)가 들어왔다. 벨리퉁(Belitung) 난파선에서도 이런 유물들이 발견된 바 있다.[46] 중국인 상인은 중앙아시아와 동남아시아 지역에서 도자기 이외에도 직물과 서적을 비롯한 이국적 상품을 사서 일본에 가져다 팔았다. 그 대가로 그들이 실어 간 품목은 주로 일본 북부 무쓰국(陸奧国)에서 생산된 금이었다.

남중국의 왕조들은 분명하게 중상주의 정책을 취했다. 그래야만 이웃 경쟁국들에 비해 국가 경제가 뒤처지지 않고, 금속 화폐(구리, 금, 은)의 부족도 방지할 수 있었다.[47] 북중국 왕조들은 국내에서 구리가 생산

---

44 Twitchett and Stargardt 2002. 배에는 물론 직물도 실려 있었겠지만, 오랜 세월에 유실되고 금속과 도자기류만 남았다.
45 Yamazaki 2010a.
46 Kamei 1992: 120.
47 Miyazaki 1943은 이 시대의 재정 및 화폐 정책 연구의 고전으로 남아 있다. 이와 함께 Elvin 1973: 150-55; Miyazawa 2008도 참조.

되지 않았기 때문에 극심한 화폐 부족에 맞닥뜨려야 했다. 그래서 동전 수출이나 화폐 주조 이외의 구리 사용을 금하는 포고령을 잇달아 발표했다. 후당(後唐)은 934년 사천(四川)에 있던 전촉(前蜀, 혹은 왕촉王蜀)을 정복하고, 막대한 양의 금전과 은전 및 60억 문(文)의 동전을 빼앗아 수도 낙양(洛陽)으로 가지고 갔다고 한다.[48] 955년에는 북주(北周)에서 다시 한 번 폐불(廢佛, 불교 금지) 정책이 실시되었다. 이는 사찰이나 평신도들이 가지고 있는 불상 등의 종교적 도구를 빼앗아 화폐를 주조할 원재료를 확보하기 위해 실시된 매우 얄팍한 술수였다. 오월(吳越)이나 남당(南唐)처럼 구리가 풍부한 나라들도 나중에는 철전(鐵錢)을 주조했는데, 이는 동전의 해외 유출을 막기 위한 조치였다. 이외에 민(閩)이나 남한(南漢), 초(楚) 등에서는 훨씬 더 저렴한 납으로 동전을 주조했다. 이같은 화폐 정책 때문에 지역별로 자체 화폐 제조 관행이 생겨났고, 이는 송(宋)나라가 중국을 재통일한 이후에도 줄곧 유지되었다.

송(宋)나라는 군사적으로 안정을 확보하지 못한 상태였다. 이는 송나라의 재정 정책에 오래도록 어두운 그림자를 드리웠다. 송나라의 황제들은 건국 당시부터 재정 및 군사 정책에서 후당(後唐)의 분권 정책을 지양하고 중앙 정부로 권한을 집중하고자 했다. 재정 문제는 대부분 삼사(三司, 3대 재무 담당 기관, 탁지度支·염철鹽鐵·호부戶部)의 관할 아래 두고자 했다. 이들은 재상을 거치지 않고 황제에게 직접 보고하는 기관이었다. 삼사가 처음 편제된 930년 당시의 정권은 후당이었다. 당(唐)나라 중기 재무와 관련하여 전권을 위임받은 관료들이 생겨났었는데, 후

---

48 Hino 1980: 46-47.

당은 이들의 전통을 이어받아 중앙 정부에서 기능적으로 재정 사무를 맡아 처리할 전문화된 기구를 설치했던 것이다. 삼사를 통해 전문화된 재무 관료 계층이 출현했다. 송나라 관직 체계에서 재정 전문 부서가 운영될 수 있었던 것도 재정 관련 지식과 경험을 갖춘 전문 인력이 존재했기 때문이다.[49] 송나라는 지방을 로(路) 단위로 나누었는데, 979년 기준으로 전국에 21개 로가 있었다. 로(路)는 300여 개의 지방 행정 기구와 중앙 정부 사이에서 정책을 조율하는 역할을 맡았다.[50] 로(路)에는 다양한 감독관이 있었다. 이들은 군사, 재정, 사법, 교육 등의 문제를 감독하여 중앙 정부의 여러 부서에 각각 보고서를 올렸다. 특히 전운사(轉運使, 재무 감독관)가 중앙 정부 재정 부서(三司)의 수족 같은 역할을 했다. 이들은 지방에서 거두어들인 세금을 할당하고 중앙 정부로 운송하는 업무를 맡았으며, 특히 군수품 보급에 책임이 있었다.[51]

만리장성(萬里長城)은 더 이상 침략을 막아주는 방패 구실을 하지 못했다. 송(宋)나라는 탕구트 및 거란과 마주한 국경 수비를 위해 대규모 상비군을 유지했다. 상비군은 전업 군인으로 구성되었는데, 이를 유지하기 위해 많은 비용이 들어갔다. 송나라 초기 국경 주둔지 근무 인원은 40만이었다. 1004년 거란족의 요(遼)나라에 패배한 뒤, 송나라

---

49 Hartwell 1971. Twitchett(1954)의 연구를 통해 보여주었듯이, 당나라 후기 각염철사(榷鹽鐵使) 설치 이후부터 이미 재정 전문 관료들이 성장하고 있었다.
50 중국 역사에서 로(路)의 수는 수시로 변했다. 송나라의 지리적 조직 체계와 시기에 따른 변화에 관해서는 Mostern 2011 참조.
51 송나라 전운사(轉運使)의 역할에 관해서는 Bao Weimin 2001: 13-45; Lamouroux 2003: 107-11 참조.

는 매년 요나라 군주에게 비단과 은으로 조공을 바쳐야 했다. 1040년에서 1044년까지는 탕구트의 침략에 맞서 방어전을 펼쳤으나, 마침내 또 한 차례의 궤멸적 패배를 맛본 송나라는 탕구트의 서하(西夏)에게도 조공을 바쳐야 했다. 이후 송나라의 병력은 1400만 명으로 불어났다. 1060~1070년대 하북(河北), 하동(河東), 섬서(陝西) 지역의 북방 국경에 주둔한 병력은 70만~80만이었다.[52] 이들 병력을 먹여 살리는 일은 재정적으로는 물론 물류상으로도 큰 부담이었다. 군비 지출이 중앙 정부 재정의 80퍼센트에 달했다. 송나라는 양세(兩稅) 제도를 그대로 이어받았으나, 당시 급격히 성장하는 상업에서 세금을 거두어 전례 없이 급증한 국방비를 보충할 방안을 찾고 있었다.

송(宋)나라 건국 당시 수도를 개봉(開封)으로 선택한 이유에는 물류에 대한 깊은 고민도 있었다. 개봉은 대운하의 북쪽 종착지로서, 육로와 수로 교통의 중심지였다. 송나라 영토 내 어느 지역으로든 상품을 운반하기 가장 좋은 곳이 개봉이었다. 11세기 남중국 지역에서 세금으로 거두어들인 곡식을 수도 개봉까지 운송했는데, 그 양은 연간 489만 석(石, 4억 6400만 리터)에 달했다. 그러나 이렇게 보내온 곡식의 대부분은 관료와 수도 인근에 주둔하는 군인에게 지급되었다. 국경 지역의 군인을 먹여 살리려면 추가로 2500만 석(23억 7000만 리터)의 곡식이 더 필요했다. 북중국 지역에서 토지세로 거두어들이는 곡식으로는 그중 절반밖에 해결할 수 없었다. 나머지 분량은 시장을 통해 수매해야 했는데, 이를 화적(和糴, 조화로운 거래) 정책이라 했다. 화적 정책에 따른 곡식 수매는

---

52 Shiba 1988: 236.

주로 북부 지역의 각 지방에서 자체적으로 실시했다. 그러나 북방의 군대를 위해 중앙 정부가 남중국 지역에서 수매하는 곡식도 연간 200만~300만 석에 달했다.[53]

이전의 왕조들처럼 송(宋)나라 또한 독점 정책에 크게 의존했다. 현물세 수입은 상대적으로 변화의 폭이 클 수 없었으므로, 정부의 수입을 늘리려면 특정 상품의 독점 정책을 활용할 수밖에 없었다. 소금 사업도 수입이 좋았지만, 송나라는 여기에 더해 회남(淮南) 지역의 차(茶) 거래 독점도 유지했다. 이 품목의 독점은 원래 남당(南唐) 때부터 시행된 정책이었다. 965년 송나라는 각화무(榷貨務)라는 관청을 신설했다. 예컨대 회남 지역 상인의 차 거래 면허를 비롯해 특정 지역 특정 상품의 거래 허가를 발급해주는 관청이었다. 남당과 마찬가지로 송나라 또한 경쟁국들과의 경제 전쟁에서 처음부터 차 거래를 무기로 활용했다. 그러나 978년 오월(吳越)을 정복한 뒤 송나라의 주요 국정 목표가 변동되면서 차 거래 독점 정책 또한 변화를 겪었다. 새로운 국정 목표는 요(遼)나라에게 빼앗긴 오늘날의 북경(北京) 인근 지역을 수복하는 것이었다. 국경 지역으로 물품을 운송하는 것을 입중(入中)이라 했는데, 이는 국경 수비대에 물품을 공급하는 상인을 장려하기 위해 정부가 상인에게 특혜를 베푸는 정책이었다. 985년 송나라 정부는 물품 교환권을 발행하기 시작했다. 바로 교인(交引)이었다. 곡물, 사료용 건초, 돈(동전과 은) 등의

---

53 같은 책: 234-44. 화적(和糴), 즉 "조화로운 거래"는 시장 가격에 걸맞은 거래라는 뜻이었다. 그러나 위급한 상황에는 정부가 값을 제대로 치르지 못하거나 아예 못 주는 경우도 있었다. 북송(北宋) 말기로 가면서 화적은 점차 강제 징수로 변했다.

물품을 국경 지역으로 운송한 상인은 그 대가로 교인을 받았다. 수도로 돌아온 상인은 교인을 동전이나 향신료 또는 상아 등 이국적인 수입품과 교환할 수 있었다. 혹은 물건 대신 차나 소금을 사고팔 수 있는 면허를 받기도 했다.[54]

그런데 차(茶) 거래 독점 정책은 까다로운 난관에 봉착했다.[55] 정부는 시장에서 유통 가능한 차의 물량과 정부가 발행하는 거래 면허 사이의 균형을 유지하기가 쉽지 않았다. 현실적으로 판매하지 못한 차가 부패되는 경우도 있었고, 상인이 면허를 갱신하는 데 시간이 지나치게 오래 걸리기도 했다. 흔히 상인은 국경으로 가져간 물품의 수량을 부풀렸고, 국가의 재정은 그만큼의 손실을 피할 수 없었다. 무엇보다 차 거래는 물품의 특성상 강제하기 어려운 측면이 있었다. 남송(南宋) 지역에서는 어디서든 소규모로 차를 생산하고 있었기 때문이다. 1059년 송나라 정부는 마침내 차 거래 독점 정책을 폐지하고 자유 상거래를 허락했다. 그러나 이와 달리 소금 거래 독점 정책은 꽤 성공적이었다. 정부로서는 공급량을 통제하기가 차보다는 소금이 훨씬 더 쉬웠기 때문이다.

소금이나 차 전매 정책이 정부의 주요 수입원이기는 했지만, 송나라가 수립된 뒤 11세기 초기에는 그 수입이 현물세보다는 적었다(표 6-6). 상거래 관련 세금(상품의 운송이나 매매에 따른 세금)은 정부의 현금 수입에서 20~25퍼센트를 차지했다.[56] 술 전매 정책이 실시되자, 그에 따른

---

54 국경 지역의 보급 체계에서 교인(交引)의 발행과 사용에 관한 연구로는 Miu Kunhe 2002: 47-90 참조.
55 송나라의 차(茶) 거래 독점과 관련한 정부 정책의 변화에 관해서는 Lamouroux 1991 참조.

단위: 1만 관(貫)

	997년	1021년	1044년경	1064년	1077년경*
소금	300	300	715	1,123	2,230
차	286	330	**150	118	77
술	326	1,159	1,710	1,286	1,293
전매 수입 합계	912	1,789	2,575	2,527	3,470
상거래 세금	400	1,204	1,975	846	805
동전 주조(鑄錢)	■	■	■	■	595
양세(兩稅)	■	■	■	493	559
신법(親法)	-	-	-	-	1,800
동전 수입 총계***	1,693	2,993	4,550	3,682	7,229
총수입(동전 가치 환산)	3,559	5,723	■	6,000	8,933
총수입 중 동전 비중	48%	52%	-	61%	81%

* 수치는 1076년, 1077년, 1078년이 모두 다르다. 청묘법(靑苗法)과 항구의 세관 수입은 포함하지 않았다(이 두 가지 수입에 대해서는 현금 수입과 현물 수입이 구분되지 않기 때문이다).
** 1034년의 수치. 1054년은 128만 관(貫)이다.
*** 전체 수입에는 위에서 언급한 범주 이외의 다른 수입도 포함되었다.

〔표 6-6〕 북송(北宋) 정부의 현금 수입

세수입이 다른 모든 상거래 관련 세수입과 비슷한 정도였다. 주요 도시에서 술 생산 공장을 정부가 직접 운영했고, 그보다 규모가 작은 도시나 시골에서는 면허를 받은 개인이 면허세를 내고 사적으로 술도가를 운영하도록 했다. 곳곳에 정부 창고가 설치되어 그 네트워크가 제국 전역으로 연결되었다. 창고에는 상거래 관련 세금과 술 거래 관련 세금을 거두어 보관했다. 1077년 기준으로 상거래 세금 보관 창고는 전국적으로

56 송나라의 상거래 관련 세금에 관해서는 Guo Zhengzhong 1997: 123-233 참조.

1993곳이었고, 술 거래 관련 세금 보관 창고는 1861곳이었다.[57] 또 한 가지 송나라 정부가 운영한 중요한 수입원이 있었다. 비단 생산자에게 미리 돈을 빌려주는 제도로, 화예매(和預買)라 했다. 정부가 양잠 농가에 미리 돈을 빌려주고, 농가는 비단을 생산해서 대출을 갚았다. 화예매를 통해 정부가 수매한 비단은 1005년 100만 필(疋)에서 1047년 300만 필까지 늘어났다.[58]

1040년대 탕구트와의 전쟁 와중에, 그리고 그 이후에도 국경 방어 비용은 급격히 증가했다. 송나라 정부는 수입을 늘리기 위한 갖가지 방법을 강구하지 않을 수 없었다. 가장 성공적인 개혁은 1048년에 시행한 입중(入中, 국경 주둔지로 군대 보급품을 운송하는 것)과 소금 거래 면허를 분리하는 정책이었다. 상인은 돈만 내면 소금 면허를 살 수 있게 되었다. 그러니 굳이 군대 보급품을 국경 지역까지 운송할 필요가 없어졌다. 상인은 정부로부터 자유롭게 소금을 샀고, 어디에 가서 소금을 팔 것인지 자유롭게 결정할 수 있었다. 또한 입중으로 곡식을 조달하면 수량을 부풀리는 폐단이 있었는데, 정부는 곡식을 시장에서 수매함으로써 이 문제를 피할 수 있었고, 결과적으로 군비 지출을 절약할 수 있었다. 더욱이 소금 거래 면허를 가지고 생산지에 가서 현물 소금을 구매하는 대신, 면허 자체를 화폐처럼 지불 수단으로 삼아 다른 상인과 거래를 하기도 했다. 소금 면허가 금융 상품으로 취급되자 인기가 더욱 치솟았다. 개봉(開

---

57 Qi Xia 1999, 2: 1142; Li Huarui 1995: 151.
58 Sogabe 1941a; Shimasue 1990: 354-57. 차(茶) 생산에 대해서도 화예매(和預買) 정책이 실시되었다.

수입(단위 100만)	997년	1021년	1065년	1086년
동전(貫)	16.93	29.93	36.82	48.48
비단(絹紬, 疋)	4.23	10.97	8.75	1.51
곡물(石)	21.94	29.83	26.94	24.45
은으로 환산 가치(단위 1톤)	997년	1021년	1065년	1086년
동전	794	1,112	1,381	1,818
비단	203	350	473	74
곡물	322	362	689	1,298
합계	1,319	1,824	2,543	3,190

〔표 6-7〕 북송(北宋) 정부의 주요 수입

封)에서는 소금 면허를 사고파는 전문 시장이 활성화되기도 했다. 12세기 초를 기준으로 소금 시장은, 여전히 정부의 면허제 아래 놓여 있었지만, 현실적으로 완전히 상인의 손에 넘어가 있었다. 그 결과 정부의 소금 거래 수입도 늘어났고, 군대 보급 체계도 훨씬 더 안정적인 기반에 뿌리를 내릴 수 있었다.[59]

11세기 전반기에는 정부 수입이 상당히 올라갔다(표 6-7). 현금 수입은 1040~1044년 탕구트와의 전쟁 와중에도 급격히 늘어났고, 1060년대에는 전체 정부 수입의 60퍼센트가 현금이었다. 1003년에 재무 전담 관서인 삼사(三司)가 설치되어 한 사람의 책임자가 정부 재정 전체를 관할하기는 했지만, 갈수록 황제와 그 측근인 환관이 재정 관료의 권한

---

59 송나라의 소금 거래 독점 정책에 관해서는 Chien 2004; Guo Zhengzhong 1990 참조.

단위: 은(銀) 1000kg

	황실						삼사(三司)	총계
	광산/화폐주조	공납/관세	화매(和買)	독점관리	기타	소계		
960-969	16.7	6.7	0.0	0.9	64.5	88.9	664.9	753.6
970-979	16.9	10.3	0.0	1.5	59.5	88.1	664.9	753.0
980-989	15.0	14.7	0.0	78.4	46.3	154.4	1,093.1	1,247.5
990-999	30.7	10.2	0.0	79.5	50.7	171.1	1,354.3	1,535.4
1000-1009	116.4	20.4	0.0	96.5	41.6	274.8	2,482.2	2,756.9
1010-1019	116.3	18.8	27.8	118.1	18.8	299.7	2,488.2	2,787.9
1020-1029	97.4	15.1	69.5	362.7	17.1	561.8	2,522.1	3,081.8
1030-1039	97.4	17.1	69.5	385.7	17.1	591.2	2,520.4	3,111.6
1040-1049	99.6	18.6	100.7	441.3	26.2	686.4	1,817.9	2,504.3
1050-1059	62.7	26.0	104.2	463.9	4.2	661.0	2,888.5	3,749.5

[표 6-8] 10년 단위 중앙 정부 수입 평균, 960~1059년

을 침해하기 일쑤였다. 황제 진종(眞宗, 재위 997~1022)과 인종(仁宗, 재위 1022~1063)은 황제가 사적으로 마음대로 쓸 수 있는 내탕금의 규모를 대폭 늘렸다. 전통적으로 황제가 자신의 재산으로 주장한 "산택지리(山澤之利, 광산 채굴과 동전 주조로 벌어들이는 수익)"와 국내외에서 바치는 선물이나 조공 이외에도 송(宋)나라 황제는 항구의 세관 수입과 국가 독점 품목에서 벌어들이는 수입의 상당 부분을 차지했다. 뿐만 아니라 재정 담당 부서인 삼사에서도 매년 일정 비율로 황제의 몫을 떼어서 내탕금으로 이전해야 했다. 그 결과 내탕금의 수입은 1000년경 전체 국가 수입의 약 10퍼센트 정도에서 1050년대에는 23퍼센트까지 올라갔다(표 6-8). 원래 내탕금은 전쟁이 터지거나 기근이 발생하는 등 갑작스

런 위급 상황에 대처하기 위해 준비해두는 예비비를 염두에 둔 제도였다. 삼사에서는 때때로 예산이 부족했고, 1040년대 같은 전란기에는 대규모 결손이 발생했다. 그래서 정기적으로 내탕금에서 예산을 끌어 쓸 수밖에 없었다. 삼사가 내탕금의 지원에 의존하게 되자 국가 재정 정책의 일원화된 관리도 점차 약화될 수밖에 없었다.[60]

정부 세금을 현금으로 거두려면 동전 공급량이 충분해야 했다. 뿐만 아니라 상업이 발달하면서 화폐 수요가 엄청나게 증가했다. 송(宋)나라 건국 초기의 주요 국정 과제 중 하나는 오대(五代) 시기 각 지역별로 주조하던 다양하고 조악한 동전을 대신하여 표준 화폐를 복원하는 일이었다. 그러나 화폐 통일은 불가능했다. 사천(四川) 지역에서는 후촉(後蜀) 때부터 이어져오던 철전(鐵錢)을 사용할 수 있도록 허용해주었다. 또한 1040년대부터는 북서부 국경 지대에 별도의 화폐 유통 지역이 생겨났다. 이곳에서는 철전(鐵錢)과 동전(銅錢)이 통용되었고, 소금 거래 면허도 현금을 대신하여 화폐로 사용되었다.[61] 부피가 크고 무거운 철전을 유통하는 것은 상당히 불편한 일이었다(사천 지역에서는 소금 1파운드가 철전 1.5파운드에 거래되었다). 그래서 성도(成都)의 상인들은 교자(交子)라는 종이 어음을 발행했다. 교자는 정부에서 발행한 비전(飛錢)과 마찬가지로 다양한 액면 금액으로 발행되었고, 제3자 거래도 가능했다. 1005년 성도의 관리들은 무모한 교자 발행을 제한하려 했다. 어음

60 Cheng Mingsheng 1984; Hartwell 1988; Lamouroux 2003.
61 사천 지역의 화폐 정책에 관해서는 Schifferli 1986; Miyazawa 1998: 419-51; Gao Congming 1999: 243-80 참조. 북서부 국경 지대의 특별 화폐 유통 구역에 관해서는 Miyazawa 1998: 377-418; Gao Congming 1999: 123-64; Lamouroux 2007 참조.

의 표준 형식을 만들어서 성도의 16개 상점에서만 교자를 발행할 수 있도록 했다. 그러다가 1024년 마침내 정부가 직접 나서서 교자 발행 권한을 인수했다. 정부는 어음의 액면 가치를 철전 금액으로 표준화하고 3년 동안만 유통되도록 했다. 교자를 세계 최초의 종이 화폐로 바꾸어놓은 것이다. 그러나 교자의 유통은 어디까지나 사천 지역에 국한되어 있었다.[62]

사천(四川)을 제외한 송(宋)나라 전역에서는 동전(銅錢)이 주요 유통 화폐였다. 송나라는 화폐 공급을 극적으로 늘리는 데 성공했다. 11세기 초 송나라의 한 해 동전 생산량은 당(唐)나라 때 평균의 5~6배에 달했다. 최전성기인 1080년경의 화폐 주조량은 연간 60억 문(文)에 달했다. 이는 왕조 시기 중국 역사를 통틀어 최대 생산량이었다. 북송(北宋) 시기 전체적으로 국가에서 주조한 화폐의 수량이 약 2600억 문(文)이라는 통계는 학계에서 거의 동의하고 있다(표 6-9). 그러나 송나라 경제에서 동전의 역할에 대해서는 학계의 의견이 극명하게 나뉜다. 미야자와 도모유키(宮澤知之)는 사적인 상거래에서 동전 사용이 제한적이었으며 지역 내에 국한되었다고 주장한다. 그는 동전이 주로 세금 납부 수단이었고, 대부분의 동전은 국가 창고에 수납되어 있었다고 본다. 1077년경 정부의 수입이 최고조였을 때 7300만 관(貫)에 달했으므로, 시장에서 유통될 수 있는 동전의 양은 3000만 관에 불과했다는 것이다. 따라서 동전은 상거래보다 세금 납부에서 훨씬 더 중요한 의미를 지닌다는 해석이다.[63] 고총명(高聰明, Gao Congming)은 미야자와 도모유키가 말한 이

---

62 송나라 종이 화폐의 기원과 발전에 관한 연구로 von Glahn 2005 참조.

단위: 100만 문(文)

시기	연평균	기간 내 생산 총량	누적 생산량*
976-982	70	490	490
983-996	300	4,200	4,690
997-999	800	2,400	7,090
1000-1015	1,250	18,750	25,840
1016-1048	1,000	33,000	58,840
1049-1073	1,600	40,000	98,840
1074-1085	4,500	54,000	152,840
1086-1125	2,800	109,200	262,040

* 누계 수치는 기존에 저장되어 있던 수량, 혹은 닳거나 녹여서 없어진 수량은 고려하지 않은 것이다.

〔표 6-9〕 북송(北宋)의 동전 발행량

른바 "재정적 물류(財政的物流)"(국가 조달 납품과 주로 군사 목적의 원거리 운송)의 중요성은 인정하면서도, 사실상 정반대의 결론을 도출한다. 고총명은 예전 칠협(漆俠, Qi Xia)의 연구에 근거하여 1077년경 민간 상거래에 통용된 현금을 1억 5000만 관, 정부 수입으로 들어간 현금을 6000만 관으로 추정했다.[64] 당시 동전 유통량이 상거래와 국가의 수요를 모두 충족할 만큼 여유 있었던 점을 감안할 때, 나로서는 고총명의 견해를 지지하는 편이다.[65]

63 Miyazawa 1998: 498.
64 Gao Congming 1999: 311-12. Qi Xia(1999, 2: 1156)는 1077년 상거래 세금 자료를 바탕으로 그해 상품 거래 총액을 1억 4300만 관(사천 지역의 철전을 포함하면 1억 7500만 관)으로 계산했다. Zhang Jinpeng(2003: 76)은 같은 자료를 바탕으로 시장 거래 규모를 7000만~1억 관으로 추정했다.

왕안석의 신법

당송변혁기에 정치 엘리트의 구성이 완전히 달라졌다. 안녹산(安祿山)의 반란 때문에 당나라 황실의 재산은 물론 귀족 관료의 재산도 바닥이 났다. 송(宋)나라 들어 관료는 주로 엄격한 과거 시험을 통해 성적순으로 선발했다. 그 뒤로는 귀족 관료가 조정에 거의 발을 붙이지 못했다. 시험 제도는 정치 문화에 젊은 기운을 불어넣었다. 유교적 책임감으로 무장한 젊은 관료들의 목표는 정신 수양과 민중의 복지 증진이었다.[66] 북송(北宋) 시기 과감한 개혁 의지를 피력한 지도층 관료들은 중앙 정부의 권위와 조직을 제대로 운영해서 사회 전반의 개혁을 이끌어 내고자 했다. 1040년대에 송나라는 탕구트와의 전쟁에서 처참한 패배를 맛보았고, 그 여파로 정부 재정은 만성 적자에 시달렸다. 소가베 시즈오(曾我部静雄)는 이를 "전시 재정(財政)의 일상화"라고 일컬었다. 이런 상황에서 개혁은 더욱 절박한 과제로 부상했다.[67] 황제 신종(神宗, 재위 1067~1085)의 즉위로 근본적인 개혁을 추진할 수 있는 계기가 마련되었다. 신종은 곧바로 왕안석(王安石, 1021~1085)을 재상에 임명했다. 왕안석은 훌륭한 능력을 갖춘 야심만만한 관료였다. 왕안석은 즉시 전 방위에 걸쳐 개혁 정책을 실시했다. 이를 새로운 정책이라는 의미로 신법(新法)이라 일컬었다.[68] 왕안석이 실시한 재정 개혁은 그야말로 원대했

---

65 미야자와 도모유키와 고총명의 상반되는 견해에 대한 더 상세한 분석은 von Glahn 2004 참조.
66 송나라 정치 문화의 변화에 관해서는 Bol 2008; Kuhn 2009 참조.
67 Sogabe 1941b: 3
68 이하 왕안석의 신법에 관한 간략한 소개는 Smith 2009; Qi Xia 1979를 바탕으로 했다. 또한 방대한 분량의 상세한 연구로 Higashi(1970) 참조.

다. 노역 대신 현금 납부로 바뀌고 시장에 방대한 양의 동전이 풀리면서, 경제는 급속히 화폐 경제로 전환되고 있었다. 왕안석은 규제를 풀어서 경제에 생산적 활력을 불어넣고자 했다. 안녹산의 난 이후 정부 재정에서 현금 비중이 확대되고 있었고, 정부의 시장 개입 또한 강화되는 추세였다. 왕안석의 신법은 큰 틀에서 이러한 흐름의 연장선상에 놓여 있었다. 그러나 왕안석이 추구한 것은 중상주의 정책이었다. 과거 한(漢)나라 무제(武帝) 이후로 정부의 재정 정책 방향이 이 같은 중상주의로 기운 적은 한 번도 없었다.

기존에는 재정 담당(이재理財라 하는데, 말 그대로 해석하면 "재물을 관리한다"는 뜻) 관료의 자질로 윤리라든가 의례 혹은 문학적 능력을 중시했지만, 왕안석의 지휘 아래 정부 사무 능력이 가장 중요한 자질로 평가되었다. 왕안석은 국경 방어를 강화하는 동시에 정부의 군비 지출을 축소하고자 했다. 독점 품목과 대외 무역 관리를 통해 정부 수입을 늘렸고, 현물세와 노역을 감축하거나 폐지함으로써 조세의 효율성을 높였으며, 농업 기반 시설 건설에 정부 투자를 늘림으로써 사회에 활력을 불어넣었다(중앙 정부가 추진한 관개 및 홍수 통제 시설 공사가 1만 1000건에 달했다). 농부에게 저렴한 이율로 대출을 해주고, 시골에도 행정의 손길이 미치도록 공권력을 확대했다. 무엇보다도 왕안석은 탐욕스런 대지주로부터 소농을, 거대 상인으로부터 소상인을 지키는 보호자로 자처했다. 왕안석은 지주와 거상을 "대고(大賈)"라 일컬으며 맹비난했다. 왕안석이 보기에 시장의 상거래가 통제받지 않았을 때 부의 불평등이 생겨났고, 시장은 상인의 담합에 속수무책이었다. 왕안석이 우려한 것은 바로 이런 문제들이었다. 이 같은 불평등 문제를 미연에 방지하려면 정부가 상거래와 자금 대출에 적극 개입해야 한다고 생각했다. 왕안석은 국가 기관을 설치하여 수도에서 도매상을 관리하게 했고, 소매상에게 대출을 해주었으며, 사적으로 활동하던 중개인을 정부 관료로 채용했다. 또한 대외 무역을 엄격히 통제했으며, 기존의 소금 생산 관리 체제에서 차(茶) 생산도 대부분 관장하도록 했다.

신종(神宗)이 경제적 불평등 문제 해결을 위해 균전제를 회복하면 어떨까 하는 제안도 했지만, 왕안석의 입장은 확고했다. 즉 현실과 부합하지 않는 제도로 토지 소유자의 재산을 빼앗기는 어렵다고 보았던 것이다.[69] 왕안석은 소농이 고통을 받는 원인을 끝없이 이어지는 빚의 굴레와 투자 여력의 부족에서 찾았다. 소농에 활력을 불어넣기 위한 왕안석 개혁의 핵심은 바로 청묘법(靑苗法)이었다. 청묘법은 "대고(大賈)"에게 고리대금의 굴레로 묶여 있는 소농을 해방시키기 위해 봄에 농사를 시작할 때 정부에서 저금리로 대출을 해주는 제도였다. 대출을 내기 위해서는 5~10가구가 모여 공동 책임을 져야 했고, 대출을 갚을 때는 원한다면 동전 대신 곡식으로 납부하는 것도 가능했다. 청묘법은 독립채산제로 설계되었기 때문에 이자(대개 연 20퍼센트) 또한 제도를 유지할 수 있는 정도로 부과되었다. 그러나 많은 개혁 정책이 그러하듯이 청묘법에도 부작용이 나타났다. 이자 수익을 확보해야 한다는 의무 때문에 나중에는 경제적 복지를 확대한다는 애초의 취지가 점점 흐려지기도 했다.

왕안석이 추진한 모역(募役)이란 지방 정부에서 기존의 노역을 대체하기 위한 제도였다. 일반 백성에게 노역을 부과하는 대신 재산이 많은

---

69 Qi Xia 1979: 193-99.

지주나 기존에 노역을 면제받던 특권층, 즉 관료의 친인척이나 지역 유지로부터 세금을 거두어 전담 인력을 고용하는 방식이었다. 뿐만 아니라 마을 유지가 가지고 있던 관직을 대부분 철폐하고 보갑(保甲)이라고 하는 지방 군사 조직을 새롭게 편성해서 대부분이 이쪽으로 수렴되도록 했다. 보갑 제도를 처음 시행할 때는 지역별 군사 주둔지에서 근무하는 전업 군인의 수를 줄여서 군비를 감축해보자는 취지였다. 보갑의 우두머리는 이내 마을 지방관의 일을 겸하게 되었다. 즉 공공의 안전을 돌보는 일은 물론이거니와 가구별로 호적 장부에 등록하는 일, 세금을 걷는 일, 기근을 구제하는 일 등이 모두 보갑의 업무가 되었다. 보갑의 책임자에게는 일정한 급료가 지급되었지만 이내 중단되었다. 그러나 세금 대장의 명목상으로는 그들의 급여 항목이 그대로 남아 있었다. 결국 급여 명목으로 거두어들인 돈만 일반 세금에 통합되었다.[70]

왕안석은 개혁 정책의 취지에 걸맞은 ("충성심과 도덕심이 강한") 간부를 모집하기로 하고 새로운 과거 시험을 시행했다. 시험은 공공 정책과 현안에 중점을 두었는데, 기존에 시문(詩文)을 짓는 능력으로 평가하던 과거 시험과는 전혀 다른 방식이었다.[71] 또한 왕안석은 경직화된 관료 사회를 우회하여 과제 중심의 새로운 관직 체계를 만들었다. 새로운 부서의 책임자는 연공서열에 상관없이 능력 위주로 선발되었으며, 관료의 여러 가지 복잡한 의례로부터 자유로운 지위를 부여했다. 현대의 어느 역사학자는 이러한 정치 스타일을 "기업가형 관료제(Bureaucratic

---

70 McKnight 1971: 31-37, 73-94.
71 *XCB*: 213.5169에서 인용.

Entrepreneurship)"라고 일컫기도 했다.[72] 왕안석이 설치한 제치삼사조례사(制置三司條例司, 재정기획원)에는 품계가 낮은 관료 가운데 개혁에 동의하는 자들이 선발되었는데, 조직의 유지 기간(1069~1070)은 길지 않았지만 여러 가지 개혁 정책을 생산하는 인큐베이터 역할을 톡톡히 했다. 이후 왕안석은 삼사(三司)를 무력화했다. 삼사는 신법(新法)의 가장 확고한 반대 세력이었다. 그 대신 신법의 기획 업무를 사농시(司農寺, 황실 소유 토지 관리 담당)라고 하는 잘 알려지지 않은 부서에 배정했다. 정책의 시행은 새로운 조직에 맡겼다. 예를 들면 제거상평농전수리사(提舉常平農田水利使)를 파견했는데, 여기에 임명된 관리는 때에 따라 상평, 농전, 수리의 일을 맡아 보았다. 또한 특수 임무 조직도 있었는데, 개봉(開封)의 시역무(市易務, 무역 통제 임무)와 사천(四川)의 다장사(茶場司, 차 시장 통제 임무) 같은 관청이었다. 국가의 적극적 경제 개입 확대를 도모한 왕안석의 정책으로 관료 조직의 규모는 더 커질 수밖에 없었다. 1067년 2만 4000명이던 관료의 수는 1080년 3만 4000명까지 늘어났다. 관료의 횡령 비리를 막기 위해 왕안석은 급여를 크게 올렸다. 관료 1인당 소요 예산은 이전에 비해 10배로 늘어났다.

재정과 관리 능력을 기준으로 인재를 선발하고, 감독관에 예속되지 않도록 장기근속을 보장하며, 실험적 시도를 폭넓게 인정해주는 왕안석의 이른바 "기업가형 관료제"는 정부의 상거래 및 금융 개입 정책과 직접적으로 연결된다. 애초 시역무(市易務, 국가 무역 사무소)는 상인의 카르텔을 통한 독점적 가격 조작과 고리대금업을 근절하기 위해 설치된

---

72 Smith 1992: 111-18.

기관이었다. 시역무는 개봉(開封)을 비롯한 여러 도시에서 도매 거래를 통제했다(행상은 보유한 물품을 반드시 정부 지정 대리점에 판매해야 했다). 이외에도 소금 거래 면허를 매매하거나, 황실 혹은 정부 기관에서 필요로 하는 물품을 조달하거나, 국경 수비대에 보급품을 운송하는 등의 재정 활동에 폭넓게 개입했다. 또한 시역무는 과일상이나 정육점 같은 소규모 소매상을 대상으로 대출 업무도 취급했다. 머지않아 시역무는 보다 일반적인 금융 분야에까지 손을 뻗었다. 개인 혹은 단체를 대상으로 돈이나 물품이나 귀금속을 저금리(이자율은 연리 12~20퍼센트로 다양했다)로 빌려주었다. 상환을 보장하기 위해서 대출을 받는 사람은 보증인을 세우고 담보물을 제공해야 했다. 시역무에서는 "금융에 대한 이해도가 있는 인물" 뿐만 아니라 상인도 고용했다. 이들은 대출하려는 사람의 신용도를 조사해 대출 여부를 결정하고, 교묘한 계략으로 공공 서비스의 특권을 활용함으로써 거센 저항을 불러일으켰다. 신법(新法)이 폐지되면서 시역무나 정부의 도매 거래 개입 또한 막을 내렸지만, 시역무의 신용 관리 기능만 따로 분리되어 저당소(抵當所)라고 하는 기관이 설치되었다. 이 기관은 남송(南宋) 시기까지 그대로 존속되었다.[73]

 1074년 사천(四川)에서 다장사(茶場司)가 처음 설립되었을 때, 기관의 목적은 중앙아시아로부터 전투용 말을 구입하기 위한 자금을 모아서 북서부 국경 주둔 군대에 보내주는 일이었다. 다장사는 사천 지역에서 재배하는 차(茶)에 대한 배타적 독점권을 처음부터 부여받은 것이 아니고, 그저 적절한 시장 가격으로 차를 사 모았을 뿐이다. 그런데 다장사가

---

73 Kumamoto 1983; Miyazawa 1998: 91-137.

차를 구입한다는 사실이 알려지자 차 생산량이 급증했고, 다장사는 중앙 정부에 건의하여 사천에서 생산되는 차 전체에 대한 독점권을 확보했다. 시역무가 그러했듯 다장사 또한 폭넓은 분야를 포괄하는 상거래 및 금융 기관으로 거듭났다. 차 재배 농민에게 곡식을 대출해주거나, 비단, 종이, 모피, 의약품 같은 생필품을 거래하기도 했다. 다장사가 재정적으로 괄목할 만한 성공을 거두자 연간 1만 5000~2만 마리의 전투용 말이 군대에 공급되었고, 정부 수입도 수백만 관(貫) 증가했다. 1127년 북중국 지역을 상실한 뒤 다장사의 경제적 명분, 특히 전투용 말을 조달한다는 고유의 역할이 위축되었다. 그러나 사천 지역의 차 산업에 대한 관리권은 유지했는데, 그 행태는 "기업가형 관료제에서 약탈적 세금 탈취로" 변형되었다.[74]

신법(新法)은 시작 단계부터 거센 반발에 직면했다. 정부가 민간의 상거래에 개입하는 일은 유교 원리에 비추어 보나, 왕안석 개혁 정책의 폐단으로 보나 해만 끼치는 일이라는 것이 보수적 유학자(儒學者)의 입장이었다. 아마도 가장 극심한 비난의 대상이 된 정책은 청묘법(青苗法)이었을 것이다. 이를 비난하는 측에서는, 지방 관리가 농가에게 정부의 돈을 빌리도록 강요하고 적게 빌리면 세금을 많이 매기는 폐단을 고발했다. 게다가 재정 정책의 목표가 사회적 안정 문제로 바뀌는 경향도 있었다. 청묘법으로 벌어들이는 수입(정책 시행 초기의 수입은 연간 3만 관貫 정도이며, 수익률은 27퍼센트)은 홍수를 통제하거나 기근을 구제하는 일이나, 국경 주둔 군대에 보급품을 보내는 데도 사용되었다.[75] 이율이

---

74 Smith 1992; 인용문은 p. 245.

낮아도 상환을 못 하는 경우가 흔했고, 몇 차례 연기를 해주어도 결과는 변함이 없었다. 1080년대에 이르러 결손에 따른 적자 문제가 청묘법 운영의 골칫거리로 대두되었다. 정부는 지역 경제에 다시금 재정을 투입했지만, 결과적으로 문제가 악화될 뿐 끝없는 부채의 굴레에서 신음하는 수많은 농가를 구제하지는 못했다

신법(新法)으로 정부 재정 수입이 늘어난 것은 사실이다. 매년 적어도 1800만 관(貫)의 수입이 증가했다. 세수입에서 동전이 차지하는 비중은 40퍼센트까지 올라갔는데, 주요 원인은 노역 대신 현금으로 거둔 세금과 청묘법에 따른 이자 수입이었다. 사천에서의 차 거래 독점에 따른 수입을 제외하면 상거래 관련 세수입은 미미했다. 오늘날 우리가 당시 국가 회계의 세부 내용을 전부 알 수는 없지만, 추정컨대 신법이 시행되는 동안 정부 수입에서 현금이 차지한 비중은 최고 81퍼센트까지 올라갔던 것 같다. 이는 1000년경의 48퍼센트와 뚜렷이 대비된다(표 6-6). 같은 시기에 국가 재정에서 직물은 사실상 사라졌는데, 동한(東漢) 이래로 국가 재정의 근본 수단은 언제나 직물이었다(표 6-7). 이후로 송(宋)나라 재정 시스템에서는 근본적으로 은(銀)이 직물을 대체했고, 비단은 더 이상 화폐 대용으로 기능하지 않았다.[76]

신법(新法)을 추진하는 측에서는 삼사(三司)를 강하게 통제했고, 동시에 내탕금 또한 직접 관할했다. 1076년 왕안석이 은퇴한 뒤 신종(神宗)은 직접 개혁 정책을 추진해 나갔다. 1082년 황제는 정부 관료 조직

75 Smith 1993: 97.
76 Gao Congming 1999: 17; Wang Wencheng 2001: 148.

전반을 개혁하는 데 착수하고, 당(唐)나라 모델을 따라 중앙 정부를 6부(六部) 중심으로 재편했다. 삼사와 사농시(司農寺)가 해산되고, 호부(戶部, 재정 수입 담당)에서 이들의 업무를 대신했다. 또한 신종은 원풍고(元豐庫)를 창설했는데, 탕구트의 공격을 대비하기 위해 자금 모으는 일을 맡았다. 그러나 결국 이번에도 탕구트에게 참패하고 말았다.[77] 크게 보자면 신법으로 추진된 정책에서 발생하는 정부 수입과, 다양한 물품의 거래 독점 관리로 발생하는 수입이 모두 원풍고로 들어갔다. 로버트 하트웰(Robert Hartwell)이 1093년 송나라 정부의 재정을 재구성해본 결과에 따르면, 원풍고의 수입이 호부의 수입과 맞먹었다(표 6-10). 예전에 삼사가 그러했듯 새로 설립된 호부는 전체 재정 중 일부만 관할할 따름이었다.

왕안석의 개혁 당시 지방 정부의 수입 중에서 중앙 정부로 이전되는 비중이 훨씬 더 커졌다. 재정 개혁으로 지방 정부는 더욱 안정적으로 수입을 확보할 수 있었고, 노역의 대부분을 현금 세금으로 대체했다. 이에 따라 현금 수요가 급증했다. 왕안석의 지휘 아래 동전 주조량도 크게 늘렸다. 신법 기간에는 연평균 45억 문(文)의 동전이 발행되었다(표 6-9). 이처럼 동전 공급량을 크게 늘렸음에도 불구하고 왕안석을 비판하는 측에서는 세금을 현물에서 현금으로 바꾸는 바람에 동전이 부족해졌고(당시의 표현으로 이를 돈 가뭄이라는 의미에서 전황錢荒이라 했다), 결국 지방 백성의 소득 폭락을 초래했다고 비난했다.

77 Hartwell 1988: 70.

단위: 은(銀) 1000kg

수입		전체 대비(%)	지출		전체 대비(%)
(1) 내장고(內藏庫)					
귀금속	15.60	0.45	국방	19.35	0.57
국내 공납	6.44	0.18	빈민 구제	12.03	0.35
동전 주조	223.50	6.40	후원	0.59	0.02
무역관세(해상)	10.30	0.29	정부 재정보조	34.41	1.01
무역관세(육지)	8.74	0.25	요/서하 조공	23.86	0.70
외국 조공	2.26	0.06	국가 장례	15.42	0.45
화매(和買)	92.45	2.65	궁궐 소비	119.14	3.49
기타	62.47	1.79			
소계	421.76	12.07	소계	224.79	6.59
(2) 점택무(店宅務)					
개봉의 부동산 임대	5.19	0.15			
(3) 원풍고(元豊庫)					
명반(礬) 전매	21.97	0.63	국방	16.33	0.48
소금 전매	301.98	8.65	노역 임금	263.54	7.73
해주 호염(解州 湖鹽)	63.98	1.83	정부 재정 보조	0.39	0.01
술 전매	503.92	14.43	곡물 운송	17.09	0.50
면역전(免役錢)	395.93	11.34	전매 관리	115.43	3.38
방장전(坊場錢) / 하도전(河渡錢)	143.65	4.11	방장 / 하도 관리	71.86	2.11
소계	1,431.42	40.99	소계	484.64	14.21
(4) 다장사(茶場司)					
차(茶) 전매	192.70	5.52			■
(5) 호부(戶部)					
토지세	1,107.45	31.71	관료들의 급여	43.57	1.28
상거래세	328.02	9.39	군인들의 급여	1,133.23	33.22
인두세	5.94	0.17	빈민 구제	71.66	2.10
소계	1,441.41	41.27	내장고로 이전	16.16	0.47
			소계	1,264.61	37.07
(6) 기타			미상(未詳)	1,437.06	42.13
총계	3,492.49	100.00		3,411.09	100.00

주: 이 수치에 모든 정부 수입이 포함된 것은 아니다.
옮긴이 주: 인용 과정에서 (2)점택무 항목의 누락이 있어 원출처를 참조하여 바로잡았다.

〔표 6-10〕 1093년 정부의 수입과 지출

왕안석과 신종(神宗) 둘 다 1085년에 죽었다. 권력은 왕안석의 반대파로 넘어갔다. 이들은 재정을 엄격히 운영한다는 명분 아래 개혁 정책의 근간을 흔들기 시작했으나, 1093년 신법의 지지자들이 권력을 되찾았고 다시금 개혁 정책을 추진할 수 있었다. 그러나 이들의 무능과 전쟁의 참화, 궁정 내 파벌 다툼 등으로 재정 정책의 혼란은 날로 더해졌고, 약탈적 세금 부과는 경제에 막대한 손상을 입혔다. 1126년 여진(女眞)의 침입에 맞닥뜨린 송(宋)나라는 급격히 무너졌다. 재정 정책의 오류와 왕안석의 제자를 자처하는 자들의 부패로 민심도 크게 이반되었다. 1127년 개봉(開封)이 함락되자 송나라는 남중국으로 피신하여 다시 조정을 추슬렀다. 남송(南宋)은 왕안석의 정치 철학을 거부했고, 신법으로 추진한 정책들을 대부분 폐지했다. 그럼에도 불구하고 강력한 재정 국가의 면모만큼은 변함없이 유지되었다.[78]

경제적 생산성의 대도약

송(宋)나라 때에는 시장과 생산력이 전례를 찾아보기 힘들 만큼 급격한 성장을 이룩했다. 벼농사가 국가 경제의 근간이 되었다. 그 밖에도 환금 작물들, 예컨대 차(茶), 사탕수수, 뽕나무(양잠), 쪽(염료) 등도 신속히 확산되었다. 남중국 지역에서는 벌목이 광범위하게 이루어졌다. 급증하는 건물, 선박, 칠기, 종이 및 인쇄 산업에 필요한 목재를 공급하기 위해

---

78 송나라에서 현물세가 아닌 간접세, 현금 납세, 재정 행정의 전문화 등이 시행되었다는 사실에 근거하여 이때 "재정 국가"가 출현했다고 솔직히 인정하는 연구가 나왔다. William Liu 2015 참조. 그러나 나의 책에서 그 논점을 언급하기에는 시간이 너무 촉박했다(이 책의 초판도 2015년에 나왔다 – 옮긴이).

서였다. 또한 북중국 지역을 중심으로 철과 석탄 생산도 막대한 성장을 구가했다. 지역별로 도자기 산업도 번성했다. 이 무렵에 경질자기(true porcelain) 기술이 개발되었고, 해외 시장 수요도 급증했기 때문이다. 앞에서 살펴본 것처럼 농업의 중심이 북중국 지역에서 점차 남중국 지역으로 이동했듯이, 도자기와 비단 생산도 마찬가지 경로를 보였다. 수로 교통이 준비되어 있는 데다 해외 무역이 증대되자, 남중국 지역이 새롭게 산업과 경제의 중심지로 부상했던 것이다. 화폐 공급도 원활했고, 새로운 신용 및 금융 제도가 생겨나자 화폐 경제 또한 크게 발달했다. 이같은 상업적 번영에 자극을 받아 도시화는 더욱 빨라졌고, 도시의 성격 또한 바뀌어갔다. 시골 곳곳에서 장터가 출현했으며, 성벽으로 둘러싸인 도시들은 기존의 행정 및 군사적 기능만 하는 것이 아니라 상업 활동의 중심지로 더욱 번성했다.

차를 마시는 관습이 폭발적으로 증가한 시기도 송(宋)나라 때였다. 이 무렵에 차는 숯(땔감), 쌀, 기름, 소금, 간장, 식초와 더불어 7가지 핵심 생필품 중 하나가 되었다.[79] 찻잎은 열로 볶은 뒤 압착하여 벽돌 모양으로 만들었다. 그렇게 하면 저장과 운송을 편리하게 할 수 있었다. 차를 마실 때는 벽돌 모양에서 조금씩 떼어내거나 미세하게 갈아서 물에 타 마셨다. 찻잎 모양 그대로 끓는 물에 넣어 우려 마시는 관행도 점점 확산되기는 했지만, 명(明)나라 이전까지는 가루를 타서 마시는 것이 더 일반적이었다. 차의 종류가 다양화되고 품질도 등급별로 다변화되자, 다양한 소비자층에 맞추어 다양한 풍미가 발달했고, 차를 우리는 기술도

---

79 Shiba 1968: 184-85(開門七件事: 柴, 米, 油, 鹽, 醬, 醋, 茶).

다양해졌다. 강서(江西)의 요주(饒州)는 다양한 차가 생산되는 곳으로 유명했다. 한 근(斤, 0.59킬로그램)당 동전 500문(文)에 낙찰된 차가 있는가 하면, 가장 저렴한 차는 근당 37문에 불과했다고 한다.[80] 중앙아시아의 유목민도 열렬한 차 애호가였다. 이들도 기꺼이 최고가를 치르고 차를 구매해 갔다. 사천(四川)의 다장사(茶場司, 차 거래 독점 관청)가 많은 수익을 낸 것도 부분적으로는 유목민 덕분이었다. 1104년 이전, 그러니까 국경 무역 시장에서 사천 이외 지역의 차도 거래가 가능했을 당시에도 사천에서 생산되는 차 중 3분의 1이 무역 시장으로 흘러 들어갔다.[81]

차 재배는 남중국 내륙의 산악 지역에 집중되었다. 그곳이 벼농사를 짓기에 적합하지 않은 거친 땅이었기 때문이다. 예컨대 송(宋)나라 건국 무렵 복건(福建) 지역의 차 생산량은 23만 킬로그램 정도였으나, 1084년에는 190만 킬로그램으로 늘어났다. 차 생산자는 대부분 시골의 작은 농가였는데, 연간 60~300킬로그램의 차를 생산했다. 대규모 농장도 존재했다. 민간 혹은 정부에서 운영하는 플랜테이션 농장에서는 남녀 100명을 고용해 연간 3만 킬로그램의 차를 생산했다.[82] 찻잎을 따는 노동이 여성의 일로 자리 잡은 것도 송나라 때였다. 그러자 남성 노동자는 차 생산 현장에서 찾아볼 수 없게 되었다.[83] 소금 산업이 그랬던 것처럼, 차 생산도 정부 재정 수입의 중요한 원천이 되었다. 그래서 때때로 복잡

---

80 Mizuno 2000: 89.
81 국경 무역 독점권의 상실로 다장사(茶場司)의 수익성은 급격히 떨어졌다. Smith 1992: 195-96 참조.
82 Smith 1992: 65.
83 Lu Weijing 2004.

하고 무거운 규제를 받기도 했다. 그러나 차 생산 농가가 워낙 소규모로 흩어져 있었기 때문에, 현실적으로 차 생산 관리를 독점하기란 쉽지 않은 일이었다. 차 생산의 지역별 편차 또한 매우 컸던 것으로 확인된다. 1162년 기준으로 (사천을 제외하고) 불과 5개 현에서 전체 차 생산량의 55퍼센트에 해당하는 1600만 킬로그램 이상을 생산했다(지도 6-6).[84]

남중국 지역의 여러 농산물은 송(宋) 대에 주요 상품으로 부상했다. 사탕수수, 쪽(염료), 동유(桐油, 선박 방수를 위해 칠하는 기름으로 쓰인다), 오렌지를 비롯한 감귤류, 용안(龍眼), 여지(荔枝) 등이 대표적이었다. 고체 설탕(crystallized sugar)은 남쪽의 과일을 보존하는 데 많이 사용되었는데, 설탕에 절인 과일은 북중국과 중원(中原) 지역의 도시에서 별미로 인기가 높았다. 사탕수수에서 즙을 추출하고 설탕을 정제하는 중국의 기술은 매우 수준 높았지만 많은 노동력을 필요로 했다. 사탕수수를 짜는 방아를 돌리려면 최소한 10~20명의 노동자가 있어야 했다. 사탕수수 방아는 아마도 기름을 짜는 방아에서 응용한 것 같은데, 소에 멍에를 씌워 돌리면 사탕수수 즙을 추출할 수 있다. 1142년 사천 지역의 설탕 산업에 관한 기록이 남아 있는데, 수령(遂寧) 지역 농가의 30퍼센트가 사탕수수를 재배하여 고체 설탕을 제조했다고 한다. 그러나 농가의 규모는 크지 않았다. 기껏해야 연간 몇 단지 정도의 제품을 생산하는 데 그쳤고, 생산량이 한두 단지밖에 안 되는 농가도 있었다. 고체 설탕을 만

---

84 Mizuno 2000: 92, table 1; 중국 남동부 지역 차 생산량 수치는 Zhang Jinpeng 2003: 138을 반영했다. Zhang(같은 책: 140)은 사천 지역의 차 생산량이 남동부 전체의 생산량과 거의 맞먹었다고 추정한다.

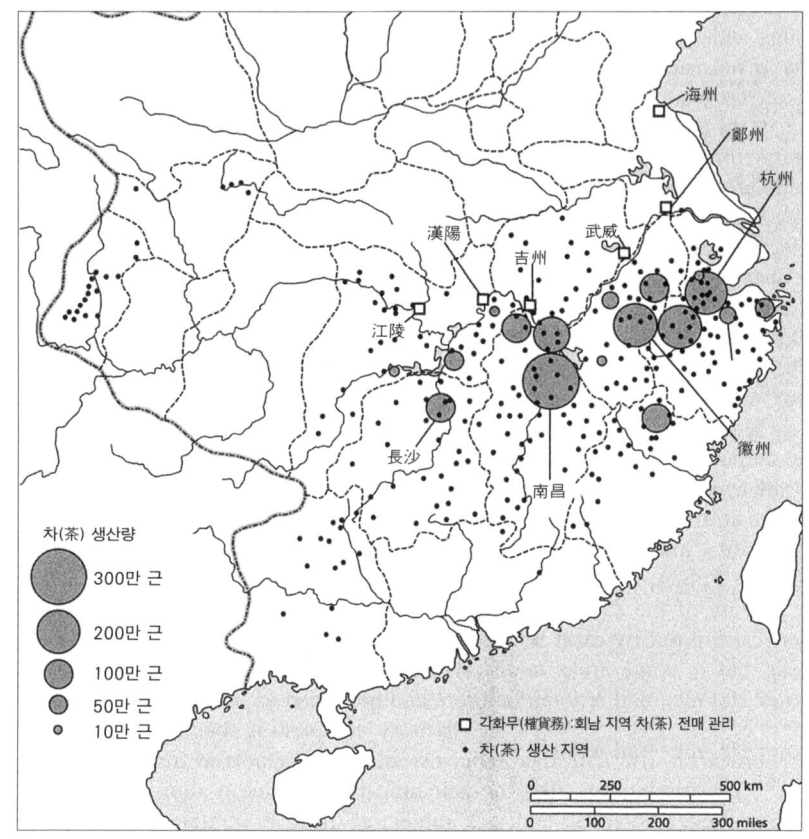

주: 사천 지역 데이터 제외.
〔지도 6-6〕 남동부 지역 차 생산량, 1162년

드는 과정은 매우 느렸고, 생산량은 예측 불허의 날씨에 좌우되는 문제였다. 그래서 사탕수수 즙만 추출해 고체 설탕 제조업자에게 넘겨주는 농가가 많았다. 추정컨대 사탕수수 즙을 짜는 방아는 자본과 노동력이 풍부한 대규모 농장이나 사찰에서 소유하고, 소규모 농가에게 임대해주었을 것이다. 명(明)나라 때는 이때보다 사탕수수 즙 추출 및 고체 설탕 제조 기술이 훨씬 발달한 뒤였지만, 그럼에도 대규모의 기업형 사탕수수 농장(플랜테이션)은 발달하지 못했다. 이는 서양의 설탕 산업이 성장한 과정과 다른 점이다.[85]

송(宋)나라 때는 산업 생산량 또한 유례없는 성장을 구가했고, 그에 따라 고도의 조직 체계도 갖추어졌다. 석탄과 구리 광산, 제철, 명반(明礬) 제조, 조선, 소금 생산, 종이 및 인쇄 산업 등에서 생산량이 수직 상승했다. 대규모 생산을 관리하려면 생산 관리 기법 또한 혁신을 하지 않을 수 없었다. 직물 산업의 경우, 기존에는 가정에서 사용하거나 세금으로 내려고 직물을 생산했지만, 이제는 방향을 바꾸어 시장 판매를 목표로 생산을 하게 되었다. 전국 규모의 전문 시장들도 생겨났다. 고급 비단이나 종이, 칠기, 도자기 같은 사치품을 전문적으로 취급하는 시장이었다. 이러한 시장의 출현으로 지역별 수공업 생산 품목이 더욱 전문화되었다.

기술 혁신과 시장 수요가 제철 생산량 확대를 이끌었다.[86] 철광석 광산은 대체로 북중국 지역에 분포했다. 제철소에서는 숯이 많이 필요했는데, 송(宋)나라 때는 북중국 지역의 산림이 황폐화되어 숯 생산량이 급감했다. 역청탄(瀝青炭)으로 코크스를 만드는 기술이 개발되었고, 이를 통해 생산된 연료가 대형 풍로를 사용하는 제련 공정(탈탄소 제련법, Bessemer technique)에 쓰였다. 코크스를 만들고 제철 공장을 운영하려면 기본적으로 막대한 자본이 필요했다. 뿐만 아니라 상당한 정도로 규모

---

85 Shiba 1968: 215-19; Daniels 1996: 88-93; Mazumdar 1998: 126-33.
86 Hartwell 1962, 1966, 1967; Wagner 2001a, 2008: 278-325.

의 경제가 뒷받침되어야 했다. 강소성(江蘇省) 북부의 이국(利國, 송 대에는 경동로京東路에 소속)이라는 곳에는 민간 제철소 36개가 있었는데, 평균 100명의 노동자를 고용했다고 한다. 이들이 채광, 코크스 제조, 용해, 불순물 제거 등의 업무를 나누어 맡았다. 이국에서 생산하는 물량은 연간 7000톤가량이었다. 11세기 말 연간 철 총생산량은 약 12만 5000톤으로 추정된다.[87] 이국을 포함한 주요 철 생산지는 송나라의 수도 개봉(開封)에서 멀지 않은 곳에 분포했다. 개봉은 가장 큰 시장이었고, 11세기 말 개봉의 인구는 75만에 달했을 것으로 추정된다. 개봉에 있는 국영 제철소만 하더라도 고용 인력이 1만 3000명이었다. 이들은 검(劍), 갑옷, 창 등의 무기뿐만 아니라 톱, 망치, 난로, 못, 주전자, 자물쇠, 램프, 바늘 등 잡다한 가재도구도 생산했다. 대규모 제철소에서는 조철과 주철을 만들었고, 이를 정부 소유의 공장이나 도시의 철공소에 제공했다. 그럼에도 불구하고 시골의 소규모 제철소는 남아 있었다. 여기서도 때에 따라 철을 생산해서 해당 지역의 대장간이나 농민에게 공급했다. 이들도 농기구나 가재도구를 생산할 원재료가 필요했기 때문이다.

　비단과 삼베로 세금을 납부하는 경우는 급격히 줄어들었다. 동시에 시장의 수요는 증가했다. 그러자 직물 생산도 구조적으로 큰 변화를 겪었다.[88] 송(宋)나라 때는 가벼운 비단이 유행했다. 이는 당(唐)나라 때 유행한 평직(平織)과는 달랐다. 평직이란 여러 색깔의 실이 교차로 들어가

87　Hartwell 1967: 104-06. 이 연구에서 사용된 계산법은 의문의 여지가 있다. 그러나 그의 추정치가 기본적으로 타당하다는 점에 대해서는 대체로 논란의 여지가 없다. Wagner 2001a, 2008: 300 참조.
88　Bray 1997: 206-12.

물결무늬를 이루는 두꺼운 비단을 말한다. 송나라 유행 비단을 제작하려면 더 복잡한 구조의 베틀이 필요했다. 정부 공장이나 개인 작업장에서는 이러한 시장 수요에 부응하기 위해 남성 노동자를 고용해 제품을 생산했다. 결과적으로 유행 비단의 생산은 대개 고도로 훈련받은 남성의 일이 되었다. 당시에도 시골 여인들은 여전히 평직 비단을 제작했다. 생산 기술과 생산량 어느 측면에서 보더라도 비단 생산의 중심지는 북중국이었다. 1120년대 금(金)나라가 북중국을 점령하기 전까지는 그랬다. 남송(南宋) 시기에는 피란 정부의 수도인 항주(杭州)가 국가 경제의 핵심 지역이 되었다. 항주 주변 지역은 양잠 산업의 중심지로 발빠르게 성장했다. 양자강 삼각주 출신의 진부(陳旉)라는 학자가 쓴《농서(農書)》(1149)에 의하면, 삼각주 서부는 벼농사에 유리한 지역이었는데도 그곳 주민은 비단 생산으로 상당한 부가 수입을 올렸다고 한다.

호주(湖州) 안길현(安吉縣)의 중산층 주민은 (부업으로 비단을 생산하던 양자강 삼각주 주민과 달리) 전업으로 양잠을 해서 먹고살았다. 가족 구성원이 10명인 어느 가구는 누에 10상(床)을 키워서 각 상마다 누에고치 12근(斤)을 생산했다고 한다. 누에고치 1근당 비단실 1.3온스가 생산된다. 작은 필로 평직 1필을 짜려면 비단실 5온스가 필요했다. 평직 1필의 시장 가격은 쌀 1.4가마(石)였다. 비단과 쌀의 교환 비율은 시기에 따라 달랐지만, 그래도 양잠만으로 충분히 가족의 연간 식량과 옷감을 마련할 수 있었다. 한 달 동안 집중적으로 비단을 생산하면 고된 농사를 1년 지은 것보다 더 많은 수입을 얻을 수 있었다.[89]

---

89 NS: xia.18.《진부농서(陳旉農書)》의 계산법에 의하면, 양잠을 해서 한 가구가 얻을 수 있

안길(安吉)은 비단 품질이 좋기로 유명한 곳이었다. 평직뿐만 아니라 보다 고도의 기술이 요구되는 사직(紗織)이나 능직(綾織)도 유명했다. 유명세 덕분에 안길의 농민은 비단 생산의 전문화가 가능했다. 그러나 시골 농가는 비단 직조를 포기하고 누에치기에만 집중하는 경우가 많았고, 생사를 뽑아서 도시의 비단 직조 공장에 납품하기도 했다. 1201년에 발행된 호주(湖州)의 관청 기록에 의하면, 부유한 농가는 수백 상(床)의 누에를 기르고 노동자를 고용해 비단을 짰다. 이는 수십 명 규모의 비단 생산 공장이 있었음을 의미한다.[90] 비단 중개상, 도매상, 원거리 무역상 등이 연쇄적으로 계약을 맺고 시골의 생사 생산자와 도시의 비단 생산자 및 소비자 사이를 이어주는 역할을 했다.

비단 산업과 마찬가지로 도자기, 종이, 인쇄 등의 산업도 기술 발전 및 시장 성장에 힘입어 크게 발달했다. 당(唐)나라 말기에서 송(宋)나라 초기에 이르는 동안 중국에서 경질자기(硬質瓷器, true porcelain) 기술의 완성도가 매우 높아졌다. 경질자기란 도자기 몸체뿐만 아니라 덧칠한 유약과 색소가 모두 유리처럼 단단히 굳어 반짝거리는 자기를 말한다. 중국 곳곳에서 지역별 특성을 갖춘 도자기가 많이 생산되었지만, 그중에서도 특히 강서성(江西省)의 경덕진(景德鎭)이 청백(青白)이라고 하는 고광택 도자기로 유명했다. 제철 산업도 그렇지만 도자기 산업 역시 세부적으로 전문화된 노동력이 필수였고, 상당한 정도의 자본 투자가

는 수입은 연간 43.7석(石)이다. 비교하자면 오늘날 5인 가구가 필요로 하는 최소한의 식량은 연간 18석이다(제7장 참조).
90 *WXZ*: 20.5b.

뒷받침되어야 했다. 여러 투자자를 모아서 가마(노爐)를 건설하고 도자기 공장을 세운 사례도 있었다. 송나라 때 경덕진에는 300기 이상의 가마가 있었다고 한다. 여기에 고용된 기술자만 1만 2000명이었고, 비전문 보조 인력도 그만큼 더 있었을 것이다.[91] 이보다 작은 규모의 도자기 생산지에서도 이와 비슷하게 가마, 자본, 전문 기술 인력이 집중되기는 마찬가지였다. 길주(吉州, 현재 강서성 길안시吉安市)의 영화진(永和鎭)도 10세기 중엽에 도자기 생산 중심지로 부상해, 11세기로 넘어갈 무렵 송나라 당국에 의해 별도 행정 구역으로 지정되었다.[92] 송나라 당시의 향토사학자는 영화진을 "육가삼시(六街三市)"(대규모 도시를 묘사하는 문학적 표현)라고 자랑스레 기록했는데, 수천 가구의 주민이 살았다고 한다. 12세기에는 길주가 흑유자기(黑釉瓷器)로 국제적 명성을 얻었으나, 이내 경덕진의 명성에 가려 빛이 바래고 말았다.[93]

송(宋)나라 때에 이르러 중국 최대의 수출 품목이 비단에서 청자로 바뀌었다. 해외 시장의 수요가 급증하자 중국 내 도자기 제조 지형도 바뀌었다. 경덕진(景德鎭), 정주(定州, 하북河北), 용천(龍泉, 절강浙江)에서

---

91 Ho(2001: 269)는 도자기 공장에서 각 가마에 40~44명의 노동자(도공陶工과 노공爐工)를 고용했을 것으로 계산했다. 한편 So(2000: 194)는 가마 하나가 최소한 100가구를 먹여 살렸다고 주장한다. 도자기 생산의 각 공정과 운송 및 판매에 소요되는 인력을 모두 계산한 결과다.

92 송나라에서는 지방관이 파견되지 않은 상업 중심지를 "진(鎭)"이라는 행정 구역으로 설정하고, 감진(監鎭)을 임명하여 공공의 안전과 세금 수납 임무를 맡겼다. Chen Zhiping 1993 참조.

93 Otagi 1987: 272-74. 고고학 발굴 조사 결과, 영화진에서 송원(宋元) 시기의 가마 24기가 확인되었다. 이곳의 도자기 산업 규모가 최소한 경덕진의 10분의 1은 되었다는 의미다. Liu Yang and Zhao Ronghua 2001: 11 참조.

생산된 도자기는 중국 내에서 수요가 높았지만, 상대적으로 수출은 거의 없었다(용천 자기 제외). 대신 해안 지역에 새롭게 도자기 생산 중심지가 생겨났는데, 지리적으로 해외 수출이 용이했기 때문이다. 처음에 광동(廣東), 그다음에는 복건(福建)이 새로운 도자기 생산 중심지로 부상했다. 11세기 말에 이르러 복건의 천주(泉州) 교외에서 갑자기 고품질 도자기 생산이 급증했는데, 가마(爐)가 거의 50기에 달했다. 이곳에 해양 세관(시박사市舶司)이 설립된 때가 1087년이었다. 처음에 천주의 도자기는 경덕진의 청백자기를 모방했다. 그러나 12세기 중엽에 이르러 독특한 천주 스타일의 도자기가 생산되어 해외 시장, 특히 일본에서 인기가 높았다. 천주 지역의 도자기 산업은 고도로 전문화된 기술 인력은 물론 전문적 생산 관리와 자본 투자, 그리고 해외 시장에 대한 지식을 필요로 했다. 천주 도자기가 해외 시장을 압도하자 광동이나 소흥(紹興) 같은 과거의 도자기 생산 중심지가 위축되었고, 이곳 생산품은 해외 무역에서 자취를 감추었다. 이를 보더라도 당시 도자기 산업이 얼마나 치열한 경쟁 관계에 놓여 있었는지를 짐작할 수 있다.[94]

목판 인쇄의 발명 시기는 당(唐)나라 초기까지 거슬러 올라간다. 그러나 송(宋)나라 이전에는 인쇄가 주로 불교 경전이나 일시적인 상품들, 예컨대 달력과 책력, 종교적 부적 같은 부류에 국한되었다. 송나라 때에

---

94 Ho 2001; So 2000: 186-201. 일본의 고고학 발굴 자료들을 보면, 11세기 말에 복건 남부 지역의 도자기 산업이 급작스레 성장했고, 12세기 말이 되면 용천 도자기의 뒤를 이어 일본 시장을 장악했음을 알 수 있다. Tanaka and Satō 2008 참조. Billy So의 복건 및 광동 도자기 산업 비교 연구(Su Jilang 2004) 결과에 따르면, 복건의 도자기 산업은 경쟁 관계에 놓여 있는 광동에 비해 자본이 더 풍부했고, 생산비가 더 낮았으며, 수익성이 훨씬 더 높았다.

과거 시험이 제도화되고 학교가 확산되자 출판 시장이 폭발적으로 성장했다. 송나라 정부 역시 검증된 유교 경전, 역사서, 행정 실무 지침서, 법전 등을 비롯하여 의학서나 기술서도 출간했다. 남송(南宋) 시기에는 학교와 사기업이 출판을 주도했다. 사기업은 정부 관서에서 출간된 책과 같은 내용을 더욱 값비싼 사양으로 재출간했고, 정부에서 간과하는 내용들, 예컨대 시집이나 일기를 비롯한 비공식적 글들도 출간했다. 북송(北宋) 시기 출판을 주도한 도시는 개봉(開封)과 사천(四川)이었는데, 남송 시기에는 항주(杭州)와 복건(福建)이 새로운 출판 산업의 중심지로 부상했다.[95]

비단, 술, 차, 도자기, 책 등의 소비재 상품이 많이 생산되었다는 사실은 송(宋)나라가 상업적으로 발달했음을 확인해준다. 화폐 공급량이 극적으로 증가했고, 금융과 신용 제도에 혁신이 이루어졌으며, 기술과 생산 관리의 발달, 수로 교통 투자 등이 모두 함께 시장 경제의 성장에 밑거름이 되었다.[96] 정부의 조달 품목도 상품의 생산과 무역을 크게 촉진하는 요인이었다. 정부에서 필요한 물품을 시장을 통해 구매하는 비중이 상당히 컸고, 계속적으로 증가하기도 했다. 장금붕(張錦鵬, Zhang Jinpeng)의 연구는 북송에서 유통된 상품을 쌀로 환산할 경우 1인당 148리터라고 계산했는데, 이는 19세기 초 상품 거래량 추정치로 자주 언급되는 수치(1인당 69리터)에 비해서도 2배가 넘는다.[97] 19세기 추정치가

---

95 Chia 2003.
96 Shiba 1968: 49-132, 1970: 4-40; Elvin 1973: 131-78.
97 Zhang Jinpeng 2003: 312-13. 1077년의 수치는 세금 납부 자료를 바탕으로 계산한 반면 19세기 국내 상거래 물동량은 1인당 소비량을 근거로 계산한 값이므로, 19세기 수치보

너무 낮다고 평가할 만한 이유가 적지 않지만, 시장의 구매력 면에서 왕조 시기 중국을 통틀어 송나라 때가 가장 구매력이 높았다는 점에는 논란의 여지가 없다.

송(宋)나라는 1127년 북중국 지역을 빼앗긴 뒤 수도를 항주(杭州)로 옮겼다. 이후부터 강남(江南)은 중국 경제의 핵심 지역으로 부상하여 중원(中原) 지역을 능가했다. 양자강 하류 지역은 이미 북송(北宋) 때부터 상업 활동이 가장 활발한 곳이기도 했다. 이는 1077년의 지역별 세금 통계에서도 분명하게 드러나는 사실이다(지도 6-7). 이때까지는 제국의 수도인 개봉(開封)이 가장 큰 상업 중심지였다. 두 번째로 큰 도시는 항주였는데, 세금 수입에서 개봉이 항주보다 5배 더 많았다. 그러나 개봉을 제외하면, 상업 활동은 대체로 남동부에 집중되어 있었다. 특히 저주(滁州)에서 항주까지 이어지는 운하를 따라 상업 지구가 형성되어 있었다. 1077년 세수입이 가장 많은 15개 도시 중에서 9개 도시가 양자강 삼각주에 위치해 있었다. 상업의 비중 역시 주목해야 할 지점이다. 개봉의 세수입은 전체 세수입의 5.2퍼센트였다. 이외에 세수입이 3만 관(貫)을 넘는 도시가 27개이고, 이들을 다 합치면 전체 세수입의 15.2퍼센트를 차지했다. 그다음으로 세수입 1만 관에서 3만 관 사이의 도시가 99개인데, 그중 56개 도시는 주(州)의 수도이고 43개 도시는 그 아래 관청 소재지(현縣) 혹은 상업 중심지(진鎭)였다.[98] 1077년 자료에 의하면 520

다 1077년 수치의 정확성이 더 높다. 19세기 수치 자료는 Wu Chengming 1985: 253, table 2에서 인용.
98 Guo Zhengzhong 1997: 224-29, tables 3-21, 3-22.

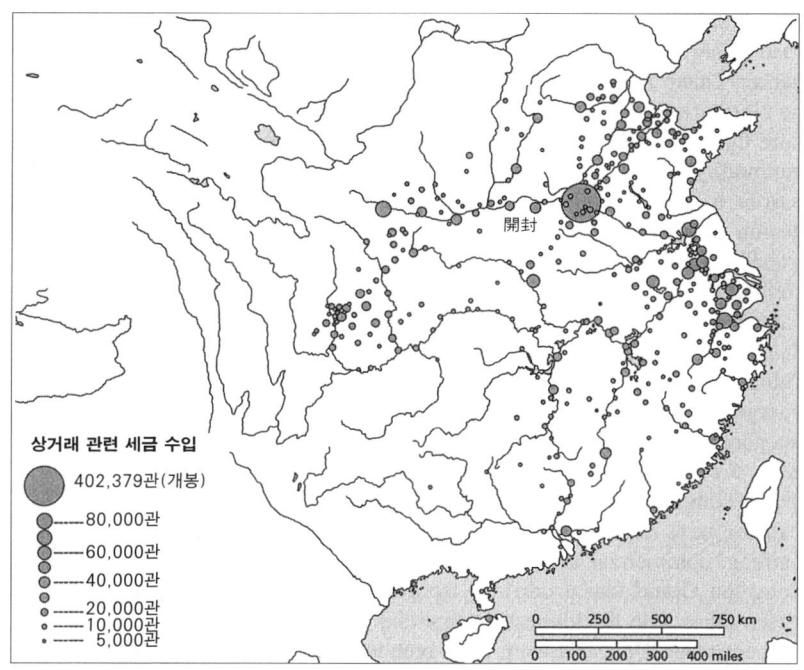

〔지도 6-7〕 세금 수입 분포, 1077년

개 진(鎭)에서 거두어들인 세금이 전체 세금의 29퍼센트를 차지했다.[99] 예전에는 도시라고 하면 정치권력의 중심지로서의 기능이 두드러졌는데, 송나라 도시의 생명력은 상업 활동에 있었다.

도시 인구의 규모와 분포는 세금 자료를 통해 짐작할 수 있다. 그러나 우리에게는 북송(北宋) 시대 도시화의 정도를 직접적으로 파악할 수 있는 자료가 없다. 남송(南宋) 시기 주(州) 단위의 자료를 보면, 도시 인

---

99 Shiba 1975: 27.

구 비중은 매우 다양했던 것 같다. 휘주(徽州, 안휘성) 같은 내륙 고지대의 도시 인구 비중은 3퍼센트에 불과했지만, 해양 무역이 번성한 천주(泉州, 복건성)는 25퍼센트에 달했다. 제국의 수도인 개봉이나 항주는 물론 예외적인 경우다. 13세기 중엽 항주의 도시 거주 가구 수는 17만 5000가구였다(항주 전체 가구의 46퍼센트에 해당). 여기에 도시 관료의 가족 약 1만 가구, 군인의 가족 약 10만 가구를 더해야 할 것이다. 농사짓지 않고 도시 근교에서 생활하는 인구를 포함해 항주의 전체 인구는 150만에 달했을 것으로 추정된다.[100] 일부 학자들은 남송의 도시 거주 인구가 20퍼센트에 달했다고 계산하기도 하지만, 12퍼센트 정도로 보는 것이 타당할 듯하다.[101] 따라서 남송 시기의 도시화 정도는 근대 초기의 유럽과 대체로 비슷했다. 얀 드 브리스(Jan de Vries)가 계산한 바에 따르면, 유럽의 도시화 정도는 1500년에 9.6퍼센트, 1800년에 13퍼센트였다.[102]

송(宋)나라의 도시 발전을 이끈 주도적 힘은 상업의 성장이었다. 그러나 도시의 상업화는 다양한 결과를 가져왔다. 휘주(徽州)의 척박한 토양은 농사를 짓기에 불리했고, 그것도 도시 성장의 장애 요인이 되었다. 휘주는 차, 칠기, 목재, 종이 등을 항주와 강남의 도시로 공급하는 상업 거점이었지만, 1227년 기준 도시 인구는 4000가구(휘주 전체 인구의 3퍼센트)가 채 못 되었다.[103] 이와 달리 양자강 삼각주에 위치한 호주(湖

---

100 Shiba 1988: 320-21.
101 Wu Songdi 2000: 614-19.
102 De Vries 1984: 72-3.
103 자료 출처는 Shiba 1988: 396; Wu Songdi 2000: 616, table 13-3. 휘주 도시 인구 수치(1931가구)는 1172년 기준이며, 휘주 전체 인구 수치는 1172년(12만 2014가구)과

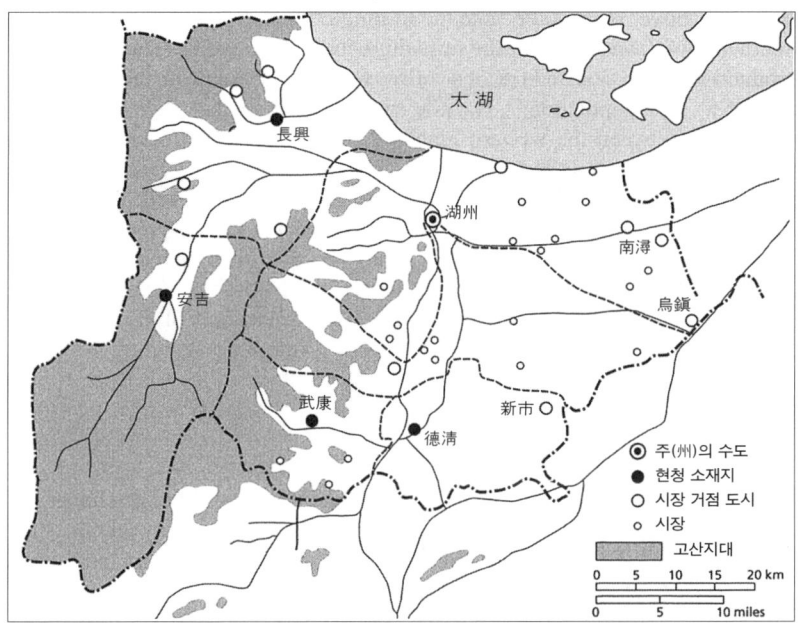

[지도 6-8] 남송 호주(湖州)의 도시 분포

州)는 비옥한 농지를 바탕으로 도시와 마을이 밀집한 네트워크가 유지될 수 있었다. 앞서 언급했듯이 호주는 남송 시기 비단 제작의 중심지가 되었다. 또한 호주의 서부 고지대에서는 양잠 못지않게 차와 도자기 산업이 발달했다(지도 6-8). 호주와 호주에 소속된 11개 상업 중심지(鎭)를 통틀어 인구는 서부 고지대부터 동부 평야 지대까지 고르게 분포했다. 그중 가장 큰 상업 중심지(신시新市, 남심南潯, 무청武淸)의 세수입은

1227년(12만 4941가구, 도시 거주민은 3887가구)이 사실상 별로 차이가 없다.

현청 소재지 평균보다 더 많았다. 이외에도 동부 저지대에는 수많은 소규모 상업 거점이 흩어져 있었다. 이들은 정부 수매량보다 훨씬 더 많은 쌀을 생산했는데, 기존의 수로 교통과 도시의 우수한 전문 인력을 활용하는 혜택을 볼 수 있었다. 송(宋) 대 이후에는 상업과 도시의 성장이 호주의 동부 지역에만 집중되었고, 서부 지역은 가난하고 인구 밀도가 낮은 배후지로 전락했다.[104]

결론

당송변혁기에는 공공 및 사적 분야 모두에 걸쳐 전 방위적인 제도 변화가 일어났다. 그 결과 경제와 국가가 전면적으로 개혁되었다. 토지, 노동, 자본 등 요소 시장 경쟁의 격화, 새로운 생산 동력, 공공 및 사적 수요의 급증 등이 지속적 경제 성장의 자극제가 되었다. 토지의 사적 소유가 거의 보편화되고, 세금을 현금으로 납부하고, 대부분의 주민이 강제 노역의 의무에서 벗어남으로써 보다 효율적인 경제 자원 분배가 가능해졌다. 화폐 공급량이 늘어나고 공적·사적 금융이 확산되면서 상거래와 투자가 더욱 원활해졌다. 주식 작물, 직물, 조선, 철기 등의 생산량이 뚜렷이 증가한 원인은 신기술 개발보다 기존 기술이 보다 광범위하게 적용된 데 있었다. 특히 자원이 풍부한 남중국에 이런 기술들이 이전된 것이 큰 원인이었다. 농업의 중심이 벼농사로 이동함으로써 식량 생산의 비약적 발전이 가능했다. 또한 차(茶)와 설탕 같은 새로운 식품 소비의 증대, 남중국의 풍부한 목재를 바탕으로 하는 조선, 종이, 인쇄,

---

104 Shiba 1975: 33-37, 1988: 365-89.

칠기 수요의 급증이 모두 경제 성장에 기여한 요인이었다. 시장이 확대되자 지역별로 생산의 전문화가 이루어졌다. 특히 비단, 도자기, 종이, 칠기, 차 등은 고급품은 물론 대중적 수요를 겨냥하는 저렴한 상품도 출시되었다.

    정부와 민간 경제의 관계도 변화가 있었다. 안녹산의 난 이후 토지와 노동에 대한 국가의 통제가 약화되자 당나라 정부는 특히 소비 관련 세금 같은 간접세에 의존할 수밖에 없었으나, 그마저도 뜻대로 되지 않았다. 당나라가 멸망한 뒤 10세기에는 이러한 경향이 더욱 강화되었다. 특히 남중국 지역에서 왕조들이 난립하자, 각국은 국가 간 경쟁에서 우위를 차지하기 위해 중상주의 재정 정책을 도입하고 화폐 경제를 강화하고자 했다. 마침내 송나라가 주민과 자원을 확고히 장악하는 데 성공했지만, 송나라는 건국 초부터 국가 존망의 위기에 직면해 있었다. 북쪽 국경의 유목 기반 국가들이 침략해 왔기 때문이다. 국경에는 전업 군인으로 막대한 규모의 상비군이 주둔했다. 송나라 지도자들은 급증하는 군비를 충당하기 위해 기존의 간접세 의존 정책을 지속해 나갔다. 11세기 동안 등록 인구는 3배로 늘고 등록 토지도 50퍼센트 더 증가했지만, 국가에서 거두어들이는 세금 총액은 거의 변화가 없었다. 왕안석의 신법(新法)은 두 가지 목표를 겨냥했다. 하나는 급증하는 상거래에서 더 많은 세금을 포착하는 것이며, 또 하나는 상업화로 비롯된 경제적 불평등을 완화하는 것이었다. 개혁의 초기 성과는 성공적이었다. 그러나 결국 신법도 애초에 의도한 두 가지 목표를 달성하는 데 실패하고 말았다.

    남송 시기에는 신법이 폐지되었지만, 그럼에도 불구하고 당송변혁기 국가 개혁의 시작은 과거 진한(秦漢) 제국처럼 군대 및 학자 관료 중심 국가를 만드는 것이었다. 당시, 그러니까 10세기의 공백기와 그 뒤를 이은 신법 실시 기간 동안, 국가의 재정 정책은 "후-관자"에서 언급한 중상주의와 한 무제(漢武帝)의 참모들이 제안한 개입 정책의 부활이었다. 상홍양과 마찬가지로 왕안석 또한 혹독한 과세 정책의 악역을 마다하지 않았다. 왕안석과 그의 추종자들은, 부자의 끝 모를 탐욕을 통제하기 위해 그들의 재산을 빼앗아 오는 일이야말로 국가가 기꺼이 힘써야 할 일이라고 생각했다. 그러나 이 같은 군대 및 학자 관료 중심의 재정 국가 체제란 근본주의적 성격을 띠고 있었다. 국가의 토지 할당과 모든 성인에게 부과되는 노역 및 세금의 통합 관리로 경제적 평등을 달성할 수 있으리라는 전제는 이미 어찌해볼 수 없는 철 지난 정책이었을 뿐이다. 토지 소유는 완전히 민영화되었고, 1년에 2번 세금을 내는 양세(兩稅) 같은 진보적 세금 정책에도 불구하고 토지와 부의 불평등은 현실적으로 상당히 더 크게 확대되고 말았다. 송나라의 재정 행정은 과거 한 무제의 중상주의 정권이 그랬던 것처럼 상당히 높은 정도의 개입 정책을 고수했다. 소금 전매 정책이라든가 왕안석이 만든 개봉(開封)의 시역무(市易務, 국가 무역 관리)는 상홍양의 평준법(平準法)을 따른 것이었다. 그러나 진한 제국 때와 달리 송나라의 세금 수입은 간접세 비중이 상당히 컸다. 송나라의 재정 정책은 시장을 억누르기보다 관리하는 방법을 찾고자 했다. 그래서 국가가 직접 물품의 조달과 운송을 맡지 않고, 입중(入中) 정책을 통해 국경의 군대까지 보급품을 운송하는 상인에게 특혜를 부여했다. 소금 전매 정책으로 정부는 상당히 많은 수입을 올렸는데, 그중 상당 부분은 소금 거래 면허를 팔아서 얻은 수익이었다. 이 면허 증서는 민간 경제에서 신용 거래의 수단으로 사용되기도 했다. 술 전매 정책도 수익성이 좋은 사업이었다. 이는 송나라 재정 정책에서 중심적 위치를 차지한 소비세의 위상을 다시 한 번 보여주는 사례다. 정부는 술을 직접 제조하기도 했고, 지역의 시장 규모가 너무 작아 정부가 직접 나서기보다 사기업이 더 알맞을 경우에는 제조와 판매 면허를 팔기도 했다. 이처럼 시장의 성장을 독려하면서 정부의 수입을 최대화하는 정책은 남송에서도 지속되었다. 남송 또한 국가의 존망을 걱정해야 할 정도로 엄청난 위협에 직면해 있었기 때문이다.

CHAPTER 7

활짝 꽃피운 강남 경제
1127~1550

1127년 금(金)나라가 북중국을 점령하자 중국은 다시 한 번 둘로 갈라졌다. 4세기 초 유목민의 침략으로 비롯된 "분열의 시대"와 같은 상황이었다. 이후 250여 년 간 북중국은 이방인 정복자의 지배를 받았다. 처음에는 여진(女眞), 그다음에는 몽골(몽고蒙古)이 북중국의 주인이었다. 같은 시기 송(宋)나라 왕실은 남쪽으로 피란하여 제국의 남쪽 절반은 유지하고 있었다. 군대와 재정의 딜레마는 북송(北宋)의 지도자들을 줄기차게 괴롭힌 문제로, 남송(南宋)에서도 전혀 줄어들지 않았다. 왕안석(王安石)의 신법(新法) 같은 국가 주도의 야심적 개혁도 1127년 북송 왕조가 무너지면서 신망을 잃었다. 남송 시기에는 국가 주도의 제도 개혁보다 신유학파의 정치 철학이 우세를 보였다. 신유학은 도덕성의 회복과 공동체 기반의 지역별 리더십을 지향했다. 그럼에도 불구하고 세금의 현금 납부나 시장을 통한 군수품 조달 방식은 남송에서도 북송 때의 방식이 그대로 유지되었고, 심지어 더 강화되기도 했다. 그러던 13세기 초, 국가의 재정 관리 능력은 급격히 악화되었다. 금나라와의 전쟁이 다시 시작되고 1205~1208년 사천(四川) 지역에서 반란이 일어나자, 남송 정부의 재정 및 화폐 정책은 파국으로 치달았다. 1234년 몽골이 금나라를 정복하자 오히려 국경의 긴장도는 더욱 높아졌다. 1257년 몽골의 남송 침략이 본격화되었고, 이에 대응하기 위해 남송의 지도부는 다시 한 번 근본적 개혁을 시도했다. 예를 들면 양자강 삼각주의 대지주로부터 토지를 몰수하는 정책 등이 있었지만, 그 결과는 참담할 따름이었다. 1276년 칭기즈 칸(Chinggis Khan)의 손자 쿠빌라이 칸(Qubilai Khan)의 지휘 아래 남송의 수도 항주(杭州)가 점령되었고, 몽골은 1279년 마침내 남송의 마지막 황제를 제위에서 끌어내렸다.

송나라가 중원(中原)을 상실하고 수도를 항주(杭州)로 옮기자, 이미 농업과 상업 중심지였던 강남(江南)의 중요성은 더욱 커졌다. 북쪽에서 내려온 피난민으로 인구도 급증했다. 1102년에서 1223년까지 남송의 인구는 약 9퍼센트 증가하는 데 그쳤지만, 강남의 인구는 거의 50퍼센트가 늘어났다.[1] 양자강 삼각주 평야에서는 벼농사를 위한 간척지가 급증했고, 그 여파로 상업 거점과 상거래 네트워크가 생겨났다. 시골에서 곡물이나 비단을 생산하는 생산자와 항주 등 주요 도시의 소비자가 새로운 상거래 네트워크로 연결되었다. 도시가 커지고 소비도 증가하자 강남 지역의 도시와 농촌 모두에 그 여파가 미쳤다. 즉 원거리 무역이 활발해지고 지역별 전문화도 강화되었다. 강남은 중국의 무역과 산업에서 활발한 중심지가 되었다. 이러한 강남의 경제적 위치는 왕조의 부침과 상관없이 19세기까지도 변함없이 지속되었다.

남송의 재정 정책

북중국이 금(金)나라에 정복된 이후 송(宋)나라가 처한 군사적 상황은 더욱 어려워졌다. 단지 생존하기 위해서라도 가혹한 재정 정책을 선택하지 않을 수 없었다. 왕안석과 그 후계자들이 표방한 중상주의 정책은 실패하고 말았다. 이들의 실패는 국가 주도 개혁에 대한 신망마저 앗아

---

1   Wu Songdi 2007: 183-84, tables 5.1, 5.2. 1223년 기준 강남(즉 송나라의 양절로兩浙路, 강소성 남부와 절강성 포함)의 인구는 송나라 전체 인구의 21.7퍼센트를 차지했다.

갔다. 이를 대체할 새로운 정치 철학 혹은 지성적 분위기가 형성되었는데, 유학 교육을 받은 지도자들을 중심으로 사적 소유를 우선시하며 지역별로 시행되는 소규모 개혁을 선호했다. 예를 들면 교육 기회 확대, 도로와 교량 및 수리 시설 개선, 농가의 기근과 부채 원조 등이었다.[2] 철학적 변화에도 불구하고 현실은 냉혹했다. 중앙 정부는 막대한 전쟁 비용을 감당해야 했고, 세금을 더 많이 걷을 수 있는 근본적 방안들을 고민했다.

금나라와의 전쟁이 지속되는 가운데 왕실은 장군들에게 재정 권한을 양도하지 않을 수 없었다. 황제 고종(高宗, 재위 1127~1162)과 재상 진회(秦檜)는 금나라의 북중국 통치를 인정하고 휴전 협정을 성사시켰다. 그제야 송나라 지도부는 재정 인프라 재건을 시도해볼 수 있었다. 북부 지역 상실은 정치경제에 막대한 변화를 초래했다. 국경 주둔 군대의 보급 체계도 완전히 달라졌다. 예전에 북송이 그러했듯, 남송 또한 동쪽에서 서쪽까지 기나긴 국경선을 따라 방어막을 펼쳤다. 사실상 자연적 방어 수단이 존재하지 않는 회하(淮河) 유역의 습지는 송나라와 금나라 군대가 직접 맞닥뜨리는 전장이 되었다. 송나라의 대규모 군부대는 주로 양자강 남쪽 연안에 위치했고, 실제 국경에는 소규모 전초 부대만 배치되어 있었다. 머나먼 사천 지역은 새로운 수도 항주와 더욱 먼 거리에 위치했다. 북송 당시에도 이미 사천에서는 그 지역만의 독특한 재정 및 화폐 정책이 실시되고 있었다. 이제 사천은 중앙 정부의 실효적 지배에서 벗어난 곳이 되었다. 중앙 정부는 북송 영토의 거의 절반, 인구로 따

---

2 Schirokauer and Hymes 1993; Bol 2008: 246-56.

지면 약 3분의 1에 대해 지배력을 상실했다(부府 혹은 주州 등 제2급 행정 구역이 320개에서 170개로 감소). 그래도 가장 중요한 점은 항주의 피란 정부가 그나마 제국의 가장 부유한 지역에 대한 통제력을 유지하고 있었다는 사실이다.

금나라와의 휴전이 성립된 1141년 이후, 고종(高宗)과 재상 진회(秦檜)는 관료 체제를 회복하기 위해 신속한 조치들을 취했다. 진회는 예전 송나라를 창건한 태조(太祖)의 탁월한 정치적 수단을 본받아 최고위급 장군들이 명령을 따르도록 하는 데 성공했다. 북중국을 회복하려는 수복주의자의 우두머리인 장군 악비(岳飛)는 엄혹한 분위기에서 감옥에 갇힌 뒤 비밀리에 처형되었다. 그러나 장군 오개(吳玠)는 사천 지역에서 사실상의 자치 구역을 형성하는 데 성공했고, 1207년까지 그와 그의 후손들이 군권과 재정권을 전적으로 행사했다. 사천 이외 지역에서는 군부 통치를 관료 통치로 전환하는 한편, 양자강 하상 운송 요지 세 곳에 총령소(總領所)를 설치하여 군대 보급 업무를 전담하게 했다(지도 7-1). 네 번째 총령소는 1149년 사천에 설치되었는데, 그곳은 어디까지나 오씨(吳氏) 가문 소속 장군들의 엄격한 통제 아래 놓여 있었다.

남송의 중앙 정부는 지역별 군부 할거를 막아내는 데 성공했다. 예전에 당나라가 걸어간 멸망의 길을 따르지 않기 위함이었다. 그러나 재정의 중앙 집중화는 결코 달성하기 쉬운 과제가 아니었다. 1120년대 이후로 전쟁 비용을 감당하기 위해 경총제전(經總制錢) 등의 긴급 조세가 잇달아 부과되었다. 경총제전이란 "국경의 군부대 보급과 방어 비용 마련"을 위한 법령에 따라 현금으로 부과되는 여러 가지 세금(대표적으로 술 소비세 등)을 아울러 일컫는 명칭이었다. 1130년대 중앙 정부는 지

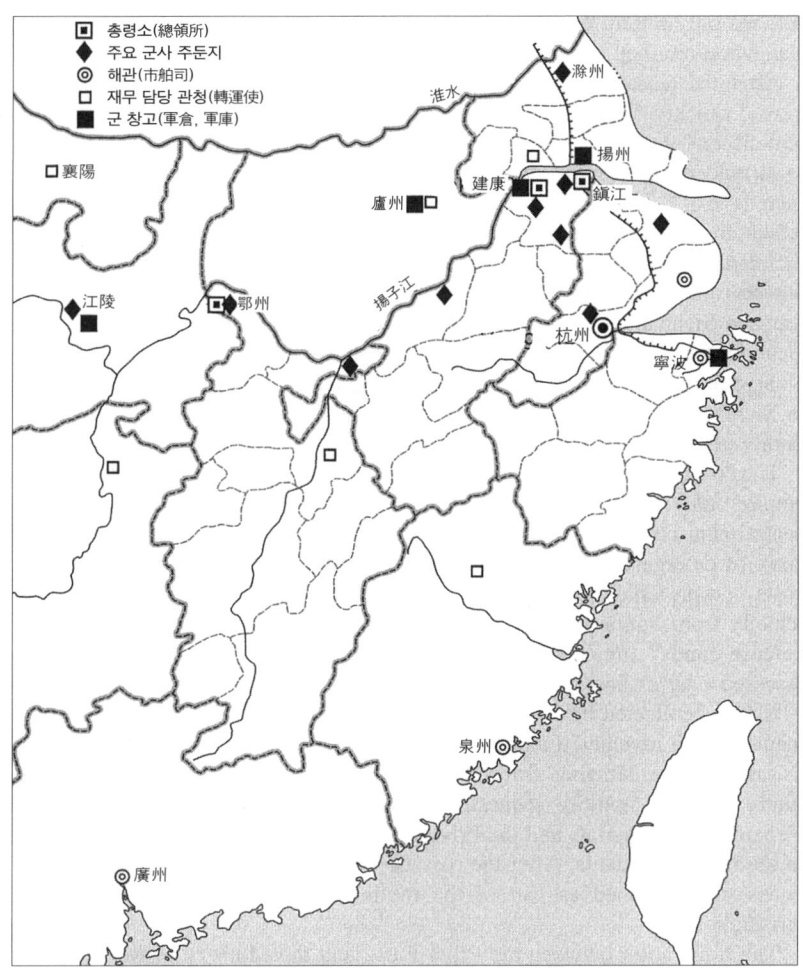

[지도 7-1] 남송(南宋)의 군대 보급

방 정부에서 월장전(月樁錢, 연 단위가 아니라 월 단위로 납부하는 세금)이라고 하는 특별세를 걷도록 했다. 이를 위해 지방 정부는 각종 인허가나 술 소비 등의 다양한 명목으로 세금을 만들어냈다.³ 경총제전과 월장전은 모두 총령소와 내탕금(황제의 사유 재산) 관리 부서로 직접 들어갔고, 지방의 재무 담당관(전운사轉運使)이 관여할 수 없었다. 그러나 1141년 적대적 대치 상황이 종료된 이후에는 원래 일시적으로 부과되던 이러한 세금들이 지방관의 재량 아래 고정적 세금으로 남게 되었다.⁴

내탕금 관리는 북송 때 호부(戶部, 재정 담당)와 분리되었는데, 이는 남송 시기에도 그대로 지속되었다. 기존에 내탕금에 속하는 세금이 있었지만 새로운 세금의 일부도 내탕금으로 들어갔다. 왕실은 제점형옥사(提點刑獄司, 재판 관리 감독)와 제거다염사(提擧茶鹽司, 차와 소금 관리 감독)를 비롯하여 일부 재정 권한을 로(路, 제1급 행정 구역) 단위로 분할함으로써 호부의 권위를 약화시켰다. 곳에 따라서는 제거상평사(提擧常平司, 창고 관리) 업무를 나누어 받은 로(路)도 있었다. 또한 경총제전도 전운사(轉運使)가 아니라 제점형옥사 소관으로 두었다. 거두어들인 세금이 (호부가 아니라) 내탕금 관리 부서나 총령소로 직접 전달되도록 하기 위

---

3 Sogabe 1941b: 37-48; Bao Weimin 2001: 138-50.
4 이러한 임시 세금의 부담 정도는 지역별로 차이가 있었다. 예를 들어 월장전이 강서로, 강동로, 호북로, 호남로에서 주 수입원이었던 반면, 양절로(강소와 절강)에서는 아예 부과되지 않았다. 비단 생산지에서는 비단 생산에 따른 특별세가 부과되었지만, 다른 지역에서는 비단 특별세가 없었다. 소금 거래 독점 관련 수입은 광동과 복건 지역에서 특히 많았는데, 이 지역에서는 중앙 정부나 군대로 보내는 곡물이 면제되었다. 새로 부과된 다양한 특별세에 관한 상세한 내용과 지역별로 재정에 미친 다양한 영향 관계에 대해서는 Bao Weimin 2001 참조.

한 조치였다. 지역별로 파견된 재무 담당 관리는 전체 국가 수입의 60퍼센트를 관장했고, 다른 부서의 예산을 이관받아 지출의 70퍼센트를 집행했다. 호부에서 직접 관장하는 예산은 전체 국가 예산의 17퍼센트에 불과했다(표 7-1).

총령소는 지방 파견 재정관으로부터 직접 세금을 접수했다. 이때 전운사(지방 정부의 재정 담당)나 호부(중앙 정부의 재정 담당)는 거치지 않았다. 진강(鎭江) 소재의 회동총령소(淮東總領所)로 다양한 명목의 세금이 접수되었다(표 7-2, 지도 7-1).

1160년대에 회동총령소는 군인 6만 8000명분의 보급 물자를 공급했다. 그중 5만 명은 전방 전초 기지에 주둔하는 군인이었다. 총령소로 들어오는 곡물 수입은 대부분 강동로(江東路)와 강서로(江西路)에서 거두어들인 양세(兩稅)였다. 그러나 최소한 20퍼센트는 강서(江西)의 시장에서 구매했다(조화를 위한 거래라는 의미에서 화적和糴이라 한다). 한편 총령소의 현금 수입은 주로 양절로(兩浙路)에서 거두어들인 세금이었는데, 소금 거래 독점 관리 수입(전체의 60퍼센트)이었다. 물가 변동(주로 화폐의 가치 하락)에 따른 조정을 거치기는 했지만 남송 시기 회동총령소의 수입은 대체로 안정적이었다.[5]

회동총령소의 자료를 보면, 남송 시기 현물세의 현금 대체가 훨씬 더 빠른 속도로 진행되었음을 알 수 있다. 쌀값을 기준으로 볼 때, 12세기 후반 총령소 전체 수입에서 현금이 차지하는 비중은 75~87퍼센트였다. 국가 전체적으로 양세로 거두어들인 곡물의 양은 11세기에 연간

---

5 Nagai 1992.

단위: 은(銀) 1000kg

항목	황실 수입	황실 전체 대비(%)	항목	호부(戶部) 수입	호부 전체 대비(%)	항목	지방 수입	지방 전체 대비(%)
(1) 내장고(內藏庫)	134.37	6.1	(5) 좌장서고(左藏西庫)	371.98	16.8	(7) 지방 재무 당국	611.21	27.6
국방 특별세(經總制錢)	88.67	4.0	토지세	99.53	4.5	토지세	362.02	16.4
국내 공납	0.21	<0.1	술 전매	159.17	7.2	소금 전매	249.20	11.3
화폐 주조	5.68	0.3	인두세(身丁錢)	20.36	0.9			
무역 관세(해상)	33.88	1.5	대례(大禮) 특별세	2.01	0.1			
기타	5.93	0.2	전매 수입	90.94	4.1			
(2) 조정(朝廷)	109.71	5.0	(6) 호상주고(犒賞酒庫)	12.26	0.5	(8) 군비 관련 창고	120.72	5.5
화매(和買)	109.21	4.9						
기타	0.50	<0.1						
(3) 좌장남고(左藏南庫)	178.81	8.1				(9) 총령소(總領所)	525.93	23.8
방장전(坊場錢)/ 하도전(河渡錢)	69.23	3.1				방장전(坊場錢)/ 하도전(河渡錢)	46.62	2.1
기타	109.59	4.9				전매 수입	181.88	8.2
						국방 특별세 (經總制錢)	230.37	10.4
(4) 각화무(榷貨務)	148.23	6.7				월장전(月樁錢)	67.06	3.0
합계		25.9			17.3			56.9

[표 7-1] 국가 재정 수입, 1172년

수입	세금 종류	출처
쌀(石)		
60만	양세(兩稅)	강동로(江東路), 강서로(江西路)
15만	화적(和糴)	강서로(江西路)
■*	화적(和糴)	양절로(兩浙路)
합계 75만+		
동전(貫)		
360만	소금 전매	양절로(兩浙路)
180만	경총제전, 절백전(折帛錢)	소주(蘇州), 상주(常州), 진강(鎭江):모두 양절로(兩浙路) 소속
156만	월장전(月椿錢)	강서로(江西路)
합계 596만		

* 양절로에서 긴급한 군비 수요 때문에 화적(和糴) 실시.

〔표 7-2〕 회동총령소의 세금 수입, 1164년경

2500만~3000만 석(石)이었다가 12세기 말에는 600만 석까지 줄어들었다.[6] 앞에서 언급했듯이, 남송의 정책 입안자들은 경총제전이나 월장전 등 다양한 명목의 특별 세금 항목을 만들어서 현금을 거두었다. 특별 세수입이 양세 같은 기본 세수입의 절반에 가까울 정도였다. 남송의 재정 관리 부서는 파편적으로 흩어져 있었기 때문에 당시 정부 수입과 지출의 전모를 밝히기는 쉽지 않다. 12세기 중반 이후 여러 가지 흩어진 자료들을 보정하여 모아보면, 특별세와 독점 상품 거래 관리 수입을 합한 금액이 과거 신법(新法)이 시행될 당시 국가 전체의 현금 수입(7300

---

6 Wang Shengduo 1995: 580.

단위: 100만 관(貫)

	사천(1142년경)*	남동부 지역 (1185년경)	남동부 지역
양세(兩稅) 중 일부 상공(上供)	2.0	2.0	
술 전매	2.0		6.3(1160년경)
소금 전매	1.9		27.0(1169년)
차 전매	0.5		4.2(1175년경)
전매 수입 전체 / 화적(和糴)과 화매(和買)		44.9	
경총제전(經總制錢)	1.2	14.4	
월장전(月樁錢)	자료 없음	4.0	
종이 화폐 수수료	0.2	자료 없음	
합계	7.8	65.3	

* 사천의 수치는 50퍼센트 줄여서 반영했다. 사천의 세금 수입은 전인(錢引)이라고 하는 종이 화폐로 계산했는데, 전인은 동전이나 남동부 지역에서 유통된 회자(會子)라는 종이 화폐에 비해 절반 정도의 가치로 평가되었다.

〔표 7-3〕 남송(南宋) 중앙 정부의 현금 수입

만 관貫)에 맞먹는다는 것을 알 수 있다(표 7-3).[7] 그러나 쌀값을 기준으로 수치를 보정해 보건대, 남송 출범 후 처음 한 세기 동안은 1인당 세금 부담이 신법 시행 당시에 비해 더 늘어난 것은 없었다.[8]

7 1185~1190년 무렵 국가 전체 수입이 8200만 관(貫) 정도였다는 연구도 있다. Guo Zhengzhong 1985: 182-83 참조. 이 계산에서 사천 지역의 수치를 [표 7-3]에서와 같은 방식으로 보정하면 합계는 7500만 관이 된다. 그렇다면 결국 [표 7-3]의 계산(7310만 관)과 거의 일치한다고 볼 수 있다.
8 Liu Guanglin 2008: 226-27. 실제 1인당 세 부담이 최고조에 이른 때는 왕안석의 신법 시행 시기가 아니라 11세기 전반기였다.

단위: 1만 관(貫)

지방 정부 지출		70.00
중앙 정부 이전		54.29
상공은(上供銀)*	25.12	
상공전(上供錢)	0.60	
경총제전(經總制錢)	24.58	
기타	3.99	
지출 합계		124.29
총수입		66.00
수지		-58.29

* 은으로 지불된 지출 항목은 등가의 동전으로 환산했다.

〔표 7-4〕 복주(福州) 지방 정부의 현금 지출, 1182년경

    중앙 정부에서 부과되는 특별세가 많아질수록 아이러니하게도 지방 정부의 자율성이 더 커졌다. 지방 관리는 세금 할당량을 맞추기 위해 비정기적 특별세에 의존하는 경우가 많았고, 지출을 줄일 방안을 찾아보기도 했다. 1182년경 복주(福州, 복건성)의 회계 자료에 의하면, 정기적으로 부과되는 기본세로는 필요한 현금 지출의 53퍼센트만 충당할 수 있었다(표 7-4).[9] 이에 대응하기 위해 주(州) 정부는 지출을 크게 줄였다. 예를 들면 군사 및 공무원으로 필요한 인원의 83퍼센트만 임명하는 방법을 썼다.[10] 개인당 세 부담을 어느 정도로 할지는 항주의 중앙 정부가 결정하지 않았다. 대신 지방 정부 관료가 경쟁적으로 세금을 매겼

---

9 당시 남중국 지역의 여러 지방 정부에서 비슷한 정도의 회계상 결손이 있었다는 연구가 있다. Bao Weimin 2001: 166-68 참조.
10 Liu Guanglin 2008: 232.

다.[11] 송나라에서는 가구의 재산 정도에 따라 세금을 차등화하는 진보적 과세가 상당히 성공적으로 자리 잡았지만, 지방 정부에 따라 부채의 불균형이 갈수록 극심해졌다.

남송이 직면한 재정적 곤란, 그리고 화폐 주조량의 급감으로 종이 화폐 의존도가 높아졌다. 공공 부문과 사적 상거래 모두에 해당하는 현상이었다. 구리 생산량은 11세기에 급증했다가 남송 때 90퍼센트 이상 폭락했다. 주요 구리 광산의 매장량이 바닥났기 때문이다. 화폐 유통량이 부족했기 때문에 지방 정부의 관리나 환전상은 영수증을 발행해주었으나, 수도 혹은 몇몇 특수 지역에서만 한정적으로 유통되는 증서에 불과했다. 1161년 금나라와의 전쟁이 다시 시작되자 항주의 중앙 정부는 회자(會子)라고 하는 종이 화폐를 도입해 남동부 지역에서 유통시켰다. 이는 사천 지역에서 유통되던 종이 화폐(기존 교자交子에서 1107년 전인錢引으로 바뀌었다)와는 별도의 화폐였다. 이후 몇십 년 동안 정부는 종이 화폐를 신중하게 관리했다. 유통량을 엄격히 제한했으며, 동전과 함께 회자로도 세금을 납부하도록 했고, 기준치를 넘어서서 유통되는 종이 화폐는 정기적으로 은을 주고 매입했다. 회자가 대중적으로 신용을 얻자, 중앙 정부는 회남(淮南)과 호북(湖北)-호남(湖南) 지역에 유통되는 종이 화폐를 추가로 제정했다. 이로써 제국 전체가 4개의 화폐 유통 지역으로 나뉘었다.[12]

13세기 초 재정 위기가 닥치자 송나라 정부는 종이 화폐를 과도하게

---

11 Bao Weimin 2001: 106-16.
12 송나라의 종이 화폐 기원에 관해서는 von Glahn 2005 참조.

발행했고, 결과적으로 심각한 화폐 가치 하락 현상이 나타났다(표 7-5). 1206년 송나라는 금나라를 공격했으나 궤멸적 패배를 맛보았고, 사천의 군벌 오씨(吳氏) 가문이 송나라로부터 독립을 선언했으나 실패한 일이 있었다. 이를 계기로 남송의 군비 지출은 다시 한 번 크게 증가했다. 중앙 정부는 기존 유통량보다 4배나 많은 회자(會子)를 발행했다. 기존 총액이 6000만 관(貫)이었는데, 이때 2억 3000만 관까지 발행한 것이다. 회자의 시장 가치는 곧바로 액면가의 60퍼센트로 떨어졌고, 1240년대에는 바닥을 쳐서 75퍼센트까지 할인되었다.[13] 회자와 전인(錢引)이 동전을 대체하는 부분이 적지 않았다. 공적 부문이든 민간 상거래든 특히 대량 물품의 운송에서 쓰이는 경우가 많았다. 1215년 이후의 토지 거래는 대부분 종이 화폐로 금액이 기재되어 있다.[14] 은(銀)은 은화보다 은괴 형태로 유통되었다. 은괴도 당시의 주요 유통 화폐 가운데 하나였다. [표 7-4]에서 보듯이, 복주(福州)의 세수입에서 46퍼센트가 은이었다. 송나라의 관리와 군인은 봉급의 약 30퍼센트를 은으로 받았다. 이들의 봉급을 지불하기 위해 송나라 정부는 소금과 차(茶) 거래 면허세의 최소한 24퍼센트는 은으로 받아야 했다.[15] 교환 수단으로서의 동전 수요가 감소하자 동전을 외국, 특히 일본 시장에 수출하는 양이 폭증했다.

---

13 같은 책: 76-81.
14 Zhu Ruixi 2006: 129-44의 자료 참조. 덧붙여서 《청명집(淸明集)》이라고 하는 판결문 모음집에 수록된 1215년 이후의 사실상 모든 토지 거래는 종이 화폐로 기록되어 있다. McKnight and Liu 1998, passim 참조.
15 Von Glahn 2013: 22. 남송 시기 은의 화폐 기능 확대에 관해서는 Wang Wencheng 2001 참조.

단위: 100만 관(貫)

발행 회차	유통 기한	발행 수량	발행 당시 유통 총량
1	1168-1171	10	10
2	1170-1173	10	10
3	1171-1180	10	10
4	1173-1183	10	10
5	1180-1186	10	20
6	1183-1189	18	28
7	1186-1195	23.23	[41.2]*
8	1189-1198	▪	[46.5]
9	1195-1204	30	[53.2]
10	1195-1204	▪	[60.0]
11	1204-1211	36.33	83.9
12	1204-1211	47.58	83.9
13	1207-1211	55.48	139.4
14	1211-1234	112.63	232.4**
15	1211-1234	119.80	232.4**
16	1231-1240	133.55	365.9
17	1234-1264	139.86	273.4
18	1240-1276	▪	▪

* 괄호 안 수치는, 발행 회차 8회는 직전 회차인 7회와, 발행 회차 10회는 직전 회차인 9회와 발행량이 같았다는 전제하에 계산한 추정치다.
** 발행 회차 14회부터는 송나라 정부에서 확정된 유통 기한 원칙을 포기해버렸다. 그 대신 같은 발행 번호를 다른 시기에 걸쳐 반복적으로 발행했다. 따라서 이 표에서 발행 회차 14, 15회의 수치는 그 번호가 유통되던 기간 전체(1211-1234)에 발행된 모든 회자를 합한 수치이며, 최초 발행량을 지칭하는 것이 아니다.

[표 7-5] 회자(會子) 유통량, 남송(南松)

1170년부터 이런 현상이 나타났으므로, 이는 종이 화폐 회자(會子) 발행 직후였음을 알 수 있다.

남송 시기 유학자들이 사회를 비판하던 목소리에 호응하여, 현대의 역사가들도 남송을 약탈 국가(predatory state)로 규정하는 경향이 있다. 부도덕한 소비와 탐욕스런 세금 징수는 농민을 가난에 빠트리고 경제적 불평등을 극대화했으며, 이런 병폐가 누적되어 치욕스런 몽골의 정복을 불러왔다는 평가다.[16] 이러한 평가의 근거로는 온갖 명목의 세금이 새롭게 부과된 사실과, 13세기에 함부로 발행된 종이 화폐의 극심한 가치 하락이 거론된다. 그러나 개인별 세금 부담을 수치로 계산해보면, 재정 및 화폐 정책이 개인의 삶에 피해를 주었다는 주장의 근거가 되지 못한다.[17] 송 대(宋代) 재정 관리의 문제점을 비판하는 측에서는, 송나라가 양세(兩稅)를 각 주(州)마다 고정적으로 할당하면서 실질적인 인구나 농가의 소득에 대한 고려는 없었다는 사실을 간과하곤 한다.[18] 이후 인구의 상당한 증가와 농지의 확장 및 농업 총생산량의 증대에도 불구하고 양세 할당량은 기본적으로 변함없이 유지되거나 심지어 감소하기도 했다. 로버트 하트웰(Robert Hartwell)은 중앙 정부의 세수입을 계산해보았다(세금 부담 문제를 가장 철저히 파악한 연구다). 이 연구 결과에 따르면, 국가의 총생산에서 정부가 차지한 비중은 1077년부터 남송이 멸망할 때까지 큰 변화가 없었다.[19]

시골 농가에 초점을 맞춘 연구들도 정부의 착취로 시골 경제가 도탄

---

16 남송의 약탈 국가적 성격에 관해서는 Smith 1992; Bao Weimin 2001; Zhang Jinling 2001 참조. Liang Gengyao(1984)의 연구는 시골 경제의 황폐화 원인에 초점을 맞추었다.
17 Liu Guanglin(2008)은 Bao Weimin(2001)의 남송 시기 지방 세금 분석의 문제점을 지적했으며, 세금 부담이 가중되었다는 Bao의 주장에 적어도 부분적으로는 문제가 있다는 설득력 있는 논증을 보여주었다.
18 Shiba 1988: 152-61; Bao Weimin 2001: 246-50.
19 Hartwell 1988: 78-79. 또한 Liu Guanglin 2008: 224-26 참조.

에 빠졌다는 주장에 의문을 제기한다. 나가이 치아키(長井千秋)가 강남 지역 농가의 수입 및 세금 지출을 추정해본 결과, 개별 농가가 20무(畝)의 생산성 좋은 논(생산성이 낮으면 40무)을 경작할 경우 안정적으로 세금을 내고 생계에 문제가 없는 수준으로 유지가 가능했다.[20] 남송 시기 강남 지역 농가는 평균적으로 40무의 농지를 경작했기 때문에, 대부분의 농가는 필요한 만큼 충분한 자원을 보유하고 있었던 셈이다.[21] 소주(蘇州)의 생활수준(standard of living)을 분석한 최근의 연구에 의하면, 이 지역의 농가는 평균적으로 최소한의 생계유지 수준을 훨씬 넘어서는 수입을 획득했다.[22] 그러나 홍수나 가뭄 같은 자연재해뿐만 아니라 시장의 비효율성 때문에 때로는 유통의 속도가 느려지기도 하고, 주기적으로 수급 부족이나 기근 문제가 야기되기도 했다.

계절에 따라 쌀값이 큰 폭으로 변동되었으므로 매점매석을 시도하는 상인이 많았다. 가을에 쌀값이 저렴할 때 사서 창고에 저장해두고 봄여름에 농가의 식량 부족으로 어쩔 수 없이 쌀값이 오를 때까지 기다리는 방식이었다. 13세기 어느 지방관의 보고에 의하면, 현(縣) 하나에 쌀 저장 창고가 30여 개나 있었다.[23] 이전의 당(唐)나라 혹은 이후의 명(明)나라와 달리, 송(宋)나라는 국가에서 운영하는 상평창(常平倉)이 식량 공급과 곡물 가격 조절에 최소한의 역할만 담당했다. 1076년 상평창이 보유한 곡물과 현금이 최고조에 달했을 때조차 당나라 전성기 때와 비교하

---

20 Nagai 2000: 129-33.
21 Li Bozhong 2003: 162-63. 이 연구는 Liang Gengyao 1984: 100-4 자료를 근거로 한다.
22 Geng Uuanli 2007.
23 Jiang Xidong 2002: 266, 272.

면 5분의 1에 불과했다.[24] 신유학에 입각해 이상적인 공동체 기반의 사회 복지를 구상한 박애주의자들에 의해 설립된 "사창(社倉)"(공동체를 위한 창고)은 가난한 이들에게 시장 이율보다 훨씬 유리한 조건으로 곡물을 대출해주었다. 그러나 이런 창고는 오래 유지되지 못했다. 대출을 하는 고객이 워낙 가난했고, 사창은 미상환의 여파를 견뎌내지 못했다.[25] 지방관은 식량 부족 문제에 대해, 안타깝지만 시장에 맡겨두는 편이 정부 혹은 자선 단체가 개입하는 것보다 더 낫다는 결론을 내리곤 했다.[26]

무역, 기업, 금융

송(宋)나라 때 농산물이 상품화되고 생산의 전문화가 진척된 것은 시장이 번성했기 때문이다. 당시 전국 규모의 시장과 지역별 시장 모두가 확장되었다. 곡물은 물론 사치품을 전문으로 취급하는 전국 규모의 시장도 출현했다. 쌀 생산량이 증가하여 기본 수요를 충족하고 남은 쌀이 유통되고, 생사(生絲), 차(茶), 쪽(염료) 등 특수 농작물 상품이 생산되자 도시와 지방을 연결하는 거래가 촉진되었다. 시골에는 정기적으로 열리는 시장이 출현했다. 3일 혹은 6일 혹은 10일 단위로 시장이 열려 시골 주민의 수요에 부응했다. 이런 시장 가운데 일부는 수백 가구 규모의 상업 거점 도시로 성장하기도 했다. 여기에 술 제조업자, 식육점, 대장간, 기타 상인들이 거주했다. 제6장에서 보았듯이, 상업의 발달이 도시의 성장

---

24 Nishioku 2004: 341.
25 von Glahn 1993.
26 Hymes 1993.

단위: 관(貫)

	행정 단위 등급	1077년 상거래 세금 수입	남송의 상거래 세금 수입		백분율 변화
			수입 금액	시기	
항주(杭州)	주급(州級)	183,814	420,000	1265-1274	+228
진강(鎭江)	주급(州級)	37,503	206,298	1208-1224	+550
상주(常州)	주급(州級)	64,953	135,784	■	+209
소흥(紹興)	주급(州級)	66,207	105,314	1201	+159
영파(寧波)	주급(州級)	26,947	76,192	1227	+283
화정(華亭)	현급(縣級)	10,618	48,464	1193	+456
강음(江陰)	현급(縣級)	4,272	41,907	1228-1233	+981

〔표 7-6〕 강남(江南) 지역의 상거래 세금, 남송(南松)

을 이끌었다. 특히 강남(江南) 지역에서 그러한 모습이 뚜렷하게 나타났다. 남송 전체의 세금 자료가 없으므로 지역별 비교는 곤란하지만, 북송 당시의 강남과 비교해보면 남송 때 세금 총액이 급증했음을 알 수 있다(표 7-6). 이는 남송 당시에 역동적으로 성장한 지역 경제의 활기를 확인해주는 자료다. 도시의 구매력(purchasing power)이 높아지면서 도시 인구도 지속적으로 성장했다.

인구의 대부분이 소비한 품목은 주로 식료품이었다. 송나라 후기 항주(杭州)에 거주한 오자목(吳自牧)은 "일상생활에 반드시 필요한 일곱 가지 물품"으로 장작, 쌀, 기름, 소금, 된장, 식초, 차를 꼽았다.[27] 오자목과 비슷한 시기의 인물인 방회(方回)가 기록한 바에 따르면, 양자강 삼각주의 주민은 시장에 나가 쌀을 팔고 그 대가로 향료, 초, 제물, 기름, 소금,

27 Shiba 1968: 184-85에서 재인용(開門七件事: 柴, 米, 油, 鹽, 醬, 醋, 茶).

된장, 식초, 밀가루, 국수, 후추, 생강, 약품 등을 구매했다.[28] 도시의 중상류층은 시골의 주민보다 훨씬 다양한 직업을 가졌다. 북송의 수도 개봉(開封)에는 상인, 기술자, 전문 상거래 종사자 등이 6400명 이상 거주했다고 한다. 같은 품목 상인 집단인 행(行)은 개봉의 경우 100개였는데, 13세기 항주에는 모두 414개의 행(行)이 있었다고 한다. 이를 통해 항주에서 기술 및 도소매 거래가 얼마나 세분되어 전문화되었는지를 짐작해 볼 수 있다. 이들이 왕실이나 제국의 중앙 정부에서 필요로 하는 수요품을 조달했으며, 100만 명이 넘는 도시민에게도 필요한 물품을 공급했다.

그러나 상인은 사회적 지위에 있어 존중받는 처지가 아니었고, 법률적으로 보장된 경제적 특권도 없었다. 행(行)이라는 상인 집단은 정부의 권장으로 만들어졌으며, 일차적으로는 정부에서 필요로 하는 물품과 용역 수요를 충당하기 위해 존재했다(예를 들면 세금으로 거두어들인 물품을 감정하거나, 회계를 대행하거나, 귀금속의 순도를 측정하는 등의 일이었다). 행은 느슨한 정도의 상인 집단으로서 구심점을 이룰 만한 지도력도 별로 없었다. 정부의 관리는 걸핏하면 행에 관여해 거래 참여를 제한하거나 물품 가격을 지정하곤 했다.[29] 차나 소금 같은 품목을 거래하는 대규모 상인이 담합을 했다는 고발이 여러 차례 있기도 했지만, 중세 유럽

---

28 von Glahn 2003b: 182에서 재인용.
29 Onodera 1966; Miyazawa 1998: 139-204 참조. 과거 Quan Hansheng(1935)과 Katō Shigeshi(1937)가 주장했던바, 행(行)이 중세 유럽의 상인 조직 길드와 유사했다는 견해는 이제 학계에서 인정받지 못하고 있다. 그럼에도 중국의 학자들은 여전히 행의 집단적 성격과 정부 통제로부터의 자율성을 강조하고자 하는 경향을 보인다. Yang Dequan 1982; Qi Xia 1999, 2: 1102-16 참조.

을 비롯해 세계의 다른 여러 지역에서 나타난 상인의 사회·경제적 연합 세력이 특이하게도 중국 송나라에서는 거의 등장하지 않았다.

도시는 상업뿐 아니라 금융의 중심이기도 했다. 주요 상업 중심지에는 금융과 신용 거래에 관한 전문가가 다양하게 많았다. 금은 세공인, 환전상, 전당업자, 전문 중개상(소금이나 차 같은 품목의 거래 면허나 어음) 등이 그러한 전문가였다. 11세기 말의 상인은 대부분 은행에 양도 증서를 저당 잡히고 본인의 계좌를 열어두고 있었다. 상인은 또한 물품 대금을 선지급하지 않고 외상 거래를 하기도 했는데, 이를 사(賖)라고 했다. 1092년 항주의 지방관은 다음과 같은 보고서를 올렸다. "근래 민간의 상거래에서는 현금 사용이 드물고, 대신 중개상이 부유하고 믿을 만한 자가 제공한 신용장에 의지하여 행상과 외상 거래를 합니다."[30] 남송 시기 종이 화폐와 은(銀)의 사용이 늘어나면서 환전상의 영업도 활발해졌다. 이들은 금, 은, 동전, 계약 문서 등을 취급했으며 예금도 받았다. 그러나 이들은 정부나 개인을 상대로 대출 업무를 취급하지 않았기 때문에 예금이 그리 중요한 역할을 하지는 않았다. 송금 업무도 빈번히 발생하긴 했지만, 제도적 금융 기관으로서의 은행은 훨씬 나중인 19세기가 되어서야 출현했다.

송나라 정부는 상거래 규제에서 최소한의 역할만 하려고 했다. 소유권이나 사업상 의무 관계는 주로 민간의 계약에 의거했다. 다만 토지 거

---

30 "Jiao jin yingzhao suolun sishi zhuang", in *SDPQJ*, 2: 503(自來民間買賣, 例少見錢, 惟藉所在有富實人戶可倚信者賖買而去.〈繳進應詔所論四事狀〉). 중개상을 필요로 한 위탁 신용 거래에 관해서는 Katō 1952c 참조.

래에서 정부의 공증(公證)은 매우 중요한 보증 수단이었다. 남송 시기 공증료는 거래 금액의 4~12퍼센트 혹은 그 이상까지 올라갔다. 법적으로 계약에 공증이 반드시 필요한 것은 아니었지만, 토지를 매입하는 측에서는 재산권을 보다 확실하게 하기 위해 기꺼이 공증료를 지불하고 공증을 받았다. 계약에 관련된 수많은 민사 소송이 제기되었다. 결혼, 입양, 상속, 고용, 증여, 거래 대금 등 소송의 내용도 다양했다. 지방관은 민간의 계약서를 일반적으로 존중했지만, 국법이나 가문의 관습을 벗어난 계약서는 인정하지 않았다.[31]

상거래에서 계약이 중요해짐에 따라 중개업 수요가 생겨났다. 중개인은 아인(牙人), 시쾌(市儈), 장쾌(駔儈) 등으로 불렸으며, 일부는 정부에서 허가를 받았고, 일부는 법의 그늘에 숨어서 일했다. 이들은 폭넓은 범위의 중개 서비스를 제공했다. 예를 들면 동산 혹은 부동산 가격 흥정, 등기, 보증, 노동자와 하인의 고용, 세금 납부, 화물 위탁 운송 관리, 여관 및 창고 운영 등이었다. 공식적으로 허가를 얻은 중개인은 수수료를 받고 정부의 업무를 대행하기도 했다. 예컨대 사천(四川) 지역의 차 거래 독점을 관리한다든지, "화적(和糴, 조화를 위한 거래)"이라고 하는 정부 지정 거래를 통해 쌀을 사들인다든지, 수입품의 관세를 매기기 위해 물품 가격을 감정하는 등의 일이었다. 농민도 중개인을 통해 곡물을 파는 경우가 많았다. 심지어 선물(先物) 거래를 하는 중개인도 있었다(이 또한 사賖라고 했다). 이때 중개인은 농민에게 농산물 혹은 직물의 가격을 현재 가격으로 먼저 치르고 물건은 나중에 받았다. 중개인에 대한 송나라

---

31 Hansen 1995: 78-104.

정부의 통제는 갈수록 강화되었다. 이는 특히 민간의 상거래 활성화를 가로막는 결과를 가져왔다. 남송 시기의 자료들을 보면 중개인이 갑자기 몇 배의 물량을 매입하거나 매도한 기록이 있는데, 이처럼 독점적 지위를 가진 중개인이 투기에 나서면서 시장의 자유를 훼손했던 것이다. 중개인 시스템은 거래를 촉진하는 기능을 했지만, 동시에 생산자와 소비자가 자유롭게 거래하는 시장 기능을 제한하는 한계도 드러냈다.[32]

송나라의 간섭주의 상업 정책, 주로 상거래와 소비에 세금을 부과하던 정부의 방침 때문에 기업가 정신이 위축되는 일은 거의 없었다. 오늘날 경제와 사회가 제대로 작동하려면 돈의 순환이 원활해야 하며, 또한 투자를 통해 자본 투입이 활성화되어야 한다는 사실을 우리는 잘 알고 있다. 1126년 송나라의 어느 관리가 관찰한 바에 따르면《삼조북맹회편三朝北盟會編》), 개봉(開封)의 부유한 상인은 자본을 절대 놀리지 않았으며, 오히려 끊임없이 투자처를 찾아서 도매 거래나 대출업 혹은 행상(行商) 등에 투자했다.[33] 관리에서 은퇴한 원채(袁采)는《원씨세범(袁氏世範)》(1178)이라는 책을 남겼는데, 담보 대출을 하면 재산을 3년에 2배로 불릴 수 있다고 했다. 친척끼리 가족 사업에 투자해서 넉넉한 수익을 얻으면, 흔히 친척 간에 우애를 상하게 하는 돈이나 유산 문제로 다투는 일도 줄일 수 있다고 했다.[34] 상거래 이익은 양세(兩稅)의 과세 대상이 아니었다. 양세는 순전히 농업 수익에 부과되는 세금이었다. 그래

---

32 Shiba 1968: 391-407, 1970: 165-73; Miyazawa 1998: 205-78; Lamouroux 2002; Li Weiguo 2007.
33 Shiba 1968: 118에서 재인용; Shiba 1970: 32에서는 연도를 1137년이라고 잘못 적었다.
34 Ebrey 1984b: 199-200에서 재인용.

서 지방관은 왕안석(王安石)의 신법(新法) 당시부터 이미 양세를 계산할 때 그 집안의 보유 토지뿐만 아니라 자산(물력物力, 가업家業)도 함께 고려했다. 1169년 자료에는 전당포, 도매상(정탑停塌), 상업 부동산(방랑房廊), 소매상, 수레나 선박 임대 등을 주요 수입원으로 지적하고 이를 양세에 포함시켜야 한다는 내용이 있다.[35] 12세기 말 건강(建康, 오늘날 남경南京)에서 전당포나 상업 부동산 소유자들이 투자한 자본은 수만 관(貫)이었는데, 그 아래 조그만 도시에서 재산이 "단지" 6000~7000관에 불과한 사람들도 2000~3000관을 투자했다고 한다.[36] 그러나 후자(자산이 6000관인 사람들)도 양세 시스템에서는 전체 인구의 상위 1퍼센트에 속했다. 자산이 38.5관 이상 되는 가구는 전체의 절반도 못 되었다(38.5관은 4등급과 5등급을 나누는 자산 기준으로, 5등급은 대부분의 특별세를 면제받았다).[37]

기업은 가족 제도와 단단히 결합되어 있었다. 송나라 법에서 가구는 사회·경제적 기본 단위였다. 재산의 소유 주체는 개인이 아니라 가구였다. 가구를 전제하지 않으면 기업의 법적 실체는 존재할 수 없었다. 따라서 기업이라 하면 당연히 가족 기업이었다. 송나라 이후로 자본을 모으거나 위험을 분산시키기 위해 다양한 형태의 협업이 이루어졌다. 금융

35 Shiba 1968: 114에서 재인용.
36 Wang Zengyu 1985: 72. 송 대 후기 소송 서류 모음집《청명집(淸明集)》에 수록된 어느 소송 사례에 전당포가 등장하는데, 자본금 3608관(貫)에 한 달 수입이 35관이었다고 한다. 투자 대비 연 수익률이 12퍼센트였던 셈이다. QMJ, 1: 230-32; McKnight and Liu 1998: 261 참조.
37 Yanagida 1986: 66-7, 109.

및 사업상 협력은, 다른 모든 상거래와 마찬가지로 법적 실체가 존재하지 않았기 때문에 당사자 간 계약에 의거하여 이루어졌다.

원거리 무역 상인과 지역 중개상과 수수료 대행업자의 긴밀한 관계는 분명 파트너십이 만들어지는 원동력이 되었을 것이다. 또한 집단을 이루어 여행을 해야 하는 대상(隊商)이나 해상 무역 상인끼리도 파트너십을 이루었을 것이다. 파트너십 자체는 다양한 형태로 가능했다. 가장 흔한 경우는, 투자자가 상인 혹은 대리인에게 자본을 투자하면 정해진 이익을 보장하거나 최종 이익을 공평하게 나누는 방식이었다. 원거리 무역과 해상 무역에서는 대개 사업 한 건에 대해 코멘다 스타일(commenda-style)의 일회성 파트너십이 이루어졌다. 여행이 끝나거나 일정 기간이 종료되면, 파트너들은 이익을 나누고 파트너십은 해체되었다. 그러나 이러한 사업을 관리하려면 관리자를 고용해야 했다. 대체로 믿을 만한 가구의 하인들 중 담당자를 선발했다. 전당업을 비롯한 일부 상거래에는 상근 관리자가 존재했다. 상인들이 자본을 각출하여 투자 비율에 따라 위험과 이익을 나누는 자본-연합 방식의 기업도 존재했다.[38] 자본-연합 파트너십은 위험 부담이 큰 상거래(예를 들면 해외 무역)나 많은 자본이 필요한 사업(예를 들면 소금이나 차 무역 혹은 전당업)에 흔히 적용되는 방식이었다.[39] 이외에도 투자자들이 그룹을 이루어 자본-연합 회사를 만들고 주류 판매 허가를 얻기도 했다. 정부는 주류 판

---

38 Shiba 1968: 441-51, 1970: 190-96; Jiang Xidong 2002: 46-52.
39 Shiba 1968: 458-61, 1970: 199-200. 《청명집》에 수록된 한 사례에 따르면, 개인 투자자가 전당업에 100관의 자본을 투자하고 연 이자로 20퍼센트를 받았다. *QMJ*, 1: 336-37; McKnight and Liu 1998: 333-34 참조.

매 허가를 경매 방식으로 판매하고, 매년 정해진 수익을 정부에 납부하도록 했다. 이는 손해를 볼 수도 있는, 위험을 감수해야 하는 사업이었다.[40] 이 같은 여러 가지 혁신적 사업 방식이 존재했음에도 불구하고, 송나라 때 상인들이 영속적 기업을 설립했다는 증거는 없다.

앞서 제6장에서 언급했듯이, 10세기 이후로 줄곧 중국의 국제 무역은 실크로드에서 해상 무역으로 뚜렷하게 무게 중심을 이동하고 있었다. 송나라의 북방 국경 지대가 적대 국가의 손에 넘어간 뒤로 실크로드 무역은 급격히 위축되었다. 그럼에도 송나라는 관리의 감독 아래 "호시(互市)"라고 하는 지정된 장소에서 요(遼), 서하(西夏), 금(金)나라와 국경 무역을 실시했다. 거래 품목은 주로 중국의 차와 스텝의 말이었다. 남송은 또한 곡물, 의약품, 밭을 가는 소, 남중국해를 통해 수입한 이국적 물품을 금나라로 수출하고, 그 대가로 비단, 가죽, 인삼 등을 수입했다. 국경 무역에는 무거운 세금이 부과되고 거래 품목도 엄격한 통제를 따르다 보니, 이를 피해서 적지 않은 양의 밀수도 발생했다. 밀수 품목은 동전, 귀금속, 철과 가죽 제품, 서적 등이었다.[41]

북송 때에는 해상 무역도 정부의 권장에 힘입어 꾸준히 성장했다. 12세기 동안, 그러니까 1160년대에 엄격한 규정과 높은 관세가 부과되기 전까지, 정부는 해상 무역 세관에서 매년 100만~200만 관(貫)의 세금을 거두어들였다.[42] 해상 무역의 번성은 송나라의 산업 발전을 촉진했

---

40 Jiang Xidong 2002: 54-5.
41 Shiba 1983.
42 해상 무역 세관의 수입에 관해서는 Huang Chunyan 2003: 169-76 참조. 1160년대 이전까지 송나라 해상 무역의 점진적 자유화에 관한 연구로는 Heng 2009: 38-59 참조.

다. 특히 중국의 주요 수출 품목으로 도자기가 비단을 추월한 것은 바로 이 무렵이었다. 영파(寧波)나 천주(泉州) 같은 남동 해안의 항구가 최고의 무역항으로서, 그 위 북쪽의 양주(揚州)나 그 아래 남쪽의 광주(廣州)를 능가했다.

해상 무역은 기술 혁신의 도움을 받기도 했다. 항해를 할 때 쓰는 나침반, 그리고 용골이 깊고 선체 두께가 두 배로 두꺼운 이른바 복주선(福州船)이 개발됨으로써 보다 안정적인 먼바다 항해가 가능해졌다.[43] 300톤급 복주선으로 영파(寧波)에서 일본까지 항해하는 데 5~7일이 걸렸다. 중국에서 아라비아나 페르시아 혹은 인도까지 먼 거리를 이동하려면 몇 구간으로 나누어서 항해를 했는데, 중간 거점에서 계절풍이 원하는 방향으로 불어줄 때까지 기다려야 했다. 중국 상인은 인도양으로 진출하기 전에 주로 수마트라섬과 말레이반도에 걸친 스리위자야(Srivijaya) 동맹의 항구에 짐을 내려놓고 때를 기다렸다. 인도양과 동남아시아를 통해 수입하는 품목은 주로 유향 같은 사치품과 향료, 상아, 산호, 진사(辰砂), 향나무, 후추 등이었다. 13세기 말에는 인도에서 들여오는 면화가 주요 수입 품목이 되었다.[44]

Hartwell(1989: 462-65)은 1160년대 이후 송나라 정책의 반무역 기조가 중국 동전의 불법적 해외 수출 급증에서 비롯된 일이라는 분석을 제시하고 있다.
43 Shiba 1968: 58-60, 1970: 6-7. 주거비(周去非)는 1178년의 글(《영외대답嶺外代答》)에서, 동남아시아 무역에 사용되는 배는 인원 수백 명과 짐을 싣고 1년을 항해할 수 있다고 했다. 그로부터 한 세기 뒤에 중국을 방문한 마르코 폴로(Marco Polo)는, 중국의 배가 4000~1만 2000퀸틀(quintal), 즉 224~672톤(ton)의 화물을 실을 수 있다고 했다. Needham 1971: 464, 466 참조.
44 이 시기 중국과 동남아시아 및 인도양의 무역에 대해서는 Wade 2009; Heng 2009 참조.

일본과의 무역도 특히 남송 시기에 급속도로 발전했다. 중국 상인은 일본으로부터 막대한 양의 금뿐만 아니라 목재나 유황 같은 제품도 방대한 양으로 수입했다. 한편 수출 품목으로는 도자기, 비단, 철, 서적, 그리고 특히 동전이 있었다. 12세기 말 중국에서 종이 화폐의 사용이 활발해지자 엄청난 양의 동전이 일본으로 수출되었다. 심지어 일본에서는 송나라의 동전이 표준 화폐가 되기도 했다. 동전의 유출은 송나라 관료를 긴장시켰다. 송나라 정부는 1160년 이후 해상 무역을 엄격히 제한함으로써 동전 수출을 막아보려 했지만, 이 정도 정책 수단으로는 밀수를 제대로 억제하지 못했다.[45]

송나라 성립 후 첫 번째 세기 무렵, 남양(南洋, 동남아시아와 인도양을 일컫는 당시 표현)으로부터 들어오는 해외의 무역상이 주로 찾는 곳은 복건(福建)의 항구 천주(泉州)였다. 당시 천주는 해외 무역의 중심인 광주(廣州)에 필적하는 항구로 성장하기 시작했다.[46] 1095년에 기록된 비문(碑文)에 의하면, 남양에서 매년 두 차례의 사절이 각각 20척의 배를 이끌고 천주로 들어왔다. 1206년에 천주를 방문한 상인 명단에는 아라비아, 스리위자야, 진랍(眞臘), 앙코르, 브루나이, 자와, 참파(Champa), 파간(Pagan), 고려, 그리고 필리핀의 여러 부족이 기록되어 있다. 해상 무역은 천주와 그 주변 지역의 산업을 발달시켰다. 도자기, 설탕, 술, 소금 등이 모두 수출품이 되었다. 해상 무역은 이처럼 산업 분야를 막론하고 생산을 촉진했고, 지역의 상업을 통합했으며, 도시를 발달시켰다.

---

45 von Glahn 2014.
46 이 단락의 내용은 So 2000에 바탕을 두고 있다.

그러나 13세기에 이르러 천주의 무역은 쇠퇴하기 시작했다. 해외 시장에 여러 가지 문제가 발생했기 때문이다. 1220년대에 진랍(앙코르) 왕국이 참파 왕국을 정복했고, 몽골이 고려를 침략했으며, 스리위자야 동맹이 종말을 맞았다. 그러나 이보다 더 중요한 원인은 천주의 경쟁 항구인 영파(寧波)의 급성장이었다. 일본이 중국의 주요 무역 상대국으로 부상하면서 영파의 비중도 그만큼 더 커졌던 것이다. 일본의 주요 항구인 하카타(博多)에는 영파의 상인이 모여 사는 대규모 공동체가 성립되었고, 그곳에서 일본의 귀족, 종교 단체, 일본의 경제와 사회를 주도하는 궁중 군벌과의 개인적·경제적 네트워크가 발전했다. 12~13세기 영파의 해외 무역은 굳건한 성장세를 보였는데, 여기에 상인의 네트워크가 적잖은 기여를 했다.[47] 신안선(新安船, 일본에서 영파로 건너가 동전 28톤과 도자기 등의 화물을 싣고 돌아가던 중 1323년 한국 신안 앞바다에서 침몰한 화물선)은 영파-하카타 관계의 중요성을 확인시켜주는 유물이다. 이 배는 교토의 동복사(東福寺)에서 자본을 대서 출항했다. 1319년 화재로 동복사가 소실되자, 중국에서 동전과 여러 상품을 들여와 그 수익으로 사찰을 재건하려 했다. 영파에서 짐을 싣고 채비한 사람들은 하카타에 근거지를 둔 중국 상인이었던 것 같은데, 이들이 사찰로부터 대행 업무를 맡았던 것이다.[48]

---

47 Von Glahn 2014. 다른 학자들(So 2000; Schottenhammer 2001)도 천주의 무역 쇠락을 연구한 바 있는데, 지역 경제 구조의 변화라든가 동전 수출의 부정적 영향 등을 그 이유로 들었다. 내가 보기에 동전 수출은 중국 경제에 별다른 해를 끼치지 않았다. 게다가 천주보다 영파에서 수출된 동전이 훨씬 더 많았다.
48 Kawazoe 1993.

송나라에서 해외 무역의 영향은 주로 해안 지역의 주요 항구, 즉 영파, 천주, 광주 주변에 집중되어 있었다. 그러나 무역의 규모를 간과해서는 안 될 것이다. 로버트 하트웰이 추정한 바에 따르면, 해상 무역은 1100년경 송나라 국내총생산(GDP)의 1.7퍼센트를 차지했다.[49] 그에 비해 18세기 말 유럽 전체의 국내총생산에서 해외 무역이 차지하는 비중은 약 4퍼센트에 불과했고, 영국이나 네덜란드 혹은 포르투갈처럼 해상 무역에 강하게 경도된 나라들도 그 비중이 10퍼센트 정도였다.[50] 토지의 상품화에서 볼 수 있듯이, 송나라 때는 시장 경제가 농업 경제로 파고들어 확장되는 중이었는데, 해상 무역도 여기에 적잖은 힘을 보탰던 것이다.

토지 시장

남중국의 상당한 지역은 12세기까지도 여전히 국경 지대로 남아 있었다. 목재 채취, 광산 채굴, 차(茶) 농사 등은 그곳의 정착과 경제 발전을 이끄는 요소였다. 앞에서 언급했듯이, 벼농사는 처음에 충적 평야 지대에서 행해졌다. 간척 사업과 기타 관개 시설 기술이 발달한 뒤에야 양자강 삼각주 및 양자강 중류 습지가 농경지로 바뀌었다. 강서(江西)나 호남(湖南)처럼 인구 밀도가 낮은 내륙 지방에서도 쌀을 초과 생산했고, 다른 지역으로 수출하기까지 했다. 그러나 인구 밀도가 가장 높고 도시

---

49 Hartwell 1989: 453. 하트웰의 송나라 GDP 추정치가 다른 학자들이 계산한 추정치보다 훨씬 더 높다는 사실을 주목할 필요가 있다. 전근대 중국 GDP 계산의 문제점에 대해서는 제9장 참조.
50 Bairoch 1976: 79; O'Brien 1982: 4-5.

가 발달한 지역은 강남(江南)이었다. 벼농사가 번성한 덕분에 강남의 토지는 수익률이 매우 좋은 투자처가 되었다.

삼각주 지역의 대규모 간척 사업이 아니면 강남 지역에서 대토지 소유는 흔한 일이 아니었다. 일부 가문은 1000무(畝) 혹은 그 이상의 토지를 소유하기도 했으나, 어디까지나 예외적 경우일 뿐이었다.[51] 벼농사는 노동 집약적 작업이고 기존의 관개 기술이 제한되어 있어, 소규모 영농이 벼농사에 적합했기 때문이다. 농가는 자영농이든 소작농이든 (혹은 이 둘을 겸하든) 평균적으로 40무가량의 농지를 경작했는데, 주로 여러 곳에 땅이 흩어져 있었고 농지가 하나로 이어져 있는 경우는 드물었다. 소작 및 농지 매매 관련 기록을 보면, 양자강 삼각주 지역의 논 한 필지 크기는 대체로 1~2무(혹은 그 이하)였고, 가장 큰 필지(전체 농지에서 차지하는 비중이 얼마 되지 않는다)는 10~20무였다. 10~15무의 소규모 농지라도 그 필지는 8~10개로 나뉘어 있었고, 서로 다른 소작농이 경작을 맡았다.[52]

강남의 부자들은 예외 없이 소작농을 거느렸으며, 곳곳에 흩어져 있

---

51 McDermott 1984: 18.
52 Yanagida 1963: 101-04. 소송 문서 모음집인 《청명집(清明集)》에서 언급되는 토지의 크기는 대부분 10무(畝) 혹은 그 이하다(0.66무에 불과한 경우도 있었다). 일부 사건은 훨씬 더 큰 토지와 관련이 있었다. 한 사건에서 고위 관료의 농지가 언급되는데, 연간 소출이 1300석(石)이라 했으므로 토지 크기는 아마도 400~650무였을 것이다. 또 다른 사건에서는 290석이 나는 토지라 했는데, 아마도 그 크기가 100~150무였을 것이다. 그러나 이 크기는 개별 필지가 아니라 농지 전체의 크기를 말하는 것이다. *QMJ*, 1: 135, 141; McKnight and Liu 1998: 164, 171 참조. 남송의 토지 거래 문서는 남아 있는 것이 많지 않지만, 여기서도 거래되는 농지의 크기는 대부분 1~10무 정도이고, 훨씬 더 작은 경우도 있다. Zhu Ruixi 2006: 130-41 참조.

는 수많은 농지를 하나로 묶어 경영하려 하지 않았다. 지체 높은 유학자들은 지주와 소작농의 상호 의존적 관계가 건전한 사회 질서의 시금석이라며 칭송했다. 원채(袁采)는 가정 경영의 규범을 서술한 책을 남겼는데, 자신 같은 지주를 향하여 재산을 대신 맡아주는 소작농에게 관심과 아량을 베풀 것을 권장했다.

한 집안의 땅을 갈고 종자를 심는 일이 모두 소작농의 수고에 의지하는데, 어찌 소작농을 소중히 여기지 않을 수 있겠는가? 소작농의 가정에 아이가 태어나거나, 누군가가 생일을 맞이하거나, 결혼을 하거나, 집을 새로 짓거나, 죽거나 하면 마땅히 부조를 넉넉히 해야 할 것이다. 농사를 짓는 동안 (곡식을) 빌려야 할 일이 생긴다면 이자를 너무 많이 붙여서는 안 된다. 홍수나 가뭄이 드는 해에는 재해의 정도를 살펴서 신속히 소작료를 줄이거나 면제해주어야 한다.
소작농에게 부당한 일을 강요해서는 안 되며, 이유 없이 노동력을 강제해서도 안 된다. 친인척이나 하인이 그들에게 가서 성가시게 구는 일이 있어서도 안 된다. 많은 이자를 뜯어낼 속셈으로 억지로 돈을 빌려 가라고 강요해서도 안 된다. 소작농이 소유한 농지를 보면서 탐욕스런 생각을 내어서도 안 된다.
소작농을 돌아보고 보살피기를 친인척 대하듯이 한다면, 그들에게 의지하여 먹고 입는 것을 해결할 수 있을 것이며, 부끄러움 없이 머리를 들고 다닐 수 있을 것이다.[53]

---

53 *YSSF*, xia: 15b-16a(然人家耕種出於佃人之力, 可不以佃人爲重! 遇其有生育, 婚嫁營

원채의 이러한 글은 물론 지주가 동정심을 가지고 점잖게 소작농을 대하지 못하는 경우가 훨씬 더 많은 현실을 반영하고 있다. 또한 그의 글에서는 지주가 소작농의 형편에 거의 책임감을 갖지 않은 사실도 드러난다. 비록 원채는 흉년이 드는 해에 소작료를 낮춰주라고 권고하고 있지만, 심한 압박을 받은 소작농은 지주나 전당포에서 돈을 빌려 소작료를 내는 경우가 많았다.[54] 다른 자료에 기록된 바에 따르면, 소작농의 "노동 의무"는 둑이나 물길 같은 관개 시설을 수리하는 데 한정되었으며 그 일에 따른 보상도 받았다.[55] 소작농에게 계약의 존속에 대한 보장은 거의 없었다. 송나라에는 소작권을 함부로 빼앗아 다른 사람에게 줄 경우(이른바 잔전剗佃) 처벌하는 조항이 있었지만, 실제로 적용되는 경우는 드물었다. 그러나 소작농이 의무를 이행하지 않은 경우 관리는 지체 없이 벌을 주었으며, 소작료를 체납한 경우 소작권 박탈은 당연한 일로 간주되었다.[56]

가정 경영서를 쓴 저자 원채는 유교 원리에 깊이 젖어 있는 인물로,

    造, 死亡, 當厚周之; 耕耘之際, 有所假貸, 少收其息; 水旱之年, 察其所虧, 早爲除減; / 不可有非理之需; 不可有非時之役; 不可令子弟及幹人私有所擾; 不可因其仇者告語增其歲入之租; 不可強其稱貸, 使厚供息; 不可見其自有田園, 輒起貪圖之意. / 視之愛之, 不啻於骨肉. 則我衣食之源, 悉借其力, 俯仰可以無愧作矣.《袁氏世範》卷下〈治家·善待佃戶〉). 번역은 Ebrey 1984b: 302-03 참조.
54 원채는 적당한 이자율을 월 2~6퍼센트로 계산했으며, 곡식을 빌려주는 경우는 가을걷이 때까지 30~50퍼센트가 타당하다고 보았다. 그러나 지역에 따라서는 그가 적당하다고 여긴 이율의 2배나 그 이상인 경우도 있다는 증언을 남기기도 했다. *YSSF*, xia: 23a; Ebrey 1984b: 315-16 참조.
55 McDermott 1984: 29.
56 Yanagida 1963: 105-06, 117.

토지 소유의 경제적 측면뿐만 아니라 윤리적 측면도 매우 강조했다. 그러나 시장 경제에 상존하는 불안정성도 충분히 인식하고 있었다. "가난이든 부귀든 변치 않는 형편은 없다. 밭이든 집이든 영원한 주인은 없다. 돈이 있으면 사고 없으면 팔 따름이다."[57] 이외에도 원채는 검소하게 생활할 것, 토지와 대출과 위험 사업에 현명하게 투자하여 자산을 다양화할 것, 사업을 할 때는 단지 상대방의 선의와 정직에만 의존하지 말고 검증해볼 것을 권고했다. 원채는 가정 경제를 굳건히 하려면 수입 증대에 힘써야 한다는 입장이었다. 당시의 다른 저자들은 가족의 재산을 확장하기보다 지키는 쪽에 힘써야 한다는 입장이 압도적이었다. 그래서 가정의 자족 경제, 예산 투입의 신중성, 지출의 축소 등에 초점을 맞추었다. 그러나 이렇게 보수적 입장을 취한 사람들도 토지만 가지고는 가정의 경제적 안정을 꾀하기 어렵다는 우려를 분명하게 가지고 있었다. 그래서 관직을 수행하거나 학생을 가르치고 받는 급여를 가정 경제의 가장 중요한 보충 수단으로 생각했다.[58] 사업이나 금융을 통해 돈을 번 사람들이 땅을 사는 이유는, 수익을 얻기 위해서가 아니라 위험한 투자에 대비하여 안정된 자산으로 균형을 맞추기 위해서였다. 토지 소유에서 가장 불리한 사람들은 물론 시골에서 가장 낮은 계층, 즉 5등급에 속한 사람들이었다(전체 인구의 절반 이상을 차지했다). 이들이 소유한 토지는 20무(畝) 혹은 그 이하였다.[59]

---

57 YSSF, xia: 22a(貧富無定勢, 田宅無定主. 有錢則買, 無錢則賣.《袁氏世範》卷下〈治家·與人交易要公平〉); 번역은 Ebrey 1984b: 314 참조.
58 McDermott 1991.

앞에서 살펴보았듯이, 왕조 시대 중국에서는 언제나 가구(戶, 주로 결혼한 부부와 아이들로 구성)가 생산과 소비 및 세금 부과의 기본 단위였다. 그러나 엄밀히 말해서 자산의 소유권은 가정 내에서도 부계 혈통(家)을 통해서만 상속되었다. 가문(家)은 의례를 통한 정체성을 인정받았다. 의례는 과거의 조상과 미래의 후손을 연결해주는 매개였다. 부계 혈통은 통시적으로 생물학적 및 경제적 연속성을 담보하는 기준이었다. 가장(家長)은 재산을 마음대로 처분할 권한이 있었다. 다만 두 가지 전제 조건이 있었다. 하나는 법적 원칙으로서 균등 상속의 원칙이었고, 다른 하나는 뿌리 깊은 문화적 원칙으로서 가문의 재산을 온전히 보존해야 한다는 원칙이었다. 그 재산은 가부장적 가문의 미래 세대를 위한 물질적 기반이었다. 가부장적 계보의 연속성을 보장할 수 있는 가장 근본적인 경제적 수단은 바로 토지였다. 따라서 토지를 매매하는 것은 최후의 수단이었다. 가문에서 개인은 자기만의 재산을 소유할 수 있었다. 예를 들면 지참금, 봉급, 임금, 가문의 자산을 이용하지 않고 개인적으로 사업을 해서 얻은 소득 등이었다. 이런 재산은 마음대로 처분할 수 있었다. 그러나 부동산이나 가문의 자산을 투자해서 얻은 사업 소득은 가문 공통의 재산으로 간주되었다. 이를 처분하는 것은 법적 및 관습적 규칙에 강하게 예속되어 있었다.[60]

---

59 Yanagida 1986: 192-214. Yanagida(1995)에 따르면, 자신이 소유하거나 임대한 농지만 가지고는 생계가 곤란한 농민이 많았다. 이들에게는 추가로 수입을 올릴 수 있는 수익원이 필요했는데, 수공업이나 행상, 어로, 운송 등 다양한 종류의 비전문 혹은 가벼운 전문성의 일자리였다.
60 경제적 제도로서 부계 혈통(patriline) 및 그 역할에 관해서는 Ebrey 1984a 참조. 재산 상

정부의 보수적 재정 법령과 부계 혈통 중심 이념에서는 토지 거래를 부정적으로 바라보았다. 이런 시각은 토지 소유권 관련 법령에도 고스란히 반영되었다. 토지 거래에는 기본적으로 세 가지 방식이 있었다. 가장 일반적인 거래는 조건부 거래(전매典賣)였다. 조건부 거래는 경작권만 파는 것으로, 20년 이내에 같은 금액을 지불하면 소유권을 회수할 수 있었다. 이와 달리 모든 권한을 완전히 양도하는 무조건부 거래(절매絕賣)도 있었다. 조건부 거래는 경작권만 거래하는 것이었기 때문에 무조건부 거래보다 훨씬 낮은 가격에 매매가 이루어졌다. 세 번째 유형은 저당(抵當)이라고 하는 거래 방식이었는데, 일종의 담보 대출이었다. 저당은 거래에도 불구하고 원래 주인이 소유권과 경작권을 그대로 보유하다가 만약 정해진 기한 내에 원금과 이자를 갚지 못하면(거꾸로 원주인이 임대료를 내는 셈이다) 소유권을 몰수당하는 방식이었다. 1027년 송나라 정부는 저당 거래 관행을 불법으로 규정했다. 빚 때문에 토지가 넘어가는 일을 방지하기 위해서였다. 저당 거래가 적발되면 땅을 판 사람의 소유권을 박탈하고 산 사람에게 사용권을 넘겨주도록 했다. 그러나 뿌리 깊은 관행 때문에 법조문을 엄격히 적용하기는 어려웠다.[61]

땅값이 올라가자 원 소유주(혹은 상속자)가 수년 혹은 10여 년 전에 조건부 거래로 판 땅을 회수하거나, 무조건부 거래로 판 땅에 대해 과연 정당한 거래였는지 재검토해보자고 문제를 제기하는 경우가 많아졌다.

속 문제는 Ebrey 1984b: 101-20에서 논의되고 있다. Kishimoto(2011: 69-70)도 비슷한 용어로 토지 소유권을 설명하고 있지만, 부계 혈통보다는 조금 덜 명확한 개념이다.
61 송나라 법령의 토지 거래 관련 규정과 사회적 관습에 관해서는 Dai Jianguo 2001, 2011; Aoki 2006, 2013 참조.

13세기에 땅값이 급등하자 권리 회수를 원하는 소송이 수없이 제기되었다.[62] 이런 소송에서 판결을 내릴 때 지방관이 중요하게 생각한 근거는 우선 거래 계약서였고, 그다음에는 누가 실질적으로 그 땅에서 농사를 짓고 그에 따른 세금을 납부했는지 살펴보았다. 송-금 양국 간의 휴전 협정 이후 1142년 송나라는 종합적인 토지 조사를 실시했지만, 이를 통해 등록된 공식적 토지 등록 대장보다 개인 간 거래 계약서가 훨씬 더 중요한 근거로 취급되었다.[63] 그러나 국법에 어긋나는 계약서는 송사의 근거로 사용될 수 없었다. 명(明)-청(淸) 때의 토지 소송과 달리 송나라에서는 법규와 판례를 모두 참조했다. 또한 토지 거래 가격이 정당했는지를 판단할 때는 "향원체례(鄕原體例)"라고 해서 지역 관습상 선례를 참조하기도 했다.

상속 문제에 있어 송나라 판결에서는 부계 혈통을 중시했고, 가문의 재산을 유지하는 것을 최우선으로 간주했다. 대개의 경우 사망한 가장의 부계 친인척보다 미망인에게 우선권이 주어졌다. 원래 미망인은 상속권이 없었지만, 미성년 상속자가 성년이 될 때까지 가문의 재산을 대

---

62 《청명집》에는 소유권 회수에 관한 소송이 최소 25건 이상 수록되어 있다. 이러한 사례의 대다수는 원 소유주 혹은 부계 혈통의 상속자가 아니라 다른 친인척이나 이웃이 소송한 경우였다. 소송을 제기한 사람들은 조건부 거래 계약에 관련이 있는 사람들이었다. 법적으로 조건부 거래는 3년 시한으로 거부권을 행사할 수 있었는데, 법정 시한에 즈음하여 소송이 제기되는 경우가 많았던 것이다. Kishimoto 2007: 221-30, 2011: 75-78 참조. 땅을 매입한 측에서는 판매자의 친인척과 이웃으로부터 동의를 얻어야만 확실하게 소유권을 넘겨받을 수 있었다. Dai Jianguo 2011: 102 참조.

63 1142년의 토지 조사에 관해서는 He Bingdi 1988: 11-37 참조. 1142년 이후 개인적으로 혹은 군현별로 토지 조사가 실시된 적은 있지만, 전국 규모의 토지 조사 사업은 1387년 명(明)나라 때 처음 실시되었다.

리 관리하는 관리인으로서의 권한을 인정해주는 경우가 많았다. 미망인이라 해도 자신이 가져온 지참금에 대해서는 전적으로 권한을 행사할 수 있었으며, 재혼을 할 경우 자신의 재산은 가져갈 수 있었다. 13세기의 지방관은 유교의 가부장적 이데올로기에 깊이 젖어 있었기 때문에 윤리적으로 재혼을 반대했다. 그럼에도 불구하고 재혼하는 과부의 법적 권리는 존중해주었다. 결혼을 하지 않은 딸의 상속권은 아들과 같은 비율로 인정되었으나, 훨씬 더 엄격한 신유학을 바탕으로 한 후대의 법령은 이러한 권한을 삭제했다.[64]

토지 거래는 소유권을 돌려받을 수 있는 조건부 거래가 많았다. 송나라 법령에서도 확고히 지지해주었기 때문에 조건부 거래는 더욱 보편적인 거래 방식이 되었다. 이는 현실적으로 부동산 거래를 어느 정도 제한하는 결과를 가져왔다. 그럼에도 불구하고 지방관은 조건부 거래를 규정한 법령, 특히 사용권 회수 조항을 엄격히 준수했다. 조건부 거래와 무조건부 거래의 가격 차이에서 명백하게 알 수 있듯이, 시장에서는 안정적인 소유권 확보 문제를 고려해 가격이 형성되었다. 조건부 거래에서는 재산권이 사실상 두 가지 차원으로 나뉘었고, 각각의 재산권은 그 나름대로 유지 및 거래가 가능했다. 소유권을 가진 측과 경작권을 가진 측에서는 거래 혹은 상속 등을 계기로 상대방의 동의와 상관없이 자신이 가진 권리를 처분할 수 있었다. 이와 같이 두 개로 나뉜 권리 관계는 송대 후기에 이미 일반화되었고, 나중에는 이를 토지 하나에 주인이 둘이

---

64 송나라 당시 여성 재산권은 특히 강하게 인정되었다. 이 문제에 관해서는 Birge 2002: 64-142 참조.

라는 의미에서 "일전양주(一田兩主)"라 일컬었다. 토지에 대해 권리가 중첩되다 보니 부동산 이용에 방해가 될 수밖에 없었다. 그러나 이런 시스템은 다른 효율성을 가져오기도 했다. 이른바 밭 아래의 권리(전저권田底權)와 밭 위의 권리(전면권田面權)가 각각의 시장을 형성하다 보니, 투자자 입장에서는 밭에서 노동해야 하는 부담 없이 확실한 자산에 투자를 할 수 있어서 좋았고, 농부의 입장에서는 많지 않은 재산을 가지고도 안정적으로 사용권을 확보할 수 있어서 좋았다.

모든 토지는 황제의 것이라는 원칙(기원은 전국戰國 시대까지 거슬러 올라간다)에 따라 국가는 영토 내에서 개인 소유의 토지를 몰수할 수 있는 권한을 가졌다. 이런 일이 실제로 집행된 사례는 거의 없지만, 남송이 저물어갈 무렵 한 차례 있었다. 1250년대 말 몽골의 침입에 대응해야 했던 송나라는 군량미 조달을 위해 "화적(和糴)"으로 시장에서 쌀을 사들이는 양을 급격히 늘렸다. 쌀값을 지불하기 위해 송나라 정부는 회자(會子)를 마구 발행했고, 그 결과 종이 화폐의 가치가 곤두박질쳤다. 1263년 재상 가사도(賈似道)는 "공전법(公田法)"을 시행했다. 공전법에 따라 200무(畝) 이상의 토지를 가진 자는 소유 토지의 3분의 1을 국가에 팔아야 했다. 이렇게 사들인 토지에서 소작료는 국가가 직접 거두었으므로, 결국 정부는 세수입 이외에 임대 수입도 얻게 되었다. 공전법은 강남(江南) 6주에서만 실시되고 대상 지역 농지의 20퍼센트 정도가 국가의 재산이 되었기 때문에, 여기서 거두는 소작료를 가지고 화적에 드는 비용을 대부분 충당할 수 있었고, 정부는 회자 발행을 현저히 줄일 수 있었다. 재정 정책의 성공에도 불구하고 가사도가 왕조의 정치적 운명을 돌이킬 수는 없었다. 1275년 몽골이 항주(杭州)를 점령했고, 가사도는 관직을 잃었으며, 토지는 원래 주인에게 되돌아갔다.[65] 결국 공전법을 시행한 업적으로 가사도는 유학파 역사가들에게 영원한 웃음거리가 되었다. 일관되게 토지의 사적 소유를 보장한 왕조 시대 중국의 법적·사회적 관습에 비추어 볼 때, 공전법은 극히 예외적인 사례로 주목할 만하다.

몽골의 중국 지배와 그 경제적 여파

몽골의 정복은 중국에서는 처음으로 영역 전체가 이방인 통치자의 수중에 들어가는 사건이었다. 그 여파는 중국의 사회, 경제, 정치에 깊고 오랜 영향을 미쳤다. 유학자-관료 계층은 사회·문화적으로 여전히 존경받는 지위였지만 정치적으로는 무기력한 처지로 몰락했다. 쿠빌라이(Qubilai, 재위 1260~1294)와 그의 후계자들은 원(元)나라(1271~1368)를 수립하여 통치했다. 원나라는 전통적인 중국 왕조는 물론 이전의 정복 왕조들과도 전혀 다른 면모를 보였다. 몽골보다 앞서 중국을 지배한 거란과 여진은 중국의 일부를 정복하기 전에도 이미 그 나라 안에서 정주민의 비중이 상당히 높았다. 그러나 몽골은 순전히 초원 유목민이었다. 북중국은 특히 몽골에 예속된 정도가 엄중했다. 1234년 몽골은 북중국을 지배하던 금(金)나라를 물리치고 그 자리를 대신했다. 이와 대조적으로 남중국은 직접적인 몽골 통치의 영향이 훨씬 덜했다. 결과적으로 몽골 정복의 여파로 강남(江南)은 더욱 확고한 경제적 중심지로 강화되

---

65 Sudō 1954b. 얼마나 많은 토지 주인이 자신의 토지를 되찾았는지는 불확실하다. 무엇보다 전란의 와중이었기 때문이다.

었다.

몽골 사회는 개인적 예속 관계로 이루어져 있었다. 1230년대 초기 몽골을 방문한 중국 사신의 증언에 따르면, 몽골의 여러 부족은 자신이 소유한 가축의 수에 따라 일정 비율로 칸(khan)에게 조공을 바쳤다. 이 외에도 몽골의 귀족은 자신에 속한 백성에게 필요할 때마다 음식, 말, 도구, 옷감, 노역을 요구할 수 있었다. 개인적 예속 관계에서 이러한 조공의 징수를 쿱치르(qubchir)라 했다. 쿱치르는 일종의 비정기적 세금으로, 통치자 혹은 주군이 필요하다고 생각할 때마다 부과할 수 있었다.[66]

1234년에 예전의 금나라를 흡수한 몽골은 새롭게 획득한 백성에게 몽골의 사회 제도를 이식하고자 했다. 새로운 백성의 출신과는 상관없이 몽골은 이들을 "한족(漢族)"이라고 일컬었다. 스텝 세계에서 피정복민은 정복 군주의 노예가 되었다. 금나라 백성을 초원으로 모두 데리고 가는 일이 불가능했기 때문에, 위대한 칸 칭기즈(Chinggis)의 후계자 우구데이(Ögödei, 재위 1229~1241)는 투하(投下)라고 하는 관직 체계를 이용했다. 즉 금나라 영역에서 일정 지역을 떼어 칸의 친인척과 몽골 귀족에게 조금씩 나누어 주는 제도였다. 예전 금나라 인구의 절반 남짓이 투하에 따라 배정되었고, 나머지는 칸의 직접 통제를 받았다. 이렇게 해서 귀족 개인의 투하가 기존의 관료 통치를 대신하게 되었다.[67] 몽골의 다른 지방에서도 그랬듯이, 투하의 주인이 자신의 투하에 소속된 정

---

66 Schurmann 1956b는 여전히 몽골 조공 시스템을 가장 잘 설명한 책이다. 또한 Allsen 1987: 144-88 참조.
67 몽골의 투하(投下) 체제에 관해서는 Li Zhi'an 1992; Sugiyama 2004: 28-61 참조. 과거 중국 지역 내에서 투하의 설정과 행정에 관해서는 Endicott-West 1989b: 80-103 참조.

착 농경민으로부터 세금을 거두고자 할 때는 간접 징수 방식을 택했다. 세금 수납 특권은 오르톡(ortoq)이라고 하는 상인에게 주어졌다. 오르톡 상인은 주로 위구르인이나 무슬림이었는데, 몽골 군주를 위한 상업 대리인으로 일하는 사람들이었다. 몽골의 군주는 이들에게 전리품을 투자해서 무역과 고리대금업을 맡겼다. 몽골 대칸의 치하에서 오르톡 상인은 재무 관료로 일하는 동시에 사적으로 상업 활동을 병행했다.[68]

몽골의 금나라 정복은 북중국이 피로 물든 참혹한 전란이 있은 지 불과 20년 뒤의 일이었다. 처음에 몽골은 북중국 평원을 가축을 기를 수 있는 초원으로 바꿀 계획이었으나, 실제로 집행하는 와중에 계획이 중단되었다. 계획은 중단되었지만 북중국의 농업 경제는 그야말로 아수라장이었다. 북중국은 극심한 인구 손실로 고통을 겪어야 했다. 1209년 금나라에서 실시한 인구 조사와 명(明)나라 설립에 즈음하여 실시된 1393년의 인구 조사를 비교하면 3분의 1이 줄어들었다.

초원의 전통에서는 땅이 아니라 사람의 지배를 중요시했다. 몽골은 "한족"을 수많은 직업군으로 나누었다. 폭넓은 범주에는 예컨대 일반 백성, 군인, 장인을 비롯하여 매우 전문적인 직종, 예를 들면 의사, 성직자, 유학자, 점술가, 오르톡 상인 등이 있었다. 이렇게 사람들을 분류한 목적은 가구 등록과 세금 부과에 있었다. 이 같은 직업별 분류는 대를 이어 상속되었다. 군인 가구는 북중국 인구의 약 15~30퍼센트였는데, 언제나 건장한 남성 한 명을 내보낼 수 있어야 했다. 몽골에서는 특히 숙련

---

68 몽골 치하 경제에서 오르톡 상인은 결정적 역할을 수행했다. 이들에 관해서는 Otagi 1973; Allsen 1989; Endicott-West 1989a; Uno 1989 참조.

된 장인의 수요가 많았다. 많은 장인이 몽골의 수도로 차출되었다(초기에는 내몽골에 있는 카라코룸으로, 쿠빌라이 때는 대도大都로 보냈다). 장인은 수도에서 칸과 궁정 및 귀족 가문에 예속되어 일했다. 이들처럼 직접 예속되어 일하는 장인 외에도, 지방에서 정부가 요구하는 물품을 바치거나 단기 노역에 종사하는 장인 가구가 훨씬 더 많았다.[69]

우구데이 칸의 신하인 야율초재(耶律楚材)가 1236년 세금 체제를 개정했다. 그는 거란의 금나라에서 관리로 일한 경력이 있는 인물이었다. 금나라 때는 토지세와 인두세를 결합한 양세(兩稅) 제도가 그대로 유지되었는데, 야율초재가 이를 바꾸어놓았던 것이다.[70] 일반 백성(民), 장인, 성직자 가구에 부과되는 세금은 곡물, 비단, 은(銀)이었다. 종교 단체도 원칙적으로 세금을 내야 했지만, 몽골인은 불교와 도교를 열렬히 후원했고, 귀족에 따라 이들의 세금을 면제해주는 경우가 많았다. 몽골인에게 곡물은 유목 생활에서 수준 낮은 식량 자원이었으므로, 곡물로 부과되는 세금은 상대적으로 많지 않았다. 그 대신 대부분의 세금은 비단이나 은의 형태로 부과되었다. 이와 함께 활, 화살, 갑옷, 무기 등으로 부과되는 경우도 있었다. 강제 노역은 지주든 소작농이든 상관없이 모든 백성에게 부과되는 의무였는데, 이 또한 매우 힘겨운 부담이었다. 1240년대 동튀르케스탄을 통치하던 몽골의 통치자들이 쿱치르(qubchir)를 은으로 납부하는 세금으로 전환했다. 1251년 몽케(Möngke)가 대칸의 지위에 오른 직후 과거 금나라 영역의 백성에게 포은(包銀)이라고 하는 은납 세

---

69 Ōshima 1980, 1983.
70 몽골의 세금 체제에 관한 개괄적 설명은 Schurmann 1954a: 65-73 참조.

금이 부과되었는데, 그 바탕이 된 것이 바로 동튀르케스탄의 선례였다.

포은(包銀)은 가구별로 부과되었다. 이는 기존에 쿱치르가 성인 남성을 대상으로 부과되던 관행과는 차이가 있었다. 처음에 포은은 가구당 연간 6냥(兩, 225그램)이 부과되었다. 이것이 도저히 감당할 수 없는 정도라는 사실이 확인되고 나서 1255년부터는 연간 4냥으로 줄었는데, 그중 반은 은으로, 나머지는 비단 생사로 납부하도록 했다. 포은의 양이 줄어들었다고 해도 여전히 매우 무거운 부담이었다(은 4냥은 쌀로 치면 190리터, 성인 남성이 반년간 먹을 수 있는 양이었다). 결국 은을 오르톡 상인에게 빌려서 납부하는 가구가 많아졌다. 또한 빚을 갚지 못하여 땅을 넘겨주거나 몰래 도망치는 자들도 많았다. 쿠빌라이의 중국인 신하 가운데 왕운(王惲)이라는 사람이 있었는데, 그의 글에 따르면 1261년 포은으로 거두어들인 은이 매년 6만 정(錠, 112.5톤)에 달했다. 그중 약 20퍼센트는 몽골 정부의 행정 비용으로 지출했고, 나머지는 카라코룸에 있는 몽골의 궁정으로 보냈다. 몽골인은 이를 오르톡 상인에게 주어서 서아시아 무역 자금으로 사용하게 했다. 서아시아와 그 너머 지역으로 은이 넘어갔고, 결국 중국의 은이 이슬람 세계로 유출되는 결과를 가져왔다. 왕운의 글을 바탕으로 어떤 학자가 은의 유출량을 추정한 바 있는데, 몽골 통치 초기 30년 동안 중국에서 중앙아시아 및 서아시아로 빠져나간 은이 9000만 냥(3375톤)에 달했다고 한다. 이러한 계산상 수치가 과도하게 높다고 할 수 있겠지만, 1260년 쿠빌라이가 대칸에 오를 당시 북중국 지역은 심각한 은 부족에 시달리고 있었다.[71]

---

71 쿱치르(qubchir)에서 포은(包銀)으로 세금이 변천한 과정에 관해서는 Abe 1972; Allsen

쿠빌라이는 대칸에 즉위하자마자 몽골 정부를 대대적으로 개편했다. 목표는 권력을 대칸에게 집중하고, 정복지 가운데 가장 부유한 지역인 중국으로 몽골 제국의 중심을 옮기는 것이었다. 쿠빌라이는 북중국 대부분 지역에 대해 투하(投下)의 세금 징수 권한을 박탈하고, 통일된 지폐를 발행해 지역(투하)마다 따로 발행되던 종이 화폐를 대체하도록 했다. 그리고 상품과 상거래에 세금을 부과해 정부의 세수입을 대폭 늘렸다. 1262년 쿠빌라이는 수도를 몽골의 초원에서 중국으로 옮기기로 결정하고, 대도(大都)에 황궁과 중국식 도성을 건설하도록 했다. 그곳이 바로 오늘날의 북경(北京)이다. 1271년 쿠빌라이는 중국식 황제라는 호칭을 공식적으로 채택했고, 원(元)이라는 중국식 국호도 제정했다.[72]

몽골 관리는 군대에 뿌리를 두고 있었다. 행성(行省)이라고 하는 원나라의 지방 정부는 점령군 조직과 거의 다를 바 없었다. 원나라도 몽골에서 파생된 감독관(다루가치) 체제 같은 여러 가지 관료 체제를 만들기는 했지만, 책임 소재가 일관되지 않고 서로 중첩되는 경우가 많았다. 몽골인은 지방 정부의 임무를 대부분 위임 통치로 해결했다.[73] 이전의 금나라나 송나라와 마찬가지로 마을 지도자가 지방 행정의 주요 임무를 떠맡았다. 세금 수납, 노역 동원, 민생 관련 분쟁이나 범죄 판결 등의 업

1987: 163-71 참조. 중국에서 서아시아와 그 너머로 은이 유출된 문제에 관해서는 Blake 1937; Otagi 1973; Kuroda 2009 참조. 은 유출량을 9000만 냥으로 계산한 내용의 출처는 Otagi 1973, 1: 26이다. 내 생각(von Glahn 2013: 31)으로는 2900만 냥(1100톤)으로 계산하는 것이 더 합리적인 것 같다.
72 쿠빌라이의 재정 및 행정 관리 정책 개관은 Rossabi 1988: 70-75, 119-27 참조.
73 다루가치를 중심으로 하는 원나라의 지방 통치 연구는 Endicott-West 1989b 참조.

무였다. 또한 1270년에는 이른바 "한족(漢族)"을 대상으로 인구 조사를 실시했으며, 그 결과를 바탕으로 사(社)라고 하는 지방 행정 체계를 만들었다. 사(社)의 우두머리는 농사를 권장하고, 마을의 학교와 기근 대비 창고를 유지하며, 민간의 분쟁을 재판하는 업무를 맡았다. 그러나 학교, 창고, 농업 신장 같은 사회적 하부 구조가 얼마나 폭넓게 실시되었는지에 대한 자료는 거의 남아 있지 않다.[74]

1279년 쿠빌라이의 군대가 남송을 완전히 정복했다. 남송의 영토뿐만 아니라 기존의 "한토(漢土)", 즉 북중국에 비해 6배나 많은 인구가 쿠빌라이의 지배를 받게 되었다. 대도(大都)에 있는 신생 제국의 정부 당국으로서는 재정과 물류에 엄청난 과제를 떠맡은 셈이었다. 쿠빌라이는 여러 명의 상인을 참모로 임명했는데, 특히 악명이 높았던 아흐마드(Ahmad)도 그중 하나였다. 아흐마드는 페르시아 출신으로 1262~1282년 재정 정책을 주도한 인물이었다. 또한 그보다는 신중한 편인 티베트 출신의 상가(Sangha)도 있었다. 상가는 쿠빌라이 재위 말년에 원나라 궁정에서 재정과 관련해 최고의 권한을 휘두른 인물이었다. 쿠빌라이는 이들로 하여금 재정 행정을 개혁하도록 했다.[75] 아흐마드와 상가는 상거래 부문에 주의를 기울였다. 특히 소금 거래 독점 정책을 통해 수입을 늘리고자 했다. 소금에 세금을 부과하는 것은 결코 새로운 일이 아니었다. 몽골은 금나라를 미처 완전히 정복하기 이전부터 소금 독점 정책을 실시했었다. 상가의 지휘 아래 소금 독점 거래는 크게 확장되었다. 제국

---

74 사(社) 제도에 관해서는 Nakajima 2001 참조.
75 상가(Sangha)의 생애와 정책에 대해서는 Petech 1980; Uematsu 1983 참조.

전역에 걸쳐 140개의 소금 창고가 설치되었으며, 소금 수입은 몽골 재정의 중추가 되었다. 1285년 소금 독점 거래에 따른 수입이 정부의 현금 수입에서 3분의 2를 차지했고, 이외에 상거래 관련 세금이 17퍼센트를 차지했다. 나중에는 소금 거래 수입이 몽골 정부 수입의 80퍼센트까지 올라가기도 했다.[76]

남송이 원나라에 예속된 뒤, 몽골인은 기꺼이 송나라의 세금 체제를 그대로 유지했다. 북중국에서 개발된 제도적 틀에 남쪽을 억지로 끌어다 맞추려 하지 않았다. 그리하여 북중국, 이른바 "한토(漢土)"에서는 가구별로 다양한 세금이 부과되는 동안 남쪽에서는 양세(兩稅) 체제가 남아 있었다. 남중국에서 몽골이 군비를 충당하거나 몽골 귀족에게 상을 내리기 위해 토지를 몰수한 몇몇 사례가 있기는 하지만, 대체적으로 민간 경제에 직접 개입하는 경우는 거의 없었다. 부유한 가문이나 기업가에게 원나라의 정복은 과거 유교를 기반으로 한 정부의 통제로부터 벗어나는 계기가 되기도 했다. 이들은 막대한 토지를 확보하고, 자산을 바탕으로 수익성 좋은 상거래나 신규 사업에 과감히 투자했다. 이처럼 부유한 호족은 상업 거점의 건설이나 확장에 주도적으로 나섰고, 이는 또다시 상거래 규모 확대에 활력으로 작용했다.[77] 그렇다고 농업에 관심을 기울이지 않은 것은 아니었다. 몽골 감독관은 농산물 수입에 대해서도 자신들의 세금 수입 원칙을 그대로 적용했다. 즉 대토지 소유자에게 곡물 세금의 정해진 물량을 수집하고 운반하는 임무를 위탁했다.[78]

76 Schurmann 1956b: 166-73.
77 Von Glahn 2003b.

농업 및 상업 경제에서 강남의 번영이 계속되자, 세금에도 이러한 현실이 그대로 반영되었다. 1328년 자료에 따르면, 세금으로 거두어들인 전체 곡물 가운데 37퍼센트가 강남에서 나왔으며, 소금이나 술, 상거래 관련 세금에서 강남이 차지하는 비중도 이와 비슷하거나 더 높은 정도였다.[79] 양자강 삼각주에서 수도로 곡물을 운반하기 위해 상가(Sangha)는 대도(大都)와 대운하를 연결하는 공사를 시행했을 뿐만 아니라 해상으로도 운반선을 띄웠다. 강남의 곡물을 실어 오려면 해상 운송이 대운하에 비해 시간과 비용을 절약할 수 있었기 때문에, 1287년 쿠빌라이는 모든 운송을 해상 운송으로 돌리라는 칙령을 내렸다.[80]

남송 경제가 원나라에 통합되자 원나라의 종이 화폐 발행 시스템은 더욱 어려워졌다. 1260년 쿠빌라이는 새로운 종이 화폐를 발행했는데, 언제나 은(銀)으로 자유롭게 태환을 할 수 있었다. 원나라는 지폐를 통해 동전과 은전 등 금속 화폐를 완전히 대체할 계획이었다. 1263년 쿠빌라이 정부는 은으로 납부하던 세금 포은(包銀)을 종이 화폐로 바꾸도록 했다. 동전은 대부분의 지역에서 거의 사라졌고, 다만 강남 지역의 소액 거래에서만 통용되는 정도였다. 아흐마드(Ahmad)가 재정 행정을 책임질 당시 종이 화폐의 유통량을 방대하게 늘림으로써 심각한 화폐 가

---

78 Uematsu 1996: 338-39.
79 Schurmann 1956b: 80; Matsuda 2000: 139. 여기서 말하는 강남의 수치에는 복건(福建)도 포함되어 있다. 이 두 지역은 원나라 때 강절(江浙)이라는 하나의 행정 구역으로 통합되었다.
80 Matsuda 2000: 146-51. 곡물의 해상 운송량은 1290년에 150만 석(石, 1억 4300만 리터)에서 1329년 350만 석(3억 3300만 리터)으로 늘어났다. 같은 책: 147.

치의 하락과 상당한 재정 결손을 초래했다. 상가(Sangha)는 유통 중인 화폐에 대해 평가절하를 단행해 종이 화폐의 안정성을 회복했으며, 더 이상 종이 화폐 공급량을 늘리지 못하도록 제한을 두었다.

동전을 대체할 새로운 종이 화폐가 1309~1310년 잠시나마 시도되기는 했지만 결국 실패로 끝났다. 이를 제외하면 원나라 금융 당국은 1340년대까지 화폐의 안정성을 신중히 유지했다. 그러나 마침내 몽골에 저항하는 대중 봉기가 일어나 정치 및 재정 위기를 재촉했다.[81]

칭기즈 칸에 의해 범-아시아 몽골 제국이 성립되고 그 후계자들이 중앙아시아의 육로 무역 네트워크에 다시금 활력을 불어넣자, 동서 교역은 새로운 부흥기를 맞이했다. 팍스 몽골리카의 혜택을 가장 먼저 받은 사람들은 위구르의 카라반이었고, 몽골인은 열정적으로 상거래를 후원했다. 그러나 시간이 지날수록 몽골 지도자의 대리 업무를 수행하는 오르톡(ortoq) 상인이 점차 유라시아 무역을 주도하게 되었다. 앞에서도 언급했듯이, 오르톡 상인은 중국으로부터 막대한 양의 은(銀)을 이슬람 세계로 유출했다. 그 결과 중국의 은 시장은 심각한 유통량 부족에 시달려야 했다. 그러나 14세기 초 피렌체의 상인 페골로티(Pegolotti)는 이방인 상인이 은을 가지고 대도와 항주로 가서 비단을 비롯한 여러 가지 상품을 산다는 기록을 남기기도 했다.[82]

원나라가 남송을 흡수할 무렵은 몽골 칸국들 사이에 내전이 격화되는 와중이었다. 그 여파로 중국의 해외 무역로는 육로에서 다시 바닷길

---

81 원나라의 다양한 종이 화폐 개발에 관해서는 von Glahn 2010 참조.
82 Pegolotti 1914: 154-55.

로 방향을 틀고 있었다.[83] 1285년 원나라 정부는 해상 무역을 일원화하여 업무를 오르톡 상인에게 위탁했다. 그러나 상가(Sangha)는 해상 무역을 다시 민간 상인에게 개방했다. 천주(泉州)는 세계에서 가장 규모가 큰 항구 중 하나가 되었다. 수많은 해외 상인의 거점이 천주에 위치했다. 마르코 폴로(Marco Polo)는 1292년 천주에 있는 집을 떠났다. 그의 책에는 다음과 같이 적혀 있다. "배 한 척 분량의 후추는 알렉산드리아 혹은 다른 어딘가에 있을 기독교 국가로 갈 참이었다. 천주의 항구에는 이 같은 배들이 백 척이 몰려왔다. 그곳이 세계에서 두 번째로 큰 항구였기 때문이다."[84] 무슬림 여행가 이븐 바투타(Ibn Battuta)도 이와 비슷한 이야기를 남겼다. 1341년에 그는 인도 남서부의 후추 생산지를 방문했는데, 중국 배들이 인도-중국 항로를 장악하고 있었다고 한다. 이븐 바투타의 말에 따르면, 이 배들은 "선원 정원이 1000명이었다. 배에는 네 개의 갑판과 방, 선실, 상인을 위한 연회장이 있었다. 선실에는 침실과 화장실이 있었고, 사람이 들어가 안에서 잠글 수 있었다. 노예 여성이나 아내를 데리고 선실에서 지내는 사람들도 있었다."[85] 경덕진(景德鎭)과 복건(福建)의 도자기가 천주로 흘러들어 동남아시아, 이슬람 세계, 동아프리카 등지로 실려 나갔다. 경덕진의 유명한 청화백자를 만들려면 페르시아에서 수입하는 코발트색 염료가 필요했는데, 중국인은 이를 "무슬림의 푸른색(회회청回回靑)"이라 일컬었다.[86] 한때 쿠빌라이가 일본 열도를 침략하

---

83 원(元) 지배하의 해상 무역 정책에 대해서는 Yokkaichi 2006 참조.
84 Polo 1929, 2: 351(인용문의 한국어 번역은 존경하는 김호동 선생님의 번역을 참조함 - 옮긴이).
85 Ibn Battuta 1929: 235(한국어 번역은 존경하는 정수일 선생님의 번역을 참조함 - 옮긴이).

려는 시도를 했지만 실패로 귀결되었고, 그 와중에 일본과의 무역이 잠시 어려움을 겪기도 했다. 그러나 동전 수출의 호조에 힘입어 이내 번영이 지속되었다. 자와섬의 마자파힛(Majapahit) 제국에서도 14세기 초부터 중국 동전이 표준 화폐로 유통되었다.[87]

몽골의 지배하에 무역이 번성하기는 했지만, 원나라가 재정 인프라를 구축하지는 못했다. 14세기에는 몽골의 제도와 중국식 제국 통치 방식을 융합하려 했다. 그 과정에서 관료적 질서를 구축하기보다는 오히려 다양한 정치적 계층이 형성되었고, 그들 서로 간에 분쟁이 발생했다. 쿠빌라이와 의지가 충만한 그의 신하들이 재정 수입의 중앙 관리를 관철시키기는 했지만, 쿠빌라이가 사망한 뒤에는 재정 관리 원칙도 무너지기 시작했다. 국가의 재정 행정이 황실 및 몽골 귀족의 사치벽과 뒤얽히면서 정부는 부채의 수렁으로 빠져들었다. 전 지구적으로 기온이 내려가면서 농업 생산량도 주춤거리기 시작했다. 후대의 역사가들은 당시를 "소빙하기(Little Ice Age)"라고 일컬었다.[88] 1344년의 궤멸적 홍수 같은 자연재해에 대한 정부의 위기 대응 방식은 전혀 적절하지 못했다. 1350년대 원 제국 지배하의 한족(漢族)은 거의 대부분이 반란에 참여했다. 마침내 몽골은 중국을 포기하고, 자신들의 고향인 초원의 안전을 도모했다.

---

86 Finlay 2010: 139-40.
87 Wicks 1998: 290-97.
88 중국에서 장기적 기온 하락이 시작된 시점은 13세기 중반이었다. Liu Zhaomin 1992: 17-25, 130-35. 북반구에서 공통적이었던 "소빙하기" 현상에 관해서는 Grove 1990 참조.

명나라 초기의 퇴행

1340년대에 원(元)나라의 통치가 무너지면서 20여 년 간의 혹독한 내전으로 접어들었다. 주원장(朱元璋, 홍무제洪武帝, 재위 1368~1398)이 마침내 경쟁자들을 물리치고 1368년 명(明)나라를 수립하기까지 수백만 명이 목숨을 잃었고, 경제는 파탄지경에 이르렀다. 홍무제(洪武帝)는 몽골의 사악한 관습이 영향을 미쳤다고 생각되는 모든 것을 뿌리 뽑고자 했다. 그리고 유교 경전에서 이상향으로 제시한 농업 사회의 제도와 가치를 회복하고자 했다. 이를 위해 홍무제는 몽골의 유산을 박멸했을 뿐만 아니라 당송변혁기 이래로 발전해온 시장 경제도 근절하고자 했다. 그래서 거시 경제 및 생활 경제 발전의 급격한 단절은 명나라 초기의 중국, 특히 강남의 특징이었다.

홍무제의 정책은 그의 재위 기간 30년 동안 꾸준히 진화했지만, 기본적 목표는 언제나 변함이 없었다. 즉 맹자를 비롯한 유교의 여러 스승이 꿈꿔온 이상적인 마을 단위 자립 경제를 회복하는 것, 시장 경제와 그에서 비롯된 불평등을 (아예 없앨 수는 없어도) 최대한 축소하는 것이었다. 이러한 목표에 다가서기 위해 홍무제는 과거의 재정 정책으로 회귀하려는 확고한 입장을 견지했다. 즉 세금은 현물세로 통일하고, 백성에게 노역을 부과하며, 자급자족이 가능한 농장을 육성하고, 군인이나 관리의 급여는 현금 대신 현물로 지급했다. 처음부터 홍무제는 관료를 개인적으로 강력히 통제했다. 그럼에도 1380년에 그는 자신의 정부 관료를 잇달아 숙청하고 전 방위적 제도 개혁을 실시하여, 권력을 황제의 손아귀에 더욱 강력히 집중시켰다. 명나라 초기 정부의 모델은 위로는 강력한 독재, 아래로는 마을의 대표에게 여러 행정 기능 위임을 그 특징으로 한다. 제도적으로는 모르겠지만, 적어도 홍무제의 마음만은 분명 고대 군사-중농주의 국가에 귀 기울이고 있었다.

이데올로기적 원칙과는 별개로 홍무제의 정책이 현실적 목표로부터 촉발된 측면도 있었다. 수십 년에 걸친 전쟁으로 파괴된 제국을 재건하기 위해 강남(江南) 부자들의 재산을 빼앗을 필요가 있었던 것이다. 인구사 학자들이 추정하는 바로 중국 인구는 1340년에서 1370년 사이 최소한 15퍼센트, 어쩌면 3분의 1까지 줄어들었다.[89] 이 같은 인구 감소는 1347~1352년 유럽과 이슬람 세계를 휩쓴 흑사병의 시대와 시기를 같이한다. 그러나 당시 중국에서 흑사병이 창궐했다는 흔적은 분명하지 않다. 전쟁과 기근(그리고 여기에 필연적으로 동반되는 질병)이 몽골 지배 최후 시기 수십 년 동안 인구가 감소한 직접적 원인이었을 수도 있다.[90] 원

---

89 Wu Songdi(2000: 387, 391)는 1290년 기준 원나라 인구를 7500만, 1340년경에는 9000만으로 추산한다. 한편 Cao Shuji(2000a: 464)가 추산하는 수치는 조금 낮은데, 각각 6800만과 8250만이다. 명나라 수립 당시 인구 추정치는 6000~6500만까지 줄어드는데, Cao(2000a: 465)는 1393년 기준 인구를 7270만으로 계산했다.

90 중국 남서부와 동남아시아 고산 지대는 오래도록 간균(bacillus)이나 선페스트(bubonic plague) 같은 "질병의 병원소(病原巢)"로 알려져왔다. William McNeill(1976: 171-73)의 선구적 연구에서는 1252~1253년 버마(미얀마)를 침공한 몽골의 기마병이 벼룩에 의해 전염되는 병원균을 전파한 매개체로 기능했다는 가설을 제시했다. 이들이 유라시아 스텝 지역으로 병원균을 전파했고, 이곳을 통해 중국과 유럽 지역으로 병원균이 퍼져 나갔다는 것이다. 최근의 유전자 연구(Morelli et al. 2010)를 통해 DNA를 분석한 결과, 지중해 지역을 휩쓴 대규모 전염병 가운데 6세기의 선페스트와 14세기의 흑사병 모두 중국(즉 오늘날 중화인민공화국 영토 기준)에서 기원한 것으로 확인되었다. 그러나 14세기 중국이 과연 흑사병 같은 대규모 전염병의 고통을 겪었는가 하는 의문에 답을 해줄 만한 유전자적 증거는 아직 발견된 것이 없다. 14세기 중반 중국에서 선페스트 전염병의 증거가 없다는 사실은, 중국이 겪은 파국적 인구 감소가 흑사병과 관련이 있다는 McNeill의 주장에 강력한 의문을 제기하는 근거가 된다. Sussman 2011 참조.

인이 어느 쪽이었든 강남은 원나라 말기의 내전 상황으로부터 살짝 비켜나서 상대적으로 상처를 덜 입었고, 심각한 인구 감소도 경험하지 않았다. 게다가 가장 심각하게 파괴된 지역은 대부분 북부와 서부 지역이었으므로, 그 과정에서 강남이 국가 경제에서 갖는 중요성은 오히려 더욱 커졌다. 홍무제가 새로운 나라의 수도를 남경(南京)으로 결정한 배경에는 경제적 현실이 반영되어 있었다. 홍무제의 통치와 군사 및 정치적 통제를 확고히 뒷받침해줄 자원이 나올 곳은 강남밖에 없었다.

처음 제국을 수립할 때 홍무제는 강남 지도층의 협력을 구하고자 했다. 1371년 홍무제가 시행한 세금 체제에서는 지역마다 가장 부유한 지주를 세금 수납 책임자(양장糧長)로 임명했다. 그러나 1380년에 이르러 홍무제는 강남의 지도층이 정부 관료로 참여한 사람이나 그렇지 않은 일반 백성을 막론하고 모두가 황제의 계획에 방해가 되리라는 확신을 갖게 되었다. 결국 홍무제는 흐름을 바꾸기 위해 수많은 관리를 숙청하고 강남 대지주의 막대한 재산을 몰수했다. 홍무제는 자신의 사회 개혁 의지를 구체화했다. 이제 홍무제의 최우선 과제는 부유한 지주나 부패한 관료 혹은 승려로부터 착취당하는 농민을 해방시키고, 그들로부터 불안정한 화폐 경제의 폐해를 해소해주는 것이 되었다. 결국 홍무제 재위 기간 동안 강남 농경지의 절반 이상이 국가 소유로 넘어갔다.[91]

홍무제의 부패 타파 바람이 부는 가운데 많은 수의 양장(糧長)이 숙청되었다. 홍무제는 양장제를 취소하지 않고 그대로 유지하면서, 1381년 이갑제(里甲制)라는 새로운 지방 통제 제도를 실시했다. 이갑제는 지

---

91 Mori 1967; 1988: 45-196; Danjō 1995: 229-66; von Glahn 2007b.

방에서 110가구를 묶어 하나의 리(里)를 설정하고(대개 기존에 형성되어 있는 마을을 기본으로 했고, 경우에 따라 작은 규모의 마을을 묶어 하나의 리 단위를 결성했다), 10명의 원로를 선출하여 10년 동안 돌아가면서 지도자를 맡도록 했다. 리(里) 지도자에게는 폭넓은 책임이 주어졌다. 마을의 치안, 법적 분쟁 판결, 세금 수납, 홍수 통제나 관개 시설 같은 공공 작업 할당 등을 포함하는 지역 통치 책임뿐만 아니라 국가에서 부과하는 노역 동원도 관리해야 했다. 홍무제는 몽골을 극도로 싫어했지만 그럼에도 원나라의 통치 제도 중에서 그대로 따른 것이 있는데, 직업별로 인구를 등록하고 직업을 상속하도록 한 관행도 그대로 유지했다. 대부분의 인구는 민호(民戶)로 편성되었는데, 세금으로 곡물을 비롯한 여러 상품을 부담하고 노역에 동원되는 사람들이었다. 한편 (15세기 초를 기준으로 전체 인구의 약 5분의 1을 차지한) 군호(軍戶)는 둔전(屯田)에 거주했으며, 전쟁이 없는 평시에는 농사일을 했다. 장호(匠戶)나 염호(鹽戶) 등 노역이나 물품을 정부에 제공하는 의무를 지는 가구도 있었다.[92] 1387년과 1393년에 실시한 토지 및 인구 조사를 바탕으로 이갑제를 더욱 정교화했으며, 그에 따라 고정된 세금 의무를 할당했다. 1393년 이후 이갑 등록과 세금 할당량은 변함없이 그대로 지속되었고, 사회·경제적 현실과 일치하지 않는 틈이 갈수록 크게 벌어졌다.[93]

---

92 군호(軍戶)의 등록은 지역에 따라 매우 다양했다. 홍무제 당시 군호에 소속된 인원수는 신뢰하기 어렵다. Cao Shuji(2000a: 377)의 연구에 따르면, 15세기 중반 군호는 전체 인구의 19퍼센트가량이었으며 이후 영락제(永樂帝) 시기에도 마찬가지였다.
93 Kuribayashi(1971)는 이갑제 연구의 고전으로 남아 있다. 또한 Tsurumi 1984; Farmer 1995; Heijdra 1998: 459-81 참조.

홍무제는 정부의 물류 및 행정 비용을 감축하고자 했고, 그 결과 명나라 재정 시스템에서 정부가 거두어들이는 세금은 송나라 때보다 더 적었다. 곡물로 거두는 토지세는 생산량의 5~10퍼센트를 초과하지 않았다.[94] 군비 지출 명목으로 별도로 부과되는 세금도 없었다. 둔전에 거주하는 군인은 자급자족이 가능했기 때문이다. 건전한 유통 화폐로 동전을 되살리려고 잠시 시도해본 뒤 홍무제는 새로운 유형의 종이 화폐를 제정했다. 보초(寶鈔)라고 하는 이 종이 화폐는 태환이 불가능했다. 홍무제는 보초를 제정하는 동시에 금은을 화폐로 사용하지 못하도록 금지했다(심지어 한동안은 정부에서 발행한 동전도 사용하지 못하게 했다). 그러나 종이 화폐는 발행 시초부터 가치 하락이라는 난관에 맞닥뜨렸다. 1394년을 기준으로 유통되는 보초의 평가 금액은 액면가의 20퍼센트까지 절하되었다. 1425년에는 액면가의 불과 2퍼센트밖에 되지 않아서 현실적으로 화폐로서의 기능을 더는 유지할 수 없을 지경이었다.[95] 송나라에서 원나라를 이어 번성 일로를 달리던 해상 무역에도 명나라 정부의 통제가 미치기 시작했다. 1374년 홍무제는 민간 상인이 해외 무역에 참여하지 못하도록 금지시켰다. 외국의 통치자가 보내오는 조공에 대한 대가로 엄격한 규제 아래 일부 공무역이 실시되었다.[96] 해상 사무역 금지 조치는 이후 16세기 말까지 유지되었다.

---

94 Ray Huang 1974: 88.
95 Von Glahn 1996a: 70-73.
96 Danjō 1997. 사무역을 금지한 이유 중 하나는 (아마도 가장 중요한 이유였겠지만) 귀금속이나 동전의 해외 유출을 막으려는 것이었다. 당시 명나라는 순전히 신용을 기반으로 한(태환을 하지 않는) 종이 화폐 제도를 수립하려고 시도하는 중이었다. Ōsumi 1990 참조.

명나라 재정 시스템 덕분에 행정 비용이 줄어들긴 했지만, 정부 세수입에서 곡물의 비중이 지나치게 높아지는 결과가 나타났다. 토지세 할당량이 고정되어 있었으므로 농업 경제가 회복되고 생산량이 증대된 뒤에도 세금을 추가로 포착하는 정부의 역량은 지극히 제한적이었다. 게다가 취약하고 비효율적인 재정 시스템 때문에 중앙 정부 수입의 대부분을 낭비하게 되었다. 이전 왕조들과 달리 명나라는 황제의 사적인 수입과 국가의 수입을 분리하지 못했다. 그 결과 막대한 남용을, 특히 궁궐 행정을 책임지고 있는 지위 높은 환관의 손에서 놀아나는 누수를 막을 길이 없었다.

명나라의 경제 관리가 어떠했는지를 전형적으로 보여주는 것이 바로 소금 독점 관리다. 명나라는 북송 당시에 실시한 국경 운송 시스템(명칭은 입중入中에서 개중開中으로 바꿨다)을 부활시켰다. 이에 따라 북방의 국경 주둔군에게 군량미를 공급하는 상인은 그 대가로 소금 거래 특권을 넉넉히 받을 수 있었다. 그러나 중앙 정부 때문에 소금 독점 시장은 점점 말라들었다. 소금 거래 면허는 지나치게 많이 발행하는 동시에 소금 생산자에게는 적절한 재정 지원을 하지 못했기 때문이다. 염호(鹽戶)에 지불이 안 되는 경우가 자주 발생했고, 허가를 받은 상인이라도 막상 물건을 수령하려면 몇 년, 심지어 10여 년을 기다리는 경우도 있었다. 결국 소금 밀수가 비등했고, 정부가 관리하는 소금 생산량은 더욱 줄어들 수밖에 없었다. 15세기 말에 이르러 개중(開中) 시스템은 무너지고 말았다. 이는 새로운 시스템으로 대체되었는데, 국경 무역상이 자신이 얻은 허가를, 양주(揚州)를 비롯한 주요 소금 생산지의 소금 상인에게 팔았다. 양주의 소금 상인은 대부분 휘주(徽州) 출신이었는데, 이들은 막대한 자본을 소유해야만 부침이 극심한 불안정한 사업에서 살아남을 수 있었다. 공급 불안정과 만연한 관리 소홀 문제를 최종적으로 해결하기 위해 명나라 정부는 1617년 새로운 정책을 내놓았다. 정부가 채택한 방안이란 곧 프랜차이즈 시스템이었다. 정부는 양주(揚州)의 상인 조합에게 배타적이고 영구적인 소금 거래 권한을 부여하고, 그 대가로 허가 수수료를 받았다. 이후 양주의 소금 상인은 전국에서 최고 부자가 되었지만, 소금 독점권을 넘겨준 대가로 정부가 거두어들이는 수익은 초라하기 그지없었다. 예컨대 1578년(우리가 정부 회계의 전모를 알 수 있는 유일한 해) 기준으로 소금 거래 허가 수수료는 토지세의 10분의 1에 불과했다.[97]

영락제(永樂帝, 재위 1402~1425)는 1402년 조카를 제위에서 끌어내리고 스스로 황제위에 올랐다. 그는 몽골에 가열한 적대감을 표출한 아버지 홍무제와 달리 몽골의 세계 제국 비전을 따르고자 했다. 영락제는 1407년 북베트남을 침공하여 점령했으며, 몽골을 반복적으로 공격했고, 남중국해로 거대한 선단을 파견했다. 선단의 지휘자는 그의 측근으로 총애를 받던 정화(鄭和)였다. 정화는 1405년부터 1433년까지 7차례 탐험에 나섰고, 그의 함대는 아라비아와 아프리카 해안까지 진출했다. 정화의 함대를 이끈 힘은 경제적 기획이 아니라 제국의 야망이었던 만큼, 정부의 재정 손실을 초래할 따름이었다.[98]

영락제는 기본적으로 홍무제가 만든 재정 정책과 제도를 바꾸지 않

---

97 Ray Huang 1974: 180-225; Puk 2006.
98 정화 및 정화의 항해와 관련해서는 Dreyer 2007 참조.

왔다. 그러나 해외 진출에서만큼은 정부의 지출을 아끼지 않았다. 막대한 해외 진출 비용 때문에 종이 화폐의 가치는 더욱더 손상되었다. 세금은 늘리지 않았지만, 정부에서 동원하는 강제 노역은 엄청나게 늘어났다. 영락제가 가장 지속적으로 추진한 개혁 정책은, 수도를 남중국 지역의 남경(南京)으로부터 북중국 지역의 과거 원나라 수도(이름을 대도大都에서 북경北京으로 바꾸었다)로 옮기는 것이었다. 수도를 북경(北京)으로 이전하려면 물류에 따르는 문제를 해결해야 했다. 대운하를 수리하고 더 연장해야 했다. 또한 곡물의 운송 비용이 큰 폭으로 증가했다. 이러한 비용 증가는 양장(糧長)과 이장호(里長戶)의 부담을 가중시켰고, 나아가 국가의 세금 수납 체계를 근본적으로 약화시켰다.

명나라 초기 황제들이 만든 엄격한 재정 행정 체제는 오래도록 유지되었다. 1430년대 명나라 정부는 종이 화폐 시스템을 포기하고 동전 주조도 중단했다. 민간 경제에 깊숙이 침투해 있는 주조되지 않은 은괴를 중앙 정부도 정식 화폐로 인정하지 않을 수 없었다. 1436년 강남에서 북경으로 곡물을 운송하는 대신 은으로 지불하게 했고, 이는 납세자의 편의에 크게 부합하는 정책이었다. 이갑제(里甲制)와 가구별 직업 세습 시스템은 15세기를 거치면서 대체로 무너졌다. 그것이 오히려 생산적 에너지를 더욱 촉발하는 계기가 되었다. 마침내 이를 비롯한 다른 많은 노역도 은납제로 대체되었다.[99]

명나라 초기의 반상업적 정책, 그리고 이와 동시에 강남 지도층에 대

---

99 Ray Huang 1974: 109-12; Tsurumi 1984: 268-73. 이갑제의 은납제 전환에 관해서는 Kuribayashi 1971: 79-142 참조.

한 재산 몰수 정책은 강남 지역의 번성하던 경제에 재앙을 초래했다. 몽골 지배 이래 거의 문제없이 지속되던 상업과 도시의 성장 또한 정체되었다.[100] 상거래와 산업이 파국을 맞았고, 엉터리 화폐 관리가 문제를 키웠다. 해외 무역은 급격히 가라앉았고, 장인 가구(匠戶)의 세습 제도는 합리적인 노동력 분배를 가로막았다. 도시 인구는 줄어들었고, 많은 상업 거점이 폐허로 방치되었다. 암울한 원-명 교체기에 비롯된 경기 침체는 한 세기가 넘도록 지속되었다.

그럼에도 불구하고 내전이 종식되고 평화가 지속되자 농업 경제가 회복되고, 심지어 번영의 기운까지 감지되었다. 전쟁과 기근과 역병의 참화로 황폐화된 북부 지방, 특히 중원(中原) 지역에 다시 사람들을 정착시키는 것이 중앙 정부의 우선 과제였다. 정부는 상당수 백성을 강제로 이주시켜 그 지역에 새로운 마을을 조성하고 이갑제(里甲制)를 실시했다. 양자강 유역의 핵심 지역(호남과 호북)에도 명나라 때 상당 규모의 이주가 시행되었다. 명나라의 인구 변화 경향은 파악하기가 쉽지 않다. 1393년 이후는 국가적 차원의 인구 조사가 실시되지 않았기 때문이다. 빈약한 자료를 바탕으로 하다 보니, 학자들마다 추정하는 명나라 인구 규모는 그 편차가 매우 큰 편이다. 구체적 조사 자료가 없는 상태에서 전반적 추산에 의거하자면, 1630년대까지는 인구가 꾸준히 증가한 것 같다. 강남 지역을 조사한 가장 신뢰할 만한 자료에 의하면, 강남의 인구는 1393년 대략 900만에서 1620년 1650만까지 증가했다. 그러니까 80퍼센트 이상 성장한 셈이다. 남쪽 국경 지역, 예컨대 호남과

---

100   Von Glahn 2003b: 205-11, 2007b.

광동(廣東)의 경우는 아마도 명나라 시기 동안 인구가 3배로 증가한 것 같다.[101]

일부 학자들은 명나라 중엽 제국 곳곳에서 인구 과잉의 징후가 나타났다고 주장한다. 강남에서는 소규모 농가가 경작하는 농지가 평균 40무(畝)에서 20무로 줄었다. 같은 시기에 가구당 인구수가 (6명에서 5명으로) 줄어들고 생산량은 늘어났다. 따라서 농지 규모가 축소된 만큼 생산량이 늘어나 1인당 생산량은 비슷한 정도에 머물렀다. 북부 지역의 농업 관행은 거의 변화가 없었으나, 남부 지역의 농민은 지속적으로 중요한 발전을 거듭했다. 명나라 시기 동안 남송 때 조성된 대규모 농지가 소규모 농장으로 분할되었고, 농지 규모가 줄어든 만큼 더 손쉽게 물을 뺄 수 있었다. 그 결과 논의 생산력이 훨씬 더 커졌다. 물이 잘 빠지는 농지에서는 밀이나 콩 혹은 유채 같은 겨울 작물을 재배하기가 용이했다. 콩깻묵이나 유채 씨 같은 질소가 풍부한 거름을 투입하여 농지를 비옥하게 하는 농법도 이 시기에 등장했다. 명나라 말기에 이르러 강남의 단위 면적당 쌀 생산량은 남송 때에 비해 2배로 늘었다. 이로써 가구당 생산량이 결코 줄어들지 않았음을 알 수 있다.[102]

15세기 동안 양장제(糧長制)가 무너지면서 세금 수납 업무는 마을

---

101 Ho Ping-ti(1959: 264)의 선구적 연구 결과, 명나라 인구는 1368년 6500만에서 시작해 1600년경 1억 5000만으로 최고조에 이르렀다. Cao Shuji(2000a: 452, 464-65)의 주장에 따르면, 1393년 7300만에서 시작해 1630년 최고점에서 1억 9200만을 기록했다. Heijdra(1998: 438)의 연구는 수정주의적 관점에서 명나라 말기의 인구가 2억 6800만~3억 5300만이라고 주장했는데, 이는 심각한 오류를 내포하는 연구로 신뢰하기가 어렵다.
102 Li Bozhong 2003.

(里)의 수장인 이장호(里長戶)에게로 넘어갔다. 이갑제에 따른 부담이 가중되고 소작농이 늘어나며 도시가 되살아나자, 강남 지역에서는 부재지주가 늘어나는 추세였다. 마을 사회의 구성원은 절대 다수가 소규모 소작농이었다. 이장호의 직무를 수행할 만한 재산을 가진 지주는 찾아보기가 어려웠다. 시범적으로 시행한 노역의 현금 대체 납부 정책이 1488년에 완료되었고, 이를 바탕으로 전국적으로 "균요법(均徭法)"이 실시되었다. 이는 여러 형태의 다양한 노역을 은납으로 대체하는 정책이었다. "균요법"은 백성으로부터 크게 환영받았지만, 한편으로 마을 공동체의 단결을 더욱 약화시키는 결과를 초래했다. 노역은 토지세와 마찬가지로 개인보다 집단이 그 책임을 지게 되어 있었다. 이제 이갑제는 단지 종잇조각에 불과한 제도가 되었다.[103]

　명나라 초기 정치적 문제가 강남의 상업적 활력에 상처를 입히기는 했지만 시골의 경기는 여전히 토지, 노동, 상품 시장에 결부되어 있었다. 홍무제가 강남의 대토지 소유자를 제거한 일은 마을 사회를 더 평등하게 만드는 효과를 가져왔을 뿐, 시장 경제를 뿌리 뽑고자 한 홍무제의 의도는 실패로 끝났다. 경제적 변화의 물결이 끊이지 않고 흘러간 사실은 현존하는 명나라의 인구 등록에서 확인할 수 있다. 즉 안휘성(安徽省) 지역인 휘주(徽州)의 기문현(祁門縣)에 살았던 이서(李舒)라는 사람의 호적(戶籍)이다(등록 현황의 기본적 사실 관계는 [표 7-7]과 같다).[104] 산악 지역

103　Yamane 1984. Nakajima(2002)가 휘주(徽州)의 고문서를 바탕으로 연구한 결과, 1450년 이전에는 이장호가 대부분의 재산 관련 문제를 결정했다. 1450~1520년에는 소송의 절반 정도가 이장호의 판결에 따랐다. 1520년 이후로는 이장호가 분쟁 해결에 아무런 역할도 하지 못했다.

조사 시기	가장(家長)	가구 구성원			소유 토지(畝)		
		성인 남성	여성	인원 합계	농지	산지	합계
1391년	이서(李舒)	이서	사영랑	2	16.34	2.19	18.53
1403년	이무본(李務本)	없음	사영랑	2	35.58	2.19	37.77
1412년	이경상(李景祥)	없음	사영랑과 두 딸	4	0	0	0
1422년	이경상(李景祥)	없음	사영랑과 두 딸	4	32.27	0.17	32.44
1432년	사영랑(謝榮娘)	없음	사영랑	1	5.43	0	5.43

[표 7-7] 이서(李舒) 가문의 토지 소유 관계, 1391~1432년

으로 벼농사를 위한 농경지가 많지 않은 휘주는 송나라 때 차, 목재, 종이를 주로 생산해 강남의 시장에 공급했으며, 명나라 중후반에는 휘주의 기업형 상인이 전국에서 비할 상대가 없을 정도로 번성했다(제6장 446-447, 제8장 536-541 참조). 이서의 사례는, 상업 선진 지역의 경우에 국한될지도 모르겠지만, 농가에서 경기 흐름 및 가족 구성원의 변화에 적응하기 위해 어떻게 토지를 사고팔았는지 보여주는 전형적 사례다.

이서(李舒)는 1398년에 사망했고, 유일한 상속자 이무본(李務本)은 당시 4세였다. 이서의 미망인 사영랑(謝榮娘)은 이서가 사망할 당시 22세였는데, 이후 재혼으로 "의부(義父)"를 들여 딸 둘을 더 낳았다.[105] 그

---

104 이하 이어지는 글은 Luan Chengxian 2007: 121-42에 근거했다. 1차 자료는 가족의 호적(명나라 때는 이를 황책黃冊이라 했다) 사본이다. 여기에는 1403년부터 1432년까지 4번의 조사 결과가 등재되어 있다. 또한 토지 매매 문서, 재산 진술서, 이서(李舒) 가문과 관련된 법적 소송 자료 등이 남아 있다.

105 이는 전형적으로 데릴사위 관습에 따른 혼인이다. 관습에 따르면 과부는 처갓집에서 살

런데 1412년 인구 조사 결과에 따르면, 상황이 완전히 바뀌었다. 사영랑의 아들 이무본과 두 번째 남편이 모두 사망했고, 먼 친척인 이경상(李景祥, 당시 2세)이 양자로 들어와 상속자가 되었다. 그러나 갓난아이인 이경상은 서류상으로만 이서 가문의 구성원이었을 뿐 계속해서 원래 부모와 살았다. 그 뒤 1422년 인구 조사에서도 서류상 가장(家長)은 여전히 이경상이었다. 그러나 이후 사영랑은 이경상의 가장 지위를 박탈해달라는 소송을 제기했다. 예법상 맞지 않고(사망한 이무본과 같은 항렬의 이경상이 이무본의 양자로 입적될 수는 없다는 의미), 소송 당시 22세인 이경상이 같은 집에 거주하지 않아서 집안 유지에 아무런 기여를 하지 못한다는 이유였다. 1432년 지방관은 사영랑의 청원을 받아들여 이경상의 가장 지위를 박탈했고, 사영랑에게 새로운 상속자를 찾아보도록 권고했다. 이렇게 해서 같은 해인 1432년 인구 조사에서는 사영랑이 가장으로 등재되었다. 당시 사영랑의 나이는 59세였다. 이경상의 가문에서는 사영랑이 목재를 사 가고 돈을 지불하지 않았다는 이유로 다시 소송을 제기했다. 문서의 기록은 여기까지다. 그래서 두 가문의 불화가 어떤 결말을 맺었는지는 알 수 없다.

 황책(黃冊)의 기록에 따르면, 1403년 기준으로 이서(李舒)의 집안이 보유한 토지는 37.8무(畝)였다. 그중 절반은 이서가 5명의 처가 친척으로부터 구입한 땅이었다. 1406~1410년 3건의 매매 기록이 남아 있는데, 이를 통해 미망인 사영랑이 남은 땅을 모두 팔아버렸음을 알 수 있

며 가족을 부양하는 두 번째 남편을 "초청"하여 들이고, 필요한 경우 남편의 성을 따르는 상속자를 생산하기도 한다. Waltner 1990: 99-110; Ebrey 1993: 235-40 참조.

다. 거래 상대방은 대부분 사영랑과 남매간인 사능정(謝能靜)이었다. 사능정은 기업형 지주였으며 지역 유지였다.[106] 그런데 사능정은 1414년 11무의 토지를 돌려주었고, 1422년 토지 조사 이전에 7개의 서로 다른 필지를 사들였다. 1431년의 보유 자산 진술서에 따르면, 이서 가문은 또한 목재를 채취할 수 있는 산지 20무를 소유하고 있었다(세금 납부 대상 토지가 아니므로 인구 등록 대장인 황책에는 기재되지 않은 재산이다). 이 땅은 대부분 노동자를 고용해(도합 6명) 경작했다. 사영랑이 보유한 농지 또한 대부분은 노동자를 고용해 경작했을 것으로 추정된다. 40년의 기간 동안 이서 가문은 총 18건의 토지 거래(필지로는 수십 건)에 참여했고, 거래 당사자는 모두 13명이었다. 가장 많을 때는 농지와 산지를 합쳐 50무가량의 토지를 보유했다. 문서 기록에 언급된 바에 따르면, 일부 토지를 매매한 이유는 분명 노역을 회피하기 위해서였다. 예를 들어 사능정이 최소한 3필지를 이서 가문에 팔아넘긴 1403년 당시 이서 가문의 가장은 이무본이었고, 여전히 나이가 어렸다. 그랬다가 이무본이 16세가 되던 1410년에 사능정은 다시 이 토지를 거꾸로 사들였다. 이서 가문의 재산은 대부분이 원래 사씨 가문의 재산이었지만, 이 재산을 사이에 두고 수십 년간 이어진 이서의 친척과 사씨 가문의 분쟁이 고문서 자료에 그대로 남아 있다. 이서 가문의 경우는 특이한 사례이기는 하지만, 시골에서 어느 정도 부유한 축에 속한 이서 가문의 역사에는 토지

---

106 한때 번성한 사씨 가문은 사능정의 아버지 대에서 어려운 시기를 맞아 몰락의 길을 걸었다. 그러나 사능정은 가문의 재산을 회복해 상당한 규모의 토지를 소유하고 있었다. Luan Chengxian 1990; Nakajima 2002: 113-48 참조.

소유의 불안정성, 경쟁이 치열한 경제 환경, 거시적 차원에서 상대적으로 안정화된 시기였음에도 가정 경제에 미친 시장의 깊은 영향력 등이 고스란히 드러나 있다.

결론

남송(南宋) 시기 꽃핀 상업은 중국 사회 곳곳에 구체적 영향을 미쳤다. 농가는 식량을 스스로 생산했지만 일상생활에 필요한 물건 중 상당 부분은 시장을 통해 구입했다. 세금의 현금 납부, 시장을 통한 군대 보급품 조달 정책이 왕안석의 신법(新法) 시기보다 더욱 분명히 강화된 때가 바로 남송 시기였다. 11세기에 막대한 양의 동전을 생산하는 데 성공했지만, 이러한 생산량을 지속적으로 감당하지 못한 남송 정부는 종이 화폐를 새롭게 발행함으로써 화폐 유동성을 효율적으로 관리했고, 화폐 대용으로 은(銀)에 대한 의존도가 갈수록 높아졌다. 상거래 중개인, 신용 금융, 어음, 거래 계약의 발달, 코멘다(commenda) 스타일의 일회성 파트너십, 자본 협력 기업 등 금융 부문의 제도적 혁신이 총체적으로 이루어졌고, 이를 기반으로 지역 간 상거래 및 해외 무역이 확장되었다. 천주(泉州) 같은 항구 인근 지역 이외에도 부문별 전문화를 통한 활발한 경제 성장이 특히 강남(江南) 지역에서 뚜렷이 나타났다. 이는 중국 경제에서 강남의 무게 중심적 위상을 더욱 강화시켜주었다.

여진과 몽골의 정복으로 북중국 경제는 엄청난 손상을 입었다. 이와 달리 강남은 몽골-원(元) 통치하에서도 번영을 지속했다. 몽골이 과거 금(金)나라의 영토인 북중국에 부과한 과도한 조공 부담도 쿠빌라이가 남송을 정복한 뒤에는 다소 완화되었다. 몽골은 부의 집중에 대해 그리

개의치 않았고, 국내 및 해외 무역을 적극적으로 권장했으며, 세금 수납을 상인에게 위탁했다. 그 덕분에 강남의 대지주는 원나라 때 엄청나게 힘을 키웠다. 그러나 명(明)나라가 수립된 뒤 판은 완전히 뒤집어졌다. 명나라 최초의 황제 홍무제는 몽골의 유산과, 원나라 치하에서 번성한 부와 토지 소유의 극단적 불평등을 일소하고자 했다. 또한 그 전제가 된 시장 경제 또한 철폐하고자 했다. 홍무제의 사회 개혁은 돈과 허례허식과 착취에 때 묻지 않은, 마을 중심의 순수한 농경 사회를 재건하는 것이었다. 불태환 종이 화폐의 발행 등 홍무제가 시도한 재정 정책은, 시장 경제를 황제의 의지에 따르는 통제 경제로 바꿔보려는 의도에서 비롯되었다. 강남 지도층 지주의 재산을 가혹하게 몰수하는 등 홍무제의 정책은 강남 시장 경제의 숨통을 틀어막는 결과를 가져왔다. 이러한 퇴행이 다시 극복되려면 적어도 한 세기 이상의 시간이 필요했다.

CHAPTER 8

시장 경제의 성숙
1550~1800

홍무제(洪武帝)가 시도한 사회 및 경제 개혁은 중국의 상업과 산업에 막대한 충격파를 안겨주었다. 특히 국가 경제의 중심인 강남(江南) 지역에서 그 파장은 더욱 컸다. 1506년 소주(蘇州)의 연대기《고소지姑蘇志》를 출간한 어느 학자는, 홍무제가 소주 지방에서 시행한 지주 가문의 재산 몰수와 세습 장인 가구의 강제 노역 부과 정책을 신랄하게 비판하면서, 그 후 100년이 지나도록 도시의 인구와 경제가 예전만큼 회복되지 못했다는 증언을 남겼다.[1] 그러나 15세기 말에 이르러 (마을 조직의 이갑제里甲制와 세금 수납의 양장제糧長制를 핵심으로 하는) 홍무제의 개혁 정책은 더 이상 작동하지 않았고, 원(元) 대 이후 이어져온 세습 장인 가구의 수도 크게 줄어들었다. 민간인의 사적인 해상 무역을 금지했지만, 복건(福建) 지역의 뱃사람들에게 규제를 피하는 것은 그리 어렵지 않은 일이었다. 1430년대 이후 명(明)나라의 동전 주조 중단에 따른 화폐 공급 부족 등의 제반 문제가 여전히 경기의 발목을 잡기는 했지만, 16세기 초에는 상거래가 서서히 활기를 되찾기 시작했다.

16세기 경제 발전으로 결국 홍무제가 의도한 마을 단위 자급자족 경제는 지워져버렸다. 농업 생산이 지속적으로 증가하고, 면화나 비단 또는 도자기 같은 상품의 전문 시장이 전국 규모로 형성되자 지역별로 생산의 전문화가 촉진되었다. 해외 무역의 규모가 커짐에 따라 1540년대부터 (처음에는 일본에서, 나중에는 아메리카의 스페인 식민지에서) 은(銀)

---

1 *GSZ*: 14.2a-b(《姑蘇志: 卷14》). Von Glahn 2007b: 124-25 참조.

수입이 급증했다. 이후 해외 무역 금지 정책에 대한 항의가 잇달았고, 결국 1567년 금지 조치는 폐지되었다. 방대한 양으로 수입된 외국의 은은 명나라 후기 상거래 및 물품 생산의 성장세에 불을 댕겼다. 특히 외국 시장 접근이 유리한 해안 지역이 중심이었다. 화폐 경제의 확산, 지역별 산업의 성장, 시장 공간의 확대, 해외 무역량의 증대, 예속 노동의 소멸, 국가 관리 경제 대비 사기업 경제의 우월 등 이 모든 요소가 1550년경부터 이른바 "제2차 경제 혁명"을 이룩했다(당송변혁기를 "제1차 경제 혁명"으로 간주한다).[2]

명나라 후기의 경기 회복

홍무제(洪武帝)가 강남(江南) 토착 대지주를 적대시한 정책으로 강남 사회의 빈부 격차는 완화되었다. 또한 토지 소유 형태는 더욱 파편화되었다. 개별 농가가 소유한 토지는 대개 소규모 필지들이 넓은 범위에 걸쳐 여기저기 흩어져 있었다. 대지주의 농지도 몇 개 군현에 산재한 경우가 많았다. 토지는 흩어져 있고 논농사 기술은 노동 집약적 특성을 띠었으므로, 강남 지역에서는 자본이 집중화된 기업형 영농이 자리 잡기가 어려웠다. 그래서 지주는 직접 노동자를 고용해 농장을 관리하기보다 소작을 주는 편을 선호했다. 소작농도 농지를 소유했지만 그 규모가 작아서 그것만 가지고는 생계유지가 어려운 형편이었다. 소작의 대가는 추수한 곡식을 나누는 방식이 기본이었다. 지주와 소작농은 대개 수확물을 반반씩 나누었다. 지주가 농기구나 가축 혹은 종자를 제공하면 지주

2 Rowe 1985.

가 더 많은 양을 차지하기도 했다. 소작의 대가는 곡식으로 지급하는 것이 기본이었지만, 경우에 따라서는 정해진 임대료를 은으로 납부하기도 했다.

16세기 강남에서는 토지의 집중화가 새로운 유행으로 떠올랐다. 특히 귀족 가문에서 유산을 통해 토지를 축적했고, 예속 노동자의 비율도 높아졌다. 정치 엘리트로 진출한 유학자(현직 혹은 은퇴한 정부 관료와 과거 시험만 통과한 사람들을 포함해서 "사士"라는 호칭으로 일컬어지는 사람들)는 노역이 면제되었다. 노역에 따른 세금이 워낙 무거워서, 이를 감당하지 못하는 중산층(세금 체납 문제에 대해서는 폭넓은 책임을 져야 했으므로, 이장호里長戶가 특히 많이 포함되었다)은 귀족 특권층에게 토지를 위탁(투헌投獻)할 수밖에 없었다. 강남 지역 대부분의 군현에서 이장호(里長戶)에 할당된 토지의 규모는 300~400무(畝)였으나, 230무에 불과한 지역도 있었다.[3] 자신의 토지를 귀족 가문에 위탁한 사람들은 명목상 예속 노동자(법적으로 주인의 가구 구성원으로 편입)가 되었지만, 현실적으로는 소작농으로서 원래 자신의 토지에서 그대로 일을 했다. 이외에도 부유한 가문에서 예속 노동자를 확보하는 경로는 다양했다. 돈을 주고 사기도 했고, 입양을 하거나 부채(빚) 대신에 사람을 데려오기도 했다. 이들은 주로 농사일보다 집안에서 가사를 담당했다. 예속 노동자는 노동이나 물품을 제공했는데, 주로 계약에 의거했을 뿐 무조건적 혹은 세습적 예속 관계는 아니었다.[4] 이런 면에 비추어 볼 때 당시 예속 노동

3 Hamashima 1982: 263-335.
4 McDermott 1981.

자의 지위는 장기 고용 노동자와 비슷했다. 이들을 고용한 고용주는 법적 특권과 가부장적 책임을 동시에 가졌다. 이러한 사실에도 불구하고 대토지 소유와 농업에서의 예속 노동은 기존의 논의에서 지나치게 과장된 측면이 있다.[5] 황인우(黃仁宇, Ray Huang)의 연구에 따르면, 무려 1만 무(畝) 이상의 토지를 소유한 극히 부유한 극소수 가문을 제외하면, 가장 많은 토지를 소유한 지주층 가문이라 해도 여러 군데의 토지를 합쳐 500~2000무 정도였다.[6] 이 같은 지주층은 대개 시골이 아니라 도시에 거주했고, 소유 토지의 관리와 임대료 수납은 감독관에게 위탁하는 경우가 많았다. 지주가 현지에 있든 다른 도시에 있든 상관없이, 지주와 소작농 및 예속 노동자는 경제적으로 독립된 관계였다.

16세기 동안 장거리 무역이 회복되어 무역량이 늘어나자, 지역별로 농산물 및 물품 생산의 전문화가 다시 강화되었다. 강남(江南) 지역과,

---

5   Mark Elvin이 주장한바, 명나라 후기 사회가 "농노와 노예 비슷한 소작농을 기반으로 하는 장원 경제였다"는 해석에 동의하는 현대의 학자들은, 아마도 중국에 있는 마르크스주의 역사학자들을 제외하면 거의 없을 것이다. Even Ōyama Masaaki는 이전의 저술(1984; 초판은 1957-58)에서 명나라 후기 농업을 노예 노동으로 서술했지만, 이후(1974) 훨씬 더 유보적인 입장으로 바뀌었다. 예속 노동의 비중이 전체 농업 노동에서 4분의 1도 채 못 되었다는 사실을 인정했기 때문이다. 오늘날 학자들은 이조차 너무 과장된 수치라고 인식하고 있다. McDermott(2013a: 253)는 예로부터 예속 노동의 비율이 높기로 유명한 휘주(徽州)에서조차 명나라 후기의 예속 노동 비율은 1퍼센트 미만이었다고 추산한다. 1582년의 토지 조사 대장에 따르면, 안휘성 지역의 흡현(歙縣)과 휴령현(休寧縣)의 경우 대부분 토지를 현지인이 소유했으며, 전체 가구의 70퍼센트가 일부라도 토지를 소유하고 있었다. 토지 소유의 편차는 상당히 평등한 정도였고, (전체 인구의 0.3퍼센트에 불과한) 지주층이 소유한 토지는 전체 토지의 20퍼센트 미만이었다. Zhang Youyi 1984: 9 참조.
6   Ray Huang 1974: 158. Kang Chao(1986: 107-28)는 토지 소유 경쟁이 갈수록 치열해져서 대토지 소유 농장 형성을 방해했다고 주장하고 있다.

언제나 땅이 부족한 복건(福建) 지역은 쌀을 수입해야만 주민의 수요를 충족할 수 있었다. 이곳 주민은 환금 작물과 수공업 제품 생산(강남은 양잠과 면화, 복건은 설탕, 차, 도자기)으로 생계를 유지했다. 양자강(揚子江) 중류 유역 호남(湖南)과 호북(湖北) 지역의 쌀은 강을 따라 강남 지역으로 공급되었고, 주강(珠江) 삼각주의 쌀은 해로를 따라 복건 지역으로 공급되었다. 주요 상업 도시는 1550년 이전에는 대부분 지역을 잇는 두 개의 대동맥, 즉 대운하와 양자강 주변에 위치해 있었다. 그러나 16세기 후반에 상업 활성화가 가속화되면서 중국 경제 구조 자체가 변화되었다. 화북평원(華北平原)을 포함한 중국의 여러 지역에서 정기 시장이 번성했다. 시장 경제는 시골 생활로도 점점 더 깊이 파고들었다.[7]

명(明)나라 초기에 시행한 장호(匠戶)의 세습과 노역(勞役) 체제가 무너진 뒤, 가정에서는 노동력을 더욱 효율적으로 운용할 수 있게 되었다. 명나라 초기 황실에서 설립한 비단 공장은 3곳만 남아 있었는데, 각각 비단 생산의 중심지인 남경(南京), 항주(杭州), 소주(蘇州)에 위치했다. 민간의 비단 생산 총량은 국영 공장 생산량을 훨씬 넘어섰다. 17세기 초 소주에 위치한 황실 공장에서는 300기의 베틀이 돌아가고 있었지만, 민간에서는 수천 곳의 가내 공장(기호機戶, 기방机房)이 비단을 생산했고, 이외에도 염색 등 기타 공정 전문 작업장 수천 곳이 운영되고 있었다. 비단 생산의 지역 집중화는 청(淸)나라 때에도 계속되었다. 강남의 도시

---

7 지역/지방 단위에서 시장의 장기적 발전 과정에 관한 연구로는 영파(寧波)를 연구한 Shiba(1977)와 광동(廣東)을 연구한 Marks(1999)가 있다. 북중국 지역의 정기 시장에 관해서는 연구된 바가 거의 없지만, Ishihara(1973)의 연구는 특히 주목할 만하다.

지역에서 운영되는 비단 생산 공장의 수는 명나라 시기 1만 5000개에서 19세기 초 8만 개까지 증가했다.[8] 경덕진(景德鎭)은 가장 큰 규모의 도자기 생산 중심지였다. 노동이 분야별로 상세히 분화되어 있어 20가지 이상의 별도 전문 공정을 거쳐 제품이 생산되었다. 경덕진에 위치한 황실 공장에서는 애초 세습 장호가 3개월씩 돌아가며 일했는데, 나중에는 노동자를 고용하다가 마침내 생산을 전면 중단하고 사기업에 하청을 주는 방식으로 생산을 이어 나갔다. 명나라 후기 경덕진에서는 200기 이상의 가마(爐)가 운영되었고, 가마 하나에 약 30명의 노동자가 고용되어 있었다. 이보다 더 작은 규모의 작업장 수천 곳에서도 황실에서 쓰는 고급품뿐만 아니라 해외 시장 및 일반 소비자를 위한 폭넓은 상품을 생산했다.[9]

명나라 후기에 도시 지역의 상품 생산이 괄목할 만큼 성장한 것도 사실이지만, 여러 가지 측면에서 볼 때 당시의 주요 발전을 이끈 것은 시골 지역의 수공업, 특히 면화 제조업의 성장이었다. 송(宋)나라 말기에 양자강 삼각주 지역에 면화 산업이 소개되었는데, 해안 근처 모래가 많은 토양에서 주로 면화가 재배되었다. 15세기 동안 비단 생산 기술을 응용하여 실을 잣고 면직물을 짜는 산업이 삼각주에서 붐을 이루었다. 송강부(松江府, 오늘날 상해上海 근처)는 면화 제조의 중심지가 되었다. 이곳에서 생산된 면화가 전국 각지로 팔려 나갔다(지도 8-1). 목화 재배,

---

8   Fan Jinmin and Jin Wen 1993: 200-4.
9   Xu Dixin and Wu Chengming 2000: 308-26. 명나라 시기, 특히 경덕진과 거래한 해외 도자기 시장의 형성에 관해서는 Finlay 2010; Pierson 2013 참조.

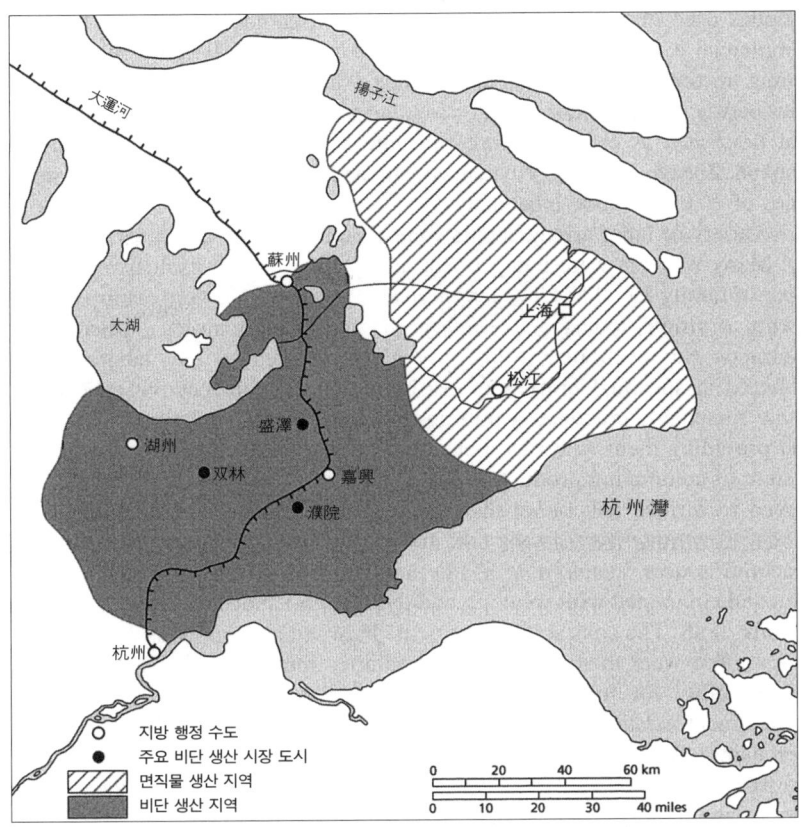

[지도 8-1] 강남(江南) 지역의 비단 및 면직물 생산

조면(씨앗 추출), 방적(실잣기), 면직물 직조 등은 시골에서 전문적으로 이루어진 반면, 염색과 캘린더 가공(표면 처리)은 도시 지역에서 이루어졌다. 강남의 생산량만 가지고는 늘어나는 수요를 충분히 감당할 수 없었다. 상인은 가공되지 않은 목화솜을 중원이나 광동 지역에서 수입해

CHAPTER 8 · 시장 경제의 성숙   529

왔다. 생산 공정의 각 단계마다 상인의 자본이 개입되었다. 시골에서 방적이나 직조를 하는 노동자는 대부분 여성이었다. 이들은 전업으로 가내 수공업에 종사해서 생산량에 비례해 임금을 받았다. 시장에 근거지를 둔 중개인이 실을 잣는 사람에게는 씨앗을 뺀 목화솜을, 면화를 짜는 사람에게는 실을 무상으로 공급해주고, 그 대가로 최종 생산물을 할인된 가격에 구입했다. 면직물 생산에서 상인이 노동을 어느 정도 통제했는지에 대해서는 학자들의 의견이 갈리고 있다. 그러나 시골에서 가내 수공업으로 생계를 유지한 가구가 많았다는 사실에 대해서는 이견이 전혀 없다.[10]

강남의 다른 지역에서도 지역별 산업 특화가 이루어졌다. 예를 들면 소흥(紹興) 지역의 시골 농가는 쌀로 빚은 술을 전문화하기 시작했다. 18세기에 명성을 얻으면서 전국적인 수요가 일어났지만, 여전히 가내 수공업 생산 방식은 그대로였다. 소흥 지역 논의 절반은 글루텐 함량이 높은, 술을 담그기 위한 쌀을 재배했다.[11] 시골 농가가 점차 시장 경제에 흡수되면서 강남의 시골 지역에 소규모 거점들, 대부분은 인구

---

10 Nishijima 1984는 명나라 면직물 산업에 관한 한 영어권에서 가장 상세한 연구 업적으로 남아 있다. 간략하고 좀 더 현대적인 개괄은 Zurndorfer 2013: 77-83 참조. 대부분의 학자들(예컨대 Fan Jinmin 1998; Xu Dixin and Wu Chengming 2000: 222-23; Zurndorfer 2013: 82)은 Nishijima의 의견에 동의하며, 상인이 면직물 생산을 직접 통제하지는 않았다고 생각한다. 이와 달리 Li Bozhong(2000: 77-85)은 예컨대 품질 기준을 엄격히 적용하는 등의 방식으로 상인이 제품 생산에 개입했다고 주장한다. Ch'iu Peng-sheng(2004)이 소주에서 면직물 산업 관련 분쟁과 처분을 연구 분석한 결과는 Li Bozhong의 견해를 뒷받침하고 있다.
11 Yōgi 1997.

500~2000명의 소규모 도시들이 생겨나기 시작했다. 이런 작은 도시는 시골의 생산자와 지역 및 전국 단위 시장을 연결하는 중개 역할을 수행했다. 시장 거점은 비단과 면직물 생산의 중심지로 번성했다. 예를 들어 성택(盛澤), 남심(南潯), 진택(震澤), 무청(武淸), 포원(浦源), 신시(新市), 강만(江灣) 등은 인구 2만~5만 정도의 상당히 큰 도시로 성장했다.[12]

도시의 섬유 산업은 다양한 형태의 노동을 포함하고 있었다. 방직공은 대부분 독립 장인으로서, 주로 가족 구성원의 노동력에 의존했다. 대규모 방직 작업장은 20대 이상의 방직기를 갖추고 장인을 고용해 장기 계약직으로 일을 시켰다. 그러나 전문 기술자도 일당 노동자로 일하는 경우가 많았다. 이들은 어느 다리 위 혹은 찻집 같은 곳에 함께 모여 그날그날의 고용주를 기다렸다. 일부 상인은 외주 시스템을 이용하기도 했다. 방직기를 방직공에게 임대하고 원재료를 구해주는 방식이었다.[13] 청나라 때는 강남의 섬유 시장에 다차원적인 계약 생산 방식이 출현했다. 이로써 기업가에게 모든 생산 과정에 대한 관리 부담이 집중되는 것이 아니라 위험이 분산되는 효과를 가져왔다. 비단 거래에서는 도매상을 "회계를 맡아보는 집"이라는 뜻의 장방(賬房)이라 했으며, 이들은 중개인으로부터 생사(生絲)를 구입한 뒤 방직공 및 염색공과 계약을 맺고 비단을 짜서 최종 가공 단계까지 처리했다. 장방(賬房)과 공방(工房) 간의 계약은 중개인을 거치는 경우가 많았다. 이 같은 중개인을 승관(承管)이라 했는데, 주문 및 상품 하자에 대해서는 이들이 책임을 졌다.[14]

---

12 Liu Shiji 1987; Fan Shuzhi 1990.
13 Lillian Li 1981: 45-52.

면직물 생산의 구조도 이와 비슷했다. 면직물 도매상은 "상표 회사"라는 뜻의 자호(字號)라고 했는데, 이들이 염색 공방이나 캘린더 공방과 계약을 맺어서 상품을 완성한 다음 소비자에게 판매할 때는 자신의 상표를 붙여서 팔았기 때문이다. 1730년대 소주에서는 1만 명 이상의 노동자가 면직물 캘린더 가공 산업에 종사했으며, 기계를 소유한 300개의 공방에서 이들을 고용했다. 공방은 도매상으로부터 생산량을 할당받았고, 생산량에 비례해 노동자에게 임금을 지급한 뒤 남는 돈은 공방의 수수료가 되었다.[15]

노동자의 조직화는 거의 불가능했다. 17세기 무렵 도시의 상인과 상점 주인이 결성한 연합체가 출현하기도 했지만, 날품팔이 노동자가 연합체를 결성하거나 집단행동을 하는 것은 국가적 차원에서 금지했다. 캘린더 가공(면직물의 표면 처리) 업계를 예로 들자면, 정부 관료는 노동자가 집단적으로 임금 협상을 하지 못하도록 했고, 노동 계약을 하는 고용자가 훈련을 명목으로 강압적 수단을 사용할 권리를 인정해주었다.[16] 계약 관계, 부채, 노동 파업 등과 관련된 소송을 판결함에 있어 지방관은 표준 계약이라고 할 수 있는 "현정장정(現定章程, 기존에 수립된 상거래 규칙)"을 엄격히 적용했다. 그러나 지방관은 또한 한편으로 상인의 독과점을 방지하고 다른 한편으로 노동자 계층의 생계를 보호함으로써 양측의

---

14 같은 책: 51-56; Fan Jinmin and Jin Wen 1993: 220-35. 이 연구에 따르면, 19세기 초 강남 지역의 비단 생산 조직은 주로 장방(賬房) 시스템이었다.
15 Terada 1972a. 강남 면직물 산업에서 고사(賈師)라고 일컬어진 중개인의 역할 및 자호와 고사의 관계에 대해서는 Ch'iu 2012 참조.
16 Yokoyama 1962.

균형이 잘 유지되도록 노력했다.[17]

명나라 시기 원거리 무역과 지역별 생산 전문화가 동시에 확대되자, 새로운 상업 조직이 출현하고 경영 기법도 발달했다. 당시 상업에 종사하는 기업은 대부분 가족 기업이었으나, 상거래 규모가 확대되자 필요한 인적·물적 자본이 개별 가정 수준으로는 감당하기 어려운 경우가 많았다. 그래서 장사를 하는 사람들은 동업자나 직원을 구해 문제를 해결하려 했지만, 그 범위는 어디까지나 친족 혹은 고향 사람들로 한정되었다. 친족 집단이 발달했고, 특히 기업 가문이 출현했다. 이로써 기존의 가족 기업은 상업 회사 비슷한 조직으로 변모했다. 또한 원거리 무역에 종사하는 상인은 객지에 거주하면서 고향이 같은 상인과 연합했다. 출신 지역을 기반으로 한 연합의 결성으로 원거리 무역이 더욱 촉진되었을 뿐만 아니라, 무역의 제국이라 할 수 있는 대형 기업 집단이 탄생했다. 그중에서 가장 성공한 두 집단이 바로 휘주 상인(徽州商人)과 산서 상인(山西商人)이었다.

송-원-명을 거치는 동안 사회적 파장이 가장 큰 변화라 하면, 지방에서 가문 기업(회사)이 출현한 것이라 할 수 있겠다. 처음에 가문 기업은 상업적 이익보다 의례 행사나 집단적 연대 의식에 뿌리박고 있었다. 가문 내에서도 각각의 부계 혈통(家)에 따라 경제적으로 분리되어 있었으며 재산도 별도였다. 그런데 이 시기 신유학(新儒學)에서 권장하는 친

---

17 Ch'iu 2004. 청나라는 법률상 "파지행시(把持行市)"라고 하는 시장 조작을 공식적으로 금지했다. 상인이 카르텔을 결성해 독과점적 세력을 형성하는 것도, 노동자가 집단행동으로 임금이나 노동 조건을 협상하는 것도 모두 파지행시에 속하는 일이었다.

족 관습이 의례를 통해 제도화되었고, 법적으로도 부계 혈통과 남성 후손 집단이 더욱 강화되었다. 조상 제사, 공동 무덤, 족보 편찬 등으로 친족의 집단적 정체성은 더욱 확고해졌다.[18] 가문 기업이 형성될 때는 나름대로 저마다의 전략이 있었다. 일부는 배타적으로 친족끼리만 모였고, 또 일부는 (같은 가문의 후손으로 한정하지 않고) 자유롭게 구성원을 받아들여 연합체를 구성했다. 많은 지역에서, 특히 남중국 지역에서 이미 기능을 상실한 이갑제 기반 공동체를 가문이 대신하게 되었다. 지역 사회와 행정의 기본 단위가 곧 가문이 된 것이다. 가문 기업이 형성된 결정적 계기는 16세기 초에 찾아왔다. 명나라 정부가 일반 백성도 조상의 사당을 세울 수 있도록 허락해준 것이 그 계기였다. 이 제도가 시행되자 사당 건축이 성황을 이루었고, 조상 사당은 지역 공동체의 의례나 토착 신격을 대신하여 사회적 연대의 가장 중요한 공간이 되었다. 이러한 흐름 가운데 동족촌이 많이 생겨났고, 동족촌 안에서 가문의 구성원은 법적 특권과 토지 소유권을 공유했다. 가문 차원에서 협력하는 과정에서 상근 조직이 탄생하여 공동 자산을 관리하게 되었다. 이들은 조상을 모시는 사당을 관리했고, 제사 비용을 충당했으며, 사당 수리, 가문 구성원의 재난 구제, 혼인과 장례 부조 등의 비용도 마련했다. 토지를 빌려주고 임대료를 받아서 이러한 비용을 마련하는 경우가 많았는데, 임대 관리도 이들 가문 기업이 맡았다. 이들이 관리하는 공동 자산은 상속법에 따라 분배되지 않고 영구적으로 존속되었다.[19]

---

18 Ebrey 1986b. 원-명 시기 공식적인 가족, 결혼, 상속 문제에서 신유학의 부계 혈통 원칙이 법제화되는 과정에 대해서는 Birge 2002 참조.

휘주(안휘) 지역에는 이미 15세기부터 가문의 자산 관리 조직이 많았다. 이 지역에서 가치 있는 자산은 목재를 채취하는 산지였고, 목재 채취를 주 수입원으로 삼는 가구가 많았다(제7장에서 살펴본 이서李舒의 가문도 이런 사례에 속했다). 가문 단위로 목재를 채취할 수 있는 토지를 보유하는 것이 통상적 관습이었다. 이러한 자산을 마련하려면 장기 지속적인 투자가 이루어져야 했고, 이를 관리할 상근 조직도 필요했다(참나무는 다 자라려면 30년이 걸린다). 가문의 자산 관리는 (더불어 소작농과 때로 수십 명에 달하는 벌목공 관리까지) 가문에서 가장 부유하거나 사회적으로 출세한 구성원에게 맡겼다. 또한 15세기에는 자산 관리를 전문으로 하는 민간 기업도 생겨났다. 여러 가문과 여러 개인이 함께 참여해 숲의 소유권을 확보하고 이들에게 관리를 맡겼다. 지주가 토지를 매매할 때나 소작농이 토지를 임대할 때, 이들은 모두 여러 지역에서 토지를 구함으로써 위험 부담을 줄이고자 했다. 소작농은 대개 여러 지주로부터 농지를 임대했는데, 임대한 농지에 대해서는 소작농도 상당한 권리를 가졌다. 16세기에 이르러서는 소작농이 경작권을 사고팔거나 재임대를 하기도 했다(경작권 또한 지분 참여가 가능했다).[20]

광동이나 복건 같은 해안 지역은 1550년 이후 농업 생산량이 늘고

---

19 명나라 때의 가문 기업 형성에 관해서는 복건과 광동 지역을 중심으로 매우 상세히 연구된 바 있다. Zheng Zhenman 2001; Szonyi 2002; Faure 2007 참조. 그러나 이와 유사한 경향이 남중국 지역에서도 관찰된다. Dardess 1996: 112-38; McDermott 2013a: 235-368 참조. 가문 기업은 당(堂)이라고 일컬어졌는데, 자산의 핵심이 조상을 모시는 사당이었기 때문에 이러한 명칭이 비롯되었다.
20 McDermott 2013a: 409-20.

인구가 증가했으며, 상거래 규모도 커졌다. 이들 지역에서는 가문 기업이 사회·경제적으로 특히 강한 영향을 미쳤다. 주강(珠江) 삼각주 지역에서 가문 기업이 수익형 기업으로 발전하면서 지역 경제를 주도하게 되었다. 이 지역의 마을 대부분이 동족촌이 되었고, 일부 군현에서는 20세기 초까지도 가문 기업이 농지의 60퍼센트를 소유하고 있었다.[21] 번우(番禺, 광주廣州)에 있는 유경당(留耕堂)은 1587년 불과 14무(畝)의 토지를 기부받아 설립된 가문 기업이었는데, 명나라 말에는 2144무, 1786년에는 2만 7852무의 토지를 소유했다. 토지 소유뿐만 아니라 시장에 미치는 영향력 면에서도 가문 기업의 경쟁이 치열했다. 남해현(南海縣)의 관씨(關氏) 가문은 212명의 후원을 받아 조성한 자본으로 대출 사업을 시작했다. 1637년에는 자산 관리 회사 명의로 시장에서 가게를 매입했다. 1800년에 이르자 도심의 가게 23개 가운데 20개가 관씨 회사 소유였다. 신용 회사(은회銀會)는 가문의 구성원에게만 돈을 빌려주었는데, 의례 행위를 통해서도 수입을 확보했지만 사업상 투자 업무도 수행했다.[22] 중국 최대의 제철 중심지인 불산(佛山)에서는 4개의 강력한 가문 기업이 주물 공장, 도자기 가마(爐), 부두, 선박, 창고 등을 소유 및 운영했다.[23]

    물론 친족의 유대만으로 가문 기업의 내부 분쟁을 모두 덮을 수는 없었다. 또한 기업가가 가문과 어떤 연관 없이, 또 가문의 방해 없이 혼

---

21 Ye Xian'en and Tan Dihua 1985b: 26-27; 34-35, table 1.
22 Faure 2007: 222-29.
23 Ye Xian'en and Tan Dihua 1985a: 146-48.

자 사업에 실패할 수도 있었다. 예를 들어 휘주 상인 방정가(方廷珂)는 친족이나 다른 휘주 상인과 사업상 관계 맺기를 꺼려했다. 방정가는 15세기 말 행상으로 사업을 시작했고, 20여 년을 고생한 끝에 사업에 투자할 자본금을 마련했다. 방정가는 개봉에 자리를 잡고 면화와 리넨 상품을 거래했다. 휘주로 은퇴할 무렵에는 상당한 재산을 마련한 뒤였다. 방정가는 아들과 손자 및 조카도 자신의 사업에 끌어들였지만, 그 이외의 친족과는 거리를 두고 지냈다. 재정적으로 보자면 형제나 친족과 전혀 관계를 맺지 않았다. 명나라 후기의 경기 상승 국면에서 방씨 가문(1550년경 6개 지파에 성인만 1000여 명이었다) 중 오직 방정가 지파만 원거리 무역에 종사했었다. 방정가는 아들이 하나뿐이었으므로 재산과 사업권을 나누어 상속할 필요가 없었다. 방정가와 달리 당시 성공한 상인은 대부분 상속 과정에서 재산과 사업권을 나누어야 했다. 방정가의 후손은 사업상 방정가와는 다른 길을 걸었다. 개봉에서든 고향인 휘주에서든 상거래의 위험을 무릅쓰는 대신 안전한 고리대금에 집중했다. 방씨 가문은 재산이 많았지만 연대는 강고하지 못했다. 방정가는 여러 차례에 걸쳐 사당 건축 자금을 모으자고 호소했지만, 대부분이 그의 말을 듣지 않았다. 방씨 가문에서 가난한 사람들은 개인적으로 빚을 얻어 쓰거나 원조를 받았을 뿐 가문에 의지하지 않았다.[24]

휘주의 태당 정씨(泰塘 程氏) 가문은 가문 조직에 강하게 의지하여 그들만의 원거리 무역 제국을 발전시켰다. 태당 정씨 가문의 가주(可周) 지파는 명나라 초기 송강(宋江)과 소주(蘇州)의 직물 거래 시장에서 고

---

24 McDermott 2013b: 235-49.

리대금업으로 사업을 시작했다. 정씨 가문은 또한 호북(湖北)에서 목화, 목재, 석탄, 등유 등 원자재를 방대한 양으로 매입하여 강남(江南) 지역에 공급했고, 다시 소금과 면직물을 호북에 공급했다. 15세기 말에 이르러 가주 지파는 양주(揚州, 소금 무역 중심지), 강남, 호북 남부의 두 지역에 상업 거점을 구축했다. 각각의 상업 거점에는 휘주의 정씨 가문 중에서 서로 다른 지파 출신자가 거주하도록 했다. 가주 지파의 지도자는 다양한 사업 분야에 걸쳐 강력한 중앙 관리 체제를 구축했다(방씨 가문과 마찬가지로 정씨 가문도 가는 곳마다 고리대금업에 막대한 자본을 투입했다). 그러나 휘주 이외 지역의 사업장 운영은 4개 지파를 나누어 투입했다. 정씨 가문의 파트너십이 내부적으로 어떻게 조직되었는지는 우리가 알 수 없다. 그러나 원거리 무역에 종사한 다른 무역상이 그랬던 것처럼, 정씨 가문도 친족 및 고향 출신 상인과 거래하는 것을 절대적으로 선호했고, 낯선 사람들과는 이익 관계를 넘어서는 어떤 관계도 맺지 않았다.[25]

명나라 후기에 이르러 휘주 상인은 중국 상업계의 간판으로 떠올랐다. 이들에 앞서 이른바 "산서 상인"이 그러한 지위에 있었다. 중국 북서부의 산서(山西)와 섬서(陝西) 지역의 상인을 대략적으로 일컫는 명칭이었다(지도 8-2). 산서 상인이 처음 두각을 나타낸 때는 명나라 초기였다. 이들이 개중(開中) 체제를 통해 군수 물자를 국경 지역으로 운반했고, 정부는 그 대가로 소금 거래 독점 특권을 부여했다. 나중에는 많은 산서

---

25 같은 책: 249-60. 휘주 상인에 관한 기본적 자료는 Zhang Haipeng and Wang Tingyuan 1995 참조.

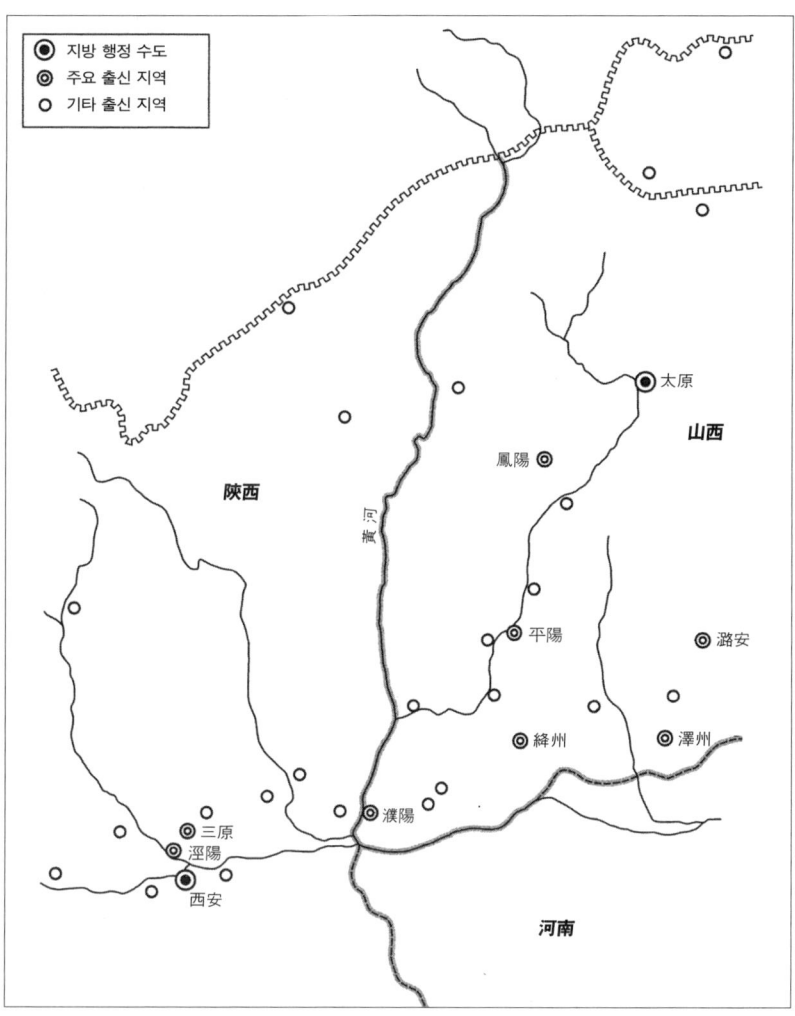

〔지도 8-2〕 산서 상인(山西商人)의 출신지(고향)

상인이 중국 동부의 주요 소금 집산지인 양주(揚州)와 회안(淮安)에 정착했다. 그곳은 강남(江南) 지역의 시장으로 진출하기에도 상당히 유리한 곳이었다. 산서 상인은 이미 소금과 곡물 시장에서 주도적 위치를 점하고 있었지만, 강남에서 면직물까지 가져다가 북중국 전역에 유통시켰다.[26] 산서 상인과 휘주 상인은 강남의 도시와 상업 거점에서 치열하게 경쟁했다. 양측은 모두 출신지를 근거로 연합 세력을 구축했으며, 협력자와 대리인 및 고객의 네트워크를 확장시켜 나갔다. 복건 출신의 학자이자 관료인 사조제(謝肇淛)는 1616년 출간된 책에서, 당시 사람들이 인식하고 있는 탁월한 부자 가문에 대한 견해를 다음과 같이 표현했다.

부유한 집안을 거론하자면, 남쪽에 휘주 상인이 있고, 북쪽에 산서 상인이 있다. 휘주의 거상은 물고기와 소금을 팔아서 막대한 재산을 거머쥐었는데, 부귀한 자는 은이 수백만 냥(兩)에 이른다. 10만~20만 냥으로는 중간치에 불과하다. 산서 상인은 소금과 비단을 거래했고, 혹자는 행상을 하는 한편 혹자는 곡식을 저장했다. 이들의 부는 휘주 상인을 훨씬 뛰어넘는다. 휘주 상인은 사치 방탕한 반면 산서 상인은 검소하기 때문이다.[27]

---

26 Terada(1972)의 선구적인 연구 업적은 명나라 시기 산서 상인 연구의 고전으로 남아 있다. 지역 기반 상인 네트워크의 형성과 강남에서 이들의 활약상에 관해서는 Fan Jinmin 1998: 184-309 참조.
27 *WZZ*: 4.96(富室之稱推者, 江南則推新安, 社迷則推山右. 新安大賈魚鹽爲業, 歲鎖有至百萬者怵宅. 一二十萬則中買耳. 山右或鹽, 或緣, 或轉販, 或響粟. 其富甚於新安. 新安奢而山右儉也.《五雜組:卷三》).

그로부터 1년 뒤인 1617년, 휘주 상인은 확고한 승자의 자리로 올라섰다. 양주(揚州)를 기반으로 하는 부유한 상인 조합에 소금 거래 독점권을 넘겨주는 제도가 시행되었기 때문이다(제7장 참조). 이 제도를 통해 휘주 상인은 경쟁 관계인 산서 상인으로부터 소금 거래 권한을 빼앗아 올 수 있었다.[28] 마찬가지로 광동이나 복건 등 다른 지역의 상인도 고향을 기반으로 상업 네트워크를 발전시켰다. 그러나 다른 어느 지역보다 휘주는, 1609년에 출간된 지방지의 표현대로 "금의 명령이 하늘을 다스리고, 돈의 신이 땅 위에 우뚝 선" 지역이었다.[29]

명나라 후기 상업이 활발해지자 기존의 계급, 사회적 지위, 사회 질서에 대한 고정관념이 흔들리기 시작했다.[30] 부(富)는 사회적 권력을 동반했고, 가난은 더 이상 과거처럼 미덕의 표시로 간주되지 않았다. 부를 통해 얻은 권력으로 윤리적 오명을 지울 수 있었다. 귀족 엘리트층에서 상인 계층 출신이 차지하는 비중이 점점 더 커졌다. 기업가라고 하면 기존에는 백발의 욕심쟁이 구두쇠 사기꾼을 떠올렸다. 하지만 이제는 지혜와 덕성을 겸비한, 근면하고 검소하며 아량이 넓은 대인의 이미지로 바뀌었다.[31] 사회적 신분의 경계가 흐려지자 역설적이게도 양민(良民)과 천민(賤民)을 더 분명하게 구분하려는 시도가 생겨났다. 전통적으로 천한 신분이라고 하면 명예롭지 못한 직업을 가진 사람들, 즉 광대나 매춘부에서 이발사, 도축업자, 가마꾼에 이르기까지 다양했다. 이런 집단에

28 Zhang Haipeng and Wang Tingyuan 1995: 159-84.
29 *SZ*: 5, fengtu, 12a(金令司天, 錢神卓地. 《歙志: 風土》).
30 이 주제는 Brook 1998에서 길게 논의된 바 있다.
31 Yu Yingshi 1987.

속하는 사람들은 여전히 천민으로서 사회적 배척을 당했지만, 경제가 성장하면서 사회적 인정을 받을 만한 여지가 생겼다.[32] 집안의 노비도 물론 천한 직업으로 간주되었지만, 고용 노동자는 예전처럼 노비와 같은 취급을 받지 않게 되었다. 천민의 범주도 축소되었고(급기야 1723년 황제의 포고령에 의해 전면 폐지되었다), "빈민"이 사회적 범주로서의 "천민"보다 더 아래에 위치했다. 가난은 폭넓은 사회에서 자연스레 존재하는 현상이라기보다 갈수록 하나의 사회 문제로 인식되었다. 냉혹한 시장 경쟁이 낳은 사회 문제라는 인식 때문에 고아나 과부 혹은 "도와주어야 할 빈민"을 원조하기 위한 사회 복지 제도가 확산되었다.[33] 가난한 사람들을 옛날처럼 중립적으로 바라보아야 한다고 주장하는 글이 여럿 발표되었고, 그 결과 가난이 경솔하고 게으른 성품에서 비롯되었다는 의심의 눈초리가 조금은 완화되기도 했다. 혹은 이보다 더 구체적인 결과라고 한다면, 가난한 사람들을 구제하는 자선이라는 명분은 부자의 명예를 드높이고 재산의 축적을 정당화할 수 있는 길을 만들어주었다.[34]

사회적 유연성이 커지면서 계층 이동과 지위에 대한 불안이 가중되었다. 귀족의 생활을 모방하려는 사람들이 많아지자, 문인 문화가 상업화되었다. 또한 예술품, 골동품, 책, 실내 가구 등에 돈을 써서 학자의 연구실을 꾸미는 등 허세를 부리는 경향이 생겨났다. "유행"과 "감식안"이 신분을 과시하는 기준이 되었고, 물건을 전시하는 것이 곧 집안의 혈통

---

32 Liang Qizi 1993.
33 명나라 후기에서 청나라에 이르기까지 사적인 자선 사업의 성장에 관해서는 상당히 많은 연구가 이루어졌다. Fuma 1997; Liang Qizi 1997; Handlin Smith 2009 참조.
34 Liang Qizi 1993: 151-57.

(혹은 높은 수준)을 드러내 보이는 방편이 되었다. 당연히 "감식안" 그 자체는 지위를 겨루는 고도의 각축장이었다. 거만한 귀족은 벼락부자의 얄팍한 가식을 비웃었다. 수입이 늘어나면서 차, 설탕, 쌀로 빚은 술, 도자기, 비단, 면직물, 책, 칠기, 가구 등의 상품 소비도 늘어났다. 뿐만 아니라 연회, 종교, 의례, 여가 생활, 여행 등에 지출하는 비용도 증가했다. 소비자의 수요(그리고 갈수록 세분화되는 소비자의 욕구)는 사치품은 물론 일상생활 도구를 만드는 데도 골고루 영향을 미쳤다.[35]

은(銀) 본위 경제와 17세기의 위기

명(明)나라의 경제 성장을 가로막는 핵심 요인 중 하나는 명나라 초기 황제들이 남긴, 재앙에 가까운 재정 정책의 유산이었다. 명나라는 불태환 종이 화폐 체제를 반복적으로 시도했다. 원(元)나라의 성공을 따라 해보려는 의도였으나, 그 결과는 참담한 실패였다. 1430년대에 이르러 명나라의 종이 화폐 보초(寶鈔)는 가치를 상실했다. 또한 구리가 부족해서 정부는 더 이상 동전을 주조할 수 없었다. 거의 한 세기 동안 명나라는 신규 동전을 주조하지 못했다. 1436년 강남(江南) 지역에서 현물세인 쌀을 대신하여 은(銀)을 납부하도록 했고, 이를 시작으로 현물세는 점차 은납으로 바뀌었다. 민간 경제에서 유통되는 은은 주조되지 않은 잉곳(은괴) 상태였는데, 무게나 제련 정도에서 편차가 심했다. 은납 제도가 점차 확대된 결과, 16세기 말에 이른바 "일조편법(一條鞭法)"이 시행

---

35 소비 생활과 문화적 가치 측면에서 사치품 수요 증가가 미친 영향에 관해서는 Wu Renshu 2007; Clunas 1991; Brook 1998 참조.

되었다. 여러 가지 노역(勞役)을 은납으로 바꾼다는 내용의 일조편법은 개인이 아니라 토지를 기준으로 세금을 부과했다. 이러한 변화는 민간 경제에서 사실상 표준 화폐로 기능한 은 본위 경제를 인정하는 셈이었다. 1527년 이후 동전이 소량이나마 주조되기는 했지만, 일상적 상거래에서는 부분적으로만 통용될 뿐이었다. 명나라 후기 경기 회복의 동력이 된 것은 어디까지나 은(銀)이었다.

그러나 중국은 급증하는 은 수요를 감당할 수가 없었다. 15세기 초 국내 광산에서 은을 채굴하기는 했지만 이후 점점 소진되어, 채굴량은 경제적으로 별 의미가 없는 미미한 정도에 불과했다. 불법적인 해상 밀무역으로 은이 조금 수입되기도 했지만 결정적 변화의 계기는 1530년대에 찾아왔다. 이 무렵 일본 혼슈(本州) 서부 이와미(石見)라는 곳에서 은광이 발견되었다. 일본의 은 채굴은 막대한 붐을 이루었다. 명나라 정부는 1523년 일본과의 모든 통상 거래를 중단시켰으나, 1540년경 이미 중국 남동부 해안 지역을 중심으로 막대한 양의 일본 은이 밀수입되고 있었다.[36] 게다가 1522년 포르투갈 상선이 처음으로 중국 해안에 도착했다. 유럽 상인은 스페인이 개척한 신대륙의 처녀지에서 채굴한 은을 가지고 와서 중국의 도자기나 비단 같은 상품을 구매했다. 1557년 명나라는 포르투갈인에게 마카오(澳門)에 무역 거점을 세워도 좋다는 허가를 내주었다. 그 뒤 스페인이 마닐라에 무역 거점을 건설한 때가 1571년이었다. 이후 스페인은 직접 태평양을 건너 멕시코와 중국의 무역을 중개했다. 이로써 진정으로 글로벌한 경제 교류의 순환이 처음으로 탄

36 Von Glahn 1996a: 113-18.

생하게 되었다.[37]

은 수요의 증가세는 막을 길이 없었고, 명 태조(明太祖)로부터 시행된 오랜 해상 무역 금지 조치는 뿌리째 흔들렸다. 은밀히 활동하는 무역상을 "왜구(倭寇)" 즉 일본 해적이라 일컬었는데, 사실 대부분은 중국인이었다. 이들과 명나라 정부의 긴장 관계는 마침내 1540~1550년대에 전쟁으로 비화되었다. 왜구의 침략이 해안 지역을 휩쓸었고, 상인과 정부 관료로부터 이중의 압박을 받는 남동부 지역 주민은 마침내 정부를 설득해 1567년 해금(海禁) 완화 조치를 이끌어냈다. 명나라의 새로운 정책은 민간 무역의 총량을 규제하는 것이었다. 그러나 일본과의 직접 무역은 여전히 금지된 상태였다. 그럼에도 일본과의 무역은 자못 번성했는데, 포르투갈 상인이 중개하거나 베트남의 호이안(會安) 같은 중립적 항구에서 중국과 일본의 상인이 직접 거래를 하기도 했다. 일본 상인이 중국 상품을 매입하는 일이 유럽인보다 더 어렵지는 않았다.

명나라 후기 상업이 폭발적으로 성장했는데, 그 기폭제가 된 것은 바로 1570년 이후 외국에서 들여온 은(銀)이었다. 화폐로 사용되는 은은 여전히 주조되지 않은 형태로 유통되었지만, 그럼에도 화폐 공급량이 급격히 확대되자 시장 경제의 숨통을 죄던 핵심적 문제가 제거되었다. 복건 남부 지역은 해외 무역 붐과 직결된 곳이었다. 이곳에서 사탕수수나 담배(아메리카에서 들여온 외래종 작물) 재배가 급기야 벼농사를 몰아내게 되었다.[38] 비단과 설탕 수요가 급증하자, 주강 삼각주에서는 벼농

---

37 Flynn and Giráldez 1995.
38 Rawski 1972: 48-49. 복건은 가장 먼저 중국 내 주요 담배 생산 지역이 되었다. 16세기

사를 포기하고 뽕나무나 사탕수수를 심는 경우가 많았다. 1600년 이후 이곳은 쌀을 자급하지 못하고 주로 서쪽의 광서(廣西) 등지에서 식량을 수입하는 지역이 되었다.[39]

은에 굶주린 중국은 막 일어나던 글로벌 경제에 강력한 영향을 미쳤다. 17세기 초 글로벌 무역에서 가장 중요한 상품은 바로 은이었다. 은은 세계의 다른 어느 지역보다 중국에서 더 높은 값을 받을 수 있었다. 유럽의 무역상은 은을 싸 들고 중국 시장으로 몰려들었다. 은퇴한 포르투갈의 상인은 1621년 리스본에서 출간한 책에 다음과 같은 글을 남겼다. "전 세계를 두루두루 여행한 은은 마침내 중국으로 모였고, 그곳이 마치 자연적 중심지인 것처럼 다시 떠날 줄을 몰랐다."[40] 16세기 후반 중국은 적어도 연간 50톤의 은을 수입했다. 내가 추산하기로, 17세기 초반 40여 년 동안 중국의 연간 은 수입량은 115톤 이상으로 치솟았다. 일부 학자들은 훨씬 더 높은 수치를 제시하기도 한다(표 8-1 참조). 어림잡아 그중 절반은 일본에서 수입했고, 나머지 반은 페루와 멕시코에서 들여왔다. 유럽과 일본의 상인은 은을 거래하고 상당한 수익을 올렸으며, 그 돈으로 중국에서 비단과 도자기를 샀다. 이는 중국의 산업 생산력 향상에 더욱 큰 힘이 되었다.

그러나 상거래가 활발해졌다고 해서 명나라 정부가 강해진 것은 아니었다. 명나라는 많은 현물세를 은납으로 대체했지만, 세율은 왕조 설

말 이후 남중국 고산 지대에 담배 재배가 확산된 과정에 대해서는 Tajiri 1999; Benedict 2011: 15-60 참조.
39 Marks 1999: 130-31.
40 Godinho 1969: 531에서 재인용.

단위: 톤(ton)

연구 성과 출처	일본	아메리카 (태평양)	아메리카 (대서양)	합계
Liang (1939)	2,795	948		3,743
Yamamura and Kamiki (1983)	7,350~9,450	1,320		8,670~10,780
Zhuang (1995)	6,527	2,250	1,013	9,800
Li (2005)	6,375	4,688		11,250
von Glahn (2013)	3,634~3,825	2,481	1,230	7,345~7,536

〔표 8-1〕 중국의 은(銀) 수입량 추정치, 1550~1645년

립 초기에 정해진 할당량으로 묶여 있었다. 명나라 정부는 농업 및 상업의 성장에서 추가 세수를 포착해내는 데 실패했고, 주기적으로 자금 부족에 시달렸다. 더군다나 수입된 은이 시중에 유통되면서 은의 구매력이 하락하다 보니, 실제 은납으로 거두어들인 세금 수입은 15세기와 비교했을 때 오히려 감소한 셈이었다(표 8-2). 상업 및 도시의 성장이 오직 번영만 가져온 것은 아니었다. 동시에 경제적 불확실성이 더욱 커졌고, 빈곤율도 올라갔으며, 사회적 분열의 골은 더 깊어졌다. 1590년대부터 극심한 사회적 갈등과 폭력 사태로 고통을 겪는 도시가 많아졌다.[41] 사회 혼란과 정치적 갈등에 사로잡힌 명나라는 외세의 침입을 미리 대비하지 못했고, 1618년에 쳐들어온 만주족은 명나라 군대에 궤멸적 패배를 안겨주었다.

 이후 20년 동안 명나라는 반복되는 군사 반란으로 고통을 겪었다. 이대로는 더 이상 반란 세력을 막아낼 수 없다고 판단한 궁정에서는 신

---

41 Yuan 1979; von Glahn 1991.

	1435년경-1449년	1612년
곡물 수납 총량(石)	26,871,152	28,369,247
곡물 수납 총량의 은(銀) 환산 가치(兩)	6,717,783	18,069,584
직물 수납 총량의 은(銀) 환산 가치(兩)	239,385	370,002
지폐 발행 수입의 은(銀) 환산 가치(兩)	4,379	-
은(銀) 수납 총량(兩)	2,430,000	4,000,000
전체 수입의 은(銀) 환산 가치(兩)	9,391,552	22,439,586
전체 수입 중 은(銀) 수납 비중	25.9	17.8

[표 8-2] 명(明)나라 정부의 곡물과 현금 수입

속하게 일련의 긴급 세금 명목을 제정했다. 1617년에서 1637년 사이 정부의 은 수입은 4배로 증가했다. 그럼에도 불구하고 군사 비용은 정부의 재정 수입을 훨씬 넘어섰고, 그러는 사이 과중한 세금은 백성의 불만을 부채질했다. 1630년대 중반 흉년이 들자 북중국 지역에서 광범위하게 반란이 일어났다. 1637년에서 1639년 사이 중앙 정부가 세금을 추가로 50퍼센트 인상한 것이 도화선이 되었다.[42] 설상가상으로 1638~1642년 궤멸적 홍수와 기근이 발생했고, 전염병도 확산되었다. 국가 경제는 물론 명나라 정부도 결국 마비 상태에 이르렀다. 1644년 농민 반란군이 북경을 점령했고, 이후 몇 개월 뒤 만주족이 수도 북경을 접수한 뒤 새로운 정복 왕조 청(淸, 1644~1911)이 수립되었다.

일부 학자들은 1644년의 명나라 멸망이 유라시아 전역의 정치와 경제를 휩쓴 사회 혼란과 민중 반란에 연결되어 있다고 진단한다. 이른바

---

42 Tang Wenji 1990.

"대혼란의 17세기(general crisis of the seventeenth century)"는 유럽학 연구에서 나온 개념이며, 지금도 유럽의 근대적 이행을 설명할 때 중심이 되는 개념 중 하나다. 이 개념은 매우 다양하게 해석되고 있지만, 전반적으로 동의하는 바는 다음과 같다. 즉 유럽에서 16세기 말부터 18세기 초까지 장기 지속적인 경제 위기가 있었고, 그것이 인구 감소, 농업 및 산업 생산력 저하, 국제 무역의 쇠퇴, 물가의 디플레이션 등으로 나타났다는 것이다.[43] 일부 아시아 역사 연구자들은 국제 무역의 붕괴와 특히 아시아 시장으로의 은 유입 감소가 극심한 경기 하락을 이끌었다고 주장한다.[44] 윌리엄 애트웰(William Atwell)에 따르면, 중국으로의 은 유입은 수십 년 동안 급격히 증가하다가 1630년대 말부터 또한 급작스럽게 줄어들었다. 일본이 쇄국(鎖國) 정책을 실시했고, 스페인이 필리핀 무역량을 축소했으며, 1640년 포르투갈과 스페인의 연맹이 깨지면서 마닐라와 마카오 사이의 무역 관계도 끊어졌기 때문이다. 게다가 명나라 정부에서 민간으로부터 상당량의 은을 거두어 가버리자 상업과 산업 생산이 둔화되었고, 그 여파가 농업 경제에도 미치게 되었다. 은의 가치가 상승하면서 실질적인 세금이나 대출 이자가 늘어났고, 많은 농가가 파산에 이르렀다. 다시 말해 상업상 극심한 침체가 결국 생산의 위기를 초래

---

43 경제적 측면에서의 "대혼란의 17세기" 해설은 Vries 1976 참조.
44 중국, 남아시아, 동남아시아 역사에서 이 같은 주장을 제시하는 학자들의 논문은 학술지 《Modern Asian Studies》에서 관련 주제를 다룬 특집호에 수록되어 있다. Atwell 1990; Reid 1990; Richards 1990 참조. 그러나 같은 책에 실린 Niels Steensgaard(1990)에서는 17세기 아시아의 "전반적 위기(general crisis)" 가설에 반대하며, 환경상 재해 문제를 별도로 하면 아시아 각지의 경제 상황은 (물론 그 정치적 결과도) 뚜렷하게 서로 달랐다고 결론을 내리고 있다.

한 셈이었다.[45]

국제 무역 환경에 따른 은 부족이 중국 경기 침체의 원인이었다는 가설은 이론적으로뿐만 아니라 실제 역사 자료와도 부합되지 않는 측면이 있다. 중국의 해외 무역과 은 수입은 1642년까지도 활발히 이루어졌다.[46] 1630년대에 곡물 가격이 급등했지만 토지 가격이나 비단 혹은 면화 같은 상품 가격, 그리고 수출은 안정적으로 유지되었다. 게다가 1640년대 은 수입 감소량 정도라면 중국 화폐 시장에 극적 효과를 가져왔다고 보기에 너무 적었다. 또한 당시 중국에서 금과 은의 가격은 국제 시세에 비해 낮았는데, 이 또한 극심한 은 부족 현상이 있었다는 가설에는 부합되지 않는 사실이다. 오히려 무역의 흐름, 가격 동향, 환율 등 모든 요소가 가리키는 지점은 극심한 흉년과 거듭되는 민중 반란으로 비롯된 식량 위기 상황이었다.[47] 1638~1642년 기후 불안정과 냉해 때문에 흉년이 들었는데, 그것이 17세기 북반구에 전반적 위기를 초래했다는 애트웰의 주장이 상당히 설득력 있다.[48] 전쟁, 자연재해, 전염병은 농지의 황폐화와 죽음이라는 끔찍한 결과를 몰고 왔다. 결국 심각한 인구 감소가 나타났는데, 중국은 전체 인구의 20퍼센트가 줄어들었다.[49]

---

45 Atwell 1982, 1986, 1990, 2006.
46 Li Longsheng 2005.
47 Von Glahn 1996b, 2013: 31-39.
48 Atwell 1986, 1990. 또한 Marks 2012: 187-89 참조.
49 인구사학자 Cao Shuji(2000b: 451-52, table 11.1)가 추정한 바에 따르면, 명나라 인구는 1630년 1억 9200만으로 최고치에 이르렀다. 그런데 1630년에서 1644년 사이 4000만(21퍼센트)이 감소했다. 다른 학자들(예를 들면 Marks 2012: 187)이 추정한 인구 감소 수치도 이와 유사한 정도다.

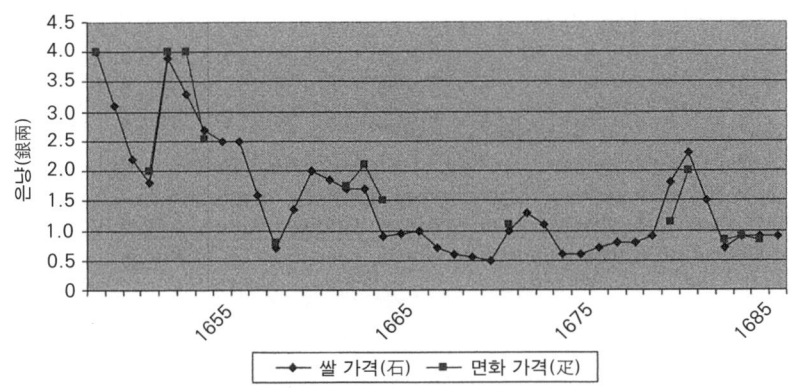

[그림 8-1] 강남(江南) 지역의 쌀 및 면화 가격, 1644~1684년

만주의 중국 점령은 그 자체로는 그리 많은 피를 흘리지 않았다. 그럼에도 경기 회복세는 뚜렷이 드러나지 않았다. 1620년대부터 1690년대까지 차고 습한 날씨의 마법이 농업 생산력 회복의 발목을 잡고 있었다. 명나라 후기에 시작된 심각한 식량 위기는 청나라 초기까지도 지속되었다. 섬유나 기타 상품 수요가 급격히 줄어들 수밖에 없는 상황이었다. 상품 가격도 수직으로 떨어졌고, 산업과 상업 경기도 바닥에 머물러 있었다(그림 8-1). 1650년대 말에는 곡물 가격도 급격히 떨어졌다. 1690년대까지 지속될 오랜 불황의 시작이었다. 강희제(康熙帝, 재위 1661~1722) 치하의 경제 불황을 이른바 "숙황(熟荒)"이라 하는데, 그 특징은 물가, 임금, 임대료, 토지 가격의 전반적 하락이었다.[50]

침울한 경제는 1661년에 실시된 정책 때문에 더욱 악화되었다. 복건

---

50 Kishimoto-Nakayama 1984; von Glahn 1996a: 207-33.

지역의 상인인 정성공(鄭成功)이 대만으로 피신하여 반란 거점을 구축하자 청나라 정부는 고립 정책을 채택했다. 정성공을 고립시키기 위해 해상 무역을 금지하고, 동남부 해안 지역에 거주하는 백성을 내륙으로 이주시켰다. 정성공은 당시 번성한 중국과 일본의 밀무역을 장악하면서 세력을 유지했으나, 청나라가 1683년 대만을 완전히 점령함으로써 정성공의 세력도 막을 내렸다. 그러나 그때는 이미 해금 및 이주 정책으로 동남부 지역 경제가 심각하게 손상된 뒤였다.

1683년 이전까지 청나라는 무장 반란 세력을 모두 제압하는 데 성공했다. 그 이듬해(1684년) 해금 정책도 종료되었다. 엄청난 수의 중국 상선이 나가사키(長崎) 항으로 몰려들었다. 인구와 농업 생산량도 서서히 회복되었고, 마침내 숙황(강희제 치하의 장기 불황)도 끝났다. 오랜 평화와 번영의 시대가 시작되었고, 이는 18세기의 마지막 해까지 지속되었다.

만주족 통치하의 재정 정책

청(淸)나라는 1683년까지 예전 명(明)나라의 영토 전역을 확실히 장악했다. 이후 18세기에도 영토 확장은 계속되었다. 몽골과 티베트를 점령했고, 위구르 및 몽골인 거주 지역인 중앙아시아의 신강(新疆, 새로운 영토)도 개척했다(지도 8-3). 예전 중국의 왕조들처럼 청나라 또한 안정적 농업 기반을 회복하고자 했다. 청나라 정부는 새로 개척한 국경 지역으로 이주를 권장했고, 주요 치수(治水) 공사에 노역을 동원했으며, 귀족 계층으로부터 세금 감면을 비롯한 각종 특권을 박탈했다. 이전의 명나라가 그랬던 것처럼 청나라 또한 세금 부담을 완화하고자 했으며, 재정

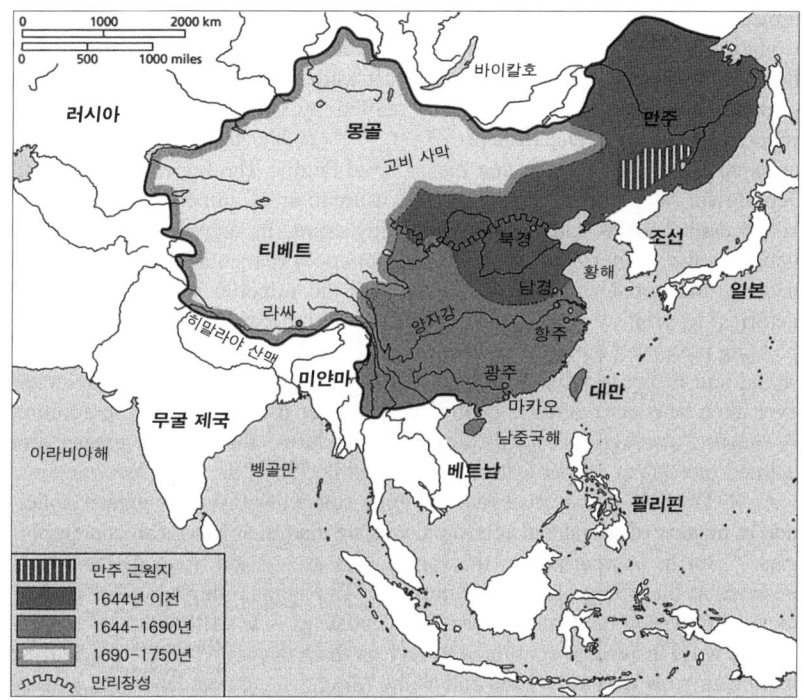

[지도 8-3] 청(淸)나라의 영토 확장

기반은 토지에 부과되는 직접세에 의존했다. 청나라는 정부가 식량을 책임지는 국가 체제를 지향했다고 말할 수 있는데, 예를 들면 기근 구제나 홍수 통제 등에 투자하여 백성의 생활을 개선하려는 노력을 기울였다. 송(宋)나라처럼 청나라 또한 능동적인 국가 운영 기조였지만, 그럼에도 불구하고 정부의 민간 경제 개입은 최소한으로 한정하고자 했다. 대중의 복지와 관련된 많은 업무 책임은 실질적으로 지방 정부와 민간에 이양했다. 청나라 통치자들이 채택한 자유방임 정책으로 시장이 확장되고, 노동이 세분화되며, 지역별 전문화가 가속화되었다. 즉 애덤 스미스가 말한 식의 경제적 역동성이 강화되었다. 그러나 동시에 청나라 정부의 재정적 한계 때문에 경제 성장을 지속하는 데 필요한 정부의 투자에 한계가 있을 수밖에 없었다.

청나라는 만주족 전통에서 파생된 여러 가지 정치 제도를 도입했으나, 18세기에 이르러 중국식 관료 정치에 대체적으로 동화되었다. 만주족의 중국 지배는 상비군에 근거한 군사적 통제에 기반을 두고 있었다. 청나라의 상비군은 팔기(八旗)라고 했다(모두 24개 팔기군이 있었는데, 각각 만주팔기滿洲八旗, 몽고팔기蒙古八旗, 한군팔기漢軍八旗로 나뉘어 있었다). 이들이 제국 전역에 걸쳐 전략적 요충지에 상시적으로 주둔했다. 이들을 지원하기 위해 상당한 규모의 토지도 배정했다. 또한 청나라는 중국인 예속 노동자로 구성된 실무 조직을 만들었다. 이들을 내무부(內務府)라고 했는데, 황제와 황실 가족의 사적인 일과 경리 업무를 담당했다. 명나라 궁정은 환관에 의해 황제의 권위가 도용되는 일 때문에 골치를 앓았는데, 내무부는 이 문제를 방지하기 위해 도입된 제도였다. 내무부가 관장하는 업무는 팔기군을 지원하는 농지를 비롯하여 다양한 독점 사업(예를 들면 소금, 만주의 인삼, 일본과의 구리 무역, 황실 소유 비단 및 도자기 공장)을 관리하는 일에서부터 학술서의 공식 출판 사업에 이르기까지 다양했다.[51] 청나라는 수도와 지방을 막론하고 대부분의 지역에서 명나라의 행정 구조를 그대로 유지했다. 그러나 호부(戶部)와 지방의 호부 산하 기관에서는 재정의 중앙 집중을 강화했다. 또한 회계 과정을 더

51 Torbert 1977.

욱 엄격히 해서 정부 재정의 80퍼센트를 지방에서 조달했다고 한다.[52]

왕국빈(王國斌, R. Bin Wong)의 연구에 따르면, 청나라의 통치자들은 같은 시기 유럽의 통치자들에 비해 사회 및 경제적 복지를 훨씬 더 걱정했다.[53] 그럼에도 예전의 한(漢)나라 송나라에 비해 청나라 정부는 지방 마을 단위에서 최소한으로 개입했다. 청나라 정부는 전국 규모의 토지 조사를 실시한 적도 없고, 어떤 식으로든 기존의 자료를 개정한 바도 없었다. 그 대신 명나라에서 실시한 1581~1582년의 조사 자료를 그대로 이용해 세금 할당량을 정했다. 명나라 말기에 이르러 노역은 대부분 은납으로 바뀌었는데, 청나라도 성인 남성(정丁)을 기준으로 이 세금을 그대로 부과했다. 1712년 청나라는 1711년에 실시한 조사 자료를 기반으로 노역 할당량을 고정화했다. 그리고 1713년 강희제는 황제의 관대한 아량을 드러내고자 토지세 또한 1711년 수준으로 영원히 동결한다고 선언했다.[54] 1729년 제국 전역에서 정역(丁役)은 공식적으로 토지세와 병합되었다. 따라서 토지를 소유한 개인은 통합 세금을 은으로 한 번만 내면 그만이었다. 이로써 세금 부과 대상을 토지에서 사람으로 바꾸는 (그리고 이에 따라 국가의 지역 사회 통제 방식이 바뀌는) 과정의 마지막 단계가 완성되었다. 당시 청나라는 세수입이 넉넉히 남아도는 상황이었다. 그러나 18세기 말에 이르러 정부는 새로운 세금 수입원을 포착하는 데 실패함으로써 정치 및 경제적 위기에 대한 국가 차원의 대응 능력이

---

52 Zelin 1984: 26-46.
53 Wong 1997.
54 Yeh-chien Wang 1973: 20-31.

현저히 약화되고 말았다.

청나라 초기의 세제 개혁으로 가구의 구성원을 상세히 조사할 필요가 없어졌다. 게다가 사회 단위로서의 가정은 더 이상 세금 부과의 기본 단위가 아니게 되었다. 1668년 청나라는 황책(黃冊)의 등록을 중단했다. 명나라 때는 황책이 토지세 및 노역 부과의 근거였다. 지방관은 황책 대신 5년마다 "편심(編審)"이라고 하는 조사 기록을 남겼다. 황책은 가구의 모든 구성원을 기록해야 했지만, 편심은 단지 정역(丁役) 대상자만 기록했다. 그러다가 1729년에 정역이 토지세로 수렴된 뒤로는 편심조차 철 지난 관행에 불과하게 되었다. 그럼에도 1772년까지 편심 기록은 지속되었다.[55] 중국의 사회경제적 기반이 혼인 부부 중심의 가정이라는 점은 예전과 다를 바가 없었지만, 역사상 가정에 대한 제국 정부의 통제가 가장 느슨해진 때가 바로 이 시기였다.

청나라에서도 이갑제(里甲制)는 그대로 남아 있었으나, 지역 사회를 실질적으로 관리한 것은 과거 송나라의 지방 행정 제도를 개조한 보갑제(保甲制)였다. 송나라 때와 마찬가지로 청나라의 보갑제 역시 점차적으로 세금 수납이라든가 기근 구제 같은 여러 가지 행정 책임을 흡수하게 되었다. 1740년 정부는 인구 조사 등록 책임을 이갑 단위의 수장에서 보갑 단위의 수장으로 공식 이관했다. 그러나 인구 조사 결과가 더 이상 세금 수납과 관련이 없어졌기 때문에 기록 행정은 점차 부실해졌다. 윌리엄 스키너(G. William Skinner)의 연구가 보여주었듯이, 19세기 초부터 지방관은 단순히 과거 수치에 약간의 수치를 더함으로써 새로운

---

55 Hsiao 1960: 88-91. [표 8-7]과 [표 8-8]은 편심 자료에 근거한 것이다.

장부를 만들어 나갔다(인구 증가는 곧 나라가 번성한다는 징표였으므로, 수치를 빼기보다는 더했던 것이다). 그 결과 19세기 말에 이르러서는 인구 수치가 굉장히 부풀려졌다.[56]

1766년 국가 수입의 약 4분의 3은 토지세에서 나왔고, 이외에 소금 거래 독점 관리 수입과 세관 수입이 전체의 16퍼센트를 차지했다(표 8-3). 청나라에는 연납(捐納)이라는 독특한 세금이 있었는데, 명목상으로는 자발적 기부였다. 연납은 세 가지 경우가 있었다. 즉 지방 정부에 급여의 일부분을 반납하는 관료, 높은 사회적 신분을 확보하려고 돈으로 명예 관직을 사는 개인(실제 관직에 임명되기도 함), 정부로부터 특혜를 받은 부유한 상인(주로는 소금 상인과, 1757년 이후 광주廣州에서 유럽 상인과의 거래 독점권을 받은 공행公行이라는 상인)이었다.[57] 과거 명나라가 그랬던 것처럼 청나라 또한 수입의 대부분을 토지세로 충당했다. 그러나 토지세를 곡물로 수납한 명나라와 달리, 청나라는 그 대부분을 현금으로 전환했다.[58] 더욱이 18세기 인구가 폭발적으로 증가한 반면 토지세 할당량은 1713년 이후 고정되어 있었기 때문에, 실제로 1인당 세금 부담은 현저히 감소했다. 1766년의 1인당 세금 부담은 (곡물로 환산하여 계산하면) 15세기 중엽 가장 낮았을 때와 비교해 70퍼센트 감소했다(표 8-4). 왕조 시대 중국 역사상 전체 국가 수입은 자료의 한계 때

---

56 Skinner 1986.
57 Yeh-chien Wang: 8-9. 연납(捐納)에 관한 자세한 논의는 Xu Daling 1974 참조.
58 명목상 은(銀)으로 세금을 부과했지만 실제로 대부분의 세금 납부는 동전으로 이루어졌다는 사실에 주목할 필요가 있다. 특히 18세기 이후 동전 주조가 급증한 뒤로 더더욱 그러했다. Yeh-chien Wang 1973: 59-61 참조.

단위: 100만 은냥(銀兩)

세금 부문		수입 금액	비중
토지세, 임대료, 조량	田賦, 田租, 漕糧	31.06	73.8
		*20.31	
소금세	鹽課	5.75	8.2
관세	關稅	5.42	7.7
모선(부가세)	耗羨	3.50	5.0
기부금	常例捐輸	2.00	2.9
지역별 잡세	落地雜稅	0.86	1.2
부동산 등록세	契稅	0.19	0.3
중개인 면허세	牙當等稅	0.16	0.2
어업세	蘆課魚課	0.15	0.2
광산세	礦課定額	0.07	0.1
차 거래세	茶課	0.07	0.1
합계		69.55	

* 토지세 중 현물 수납 금액. Yeh-chien Wang 1973: 70에 의거 1753년의 환율을 근거로 은(銀)으로 환산했다.

[표 8-3] 중앙 정부의 수입, 1766년

문에 정확히 말하기는 어렵지만, 아마도 청나라 당시 국가 경제에서 정부의 수입 비중은, 상거래 세금과 소비세에 크게 의존한 송나라 때보다 현저히 낮았던 것 같고, 아마도 명나라 때보다도 더 낮았던 것 같다.

청나라는 이전 왕조들에 비해 상대적으로 국내 민간 경제에 깊이 개입하지 않은 편이었다. 소금 거래는 명나라 때부터 독점 관리를 위탁하고 수수료를 받았는데, 청나라도 이 제도는 그대로 유지했다. 이 경우를 제외하면 청나라 정부가 생산과 유통에 개입하는 일은 거의 없었다. 심지어 소금 거래에 관해서도 생산과 물류 및 판매 업무는 상인이 담당했

	토지세 수입					전체 세금 수입			
	토지 (100만 무畝)	곡물 (100만 석石)	은 (100만 냥兩)	1무당 곡물(石)	1무당 은(兩)	인구 (100만 명)	1인당 곡물(石)	1인당 은(兩)	곡물 환산 1인당 세금
1435년경 -1449년	424.7	26.87	1.00	0.063	0.002	53.7	0.49	0.019	0.56
1766년	741.4	8.32	29.92	0.011	0.040	208.1	0.04	0.233	0.17

[표 8-4] 명청(明淸) 대 곡물 및 현금 수입

고, 정부는 단지 소비세를 거두었을 뿐이다. 상인과 생산자는 더욱 확대된 자치권을 인정받았다. 19세기 이전까지 상인 조합은 대개 거래 관계보다 출신지를 배경으로 형성되어 전국의 주요 도시에서 번성했다. 조합원 회비, 의무, 임금이나 물건 가격, 견습 요건 등은 모두 조합에서 폭넓은 자율권을 가지고 있었고, 다만 상거래의 독과점만은 금지였다.[59] 양주의 소금 전담 휘주 상인 등 몇몇 대형 상인 조직은 특혜를 이용해 막대한 부를 거머쥐었다.[60] 그러나 대다수 상공인은 시장 경제에서 서로 치열한 경쟁을 벌였다.

청나라 경제 운영의 특징은 중개인 시스템에서 잘 드러난다. 송나라 때부터 정부에서 면허를 취득하는 아행(牙行)이라는 중개인이 있었는데, 이들은 지역 상인과 원거리 상인을 중개하는 역할을 해왔다. 원거

---

59 Golas 1977; Ch'iu 1990; Moll-Murata 2008.
60 양주에서 활동하던 휘주 상인의 경제적 권력과 사회적 영향력에 관해서는 Finnane 2004; Wang Zhenzhong 2014 참조.

리 상인이 해당 지역에 와서 상품을 찾는 일을 돕고, 거래 조건을 협상하며, 보증인이 되기도 하고, 물류, 숙박, 외상, 창고 서비스 등을 제공하기도 했다. 청나라 때는 중개인이 행정관의 일도 함께 맡았다. 거래를 기록하고 관리하며, 거래 관련 분쟁에 판결을 내리고, 다양한 상거래 관련 세금을 징수했다. 해당 지역에서 정부가 발급하는 면허의 수는 제한되어 있었기 때문에 중개인의 수입은 안정적이었다. 정부는 중개인으로부터 약간의 면허세만을 거둘 뿐이었는데, 여기서 정부의 주안점은 세금 수입이 아니라 상거래가 원활히 돌아가도록 하는 데 있었다.[61] 일부 지역(특히 산동山東)에서는 지역 유지나 가문의 지도자 혹은 상인이 "의집(義集)"이라고 하는 자유 시장을 개설할 수 있었다. 허가를 얻으려면 소정의 세금을 납부해야 했는데, 민간의 기금(예를 들면 가문의 재산이나 상인 조합의 모금 등)으로 비용을 마련했다. 의집 개설은 탐욕스런 중개인의 악행을 뿌리 뽑는다는 명분을 내세웠지만, 제도적으로는 지역에 뿌리내린 엘리트 계층이 지역 사회에 영향력을 행사하고 상권을 보호하도록 특혜를 주는 셈이었다.[62] 기본적으로 중개인 시스템이나 의집(자유 시장)은 모두 국가의 손길이 미치지 않는 지역 상권으로부터 세금을 간접 징수하는 방식에 속했다. 납세자가 세금을 직접 납부하지 않고 대리인에게 맡기는 관행을 "포람(包攬)"이라 했는데, 이 또한 간접 징수의 방식 중 하나였다.[63]

---

61 Mann 1987.
62 Katō 1952a: 545-52; Mann 1987: 70-93.
63 Hsiao 1960: 132-39.

청나라 정부는 해외 무역에 대해서도 자유방임 정책을 채택했다. 예전 명나라에서 시행한 것과 같은 외교와 무역 특권의 연계는 더 이상 없었다. 청나라도 1662년에 해외 무역 금지 조치를 내린 바 있는데, 대만에 있는 정성공(鄭成功) 정권을 정복하기 위한 준비의 일환이었다. 1683년 대만을 점령한 뒤 강희제(康熙帝)는 금지 조치를 취소했고, 중국의 항구를 해외 상인에게 다시금 개방했으며, 중국 상인도 자유롭게 해외로 나갈 수 있도록 했다. 엄청난 수의 상선이 서로 오고 갔다.[64] 중국과 일본 사이에도 활발한 무역이 권장되었으나, 당시 일본의 도쿠가와(德川) 정권은 은(銀) 수출을 엄격히 제한했다. 중국 상인은 종목을 구리로 바꾸어 엄청난 양의 일본 구리를 수입했고(1685~1715년 연간 2600톤), 그 구리가 청나라에서 동전을 주조하는 데 사용되었다. 그러나 1715년 일본 당국이 더욱 엄격한 해외 무역 통제 정책을 실시함으로써 구리 수출도 크게 줄어들었다. 18세기 동안 중국과 일본의 무역 거래량도 급격히 감소했다. 일본은 비단, 도자기, 설탕의 수요가 있었지만, 점차 중국에서 수입하지 않고 국내 생산으로 대체할 수 있었다.[65]

유럽 상인과의 무역 또한 1683년 이후 되살아났으나, 18세기 초 동남아시아와 중국의 무역량이 엄청나게 증가했다. 18세기 전반기에 동남아시아로 건너간 화물은 매년 600만~1400만 냥(兩, 22~52톤) 정도

---

64 청나라 초기 해상 무역의 자유 확대를 이끈 정책의 변화 발전에 관해서는 Gang Zhao 2013에 자세히 나와 있다.
65 도쿠가와 정부는 기술 이전을 통한 "수입 대체" 정책을 시행했다. 즉 비단 직조나 설탕 생산에서 국내 산업을 육성함으로써 중국 수입품에 대한 의존에서 벗어나게 했다. Kawakatsu 1991 참조.

였다.[66] 중국의 복건(福建)과 광동(廣東) 지역에서 건너간 이민자가 태국, 말레이반도, 자와, 필리핀 등지에 정착했고, 남중국과 동남아시아 전역을 잇는 연결망을 구축했다. 이로써 인도네시아 군도는 어느 역사가가 표현한 것처럼 "중국의 지중해"로 변모했다.[67] 18세기 후반에 이르러 중국인 상인, 노동자, 금융업자 등은 동남아시아 경제의 주력으로 성장했다(제9장 참조).

유럽과 중국의 직접 교역량은 1700년 무렵에도 그리 많지 않은 편이었으나, 18세기 동안 점차 확대되었다. 1757년 청나라 정부는 유럽 상인이 세관 관료의 문제를 제기한 데 대한 보복으로 유럽인이 중국 시장에 접근할 수 있는 항구를 광주(廣州)로 한정했다. 뿐만 아니라 유럽 상인은 20개 남짓의 중국 공행(公行, 정부의 허가를 받은 무역상)하고만 거래할 수 있게 했다.[68] 이러한 제한 조치가 중국과 유럽 무역의 발전을 저해했고, 이후 수십 년 동안 무역량은 정체되어 있었다. 그러나 1780년대 들어 중국-서양 무역은 다시금 활기를 띠었다. 차(茶)가 영국에서 대중적 음료로 자리 잡은 뒤 수입량이 폭발적으로 증가했고, 스페인 사람

---

66 Kishimoto 1997: 186. 1716~1729년 강희제는 해외로 퍼져 나간 중국인이 반란 세력이 될 것을 우려해 동남아시아와의 해상 무역을 잠시 중단시킨 적이 있다. Gang Zhao(2013: 153-68)는 이를 상궤에서 벗어나는 엉뚱한 정책이었다고 보는데, 1683년 이후 청나라가 실시한 "문호 개방 정책" 노선에서 완전히 벗어난 조치였다.
67 Lombard 1990, 1: 13. 복건의 하문(廈門)과 대만 및 동남아시아를 연결하는 무역 네트워크에 관해서는 Ng 198 참조. 동남아시아의 중국 이민자 개관은 Kuhn 2008 참조.
68 Gang Zhao(2013: 169-86)는 1757년에 유럽 무역상의 입항을 광주로 제한한 조치가, 다른 지역 항구와의 경쟁을 두려워한 광주 지역 상인에 의해 추진된 일이라고 주장한다. 상업 제도와 광주의 대외 무역에 관해서는 Van Dyke 2005 참조.

들이 멕시코에서 막대한 양의 은을 중국으로 가져왔기 때문이다. 영국 상인은 중국에서 별로 수요가 없는 유럽산 공산품 대신 영국 식민지에서 면화와 아편을 가져다 팔았다. 영국 동인도회사의 독점권에서 벗어난 신생국 미국의 상인도 중국으로 몰려들었다. 이들은 중국 시장에서 은(銀)의 주요 공급자로 자리를 잡았다.

때때로 옹정제(雍正帝, 재위 1722~1736)는 경제 관련 칙령을 내렸고, 그럴 때면 청나라 정부는 능동적 정책들을 공격적으로 추진했다. 정부 정책은 세제 개혁, 공공 투자, 중앙 정부의 지방 사업 개입 등을 망라했다.[69] 그러나 옹정제의 후계자로 오래도록 제위에 머무른 건륭제(乾隆帝, 재위 1736~1795)는 아버지가 실시한 개혁들을 폐지하거나, 혹은 그로부터 후퇴해버리고 말았다. "장부어민(藏富於民, 부를 백성에게 저장한다)"을 금과옥조로 여긴 건륭제는 정부나 그 대리인이 백성의 고혈을 짜내지 않고 백성의 손에 제국의 부가 축적되도록 하고자 노력했다.[70] 학자들은 건륭제 정부를 "불간섭주의(non-interventionist)" 정권이라 일컫는다. 혹은 정책까지는 아닐지라도, 적어도 중국 재정의 이데올로기 차원에서 건륭제 정부가 "경제적 자유주의(economic liberalism)"를 향한 터닝 포인트였다고 해석한다.[71] 분명 건륭제 치하의 정책 입안자는 이전에 비해 시장의 힘을 더욱 높이 평가하는 입장이었다. 상품과 자원의 분배, 그

---

69 세금 징수를 합리화하고 지방 정부 재정을 굳건히 하기 위한 옹정제의 노력에 관해서는 Zelin 1984 참조.
70 Rowe 2001: 45-51, 251-52. 내가 아는 한, 장부어민(藏富於民)은 15세기의 정치 이론가인 구준(邱濬)이 만든 개념이었다. *DXYYB*: 20.2b 참조.
71 각각 Kishimoto 1997: 309-21; Dunstan 1996: 6-9, 2006: 91-95 참조.

리고 그 연장선상에서 백성의 복지 향상에 시장이 긍정적 영향을 미친다고 보았던 것이다. 그러나 윌리엄 로우(William Rowe)의 글은 너무 지나친 면이 있다. 그는 주도적 재상인 진굉모(陳宏謀, 1696~1771) 연구에서 다음과 같이 말했다. "장부어민(藏富於民)은 … 무엇보다도 1인당 생산성 향상을 위해 할 수 있는 모든 것을 한다는 의미였다."[72] 청나라 당시의 정치경제 사상으로는 생산량과 생산성의 지속적 성장이라는 개념이 없었을뿐더러 청나라 관료가 관심을 집중한 문제는 오직 토지와 노동력의 효율적 활용, 낭비(특히 사치품)의 제거, 농업을 권장하는 수사학적 미사여구뿐이었다. 건륭제 궁정의 불간섭주의가 국가 경제 발전을 촉진할 여지는 거의 없었다.[73]

결과적으로 청나라 정부는 지역 사회를 간접적으로 지배했을 뿐, 주로 지역 엘리트에게 의존했다. 명나라 말기의 수십 년 동안 호족(豪族)은 지방 정부의 여러 측면에서 관리 영역을 점차 넓혀 나갔다. 공공 건설 공사, 관개 시설, 치안, 기근과 빈민 구제, 학교, 사원 등에 관한 일을 모두 호족이 살폈다.[74] 이러한 경향은 18세기 동안 더욱 가중되었다. 청나라 시기에도 폭넓은 여러 분야에서 수많은 사회 기구가 번성했다. 기업 가문, 상공인 조합, 동향 출신 연합, 수리 조합, 다양한 종교 단체, 친목 단체, 구호 단체 등이었다. 청나라 정부는 이러한 여러 사회적 기구로 하여금 지역 사회 관리 책임을 맡도록 했다. 지역 사회의 엘리트는 지방

---

72 Rowe 2001: 287.
73 나로서는 Rowe(2001)나 Dunstan(2006)보다 Will(1994)이 설명하는 18세기 중국 정치경제의 특성이 훨씬 설득력이 있다.
74 Shigeta 1984; Elvin 1977; Rowe 1990; Rankin 1990, 1994.

관이나 중앙 정부 관료로부터 독립적으로 활동했지만, 과거를 통해 일정한 품위를 얻는 경우가 많았고, 대부분 은퇴한 관료였다. 사회 통제, 백성의 안녕, 도덕적 리더십 등에서 정부 관리와 지역 엘리트는 기본적으로 비슷한 역할을 맡고 있었다. 그래서 왕국빈(王國斌)은 통치 측면에서 지역 엘리트의 역할 확장은, 공권력 이전까지는 아니라 할지라도, 적어도 공권력을 위임받은 상황이었다고 주장한다. 이러한 상황이 정부의 권위를 손상하지는 않았겠지만, 아마도 여러 가지 측면에서 정부의 영향력을 제한했을 것이다.[75] 그러나 지역 관리가 담당한 지방관의 역할은, 공공의 안녕을 표방하기는 했지만 사실상 그들의 사적 이익 추구를 허용해준 것이나 다름없었다.

사적 이익과 공적 이익의 대립은 수리(水利) 관리 문제에서 극명히 드러났다. 예를 들어 남중국 지역에서 논이 확대되면서 저지대의 호수와 웅덩이가 간척을 통해 점점 줄어들었다. 둑을 건설하기 위해 숲의 나무도 잘려 나갔다. 저수량이 줄어들자 강의 흐름이 더 빨라졌고, 하구의 퇴적층도 더 높아졌다. 이러한 요소들은 홍수의 위험을 가중시켰다. 명나라 후기 지방관은 둑의 유지 및 관리와 수리를 소작농(노동력 제공)과 지주(비용과 물품 제공)의 공동 책임으로 지정했다. 그런데 양자강 중류 지역에서는 민간의 힘이 더 강했고, 협력을 이끌어내기가 쉽지 않았다. 정부는 간척을 제한하고 일부 자연 생태계를 복원하는 등 수리 문제를 좀 더 적극적으로 중재해보려 했다. 그렇지만 수리 시설 관리에 들어가는 비용은 민간 공동체에서 부담하라는 것이 정부의 입장이었다. 당연

---

75 Wong 1997.

히 민간의 투자는 언제나 간척을 극대화하는 쪽으로 이루어졌다. 인구가 성장하고 곡물 가격이 급등하는 상황은 민간의 방향에 더욱 힘을 보탰다. 연약한 생태 환경이 19세기 들어 그대로 노출되었다. 양자강 중류 지역은 반복되는 극심한 홍수에 시달려야 했다.[76]

청나라 정부가 공공의 안녕을 위해 적극 개입한 분야 중 하나가 식량 공급과 기근 구제였다. 청나라는 상평창(常平倉)이라고 하는 합리적 제도를 만들었다. 각 지방 행정 구역에 상평창을 설치해 곡물을 보관했다가 기근을 구제할 때, 그리고 곡물 가격이 심하게 요동쳐서 가격 조정이 필요할 때 사용했다.[77] 전국의 상평창에 보관된 곡물은 1740년 5800만 석(石)에 달했다(성인 8500만 명이 한 달을 먹을 수 있는 양이다). 정부는 곡물이 풍부한 시장에서 직접 곡물을 사들여 부족한 시장에 공급했다. 그러나 시장 개입의 한계를 잘 알고 있는 정부 관료는 민간의 곡물 거래에 최소한으로 개입하려고 노력했다. 18세기 중엽의 자료들을 통해 정부의 기근 구제 정책이 성공적이었고 가격 변동을 완화하는 데 기여했으며, 식량 부족이 발생했을 때 잘 대처했음을 알 수 있다.[78] 정부 창고의 효율적 운영과 기근 구제 정책이 18세기의 지속적 번영과 인구 성장에 기여했다는 사실은 의심의 여지가 없다.

---

76 Will 1985; Perdue 1987: 164-233; Marks 2012: 208-13.
77 기근 구제와 창고 운영 체제에 관해서는 Will 1990; Will and Wong 1991; Rowe 2001: 250-87; Dunstan 2006 참조.
78 Lillian Li 2007: 221-49.

18세기 경기 호황

중국 국내 상황은 1683년 대만 정복 이후부터 1796년 백련교도(白蓮敎徒)의 난 이전까지 이례적 평온 상태가 지속되었다. 18세기 경기 호황은 인구와 농업 생산량의 점진적 성장에 바탕을 두고 있었다. 17세기 말에 이르러 중국 인구는 명나라 시기 최고치인 1억 5000만을 회복했다. 18세기 동안 중국의 인구는 2배로 불어났고, 18세기 전반에 그 증가세가 가장 가팔랐다(표 8-5). 명(明)나라 후기의 경제 성장은 남동부 해안 지역에 집중되어 있었다. 그러나 청(淸)나라 초중반에 인구와 농업 생산량이 가장 급증한 지역은 남부 내륙(호남, 호북, 특히 사천)과 중원(中原), 그리고 남서부 국경 지역이었다. 이러한 인구 증가의 원인은 대체로, 내륙 깊숙한 고산 지대에 중국인이 진출해 정착하고 땅을 일군 데 있었다.

18세기에도 상거래가 지속적으로 확대될 수 있었던 것은 화폐 공급이 상당히 증가한 덕분이었다. 시골과 내륙 지역도 시장 경제에 보다 긴밀히 연결되면서 교환 수단에 대한 요구가 강해질 수밖에 없었다. 18세기 초 은(銀)의 수입은 이전 세기의 최고치에 비해 줄어들었지만, 그 대신 일본의 구리가 수입되고 때맞추어 1730년대부터 1790년대까지 운남(雲南) 지역에서 구리 광산이 신속히 개발되었다. 청나라 정

1680년	1억 5,000만
1776년	3억 1,100만
1820년	3억 8,300만
1850년	4억 3,600만

〔표 8-5〕 청(淸)나라의 인구

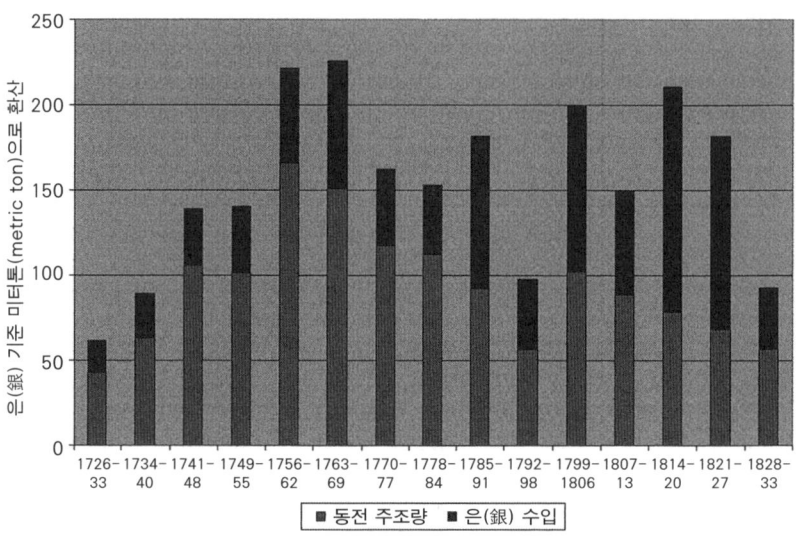

〔그림 8-2〕 화폐 공급량의 증가, 1726~1833년

부의 동전(銅錢) 주조량은 17세기 말에 비해 거의 10배로 증가했다.[79] 1740~1785년 생산된 구리 동전의 양을 은냥(銀兩)으로 환산하면 125톤에 달했는데, 당시 은 수입량은 연평균 50톤이었다(그림 8-2). 명나라 때 동전 주조는 북경(北京)과 남경(南京)에서만 이루어졌지만, 청나라 때는 모든 지방에서 동전을 주조했다. 그중에서도 강남 같은 고도로 상업화된 지역에서 동전 수요가 워낙 높았다. 강남에서는 18세기 중엽 표준 화폐가 은에서 동전으로 바뀌었다.[80]

79 1738~1810년 운남의 구리 광산은 연평균 6000톤을 생산했고, 가장 많이 생산한 1764년에는 9000톤에 이르렀다. Vogel 1987: 32-33.

청나라는 농업 정권이었다. 송(宋)나라 이후 법적으로는 자유민이며 소작권을 강력하게 주장할 수 있었던 노동 집약적 소농 가구가 정치 제도의 기반이었다. 청나라 초기에는 농지의 상당 부분이 국가 혹은 황실이나 팔기군의 소유였다. 그런데 18세기 초에 이르러 이러한 농지는 대부분 민간의 소유로 넘어갔다.[81] 치열한 경쟁 가운데 매우 활발했던 토지 시장이 청나라 설립 당시부터 이미 존재했다. 다만 일부 규제가 토지의 전적인 양도를 제한하고 있었다. 법에 의해 토지의 소유 주체는 가문이며, 개인이 될 수는 없었다. 법적으로나 관습적으로 친족의 일부 소유권을 보장해주었다. 오래도록 지속되어온 균등 상속의 전통 때문에 민간의 토지는 살아 있는 아들들이 나누어 상속받았다. 이렇게 토지가 뿔뿔이 흩어지다 보니 시간이 지날수록 토지의 집중화가 어려워졌다.

제도적으로 토지 매매에 가장 많은 영향을 끼친 요소는 바로 소작권이었다. 벼를 재배하려면 먼저 논을 조성해야 했는데, 관개 시설을 만들고 유지하는 데 상당한 투자가 필요했다. 투자비를 회수하는 데 오랜 시간이 걸린다는 점에서 소작농은 일정한 보장이 없는 한 이러한 투자를 시행할 수 없었다. 소작 계약에는 임대 기간이 명시되지 않았고, 관습적으로는 상속이 되는 것으로 간주되었다. 소작권을 매매할 때는 완

---

80 18세기 중엽 강남 지역 화폐가 동전으로 되돌아간 문제에 관해서는 Kuroda 1987; Kishimoto 1997: 353-63 참조.
81 Shi Zhihong(1994: 25)의 연구에 의하면, 1724년 기준으로 공유지(公有地)는 전체 농지의 7퍼센트에 불과했다. Li Wenzhi and Jiang Taixin(2005: 296)은 1812년 10.6퍼센트, 1887년 12.9퍼센트였다는 수치를 제시하고 있다. 19세기에 수치가 더 올라간 이유는 학교 소유 토지가 늘어나는 등 이후의 자료에 공유지에 속하는 항목이 더 늘어났기 때문이다.

전한 매매보다 회수 조건부 매매(전매典賣, 혹은 살아 있는 매매라는 뜻의 활매活賣)가 널리 행해졌다. 이러한 관행이 소작권의 지속성을 더욱 촉진했다. 토지 소유자가 법적 소유권(전피田皮, 토지의 가죽이라는 의미)은 유지한 채 사용권(전골田骨, 토지의 뼈라는 의미)만 매매하는 관행으로부터 다층적인 토지 소유 관계가 형성되었는데, 이런 관행은 이미 송나라 때부터 있었다(제7장 참조). 사용권을 가진 자는 이를 다른 소작농에게 재임대할 수 있었고, 그러면 제3의 권한이 또 생겼다. 다층적인 토지 소유 제도는 사용권을 보장함으로써 경작을 담당하는 소작농의 입장에서 토지를 보존하고 생산성을 높이는 데 노력을 기울일 만큼 그 대가를 받는 셈이었다. 또한 소유권(田皮)과 사용권(田骨) 모두 시장에서 거래가 이루어졌기 때문에, 농가에서는 노동력 변화나 기타 경제적 상황 변화 등 집안 사정에 따라 각각의 권한을 사고파는 등 융통성을 더 발휘할 수 있었다. 다층적인 토지 소유 현상은 청나라 전역에서 나타났지만, 특히 복건, 광동, 양자강 삼각주 등 해안 지역에서 번성했다. 이러한 지역은 부재지주, 높은 토지 수요, 높은 농사 투자비가 특징이었다. 예를 들어 1600~1900년 복건의 광주(廣州)에서 418건의 계약이 성사되었는데, 그중 다층적 토지 소유 관련 계약은 23퍼센트에 달했다. 이와 비슷하게 휘주(徽州, 멀리 떨어져 있지만 상업화가 고도로 발달한 지역)에서는 청나라 시기 토지 매매 계약의 30퍼센트, 소작 계약의 29퍼센트가 전피(田皮) 혹은 전골(田骨) 관련 거래였다.[82] 기업형 토지 소유자에게서 다

---

82 Li Wenzhi and Jiang Taixin 2005: 274-79(신은제 옮김,《중국 지주제의 역사》, 경인문화사, 2015).

층적인 소유 관계가 많이 보이는데, 이들은 빈번하게 토지를 사고팔았다. 휘주의 손씨(孫氏) 가문에서 1662~1795년 체결한 42건의 토지 거래 가운데 3분의 2가 다층적 소유권 관련 계약이었다. 그리고 왕씨(汪氏) 가문에서 1710~1843년 거래한 39건의 계약 중에서 20건이 다층적 소유권 관련 계약이었다.[83] 다층적 소유권은 안정적 수입을 원하는 투자자와, 자신이 경작하는 농지를 안정적으로 확보하고자 하는 농민 양측의 이해를 모두 충족시키는 제도였다.[84]

18세기 중국에서 소작의 양상은 지역마다 크게 달랐다. 소작료는 경우에 따라 작물이나 현금으로 지불했지만, 가장 충격적인 변화는 수확물을 나누는 것에서 고정된 소작료를 내는 것으로 바뀐 점이었다. 정해

---

83 같은 책: 278-79.
84 기존 연구들(예컨대 Philip Huang 1990: 102-14, Taisu Zhang 2011 참조)은 조건부 매매와 다층적 소유권이 토지 구입이나 자본 투자를 방해함으로써 영농 발전을 더디게 했다고 이해했다. 조건부 매매는 가격이 저렴했지만, 나중에 돌려주어야 하는 조건 혹은 매매 가격 이외에 추가 지불(조가找價)을 요구하는 관행이 포함되어 있었다. Pomeranz 2008b 참조. Pomeranz의 연구에서 보여주듯이, 조건부 매매와 영구적 소작권은 농업 생산성이 가장 높은 지역(강남, 복건, 주강 삼각주)에서 가장 번성한 관행이었다. Cao et al.(2010)는 절강-복건 접경 지역에 있는 석창(石倉) 마을의 토지 거래 문서 8000건에 대해 1차 연구를 수행했으며, 여기서는 기타 권리들도 매매가 가능했음을 확인했다. 기타 권리들은 농업 발전을 촉진하는 기능을 했는데, 예를 들어 누군가 미개발 토지를 소유하고 있다면, 그 땅을 개간할 다른 사람들에게 "공본(工本)"이라고 하는 권리를 양도함으로써 개발을 가능하게 할 수 있었다. 석창 마을에서 토지 매매는 세 단계를 거쳐 이루어졌고, 각 단계마다 계약서가 작성되었다. 첫째는 판매(賣) 혹은 양도(退), 둘째는 세금 운반 책임, 셋째는 추가 지불(找價)이었다. 석창 마을의 거래 문서에서 추가 지불 시한을 1년 이내로 한정한 경우가 95퍼센트에 달했다. 추가 지불이 이루어지면 거래는 최종적으로 완료되고 돌이킬 수 없었다. Cao et al.의 결론에 따르면, 석창 마을에서 토지 관련 권한은 매우 분명했고, 융통성 있는 거래 방식은 토지 시장이 질서정연하게 운영되는 데 도움이 되었다.

CHAPTER 8 - 시장 경제의 성숙　　　　　　　　　　　　　　　　　*571*

	소송 건수	소작 대가로 정해진 비율만큼 수확물을 분배하는 경우(%)	소작 대가로 정해진 만큼의 현물을 받는 경우(%)	소작 대가로 현금을 받는 경우(%)
북중국	168	23.2	29.2	47.6
남부/남동부	506	7.9	71.9	20.2
호남/호북	97	7.2	57.7	35.1
남서부	110	10.0	56.4	33.6
합계	881	11.0	60.3	28.7

〔표 8-6〕 소작 체제의 지역별 차이

진 만큼의 곡물로 소작료를 납부하는 것이 전반적 경향이었지만, 북중국에서는 현금으로 소작료를 내는 비중이 훨씬 더 높았다(표 8-6). 소작료의 현금 비율이 높은 것은 하북(河北)과 산동(山東) 지역에 귀족 부재 지주와 팔기군의 토지가 많았기 때문이다.[85] 무엇보다 소작료 자체는 북중국 지역이 남중국 지역에 비해 훨씬 낮았다. 또한 남중국 지역에서는 소작권이 영구적으로 유지되는 경향인 데 반해, 북중국 지역에서는 소작 기간이 매우 짧아 대개는 고작 1년에 불과한 경우가 많았다. 오늘날 하북성(河北省) 석가장(石家莊) 근처에 있는 획록현(獲鹿縣)은 비교적 가난한 지역이었는데, 그곳의 편심(編審) 자료를 보면, 수많은 소농 가구가 아주 조그만 필지의 토지를 소유했음을 알 수 있다. 획록현의 전체 가구 가운데 5분의 4가 20무(畝) 이하의 토지를 소유하고 있었다(이곳은 성인 남성 한 명이 경작할 수 있는 면적이 20~30무인 지역이었다). 대규모 지주라고 해봐야 겨우 200~400무를 소유할 따름이었다. 18세기에 획록현

---

85 Philip Huang 1985: 102.

의 인구가 급증했음에도 불구하고, 획록현의 토지 소유 관계는 18세기 내내 매우 안정적이었다. 유일하게 의미 있는 변화라고 한다면, 대토지 소유자 가운데 귀족의 수가 점차 줄고 최대 지주의 소유 면적도 갈수록 줄어들었다는 사실이다(표 8-7, 표 8-8). 드문드문 남아 있는 다른 지역의 자료들을 보더라도, 대부분 농가에서 소규모 토지를 소유하고 있었고 대토지 소유자는 거의 없었음을 확인할 수 있다.[86]

농업 분야의 지역별 차이는 굉장히 강하게 남아 있었다. 북중국 지역의 토지 소유는 대개 비슷했는데, 대지주도 별로 없고 소작농도 거의 없었다. 상당수 빈곤층이나 토지를 소유하지 못한 사람들은 고용 노동자로 일했다. 북중국 대부분 지역에서는 식량을 위한 농업이 일반적이었지만 환금 작물들, 예를 들면 수수(증류해서 술을 만드는 원료로 쓰인다), 목화, 담배, 땅콩 등은 지역 환경에 잘 적응하는 편이었고, 일반 농가를 상품 생산으로 유인하는 요인이었다. 중원 지역에서는 약 20~30퍼센트의 농지에서 목화를 재배했다. 그렇다고 일부 연구에서 주장하는 것처럼, 북중국 지역의 농업 생산물에서 목화가 차지하는 비중이 그렇게 높지는 않았다.[87]

강남 지역은 소작이 널리 행해졌지만, 복건이나 광동 같은 남부 해안 지역에는 자기 땅을 소유한 소작농도 많았다. [표 8-6]에서 드러나는 바와 같이, 고정 소작료 경향은 명나라 후기에 빠른 속도로 확산되었다.

---

86 Li Wenzhi and Jiang Taixin 2005: 302-32.
87 Lillian Li 2007: 100-1에서는 북중국 지역 전체 농지의 20~30퍼센트가 목화를 재배했다는 주장(Naquin and Rawski 1987: 143)은 전반적으로 과장되었다고 비판하고 있다.

단위: 합계를 제외하고 모두 퍼센트

토지 규모		없음	0-10무	11-20무	21-50무	51-100무	100무 이상	합계
1706년	가구 비율	18	37	23	16	5	1.2	7,520
	토지 비율	–	12	22	29	17	20.0	114,882
1726년	가구 비율	22	42	18	11	5	1.5	5,592
	토지 비율	–	13	17	22	22	26.0	79,867
1746년	가구 비율	26	38	16	12	6	1.8	11,713
	토지 비율	–	11	15	23	25	26.0	177,847
1771년	가구 비율	16	45	17	16	5	1.8	1,483
	토지 비율	–	12	16	23	29	20.0	22,417

[표 8-7] 획록현의 가구 및 토지 등록(編審), 1706~1771년

		가구 수	가구 비율	소유 토지(무)	토지 비율	가구당 소유 토지 평균(무)
1706년	호족	54	61	17,837	16	330
	평민	35	39	5,294	29	151
1726년	호족	48	56	14,902	11	310
	평민	38	44	5,848	22	154
1746년	호족	78	36	24,293	12	311
	평민	137	64	22,636	23	165
1771년	호족	5	19	1,224	16	245
	평민	22	81	3,196	23	145

[표 8-8] 획록현 호족 및 평민 대지주, 1706~1771년

이는 생산성 향상의 결실을 소작농이 가져갈 수 있다는 의미였다. 동시에 수확에 실패할 경우 더 큰 위험을 감수해야 했다. 소작료는 일반적으로 가을에 예상되는 수확량을 근거로 산정했지만, 소작농은 또한 이모

작을 통해 상당한 수익을 올릴 수 있었다. 이모작이라 하면 수전 농법으로 재배하는 벼와 겨울 작물(밀, 콩, 기름을 짜는 작물)이 주로 짝을 이루었다. 복건과 광동의 열대 지역에서는 벼만 가지고 1년에 두세 차례 수확할 수 있었다.

강남 지역은 벼농사에 콩깻묵 같은 거름을 이용함으로써 단위 면적당 수확량이 명나라 후기보다 50퍼센트가 더 올랐다. 그러나 강남의 전체적인 쌀 수확량은 오히려 줄어들었다. 왜냐하면 농가에서 양잠이나 목화 재배, 면직물 생산 및 기타 가내 수공업에 더 많은 노동력을 투입했기 때문이다. 직물 생산에는 거의 배타적으로 여성과 아이의 노동력만 투입되었는데, 가구 소득에서 차지하는 비중이 상당해 아마도 가구의 가장 큰 수입원이었을 것이다. 18세기 중엽 강남의 시골 농가는 고작 10무(畝) 혹은 그 이하의 농지를 경작했을 뿐이지만, 가내 수공업의 성장 덕택에 가구 소득은 증가했다(이 시기 강남 지역 농업에 관한 좀 더 자세한 논의는 제9장 참조).[88]

복건과 광동 등 해안 지역을 중심으로 상업 작물 재배도 가속화되었다. 광동의 주강 삼각주는 1550년 이후 농업 생산성, 인구, 상거래 등이 폭발적으로 늘어났다. 삼각주의 습지와 해안의 모래땅을 개척해 논과 수리 시설을 조성한 뒤로 농경지가 크게 확장되었다. 이곳은 국내 및 해외 시장 접근이 용이하므로 시장성 높은 작물을 재배하는 경향이 강했다. 삼각주의 많은 농민은 벼농사를 그만두고 사탕수수 같은 환금 작물을 재배했다. 광동은 17세기 초에 이미 일본, 그리고 동아시아 해상 무

88 Li Bozhong 1998.

역에 설탕을 공급했다. 카리브해 지역에서 설탕 산업이 부상하기 전에는 심지어 유럽으로도 수출했다. 자본 집약적이며 노예 노동에 의존한 아메리카 식민지 지역의 사탕수수 플랜테이션 농장과 달리, 광동과 복건의 사탕수수 재배는 소농의 손으로 이루어졌다. 이들은 방아를 소유한 측과 미리 협상한 뒤 그들로부터 자본 투자를 받아서 농사를 지었다. 재배자가 방아를 임대하거나 집단적으로 방아를 운영하는 조합을 결성하기도 했다.[89] 사탕수수를 가공 처리하여 설탕을 정제한 뒤에는 상인이 강남 지역으로 설탕을 팔았고, 그 대가로 목화를 얻어 와서 실을 잣는 사람들과 천을 짜는 사람들에게 원료를 공급했다.

18세기 초에 이르러 광동 지역 농지의 절반 이상이 상업 작물을 재배했다는 연구도 있다.[90] 아메리카에서 식량 작물이 들어온 뒤로, 광동과 복건에서는 벼농사에서 사탕수수 재배로 전환하는 일이 더욱 수월해졌다. 땅콩은 사탕수수 재배로 지력(질소)이 고갈된 곳에서 재배했다. 땅콩 가루도 거름으로 쓸 수 있었다. 땅콩에서 기름을 추출하는 방아의 구조는 사탕수수 즙을 짜는 방아와 비슷한 구조였다. 방아를 소유한 사람들은 사탕수수와 땅콩기름을 모두 취급하는 경우가 많았다.[91] 땅콩과 마찬가지로 고구마도 삼각주의 모래땅에서 널리 재배되었는데, 노동력도 그리 많이 필요하지 않았다. 1612년에 출간된 군현지는 광동에서 복건 남부 지역으로 고구마를 들여온 지 불과 5~6년이라고 했지만, 사실 빈

---

89 Mazumdar 1998: 84-86, 323-31.
90 Marks 1999: 184.
91 Mazumdar 1998: 254-60.

민에게는 이미 고구마가 주식으로 자리 잡고 있었다.[92]

　　남중국 내륙 지역과 대만의 새로운 국경 지역, 그리고 남서쪽의 귀주(貴州), 광서(廣西), 운남(雲南) 등지에는 수많은 이민자가 몰려 새롭게 삶의 터전을 꾸렸다. 이러한 험난한 지역에서도 농경지가 확대될 수 있었던 것은 옥수수와 고구마 같은 아메리카의 식량 작물 덕분이었다. 그리고 목재를 채취하고 차(茶)도 재배할 수 있었다. 여러 지역에서 처녀지 개간 허가를 얻는 사람들이 나타났고, 이들은 소작농을 모집하여 숲을 제거하고 농지를 일구도록 했다. 그러나 내륙 지역의 농업 발전이 빠른 속도로 진행된 만큼 환경 문제가 뒤따랐다. 숲을 제거하고 물길을 잠식한 결과 저지대의 홍수 위험은 더욱 커졌다. 앞에서도 언급했듯이 동정호(洞庭湖)와 파양호(鄱陽湖) 부근 양자강 중류 지역은 농부가 호수 바닥을 간척해 비옥한 논을 조성했기 때문에 특히나 홍수에 취약했다. 지주와 소작농은 함께 가용 자원을 동원해 둑과 관개 시설을 건설했다. 면적이 줄어든 호수로 흘러드는 물길을 다른 곳으로 돌려놓기 위함이었다.[93]

　　사천(四川)은 내륙 지역 중에서 인구 성장과 농업 확대의 전형적 양상을 보여주었다. 고대에 사천은 핵심적 경제 지역이었지만, 13세기 몽골의 침략과 17세기 농민 반란 등으로 버려진 땅이 되어 있었다. 청나라는 스스로 개간하거나, 영토 밖의 토지를 병합하거나, 한족(漢族)이 아닌 이민족을 쫓아낸 이주민에게 그 땅의 법적 소유권을 보장해주었다.

92　Fu Yiling 1982: 125에서 재인용.
93　Will 1985; Perdue 1987.

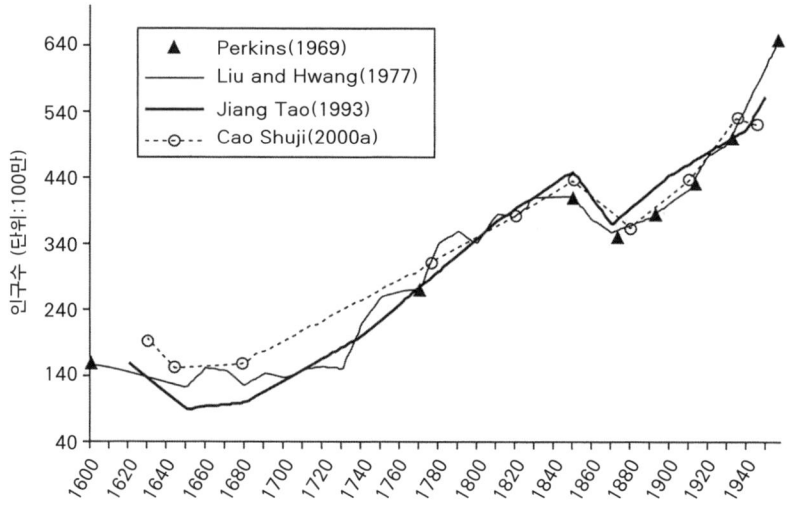

[그림 8-3] 중국의 인구 변화, 1660~1850년

1740~1750년대, 특히 양자강 중류 지역을 괴롭힌 흉년과 자연재해가 호남(湖南)과 호북(湖北) 사람들을 서쪽으로 내몰았다. 사천은 아마도 18세기 최고의 인구 성장률을 기록했을 것이다. 1673년 300만이던 인구는 1776년 1700만이 되어 거의 6배가 되었으며, 1820년에는 2300만까지 치솟았다.[94] 사천에 다시 사람들이 정착하자, 지역 상권의 중심은 과거 성도평원(成都平原)에서 양자강 유역의 중경(重慶)으로 점차 이동하게 되었다.[95]

---

94 Cao Shuji 2000b: 324-25. 정부의 사천 이주 권장 정책에 관해서는 Chen Feng 2008: 299-317 참조.

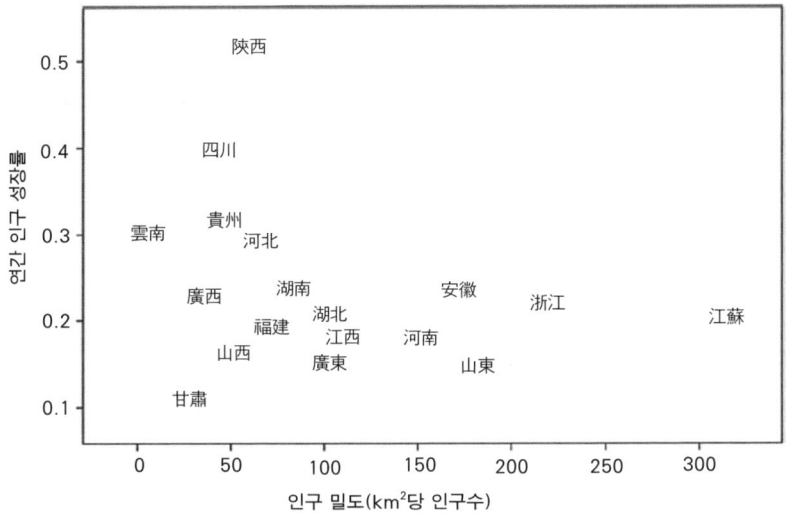

〔그림 8-4〕 인구 밀도와 성장률, 1776~1820년

17세기 말부터 시작된 중국의 인구 급증은 1850년까지 중단 없이 지속되었다(그림 8-3). [그림 8-4]에서도 볼 수 있는 것처럼, 1776년에서 1820년까지 인구 증가 비율은 서부의 인구 밀도가 낮은 지역(특히 사천四川과 섬서陝西)에서 현저히 높았다. 물론 강남처럼 인구 밀집 지역에서도 상당한 증가세를 보였다. 당시의 학자들도 이러한 인구 증가 현상을 충분히 인식하고 있었다. 주도적 정부 관료는 1748년 이미 인구 성장이, 언제나 선정을 베푼 결과로 인식되었음에도 불구하고, 식량 생산을 넘어섰으며 그 불균형 때문에 물가가 오르고 생계와 생존에 위협

95 Paul J. Smith 1988.

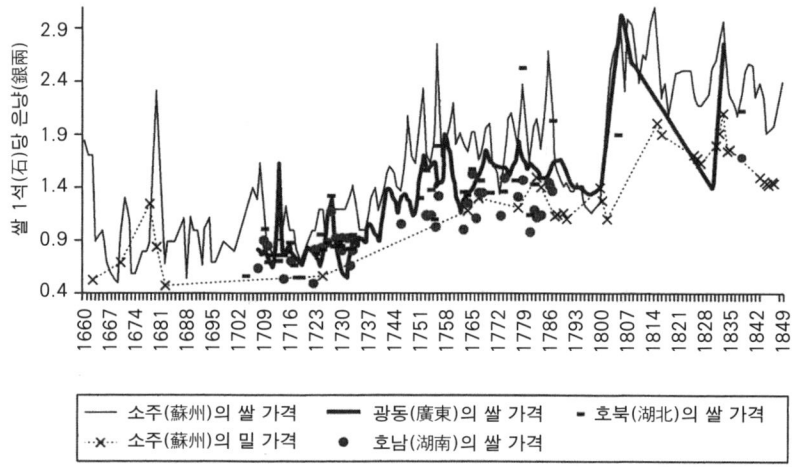

[그림 8-5] 남중국 지역 곡물 가격 변동, 1660~1850년

이 될 수 있다는 우려를 표명했다.[96] 아닌 게 아니라 18세기 내내 물가는 지속적으로 올랐다. 1730~1758년 식량 수급이 부족했던 강남과 광동에서 특히 물가가 급격히 상승했다. 그러나 그 이후로는 상승률이 둔화되었고, 1790년대에는 거꾸로 하락하기도 했다.[97] 물가 인플레이션에 관한 가장 종합적인 근거는 쌀값에서 찾을 수 있다(그림 8-5). 그러나 다른 곡물이나 목화, 비단, 기타 다양한 소비재 상품(직물, 연료, 술, 의약품, 종이)의 물가도 18세기 동안 쌀값과 비슷한 경향을 보인다.[98] 따라서

---

96 Will 1994: 866-68; Marks and Chen 1995: 141-42; Dunstan 2006: 307-462.
97 강남의 물가는 Yeh-chien Wang 1992 참조. 광동은 Marks and Chen 1995 참조. 직례(直隷)의 밀가루 가격(Lillian Li 1992)과 호남(湖南)의 쌀 가격(Wong and Perdue 1992)은 1740~1790년 매우 점진적으로 올랐다.

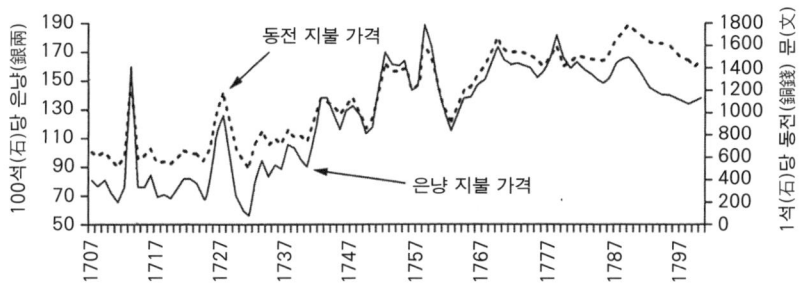

〔그림 8-6〕 광동(廣東) 지역 쌀값 대비 은화과 동전의 가치, 18세기

물가는 상대적으로 꽤 안정적이었던 것 같다. 광동 지역의 자료를 보면 쌀값은 동전(銅錢)으로 치렀고, 1740년에서 1780년까지는 은(銀)도 함께 사용되었다. 이후 은의 가치가 하락하는 경향을 보였는데, 분명 외국의 은 수입량이 급격히 늘어났기 때문이다(그림 8-6). 18세기 물가의 인플레이션은 화폐 총공급량의 급격한 확대(그림 8-2) 때문이었을 뿐, 인구 증가에서 비롯된 문제는 아니었다.[99] 아직은 중국에 맬서스가 언급한 인구 증가로 인한 식량 위기(Malthusian subsistence crisis)가 닥친 것이 아니었다.

원거리 무역으로 곡물의 유통이 원활해지면서 식량 공급에 대한 인구 압력은 다소간 완화되었다. 소주(蘇州)는 잘 조직된 쌀 시장 체제의

---

98 Kishimoto 1997: 138-53; Peng Kaixiang 2006: 34-36; Chen Chunsheng 2005: 158-61.
99 이것이 Peng Kaixiang 2006의 결론이다. 이는 청나라 물가의 역사에 관한 한 가장 우수한 연구 성과다.

중심이었다. 이 시장이 양자강 주변의 평야 지대 전체를 포괄했고, 대운하를 따라 북부 지역도 어느 정도는 이 범위에 속했다.[100] 18세기 후반에는 매년 1700만 석(石, 300만 톤 이상)의 쌀이 풍교(楓橋)를 거쳐 갔다. 그곳이 바로 소주 근교에 위치한 대규모 쌀 시장이었다. 전체 6200만석 가운데 4분의 1 이상이 원거리 무역을 통해 들어온 쌀이었던 것으로 추정된다(지도 8-4).[101] 주기적으로 쌀이 부족한 지역이 있을 때마다 남부 해안의 무역 네트워크로 곡물이 공급되었는데, 그런 경로는 하나가 아니었다. 광동은 매년 300만 석을 수입했는데, 대부분이 그 서쪽의 광서(廣西)에서 들여온 곡물이었다. 한편 복건은 대만으로부터 매년 100만 석을 들여왔는데, 대만은 18세기에 중국인 정착민이 급속도로 확산된 지역이었다.[102] 대운하의 간선을 따라 매년 북경과 그 인근으로 100만 톤의 곡물이 공급되었으며(그중 절반은 세금이었다), 막대한 양의 밀과 콩이 양자강 삼각주로 운송되었다.[103] 지역 내 시장과 지역 간 시장이

---

100 물가의 상호 연관성을 추적한 수많은 연구에 의거하여, 소주(蘇州)에 대단히 집중적인 쌀 시장이 존재했던 사실이 확인된다. Ch'üan and Kraus 1975; Peng Kaixiang 2006; Shiue and Keller 2007; Cheung 2008 참조.
101 Zheng Yibing 1994: 90-91. 이 연구에서 추정하는 지역 간 곡물 거래의 규모는, Wu Chengming(1985: 255-59)의 유명한 연구에서 제시한 1840년 수치(3000만 석)에 비해 2배나 많다. 자료를 보면 분명 1790년대부터 지역 간 곡물 거래 규모가 줄어들기 시작했던 것은 사실이다. 그럼에도 불구하고 오늘날 많은 학자들은 Wu Chengming이 추산한 수치가 너무 적다고 생각한다. Peng Kaixiang 2006: 6; Fang Xing et al. 2007, 2: 733 참조.
102 Chen Chunsheng 2005: 45-46; Yeh-chien Wang 1985: 90-95.
103 북부와 중부의 지역 간 곡물 거래 규모는 논란의 여지가 있다. Cheung(2008: 23-25)은 임청(臨清)이나 제남(濟南) 같은 산동 지역의 주요 상업 도시가 소주(蘇州)와 그리

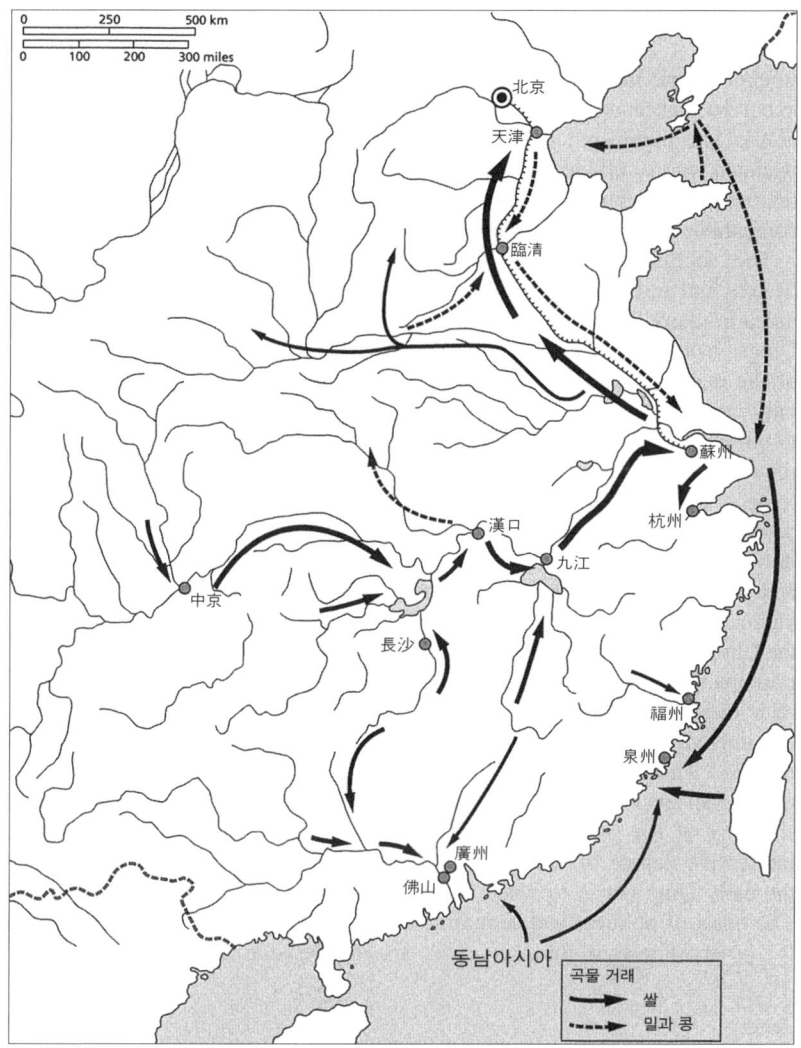

[지도 8-4] 18세기 중국 주요 무역로의 곡물 거래 흐름

CHAPTER 8 - 시장 경제의 성숙

이처럼 통합되어 있었으므로 추수에 실패하는 일이 있더라도 곡물 가격에는, 적어도 도시 지역에서는 큰 영향을 미치지 않았다.[104] 정부의 창고도 수급 문제를 최소화하고 곡물 가격을 안정시키는 데 일정한 역할을 했다. 그러나 1750년 이후 국가는 대규모 물량을 저장하는 대신 상평창 관리자에게 돈을 주고 시장에서 곡물을 사들이도록 했다. 18세기 말의 곡물 가격에 대한 최근의 비교 연구를 참조하자면, 중국의 원거리 무역은 유럽보다 더 효율적으로 운영되었다. 양자강 삼각주 지역은 전반적인 시장의 효율성 측면에서 영국보다 뒤처진 상태였지만, 서유럽 대륙과 비교하자면 그에 비등하거나 월등한 면이 있었다.[105]

18세기 중국은 복잡한 상거래 네트워크가 주요 상업 거점과 대부분의 도시에 연결되어 있었다. 그러나 시골의 작은 마을은 거의 건너뛸 수밖에 없었다. 시골에서 정기적으로 열리는 시장이 청나라 때 매우 번성했는데, 어느 연구에 따르면 18세기 말 전국적으로 2만 2000개 이상의 지역 시장이 있었다. 그러나 이러한 시장은 대부분 소규모 상인에 의해 운영되었을 뿐 도매상은 거의 없었고, 지역 간 거래 네트워크에도 대부분 연결되지 못했다.[106] 도시와 시골이 연결되지 못한 이유는 높은 물류비 때문이었다. 북중국 지역도 운하가 닿지 않는 곳에서는 시장에 연결

긴밀한 관계가 아니었다고 주장한다. 이와 달리 Lillian Li(2007: 217-19)는 직례(直隷, 河北)와 소주(蘇州)의 곡물 가격이 긴밀하게 연동되고 있었다고 주장한다.
104 광동 지역을 연구한 Marks(1999: 268-74)와 하북 지역을 연구한 Lillian Li(1992: 88-95)를 근거로 이와 같은 결론에 도달할 수 있었다.
105 Shiue and Keller 2007. Marks(1999: 271)의 연구에 의하면, 18세기 광동에서 수확량 대비 가격 변동 비율의 안정성은 17세기 영국보다 더 안정적이었다.
106 정기 시장 관련 수치는 Fang Xing et al. 2007, 2: 778 참조.

되었던 흔적이 전혀 발견되지 않는다. 게다가 1800년 이후로는 그나마 통합의 정도가 쇠퇴하기 시작했다.107 윌리엄 스키너(G. William Skinner)는 19세기 자료를 통해, 철도와 증기선이 등장하기 전에는 중국의 경제가 전국 단위로 강하게 연결되어 있지 않았다고 주장했다. 그 대신 8개 권역으로 나뉘어 있었다고 보았다. 권역은 주로 수로(水路)에 의해 구분되었고, 각각의 거대 권역 안에서 도시의 위계질서, 상거래 유통 경로, 자원 확보 패턴이 나름대로 형성되어 있었다. 스키너의 주장에 따르면, 상업의 발전은 거대 권역 가운데 핵심 지역에 집중되었으며 주변 지역에서는 인구, 거래, 부가 갈수록 줄어들었다(지도 8-5).108 그러나 스키너가 제시한 모델은 당시의 현실과 맞지 않았다. 스키너의 문제는 특히 전국을 하나로 묶어주는 강력한 구심적 역할을 한 지역 간 상거래를 과소평가했다는 데 있다. 그러나 놀라울 정도였던 청나라 초기의 지역 간 상거래와 시장 통합은 18세기의 마지막 10년 동안 점차 쇠락의 길을 걸었다. 19세기 들어 정치와 경제의 위기가 시작되자, 전국을 아우르던 통합의 원동력도 무너져버렸다. 시간이 지날수록 청 제국의 경제 구조는 스키너가 언급한 권역별 구분 모델에 점점 더 가까이 다가갔다.

요약하자면 국내 시장의 효율성, 지역별 생산 특화, 화폐 공급의 확대가 청나라 초기 인구 증가와 경제 발전을 촉진했다. 18세기 동안 서서히 오른 물가는 인구 증가와 거의 일치했다. 이는 농업 및 산업 생산

---

107 Lillian Li 2007: 207-13. Xu Tan(2000)은 청나라 당시 전국적인 시장 네트워크가 시골까지도 깊숙이 침투해 있었다는 입장을 확고히 견지해왔다. 그러나 이에 대한 Lillian Li의 회의적 시각이 훨씬 확실한 근거에 바탕을 두고 있다.
108 Skinner 1977a, 1977b.

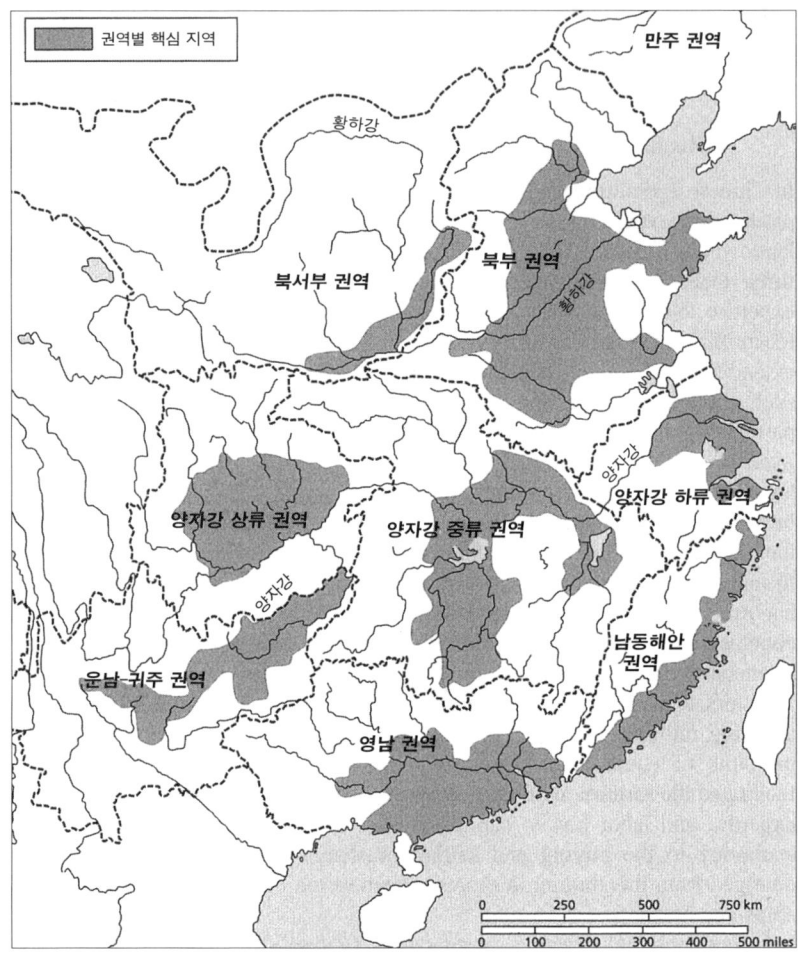

[지도 8-5] 청(淸)나라 말기 중국의 거대 권역 구조

성이 인구 증가와 보조를 맞추었기 때문에 1인당 소득은 거의 줄어들지 않았음을 의미한다. 다만 양적 성장이 가져다준 번영에 가려, 정작 정체된 생산 기술 혁신의 문제는 잘 드러나지 않았다.

기업 조직과 금융 시장

중국 농업의 기본 생산 단위는 언제나 독립 가구였다. 대토지를 소유한 대지주가 출현했을 때조차 이러한 관행은 변함이 없었다. 상거래 기업 또한 마찬가지로 대부분 가족 기업의 형태를 취했다. 노동력, 자본, 기술적 전문성 모두가 배타적으로 가족 구성원 가운데서 해결되었다. 그럼에도 불구하고 명-청(明淸) 시대에는 점차 여러 투자자가 협력하는 형태로 자원을 공유하고, 위험을 줄이고, 상거래의 공간적 범위를 확장하는 사례가 늘어났다. 이러한 경우의 대부분은 코멘다(commenda) 방식이었고, 주로 단기적인 사업에 적용되었다. 그러나 다른 방식의 조합도 생겨났다. 즉 투자자 개인에게서 독립적으로 유지 및 존속하는 회사 조직이 등장했던 것이다. 앞에서 살펴보았듯, 16세기에는 가문 기업이 회사 형식으로 설립되었다. 또한 가족 기업의 한계를 넘어서는 공동 투자 조합도 생겨났다. 지분 제도가 생기면서 조합이 발달하게 되었던 것이다. 일부 학자들은 공동 투자 조합이 이미 송(宋)나라 때 등장했다고 주장하지만, 확실한 증거는 16세기 이후에야 등장한다. 기업이 오래 유지되려면 지분 투자 방식이 유리했다. 개별 투자자가 자본을 철수하더라도 기업의 전체 자산은 안정적이었다. 상속자가 여럿인 경우(왕조 시대 중국의 법적 원칙은 균등 상속이었기 때문에 흔히 일어나는 일이었다)에도 각자의 이해관계를 해치지 않았다. 또한 경영인은 자본을 투자하지 않고 전문성과 노동력만 제공하는 조합도 많이 생겨났다. 지분을 거래한 18세기의 자료도 많이 남아 있다. 그러나 지분 매매가 주식 시장의 탄생까지 이어지지는 못했으며, 대개는 개인적 관계나 계약에 의거해 매매가 이루어졌다.

전통적 관습에 따르면, 조합(합과合夥, 합화合伙)은 여러 가지 형태를 가질 수 있었다. 1) 코멘다(commenda) 방식, 2) 공동 투자 방식(합본合本 혹은 합고合股), 3) 대리인 경영 체제 등이었다. 코멘다 방식에서는 한 사람이 투자를 받아 그가 직접 멀리 여행을 하거나 물건을 흥정하는 등의 실무를 담당했다. 실무자는 자신의 시간뿐만 아니라 기량, 즉 상품의 품질과 가치를 평가하는 안목, 고객이나 중개인 및 운송업자 인맥, 시장과 유통 경로에 관한 지식을 제공했다. 투자자는 자신이 제공한 자본을 실무자 마음대로 사용하게 내주기 때문에, 실무자에 비해 더 큰 위험을 감수해야 했다. 그래서 통상적으로 수익에서 투자자의 몫이 더 컸지만, 양자가 수익을 공평하게 나누어 가지는 경우도 많았다. 코멘다 방식은 대체로 일회성 거래에 국한되었다.

공동 투자 방식에서는 여러 명의 투자자가 자본을 모으고, 각자의 지분만큼 이익을 나누었다. 사업 관리는 한 명 혹은 여러 명의 주요 투자자가 맡고, 일반 투자자에게는 결정권이 주어지지 않는다. 대리인 경영 체제에서는 전문 경영인을 고용했다. 코멘다 방식의 실무자처럼, 전문 경영인과 때로는 그 수하의 직원들도 (전문성과 노동의 정도에 따라) 일정한 지분을 받았다. 코멘다 방식이 주로 단기 사업에 적용된 반면, 공동 투자 방식이나 대리인 경영 방식은 장기 사업에서 채택되었다.[109]

조합에 관한 분명한 조항이 왕조 시대 중국의 법으로 규정되어 있지는 않았다. 상인 조직과 활동을 규제하는 법도 별도로 존재하지 않았다.[110] 조합은 계약을 체결하는 것만으로 성립되었다. 앞에서 언급했듯, 왕조 시대 중국에서는 계약서가 가장 근본적인 전제였다.[111] 상거래 관습은 계약서에 반영되어 있었고, 법에 특별히 저촉되지 않는 한 지방관은 분쟁이 발생했을 때 계약서에 근거해 판결을 내렸다.[112] 물론 애매한 영역도 남아 있었다. 특히 법에서는 재산권(따라서 부채 또한)의 소재를 개인이 아니라 가구(가정)로 보았기 때문이다. 상거래 관련 분쟁은 법정보다 민간의 중개로 결론이 내려지는 경우가 많았다. 예컨대 파산이 진행될 때도 법적 체제 바깥에서 관습에 따라 협상하는 것이 일반적이었다. 지방관은 다만 각각의 당사자가 중개인과 협력하도록 중재할 때나, 혹은 사기꾼을 처벌할 때 분쟁에 개입했다.[113]

앞에서 살펴보았던 것처럼, 가문 기업도 지속적으로 유지되는 기업이 만들어지는 하나의 방식이었다. 물론 가문 기업은 오늘날 자본주의 체제에서의 주식회사와 전혀 다른 방식이었다. 가문 기업의 목적은 기본적으로 의례와 윤리적 문제, 즉 조상을 모시는 사당과 묘지를 유지 및

---

109 산서 상인과 휘주 상인은 이 세 가지 유형을 모두 운용했다. 하지만 산서 상인은 대리인 방식을 선호했고, 휘주 상인은 공동 투자 방식을 선호했다. Terada 1972: 265-83; Zhang Haipeng and Wang Tingyuan 1995: 68-82 참조.
110 중국의 합과(合夥, 합화合伙) 개념은 모든 종류의 파트너십에 대해 폭넓게 적용될 수 있었다. 심지어 주인이 급여를 주고 노동자를 고용하는 경우에도 합과라고 일컬었다. Liu Qiugen 2007: 187-89 참조.
111 소유권을 확정하고 사업상 파트너십을 결정하는 문제에 있어 계약서의 역할에 관해서는 Zelin 2004; Kwan 2004; Gardella 2004 참조.
112 Zelin 2004: 27-30; Kwan 2004: 292-93.
113 Dykstra 2013: 413-20.

관리하고, 친척의 단합과 연대 의식을 고양하는 것이었다. 가문 기업의 자본은 가문 구성원의 기부에 의해 조성되었다. 기금을 낸 사람들은 가문 기업의 주주가 되는 셈이었다. 가문의 구성원이 이러한 기업으로부터 지분에 따라 수익을 얻을 수는 있었지만, 기업에 대한 소유권을 행사하거나 지분을 마음대로 처분할 수는 없었다. 데이비드 포레(David Faure)는 가문 기업이 상인 조합보다는 주식회사에 더 가깝다고 보았다.[114] 가문 기업과 수익을 추구하는 현대적 주식회사가 결정적으로 다른 점이 있다면 의례 문제라는 것이 데이비드 포레의 주장이었다.[115] 그럼에도 불구하고 가문 기업은 수익 극대화에도 상당한 관심을 두고 있었다. 데이비드 포레는 1745년의 어느 계약을 언급하고 있다. 계약에 따르면 어느 한 가문에 속하는 55가구가 각각 55냥(兩)을 기부해 주강 삼각주 지역에서 시장을 건설했다. 이렇게 모은 자금으로 시장을 둘러싸는 담과 대문, 선창, 사찰, 그리고 38개의 상점을 세웠다. 전체 부동산은 11개 덩어리로 나뉘었고, 5가구가 공동으로 한 덩어리의 부동산을 관리했다. 즉 투자자가 직접 부동산 임대 세입자를 구하고 임대료를 협상하는 일을 나누어 맡았다. 데이비드 포레의 말을 빌리자면, "가문 구성원은 기업 활동에 적극 참여했고, 이들의 활동과 상인의 상거래를 구분할 명백한 기준을 찾고자 한다면, 아마 그 어떤 시도도 의미 없을 것이다."[116]

---

114 Faure 2007: 230.
115 Faure 2006: 33-44. 가문 조직이 지속되는 와중에 내부 분쟁으로 고통을 겪기도 했다. McDermott(2013a: 366-68)의 연구에서 보여주듯이, 가문 기업이 오래도록 분투한 가장 중요한 문제는 늘어나는 가문 구성원과 먼 친척에 대한 통제와 협력을 유지하는 일이었다.

공동 투자 방식이라면 자본을 추가로 모집할 수 있을 뿐만 아니라 설립자나 투자자로부터 일정 정도 독립된, 기업 자체의 영속적 기반을 만들 수도 있다. 경영 책임은 주요 투자자가 맡는 것이 일반적 관행이었다. 일반 투자자의 의견은 일상적 기업 활동에 반영되지 않았다. 다만 일반 투자자는 투자금을 마음대로 넣거나 뺄 수 있었다(새해 명절 전날 계좌의 연간 결산 때). 제한된 자본 시장 상황을 감안할 때, 이 정도면 상대적으로 투자 및 철회가 손쉬운 편이었다. 따라서 기업으로서는 새로운 투자를 모집하기가 그만큼 용이했다. 그러나 투자자가 급격하게 빠져나간다면 심각한 금융 문제를 떠안을 수도 있었다.[117]

만전당약점(萬全堂藥店, 이하 만전당)의 사례를 보면, 기업이 어떻게 장기적으로 유지 및 존속했는지 잘 알 수 있다. 만전당은 의사 집안의 후손인 악풍의(樂風儀)라는 사람이 18세기 북경에서 개업한 약국이었다.[118] 악풍의와 그의 후손들은 가업(家業)으로 만전당을 경영했으나, 1740년대에 약국은 금전적 문제를 해결하지 못하고 빚을 지게 되었다. 1746년에 악씨(樂氏)는 전문 경영인인 색씨(索氏)에게 가게 운영을 맡겨야 했다(표 8-9).[119] 색씨의 운영으로 가게의 자산이 회복되고 악씨

---

116 Faure 2007: 231-32.
117 Liu Qiugen and Xie Xiuli 2005.
118 Liu Yongcheng and He Zhiqing 1983. 악풍의(樂風儀)의 형이 1702년 먼저 약국을 열었고, 그로부터 멀지 않은 시기에 악풍의도 자신의 약국을 개업한 것 같다(1709년에는 이미 만전당이 존재했다).
119 1742년에 지점 하나를 두 명의 사업가에게 조건부로 매매했는데, 최소한 은전 2000냥(兩)이었다. 악씨도 계속해서 지점을 운영하고 있었지만, 적당한 동업자를 찾고자 몇 차례 시도했으나 실패하고 전문 경영인에게 가게를 임대하게 되었다.

연도	주인	투자 내용	신규 투자자	투자 내용	이익 분배
1746년	악씨(樂氏)	점포, 건물, 상호	색씨(索氏)	2,724냥	균등
1751년	악육린(樂毓麟)	3,251냥	관씨(菅氏)	2,490냥	균등
1755년	악씨(樂氏), 관씨(菅氏)	상호	강씨(姜氏), 손씨(孫氏)	5,000냥	악씨, 관씨: 30% 강씨, 손씨: 70%
1772년	악씨(樂氏), 관씨(菅氏), 강씨(姜氏), 손씨(孫氏)				손씨 등: 60% 악씨: 20% 관씨: 20%
1810년	-	-	강승재(姜承齋) 한진당(韓晋堂)	강: 8,200냥 한: 12,000냥	균등
1817년	한진당(韓晋堂) 강성원(姜聲遠)	한: 15,000냥 강: 5,000냥			■

〔표 8-9〕 만전당약점(萬全堂藥店)의 소유주 변화

는 부채를 모두 갚을 수 있었으나, 1751년 색씨는 정부 관리에 임명되어 가게를 그만두게 되었다. 1755년 불이 나서 큰 손해를 입게 되자 악씨는 다시 네 명의 조합원을 구했다. 15년 동안 한시적 계약을 맺고 조합원 각자는 모두 자신의 가게를 운영했고, 전체적인 관리 책임은 악육린(樂毓麟)이 맡았다. 1772년 악육린의 동생 악육수(樂毓秀)를 총괄 책임자로 하는 계약 갱신이 이루어졌고, 1792년 악육수가 사망한 뒤 총괄 책임자 자리는 다른 조합원이 맡게 되었다.

이유는 알 수 없지만 1810년에 만전당 조합 계약은 종료되었다. 다섯 명의 조합원은 가게를 팔고 지분을 다른 사람에게 넘겼다. 인수한 사람은 산서 상인 연합으로, 강씨(姜氏)와 한씨(韓氏) 가문이었다. 수 세기 동안 가게를 맡아온 악씨는 더 이상 지분 참여를 하지 않았다.[120] 어쨌든 고향 사람들끼리의 조합은 순조로웠다. 그러나 1817년 강씨가 한씨에 대한 불만으로 지분을 빼고자 했다. 최대 지분을 가진 한씨가 강씨의 의견을 거의 반영하지 않는다는 불만이었다. 한씨는 손해를 보충하기 위해 자본을 모집했고, 지분을 조건부로 매매하고자 했다. 그러나 곧이어 한씨는 강성원(姜聲遠, 한씨와 혼인 관계가 있던 인물)을 설득하여 다시 조합을 지속하기로 했다. 다만 강씨의 투자 지분은 전체의 4분의 1로 줄였다. 이후에도 조합 운영은 한씨 가문이 주도했다. 새로운 투자자가 들어오거나 기존 투자자가 빠져나감에 따라 자본금도 늘어나거나 줄어들기도 했지만, 20세기 초 중화인민공화국 정부가 모든 기업을 국유화하기 전까지 만전당의 번영은 지속되었다.[121]

만전당의 250년 역사는 사업상 조합 방식이 얼마나 유동적이었는지를 잘 보여주고 있다. 자본을 모으거나 전문 경영인을 고용함으로써 기업의 역량을 키울 수도 있었고, 설립자나 그 후손들의 관심, 기량 혹은 재정 상태와 별도로 기업은 지속적으로 유지될 수 있었다.[122] 지분 참여

---

120 새로 지분을 취득한 사람들은 친족 집단이 지주 회사를 운영했는데, 데이비드 포레가 말한 가문 기업(lineage trust)이었다.
121 악풍의(樂風儀)의 형제가 1702년에 설립한 약국 동인당(同仁堂)도 나중에는 외부 투자자를 받아들였다. 그러나 1820년 악씨 가문 유일 지분으로 되돌아갔다. 만전당과 달리 동인당은 관리인에게도 지분을 나누어 주었다. 1818년을 기준으로 21명의 지분 참여자(전체 투자금은 은전 4만 3800냥)가 지분 36.5를 가졌고, 관리인이 지분 10(전체의 21.5퍼센트)을 가졌다. Liu Yongcheng and He Zhiqing 1983: 12 참조.
122 Pomeranz(1997)의 연구에 따르면, 이와 유사하게 가족 기업에서 전문 관리인에 의존하는 공동 투자 방식으로 발전한 경우를 1779년 산동 제령(濟寧)에서 설립된 식품회사 옥당(玉堂)의 사례에서도 확인할 수 있다. 1905년 두 명의 주요 투자자(이들의 선조들이 1807년부터 투자자로 이미 참여하고 있었다)가 기존의 동업자 및 일반 투자자로부터

연도	화방(華房)	B방(房)	C방(房)					
1724-1745년								
1746-1748년				명주(鳴周), 강후(康侯)	군례(君禮)	좌신(佐臣)		
1748-1751년						공저사방 (公箸四房: 風, 君, 慕, 立)		
1752-1755년								
1756-1759년							가방(家房) 산하 지점	풍방(風房) 산하 지점

[표 8-10] 포목점 만전호(萬全號)의 동업자들

가 그리 어렵지 않았다는 사실은 만전호(萬全號)라고 하는 비단 가게의 회계 장부에서도 잘 드러나고 있다. 만전호는 휘주 상인 마씨(馬氏) 가문에서 운영하는 가게였다(표 8-10). 우리가 알고 있는 정보는 대부분 만전호의 한 지점(화방華房)에서 작성한 장부에 근거한 것이므로, 만전호 전체의 상황은 아니다.[123] 만전호는 마씨가 운영하는 3개 지점으로 출발했다. 1746년 그중 한 지점인 화방(華房)에서 일하는 마명주(馬鳴周)와 마강후(馬康侯)는 독자적으로 지분을 확보했다(이들 두 사람은 총괄 지배인으로도 일했는데, 총괄 지배인 자리는 돌아가면서 맡았다). 1748년 나머지 두 지점(명칭이 알려지지 않았으므로 B방과 C방이라고 칭하기로 한다)이 조합 관계를 종료했다. B방과 마군례(馬君禮)는 일성점(日盛店)이라는 다른 비단 가게에 투자를 했다. 같은 시기 화방에 소속된 네 사

지분을 사들여서 옥당을 다시 가족 기업으로 되돌려놓았다. 옥당은 이후 1956년 국유화될 때까지 유지되었다.

123 Liu Qiugen 2007: 415-47.

람이 공동으로 만전호의 지분을 취득했다. 1756년에 이르러 회사 운영이 적자로 돌아서자, 부채를 감당할 사람들로 조합이 다시 조직되었다. 지분은 화방이 전체의 4분의 1, 화방의 산하 지점인 가방(家房)과 풍방(風房)이 각각 4분의 1, 마명주와 마강후가 공동으로 4분의 1을 가졌다. 만전호의 지분을 모두 마씨가 소유한 것은 사실이지만, 그렇다고 만전호가 엄격히 가문 조직과 결속되어 있는 것은 아니었다. 지배 구조는 지분의 비중에 따라 얼마든지 변할 수 있었다.

이들 기업이 돈을 얼마나 벌었는지 우리는 자세히 알지 못하지만, 매년 투자자에게 수익금을 배당했다는 사실만은 확인할 수 있다. 실무자는 성과급을 받았다. 장사가 잘된 해에는 투자자와 실무자 모두에게 보너스가 지급되었다. 일반적으로 배당금은 투자 지분에 비례했다. 그러나 때로는 지분에 상관없이 동일한 배당금을 받기도 했다(만전당에서 1746년, 1751년, 1810년의 경우, 표 8-9 참조). 만전호의 경우 지분은 서로 달랐지만 매년 받는 배당금은 같은 금액이었다.[124] 또한 만전당과 만전호는 일반적 관행에 따라 투자자가 원할 때면 언제든 투자금을 빼서 다른 목적에 사용할 수 있었다. 그 목적이란 결혼이나 장례 비용에서 부동산 구입 비용까지 다양했고, 정부의 관리로 선발되는 것도 포함되었다. 이와 같이 투자금을 빼 가면 자본금이 줄어들었고, 그만큼 기업의 장기적 재무 건전성에는 위협이 되었을 것이다. 그러나 적어도 투자자의 입장에서는 기업의 자본금이든 개인의 자산이든 특별히 구분할 이유가 없었다. 투자자는 자유롭게 조합에서 탈퇴하거나 지분을 빼 나갈 수 있었고,

---

124 Liu Qiugen 2007: 424-25, appendix table 3.

이러한 관행은 기업의 장기적 자본 축적에 불리하게 작용했으며, 때로는 파산의 원인이 되기도 했다.[125]

기업의 지분을 거래할 수 있는 공식 시장은 없었다. 또한 투자자는 언제나 마음대로 투자금을 회수할 수 있었다(심지어 계약서에서 이러한 투자 철회를 금지했더라도 막을 방법이 없었다). 이는 기업의 장기적 유지 및 존속을 가로막는 장애물이 되었다. 개인 투자자의 단순한 변심에도 기업은 매우 취약할 수밖에 없었다. 그래서 청나라 시기에는 전문 경영인에게 운영을 맡겨 투자자가 사업에 관여하는 비중을 줄이려는 경향이 강해졌다. 전문 경영인에게도 상당한 지분이 주어지고 그에 따라 배당을 받는 경우가 많았기 때문에, 전문 경영인도 투자자 못지않게 수익에 관심을 쏟았다.

왕조 시대 후기 중국에서 등장한 기업 조직의 또 한 가지 독특한 양상은 (학자들로부터 별로 주목을 받지는 못했지만) 바로 "연호(聯號)"라고 하는 연합 기업이었다. 성공한 기업은 여러 개의 지점을 통해 확장되었는데, 중앙 집중식보다는 개별 지점이 독립적으로 관리를 하도록 했다. 이 같은 느슨한 형태의 구조 덕분에 지점은 자율성을 가지고 사업을 할 수 있었고, 아마도 금전적으로 본점의 부담도 덜 수 있었을 것이다. 특히 전당업에서 이 같은 연호 조직이 널리 채택되었고, 일반 기업 중에서도 이런 조직 형태가 채택된 사례가 있었다. 특히 복건과 대만 지역에서 활동한 채씨(蔡氏) 가문의 사업에서 그 사례를 확인할 수 있다.

1723년 가공무역을 하던 채달광(蔡達光)은 채씨 가문의 여러 사람을

---

125 Liu Qiugen and Xie Xiuli 2005.

설득하고 나섰다. 그 이전에는 채씨 가문의 공식적 친족 조직이 별도로 존재하지 않았다. 채달광의 제안은, 각자 자금을 모아서 (그리고 지역 내 다른 가문과도 협력해서) 동석항(東石港, 복건의 천주泉州 인근)에 부두를 건설하자는 내용이었다.[126] 새로 건설된 항구에는 2킬로미터에 달하는 접안 수로가 있었고, 거기에 16개 부두와 창고가 건설되었다(대부분의 부두는 개별 가문의 자산이었고, 채씨는 대형 공동 부두를 비롯해 6개 부두를 소유했다). 19세기 말 동석항의 최전성기 때는 50개 운송 회사가 그곳에서 200척 이상의 화물선을 운영했다. 채씨 가문의 회사는 30개였고, 그중 가장 큰 회사는 30척 이상의 화물선을 소유했다.

동석항이 처음 개발될 당시 큰돈을 벌어들인 채씨 가문은 3개 지점과 10개 하위 지점을 갖춘 조직을 구성했다.[127] 1730~1740년대 채씨 가문에서 많은 사람들이 대만 이주 행렬에 동참했다. 그중에는 채씨(蔡氏) 형제도 포함되어 있었다. 대만으로 이주한 사람들은 농업에 종사했지만, 대륙의 친척과 긴밀한 관계를 유지했다. 채씨 형제는 대만으로 건너온 이후에도 여전히 동석항의 화물 운송 사업체를 경영했고, 대만의 다른 친척들과 협력해 3개 회사를 설립하고 양어장을 개발했다. 그가 소유한 화물선은 21척까지 늘어났지만, 각각은 독립적으로 자금을 조달했다(그중 한 척은 채씨 가문의 여성들이 지참금을 모아서 자금을 댔다). 마침내 채씨 형제의 상업 제국은 논, 염전, 기름방앗간, 전당포, 도매상 등

---

126 채씨 가문의 상업 활동에 관해서는 Chen Zhiping 2009: 32-116 참조.
127 예전에는 조직으로 묶이지 않았다가 재산권과 자원을 안정적으로 확보하기 위해 가문 조직을 새로 만드는 이 같은 사례에 관해서는 Szonyi 2002 참조.

을 포괄하게 되었다. 채씨 가문의 다른 회사들도 복건-대만 무역에 투자해서 많은 돈을 벌었다. 대륙의 채씨들은 대만으로 이주한 친척과 협력하여 연호(聯號), 즉 연합 기업을 설립했다. 이들은 대만에서 곡물, 설탕, 가죽, 해산물, 유황, 밀랍, 캠퍼(장뇌), 우황(위석胃石), 등(藤), 과일 등을 수입했고, 복건에서는 의약품, 담배, 종이, 차(茶), 도자기, 건축 자재 등을 수출했다.

채씨 가문의 사업은 날로 번창했으며, 지금까지도 지속되고 있다. 1820~1840년대에 경기 침체가 있었지만(제9장 참조) 그들의 사업은 경기의 부침에 크게 영향을 받지 않았다. 사업을 확장해야 할 때마다, 특히 현금 투자가 필요할 때마다 채씨 가문은 조합원을 추가함으로써 소유권을 더욱 강화했다. 그러나 시장 상황뿐만 아니라 투자자의 상황에 따라서도 조합 관계가 해소되거나 자산이 흩어지는 결과가 초래되었다. (기본적 자산은 선박이었는데, 투자자 가운데 한 사람이 사망할 때면 대개 유언장에 따라 상속자들에게 지분이 균등하게 분배되는 경우가 많았다.) 심지어 시간이 지나면서 친척 간에 서로 거주지가 멀어진 것조차 기업에 부정적 영향을 미쳤다. 서로 멀리 떨어진 친척끼리 가족이라는 개념만 가지고 사업을 성공적으로 지속하기란 쉽지 않았다. 이럴 때면 연호(聯號)가 좋은 기업 형태로 작용했다. 이 같은 친족 기반 사업 네트워크를 유지하는 데는 느슨한 관계의 기업 형태가 매우 유리한 구조였기 때문이다.

합자 회사가 자본금을 마련하는 방식은 금융 시장을 통한 방식이 아니라 지분 투자자를 모집하는 방식이었다. 게다가 만전당의 소유주들은 전당업자나 대출업자에 의존하지 않고 독립적으로 자본금을 마련했다는 자부심이 있었다. 일반 기업이 조합원의 지분 투자에 의존했다는 사실 자체는 자본 조달의 대안으로서 제대로 된 금융 시장이 존재하지 않았음을 의미한다. 송나라 이후 어음 할인을 통한 송금 업무가 발달하기는 했지만, 제도적 금융 기관으로서의 은행은 훨씬 나중인 19세기가 되어서야 출현했다.

만전당과 만전호의 사례에서 보듯이, 부채에 취약한 기업(예를 들면 가족 기업)은 부동산을 조건부로 매각하기도 했다. 이때 부동산을 매입한 새 주인으로부터 과거의 주인이 가게를 임대받는 형식(매각 차용)을 취했지만, 일정한 기간 내에 채무를 갚고 부동산을 회수하는 계약 조건이 붙었다. 기간 연장도 통상적 관행이었다. 예를 들어 1817년 한씨(韓氏)가 만전당을 조건부로 매각했을 때 조건은 2년 이내 원금 상환과 부동산 회수였으나, 실제로는 1830년이 되어서야 가게가 원주인에게 되돌아갔다. 지분 투자자는 또 다른 단기 자본도 끌어다 썼다. 정씨(程氏)와 오씨(吳氏) 등이 운영했던 정씨염점(程氏染店, 7명의 휘주 상인이 투자한 염색 공장)의 1591~1604년 장부(〈萬曆程氏染店査算帳簿〉)를 보면, 평균적으로 투자자들의 돈은 자본의 48퍼센트를 차지했으며, 나머지는 동료나 친인척, 전당포, 신용조합 등에서 단기 차입금을 끌어다 썼다. 투자 배당금은 (조합원과 외부 투자자 모두) 월 1.2~1.5퍼센트, 연평균 20퍼센트 정도였다.[128] 이런 식의 자본 조달 방식이 얼마나 보편적이었는지는 아직 명확히 알려지지 않고 있다.

왕조 시대 말기 중국에서 자금을 조달할 수 있는 주요 통로는 전당포였다. 전당포는 시골에서 주로 농부에게 단기 자금(1~6개월)을 빌려

---

128 Fan Jinmin 2001; 또한 Liu Qiugen 2007: 447-60 참조.

주었다. 사람들은 종자나 농기구 또는 가축을 구입할 때, 혹은 생계가 곤란할 때 전당포를 이용했다. 전당포의 대출은 특히 강남 지역 양잠 산업에 매우 중요했다. 시골의 비단 생산자는 이 같은 대출을 이용해 뽕잎이나 생사(生絲, 명주실)를 구입하곤 했다.[129] 전당포 대출은 이율이 매우 높았고, 상당한 정도의 담보물도 필요했다. 담보물의 가치는 대개 대출 금액의 2배는 되어야 했다. 전당포를 이용하는 가난한 사람들의 신용도가 낮고 채무불이행의 빈도도 높았기 때문이다. 이외에도 (가문 기업, 상호 부조, 종교 단체 등의) 여러 통로로 대출이 이루어졌다. 이는 구성원의 상호 이익을 위하는 목적도 있었지만, 불특정 다수에게 대출을 해주고 수익을 얻으려는 목적도 있었다.

전당업은 청나라 초기 급성장하는 사업이었다. 전당포 수는 1685년 7695개에서 1812년 2만 3139개로 늘어났다.[130] 대개는 지역 기반 상인 집단이 상권을 장악하고 있었다. 북중국 지역의 산서 상인, 남중국 지역의 휘주 상인이 전당포 사업을 주도했다. 산서 상인과 휘주 상인은 소금 거래뿐만 아니라 여러 가지 모험적인 사업에 성공하여 확보한 자금으로 도시와 시골을 막론하고 전당업을 벌였다. 전당포는 이자를 주며 자본을 유치하기도 했다. 가문이나 사찰 혹은 구호 단체가 전당포에 자산을 신탁했고, 청나라 정부 관리까지 급여를 모아 투자했다. 전당포는 소규모 상점이었다. 대규모 상업 도시에는 대개 100개 이상의 전당포가 있었고(1740년경 북경에는 200개 이상), 한 명의 상인이 연호(聯號) 방식으

---

129 Ming-te Pan 1996.
130 Liu Qiugen 2000: 80-81.

	휘주(徽州, 안휘) (1617-1936)		장주(漳州, 복건) (1665-1935)		파현(巴縣, 사천) (1756-1850)		신죽(新竹, 대만) (1816-1895)	
	은(銀)	곡물	은(銀)	곡물	은(銀)	곡물	은(銀)	곡물
계약 건수	469	272	20	184	153	0	46	29
평균값	18.92	25.34	30.40	19.13	24.23	-	26.50	16.36
중위값	20.00	20.30	30.00	14.35	24.00	-	24.00	13.00
표준편차	6.03	19.99	6.00	18.52	10.88	-	7.67	10.71

[표 8-11] 전당포 이자율, 17~20세기

로 한 도시에서 수십 개의 점포를 운영하기도 했다. 점포에 따라 자본금의 편차는 매우 컸다. 시골 지역에서는 은전 1000냥(兩)이면 충분했지만, 도시 지역에서는 일반적으로 최소 5000~1만 냥의 자본금이 필요했고, 북경에서는 최소 2만 냥은 있어야 했다.

청나라는 월 3퍼센트 이상의 이자를 받지 못하도록 법으로 금지했고, 이자의 총합계가 원금을 초과할 수 없게 했다. 실제 이자율은 법적 한도보다 낮았지만, 연리가 20~30퍼센트에 달했으니 그래도 높은 편이었다(표 8-11). 은전을 기준으로 하는 대출 계약은 대개 월리 1.5~2퍼센트 선에서 체결되었다(일부는 법적 한도인 월리 3퍼센트까지 오르기도 했다). 곡식을 대출한 경우에는 실물 가격에 연동되었기 때문에 이자율의 유동성이 훨씬 컸지만, 평균적으로 은전 대출보다는 이자율이 낮았다. 이는 농가의 신용도가 높은 현실을 반영하고 있다. 즉 농가에서 생산하는 곡물로 대출을 충분히 상환할 수 있었기 때문이다. 전체적인 경향으로 봤을 때 17세기의 전당포 대출 연이율은 대개 30퍼센트 선이었는데, 이후 점차적으로 하락해 19세기에는 20퍼센트 정도였다.[131] 이자율

하락은 강남에서 가장 뚜렷하게 나타났다. 18세기 말 강남 지역에서 신용이 좋은 사람들은 월리 0.8~1퍼센트, 연리 10~12퍼센트로 대출을 낼 수 있었다.[132]

이처럼 전당포를 비롯한 대출 사업의 이자율로 볼 때 중국의 금융 비용은 상당히 높은 편이었고, 유럽에 비하면 월등하게 높았다. 앞에서 언급한 사례에서 보듯이, 상인 및 친족 네트워크가 내부자끼리의 금융 시장 역할을 했고, 그러다 보니 신용 거래 시장이 발달하지 못했다.[133] 은행업의 발달이 늦어진 만큼 중국에서는 국가 부채도 존재하지 않았다. 유럽과 달리 중국 정부는 결코 대출을 내는 법이 없었다. 대신 언제나 필요한 만큼을 세금 수입으로 충당했다. 그러나 18세기 중국에서 원거리 무역이 성장하자 새로운 자본 수요가 생겨났다. 18세기 말에 이르러 전장(錢莊)이라고 하는 지역 은행이 번성했다. 상거래 관련 사업에 단기 자금을 대출해주는 사업이었다. 1820년대부터는 대규모 송금 은행(표호票號)도 등장했다. 표호(票號)는 산서 지역을 기반으로 활동하던 20여 개의 은행 연합체로, 민간 상인에서부터 정부 기관에 이르기까지 다양한 금융 서비스를 제공했다(제9장 참조).

---

131 Liu Qiugen 2007: 176-204.
132 Hiyama 1996: 80.
133 Rosenthal and Wong 2011: 153. 이 연구에서 지적하듯이, 중국 전당포의 단기 대출과 유럽의 모기지, 연금, 국가 채무 같은 장기 대출은 전혀 다른 유형의 금융 상품이었다. 중국의 이자율이 유럽보다 10~20배 높았다고 하는 주장을 비판하면서, 실물 경제에서의 이자율은 중국이 유럽보다 2배 정도 더 높았다는 것이 이 연구의 결론이다(같은 책: 139). 물론 그 정도 이자율 격차라도 적다고 할 수는 없다.

결론

16세기에 이르러 국내의 평화와 안정이 오래도록 지속된 덕분에 농업 생산량이 증가하고 무역도 되살아났다. 상업의 팽창은 1550년부터 더욱 가속화되었다. 해외 시장에서 중국산 비단과 도자기의 인기가 날로 높아지자 국내 생산에도 더욱 박차를 가했다. 일본과 신대륙에서 유입된 막대한 양의 은(銀)은 상거래의 수레바퀴를 굴리는 윤활유가 되었다. 번성하는 강남의 도시, 즉 소주, 항주, 남경 등에서는 도시의 성장세가 확연했다. 그곳에서 수많은 사람들이 날로 커져가는 사치품 수요를 충족시킬 만한 수백 가지 상품과 새로운 환금 작물을 생산했다. 거대 도시의 흡입력은 강남의 시골 지역에도 여파를 미쳤다. 시골에도 수백 개의 상업 거점 도시가 생겨나 시골의 산업(전부라고는 할 수 없지만 대개는 직물)과 인근 혹은 원거리 도시를 연결해주었다. 당시 귀족의 눈에는 도시와 상업 거점의 성장, 그곳에 축적되는 부가 공중도덕과 사회 질서를 해치는 병폐의 징조로 보였다. 마일룡(馬一龍, 1499~1571)은 농촌 생활에 관한 책을 쓰면서 그 서문에 다음과 같은 글을 남겼다. "옛날 사람들은 노동의 결실로 먹고살았다. 장사하는 사람이나 상점 같은 것은 시골에서 가끔가다 마주칠 따름이었다. … 오늘날에는 모두가 남이 일한 것을 얻어 먹고산다. 시골 사람들도 모두 시장이나 상점에 모여서는, 일정한 직업도 없이 바삐 오가면서 손바닥을 비벼대고 혀를 놀려가며 온갖 물건을 팔아보려고 속임수를 쓴다."[134] 돈이 사회와 생활 곳곳에 스며들

---

134 *MSC*: 100.9a에서 재인용(當時人皆食力. 市廛之民, 布在田野. … 今人皆食人. 田野之民, 聚在市廛. 奔競無賴, 張拳鼓舌, 詭遇博貨.《名山藏: 卷之一百》).

자 경제적으로는 물론 문화적으로도 심오한 영향을 미쳤다. 정치 및 군사적 위기는 명(明)나라의 운명을 재촉하여, 마침내 1644년 왕조가 막을 내렸다. 청(淸)나라가 중국을 점령했을 무렵 잠시 경기가 후퇴하기는 했지만, 그 정도로는 명나라 후기 이후 상승하던 기세가 꺾이지 않았고, 19세기까지도 기운차게 뻗어 나갔다.

역사적으로 볼 때 시장 경제의 성숙은 왕조 시대 후기 중국의 특징적인 면모였다. 물론 상품 유통에서 소외된 시골 지역이 많았지만, 그럼에도 불구하고 원거리 무역 네트워크가 제국 곳곳을 연결했다. 원거리 무역의 성장은 광범위한 제도 개혁을 가능하게 해주었다. 가문 기업, 동향 출신 상업 네트워크, 무역의 전문화 등이 그러한 변화에 속했다. 정부의 조달이 원거리 무역과 전문화의 핵심 요인으로 작용한 송(宋)나라 때와 달리, 청나라의 원거리 무역 발달은 민간 기업이 왕조 시대 후기의 시장 성장에 능동적으로 대응한 결과였다. 자유로운 민간 상거래의 발전은 "스미스식 성장(Smithian growth)" 패턴을 창출했다. 그 속에서 상거래의 효율성은 더욱 커졌고, 그 결과 시장의 팽창과 노동 전문화가 이루어졌다.

이 같은 흐름에서 국가 재정 정책의 축소는 과거 송나라와 비견할 만했다. 청나라 초기에는 세금을 은납으로 대체하고 거의 모든 노역을 폐지했다. 이로써 개별 가구가 국가에 지불할 것은 돈밖에 없었다. 그럼에도 청나라는 과거 명나라와 마찬가지로 유교의 원칙에 충실하고자 했다. 즉 세금을 최소화하고 공공의 안녕을 위한 인프라 건설에는 최대한의 투자를 기획했다. 옹정제(雍正帝)가 추진한 1720~1730년대의 능동적 국가 정책은 그러나 그의 후계자 건륭제(乾隆帝) 치하에서 쇠퇴의 길을 걸었다. 건륭제는 온건한 자유방임 정책을 선호했다. 설사 그 반대의 입장이었다 해도 이때는 이미 정부가 경제 발전을 촉진할 만한 여력이 없었다.

17세기 말부터 중국은 인구가 급격히 성장했는데, 1680년부터 1850년까지 무려 3배나 성장했다. 전근대 역사상 이런 사례는 없었다. 오래도록 유지된 국내 평화, 그리고 시장의 효율성, 생산의 지역별 전문화, 화폐 공급의 확대가 가져다준 지속적 경제 성장이 이처럼 전례 없는 인구 성장의 원인이었다.

그러나 양적 성장에 가려 보이지 않는 면도 있었다. 그것은 바로 생산 기술의 혁신 부족이었다. 토지, 물, 식량, 에너지 등 자원의 압박은 갈수록 커졌고, 기술 혁신 없이는 이를 완화할 수 없었다. 심지어 오늘날의 중국 정부에서도 급격한 인구 성장과 농업 기반 경제의 압박을 심각하게 받아들이고 있다. 1796년 서부 지역에서 백련교도(白蓮敎徒)의 난이 일어나자 국내 평화는 금세 깨져버렸고, 시민 소요를 진압할 만한 역량을 갖추지 못한 정부의 한계도 그대로 노출되었다. 이후 수십 년 동안 중국 경제는 나락으로 떨어졌다. 오랜 경기 침체는 사회적 불만을 부채질했다. 같은 시기 청나라의 주권은 중국 시장 개방에 군침을 흘리는 서양의 산업화 세력으로부터 포위 공격을 받고 있었다.

CHAPTER 9

국내의 위기와 외부의 도전
1800~1900

19세기 전반기의 중국은 기나긴 경기 침체의 늪으로 빠져 들어갔다. 인구 성장은 1850년까지 중단 없이 지속되었지만, 경기가 삐걱대는 징후는 이미 1820년부터 나타나기 시작했다. 그 불황의 시기를 일컬어 도광불황(道光不況)이라고 하는데, 당시 황제인 도광제(道光帝, 재위 1820~1850)의 이름에서 비롯된 명칭이었다. 경기 불황은 심각한 정치적 도전 및 사회 혼란과 불가분의 관계에 있었다. 아편전쟁(1839~1842)에서 대영 제국에 굴복한 청(淸)나라는 대영 제국이 써준 무역 조약에 그대로 서명할 수밖에 없었다. 태평천국(太平天國)의 난(1851~1864)은 청나라의 생존 자체를 더욱더 심각하게 위협했다. 반란은 결국 진압되었지만 이미 가장 부유한 지역들이 황폐화된 뒤였고, 그 과정에서 수천만 명이 목숨을 잃었다. 돌이켜보건대 19세기 중국이 가난하고 뒤처진 나라였다는 인식은 아편전쟁 참패와 태평천국의 난 이후 남겨진 폐허로부터 비롯된 고정관념이었다.

번영을 구가한 18세기의 이른바 "성세(盛世)"와 19세기의 명백한 불황은 극명한 대조를 보였다. 무엇이 중국의 운명을 이토록 극적인 변화로 이끌었는지, 학자들은 오래도록 의문을 품지 않을 수 없었다. 많은 역사학자들은 구조적 해석에 초점을 맞추었다. 즉 전통적 소농(小農) 기반 경제의 취약성, 전근대 기술의 한계, 이러한 한계를 극복하는 데 요구되는 기술 및 과학적 혁신을 추동할 지식 시스템의 부재 등이 거론되었다. 이와 달리 역사적 요인에 좀 더 주목하는 학자들도 있었다. 특히 서양 제국주의 세력이 주도하는 글로벌 경제 체제에 중국이 편입되는 과정에서 중국의 국부가 해외로 빠져나갔고, 면화 생산 같은 전통 제조업이 쇠퇴했으며, 중국이 서양의 산업화에 원재료를 공급하는 주변부로 전락했다는 해석이었다.

서론에서 잠시 언급했듯, 전근대 중국 경제의 성격과 근대의 운명에 관한 논점은 최근 글로벌 경제사의 "거대한 분기점(Great Divergence)" 논쟁에서도 거론되었다. 유럽에서 산업혁명이 시작된 이유는 중세 및 근대 초기에 형성된 제도, 이를테면 도시의 발전, 상업자본주의, 인구 변화, 자유민주적 정치 문화 등이 바탕이 되었기 때문이라는 것이 상식이었다. "캘리포니아 학파"의 학자들은 제도적 기반과 산업혁명의 관계, 그리고 산업혁명 못지않게 검증되지 않은 하나의 가설, 즉 중국은 포악한 정부가 초래한 경제적 무기력 상태에 빠져 있었다는 고정관념에 학문적 도전장을 내밀었다. 가장 주목할 만한 성과로는 케네스 포메란츠(Kenneth Pomeranz)를 들 수 있는데, 그는 엄밀한 이론적 논거를 뒷받침하는 새로운 증거들을 풍부하게 제시했다. 유럽 및 아시아의 가장 선진적인 지역들을 비교해볼 때, 생산성과 생활수준(standard of living) 측면에서 18세기 이후까지도 이른바 "거대한 분기점" 혹은 현격한 격차가 나타나지 않았다는 주장이다.[1]

최근 15년 동안 "거대한 분기점"이라는 논점은 경제사 분야에서 활발하고도 건설적인 논쟁을 불러일으켰다.[2] 적지 않은 연구 성과들이 새

---

1 Pomeranz 2000.
2 포메란츠의 분석에 대한 비판도 무더기로 쏟아졌다. 몇몇 주목할 만한 연구 성과를 들자면 Vries 2002; Brenner and Isett 2002; Broadberry and Gupta 2006; van Zanden 2009; Rosenthal and Wong 2011; Parthasarathi 2011; and Brandt, Ma, and Rawski

로운 인식을 키워 나갔다. 즉 경제사학자라면 응당 세계사적 관점에 입각하여 자신의 연구 성과를 폭넓은 시간 범위 속에 위치시켜야 하며, 단지 비교 정도에 그칠 것이 아니라 경제적 제도와 행위의 연관 관계를 밝혀내야 한다는 인식이었다(최근 활발해진 세계사 학계의 성과에 힘입어 이러한 인식이 더욱 강화된 측면이 있다). 본격적으로 19세기 중국 경제를 검토하기 전에 먼저 1800년 이전, 특히 산업혁명이 일어나기 직전의 서유럽 선진 지역 경제와 비교했을 때 중국 경제가 얼마나 잘 돌아가고 있었는지를 기억해둘 필요가 있다. 당시는 곧이어 지속적이고 자본 집약적인 경제 성장의 시대를 불러올 역사적 대전환기였다.

왕조 시대 말기 중국의 경제 지표

18세기 중국 경제는 같은 시기 유럽에 비해 상당히 자유로운 편이었다. 토지, 노동, 상품의 경쟁 시장이 존재했다. 청(淸)나라 정부 또한 능동적으로 민간 상거래 확장을 도모했다. 소금과 구리를 제외하면 사실상 모든 상품이 자유 시장에서 거래되었다. 국내 상거래에 가벼운 세금이 부과되었을 뿐 해외 무역에는 관세도 전혀 없었다. 도시의 상인 조합에 대한 규제도 매우 제한적이었다. 게다가 시골의 산업은 이러한 규제조차 받지 않았다. 시골 지역에서 산업이 성장함에 따라 여성과 아동 등 기존에 충분히 활용되지 않던 노동력도 더욱 집약적으로 활용되었다. 이러한 모든 과정을 역사학자들은 원공업화(原工業化, proto-industrialization)

2014 등이 있다. 또한 2011년 출간된 Economic History Review의 특집호 "Asia in the Great Divergence"(vol. 64, suppl. 1) 참조.

라 일컫는다. 18세기 유럽의 곳곳에서도 원공업화 현상이 나타났으며, 일본에서도 같은 현상이 확인되었다. 기존에 가정에서 소비할 물품(식품, 직물, 신발, 양초, 도구 등)을 생산하는 데 주로 사용되던 가족의 노동력은 이제 시장 거래를 염두에 둔 상품 생산에 투입되었다.[3]

18세기 중국 인구의 경제 복지와 관련된 각종 지표는 같은 시기 다른 어느 나라와 비교하더라도 앞서 있었다. 기대 수명은 대체로 서유럽이나 일본과 비슷했는데, 상대적으로 풍요로운 환경에서 유년 시절을 보낸 남성의 경우 (여성보다 다소 낮은) 평균 35~40세였다.[4] 소득 불평등은 중국보다 유럽이 더 심했던 것 같다. 부의 가장 중요한 형태인 토지 소유를 기준으로 볼 때 중국이 상대적으로 더 평등한 상황이었다. 강남(江南) 지역 가구의 소비에 대한 연구 결과에 따르면, 전형적으로 한 가정의 예산에서 식비가 차지하는 비중은 56퍼센트였는데, 이는 1790년대 영국의 하층 노동자 계층(53퍼센트)과 거의 비슷했다(표 9-1).[5] 일반 가정의 사치품(설탕, 차, 담배) 소비 또한 중국과 서유럽이 거의 비슷했다. 1800년을 기준으로 중국의 1인당 설탕 소비는 영국에 비해 훨씬

---

3 "원공업화"란 가내 수공업(주로 여성과 아동 노동에 의존)을 통해 지역을 벗어난 시장에서 판매할 상품(주로 직물이지만 다른 소비재도 포함)을 생산하는 것을 말한다. 토지를 아예 소유하지 않거나 적게 소유한 가구의 노동력이 원공업으로 흡수되었다. 이를 통해 가구 소득이 늘어날 수 있었고, 소비 잠재력 또한 증가되었다. 유럽의 원공업화에 관해서는 Ogilvie and Cerman 1996; de Vries 2008 참조; 일본에 관해서는 Hayami 1979; Saitō 1983; Sugihara 2003 참조.
4 Pomeranz 2000: 36-38. 기대 수명에 관한 더 자세한 논의는 Lee and Wang 1999: 54-55, tables 4.1, 4.2 참조.
5 Fang Xing(1996)의 연구 결과에서도 18세기 강남 지역의 식품 소비 비중이 비슷한 결론 (55퍼센트)에 도달했다. 영국과의 비교는 Pomeranz 2000: 137을 근거로 했다.

단위: 가구 소비 백분율(%)

	18세기 중엽	19세기 중엽	1930년대
식품	56.6	59.8	60.2
곡물	39.7	45.0	41.8
채소, 생선, 육류, 달걀	11.2	9.5	12.1
기름, 소금, 설탕, 향신료	5.7	5.4	6.3
의복	11.2	8.0	9.7
연료	7.4	7.0	5.1
임대료	3.8	5.8	3.9
생활용구	0.6	0.6	0.6
교통	1.9	2.1	2.0
의례와 종교	9.7	8.1	8.7
유흥	0.4	0.5	0.4
교육	1.0	0.8	1.0
의약	2.9	2.3	2.7
차, 술, 담배	4.6	4.8	4.8

[표 9-1] 강남(江南) 농가의 가구 소비 구조, 18세기~1930년대

낮았지만, 나머지 유럽과 비교하면 2배나 많았다. 물론 유럽과 달리 중국에서 설탕, 차, 담배는 수입품이 아니라 농가가 생산하는 국산품이었고, 국가 세금이 거의 없는 치열한 경쟁 시장에서 거래되던 품목이었다.[6] 주택, 가구, 직물 등의 내구 소비재를 양적으로 비교하면 중국과 유럽의 차이는 더욱 줄어든다. 소비 생활에서 이러한 품목이 차지하는 비중에 관한 조사 자료는 중국의 경우 그나마 가장 오래된 것이 1920년대의 자

6 Pomeranz 2000: 116-24.

료다. 다만 18세기의 소비 수준이 이때보다 더 낮지는 않았다고 가정할 수 있다([표 9-1]을 보면 식품 이외 품목이 20세기에 약간 내려가는 경향을 보인다). 이를 전제로 보자면, 18세기 강남 가정의 생활수준은 서유럽 선진 지역과 비슷했다.[7]

그럼에도 불구하고 많은 연구는 청나라의 농업 경제가 교착 상태에 빠져 있었다고 보고하고 있다. 농가의 노동력은 오로지 생계를 위한 목적에 투입되었지만, 갈수록 더 많은 노동력을 투입해야 했고 그 대가는 점점 줄어들었다는 것이다. 송(宋)나라 이후로 중국 농업은 기술 정체 상태였다는 연구 보고가 많은데, 마크 엘빈(Mark Elvin)은 중국 경제 전체를 "양적 성장, 질적 정체"로 설명했다.[8] 중국 농업에 관한 계량적 연구에서 선구적 업적을 보여준 드와이트 퍼킨스(Dwight Perkins)에 따르면, 1400년부터 1950년대까지 중국의 1인당 농업 생산량은 정체 상태였다. 농지 확장과 생산량 증대가 인구 성장에 간신히 대응할 정도였기 때문이다.[9] 그러나 이런 견해조차 너무 긍정적이라고 평하는 연구자도 있다. 조강(趙岡, Kang Chao)의 연구에 의하면, 집약 농업에도 불구하고 송나라의 인구 성장은 농업 생산량 증가를 훨씬 앞질렀다. 노동력 대비 토지 비율이 악화되면서 임금은 하락하고 토지 가격은 상승했다. 노동력 절감을 위한 기술 혁신이 없었고, 기술 혁신을 통한 생산성 향상에 이르지 못한 이유는 바로 이러한 문제들이 가로막고 있었기 때문이다.[10]

7 Pomeranz 2000: 143-46. 18세기 유럽 가구의 소비에 관해서는 de Vries 2008 참조.
8 Elvin 1973: 285-316.
9 Perkins 1969: 13-26.
10 Chao 1986.

조강과 황종지(黃宗智, Philip Huang)의 연구에서 다 같이 인정하는 바는 (일일 노임 기준으로 보면) 노동의 대가가 급격히 감소했지만, 토지와 노동 및 상품의 시장 접근이 편리해진 덕분에 농가는 농업과 수공업에 집약적으로 노동력을 투입할 수 있었고 안정적인 생계유지가 가능했다는 것이다. 그 결과가 인볼루션(involution) 패턴으로 나타났다(인볼루션이란 레볼루션revolution에 대비되는 의미로, 혁명적 변화가 일어나지 못하게끔 단단히 얽히거나 매여 있다는 뜻 – 옮긴이). 즉 집약적 노동과 소규모 농가가 대규모 자본 투자와 임금 노동과 규모의 경제를 가로막았다.[11] 황종지의 주장에 의하면, 노동 강도를 더 높인 요인은 임금 인상이 아니라 상업화였다. 결과적으로 노동의 대가는 인상되기는커녕 오히려 하락했다.

이와 달리 이백중(李伯重, Li Bozhong)의 강남 농업 연구는 명(明)나라 시기에 토지 이용, 자본 투자, 노동 생산성 측면에서 상당한 향상이 있었다고 본다. 그 결과 농업 생산량도 송나라 수준을 훨씬 넘어섰다고 한다.[12] 이백중이 보기에 강남 지역의 농가 규모가 축소(송나라 때의 평균 40무畝에 비해 명나라 때는 25무, 1800년에는 10무)된 이유는 생산성이 그만큼 높아졌기 때문이다. 이러한 해석은 겨울 작물을 포함한 이모작 혹은 벼의 이모작이 보편화되었고, 뽕나무와 목화 재배 비중이 늘어났으며, 집안의 여성 노동력이 농업에서 직물 생산으로 이동했다는 등의 사실을 근거로 했다. 이백중은 노동력 절감을 위한 자본 투자의 사례로,

---

11 같은 책; Philip Huang 1990.
12 Li Bozhong 2000, 2002, 2003. 이백중이 추정한 송나라 때의 쌀 생산량이 지나치게 낮다는 점을 간과해서는 안 된다. 그의 연구를 비판한 Ge Jinfang and Gu Rong 2000; Liu Guanlin 2013 참조.

820년경	9.48
1630년경	11.50
1830년경	10+
1936년	13.75
1941년	11.25
1957년	15.00

[표 9-2] 농지 1무(畝)당 노동 일수, 강남(江南) 지역

    소의 이용이 되살아난 점(강남 지역에서 소의 이용은 송나라 때는 흔한 일이었지만 명나라 때는 사라졌었다)과 거름으로 콩깻묵이 널리 이용된 점을 지적했다. 이는 조강이 주장한 인구 압력과 노동력 과잉 이론과는 모순되는 사실이다. 벼농사의 노동 집약적 특성은 이전 시대에 비해 왕조 시대 후기에 와서 특별히 바뀐 것이 없었고, 20세기 들어서는 더 강화되기까지 했다(표 9-2). 이백중의 계산에 의하면 강남 지역 농가의 순이익은 16세기에서 18세기에 이르는 동안 15퍼센트가 증가했는데, 대체로 여성의 노동력이 직물 생산에 투입된 덕분이었다(표 9-3).

    강남 지역의 경기에 관한 논쟁은 그래서 직물 생산에서 여성 노동력이 벌어들인 수익에 초점이 맞추어졌다. 그러나 이를 측정할 수 있는 자료는 매우 제한적이다. 장기적 변화 과정은 말할 것도 없고, 시간 범위를 특정 시점으로 제한한다고 해도 마찬가지로 정확한 통계는 확인하기 어렵다. 목화에서 무명실을 자아내는 작업은 다들 동의하듯이 수입이 보잘 것없었다. 겨우 작업자의 생계를 유지할 수 있는 정도였다. 그래서 이 일에 종사한 이들은 대체로 미성년 여성이었다. 방적(실잣기)과 방직(천짜기)을 병행하는 가정은 (주로 강남에 이런 가정이 많았는데) 이백중의 연

	16세기		18세기	
	농업 소득	직물 소득	농업 소득	직물 소득
투입				
농경지(畝)	25.0	–	10.0	–
남성 노동력(연간 일수)	275.0	25.0	217.0	83.0
여성 노동력(연간 일수)	163.0	37.0	0.0	200.0
소득(곡물로 환산, 石)	18.7	1.4	15.7	7.1
소득 합계(石)	20.1		22.8	

〔표 9-3〕 강남(江南) 지역 농가 수익 모델, 16~18세기

구 결과에서 보듯이 수입이 훨씬 더 좋았다.[13] 그러나 1750년 이후 쌀값과 목화 원료 가격이 오르면서 면화 산업 종사자가 가져갈 수 있는 수익도 점점 줄어들었다(1800년 이후에는 면화 가격도 떨어졌다). 포메란츠에 의하면, 1750년에서 1840년까지 이들의 실질 소득은 3분의 1로 줄어들었다.[14] 비단 산업은 사정이 훨씬 더 좋은 편이었다. 장려(張麗, Zhang Li)는 1873년경 무석(無錫) 지역의 근대 섬유 산업을 매우 정밀하게 분석했다. 이 무렵은 외국에서 중국 비단 수요가 한창 올라갈 때라 뽕나무를 재배하면 벼농사보다 노동 일수 기준 수익이 8배나 더 높았다.[15] 마찬가

---

13 Pomeranz(2000: 319-20)의 연구에 따르면, 1750년 물가 기준으로 가정 경제에서 여성이 기여하는 바는 7.2냥(兩)에 이르렀는데, 이 돈이면 성인 남성 노동자 1.9명이 먹고살 수 있는 정도였다. Philip Huang(1990: 86)도 방직공 1명이 성인 남성 노동자 2명을 부양할 수 있었다고 인정했으나, 어디까지나 "최소한의 생계를 유지하는 수준이었을 뿐 부를 축적하는 일은 불가능했다."

14 Pomeranz 2000: 326.

지로 명주실을 잣는 일도 벼농사에 비하면 노동 일수 기준 2~4배 더 많은 수익이 주어졌다.[16] 장려의 연구 결과를 바탕으로 다시 계산해보면, 19세기 초까지도 비단 가격은 상당히 좋은 편이었기 때문에 비단 산업의 노동 수익성이 매우 높았을 것으로 추론할 수 있다. 나중에 더 자세히 논의하겠지만, 1800년에 이르러 중국의 면직물 시장에서 강남의 선도적 지위는 강력한 도전에 직면했다. 내륙의 시골에서 생산되는 (비록 거칠지만) 값싼 면화가 몰려왔기 때문이다. 그러나 비단 생산자 입장에서는 이 같은 경쟁자의 도전이 없었다.

장려의 논의가 매우 설득력 있게 입증한 바와 같이, 무석 지역의 농가는 (과거 양잠을 경험한 적이 없지만) 벼농사 농지를 바꾸어 수익성이 더 좋은 양잠에 종사했다. 장려의 연구와 이백중 및 케네스 포메란츠의 연구를 종합해볼 때, 최소한 강남 지역의 경우 황종지가 언급한 인볼루션 이론은 현실에 부합하지 않는다고 결론 내릴 수밖에 없다.[17] 오히려 강남의 농촌 경제는 농업과 산업 모두에서 노동 집약의 정도가 강화되는 경향을 보였고, 그 결과로 가구당 및 1인당 소득이 증가했다. 같은 시기 에도 막부(江戶幕府) 치하의 일본에서도 비슷한 현상이 나타났다.[18] 물론 강남 이외에도 노동력이 면직물 산업이나 다른 가내 수공업에 투

---

15 Zhang Li 2010: 171-81. 이 연구에서는 Philip Huang(1990: 79, 126-27)의 계산이 잘못된 데이터에 근거하고 있음을 밝혔다(같은 책: 35-61, 155-71).
16 Zhang Li 2010: 190, table 24.
17 Huang Jingbin(2009: 318-19)의 연구에서도 18세기 강남 지역 양잠 농가가 "부유했다"고 하며, 나아가 19세기의 가구 소비 하락도 미미한 정도에 그쳤다고 설명한다(표 9-1 참조).
18 Sugihara Kaoru(1996, 2003)는 이러한 공통적 패턴을 "동아시아적 발전 경로"라고 일컬었다.

입되는 지역에 대해서는 황종지의 인볼루션 모델을 적용하기가 더욱 어렵다.

18세기 중국 경제가 당시 유럽의 가장 선진적인 지역(잉글랜드와 네덜란드)과 비슷한 정도였다는 케네스 포메란츠의 과감한 주장에 힘입은 중국사 연구자들은 당시의 경제 제도(소유권, 계약, 분쟁 조정 메커니즘, 신용 금융 시장, 상인 단체, 친족 관행, 기업 정책 등)를 다시 주목하면서, 무엇이 경제 발전을 촉진하거나 지체시켰는지를 연구했다.[19] 또한 경제사 학자들은 왕조 시대 후기 중국과 유럽 및 아시아의 선진 경제를 양적으로 비교할 수 있는 경제 지표들을 개발하기 위해 협력했다. 이러한 비교를 위해서 사용되는 기준은 주로 국내총생산(GDP)과 실질 임금(real wage rates)이었다. 물론 국내총생산이나 실질 임금을 계산하는 데는 이론적으로나 현실적으로 문제점이 많다. 따라서 비교 수단이나 비교 결과를 참고할 때는 상당히 신중을 기해야 한다.[20]

최근 작고한 앵거스 매디슨(Angus Maddison)은 전 지구적 차원에서

---

19 예를 들면 Zelin et al. 2004; Goetzmann and Köll 2005; Ch'iu 2008; Rosenthal and Wong 2011; Debin Ma 2011; Zurndorfer 2011; So 2013a; Brandt, Ma, and Rawski 2014 참조.
20 전근대 사회의 경제 생산력을 측정하는 수단으로 GDP를 적용하는 데 대해서는 신랄한 비판이 이어졌다. Du Xuncheng and Li Jin 2011 참조. GDP는 시장에 들어온 모든 상품, 노동, 서비스를 측정하기 위해 만들어진 개념이다. 그러나 전근대 사회 총생산의 상당 부분은 시장에 편입되지 않았다. 보편적 비교를 위해 예컨대 1990년대 미국 달러 등으로 환산하려면 표준 물가 지표(대개는 금값을 기준으로 하는데, 중국에서는 금이 화폐로 유통된 적이 없었다)가 필요하기 때문에 이러한 환산이 실질적 시장 가치를 반영하지 못할 수도 있다. GDP 계산을 위한 물가 측정 방법의 기술적 문제에 관해서는 Peng Kaixiang 2011 참조.

각 지역의 경제 역량을 장기적으로 측정 및 비교하는 선구적 업적을 남겼다. 그가 개발한 방법론은 GDP를 이용하는 것이었다. 앵거스 매디슨의 계산에 따르면, 1700년 기준으로 중국의 1인당 GDP는 상당히 높은 수준이었다(1990년 국제 달러 시세 기준 600달러). 이는 당시 유럽의 3분의 2에 조금 못 미치고, 일본이나 인도보다 앞서는 정도였다. 또한 1700년에서 1820년까지 GDP 총액 규모는 발전 속도 면에서 중국이 유럽을 앞질렀다. 그 결과 1820년 기준 글로벌 GDP에서 중국이 차지한 비중은 33퍼센트인 데 반해 유럽은 27퍼센트에 그쳤다. 그러나 이러한 증가는 중국의 막대한 인구 팽창 덕분이었을 뿐 경제 발전의 결과는 아니었다. 1인당 GDP 기준으로 중국은 1700년 이후부터 정체되어 있었고, 유럽은 지속적으로 성장을 이어갔다. 앵거스 매디슨이 계산한 바에 따르면, 1820년 중국의 1인당 GDP는 같은 시기 유럽의 55퍼센트 수준으로 떨어졌다.[21]

왕조 시대 후기 중국의 경제 규모를 양적으로 측정하는 연구는, 1980년대에 알베르트 포이어베르커(Albert Feuerwerker)가 큰 틀에서 대강의 개요를 언급한 바를 제외하면, 대체로 앵거스 매디슨의 방법론과 연구 결과에 바탕을 두고 있었다. 우리는 앵거스 매디슨의 연구 방법 자체에 주목할 필요가 있다. 그의 연구 방법은 상대적으로 세련되지 못한 편이었다. 그는 중국의 1인당 GDP가 송나라 때부터 19세기까지 변함없이 유지되었다고 전제했다(표 9-4). 포이어베르커의 연구 방법론 또한 송나라 때부터 현대에 이르기까지 1인당 곡물 생산량이 고정되었다

---

21 Maddison 2001: 42-48, 2007: 44, tables 2.1-2.2c.

는 전제를 바탕으로 하고 있다. 최근 들어서야 역사 시기별 특수성을 보다 세밀하게 들여다본 연구 성과들이 제출되고 있다. 유광림(劉光臨, Liu Guanglin)의 연구에 따르면, 1인당 GDP는 송나라 때 매우 높았다가 명나라 때 급격히 떨어졌는데 청나라 때 부분적으로 회복되었다. 그의 연구는 군인의 실질 임금을 1인당 소득의 근사치로 전제하고 계산한 것이었다. 관한휘(管漢暉, Guan Hanhui)와 이도규(李稻葵, Li Daokui)의 연구는 부족한 명나라 데이터를 보정하기 위해 국민계정(national account) 분석을 적용하고자 했다. 유광림의 연구와 마찬가지로 이들의 연구에서도 명나라 때는 1인당 GDP가 낮은 상태로 머물렀고, 앵거스 매디슨이 계산한 수치의 절반밖에 되지 않았다는 결론에 도달했다. 관한휘와 이도규의 연구는 그들 스스로도 인정했듯이 산업 생산을 포함하지 못했고, 게다가 농업 생산이 국민소득의 88퍼센트였다는 그들의 계산은 받아들이기 어렵다(명나라 말기에는 산업 생산 비중이 늘었을 테니까!).[22] 관한휘와 이도규는 명나라 시기의 1인당 GDP를 (1990년도 미국 달러 기준) 220~239달러로 보았다. 이는 최저 생계유지 기준보다 훨씬 더 낮은

---

[22] 이들은 수공업 생산량을 다른 학자들보다 현저히 낮게 계산했다. 예를 들어 Guan and Li(2010: 800)는 명나라 후기 면화의 총생산량을 연간 500만 필(疋)로 계산했는데, 이는 송강(松江) 지역 생산만 2000만 필로 계산한 Wu Chengming(2001a: 131)의 연구 결과에 비하면 4분의 1에 불과했다. Guan and Li(2010: 808)의 계산으로는 1인당 GDP가 15세기 중엽에 최고조에 이르렀다가 이후 서서히 하락했다고 하는데(1600~1626년에 약간 올라가긴 했지만 그조차도 여전히 1450년 최고점보다는 낮았다), 이러한 결과는 명나라 경제의 다른 모든 측면과도 들어맞지 않는다. 이들은 최근 Stephen Broadberry와 공동 연구를 수행한 바 있는데(Broadberry, Li, and Guan 2014), 여기서는 명나라 후기의 수치를 2010년의 연구 결과보다 4배 더 높게 잡았다.

[표 9-4] 중국 GDP 추정치

	Feuerwerker 1984			Maddison 2007		Liu Guanglin 2005			Guan Hanhui and Li Daokui 2010			Liu Ti 2009			Broadberry, Guan, and Li 2014	
	연도	GDP (100만兩)	1인당 GDP (兩)	연도	1인당 GDP (1990년 미국달러 환산)	연도	GDP (100만石)	1인당 GDP (石)	연도	GDP (100만石)	1인당 GDP (石)	연도	GDP (100만兩)	1인당 GDP (1990년 미국달러 환산)	연도	1인당 GDP (1990년 미국달러 환산)
	1080년	381	4.2	960년	450	1120년대	764	7.5							1090년	1,204
				1300년	600	1402년	62-81	2.9-3.8	1402년	150	6.0-6.3				1400년	960
	1550년	635-847	4.2-5.6	1420년대	-	1578년대	346-576	3.95	1578년대	325	5.2-5.4				1570년	968
				1580년대	600				1626년대	290-300	5.5-6.0	1600년	900	388	1600년	977
	1750년	952-1,713	3.5-6.3	1700년	600	1770년대	2,009	5.28				1750년	1,664	340	1750년	685
	1880년대	3,339	8.3	1820년	600	1880년대	2,781	5.96				1840년	4,480	318	1850년	594
	1908년	3,032-6,063	7.1-14.2	1952년	538											

정도였다. 나아가 이들의 연구는 명나라가 맬서스 트랩(Malthusian trap, 인구의 덫)에 빠졌다고 결론 내렸다. 즉 인구 증가가 식량 공급을 앞질러 결국 1620~1640년대에 기근, 전쟁, 전염병 같은 적극적 인구 억제(positive check) 현상이 나타났다는 것이다.

유적(劉逖, Liu Ti)의 연구에서도 국민계정 방법론이 사용되었으나, 그 결과는 충격적일 정도로 달랐다. 그의 계산에 따르면, 1600년 농업 생산은 GDP의 54퍼센트에 불과했다. 한편 산업 및 건설 부문이 34퍼센트를 차지했다. 1600년에서 1840년까지 명목 GDP는 5배로 증가했다. 그러나 불변가격(constant prices)을 기준으로 보면, 성장률은 훨씬 더 낮아지고 1인당 실질 GDP는 20퍼센트 정도 감소했다(그림 9-1, 9-2). 이러한 쇠퇴의 원인은 부분적으로 산업 부문의 생산 감소로 설명할 수 있다. 1840년 기준으로 산업 생산량은 절반으로 감소해 GDP에서 차지하는 비중도 20퍼센트까지 줄어들었다(이와 반대로 농업 생산량의 비중은 69퍼센트로 증가했다). 서비스 부문의 규모는 (전체적으로 11~12퍼센트로) 일정했지만 그 구성이 급격한 변동을 겪었다. 유적의 연구에 의하면, 금융은 1840년 서비스 부문의 3분의 1을 차지했는데, 1600년에는 4퍼센트에 불과했었다. 한편 서비스 부문에서 정부 지출의 비중은 45퍼센트에서 22퍼센트로 줄어들었다. 관한휘와 이도규의 연구와 마찬가지로, 유적의 연구 결과도 중국의 1인당 GDP는 유럽에 비해 훨씬 낮았다. 1600년에는 영국의 40퍼센트였는데, 1840년에는 영국의 20퍼센트에도 못 미쳤다.[23] 물론 유적의 연구 결과에서 계산한 1인당 GDP의 절댓

---

23 Liu Ti 2009.

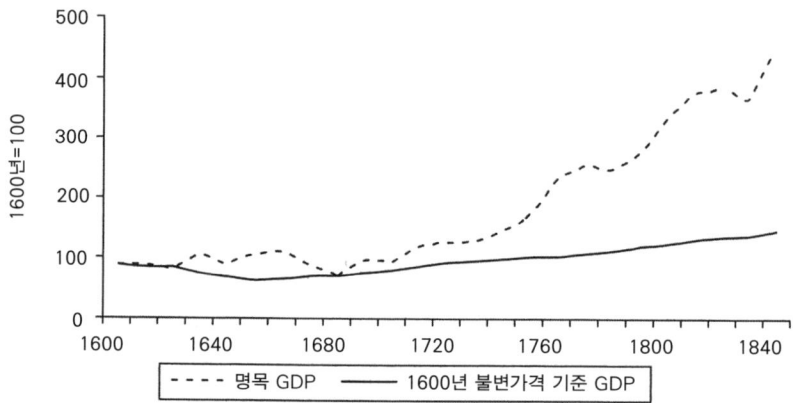

〔그림 9-1〕 명목 GDP와 실질 GDP 추정, 1600~1840년

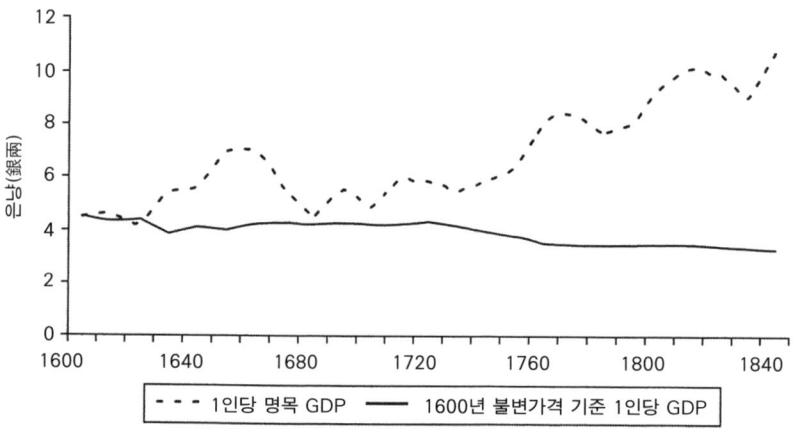

〔그림 9-2〕 1인당 명목 GDP와 1인당 실질 GDP 추정, 1600~1840년

값 또한 너무 낮다. 그러나 GDP 구성에 관한 그의 분석과 그가 도출해 낸 1인당 GDP의 장기적 경향성은 상당히 설득력이 있는 것 같다.

1인당 GDP의 장기적 변화에 대한 가장 최근의 연구는 스티븐 브로드베리(Stephen Broadberry)와 그 동료들에 의해 진행되었다. 이 연구에서도 1인당 GDP는 북송(北宋) 이후로 꾸준히 하락한 것으로 나타났다. 수치상으로 보자면, 명나라 때는 송나라 때의 80퍼센트 선에서 평형을 유지하다가 청나라 들어 급격히 떨어졌다. 이들의 계산에서 1인당 GDP는 인구 증가 때문에 이미 1750년부터 급감하다가, 1850년에 이르면 송나라 때 최전성기의 절반까지 추락했다. 이는 대체적으로 송나라 이후 인구 증가 속도를 곡물 생산량이 따라잡지 못한 현실을 반영하고 있다(그래서 조강趙岡의 분석에 부응하는 면이 있다). 브로드베리 팀은 자신들의 연구가 황종지의 인볼루션 이론을 재확인했다고 결론 내렸다.[24]

전근대 시기의 중국 GDP 연구는 자료가 태부족한 데다 매우 불확실한 큰 틀의 전제에 의존하지 않을 수 없다. 따라서 이러한 연구 결과는 어디까지나 하나의 가설로 보아야 할 것이다. 이러한 경고는 시간을 거슬러 올라갈수록 더더욱 절실하다. 먼 과거일수록 다른 지표들과 모순되는 연구 결과가 더 많이 나타나게 마련이다. 1인당 GDP가 북송 시기에 최고조에 달했다는 유광림의 연구는 로버트 하트웰의 결론을 인정

---

24 Broadberry, Guan, and Li 2014: 20. Shi Zhihong et al.(2014)의 연구에서는 1661~1850년의 1인당 GDP가 조금 더 낮은 수치(약 10퍼센트)로 나왔다. 그러나 경향성을 그린 그래프는 사실상 다를 바가 없다. Shi Zhihong et al.의 연구에서 제시한 새로운 주장은 GDP 감소의 원인을 분석한 데 있다. 즉 1650~1900년 고수익 서비스 부문(특히 정부)의 상대적 감소가 GDP 하락의 가장 큰 원인이었다는 분석이다.

하는 것으로, 그 또한 군인의 실질 임금을 기반으로 계산했는데, 1077년 기준 GDP가 9억 800만 냥(兩)이라는 결론이 나왔다.[25] 피터 골라스(Peter Golas)는 포이어베르커의 연구 결과를 가지고 계산했는데, 송나라 시기의 GDP가 유광림의 연구보다 훨씬 낮은 수치인 4억 1300만 냥으로 나왔다. 이 계산에 따르면 정부 수입이 GDP의 24퍼센트를 사용한 것이기 때문에, 결과적으로 너무 낮은 수치가 나왔다는 점을 저자도 인정했다.[26] 로버트 하트웰이 계산한 바에 의하면, 송나라 시기 정부 수입은 GDP의 11~12퍼센트였다. 이 정도라면 매우 능동적인 정부의 역할을 강조한, 우리가 알고 있는 송나라의 역사적 상황과 맞아떨어지는 결과라고 할 수 있겠다. 전근대 왕조 시대의 경우, 유적(劉逖)의 연구가 현재 우리가 알고 있는 상황과 (절댓값은 아니라 해도 최소한 경향성의 측면에서) 너무 근사치로 맞아떨어져 놀라움을 금할 수 없다.

물론 포메란츠의 설득력 있는 논증이 보여주었듯이, 제국 시대의 중국 내부는 지역별로 경제 수준의 편차가 매우 컸기 때문에, 중국 전체를 영국 같은 유럽의 개별 국가와 비교하면 분석 단위로서는 서로 격이 전혀 맞지 않게 된다. 그 대신 포메란츠가 제안한 단위는 가장 선진적이고 경제 규모도 엇비슷했던 잉글랜드, 네덜란드, 중국의 강남 지역, 일본의 간토(関東) 평원 등이었다. 이러한 원칙이 이백중과 얀 루이턴 판 잔던(Jan Luiten van Zanden)의 연구에서도 기본이 되었다. 이들은 GDP와 노

---

25 Hartwell 1988: 78-79. 그러나 유광림과 달리 로버트 하트웰은 군인의 실질 임금을 뒷받침할 근거 자료를 제시하지 못했다.
26 Golas 1988: 93-94.

동 생산성을 기준으로 1820년대 네덜란드와 송강(松江) 지역의 두 현(화정현華亭縣, 누현婁縣)을 비교했다.[27] 양쪽 지역은 지리적 특성이 비슷했다(저지대 평원이라 내륙과 해양 운송에서 모두 접근성이 좋았다). 고도의 도시화와 상업화도 양쪽의 공통점이었다(이백중은 화정현과 누현에서 생산의 80퍼센트, 소비의 67퍼센트가 시장을 거친다고 계산했다). 그러나 지역 경제는 뚜렷이 달랐다. 화정현과 누현은 송강 지역 면화 산업의 중심지였으며, 공업에 종사하는 인구 비중이 매우 높았다. 반면 네덜란드는 상업과 은행업에 종사하는 인구 비중이 훨씬 더 높았다. 이백중과 판 잔던의 연구 결과, 양쪽 지역 모두 농업 분야에서 노동 생산성이 매우 높았다. 그러나 공장 및 산업 분야 노동자의 임금은 네덜란드보다 화정현-누현에서 현저히 낮았다. 이는 화정현-누현의 노동 인구에서 여성 방직공의 비율이 압도적으로 높았던 현실을 반영하고 있다. 결론적으로 양쪽 지역의 1인당 GDP 격차는 상당히 커서, 네덜란드가 81퍼센트 더 높았다(구매력 기준으로는 86퍼센트). 이러한 격차가 네덜란드의 산업 생산과 운송 분야에서 노동력을 절감할 수 있는 기술에 대한 더 많은 자본 투자를 이끌었고, 이러한 경향성이 농업 분야에까지도 어느 정도 영향을 미쳤다. 화정현-누현에서는 저임금과 높은 이자율 및 과도한 자본 비용이 이 같은 투자를 가로막았다. 1820년 네덜란드의 1인당 GDP가 (1990년 미국 달러 기준) 1838달러라는 앵거스 매디슨의 계산에 근거하여, 이백중과 판 잔던은 화정현-누현의 1820년 1인당 GDP를 988달러로 계산했다. 이

---

27 Li and Van Zanden 2012. 1820년대는 비교 대상인 두 지역 모두 경기 침체까지는 아니라도 경제적 활력이 없던 때였다.

는 서유럽 전체 대비 83퍼센트에 달하는 수치였다. 포메란츠의 연구 및 소비에 초점을 맞춘 연구 결과와 달리, 이백중과 판 잔던의 연구는 강남과 유럽 경제 선진 지역의 GDP 사이에 상당한 격차가 있음을 확인했다. 그러나 이들이 계산한 화정현-누현의 1인당 GDP는 1850년 중국 전체에 대한 브로드베리 팀의 연구 결과(598달러) 혹은 사지굉(史志宏, Shi Zhihong) 팀의 연구 결과(545달러)보다 70~80퍼센트 더 높았다.[28]

경제사학자들은 대개 실질 임금(real wage)을 생활수준(standard of living)을 나타내는 지표로 간주한다. 전근대 경제에서 임금 노동자는 경제적 한계 영역에 위치했기 때문에, 이들의 임금을 통해 노동의 한계생산성(marginal productivity)을 파악할 수 있다고 보는 것이다. 로버트 앨런(Robert Allen)은 중국과 유럽의 실질 임금을 비교해본 결과, 명청(明淸) 시대 중국의 임금률(wage-rate)이 잉글랜드나 네덜란드에 비해 현저히 낮았다는 사실을 발견했다. 다만 독일이나 이탈리아 같은 유럽의 다른 지역과는 비슷한 정도였다.[29] 로버트 앨런의 연구는 이백중의 데이터를 기초로 하여 보정하고 구매력(PPP) 수치로 환산한 것이다. 연구 결과 강남 지역 농부들의 노동 생산성이 1600년에 이미 높은 수준이었고, 1800년까지도 변함없이 그대로 유지되었다. 그 수준은 잉글랜드 농업 지역 가운데 가장 부유한 곳에 필적하는 정도였다. 강남 지역에서 농

---

28 Debin Ma(2008)의 연구에서 계산한 바에 따르면, 20세기 초 강소성(江蘇省)-절강성(浙江省) 지역의 1인당 GDP가 중국 전체 평균보다 약 50퍼센트 정도 더 높았다. 또한 18세기 강소성-절강성 지역의 1인당 세금 납부 실적(이를 기반으로 대략적인 소득을 추정해볼 수 있다) 또한 50퍼센트 더 높았다고 한다.
29 Allen 2009.

업 노동의 강도는 매우 높았다. 노동 집약도(단위 토지당 노동 일수)는 잉글랜드보다 강남이 8배나 더 높았다. 그러나 생산량 또한 강남이 9배 더 높았다. 17세기 초 강남의 농가 소득은 잉글랜드의 농업 노동자 가구에 비해 훨씬 더 높았다. 그러나 17세기와 19세기를 비교했을 때, 직물 산업에 종사하는 여성 노동자의 순수익은 (쌀을 기준으로 환산하면) 절반으로 떨어졌다. 로버트 앨런의 계산에 따르면, 1620년에서 1820년 강남 지역 농가 소득은 42퍼센트까지 떨어졌다. 직물 가격 하락과 농가 규모의 급격한 축소에 따른 결과였다. 강남의 농가 소득은 1820년경에도 잉글랜드의 농장 노동자들보다 더 나쁘지는 않았다. 그러나 인구 성장이 토지 대비 노동 비율을 악화시킴으로써 심지어 강남에서조차 갈수록 가난이 심화되었다는 것이 로버트 앨런의 결론이었다.[30]

또 다른 연구에서 로버트 앨런 연구팀은 북경, 소주, 광동에서 비숙련 노동자의 실질 임금을 유럽 및 아시아의 다른 도시들과 비교했다.[31] 결론은 이미 18세기 전반기에 중국 도시의 실질 임금은 런던이나 암스테르담보다 현저히 낮았고(거의 절반 정도), 19세기에는 중부 및 남부 유럽의 도시들과 비슷한 수준이었다.[32] 그러나 이 같은 비교는 의문의 여지가 있다. 유럽과 비교했을 때 강남 지역은 전업 노동자의 비중이 훨

---

30 로버트 앨런의 연구에 의하면, 강남 지역 농업/직물 생산 가구의 황금기는 17세기 초였다. 그러나 그의 연구는 가운데 두 세기를 건너뛰었다. 내가 보기에 면직물 가격으로 1820년대 극단적으로 하락했던 가격 대신 훨씬 더 높았던 18세기 말의 가격을 대입한다면, 인구 성장에 상관없이 강남의 황금기가 1800년까지도 지속되었을 것으로 추정된다.
31 Allen et al. 2011.
32 북경과 런던-암스테르담의 실질 임금 격차가 18세기 내내 점차 줄어들다가 19세기에 급격히 벌어졌다는 사실 또한, 저자들은 전혀 언급하지 않았지만, 함께 고려할 필요가 있겠다.

씬 더 적었다. 강남 지역의 노동 인구 중 전업 노동자의 비중은 아마도 10~15퍼센트인 반면, 잉글랜드와 네덜란드에서는 50퍼센트 이상이었다. 강남 지역 노동자의 수입은 안정적으로 소작지를 확보한 소작농의 30~40퍼센트에 지나지 않았고, 자작농 소농 가구와 비교하면 이보다 더 낮았다.[33] 이 같은 임금 노동자(절대다수가 독신 남성)는 겨우 혼자 먹고살기에 바쁜 정도였을 뿐 가족을 부양할 능력이 되지 못했다(그래서 광곤光棍, 즉 "맨 막대기"라는 별칭으로 불린다). 로버트 앨런 연구팀은 재산이 없는 임금 노동자의 격차를 제기했지만, 이는 일반적으로 가구 소득이나 생활수준 지표가 비슷했던 사실과 양립하기 어려운 주장일 뿐이다.

그럼에도 불구하고 18세기 경제 성장은 무한정 지속되지 않았다. 1800년에 이르러 중국 경제에서 생산성이 심각하게 고갈되기 시작한 근거는 적지 않다. 청나라 초기의 인상적인 경기 확장에도 불구하고, 이런 심각한 도전을 완화할 만한 새로운 제도는 공적으로든 사적으로든 새롭게 개발된 것이 없었다. 1820년 중국의 경제는 이미 불황의 늪으로 빠져들고 있었다. 이후 30년 이상 지속될 불황의 시작이었다.

19세기 초의 경기 불황

경기 악화의 최초 징후는 갑자기 터져 나왔다. 18세기를 마감할 무렵 일어난 이른바 백련교도(白蓮敎徒)의 난이었다. 호북성(湖北省) 서부 지역에서 난동의 조짐이 보이자 청(淸)나라 정부 당국은 의심되는 특정 종교

33　Pomeranz 2008a: 84-85. Xu Dixin and Wu Chengming(2000: 37)은 명나라 인구에서 임금 노동자가 차지하는 비중은 1~2퍼센트에 불과했다고 추정한다.

세력을 가혹하게 탄압했다. 이 일이 도화선이 되어 1796년 민중 봉기가 일어났다. 완강한 저항에 청나라 궁정은 당황할 수밖에 없었다. 청나라 군대가 얼마나 엉망인지도 고스란히 드러나고 말았다. 백련교도의 난은 인근의 사천성(四川省)과 하남성(河南城) 지역으로도 번져 나갔으며, 난을 진압하는 데 족히 10년이 걸렸다. 이 일로 지난 반세기 동안 창고에 축적해둔 재산이 바닥을 드러내고 말았다(그림 9-3).

백련교도의 난이 터닝 포인트였다는 데 대해서는 학계의 의견이 일치한다. 왕조가 활기를 띤 "강건성세(康乾盛世)"와 18세기의 경제적 번영은 막을 내리고, 지난한 정치 및 제도적 쇠락이 시작되었다. 그리고 마침내 1911년 왕조의 몰락에까지 이르게 된다.[34] 정치 및 사회 깊숙한 곳에 자리 잡고 앉아서 왕조의 활기를 서서히 빨아먹던 수많은 문제가 압축적으로 분출한 것이 곧 민중 반란이었다. 반란의 고장은 중국 서부의 한수(漢水) 유역 고산 지대였다. 그곳은 이른바 "내부 변경(interior frontier)" 지역으로, 18세기 후반기에 엄청난 수의 이주민이 유입되었던 곳이다. 이주민이 몰려들자 시골 지역의 생산 수단은 금방 동나버렸다.[35] 경제적 궁핍과 정부의 편협한 종교 탄압은 고산 지대 주민들 가운데 상당한 규모의 불만 세력을 만들어냈다. 도둑, 밀수꾼, 험난한 산비탈에 화전을 일구어 겨우 먹고사는 이른바 "오두막집 사람들(붕민棚民)"이 바로 그 불만 세력이었다. 관료의 부정부패, 관료주의적 병폐, 미약한 청나라 군대의 물리력이 중첩되어 폭동에 대한 국가의 반응은 지체될 수밖에 없었다.

34 이에 관한 고전적 저서가 바로 Mann Jones and Kuhn 1978이다.
35 Vermeer 1991; Wensheng Wang 2014: 61-70.

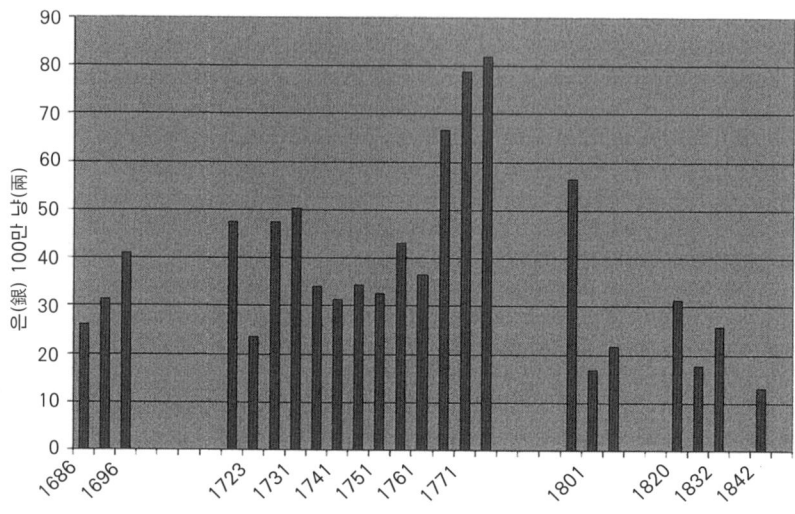

[그림 9-3] 청(清)나라 재정 당국의 은 보유량, 1686~1842년

그러나 이는 19세기 중엽에 반복적으로 일어날 더욱 참혹한 반란의 전주곡에 불과했다.

백련교도의 난이 일어나자 청나라의 황제 가경제(嘉慶帝, 재위 1796~1820)는 일련의 정치 개혁을 단행했다. 개혁의 목표는 부정부패를 뿌리 뽑고 정치 및 경제적 위기를 해결할 국가의 역량을 키우는 것이었다. 최근 학계의 연구는 당시 개혁의 긍정적 영향을 강조해왔다. 개혁의 결과 청나라 정부의 야심이 완화되고, 왕조의 쇠락을 막는 "지속 가능한 정치 발전"이 뿌리를 내렸다는 해석이다.[36] 그러나 실제로는 이 같

---

36 Wensheng Wang 2014. "지속 가능한 정치 발전"에 관한 저자의 정의는 같은 책: 6-9 참조. 가경제의 통치와 정치 개혁을 긍정적으로 평가하는 최근 학계의 동향에 관해서는

은 정치 개혁이 국가의 기초 역량을 강화하는 데 거의 기여한 바 없었다. 1713년 황제의 칙령에 따라 토지세 세율이 고정되어 있었기 때문에, 경직된 세수만 가지고는 군사적 위기나 자연재해에 대처할 능력을 개선하기가 쉽지 않았다. 중국 남서부와 북서부 변경 지역은 중국인이 아닌 다른 소수 민족이 거주하고 있었다. 이곳으로 중국인 이주민이 밀고 들어가자 민족적·종교적 긴장이 높아졌고, 폭력 사태로 비화되는 일이 자주 일어났다. 19세기 초 중국에서는 기근이 반복적으로 발생했다. 특히 1815년 어마어마했던 탐보라(Tambora) 화산 폭발로 이상 기후가 나타났고, 이후 몇 년간 전 세계적으로 흉년이 들었다. 정부의 비축미는 완전히 고갈되고 말았다. 도광불황(道光不況)의 시작은 "기나긴 18세기"의 번영에 확실한 종말을 고했다.

많은 학자들은 18세기 말에서 19세기 초 청나라가 맞닥뜨린, 유일한 문제라고는 할 수 없지만 가장 심각한 문제 중 하나는 인구 성장과 그에 따른 자원 부족이었다고 지적하고 있다.[37] 18세기의 인구 폭증은 1850년대에 참혹한 태평천국의 난이 발생하기 직전까지도 변함없이 지속되었다(그림 8-3). 토지에 대한 인구 압박이 강화되면서 많은 생물자원이 고갈되었는데, 특히 연료와 건축 자재를 제공한 숲의 훼손이 심했으며, 중국의 환경 위기는 벼랑 끝에 몰렸다. 양자강 물길 주변의 고산 지대로 침투해 들어간 "붕민(棚民)"은 옥수수를 주식으로 재배했고, 이들에 의해 막대한 산림이 훼손되었다. 옥수수는 고구마보다 노동력이 덜

Rowe 2011 참조.
37 Mann Jones and Kuhn 1978: 108-10; Wensheng Wang 2014: 23-6.

드는 작물이지만, 토지의 영양분을 금방 고갈시키는 문제가 있었다. 붕민은 몇 년마다 개간했던 터전을 버리고 자리를 옮겨 새로운 산림을 개간할 수밖에 없었다. 산림이 훼손되자 침식이 늘어났고, 이는 다시 저지대의 홍수 통제를 더욱 어렵게 만들었다.[38] 산비탈에 차(茶)나무를 심어서 문제를 완화해보려 했지만, 그 정도로는 환경 재앙을 멈출 수 없었다. 1824년 황하의 진흙이 공들여 쌓아놓은 둑과 저수지와 방조제와 배수 시설을 덮쳤고, 청나라 정부에서 관리하던 저수지도 메워버렸다. 중원과 회하(淮河) 유역의 광범위한 지역이 홍수를 피하지 못했다. 중앙 정부는 물길을 통제하기 위해 막대한 인력과 예산을 투입했지만 소용이 없었다. 결국 황하의 물길이 바뀌었다. 1855년 산동(山東)반도 북쪽으로 연결되는 새로운 물길이 안정되기까지, 수십 년 동안 방대한 지역이 궤멸적 홍수 피해에 노출되었다.[39]

환경 문제와 인구 압박에 따른 자원 부족 문제가 갈수록 심화되었음

---

[38] Marks 2012: 205-15. 유사한 환경 문제가 강남의 고산 지대에서도 그대로 일어났다. Osborne 1994, 1998 참조. Marks(2012: 206)에 의하면, 중국 남동부 고산 지대에 정착한 객가(客家)는 환경 문제에 끼친 영향 면에서 붕민만큼 많이 거론되지 않는데, 그 이유는 그들이 고구마를 주식 작물로 삼았기 때문이며, 또한 상업 작물로 넓은잎삼나무(chinese fir) 숲을 보존했기 때문이기도 하다.

[39] 1824~1826년 황하의 물 관리 체계가 붕괴된 동안, 중앙 정부는 양자강 유역에서 세금으로 거둔 곡물을 북경까지 운반하는 경로로 해로를 이용하도록 지정했다. 이는 대운하를 이용하는 것보다 더 효율적인 대안으로 확인되었지만, 황하의 물길이 안정된 뒤에는 정치적 압력 때문에 다시 대운하를 이용해 운송하도록 방침을 바꾸었다. Leonard(1996)는 이 일을 긍정적으로 평가하는데, 이 사건을 도광제와 그의 관료들의 행정 능력을 보여주는 사례로 보기 때문이다. 그러나 저자도 인정했듯이(Leonard 1996: 233), 당시 청나라 정부는 "대규모 기획"은 포기한 채 "소규모 개선책" 정도만 쓸 수 있는 형편이었다.

에도 불구하고, 자료들을 바탕으로 보자면 중국이 맬서스 트랩(인구의 덫)에 빠졌던 것 같지는 않다. 평상시에 비해 사망률이 급증했던 것은 사실이다. 1813~1814년 극심한 가뭄이 하북(河北) 지역의 곡물 가격을 2배로 올려놓았다. 그 여파로 사망률이 급증했지만, 정부는 기근을 구제할 능력이 없었다. 1820년대 초 하북에 또다시 흉년이 닥쳤다.[40] 요녕(遼寧, 만주) 지역의 인구 조사 자료를 보면, 생명력(vitality)과 단기 가격 변동의 상관관계가 분명하게 나타난다. 곡물 가격이 높을 때는 혼인율과 출생률이 떨어지고, 곡물 가격이 낮을 때는 혼인율과 출생률이 높아진다. 정반대로 사망률은 곡물 가격과 함께 오르내린다.[41] 인구 성장은 틀림없이 가난한 사람들에게 경제적 압박이 되었을 것이다. 요녕 지역의 장기적 변화 경향을 보면, 1800~1850년 남성 사망률은 증가하지 않았다. 그러나 가구 구성, 혼인율, 출생률은 줄어들었다. 이는 사회가 전반적으로 인구 압박을 받았다는 의미다. 여아 살해(female infanticide)는 가구원 수를 관리하고 경제적 자원을 신중히 활용하기 위해 주로 선택되는 방법이었다. 인구 통제 방법으로서 성별에 따른 영아 살해 행위는 냉혹한 처사가 아닐 수 없다. 이는 가정 경제 상황의 변화에 직면하여 개별 가정에서 재생산 전략을 어떻게 바꾸었는지를 보여준다.[42]

---

40 Lillian Li 2007: 255-66.
41 Lee and Campbell 1997: 31-39.
42 Lee and Campbell(1997: 65-70, 81-82)은 여아 살해가 청나라에서 빈곤층이나 절대 빈곤층 가정이 아니라 상류층 가정에서 일어났다고 주장한다. 그러나 다른 학자들의 연구는 빈민 가정에서 훨씬 더 광범위하게 일어났던 일임을 강조하며(Lee and Campbell의 책에도 이런 자료가 있다), 중국 인구 상황이 악화 일로를 달려간 지표로 삼고 있다. Wolf 2001; Lillian Li 2007: 315-16 참조. 중국에 조혼을 권장하는 풍습이 있었음에도 불구하

그러나 장기적 관점에서 보면, 물가와 인구 변화의 관계는 그렇게 분명하게 맞아떨어지지 않는다. 곡물 가격은 18세기 내내 꾸준히 오르다가 1790년대에 급격히 떨어졌고, 1800년 이후로는 다시 올라갔다. 1810년대 남부와 북부 모두 곡물 가격이 급등했다가, 1820년대에는 대부분의 지역에서 다소 완화되었다(소주蘇州는 대표적인 예외 지역으로, 1840년대까지 곡물 가격이 높게 유지되었다).[43] 산동성 영진현(寧津縣)에 있었던 잡화점 통태승(統泰升)의 회계 장부를 보면, 1810년대에 농산품과 일반 상품 모두 명목 가격(nominal price)이 올랐다가 1820년대에 내려가기 시작해서 (1830년대 초 급락세를 거친 후) 다시 원래의 수준을 회복했다(그림 9-4).[44] 그러나 은(銀) 가격으로 보자면(장부에 동전으로 기록된 가격을 은으로 환산해서 보자면), 1815년부터 1850년까지 농산물과 수공업품뿐만 아니라 임금 또한, 1830년대 중엽에 잠깐 회복한 것을 제외하면 꾸준히 악화 일로를 걸었다(그림 9-5). 이는 다른 자료들을 통해

고 유럽에 비해 출산율이 낮았다는 사실은 대부분의 학자들이 동의하는 바다. 그러나 Lee et al.은 이러한 결과가 출산 조절 때문이라고 하고, Wolf는 빈곤과 영양 부족 때문이라고 한다. 최근 절강(浙江)-복건(福建) 경계 지역 송양(松陽)의 궐씨(闕氏) 가문 사례 연구에 의하면, 1730~1830년 가문이 번성할 때는 출산율이 오르다가 1830년 이후 재산이 줄어들면서 출산율도 점차 줄어든 것으로 나타났다. 연구자들의 결론에 의하면, 1830년 이후 급격한 출산 감소에도 불구하고 가문의 경제적 상황 악화를 막을 수는 없었지만, 궐씨 가문에서 경제 상황의 변화에 맞추어 적극적으로 가족의 인원수를 조절한 것은 사실이었다. Che Qun and Cao Shuji 2011 참조.
43 남중국 지역의 곡물 가격은 [그림 8-5] 참조; 북중국 지역은 Lillian Li 2007: 196-220; Lee and Campbell 1997: 27-39 참조.
44 통태승(統泰升) 장부 개요 및 경제사적 가치에 관해서는 Yuan Weipeng and Ma Debin 2010 참조.

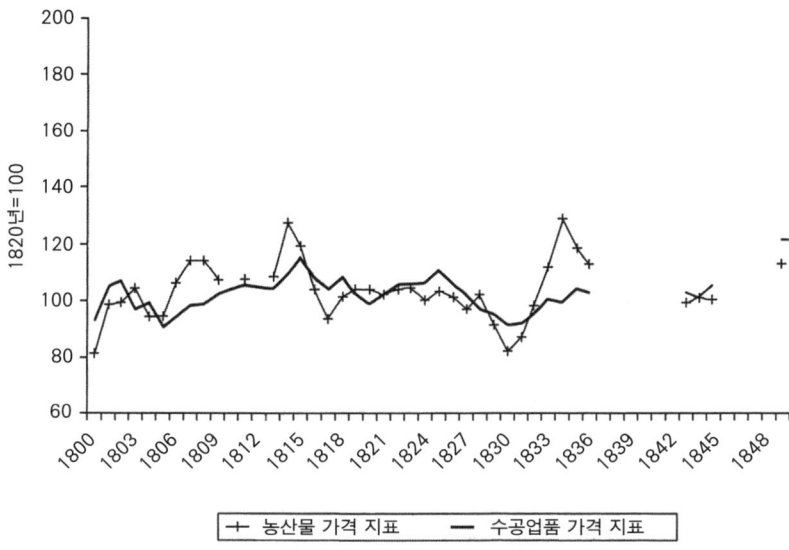

〔그림 9-4〕 영진(寧津)의 농산물 및 수공업품 가격, 1800~1850년

서도 교차 검증이 가능하다. 예를 들어 북경에서 비숙련 노동자의 실질 임금(곡물 기준)은 1807~1838년 상대적으로 안정적인 편이었다. 특히 당시 북경의 관행으로는 일당을 매일 지급했는데, 이렇게 지급되는 실질 임금이 해당 시기에 조금 올랐지만, 은(銀)으로 환산해보면 구매력은 상당히 하락했던 것을 알 수 있다(그림 9-6).

1820~1850년의 도광불황 동안에는 중국의 인구가 꾸준한 비율로 증가했음에도 불구하고 실질 물가와 실질 임금이 정체되거나 하락했다(은銀 가격 기준으로 보면 급격한 디플레이션 상태였다). 이 같은 은(銀) 가치의 디플레이션은 이 기간 동안 대량의 은 유출이 주요 원인이었다는 분석이 이어져왔다. 아편 수입이 급증했기 때문에 수 세기 동안 중국으

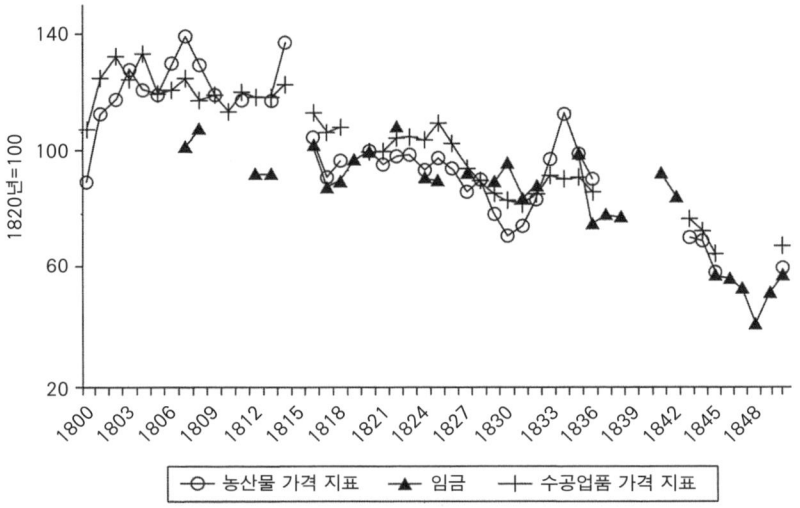

〔그림 9-5〕 영진(寧津)의 물가와 임금(은으로 환산), 1800~1850년

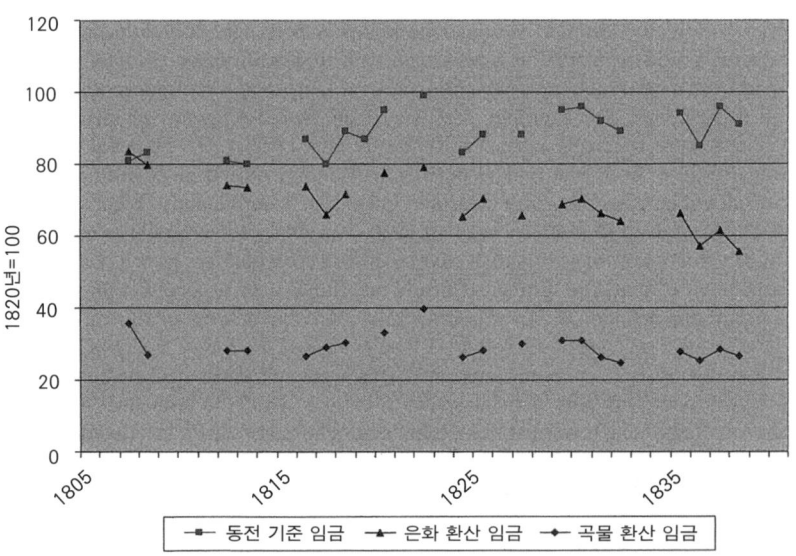

〔그림 9-6〕 비숙련 노동자의 일당, 북경(北京), 1807~1838년

단위: 100만 페소(peso)

	은 수입량(A)	은 수출량(B)	은의 순유출량(A-B)
1818-1820년	19.31	9.42	+9.89
1821-1825년	26.13	5.12	+21.01
1826-1830년	12.72	25.68	-12.96
1831-1835년	5.17	24.98	-19.81
1836-1840년	2.77	32.26	-29.49
1841-1845년	2.34	53.67	-51.33
1846-1850년	0.24	30.82	-30.58
1851-1854년	0.82	21.51	-20.69
합계	69.51	203.46	-133.95

〔표 9-5〕 중국 은(銀)의 순유출량, 1818~1854년

로 은이 유입된 것과는 반대 방향으로 은이 유출되었다는 주장이다.[45] 이러한 주장의 기원을 추적해보면 당시의 정부 관료까지 거슬러 올라간다. 1820년대 영향력 있는 정부 관료인 포세신(包世臣)도 그중 한 사람이었다. 그는 외국 상인의 아편 밀수 때문에 중국 은이 매년 1억 냥이나 유출된다고 경고했다.[46] 실제로 중국 은의 유입보다 유출이 많아진 것은 1827년 이후이며, 1840년대에 은 유출이 최고조에 달했다(표 9-5).

나를 포함하여 일부 학자들은 이처럼 은(銀)의 흐름을 뒤집는 데 아편이 결정적 역할을 했다는 주장에 의심의 눈초리를 두고 있었다. 오래전 루이 데르미니(Louis Dermigny)는 아편만으로는 1830~1840년대 중

---

45 Mann Jones and Kuhn 1978: 130; Peng Zeyi 1983: 25-26.
46 Rowe 2010: 72. 물론 포세신의 과장된 수치를 그대로 믿기는 어렵다.

국의 은 유출 총량의 절반밖에 안 된다고 지적했다. 아편이 아니라 당시 국제 시장에서의 은 가격 상승이 중국 은 유출의 주요 원인이라는 것이 루이 데르미니의 견해였다.[47] 최근 연구로는 임만홍(林滿紅, Lin Man-houng)이 이와 유사한 입장에서 아편 문제에 접근했다. 그는 1857년 이후에 상당량의 은이 다시 중국으로 유입되기 시작한 사실을 강조했다. 이때는 아편 수입량이 전례 없이 높은 시점이었다. 중국의 수입품에서 은이 차지하는 비중도 이때 더욱 확대되었다. 임만홍의 주장에 의하면, 당시 세계적으로 은 생산량이 감소하고 유럽 시장에서 중국의 주요 수출 품목인 차(茶)와 비단의 수요가 정체 혹은 감소한 것이 중국 무역 균형 역전의 원인이었으며, 또한 19세기 전반 중국 은 유출의 원인이기도 했다. 1850년대에 국제적으로 금(金)과 은 생산량이 회복되고 차와 비단 수출도 빠르게 증가하면서 은이 다시 중국으로 흘러 들어오기 시작했던 것이다.[48]

임만홍의 연구에서 초점이 아편으로부터 벗어나기는 했지만, 그는 여전히 중국 경기 침체의 유력한 원인이 은(銀)의 유출이라는 관점을 견지했다. 그러나 나로서는 그의 논지를 지지하기 어렵다. 논지의 근거가 되는 각각의 자료 분석 또한 설득력이 부족하다.[49] 임만홍의 주장과 달

---

47 Dermigny 1964: 3, 1342-43.
48 Lin Man-houng 1991, 2006: 87-114.
49 임만홍의 연구에 관한 나의 견해는 von Glahn 2013: 49-58 참조. 2006년에 출간한 책에서 임만홍은 일찍이 1808년부터 은(銀) 유출을 수치로 제시했다. 그러나 이 책에서 이용한 데이터는 심각한 결함을 내포하고 있다. 이 점에 관해서는 Kishimoto 2009: 93-95의 지적이 있었다. 이 같은 오류를 수정한다면, 임만홍의 연구에서도 은 유출의 시작점은 내가 주장하는 바와 같이 1820년대 말이 될 것이다.

리, 1810년대 스페인의 남아메리카 식민 통치가 종식된 뒤에도 은 생산의 위기는 전혀 없었다. 멕시코의 은화 주조량은 1810년대 1800만 페소(peso)라는 기록적 수치에 도달한 뒤로 감소하기 시작했다. 그러나 1827년 중국의 은 유출이 시작되기 전까지, 멕시코의 은화 주조량은 매년 최소 1000만 페소 이상을 유지했다.[50] 중국의 차와 비단 수요가 유럽 시장에서 감소했다는 임만홍의 주장 또한 사실이 아니다. 오히려 1830년대 초에는 중국의 차와 비단 수출이 유례없는 호황을 기록했다(그림 9-7). 이후 중국의 수출은 수평 상태로 유지되다가, 1850년대에 다시 한 번 극적인 급성장을 기록하게 된다.

19세기 전반기 중국에서 은(銀) 부족의 주요 근거는 1830년대 중반부터 시작된 (동전銅錢 대비) 급격한 가치 상승이었다(그림 9-8). 당시 중국의 관료는 외국의 페소 은화가 교환 수단으로 널리 이용되면서 동전의 가치가 하락하는 문제를 우려했다. 이들은 외국 금속 화폐의 유통을 중단시켜야 한다고 궁정에 건의했다. 물론 스페인 페소화처럼 무게와 순도가 표준화된 은화를 더 많이 사용한 것이 동전의 가치를 떨어뜨리기는 했을 것이다. 그러나 동전은 주조되지 않은 은괴에 비해서도 가치가 하락했다. 정부가 주조하는 동전의 품질 저하(화폐 연구 성과를 통해서도 확인된다)로 민간에서도 불순물이 많이 섞인 동전을 주조하는 일이

---

50 Von Glahn 2013: 47, figures 2.15, 2.16. 이전에 나(von Glahn, 2007a)와 Irigoin(2009)이 논의한 바 있듯이, 결정적 변화는 은화 생산량의 감소가 아니라 은화의 품질이었다. 남아메리카의 신생 공화국들이 주조한 은화는 품질이 현저히 떨어졌다. 중국인이 보기에 이런 은화의 가치는 상당히 낮았다. 다시 말해서 전 세계적 공급량 축소가 아니라 중국의 수요 감소 때문에 아메리카 은화의 중국 유입이 줄어들기 시작했던 것이다.

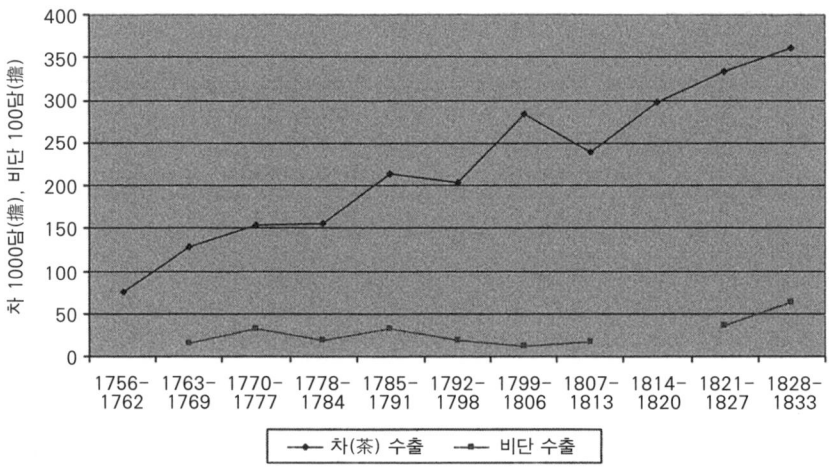

주: 1756~1762년과 1814~1820년의 비단 수출 자료가 없어 비단 데이터는 완전하지 못하다.

[그림 9-7] 차와 비단 수출, 1756~1833년

널리 확산되었다.[51] 이처럼 갈수록 낮아지는 동전의 품질 문제가 동전의 가치 하락을 부추겼을 것이다. 동전의 가치 하락에 기여한 또 다른 원인은 전표(錢票)라는 어음의 발달에 있었다. 전표에는 액면가가 동전 금액으로 표시되었는데, 민간 은행(전장錢莊과 은호銀號)에서 이를 발행했다. 18세기 말, 특히 북중국 지역에서 전표가 널리 확산되었다.[52]

[그림 9-8]에서 보듯이, 동전의 가치 하락이 상대적으로 더욱 심각한 지역은 놀랍게도 북중국이었다. 북중국은 전통적으로 동전 의존 정

---

51 Burger 2015; Wang Yejian 2003: 196-99.
52 Wang Yejian 2003: 180-84. 지방관은 과도한 전표 발행이 동전 가치를 떨어뜨린다고 노골적인 비판을 가했다. Von Glahn 2013: 55-57 참조.

642　　중국 경제사

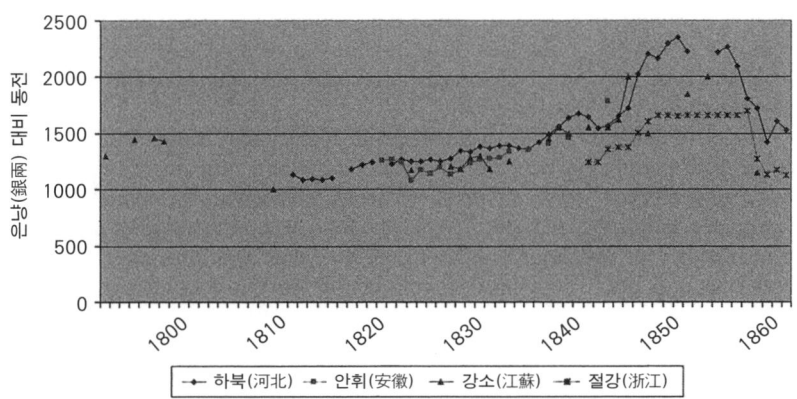

[그림 9-8] 은화 대 동전 환율, 1790~1860년

도가 강남보다 더 강했던 곳이었다. 강남에서는 이전부터 스페인 페소 은화가 교환 수단으로 널리 사용되고 있었다. 은화 대 동전 환율이 흔들린 이유는 단지 공급량 부족 문제가 아니라, 각 화폐의 용도가 다른 현실을 반영하고 있다. 구로다 아키노부(黑田明伸)가 설득력 있는 주장을 내놓은 바 있듯이, 왕조 시대 후기 중국에서 화폐 유통이 지역적으로 나뉘어 있었고, 특히 동전은 시기적으로 화폐 수요가 불규칙했기 때문에 지역 시장에서 지불 수단으로서 안정적이지 못한 면이 있었다. 청나라 시기 동전 수요 문제를 갈수록 전표(錢票)가 대신 충족시켜주게 되었다. 구로다 아키노부가 보기에 중국에서는 은화가 아니라 동전 부족이 문제였다. 지방 차원의 시장과 중앙 차원의 시장이 통합되지 않았기 때문에 외국 은화가 유입되더라도 지역에 따른 별도 화폐 유통 구조를 근본적으로 바꿔놓지는 못했다.[53]

따라서 19세기 초의 디플레이션은 인구 추세나 은(銀) 수입량(혹은

해외 무역 일반)과 관계된 것이 아니었다. 화폐 공급 문제가 더욱 밀접하게 연관되어 있었다(그림 8-2, 8-5, 8-6 참조).⁵⁴ 18세기 안정적인 성장세가 오래도록 지속된 끝에 1790년대 물가는 급격히 떨어졌다. 이 무렵 백련교도의 난 때문에 은화와 동전을 막론하고 신규 화폐 유입이 급격히 줄어들었다. 그리고 프랑스 혁명과 뒤이은 나폴레옹 전쟁 때문에 유럽 수출 물량도 줄어들었다. 그러나 상관관계는 분명하지 않다. 특히 1818~1827년 은(銀) 수입량은 최고조에 달했음에도 은의 가치는 하락했다. 통화 수축 경향은 1815년경부터 시작되었는데, 이 문제를 화폐 공급 변동으로 설명하기는 어렵다. 게다가 당시 남중국 지역에서는 전표(錢票)나 은표(銀票) 같은 종이 화폐가 널리 확산되었다. 따라서 일반적인 화폐 공급량만으로는 당시 상황을 설명할 수 없다. 심지어 이융생(李隆生, Li Longsheng)은 1820~1851년 당시 유통되던 은표의 규모(그가 추정하기로 6100만 냥)가 은 유출 결손량(또한 그의 추정으로 6200만 냥)을 거의 메울 수 있을 정도였다고 주장한다.⁵⁵ 그러나 은표 유통 규모에 관한 보다 확실한 근거가 없는 상황에서 그의 주장은 단지 하나의 가설일 뿐이다.

1790년대 곡물 가격의 뚜렷한 하락은 (주로 통계 오류로 무시되곤 하지만) 중국 경제가 심각한 속병을 앓고 있다는 징후였다(백련교도의 난은 결국 그 병이 터져 나온 것이었다).⁵⁶ 생산량과 무역의 변화에 관해서 분명

53 Kuroda 2000, 2008 :187-98.
54 이는 Peng Kaixiang 2006의 주요 결론이다.
55 Li Longsheng 2010: 179-80, table 3.20.

단위: 1만 냥(兩)

	회안관(淮安關)		호서관(滸墅關, 蘇州)		구강관(九江關)		광주 해관(廣州 海關)	
1725년	8.4	1727년	35.3	1727년	9.1		
1736년	48.4	1738년	38.2	1739년	35.2	1742년	31.0
1753년	32.5	1753년	49.5	1753년	35.4	1753년	51.5
1773년	55.7	1764년	54.2	1776년	66.2	1765년	60.0
1818년	44.1	1791년	58.3	1801년	53.9	1804년	164.2
1828년	30.2	1818년	42.7	1820년	58.5	1812년	137.5
1831년	32.4	1831년	39.1	1829년	60.0	1831년	146.2

[표 9-6] 세관 수입, 1725~1831년

한 결론을 내릴 만큼 충분한 자료를 가지고 있지 못하지만, 내륙과 해관 창고의 보고서를 통해 당시 상황을 엿볼 수 있다. [표 9-6]은 4대 세관 창고 보고서를 토대로 세금 수입 현황을 보여주고 있다. 자료를 통해 국내 상거래의 핵심 지역, 예를 들면 회안(淮安, 대운하의 핵심 지역으로 특히 소금 거래 중심지), 소주(蘇州, 국내 쌀 시장 중심지), 구강(九江, 양자강의 주요 항구이자 양자강 중류 차 생산지로 통하는 관문) 등지에서 1770~1790년대 국내 상거래 물량이 최고조에 달했다가 그 이후 감소했음을 알 수 있다. 이와 달리 광주(廣州)의 해상 무역량은 18세기 말에 급격히 치솟았다. 1802년부터 시작해 광주의 세관 수입은 내륙의 3대 세관 수입을 합한 것보다 많았다. 이는 해외 무역의 활기를 보여주는 동시에 국내 상거래의 무기력한 상태를 보여주는 근거가 된다. 보다 온전한 19세기 전

---

56 Cheung(2013)은 1790년대의 디플레이션 관련 사건들이 발생한 이유가 은(銀) 수입량의 급격한 감소 때문이었다고 주장한다.

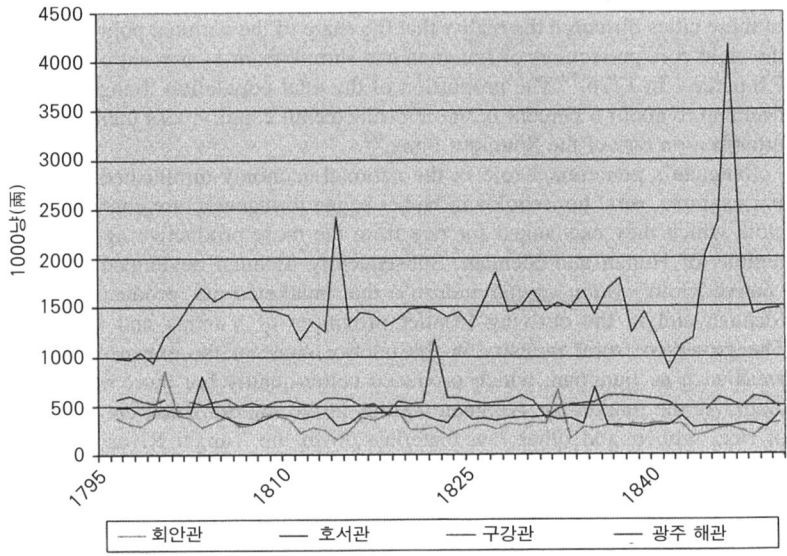

[그림 9-9] 세관 수입, 1796~1850년

반기 국내 상거래 세관 자료를 보면 이러한 경향은 더욱 확실시된다(그림 9-9). 광주와 구강의 세관 수입은 (비록 구강의 세관 수입이 18세기 전성기 때보다는 못했지만) 세기 전환기부터 아편전쟁 이전까지 비교적 꾸준한 편이었다. 소주와 회안의 세관 수입 수치를 보면 19세기 전반기에 하락세를 보이는데, 18세기 말에 비하면 훨씬 낮은 수준이었다.[57]

---

57 물론 Ni Yuping(2010: 150-61)은 34곳의 세관 수입 총액이 약 500만 냥으로 일정했기 때문에 19세기 전반기의 이른바 "도광불황" 개념에 문제를 제기하고 있다. 그러나 대부분의 세관에서 매년 똑같은 수치를 보고했다(할당량에 기초한 수치였다). 오직 대규모 세관(여기서 주목하는 세관 4곳의 수입이 언제나 전체 세관 수입의 50~60퍼센트였다)만이 연간 변동되는 수치 결과를 보여주고 있다.

18세기 경기 팽창은 처음에 강남 지역의 국내 시장이 중심이었다가, 18세기 말에는 원심력이 강하게 작용하면서 각지에 지역별 시장이 떠오르는 경향을 보였다. 내륙의 변두리 농업 지역으로 이주민이 유입되면서 노동 생산성이 정체되기 시작했다. 강남 지역의 곡물 생산량은 성장세를 이어갔지만, 농업 전체적으로는 생산량이 줄어들었다. 북중국 지역에서는 목화를 비롯한 비곡식 농산물 생산량이 1750년 이후 감소하기 시작했다. 이는 지역 내 인구 급증에 따른 먹거리 수요를 충족하기 위해 곡물 농업의 비중이 커졌음을 의미한다.[58] 소주와 광주 등의 거대 상업 도시 인구는 50만 명을 넘어섰으며, 경덕진(景德鎮, 도자기)이나 불산(佛山, 철강과 직물) 같은 산업 도시도 인구 20만 이상의 거대 도시로 발전했다. 그러나 이 같은 도시에서 엄청난 인구 성장을 기록했음에도 불구하고, 강남 8개 핵심 도시의 인구가 차지하는 비중은 놀랍게도 1391년 14퍼센트에서 1776년 7.6퍼센트로 줄어들었다.[59] 19세기 중엽에는 도시 거주 인구도 5퍼센트로 줄어들었는데, 남송(南宋) 때의 도시 인구 비율과 비교하면 절반 정도에 불과했다.[60]

국가 경제에서 강남 지역이 차지하던 주도적 역할도 줄어들었다. 예를 들어 호북 지역에서 가내 수공업으로 생산된 낮은 품질의 면직물은

---

58 Pomeranz 2000: 140-41.
59 1391년의 강남 8개 핵심 도시(江寧, 鎮江, 常州, 蘇州, 松江, 嘉興, 湖州, 杭州)의 인구 자료는 Li Bozhong 2003: 142, table 4.3 참조; 1776년 자료는 Cao Shuji 2000b: 87-88, table 3-5, 113, table 3-15 참조. Pomeranz(2000: 288, 2008: 88)는 1750년에서 1850년 사이 강남 지역 농업 인구가 정체되었다고 주장하지만, Cao Shuji의 자료를 보면 강남에서도 같은 시기 전국의 인구 성장률 평균과 같은 비율로 인구가 성장했음을 알 수 있다.
60 Skinner(1977b: 229)는 1843년의 중국 도시화 비율을 5.1퍼센트로 계산했다.

CHAPTER 9 - 국내의 위기와 외부의 도전   *647*

곡물이 풍부한 지역, 즉 호남과 사천 지역에서 쌀과 교환되었다. 뒤이어 사천도 이른바 토포(土布, 지역 고유의 직물) 생산이 발달해서 지역 내에서 거래되었고, 운남(雲南)이나 귀주(貴州) 같은 변경 지역으로도 팔려 나갔다. 내륙 시골 지역에서 산업이 성장하자, 이곳 생산품이 강남 같은 중심 지역의 상품을 대신하기 시작했다. 강남 생산품은 품질이 좋은 대신 가격이 높았다. 강남 지역에서 생산한 직물을 소비해줄 내륙 시장이 고갈되면서 양자강을 따라 내려오던 쌀, 목재, 기타 원재료 공급도 줄어들기 시작했다.[61] 이 같은 국내 시장의 "수입 대체" 현상이 수출입 규모를 줄인 셈이다(표 9-5 참조). 결국 지역별로 경제적 독립성이 커지고 전국 규모의 시장을 대체함으로써, 윌리엄 스키너가 언급한 권역별 시장 구조가 형성되었다.

강남은 중국에서 상업적으로 가장 발달한 지역이었기 때문에 이 같은 중국 경제 구조의 변화에 특히 취약했다. 19세기 초 강남 경제는 중국 전역에 만연한 농업 중심 사회 질서와 거의 공통점이 없었다. 이백중의 1820년대 화정현(華亭縣)-누현(婁縣) 경제 연구에 따르면, 공장은 성인 노동자의 56퍼센트를 고용하고 전체 부가가치의 33퍼센트를 생산했다. 농업 지역은 각각 27퍼센트와 31퍼센트였다. 화정현-누현의 도시화 비율은 40퍼센트였고, 지역 총생산(gross product, 대부분 면화 관련 상품)의 약 30퍼센트가 외부 시장으로 수출되었다.[62] 그럼에도 불구하고 면화 산업은 어쨌거나 번성했다. 이백중이 제시한 수치에 따르면,

---

61 Yamamoto 1991, 1997, 2002, esp. ch. 1 and 3; Pomeranz 2000: 242-49.
62 Li Bozhong 2010, 2013.

화정현-누현에서 면화 생산이 전체 고용 인구의 43퍼센트를 흡수했다. 그러나 그들의 총생산량은 9퍼센트에 불과했다. 면화 산업 관련 가격 자료는 매우 파편적으로만 남아 있으나, 몇몇 수치만 보더라도 18세기에 비해 현저히 줄어들었음을 알 수 있다. 중국의 면직물 수출 자료를 보면, 1830년대 초 광주(廣州)의 면직물(주로 송강松江의 "nankin" 즉 남경南京 무명) 가격은 1810년대 평균 가격에 비해 28퍼센트나 떨어졌다.[63] 1834년에 출간된 송강 지역 농업 관련 보고서에 따르면, 송강의 산업이 쇠퇴한 지는 그때 이미 10년 이상 지난 때였다. 1829년 이후 목화 수확량이 줄어들면서 면직물의 원료인 목화 가격이 천정부지로 치솟았기 때문이다.[64]

오승명(吳承明, Wu Chengming)은 도광불황을 개괄하면서, 오래도록 지속된 중국 경제의 쇠락에는 여러 가지 원인이 있었음을 강조했다. 토지 대비 인구 압력도 있었고, 중국식 가족 중심 농업 생산의 내재적 한계도 포함되어 있었다. 오승명은 주로 내부적 문제에 주목했는데, 예를 들면 중국 소비자의 구매력 부족도 그가 보기에 끈질긴 디플레이션의 원인이었다.[65] 이백중도 마찬가지로 도광불황의 복합적 원인을 역설해 왔다. 이백중이 보여준 것처럼 경제적 빈곤과, 부자와 빈자를 막론하고 피할 수 없는 빈곤화가 1820년 당시에 이미 전국을 가득 메우고 있었다.[66] 1830~1850년대 동전(銅錢)의 가치 하락이 농민과 장인 모두에게

---

63 Wu Chengming 2001b: 267.
64 Li Bozhong 2010: 492에서 재인용.
65 Wu Chengming 2001b: 241-42, 287-88.

궤멸적 타격을 준 것은 의심의 여지가 없다. 이들의 수입과 저축 모두 대체로 동전으로 이루어졌기 때문이다. 그러나 1827년경부터 은(銀)의 무역 흐름이 반대 방향으로 바뀌었고, 뒤이어 동전의 가치가 하락한 것은 경기 하락의 결과였을 뿐 원인이었다고 할 수는 없다. 그 원인을 추적하자면 18세기 말 최후의 10년까지 거슬러 올라가게 될 것이다.

청나라 후기 재정 및 경제 정책

19세기 초엽 (빈곤 지역에 집중된) 인구 성장, 자원 부족, 국내 상거래 감소가 경제 불안과 사회 동요를 부추겼다. 1815년 이후 자연재해는 점차 사회적 위기를 고조시켰다. 식량 때문에 반란이 일어났고, 곡물 유통을 차단하는 일이 빈번해졌다. 세금과 임대료 체납도 급증했다. 이 같은 불만이 팽배하자 구세주를 내세우는 태평천국(太平天國)의 난이 일어났다. 반란의 맹아는 1840년대 말 머나먼 광서성(廣西省) 지역의 고산 지대에서 싹텄다. 이후 1851년에 이르러 태평천국 운동은 폭력 투쟁으로 비화되었다. 태평천국이 초기에 군사적으로 성공을 거두자, 빈민과 불만 세력이 태평천국을 중심으로 집결했다. 이후 태평천국 군대는 아무런 제지를 받지 않은 채 중원을 거쳐 양자강 삼각주에까지 이르렀다. 1853년부터 최종적으로 무너진 1864년까지 태평천국의 수도는 남경(南京)이었다. 중국 경제의 핵심 지역인 양자강 중하류 유역도 상당 부분 그들의 손에 들어갔다. 15년에 걸친 거대한 내전 기간에 적게는 2000만~3000만, 많게는 7300만 명이 목숨을 잃었다.[67] 태평천국의 난의 경제적 피해

---

66 Li Bozhong 2007.

는 주로 청(淸)나라의 가장 부유한 지역에 집중되었다. 그들의 정복 이후 남경, 소주, 항주(杭州) 같은 도시는 폐허가 되었다. 이 지역의 산업, 특히 비단 생산은 막대한 피해를 입었다. 더욱이 반란 기간 동안 청나라 정부가 힘을 잃었고, 다른 지역에서도 봉기가 잇달았다. 중동부 지역 염군의 난(捻軍之亂, 1851~1868), 남서부 지역 원주민 묘족(苗族)의 반란(1854~1873), 신강(新疆) 지역 무슬림 분리주의자의 반란(1875~1884) 등이 대표적이었다(지도 9-1).

태평천국의 난으로 궤멸적 타격을 입기는 했지만, 청나라가 무너진 것은 서양 제국주의 세력 때문이었다. 청나라가 아편의 밀수입을 금지하자 영국은 즉각 보복에 나섰다. 당시 대영 제국의 인도 식민 통치 당국으로서는 아편이 매우 중요한 자금줄이었다. 아편전쟁(1839~1842)은 청나라의 치욕적인 패배로 막을 내렸다. 남경조약(1842)에 따라 청나라는 5개 항구를 개방하고, 서양 상인의 거주를 인정하고, 공행(公行)의 무역 독점을 철폐하고, 아편 수입을 인정하고, 영국에 상당한 배상금을 지불해야 했다. 영국은 홍콩을 식민지로 얻었고, 이른바 "조약항(treaty port, 상부商埠)" 시스템을 구축했다. 이 체제에 따라 주요 항구에 조계(租界) 지역이 설치되었다. 이곳에서는 중국 당국 대신 유럽 열강이 통치권을 가졌다. 남경조약의 입안자인 헨리 포팅거(Henry Pottinger)는 "랭커셔(Lancashire) 지역의 기계를 전부 돌리더라도 중국의 한 개 지방 수요도 감당하지 못할 것"이라고 호언장담했으나, 그의 예언은 완전히 빗나갔다.[68] 아편전쟁 이후 20년 동안 아편 수입량이 급증한 것은 사실이

---

67 반란 시기의 사망자 최대치인 7300만 명의 근거 자료는 Cao Shuji 2000b: 445-53.

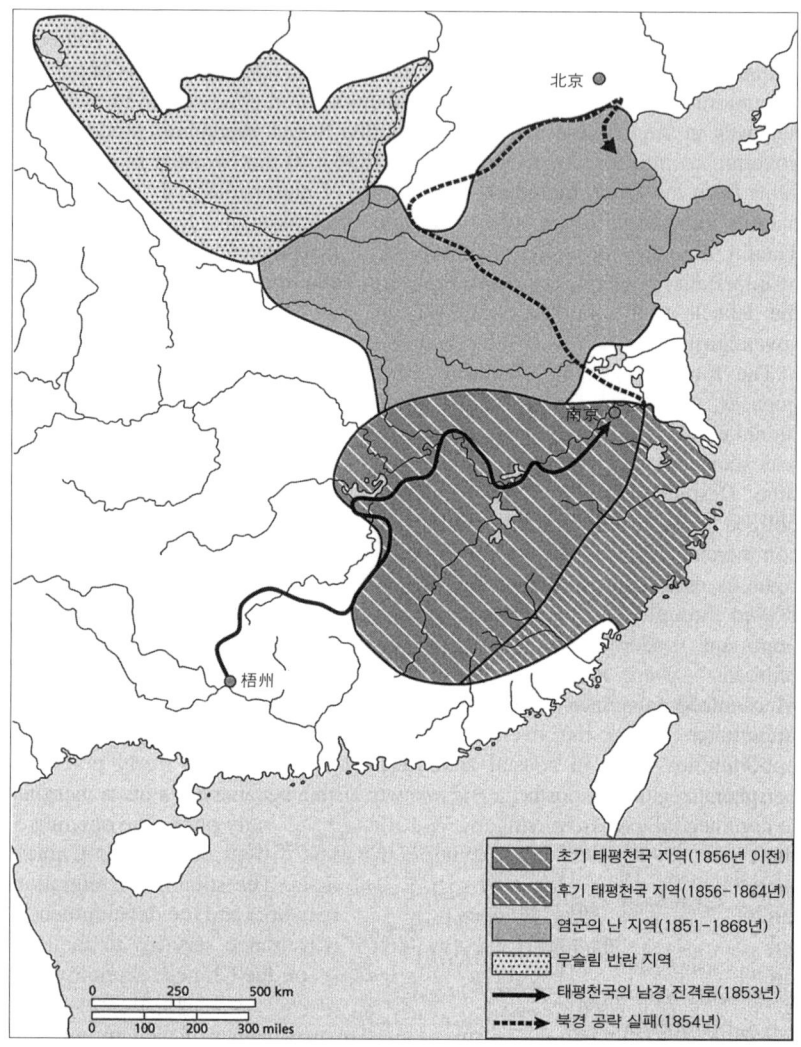

[지도 9-1] 19세기 중엽의 반란

다. 그러나 중국의 차(茶) 수출이 그보다 더 빠른 속도로 증가했다. 영국의 공산품이 중국 시장에서는 별로 팔리지 않았다. 불만에 찬 영국 상인은 영국 정부를 자극하여 제2차 아편전쟁(1856~1860)을 일으켰고, 청나라로부터 더 많은 이권을 쥐어짰다. 추가로 9개의 "조약항"을 얻어냈는데, 특히 북경으로 통하는 관문인 천진(天津)뿐만 아니라 양자강 내륙 항로의 관문인 한구(漢口)와 구강(九江)도 포함되어 있었다(지도 9-2).[69] 이후 서구 열강을 상대로 한 잇단 패배(예컨대 1884~1885년 프랑스와의 전쟁 패배)와, 무엇보다도 청일(淸日) 전쟁(1894~1895)의 발발로 청나라 정권은 심각한 손상을 입었다.

강제로 중국 시장을 개방한 결과 복합적인 경제적 효과가 나타났다. 국내 시장의 몇몇 분야(특히 전통적 수출 분야인 차와 비단)는 긍정적 자극을 받았고, 어떤 분야는 손해를 보기도 했다(가내 수공업으로 생산되던 면직물 시장은 기계 생산 제품에 잠식되었다). 시장 개방에 따른 이익과 손해 품목의 구성은 시기에 따라 달라졌다. 공행의 독점이 철폐되기는 했지만 서양 상인은 중국인 중개상을 거치지 않을 수 없었다. 중개상을 통해야만 국내 상거래와 금융 네트워크에 접속할 수 있었다. 외국 기업이 중국에 생산 시설을 설립할 수 있게 된 때는 훨씬 나중인 1895년 이후였다. 해외 무역은 대체로 기존의 상거래 경로를 통해 이루어졌다. 그러나 전략적으로 중요한 근대 기술(조선, 무기, 광산, 철도)은 국영 기업 혹

---

68 A. J. Sargent, *Anglo-Chinese Commerce and Diplomacy* (Oxford: Clarendon Press, 1907): 106에서 인용.
69 제2차 아편전쟁이 경제적 고려에서 촉발되었다는 논의는 J. Y. Wong 1998 참조.

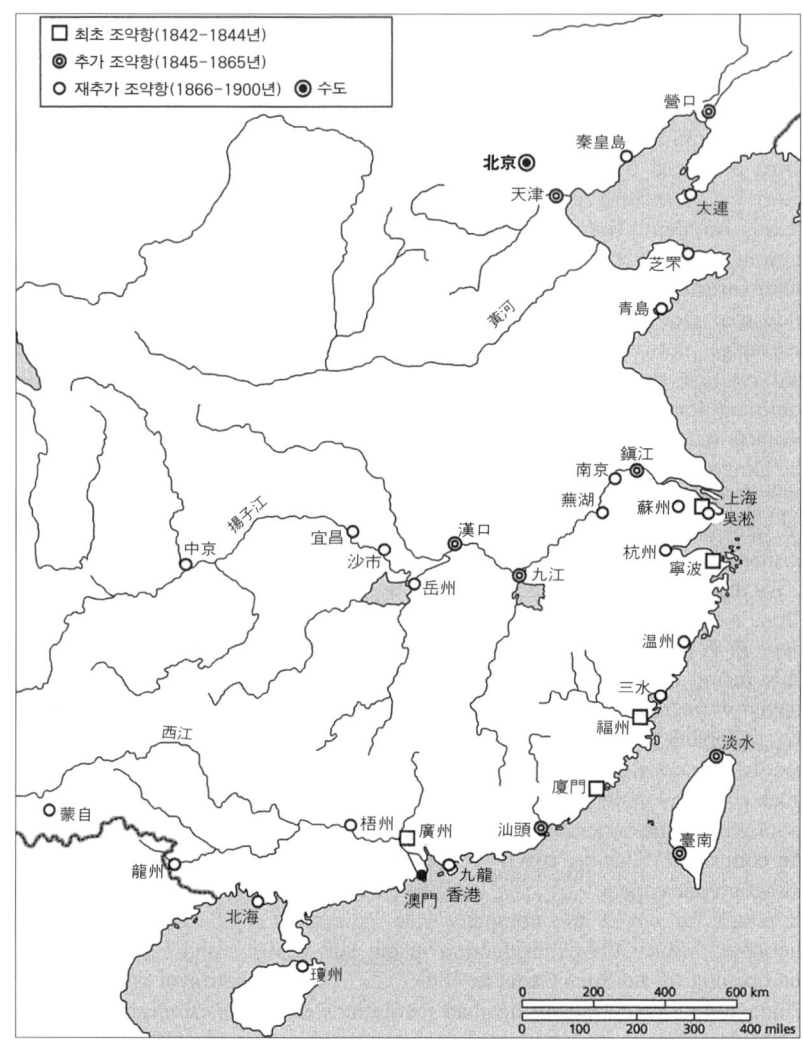

〔지도 9-2〕 조약항 네트워크

은 면허를 획득한 기업만 독점할 수 있었다. 해외 무역에서 면직물 같은 기계 생산 공산품의 비중은 20세기 이전까지 그리 크지 않았다. 해안 지역을 중심으로, 특히 조계 지역 근처에 수출 시장의 기회가 주어졌지만, 북부와 서부의 시골 지역은 국내 상거래 네트워크에서 더욱 주변적인 위치로 전락했고 당연히 더욱 빈곤해졌다. 조약항 개방은 해외, 특히 동남아시아의 중국 상인 네트워크 발달을 강화하기도 했다. 이주민, 상거래, 금전 거래가 모두 이 네트워크를 통했다. 항구 편의 시설, 증기선, 은행, 보험 등이 발달했고 아시아 내부 무역이 왕성해졌다. 중국 경제에는 확실히 동양-서양 무역보다 아시아 내부 무역이 훨씬 더 큰 영향을 미쳤을 것이다.

아편전쟁의 가장 심각한 결과는 말할 것도 없이 정치였다. 영국 군대는 자만심으로 가득 찬 청나라 지도부는 물론 그들이 가장 소중히 간직해온 유교 통치 체제에 대한 노골적인 도전이었다. 서양 제국주의 정권이 추구하는 바는 유교의 원칙과 정반대였다. 그들은 군대를 동원하고 경제적 주도권을 행사하며, 노골적으로 국가의 부와 권력을 추구했다. 유서 깊은 가치와 책임을 내려놓기란 청나라 궁정으로서는 쉬운 일이 아니었다. 그러나 태평천국의 난과 1860년 외국 군대의 북경 점령으로 심각한 타격을 입은 청나라 지도부는 이른바 "자강(自强)"이라고 하는, 스스로의 힘을 키우는 국가 전략에 착수했다. 일차적 목표는 군대의 근대화였다. 서양의 산업 기술을 이용하여 무기 공장과 조선소를 건립하고자 했다. 그러나 그 결과는 암울했다. 국영 기업이 서양 기술 고문을 고용해 소총, 대포, 전함 등을 제작했지만 품질이 형편없는 데다 비용도 터무니없이 많이 들었다. 군대 조직을 개편하는 일도 여간 성가신 문제가 아니었다. 궁정은 군사 및 재정 권한을 지역별 총독에게 폭넓게 이양함으로써, 태평천국의 난을 비롯한 여러 반란을 진압하도록 했다. 총독은 지역 내에서 병사를 징집했고, 이들에게 근대적 군수 물자를 보급하기 위한 산업 시설을 건설했다. 또한 후견 네트워크(patronage network)를 구축하고 장교에게 개인적 충성을 요구했으며, 공직자도 자신의 명령에 따르도록 했다. 그러나 후견 관계에 의존하는 신식 군대로는 장기 지속적 발전 계획의 수립 및 실행이 어려웠고, 필요한 만큼의 지원과 자금을 충분히 확보하기도 어려웠다.[70] 1894년 청나라 해군은 규모가 훨씬 작은 일본 해군에 치욕적인 패배를 기록했다. 이 사건으로 청나라 군사 근대화의 모순이 그대로 노출되었다. 서양의 제국주의자를 따라잡기보다 그대로 배우려 한 방향은 중국을 훨씬 더 멀리 퇴보시키는 쪽이었다.

1870년대 중국의 정치인은 중국의 영토 수호뿐만 아니라 경제 주권(이권利權)을 회복하기 위한 "상전(商戰, 무역 전쟁)"을 언급하기 시작했다.[71] 이처럼 정치와 경제가 혼합된 정책은 1872년 윤선초상국(輪船招商局, China Merchant Steamship and Navigation Company, CMC) 설립에서 가장 분명하게 나타났다. 회사의 설립은 이홍장(李鴻章)이 주도했다. 그는 직례(直隷)의 총독으로 당시 중국 정치의 가장 강력한 실권자였다. 윤선초상국은 정부 주도의 주식회사였다. 그 기원은 유서 깊은 소금 거래 독점 관리 방식에서 찾아볼 수 있다. 즉 정부에서 독점권(예를 들면 조세

---

70 지방 관료는 자신의 통제를 벗어난 신식 군대에 비용을 지원하기를 꺼렸고, 북경의 중앙 정부도 그들을 강제하기에는 힘이 약했다. 특히 풋내기 청나라 해군과 복주의 조선소는 안정적 재원이 없어서 곤란을 겪었다. Pong 1994; Wenkai He 2013: 159-63 참조.
71 Yen-p'ing Hao 1986: 166-67; Pong 1985.

수입 곡물을 북경으로 운송하는 사업)을 주어 민간 자본의 투자를 유도하고, 이렇게 설립된 회사가 외국의 기업과 경쟁하도록 하며, 회사의 이익을 국가의 수입으로 환원하는 방식이었다.[72] 1850년대 말 중국에 증기선이 도입된 이후, 그리고 특히 1869년 수에즈 운하(Suez Canal) 개통으로 중국-유럽 항해 시간이 절반으로 줄어든 이후, 중국의 해외 무역은 혁명적 변화를 맞이했다. 1860년대 중국에 진출해 있던 선도적 서양 기업들은 주식회사 형태로 증기선 운항 회사를 설립하기 시작했다. 설립 자본의 대부분은 중국인 투자자로부터 모집했다. 중국의 연안 및 내륙 운송으로 얻어지는 짭짤한 수익을 외국인이 아니라 중국인에게 돌려주기 위해 설립된 회사가 바로 윤선초상국이었다.[73] 윤선초상국은 민간 투자를 확보하기 위해 여러 가지 노력을 기울였다. 특히 매판(買辦), 즉 외국 무역상의 대리인 역할을 하는 중개상으로부터 많은 투자를 이끌어내어 상당한 자본을 확보했다. 이홍장은 정부의 대출로 신규 회사 윤선초상국의 자본금을 마련했다(나중에는 대출금이 지원금으로 전환되었다). 민간 투자자에게는 연 수익률 10퍼센트를 보장했다. 1873년 두 명의 상인이 윤선초상국 경영을 맡았다. 이후 윤선초상국의 투자 유치는 상당한 성공을 거두어, 1874년 말에는 자본금이 50만 냥에 이르렀다. 1877년 윤선초상국은 7개 항로에서 증기선 31척을 운영했다(경쟁사로 가장 큰 회사는 2개 외국 기업 연합으로, 5개 항로에서 14척의 증기선을 운영했다).

72 Feuerwerker 1958: 10-11. 윤선초상국의 소유권은 청나라 정부에 있었다. 당시 오늘날과 같은 주식 시장은 없었지만, 면허가 있는 중개인을 통해 지분을 거래할 수는 있었다.
73 서양인이 운영하는 증기선 회사에서 중국인 투자자들의 주도적인 역할에 관해서는 Zhang Zhongmin 2002: 111-26 참조.

1883년에는 자본금이 200만 냥으로 늘어났다.

윤선초상국이 대대적 성공을 거두자, 청나라 관료들은 회사에 투입된 정부 대출을 주식으로 전환하여 회사를 국유화해야 한다고 주장했다. 이홍장은 윤선초상국의 독립성을 강력히 변호했다. 그러나 1883년 금융의 공황 상태가 회사의 운명을 완전히 바꾸어놓았다. 윤선초상국의 성공에 고무된 지역 총독들은 주식회사 형태로 광산을 설립했다. 민간 은행(전장錢莊)에서 빌린 돈으로 투자하는 무분별한 주식 투자 열풍이 불었다. 1883년 8월 마침내 과열된 거품이 터졌다(임박한 프랑스와의 전쟁도 이유 중 하나였다). 상해(上海)의 전장 99개 가운데 89개가 부도를 맞았다. 주식 가격은 곤두박질쳤고 수많은 주주가 파산에 이르렀다.[74]

1883년의 위기가 찾아오기 직전, 윤선초상국은 이른바 "관독상판(官督商辦)"으로 조직을 개편했다. 관독상판이란 정부가 감독하고 상인이 관리한다는 의미였다. 관독상판 체제에서 최고 경영자는 상인에서 정부 관료로 교체되었다. 청나라-프랑스 전쟁 동안 이홍장은 윤선초상국의 재원을 해군으로 돌렸다. 1885년 이후 정부는 주기적으로 윤선초상국의 자본을 빼 갔다. 그러자 민간인 투자자도 투자금을 회수하기 시작했다. 전문 경영인도 민간 투자자도 빼앗긴 상태에서 윤선초상국은 쇠락의 길을 걸었고, 증기선 사업 분야에서 차지했던 비중도 점차 줄어들었다. 윤선초상국은 물론 다른 관독상판 기업들도 정치와 경제라는 양립할 수 없는 목표가 충돌함으로써 운명적으로 실패를 피할 길이 없었다.[75] 정부의 간섭과 강제 수용을 두려워한 민간 투자자는 관독상판

---

74 Liu Guangzhi 1983; Yen-p'ing Hao 1986: 323-29.

기업을 피해, 외국인이 운영하는 주식회사 형태의 기업을 선호했다. 조계 지역에서 외국인이 운영하는 은행, 창고, 비단 공장, 증기선, 보험, 전력회사 등은 자본금의 절반 가까이를 중국인에게 투자받았다.[76] 20세기 최초 10년 동안 민간에서 철도 주식 투자가 널리 확산되기는 했지만, 이를 제외하면 정부가 주도한 국내 기업의 주식은 투자자에게 별로 인기가 없었다.

19세기 중엽의 반란을 진압하기 위해서, 그리고 제국의 통치를 더욱 굳건히 하기 위해서는 국가 재정 능력을 확대하지 않을 수 없었다. 그러나 국가의 재정 관리 권한은 상당 부분이 각 지역 총독이나 지방관에게 넘어간 상태였다. 형식적으로는 중앙 정부가 관할권을 가지고 있었지만 (중앙 정부로서는 지방관의 충성이 더욱 중요한 관심사였다) 재정 개혁 또한 전략적 요충지 지방관의 손에 넘어가버렸다. 태평천국의 난을 진압하는 동안 총독들은 군대의 재정적 편의를 위해 새로운 수입원을 개발했다. 1853년부터 국내 무역에 이금(厘金)이라고 하는 통행세를 부과했고, 1861년 해관(海關, 대청황가해관총세무사大清皇家海關總稅務司)을 설립해 해외 무역에서 관세를 거두었다.[77] 태평천국의 난을 진압한 이후에 이금과 해관은 정부의 가장 중요한 수입원이 되었다. 1880~1890년대 국가 재정 수입의 3분의 1 이상이 여기서 나왔다. 정부의 수입은 1849

---

75 Feuerwerker 1958; Yen-p'ing Hao 1986: 202-11, 330-34; Chi-kong Lai 1992.
76 Yen-p'ing Hao 1986: 245-58; Motono 2000: 119.
77 원칙적으로 이금(厘金)은 통과하는 상품의 값에 따라 세금을 매기는 종가세(從價稅) 개념이었다. 그러나 상인 조합이나 중개상, 지방관 등이 거래 품목별 총액을 협상하여 일괄 납부하는 경우가 많았다.

단위: 은(銀) 100만 냥(兩)

	1849년		1893년		1908년	
토지세	32.8	77%	35.6	40%	102.4	35%
잡세			6.5	7%	*65.0	22%
소금세	5.0	12%	15.3	17%	45.0	15%
내륙 세관	4.7	11%	1.1	1%	6.7	2%
해관			14.7	17%	32.9	11%
이금(厘金)			**17.1	19%	**40.0	14%
합계	42.5		89.0		292.0	

주: 1893년 수치는 1892~1894년의 평균치다.
* 왕업건(1973)이 계산한 1908년 잡세 수입 수치는 광동 지역의 상세 자료에 의거하여 추론한 것이다. 광동 지역 자료에서 잡세 수입의 3분의 2는 도박에서 거둔 세금이고 나머지는 다양한 상거래 세금이나 인허가 수수료 등이다. 도박에 따른 세금 수입이 과연 전국에서 이런 정도 규모로 걷혔을지는 매우 의심스럽다.
** 국내 아편 거래에 대해서 이금을 부과하는 제도가 1891년부터 시행되었다. 여기에 따른 세금 수입이 1893년 기준 220만 냥이었다.

〔표 9-7〕 청(淸)나라 후기 정부 수입

년에서 1893년 사이 2배 이상이 되었으며, 증가분은 대부분 신규(및 과거) 상거래세와 소비세에서 나왔다(표 9-7). 18세기 중엽 정부 수입의 74퍼센트(표 8-3)를 차지하던 토지세는 이제 그 비중이 점차 줄어들었다. 명청(明淸) 시기 국가 재정 정책의 근간은 국가가 백성의 식량을 책임지고자 하는 유교식 모델이었다. 청나라가 이를 벗어나 간접세로 방향을 틀기는 했지만, 토지세를 동결시킨 1713년 강희제(康熙帝)의 칙령을 여전히 소중히 여겼고, 농업 생산에 대해 가벼운 직접세를 부과하는 원칙에는 흔들림이 없었다. 1908년 명목 세수의 극적 도약은 1893년 이래로 배가된 물가 수준을 상당 부분 반영한 결과였다. 실질 가격(쌀)으로 계산하면 증가분은 약 65퍼센트 정도였다(실제로는 이보다 더 낮을 수도 있는데, 왕업건王業鍵이 기타 항목 계산을 너무 높게 잡은 것 같기 때문이다).

청나라 최후의 반세기 동안 정부 수입이 큰 폭으로 증가했지만, 그렇다고 중앙 정부의 재정 능력이 그만큼 강화된 것은 아니었다. 세수의 새로운 원천도, 제조 및 통신 기업의 자강(自强)도 결국 중앙 정부의 재정 당국으로 수렴되지 못했다. 그 대신 세금 수납과 재정 정책 결정은 권역별로, 혹은 그 보다 더 작은 단위의 지역별로 흩어졌다. 태평천국의 난이 진압된 이후, 지역 엘리트는 세금 수입뿐만 아니라 구조 개혁이나 경제 발전을 위한 노력 면에서도 훨씬 더 공적인 영역으로 편입되었다.[78] 그러나 권역별 및 지역별 차원에서 새로운 제도가 많아질수록 중앙에서는 이를 통제하기가 더욱 어려워졌다. 이금과 해관의 관리 책임자는 중앙 정부의 직접적인 감독을 받지 않았다. 통합된 중앙 정부의 계정은 존재하지 않았다. 1880년대에 가서야 재무 당국이 지방 재정을 통합 관리할 계정을 개설했다. 이금 부과 같은 권역별·지역별 차원의 세금 부과는 원칙적으로 중앙 정부 재무 당국의 승인을 받아야 했지만, 지역 총독들은 긴급한 우선 사항을 핑계로 종종 중앙의 관리 감독을 거부했다.[79] 19세기 말에 이르러 북경의 중앙 정부는 점차 해관 수입(외국계 은행에 입금한 뒤 북경으로 송금하도록 함)과 소금 거래 면허세뿐만 아니라 이금 수입의 상당 부분까지 통제를 강화하려고 했다. 그러나 이때조차 북경의

---

78 Mann 1987: 110-12; Bernhardt 1992: 117-60.
79 Bastid 1985: 59-68. 청나라 중앙 정부의 재정 능력을 긍정적으로 평가한 연구로는 R. Bin Wong 2012: 372-77; Wenkai He 2013: 157-72 참조.

행정력으로 통제할 수 있는 금액은 전체의 절반에도 미치지 못했다. 포이어베르커의 계산에 의하면, 청나라 정부의 전체 수입은 1908년 기준 2억 9200만 냥으로 GDP의 7.5퍼센트에 달했으나, 중앙 정부로 들어간 금액은 GDP의 3퍼센트에 불과했다.[80] 왕업건(王業鍵, Yeh-chien Wang)은 1908년의 중앙 정부 수입의 비중이 이보다 훨씬 더 적은 GDP 대비 2.8퍼센트였다고 주장한다.[81] 인구 대비 중앙 정부의 재정 지출은 1849년에서 20세기 초까지 2배로 늘어났다. 그렇다고 해도 청 제국의 정부 지출 수준은 당시 서구 제국은 말할 것도 없고 러시아 제국이나 오스만 제국에 비해서도 훨씬 더 낮았다.[82]

민간 금융 개혁(아래 667~675쪽 참조)에도 불구하고 청나라 정부는 화폐 체제의 안정적 기반을 마련하지 못했다. 1820~1840년대의 불황기에 은화 대비 동전의 가치가 급락했고, 정치가와 학자는 종이 화폐의 재도입 문제를 두고 논쟁을 벌였다. 그러나 불환 지폐에 대해서는 강력한 반대가 다수 의견이었다.[83] 태평천국의 난으로 재정 위기가 가속화되자 청나라 궁정은 절망적 수단에 의지하고 말았다. 국가의 주요 수입원인 남부 지역이 잘려 나간 상태에서 군대에 비용을 지불해야 하는 긴급한 지경에 이르러, 1853년 청나라 정부는 불환 지폐(동전 액면가와 은화

80　Feuerwerker 1980: 64.
81　Yeh-chien Wang 1973: 133.
82　실질 물가 기준으로 다른 나라들과 세출을 비교한 연구는 Brandt, Ma, and Rawski 2014: 66-70 참조. 1895~1910년 러시아의 세수는 국민소득 대비 15~16퍼센트였고, 같은 시기 오스만 제국도 10퍼센트 이상이었다. Gattrell 2012: 207; Pamuk 2012: 325 참조.
83　이 논쟁에 관해서는 Lin Man-houng 2006: 147-79; Rowe 2010 참조.

액면가 두 가지)를 발행했다. 또한 액면가가 높은 동전을 발행하고, 관직이나 지위를 판매하는 프로그램도 대폭 늘렸다.[84] 새로운 지폐와 액면가가 높은 동전은 시장에서 제대로 유통되기가 어려웠다. 따라서 인플레이션의 악순환이 일어났다. 1860년대 초 신종 화폐의 비참한 몰락을 인정하지 않을 수 없었다. 정부는 신종 화폐를 회수하고, 표준 동전을 주조해 교환을 실시했다. 그러나 그 수량은 그리 많지 않았다.

19세기 후반기에 멕시코로부터 은(銀) 수입이 급증하면서 화폐 공급량도 크게 확대되었다. 국제 은 유통의 흐름은 1850년대에 다시 중국으로 향했고, 중국의 주요 무역 상대국들이 금(金) 본위 정책을 채택한 이후인 1870년대에 외국 은의 중국 유입이 최고조에 달했다. 멕시코 은화가 워낙 충분히 공급되어 상거래에서 폭넓게 사용되자, 멕시코 은화는 중국에서 사실상의 표준 화폐로 자리 잡았다. 멕시코 은화를 일컫는 단위를 "위안(圓, 元)"(혹은 銀圓, 銀元)이라 했다.[85] 1889년 광동 지방 정부는 위안 표기 은화를 발행했다(또한 보조 화폐로 위안 표기 동전도 발행했다). 청나라 궁정은 이를 법정 화폐로 인정해주었다. 그러나 북경의 중앙 정부는 1850년대 불환 지폐 정책의 철저한 실패 경험에 사로잡혀 신규 지폐의 발행을 주저했다.[86] 외국계 은행이든 국내 은행이든 모두가 수표

---

84 1850~1860년대 화폐 정책에 관해서는 King 1965; Wenkai He 2013: 131-52; Kaske 2015 참조. Kaske 2011에서 19세기 말 청나라 재정 안정에 관직 판매가 얼마나 중요했는지를 잘 보여준다. 또한 권역별로 향표(餉票)라고 하는 일종의 지폐를 군대에 지급하기도 했다. 관직을 매매할 때는 지불 수단으로 은을 사용하기도 했지만 대개는 지폐를 사용했다. 따라서 군인은 은 대신 지폐로 지위를 살 수 있었다. 그러나 현실 거래에서 지폐의 가치는 상당히 절하되었다. Kaske 2015 참조.
85 Von Glahn 2007a.

단위: 은(銀) 100만 냥(兩)

	은화 가치	전체 대비(%)	합계	전체 대비(%)
신식 화폐			1,629	65
은화	1,320			
국내 발행	240	10		
수입	1,080	43		
동전	149	6		
어음	160			
은화 액면 어음	50	2		
외국 은행 어음	110	4		
구식 화폐			862	35
은화	347	14		
동전	373	15		
은화 액면 어음	42	2		
동전 액면 어음	100	4		

〔표 9-8〕 중국 화폐 공급량 추정치, 1910년경

를 발행했다. 그러나 이 수표들은 한정된 범위 안에서만 통용될 뿐이었다. 청나라 왕조가 멸망할 무렵에도 주요 화폐는 여전히 은화였을 뿐, 수표를 비롯한 다양한 형태의 지폐는 전체 화폐 유통량의 12퍼센트에 불과했다(표 9-8).[87]

86 정부 후원 은행인 중국통상은행(中國通商銀行)이 1898년 상해에 설립되어 화폐 발행권을 취득했다. 그러나 청나라는 중국통상은행 발행 수표와 동전을 법정 화폐로 인정하지 않았다. 1907년 기준으로 중국통상은행 발행 수표는 330만 위안에 불과했다. 이는 민간 은행 발행 수표 중에서 매우 작은 비중을 차지할 뿐이었다. Feuerwerker 1958: 225-41 참조. 1908년 왕조가 멸망하기 직전에야 국립 은행인 대청호부은행(大淸戶部銀行)이 설립되었고, 배타적인 화폐 발행권이 주어졌다. Linsun Cheng 2003: 25-32 참조.

	부채(은 100만 냥兩)	비중(%)
군사비	34.3	75
산업 투자	4.7	10
황실 비용	4.5	10
치수 사업	2.3	5
기타	0.2	〈 1
합계	46.0	

[표 9-9] 중국의 해외 부채, 1853~1894년

    공공 금융 정책의 가장 극적인 변화는 1890년대에 찾아왔다. 당시 청나라는 오랜 세월 견지해온 신념을 바꾸어, 재정적 필요를 메우기 위해 적자 예산을 편성했다. 태평천국의 난이라는 위급 상황에 대처하려고 지방 정부와, 나중에는 중앙 정부까지 외국으로부터 돈을 빌리기 시작했다. 주로는 긴급한 군비 지출이 목적이었다. 이후 40년 동안 청나라의 국가 부채는 총 4600만 냥에 달했다(표 9-9). 그러나 1890년대 중엽 청나라는 일본과의 전쟁 자금을 마련하기 위해 외국 은행으로부터 돈을 빌리지 않을 수 없었고, 패전 후에는 막대한 전쟁 배상금(2억 3000만 냥)을 물기 위해 또 돈을 빌려야 했다. 국가의 공공 재정은 사실상 부채로 버티고 있었다. 청나라 정부는 주로 해관과 이금에 의존하여 부채를 갚고자 했지만, 지방 정부에도 목표 금액을 할당했다. 적자를 메우기 위해

---

87 19세기 말의 화폐 상황 개관은 King 1965: 189-228; Yen-p'ing Hao 1986: 34-71; Chen Feng 2008: 615-66 참조.

채권도 발행했지만, 중앙 정부가 직접 발행하지는 않았다. 1898년 중앙 정부는 5퍼센트 이율 20년 만기 국채 발행 계획을 마련했다. 목표 금액은 1억 냥이었다. 중앙 정부가 직접 채권을 발행하는 대신 지방 정부에게 발행량을 할당했다. 국채 판매와 이자 지급은 지방 정부 책임이었다. 결국 판매된 채권은 1000만 냥에 불과했고, 실험적 정책은 중단되었다.

청나라 정부는 당시 세계적으로 유행하던 방식에 따라 부채 문제에 대응했다. 화문개(和文凱, Wenkai He)의 연구는 이 점을 근거로, 청나라가 국공채 발행을 통해 근대 재정 국가로 변모할 가능성도 있었다는 결론을 이끌어냈다.[88] 그러나 그의 연구가 간과한 점이 있는데, 바로 청나라 정부 지출의 성격이다. 과도한 채무를 지고 있는 청나라 정부는 경제 발전, 교육, 공공의 안녕을 위한 예산 지출을 거의 하지 못했다. 1900년 의화단(義和團) 운동 이후 이러한 상황은 더욱 심화되었다. 당시 청나라 정부의 부채는 4억 5000만 냥에 달했다. 1894~1911년 청나라 정부는 외국으로부터 7억 4600만 냥의 빚을 더 얻었다. 나라가 휘청거릴 정도로 막대한 돈이었다. 대출금은 대개 빚을 상환하는 데 사용했다. 그 중 3억 3100만 냥은 철도 건설 예산이었고, 이외에 다른 산업을 위해 편성된 예산은 2600만 냥에 불과했다. 청나라가 매년 상환해야 할 부채는 원리금을 합쳐 3000만 냥 정도였다. 이는 같은 기간 동안 설립된 모든 외국 및 중국 제조업체의 설립 자본금 총액을 다 합한 금액의 2배였

---

88 Wenkai He 2013: 177-79. 이 책에서는 이러한 가능성이 실현되지 못한 이유에 대해, 청나라의 금융 위기가 근본적 개혁을 감내해야 할 만큼 충분한 위기 상황이 아니었기 때문이라고 보았다.

다.[89] 국가 재정이 돌이킬 수 없는 지경에 이르렀지만, 청나라 정부는 경제 발전 정책을 실행할 재원을 확보하지 못했다.

새로운 금융 기관과 상거래

중국이 점차 글로벌 무역 네트워크에 강하게 편입되었음에도 불구하고 20세기 이전에는 산업혁명을 향한 움직임이 전혀 없었다. 그러나 1900년 이후 제도적 발전은 진행 중이었고, 그 덕분에 비교적 신속히 근대 경제로 옮겨 갈 토대가 마련되었다. 새로운 은행 및 금융 제도를 통해 금융 비용을 절감하고, 상거래를 관리하며, 국내 시장과 해외 무역이 원활히 연결되었다. 명(明)나라 이후 국내 원거리 무역에서 상당히 중요한 역할을 해온 상인 네트워크는 후진적 면모를 일신하여 더욱 정교한 제도로 발전했다. 같은 지역 출신 인맥은 (특히 위험도가 높은 은행업에서) 여전히 중요했지만, 상인 조합이 점차 동향 조직을 밀어냈다. 상인 조합은 상거래 관행을 조정하고 거래 관련 분쟁을 해결하는 중심 조직으로 기능했다. 더욱 복합적이고 높은 수준의 파트너십이 출현함으로써 기업가들이 과거에 비해 훨씬 큰 규모의 장기 투자를 유치할 수 있게 되었다. 국제 경제 체제로 편입되는 속도가 빨라질수록 이 같은 제도적 혁신도 더욱 촉진되었고, 어느 정도까지는 서양의 선례를 모방하기도 했다. 그러나 대체로 기존의 제도를 새로운 상거래 환경의 다양한 요구에 맞게 변형하여 적용했다.

18세기부터 일련의 새로운 금융 제도가 출현하여 원활한 상거래를

---

89 Feuerwerker 1980: 65-68.

지원했다. 새로운 은행 중에서 가장 이른 형태는 "장국(賬局)"이었다. 장국은 1727년 캬흐타(Kyakhta) 조약 이후 러시아와의 (특히 차茶) 거래 자금을 제공하기 위해 만들어진 금융 기관이었다. 산서(山西) 상인 조직에서 1736년 장가구(張家口) 인근에 최초의 객장을 설치했다. 산서 상인은 전통적으로 북중국 지역에서 장거리 무역을 전문으로 하고 있었다. 중국-러시아 무역도 산서 상인 조직에서 가장 먼저 접수했다. 북경과 장가구에 설치된 객장에서 상인에게 대출을 해주었는데, 대개는 5~6개월 내지 1년 상환 조건이었다. 1852년에는 북경에만 110개의 객장이 운영되고, 전체 자본금은 1000만 냥이었다고 한다. 그러나 개별 객장의 자산은 크지 않아서 대개는 4만~5만 냥 정도였는데, 당시 북경에서 운영되던 전당포가 대개 그 정도 규모였다.[90]

이른바 토종 은행인 전장(錢莊)은 장국(賬局)보다 더 작은 규모였다. 그러나 조약항이 개설된 이후 대외 무역 사업과 관련해서는 전장의 활동이 더욱 활발했다. 전장의 기원은 분명하지 않으나, 1770년대에 상해(上海)에서 이미 활성화되어 있었던 것만큼은 확인된다. 1796년 상해에서 100개 가까운 전장이 조합을 결성했다. 전장은 예금을 받고, 상인에게 단기 대출을 실행하며, 환전을 해주고, 장표(莊票)라고 하는 약속어음을 포함해 각종 상거래 문서를 발행해주었다. 조약항이 개설된 뒤로 외국과의 무역이 성장함에 따라 금융 서비스에 대한 수요가 높아지자 전장이 그 수요를 채웠다. 외국 기업의 입장에서는 시골에서 차나 비단을 생산하는 생산자와 접촉하기가 쉽지 않았으므로, 매판(買辦)이라

---

90 Huang Jianhui 1987.

고 하는 중국인 중개상에게 중개를 의뢰했다. 매판은 스스로 전장을 차려 외국 기업의 자본을 유치하고 국내 거래처에 공급해주는 일도 담당했다. 또한 전장은 외국 기업과 은행으로부터 유치한 초과 자금을 대출해주기도 했다. 1860년대 이후 전장은 외국 기업에게 장표를 발행해주고 돈을 빌렸다(이를 절표拆票라 했는데, 일종의 콜머니 즉 요구불 단기 대출이었다). 이 돈으로 국내 상인에게 단기 대출을 실행했다. 전장의 자본 규모는 매우 작은 편이었으나(대개는 2만~6만 냥 정도), 절표(拆票)를 이용하면 훨씬 더 확장된 규모의 신용 거래가 가능했다. 절표는 상환 요구를 받으면 1~2일 이내에 상환해야 했고, 전장에서 보유하고 있는 자금은 많지 않았다. 때문에 절표를 통한 대출 거래는 갑작스런 경기 변동에 대처할 능력이 매우 허약한 관행이었다. 1873년과 뒤이어 1883년의 금융 위기가 닥치자 상해의 전장 가운데 절반 이상이 파산했다. 그러나 새로운 전장이 신속하게 빈자리를 채우고 약진했다. 1890년 상해의 전장 조합은 전용 어음교환소를 설립하여, 매일 서로 간의 대출을 결재하고 이율을 정했다. 외국 기업이 전장과 사업을 함께하려면 어음교환소에서 계좌를 개설해야 했다. 결국 어음교환소는 대규모 전장에게 유리했다. 이들이 조합을 주도했기 때문이다. 대규모 전장을 운영하는 주인은 주로 영파(寧波)와 소흥(紹興) 출신의 사업가였다.[91]

전장은 주로 무담보 대출을 실행했기 때문에, 잘못되면 무제한적 부

---

91 McElderry 1976. 해외 무역 금융에서 전장의 역할에 관해서는 Yen-p'ing Hao 1986: 72-111 참조. 일부 지역(예를 들면 광주廣州와 천진天津)에서는 이 같은 금융 기관을 은호(銀號)라 했다.

채를 떠안아야 했다. 사업의 성공은 개인적 신용과 인맥에 크게 의존했다. 동향 출신의 인맥을 통해 동업자, 대리인, 고객의 신용을 확인했다. 어느 학자는 이를 "신용 공동체(fiduciary communities)"라 일컫기도 했다.[92] 상해의 전장 주인 중에는 절강성 지역의 영파나 소흥에서 건너온 사람들이 압도적으로 많았다. 그곳은 상해에서 100킬로미터 이상 떨어진 지역이었다. 영파-소흥 출신의 전장 네트워크를 통하면 계좌 이체(과장過帳)도 가능했다. 상인은 과장(過帳)을 이용해서 실물 화폐 없이도 거래할 수 있었다. 상해의 전장을 주도하던 영파-소흥 출신은 "방(幫)"이라는 모임(예를 들면 영파 상방寧波商幫)을 결성했다. 한구(漢口) 같은 내륙의 수출 물류 중심지에서도 이들은 함께 금융 사업을 펼쳤다. 그곳의 가장 큰손이 바로 이들이었다. 상점 연계 조직을 연호(聯號)라고 했는데, 연호 방식을 이용하면 개별 상점의 사업상 위험 부담을 분산하고 내밀한 고객 정보도 공유할 수 있었다. 특히 금융업에서 연호 사업 모델을 자주 볼 수 있었다. 예컨대 영파의 방씨(方氏) 가문은 42개의 전장을 소유했고, 그중 상해에서 운영하는 전장만 25개였다. 청(淸)나라 말기의 국영 은행과, 1908년 이후 확산된 근대식 민간 은행에서도 고위직은 대개 영파-소흥 출신 은행가들이 차지했다.[93] 전장은 수출 무역 금융에서 핵심 역할을 맡았지만, 근본적으로 지역 조직의 한계에 머물러 있었다. 이런 면에서 전장은 산서 상인의 은행인 표호(票號)와 완전히 달랐다. 표호는 처음부터 원거리 무역 금융에 초점을 맞추었고, 정부 관련

---

92 McElderry 1995: 28.
93 영파-소흥 금융업 네트워크에 관해서는 Mann Jones 1972, 1974 참조.

사업에 막대한 자금을 투입했다.[94] 북경을 비롯한 여러 도시에서 염색 공장을 운영하던 이대전(李大全)은 1823년 상인에게 송금 서비스를 제공하는 새로운 사업을 시작했다. 30만 냥을 투자해서 일승창(日升昌)이라는 회사를 설립했는데, 지점은 천진(天津)과 한구(漢口), 그리고 자신의 고향인 평요(平遙, 산서山西)에 설치했다. 일승창은 이자를 주기로 하고 예금을 받았고, 상거래 자금을 대출해주기도 했다. 산서 상인은 이대전이 하는 신규 사업을 금세 모방했다. 1850년에 이르러 15개의 표호가 30개 도시에 약 150개 지점을 운영했다. 당시 표호에서 예금으로 유치한 금액은 총 600만~700만 냥, 송금 업무로 처리한 금액은 4700만 냥이었다.

태평천국의 난이 일어나자 중앙 정부는 지방에서 거두어들인 세금을 표호를 이용해 북경으로 송금하도록 했다. 막대한 양의 세금 수입이 표호로 들어왔다(1870~1890년대 산서 은행은 정부 수입의 30퍼센트를 취급했다). 이는 표호로서는 자산을 확장할 수 있는 절호의 기회였다. 1880년대에 이르러 28개 표호가 446개 지점을 운영했고, 보유한 예금 총액은 1억 1400만 냥이었다(표 9-10). 20세기 초에는 화폐도 발행했다(표호 발행 지폐는 액면가가 은냥으로 표시되었고, 1910년 전후로 총 1억 4800만 냥이 유통 중이었다). 또한 주로 좋은 관직에 오를 예정인 사람들을 상대로 개인 대출도 취급했으며, 정부 기관에 선불금을 지급하기도

---

94 표호(票號)는 문자 그대로 해석하면 "송금표 취급 상점"이란 의미였는데, "산서 은행"이라고도 일컬었다. 표호의 본부가 산서의 세 도시, 곧 평요(平遙), 태곡(太谷), 기현(祁縣)에 위치하고 있었기 때문이다.

금액 단위: 은(銀) 100만 냥(兩)

	은행 수	지점 수	송금 총액	예금	대출	자본금	순수익	자산 총액
1850년대	*15(5)	150	46.6	6.4	7.8	0.7	0.5	53.7
1870-80년대	28(17)	446	118.8	114.0	48.6	38.6	1.3	236.6
1900-11년	26(22)	500	588.7	173.5	128.4	52.5	2.1	767.4
1913년	20(8)	320	-	36.2	45.4	■	순손실	■
1917년경	12(6)	120	-	27.6	4.4	30.7	순손실	■

* 위 표의 추정치는 해당 시기별로 확인 가능한 개별 은행(괄호 안에 표기) 자료의 평균 수치를 근거로 환산했다.

[표 9-10] 산서(山西) 은행 총운용액 추정치, 1850~1910년대

했고, 철도 건설 같은 공적 사업에 외국 은행의 대출을 중개하는 중개업도 수행했다.[95] 이처럼 표호는 전장에 비해 훨씬 큰 규모로 자본을 동원할 수 있었다. 그러나 표호의 수익 사업은 청나라 정부와 연결되어 있었기 때문에 국가의 재정 건전성과 표호의 사업 성공은 서로 뗄 수 없는 관계에 놓여 있었다.

일부 금융 기관(특히 전장)의 불안정성에도 불구하고 19세기의 새로운 금융 제도 발달은 상거래에 따른 금융 비용을 상당히 줄여주었다. 북경에 소재하는 금융 기관은 1844년 기준 월 0.38~0.5퍼센트의 이자를 지급했다. 연이율로 따지면 5~6퍼센트였다.[96] 표호는 예금 이자를 연이율 5퍼센트로 지급했다고 하는데, 대출 이자는 연이율 10퍼센트였다.[97]

---

95 Liu Jiansheng 2007: 235.
96 Huang Jianhui 1987: 117.
97 Liu Jiansheng 2007: 235.

이러한 비율은 당시 세계에서 이율이 가장 저렴한 영국이나 프랑스(환어음 할인율 혹은 국채 할인율 4~4.5퍼센트)의 2배 정도 되었다.[98] 외국인 기업은 중국인 거래처에 10~15퍼센트 이율로 대출을 해주었다.[99] 유럽에서보다 중국에서 이율이 확실히 높기는 했지만, 규모의 차이는 흔히 생각하는 것처럼 그렇게 크지 않았다. 다만 해외 무역 분야를 제외한 일반적 사업에서는 투자비를 스스로 해결해야 하는 경우가 대부분이었다.

조약항에서만 활동이 가능한 외국 은행의 영향력은 상대적으로 작은 규모였다. 10여 개 외국 은행이 1848~1872년 상해(上海)에 지점을 설치했다. 이들은 주로 해외 송금 업무를 취급했는데, 중국의 금융 기업과는 별다른 영향 관계가 없었다. 다만 1870년대 말부터는 이들이 발행한 수표가 조약항에서 널리 유통되고 있었다.[100] 중국인은 외국 은행의 안정성을 높이 평가했다. 외국 은행 지점에서 유치한 예금은 대부분 중국인 고객의 돈이었다. 그럼에도 불구하고 1912년 기준 외국 은행의 예금 보유액은 전체 은행 예금의 29퍼센트에 불과했다.[101]

청일 전쟁의 여파로 청나라 궁정에서는 정치 개혁의 목소리가 높아졌다. 이들은 정부 자금으로 공공 은행에 준하는 금융 기관을 설립하라고 요구했다. 중국 최초의 근대식 은행은 1897년 상해에서 설립된 중국통상은행(中國通商銀行, the Imperial Bank of China, IBC)이었다. 조직은

---

98 Rosenthal and Wong 2011: 139.
99 Yen-p'ing Hao 1986: 107.
100 같은 책: 52-55. 또한 Horesh(2009)의 외국 은행 수표 발행 연구에서도 같은 결론에 이르렀다.
101 Rawski 1989: 134.

유한합자회사(有限合資會社)였는데, 모델은 홍콩상하이은행(香港上海匯豐銀行, Hong Kong and Shanghai Bank)이었다. 홍콩상하이은행은 당시 중국 최대 규모의 외국인 소유 은행이었다. 중국통상은행은 일반 상거래 자금 및 관독상판 기업 자금을 취급했을 뿐만 아니라, 제국 정부의 보증 아래 동전 주조와 지폐 발행 권한도 가지고 있었다. 그러나 실제로 화폐 및 금융 시장에 미친 영향의 정도는 미미했다. 1905년 청나라 정부는 중국통상은행을 대청은행(大淸銀行)으로 개편하여 본점을 북경에 두고 중앙은행의 기능을 만들어보려 했다. 대청은행은 일반인을 대상으로 하는 금융 업무 이외에도 공모주 청약과 예금 업무도 취급했다. 대청은행은 배타적 화폐 발행권을 보유했고(실행한 적은 거의 없다), 정부 예산을 관리했다. 또한 표호에서 취급하던 송금 업무도 대부분 흡수했다.[102]

1911년 청나라가 무너지자 중국의 금융 시스템은 궤멸적 재앙에 직면했다. 대대적 예금 인출 사태가 벌어진 대청은행은 문을 닫지 않을 수 없었다. 1911년 최대의 희생자는 바로 표호였다. 이미 사업의 핵심 영역인 세금 송금 업무를 대청은행에 빼앗기고 존폐의 기로에 놓인 참이었다. 불과 몇 년 만에 표호의 거의 절반(지점을 222개나 거느린 최대 규모의 표호도 포함)이 문을 닫았다(표 9-10 참조). 표호 제도는 거의 사라졌지만, 표호에서 근무하던 인력은 상당수가 민국(民國) 초기 설립된 근대식 은행에 다시 취직했다.

전장과 표호는 대부분 무담보 대출을 취급했지만, 거래처의 대표자

---

102 짧은 기간 존속한 중국통상은행과 이후의 대청은행에 관해서는 Linsun Cheng 2003: 25-32 참조.

와 직원을 면밀히 조사하고 개인 신용, 오랜 거래 관계, 보증인 등에 크게 의존했다. 개인 신용 대출은 1930년대까지도 근대 은행 대출에서 상당한 비중을 차지했다.[103] 전장은 지역권 안에서 영업을 했기 때문에 고객을 잘 알고 있었고, 표호는 정부에 관계된 일을 맡아 처리함으로써 정해진 수익에 집중했으므로 개인 거래에 따른 위험성은 애초에 떠맡지도 않았다. 이 두 금융 기관은 모두 운영 자금을 확보하기 위해 예금 유치에 깊은 관심을 가지고 있었다. 중국 금융 산업은 단기 상업 자금 대출과 정부 금융에 초점을 두고 있었다고 말할 수 있다. 민국 시대의 중국 근대 은행도 산업 자금 조성에는 거의 기여한 바가 없었다. 그들의 자금은 대부분 국채와 개인 대출에 투자되었다. 1936년까지도 산업 금융에 투자된 은행 자금은 전체의 12퍼센트에 불과했다.[104]

19세기 중국 경제에서 매우 중요한, 그러나 흔히 간과하는 측면은 바로 (특히 1780년 이후) 아시아 내부 거래의 극적인 성장세다. 1683년 청나라가 해외 무역과 여행 금지 조치를 해제한 이후 광동(廣東)과 복건(福建)의 상인은 새로운 기회를 찾아 동남아시아로 몰려갔다. 특히 필리핀, 메콩강 삼각주, 타이완, 자와 등지였다. 청나라 정부가 해외 거주 제한 조치를 철폐한 1754년 이후 이주민의 수가 급증했다. 중국인이 동남아시아로 몰려들자 "교역 디아스포라"의 고전적 패턴이 재현되었다.[105] 중국인 상인은 현지 통치자 및 네덜란드 식민 정권과도 밀접한 관계를

---

103 같은 책: 157.
104 같은 책; Rawski 1989: 137.
105 "교역 디아스포라(trade diaspora)" 개념 설명은 Curtin 1984가 고전이다.

맺었다. 이들에게 조달 상품을 제공하고, 세금을 관리하며, 행정을 도와주었다. 중국과 동남아시아 사이의 무역뿐만 아니라 동남아시아 내부의 무역도 중국의 상선과 상인이 주름잡았다. 남아시아와 서아시아 지역에서 오랜 세월 지속되어온 상인 공동체를 밀어내고 중국 상인이 그 자리를 차지하게 되었다.[106] 중국 상인은 심지어 캄보디아 해안 하 티엔(Hà Tiên, 河仙)에서 독립적인 도시국가를 수립하기도 했다. (이 시대의 상거래 활성화가 일부 원주민 공동체, 예컨대 술라웨시섬 부기족Bugis이나 술루해Sulu Sea 섬사람들의 기업 활동을 자극했음은 물론이다.)

다른 선원 공동체와 달리 중국 상인은 해안 도시에 머물지 않고 내륙의 배후지까지 들어가서 상거래 관계를 개척했다. 인구 밀도가 낮은 말레이반도나 메콩강 삼각주 혹은 칼리만탄(보르네오섬)의 통치자들은 중국인 이주민을 환영했고 광산 개발과 목재 채취를 꺼리지 않았다. 중국 자본과 중국인 인력이 서서히 동남아시아 전역에 골고루 스며들었다. 학자들은 동남아시아 역사에서 1740~1840년을 "중국인의 세기(Chinese century)"라고 일컫는다.[107]

동남아시아 지역에서 중국인이 거둔 성공에 힘입어 이른바 "해안 경계 지역(water frontier)"을 따라 중국인의 사회·경제적 공동체가 들어설 수 있었다.[108] 중국인 이주민은 대부분 광동이나 복건 출신이었으나, 중

---

106 이러한 경향에 대한 요약 설명은 Kwee 2013 참조.
107 Reid 1997b, 2004; Blussé(1999)는 18세기를 "중국인의 세기"라 했다.
108 "해안 경계 지역"이라는 용어는 메콩강 삼각주 저지대와 그 주변 베트남에서 캄보디아에 이르는 해안선의 가운데 지역을 일컫는 말이다. Li Tana 2004 참조. 그러나 이동성이 강한 유민, 국가 권력의 부재, 해상 무역과 깊은 연관 관계 등의 지역적 특성을 가리키는

국의 한족(漢族)과는 인종적·언어적으로 뚜렷이 구분되는 사람들이었다. 이들은 사회적으로 단합이 잘되었다. 사원 조직을 중심으로 하는 종교나 성씨를 기반으로 하는 의례가 사회적 연대를 형성했다. 사원 조직은 의형제 관습과 맞물렸다. 이들은 고향에서부터 친숙하던 수호신을 함께 모셨다. 성씨를 기반으로 하는 씨족 문화는 실제로 핏줄을 나눈 사람들은 아니지만 같은 성씨를 사용함으로써 상상의 친족 관계가 만들어졌고, 공통의 조상을 숭배하는 등 가문 조직을 형성함으로써 가족적 유대 관계가 형성되었다.[109] 객가(客家, 하카)는 남중국 지역의 소수 민족으로 오랜 세월 동안 국경 지대에서 적대적 환경에 적응해온 호전적 민족이다. 해외에서 성공을 거둔 중국인 가운데 객가가 자주 보이는데, 특히 광산업에서 두각을 나타냈다. 칼리만탄과 말레이시아의 금광과 주석광의 광부는 객가어로 콩시(공사公司)라고 하는 조합을 결성했다. 그들은 광산 채굴에 성공하여 수익을 거둘 때까지 조합을 통해 비용을 조달했다. 이들 조합은 의형제 기풍이 매우 강했다. 그러나 나중에는 보다 공식적이고 위계질서가 뚜렷한 합자 회사로 발전했고, 상업 자본가가 회사를 주도했다. 광부는 단순한 임금 노동자로 전락했다.[110] 말레이시아에서 목재를 채취하던 중국인도 콩시 모델을 따라 조합을 결성했다.[111] 19

의미라면, 말레이반도와 칼리만탄 등 동남아시아에서 중국 상인이나 광부가 건설한 다른 지역의 교두보에 대해서도 같은 용어를 적용할 수 있겠다(태국과 자와도 정확하게 용어의 의미에 결맞지는 않지만 중국 이민이 상당히 많았던 지역이다).
109 Kwee 2007.
110 Kwee 2013: 20-21; Somers Heidhues 1993.
111 Trocki 1990.

세기에 이르러 객가어 콩시는 표준 중국어로 편입되었다. 처음에 콩시는 중국의 조약항에서 사업하는 외국 기업을 가리키다가, 나중에는 합자 회사를 지칭하게 되었다.[112]

1780년대부터 아시아 내부 무역이 활성화되었다. 쌀, 아편, 후추, 아선약(阿仙藥, 동남아시아 전역에서 빈랑자檳榔子와 함께 각성제로 사용되는 고무나무의 일종) 등 거래 물량이 기하급수적으로 늘어났다. 가오루 스기하라(杉原薫)는 아편전쟁 직전 아시아 내부 거래 물량이 동서 교역 물량보다 3분의 1가량 더 많았다고 추정한다.[113] 곡물이 부족했던 남중국 지역에서 루손섬, 태국, 메콩강 삼각주 등지로부터 막대한 양의 쌀을 수입하기 시작했다. 중국인 사업가는 말레이시아와 브루나이 등지에 플랜테이션 농장을 건설해서 후추와 아선약을 재배했다. 그 결과 전 세계 시장에서 동남아시아산 후추가 인도산 후추를 앞질렀다. 또한 중국인 상인은 아시아 내부 무역 네트워크를 다양하게 구축했다. 네트워크의 중심은 방콕과 싱가포르였다. 방콕은 태국에서 1782년에 성립된 신생 짜끄리(Chakri) 왕조의 수도였고, 싱가포르는 1819년 이후 영국의 아시아 무역 거점이었다.[114] 1850년 이후 동남아시아 해상 무역에서 도매와 소매할 것 없이 중국인 상인이 원주민을 밀어내고 자리를 잡았다. 또한 중

---

112 후대의 연구자들 가운데 콩시(公司)의 어원이 복건 지역 사투리라든가, 혹은 17세기 대만에서 제해권을 장악한 정씨(鄭氏) 가문으로까지 거슬러 올라간다고 하는 주장도 있었지만, 역사적 맥락을 고려할 때 중국 본토에서 굳이 어원을 찾는 일은 별 의미가 없다. 관련 근거에 대해서는 Zhang Zhongmin 2002: 40-57 참조.
113 Sugihara 2009: 265, table 1.
114 Reid 1997a.

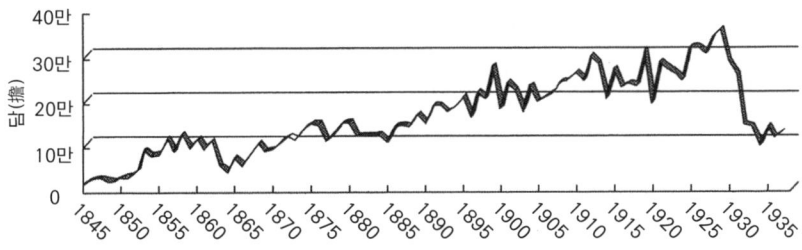

[그림 9-10] 중국의 비단 수출, 1844~1937년

국인 사업가는 쌀 정미소, 설탕 정제소, 목재 제재소, 주석 제련소, 파인애플 통조림 공장 등 원료 가공 사업을 실시했다. 자본금은 콩시 조합을 통해 마련하는 경우가 많았다.[115] 19세기 후반기 홍콩 소재의 중국인 소유 송금 사무소는 중국인의 해외 무역 자금을 제공했을 뿐만 아니라, 동남아시아 자본 투자에도 결정적 역할을 했다.[116]

조약항이 열리고 글로벌 시장에 점점 더 깊숙이 편입되면서 중국인 사업가에게는 새로운 기회가 열렸다. 비단과 차(茶)의 수출량이 급증했다. 비단 수출 물량은 주기적 부침이 심하기는 했지만 1844년 연간 2000담(擔)에서 1850년대 말 6만 담으로 늘어났고, 1890년대에는 10만 담을 넘어섰다(그림 9-10).[117] 차 수출도 1850년대부터 급증해서 1880년에는 최고 2억 8000만 파운드까지 치솟았다. 당시 차는 중국의 수출 총액에서 절반을 차지했다. 그러나 19세기 말에 수출 물량이 급감

---

115 Kwee 2013: 23-27.
116 Hamashita 2008a: 155-57.
117 Zhang Li 2010: 84, table 10, 92-96, table 14.

했는데, 인도산 차가 세계 시장 곳곳으로 침투해 들어갔기 때문이다.[118] 중국인 사업가는 동아시아 시장으로도 진출했다. 동남아시아로 진출한 것과 같은 방식이었다. 일본과 조선이 외국에 무역을 개방한 뒤(중국과 마찬가지로, 일본과 조선에서도 서양 세력이 요구하는 조건대로 개항이 이루어졌다) 중국 상인은 재빨리 고베(神戶, 1868년부터)와 인천(1883년부터)의 조약항에 사업장을 차렸다. 1890년대에 이르기까지 중국산 목화뿐만 아니라 (상해를 거쳐) 고베로 수입되는 영국 면직물의 거의 전량을 중국 상인이 공급했다.[119] 당시 표호(票號)가 조선과 일본에도 해외 지점을 개설했는데, 중국인이 표호에서 대출과 신용 거래를 하기에 더 유리했으므로 조선에서는 중국 상인이 인천을 중심으로 수입을 주도했다.[120]

조약항 체제는 국제 무역 네트워크에서 상해의 지위를 더욱 확고히 해주었다. 상해는 중국 국내 상거래와 해외 무역에서 주도적 지위를 차지했을 뿐 아니라, 조선과 일본으로 향하는 중국 상품과 서양 상품이 거쳐 가는 허브로 기능했다.[121] 1874년 기준 전체 수입의 70퍼센트 이상, 수출 물량의 거의 50퍼센트가 상해를 거쳐 갔다.[122] 조약항의 수가 늘

---

118 1880년 기준 인도의 차 수출량은 중국의 15퍼센트에 불과했으나, 1920년에 이르러 비율이 역전되었다. 1920년 기준 중국의 수출 총액에서 차가 차지하는 비중은 1.6퍼센트에 그쳤다. Gardella 1994: 111, table 13 참조.
119 Furuta 2005; Kagotani 2005. 1890년 이후 고베에서 중국 상인의 지위는 급격히 약화되었다. 일본산 면직물이 수입품을 대체해버렸기 때문이다. 그러나 인천에서는 1910년 일본이 조선을 병합할 때까지도 주도적 지위를 차지했다.
120 Hamashita 2008b, 2008c: 94-110.
121 Furuta 2000.
122 같은 책: 152-59, tables 6-1, 6-2.

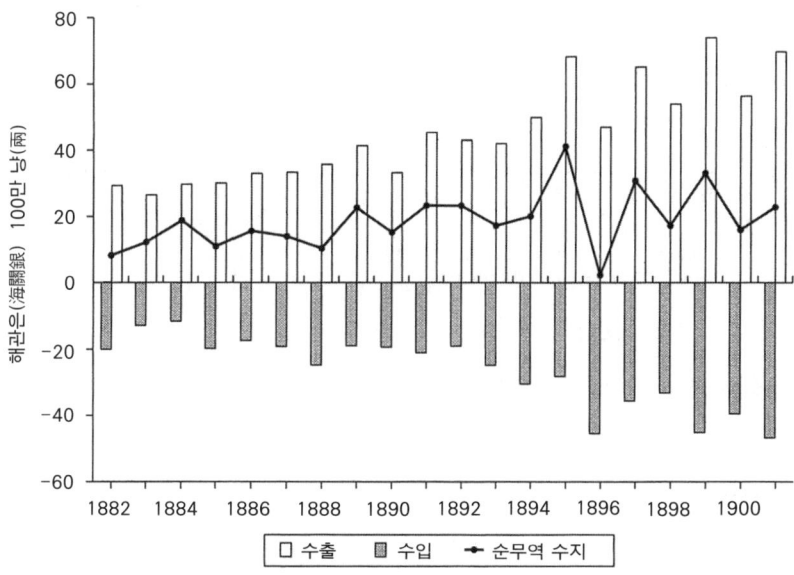

[그림 9-11] 상해(上海)의 무역 수지, 1882~1901년

어나면서 해외 무역에서 상해가 차지하는 물량은 줄어들었다. 그러나 1900년 기준으로도 여전히 전체 수출입 물량의 절반 정도가 상해를 거쳤다. 다른 조약항의 경우 수입 물량이 주로 국내로 판매되었지만, 상해에서는 대부분의 물량이 재수출되었다.[123] 게다가 중국의 해외 무역은 1880년 이후 적자로 돌아섰음에도 불구하고, 상해에서는 청일 전쟁 시기를 제외하면 수출입 균형이 굳건하게 유지되었다(그림 9-11).

---

123 Keller, Li, and Shiue 2012: 161-67. 그러나 인구 1인당 수입품 소비량을 기준으로 보더라도 다른 지역에 비해 상해가 훨씬 더 많았다(같은 책).

동아시아 국제 무역에서 상해가 핵심 지역으로 급부상한 것은 서양의 자본 유입 때문이 아니라 중국 상인의 왕성한 에너지 덕분이었다. 외국 기업이 수출을 주도하기는 했지만, 수입 거래(그리고 중개 무역)는 대부분 중국 기업이 수행했다. 1880년 이후 경쟁이 치열해지고 이익이 감소하자 외국 기업 가운데 약자들은 대부분 실패해 중국 시장에서 철수했다. 남아 있는 기업은 금융, 해운, 보험 등의 사업 부문으로 관심을 돌렸다.[124] 중국 상인은 그들만의 네트워크 덕분에 해외 무역에서 가장 큰 몫을 차지할 수 있었다. 네트워크를 통하여 배후로는 생산과 금융을 결합하고, 나아가 시장과 유통을 연결시켰다. 예를 들면 동남아시아로부터 수입하는 쌀 무역이 그랬고, 면직물 수공업품(수입산 무명실 이용)의 국내 및 해외 시장도 마찬가지였다.[125]

19세기 국내 상거래의 성장과 동시에 동향 출신 상인의 네트워크도 같이 확장되었다. 태평천국의 난 이후 무너진 네트워크가 복원되는 과정에서 새로운 형태의 상인 조합이 탄생했다. 이를 공공장소라는 뜻의 공소(公所)라고 일컬었는데, 공소가 동향 출신끼리의 배타적 네트워크를 대신하게 되었다. 과거 회관(會館)이라고 부르던 동향 조직은 사업 분야별로 나뉘어 상방(商幫)이 되었다.[126] 상인 조합은 이금(厘金) 같은 세금을 거두는 등 준정부적 기능도 수행하기 시작했다. 당시의 상인 조합은 공식적으로 국가의 인정을 받았고, 상거래에 관해서는 전례 없이

---

124 Furuta 2005: 41.
125 Brown 1995: 7-9; Furuta 2000; Hamilton and Chang 2003: 199-202; Sugihara 2005: 5-6.
126 Peng Zeyi 1983: 177-81; Rowe 1984: 264-82.

강한 목소리를 내게 되었다.[127] 조합을 통해 중국 상인은 상거래와 금융 규제뿐만 아니라 지방 행정에도 직접적 영향력을 행사했다. 한구(漢口)의 조약항에는 최근에 건너온 이주민이 거주했는데, 여기서 상인 조합의 지도자들은 동향 출신 조직을 넘어서 도시 전체를 관장하는 민병대, 소방대, 인도적 구호 단체 등을 결성했다. 이른바 팔대행(八大行)이라고 하는 8개 상인 조합의 지도부가 한구의 지방 행정에 폭넓은 권한을 행사했다. 팔대행의 뿌리는 1898년에 설립된 상회공소(商會公所, 상인 조합)였다.[128] 다른 상업 중심 도시에서도 상인 지도층이 도시 전반을 지휘하는 지도부를 결성했다. 예를 들면 중경(重慶)의 팔성회관(八省會館, 8개 지역 출신 상인 모임)과, 천진(天津)의 팔대가(八大家, 8개 상인 가문) 등이었다. 이들은 상업적 분쟁을 조정하는 역할을 하다가, 1850년 이후부터는 점차 도시 전반을 지도하는 역할을 맡았다.[129]

그럼에도 불구하고 가족적 맥락, 사적인 관계, 동향 출신의 연대 의식은 여전히 "신용 공동체"에서 개인의 지위를 결정하는 데 중요한 의미를 지녔다. 산서 상인과 영파(寧波) 출신 기업가는 여전히 "신용 공동체"

---

127 Mann 1987: 121-44. Motono(2000: 7-10)는 19세기 말 상인 조합이 주요 분야에서 독점적 지위를 강화하는 도구로 이금(厘金) 수납 업무를 활용했다고 주장한다.
128 Rowe 1984: 323-34.
129 중경(重慶)의 경우는 Zhou Lin 2011 참조; 천진(天津)의 경우는 Kwan 2001 참조. 1900년 이전 천진 경제에서는 소금 산업이 압도적으로 중요했기 때문에, 그곳의 상인 엘리트(팔대가, 여기서 지도적 위원으로 선정되는 인물은 개인 재산의 변동에 따라 유동적이었다)는 전적으로 소금 상인이었다. 이는 다른 도시의 상인 조합이나 동향 출신 상인 회관과는 달랐다. 중국의 대중문화에서 8이라는 숫자는 "벼락부자"라는 의미를 내포한다.

를 주도하고 있었다.¹³⁰ 중국 경제에서 가문 기업처럼 사회적 네트워크와 친족 제도가 현저하게 두드러지는 측면을 두고, "후견 경제(patronage economy)"를 중국 경제의 특징으로 지적하는 경우들이 있었다. 개인의 차원을 넘어서는 경제적 발전, 전문적 관리, 근대적 회사 개념의 도입, 혹은 자본주의 그 자체의 출현을 후견 경제가 가로막았다는 주장이다.¹³¹ 물론 중국인 사업가는 친족의 의무에 따른 사업상의 문제를 잘 알고 있었다. 예를 들면 산서 상인이 운영하는 은행인 표호(票號)에 취직하려면 같은 고향 출신이어야 했다. 그러나 친인척을 고용할 수 없도록 하는 규칙이 있었다. 족벌주의와 그에 따른 속박이 효과적 의사 결정과 기업의 최대 이익을 손상시킬 수 있다고 보고 이를 회피하고자 했던 것이다. 더욱이 연호(聯號)라고 하는 기업 연합(제8장 참조)은 주주들이 전문 관리인에게 경영을 맡겼다. 이는 가족 기업의 경우에도 마찬가지였다.¹³² 개인 사업자와 마찬가지로 가문 기업도 부동산 매입뿐만 아

130 20세기 강남(江南) 지역에서 상인 조합을 결성할 때도 여전히 사회적 네트워크의 중요성이 작동했다. Chen Zhongping 2011 참조.
131 왕조 시대 중국의 경제적 특성을 "후견 경제"로 보는 연구는 Brandt, Ma, and Rawski 2014: 79에서 확인된다. 친족적 유대, 사회적 네트워크, 사업 조직 등이 근대 자본주의 이행에 장애물이 되었다는 주장이다. Feuerwerker 1984: 319-20; Eastman 1988: 153; Faure 2006: 37-44 참조. Motono(2000)는 전통적 상인 조합을 이렇게 보는 관점을 비판하고 있다. 1904년 이후 공적 유한책임 회사 형태가 법적으로 기본 회사의 형태로 지정된 이후에도 "조직 구조와 가족 및 지역 연고 네트워크에 뿌리를 둔 가치관" 때문에 중국 기업이 이를 받아들이지 않으려 했다. Kirby 1995(인용은 p. 46) 참조. Goetzmann and Kröll(2005)에 따르면, 중국 기업 소유 방식 때문에 정치적 후견, 사회적 네트워크, 자본 시장의 부족, 미약한 주주 권한 등의 문제에 1904년 상법 도입이 별다른 영향을 미치지 못했다.
132 Pomeranz 1997; Zelin 2009: 624-25.

니라 여러 상거래 기업을 상대로 다양한 사업 투자를 진행하여 안정적으로 균형 잡힌 수익을 도모하고자 했다. 기계화된 산업이 발달하기 이전에는 대규모 장기 자본을 필수적으로 축적해야 하는 사업이 거의 없었다. 이런 식의 투자는 근대의 회사가 들어선 이후에야 적용되었다. 광산은 상당한 규모의 장기 투자 자본과 기술을 필요로 하는 산업이었다. 사천의 자공(自貢)에 있는 정염(井鹽, 소금굴)에서는 다양한 투자자(현지 지주, 가문 기업, 산서 상인, 오늘날 같으면 벤처 캐피탈이라고 할 만한 다양한 연합 투자자)를 모아서 탐사, 생산, 정제, 판매를 공동으로 운영했다.[133] 또한 20세기 초 중국 경제를 주도한 기업들을 보더라도, 사회적 네트워크와 체계적 기업 관리가 함께 결합되어 있었던 사실이 확인된다. 브리티쉬 아메리칸 토바코(British American Tobacco)나 스탠더드 오일(Standard Oil) 등 중국에 진출한 외국 기업도 현지 중개인, 공급자, 판매 네트워크와 협력함으로써 수직적 회사 조직을 엄격히 적용하는 것보다 더 크게 번성할 수 있었다.[134] 왕조 시대 중국이 막을 내릴 무렵, 많은 기업과 경제계 지도자는 오늘날 자본주의 사회와 전혀 다를 바 없이 개혁과 자신의 이익 침해에 강하게 반발했던 것이 사실이다. 그러나 그 와중에도 새로운 분위기를 감지하고 적응해 나가는 사람들이 있었다.

결론

아편전쟁에 패함으로써 청(淸)나라 궁정의 권위는 위기를 맞았다. 또한

---

133 Zelin 2005.
134 Cochran 2000; Zelin 2009: 633-35.

제국을 황폐화한 19세기 중엽의 반란은 경제의 기반을 무너뜨렸다. 청나라의 재정 시스템은 사회의 경제적 기반으로 농업을 지원하고 세금을 최소화하며 민생을 돌보는 국가의 책임을 다하고자 하는 유교적 원리에 뿌리를 두고 있었지만, 이제는 더 이상 유지되기 어려웠다. "자강(自强)"이라는 표어 아래 스스로 힘을 키우고자 한 청나라 정부는 새로운 정치경제 모델을 받아들이고, 직접세에서 간접세로 수입의 방향을 전환했으며, 공장이나 증기선, 광산, 전신 등 중요한 기술을 필요로 하는 사업에 투자했다. 그러나 이 같은 개혁으로도 민간 기업을 통제할 수 없었다. 즉 민간 기업이 건전한 재정적 기반에 뿌리내리는 데 꼭 필요한 기업 관리 기술을 개발하도록 유도하지 못했다. 지방 관료는 자의적으로 세금을 부과했으며, 종종 기업을 착취하기도 했다. 이는 제국의 재정적 기반을 더욱 악화시키는 요인이었다. 제국 정부와 지방 엘리트 사이에 새로운 긴장 관계가 형성되었다. 지방 엘리트는 갈수록 청나라 왕조와 거리를 두는 것이 자신에게 더 이익이 된다는 생각을 가졌다. 근대화를 위한 청나라의 노력은 실패로 돌아갔다. 결국 중국은 1894~1895년 일본과의 전쟁에서 굴욕적인 패배를 맛보았다.

청일 전쟁이 발발하자 마침내 재정 정책에 근본적 변화가 찾아왔다. 1895년 시모노세키 조약(下關条約)에 따라 추가로 30개 이상의 조약항에서 외국 기업이 제조업을 운영할 수 있도록 허가했고, 철도 건설에 대한 연합 투자도 가능해졌다. 이로써 최초로 외국 자본과 기계 공업이 중국 경제에서 의미 있는 영향을 미치기 시작했다. 시모노세키 조약은 또한 청나라 정부가 막대한 배상금을 물도록 했다. 정부는 빚을 갚기 위해 민간 금융과 외국 자본으로부터 돈을 빌리지 않을 수 없었다. 심각한 정치적 변화에 맞추어 정치 개혁 운동이 일어났고, 1898년 정부가 보증하는 국채를 발행했지만 결국 실패하고 말았다. 1900년 의화단이 일어나자 개혁은 피할 수 없는 현실이 되었다. 20세기 처음 10년 동안 청나라를 입헌군주제로 전환하고 서양에서 새로운 공공 금융, 상법, 은행, 학교 제도를 도입해 관료 집단을 개혁해보려는 시도가 잇달았다. 그러나 19세기를 마감하면서 부상한 새로운 시도는 남아 있는 제국의 수명을 재촉할 뿐이었다. 1911년 마침내 청나라가 막을 내렸다.

중국 경제가 날이 갈수록 세계 경제에 점점 더 깊숙이 편입되면서 새로운 도전과 기회가 동시에 만들어졌다. 1860년 이후로 극적인 증가세를 보인 해외 무역이 변화의 결정적 기폭제가 되었다. 세계 상품 수출에서 중국이 차지하는 비중은 1913년 기준 일본의 2배였고, 1929년 기준으로도 일본보다 50퍼센트가 더 많았다(1인당 수출량으로는 일본보다 훨씬 낮았다).[135] 비단은 1880년대에 이르러 전체 생산량의 절반 이상이 수출되었다.[136] 1870년부터 1913년까지 중국의 교역 조건(terms of trade, 수출입 물가로 측정)은 25퍼센트 상승했다.[137] 그러나 새로운 상업 및 산업에 의해 촉발된 경제적 변화는 기존의 지역별 불균형을 더욱 심화시켰다. 해안 지역은 내륙 지역보다 더 발달했고, 실물 경제나 사회복지 측면에서 배후지는 갈수록 해안 지역에 비해 뒤떨어졌다.[138] 부유한 지역에서 빈곤한 지역으로 부를 이전해야 할 국가의 능력은 오랜 세

---

135 Keller, Li, and Shiue 2013: 36, table 1.
136 Lillian Li 1981: 65-76.
137 Richardson 1999: 46.
138 Pomeranz 1993; Lillian Li 2007: 310-40.

월 왕조 시대 중국의 재정 정책이 추구한 주요 목표이자 사회 안정의 버팀목이었지만, 이제는 빛이 바랜 지 오래였다. 환경 위기는 이미 1800년부터 두드러지기 시작했다. 결국 자연재해를 촉발했고 비극적 재난으로 이어졌다. 1876~1879년 북중국 지역의 기근이 대표적 사례였다. 당시 1000만 명 이상이 사망했다는 주장이 있다.[139]

여러 가지 측면에서 중국은 20세기 초 인상적인 경제 성장을 이룩했다. 그러나 변화의 속도는 생각만큼 그렇게 빠르지 않았다. 1933년 기준으로 상해에는 중국 근대 산업 시설의 40퍼센트가 위치하고 있었다. 상해의 변화에 가려 다른 지역의 느리고 불균등한 변화는 별로 주목을 받지 못했다. 중국에서 근대 산업은 빠른 속도로 성장했고, 1912년부터 1936년까지 연 성장률이 8퍼센트 이상이었다. 그러나 1933년에도 여전히 근대 산업은 GDP 대비 2.5퍼센트에 불과했다. 같은 시기 수공업은 꾸준히 GDP의 7.5퍼센트 선을 유지하고 있었다. 1870년과 1929년을 비교하면 수출량은 거의 5배가 증가했지만, 전 세계 상품 수출에서 중국의 비중은 2퍼센트 선에 머물러 있었다.[140] 권역별 군벌 체제로 파편화되어 중앙 정부의 역량은 갈수록 약화되는 반면 지역 자율성은 더욱 커지는 상황에서, 국가의 채굴 역량(extractive power)은 높아지고 있었다. 대개는 근대적 교통수단과 도구의 발달 덕분이었다. 그러나 새로운 중국의 정치 지도자들은 공공 서비스, 공공 투자, 혹은 사회적 복지를 거의 제공하지 못했다. 중앙 정부보다 지방 정부와 경제 엘리트가 경제

---

139 Pomeranz 2008a: 90-1; Edgerton-Tarpley 2008.
140 Richardson 1999: 63; Maddison 2007: 54, table 2.5, 88, table 3.25.

에 훨씬 큰 영향을 미쳤다. 어느 지역에 새로운 상품이나 화폐 혹은 금융 시장이 어느 정도로 도입될지 여부는 지역별 지도층의 이익에 달려 있었다.[141] 중국의 통치자들은 백성의 안녕을 감당하고자 하는 전통적 책임감에 비추자면 능력이 부족했다. 혹은 끊임없는 전쟁과 사회적 혼란을 겪으면서, 그리고 마침내 찾아온 세계 경기 침체기를 맞이하기까지, 오랜 세월 중국을 괴롭혀온 경제적 부조리와 고통을 개혁할 능력이 없었다. 마침내 통치자들의 정당성은 심각한 의심의 눈초리를 피할 수 없었다. 근대적 수요를 충족할 만큼 정치경제를 개혁하는 데 실패하자, 정치권력은 불현듯 일어선 공산당 지도부에게 길을 비켜주어야 했다. 이들은 중국을 근본부터 갈아엎는 경제적 실험을 시작해볼 참이었다.

141 Pomeranz 1993: 268-74.

참고문헌

1차 자료

BS: *Bei shi* 北史. 北京: 中华书局, 1974.
DXYYB: *Daxue yanyi bu* 大學衍義補(文淵閣四庫全書). 邱濬. 臺北: 臺灣商務印書館, 1983.
FXZ: *Faxian zhuan jiaozhu* 法顯傳校注. 章巽 校注. 法顯 撰. 北京: 中华书局, 2008.
GSZ: *Gu Su zhi* 姑蘇志. 1506.
GY: *Guoyu jijie* 國語集解. 徐元誥. 再版. 北京: 中华书局, 2002.
GZ: *Guan Zi jiaozhu* 管子校注. 黎翔鳳. 北京: 中华书局, 2004.
HFZ: *Han Fei Zi jishi* 韓非子集釋. 陳奇猷. 臺北: 漢京文化事業公司, 1983.
HHS: *Hou Han shu* 後漢書. 范曄. 北京: 中华书局, 1965.
HS: *Han shu* 漢書. 班固. 北京: 中华书局, 1962.
LJ: *Li ji* 禮記(十三經直解). 南昌: 江西人民出版社, 1993.
LSCQ: *Lüshi chunqiu jiaoshi* 呂氏春秋校釋. 陳奇猷. 上海: 学林出版社, 1994.
MSC: *Ming shan cang* 名山藏(崇禎刻本). 何喬遠. 再版. 北京: 明清史料叢編委員會, 1993.
NS: *Nong shu* 農書. 陳旉. 北京: 中华书局, 1956.
QL: *Qianfu lun jian jiaozheng* 潛夫論箋校正. 王繼培 校正. 王符 撰. 北京: 中华书局, 1985.
QMJ: *Minggong shupan qingming ji* 名公書判清明集. 北京: 中华书局, 1987.
QMYS: *Qimin yaoshu jinshi* 齊民要述今釋. 石聲漢 校釋. 賈思勰 撰. 北京: 科学出版社, 1957-58.
SDPQJ: *Su Dongpo quanji* 蘇東坡全集. 蘇軾. 臺北: 世界書局, 1982.
ShJ: *Shijing* 詩經(十三經直解). 南昌: 江西人民出版社, 1993.
SJ: *Shi ji* 史記. 司馬遷. 北京: 中华书局, 1959.
SJS: *Shangjun shu zhuizhi* 商君書錐指. 蔣禮鴻. 北京: 中华书局, 1986.
SoS: *Song shu* 宋書. 北京: 中华书局, 1974.

SS: *Sui shu* 隋書. 北京: 中华书局, 1973.

SZ: *She zhi* 歙志. 1609.

TD: *Tongdian* 通典(十通). 杜佑. 上海: 商务印书馆, 1935.

TLD: *Tang liudian* 唐六典. 李林甫. 北京: 中华书局, 1982.

TPYL: *Taiping yulan* 太平御覽(1199年 蜀刻本). 李昉. 再版. 臺北: 大化書局, 1980.

WDJ: *Wudi ji* 吳地記. 陸廣微. 南京: 江苏古籍出版社, 1999.

WS: *Wei shu* 魏書. 北京: 中华书局, 1974.

WXZ: *Jiatai Wuxing zhi* 嘉泰吳興志. 1201.

WZZ: *Wu za zu* 五雜俎. 謝肇淛. 臺北: 偉文出版社, 1977.

XCB: *Xu zizhi tongjian chang bian* 續資治通鑑長編. 李燾. 北京: 中华书局, 1992.

XL: *Huan Zi Xin lun* 桓子新論. 桓譚.

XYJ: *Da Tang Xiyu ji* 大唐西域記. 玄奘. 上海: 上海人民出版社, 1977.

XZ: *Xun Zi jishi* 荀子集釋. 李滌生. 臺北: 學生書局, 1979.

YSJX: *Yanshi jiaxun jijie* 顏氏家訓集解. 王利器 集解. 顏之推 撰. 上海: 上海古籍出版社, 1980.

YSSF: *Yuanshi shifan* 袁氏世範(文淵閣四庫全書). 袁采. 臺北: 臺灣商務印書館, 1983.

YTL: *Yantie lun jiaozhu* 鹽鐵論校注. 王利器 校注. 桓寬 撰. 北京: 中华书局, 1992.

YZS: *Yi Zhou shu huijiao jizhu* 逸周書彙校集注. 黃懷信 等. 上海: 上海古籍出版社, 2007.

ZGZH: *Zhanguo zongheng jiashu* 戰國縱橫家書. 马王堆汉墓帛书整理小组. 北京: 文物出版社, 1976.

ZhL: *Zheng lun zhushi* 政論注釋. 上海第八钢铁厂工人理论小组. 崔寔. 上海: 上海人民出版社, 1976.

ZL: *Zhou li zhijie* 周禮直解(十三經直解). 南昌: 江西人民出版社, 1993.

ZS: *Zhou shu* 周書. 北京: 中华书局, 1971.

ZZ: *Zuozhuan* 左傳(十三經直解). 南昌: 江西人民出版社, 1993.

2차 자료

Abe Takeo 安部健夫. 1972. "元時代の包銀制の考研". 元代史の研究, 75-232. 東京: 創文社.

Acemoglu, Daron, and James A. Robinson. 2012. *Why Nations Fail: The Origins of Power, Prosperity, and Poverty*. London: Profile.

Adachi Keiji 足立啓二. 1985. "宋代 両浙における水稻作の生産力水準". 熊本大学文學部論叢 17: 80-100.

Allen, Robert C. 2009. "Agricultural Productivity and Rural Incomes in England and the Yangtze Delta, c. 1620-c. 1820." *Economic History Review* 62.3: 525-50.

Allen, Robert C., Jean-Pascal Bassino, Debin Ma, Christine Moll-Murata, and Jan Luiten Van Zanden. 2011. "Wages, Prices, and Living Standards in China, 1738-1925: In Comparison with Europe, Japan, and India." *Economic History Review* 64, supplement 1: 8-38.

Allsen, Thomas T. 1987. *Mongol Imperialism: The Policies of the Grand Qan Möngke in China, Russia, and the Islamic Lands, 1251-1259*. Berkeley: University of California Press.

Allsen, Thomas T. 1989. "Mongol Princes and their Merchant Partners, 1200-1260." *Asia Major*, 3rd series, 2.1: 83-126.

Amano Motonosuke 天野元之助. 1967. "後漢蔡寔〈四民月令〉について". 関西大学経済論集 16.4-5: 361-86.

Amano Motonosuke 天野元之助. 1979. 中国農業史研究. 増補版. 東京: 御茶の水書房.

Aoki Atsushi 青木敦. 2006. "開発, 地価, 民事的法規: 〈清明集〉に見える若干土地典売関係法をめぐって". 待兼山論集(史学篇) 40: 1-47.

Aoki Atsushi 青木敦. 2013. "宋代抵当法の推移 と「農田勅」-要素市場における司法と習慣". 古田和子 編. 中国の市場秩序: 十七 世紀から二十世紀前半を中心に, pp. 19-47. 東京: 慶應義塾大学出版会.

Arrighi, Giovanni, Takeshi Hamashita, and Mark Selden, eds. 2003. *The Resurgence of East Asia: 500, 150, and 50 Year Perspectives*. London: Routledge.

Atwell, William S. 1982. "International Bullion Flows and the Chinese Economy circa 1530-1650." *Past and Present* 95: 68-90.
Atwell, William S. 1986. "Some Observations on the 'Seventeenth-Century Crisis' in China and Japan." *Journal of Asian Studies* 45.2: 223-44.
Atwell, William S. 1990. "A Seventeenth-century 'General Crisis' in East Asian History?" *Modern Asian Studies* 24.4: 661-82.
Atwell, William S. 2006. "Another Look at Silver Imports into China, c. 1635-1644." *Journal of World History* 16.4: 467-89.
Bagley, Robert. 1999. "Shang Archaeology." In M. Loewe and E. L. Shaughnessy, eds. *The Cambridge History of Ancient China: From the Origins of Civilization to 211 BC*, 124-231. Cambridge University Press.
Bai Yunxiang 白云翔. 2010. "秦汉时期聚落的考古发现及初步认识". 白云翔·孙新民 等编. 汉代城市和聚落考古与汉文化, pp. 44-55. 北京: 科学出版社.
Bairoch, Paul. 1976. *Commerce éxterieur et développement économique de l'Europe au XIXe siècle*. Paris: Mouton.
Balazs, Etienne. 1964 a. "Evolution of Land Ownership in Fourth- and Fifth-century China." In E. Balazs, *Chinese Civilization and Bureaucracy*, 101-12. New Haven: Yale University Press.
Balazs, Etienne 1964 b. "Political Philosophy and Social Crisis at the End of the Han Dynasty." In E. Balazs, *Chinese Civilization and Bureaucracy*, 187-225. New Haven: Yale University Press.
Bao Weimin 包伟民. 2001. 宋代地方财政史研究. 上海: 上海古籍出版社.
Barbieri-Low, Anthony. 2007. *Artisans in Early Imperial China*. Seattle: University of Washington Press.
Barbieri-Low, Anthony, and Robin D. S. Yates. Forthcoming. *Law, State, and Society in Early Imperial China: Translation and Study of the Zhangjiashan Legal Texts*. Leiden: Brill.
Barfield, Thomas. 1989. *Perilous Frontiers: Nomadic Empires and China*. Cambridge, MA: Blackwell.
Bastid, Marianne. 1985. "The Structure of the Financial Institutions of the State in the Late Qing." In S. R. Schram, ed. *The Scope of State Power in China*, 51-79. London: School of Oriental and African Studies.

Benedict, Carol. 2011. *Golden-Silk Smoke: A History of Tobacco in China, 1550-2010*. Berkeley: University of California Press.

Bernhardt, Kathryn. 1992. *Rents, Taxes, and Peasant Resistance: The Lower Yangzi Region, 1840-1950*. Stanford University Press.

Bielenstein, Hans. 1986. "Wang Mang, the Restoration of the Han Dynasty, and Later Han." In D. Twitchett and M. Loewe, eds. *The Cambridge History of China, vol. 1: The Ch'in and Han Empires, 221 BC-220 AD*, 223-90. Cambridge University Press.

Birge, Bettine. 2002. *Women, Property and Confucian Reaction in Sung and Yüan China (960-1368)*. Cambridge University Press.

Blake, Robert P. 1937. "The Circulation of Silver in the Moslem East down to the Mongol Epoch." *Harvard Journal of Asiatic Studies* 2.3-4: 291-328.

Blussé, Leonard. 1999. "Chinese Century: The Eighteenth Century in the China Sea Region." *Archipel* 58.2: 107-29.

Bol, Peter. 2008. *Neo-Confucianism in History*. Cambridge: Harvard University Asia Center.

Bonney, Richard J. 1999. "Introduction." In Richard J. Bonney, ed. *The Rise of the Fiscal State in Europe, c. 1200-1815*, 1-17. New York: Oxford University Press.

Brandt, Loren, Debin Ma, and Thomas G. Rawski. 2014. "From Divergence to Convergence: Reevaluating the History Behind China's Economic Boom." *Journal of Economic Literature* 52.1: 45-123.

Bray, Francesca. 1979-80. "Agricultural Technology and Agrarian Change in Han China." *Early China* 5: 3-13.

Bray, Francesca 1984. *Science and Civilisation in China, vol. 6: Biology and Biological Technology, part 2: Agriculture*. Joseph Needham, ed. Cambridge University Press.

Bray, Francesca 1997. *Technology and Gender: Fabrics of Power in Late Imperial China*. Berkeley: University of California Press.

Brenner, Robert, and Christopher Isett. 2002. "England's Divergence from China's Yangzi Delta: Property Relations, Microeconomics, and Patterns of Development." *Journal of Asian Studies* 61.3: 609-22.

Broadberry, Stephen N., and Bishnupriya Gupta. 2006. "The Early Modern Great Divergence: Wages, Prices, and Economic Development in Europe and Asia, 1500-1800." *Economic History Review* 59.1: 2-31.

Broadberry, Stephen, Hanhui Guan, and David Daokui Li. 2014. "China, Europe, and the Great Divergence: A Study in Historical National Accounting, 980-1850." Paper presented at the Fourth Asian Historical Economics Conference, Istanbul. Available at www.lse.ac.uk/economicHistory/pdf/Broadberry/China8.pdf.

Brook, Timothy. 1998. *The Confusions of Pleasure: Commerce and Culture in Ming China*. Berkeley: University of California Press.

Brown, Rajeswary Ampalavanar. 1995. "Introduction: Chinese Business in an Institutional and Historical Perspective." In R. A. Brown, ed. *Chinese Business Enterprise in Asia*, 1-26. London: Routledge.

Burger, Werner. 2015. "Silver is Expensive, Cash is Cheap: Official and Private Cash Forgeries as the Main Cause for the 19th Century Monetary Turmoil." In J. K. Leonard, and U. Theobald, eds. *Money in Asia (1200-1900): Small Currencies in Social and Political Contexts*, 141-54. Leiden: Brill.

Cao Lüning 曹旅宁. 2002. 秦律新探. 北京: 中国社会科学出版社.

Cao Shuji 曹树基. 2000a. 中國人口史, 4卷: 明时期. 上海: 复旦大学出版社.

Cao Shuji 曹树基. 2000b. 中国人口史, 5卷: 清时期. 上海: 复旦大学出版社.

Cao Shuji 曹树基, Li Nan 李楠, and Gong Qisheng 龚启圣. 2010. "〈残缺产权〉之转让: 石仓〈退契〉研究(1727-1949)". 历史研究 3: 118-31.

Cao Wei 曹瑋. 2002. "衛鼎". 吉金鑄國史: 周原出土西周青銅器精粹, pp. 237-241. 北京大学考古文博学院 等编. 北京: 文物出版社.

Cartier, Michel. 1976. "Sapèques et tissus à l'époque des T'ang: remarques sur la circulation monétaire dans la Chine medievale." *Journal of the Economic and Social History of the Orient* 19.3: 323-44.

Chang, Kwang-chih. 1977. "Ancient China." In K. Chang, ed. *Food in Chinese History: Anthropological and Historical Perspectives*, 23-52. New Haven: Yale University Press.

Chao, Kang. 1986. *Man and Land in Chinese History: An Economic Analysis*.

Stanford University Press.

Che Qun 车群 and Cao Shuji 曹树基. 2011. "清中叶以降 浙南乡村家族人口与家族经济: 兼论非马尔萨斯式的中国生育模式". 中国人口科学 2011.3: 42-53.

Chen Chunsheng 陳春聲. 2005. 市場機制與社會變遷: 18世紀廣東米價分析. 第二版. 臺北: 稻鄉出版社.

Chen Feng 陈锋. 2008. 清代财政政策与货币政策研究. 武汉: 武汉大学出版社.

Chen Jie 陈絜. 2009. "里耶〈户籍简〉与战国末期的基层社会". 历史研究 5:23-40.

Ch'en, Kenneth. 1956. "The Economic Background of the Hui-Ch'ang Suppression of Buddhism." *Harvard Journal of Asiatic Studies* 19.1-2:67-105.

Chen Mingguang 陈明光. 1997. 六朝财政史. 北京: 中国财政经济出版社.

Chen Qiaoyi 陈桥驿. 1962. "古代鉴湖兴废与山会平原农田水力". 地理学报 3: 187-201.

Chen, Shen. 2003. "Compromises and Conflicts: Production and Commerce in the Royal Cities of Eastern Zhou, China." In M. L. Smith, ed. *The Social Construction of Ancient Cities*, 290-310. Washington, DC: Smithsonian Institution.

Chen Shuang 陈爽. 1998. 世家大族与北朝政治. 北京: 中国社会科学出版社.

Chen Zhengxiang 陳正祥. 1982. 中國文化地理. 臺北: 木鐸出版社.

Chen Zhiping 陈支平. 1993. "宋元明清时期江南市镇社会". 中国社会经济史研究 1: 33-8.

Chen Zhiping 陈支平. 2009. 民间文书与明清东南族商研究. 北京: 中华书局.

Chen, Zhongping. 2011. *Modern China's Network Revolution: Chambers of Commerce and Sociopolitical Change in the Early Twentieth Century*. Stanford University Press.

Cheng, Linsun. 2003. *Banking in Modern China: Entrepreneurs, Professional Managers, and the Development of Chinese Banks, 1897-1937*. Cambridge University Press.

Cheng Minsheng 程民生. 1984. "论北宋财政的特点与积贫的假象." 中国史研究 3: 27-40.

Cheung, Sui-Wai. 2008. *The Price of Rice: Market Integration in Eighteenth-century China*. Bellingham, WA: Western Washington State University

Press.

Cheung, Sui-Wai 2013. "Copper, Silver, and Tea: The Question of Eighteenth-Century Inflation in the Lower Yangzi Delta." In B. K. L. So, ed. *The Economic History of Lower Yangzi Delta in Late Imperial China: Connecting Money, Markets, and Institutions*, 118-32. London: Routledge.

Chia, Lucille. 2003. "Commercial Publishing in Jianyang from the Song to the Ming." In P. J. Smith and R. von Glahn, eds. *The Song-Yuan-Ming Transition in Chinese History*, 284-328. Cambridge: Harvard University Asia Center.

Chien, Cecilia Lee-fang. 2004. *Salt and State: An Annotated Translation of the Songshi Salt Monopoly Treatise*. Ann Arbor: University of Michigan Center for Chinese Studies.

Chin, Tamara T. 2014. *Savage Exchange: Han Imperialism, Chinese Literary Style, and the Economic Imagination*. Cambridge: Harvard University Asia Center.

Ch'iu, Peng-sheng (Qiu Pengsheng 邱澎生). 1990. 十八,十九世紀蘇州城的新興工商業團體. 臺北: 國立臺灣大學出版社.

Ch'iu, Peng-sheng (Qiu Pengsheng 邱澎生). 2004. "由放料到工厂: 清代前期苏州棉布字号的经济与法律分析". 李伯重・周生春 主编. 江南的城市工业与地方文化, 960-1850, 66-94. 天津: 天津大学出版社.

Ch'iu, Peng-sheng (Qiu Pengsheng 邱澎生). 2008. 當法律遇上經濟: 明清中國的商業法律. 臺北: 五南圖書公司.

Ch'iu, Peng-sheng (Qiu Pengsheng 邱澎生). 2012. "十八世纪苏松棉布业的管理架构与法律文化". 江海学刊 2: 143-57.

Chittick, Andrew. 2009. *Patronage and Community in Medieval China: The Xiangyang Garrison, 400-600 CE*. Albany, NY: State University of New York Press.

Ch'üan, Han-sheng, and Richard A. Kraus. 1975. *Mid-Ch'ing Rice Markets and Trade: An Essay in Price History*. Cambridge, MA: Council on East Asian Studies, Harvard University.

Clark, Hugh D. 2009. "The Southern Kingdoms between the T'ang and the

Sung, 907-979." In D. Twitchett and P. J. Smith, eds. *The Cambridge History of China, vol. 5: The Sung Dynasty and its Precursors, 907-1279*, 133-205. Cambridge University Press.

Clunas, Craig. 1991. *Superfluous Things: Material Culture and Social Status in Early Modern China*. Urbana: University of Illinois Press.

Cochran, Sherman. 2000. *Encountering Chinese Networks: Western, Japanese, and Chinese Corporations in China, 1880-1937*. Berkeley: University of California Press.

Cook, Constance A. 1997. "Wealth and the Western Zhou." *Bulletin of the School of Oriental and African Studies* 60.2: 253-94.

Cox, Cheryl Anne. 1998. *Household Interests: Property, Marriage Strategies, and Family Dynamics in Ancient Athens*. Princeton University Press.

Crowell, William G. 1990. "Northern Émigrés and the Problems of Census Registration under the Eastern Jin and Southern Dynasties." In A. E. Dien, ed. *State and Society in Early Medieval China, 171-209*. Stanford University Press.

Curtin, Philip D. 1984. *Cross-Cultural Trade in World History*. Cambridge University Press.

Dai Jianguo 戴建国. 2001. "宋代的田宅交易投税凭由和官印田宅契书". 中国史研究 3: 97-111.

Dai Jianguo 戴建国. 2011. "宋代的民田典卖与〈一田两主制〉". 历史研究 6: 99-117.

Daniels, Christian. 1996. "Agro-Industries: Sugarcane Technology." In J. Needham, ed. *Science and Civilisation in China, vol. 6: Biology and Biological Technology, part 3: Agro-Industries and Forestry*, 1-539. Cambridge University Press.

Danjō Hiroshi 壇上寛. 1995. 明朝專制支配の史的構造. 東京: 汲古書院.

Danjō Hiroshi 壇上寛. 1997. "明初の海禁と朝貢: 明朝專制支配の理解に寄せて". 森正夫 等編. 明清時代史の基本的問題, 203-34. 東京: 汲古書院.

Dardess, John W. 1996. *A Ming Society: T'ai-ho County, Kiangsi, in the Fourteenth to Seventeenth Centuries*. Berkeley: University of California Press.

De la Vaissière, Étienne. 2005. *Sogdian Traders: A History*. Leiden: Brill.

Deng, Gang. 1999. *The Premodern Chinese Economy: Structural Equilibrium and Capitalist Sterility*. London: Routledge.

Deng, Kent G. 2012. "The Continuation and Efficiency of the Chinese Fiscal State, 700 BC-AD 1911." In B. Yun-Casalilla and P. K. O'Brien, eds. *The Rise of Fiscal States: A Global History, 1500-1914*, 335-52. Cambridge University Press.

Dermigny, Louis. 1964. *La Chine et l'occident: le commerce à Canton au XVIIIe siècle*. Paris: S.E.V.P.E.N.

De Vries, Jan. 1976. *The Economy of Europe in an Age of Crisis*. Cambridge University Press.

De Vries, Jan 1984. *European Urbanization, 1500-1800*. Cambridge: Harvard University Press.

De Vries, Jan 2008. *The Industrious Revolution: Consumer Behavior and the Household Economy, 1650 to the Present Day*. Cambridge University Press.

Di Cosmo, Nicola. 2002. *Ancient China and its Enemies: The Rise of Nomadic Power in East Asian History*. Cambridge University Press.

Ding Bangyou 丁邦友. 2009. 汉代物价新探. 北京: 中国社会科学出版社.

Dong Guodong 冻国栋. 2002. 中国人口史, 2卷: 隋唐五代时期. 上海: 复旦大学出版社.

Dreyer, Edward L. 2007. *Zheng He: China and the Oceans in the Early Ming Dynasty, 1405-1433*. New York: Pearson/Longman.

Du Xuncheng 杜恂诚 and Li Jin 李晋. 2011. "中国经济史GDP研究之误区". 学术月刊 43.10: 74-81.

Du Zhengsheng 杜正勝. 1990. 編戶齊民: 傳統政治社會結構之形成. 臺北: 聯經出版公司.

Dunstan, Helen. 1996. *Conflicting Counsels to Confuse the Age: A Documentary Study of Political Economy in Qing China, 1644-1840*. Ann Arbor: University of Michigan Center for Chinese Studies.

Dunstan, Helen 2006. *State or Merchant? Political Economy and Political Process in 1740s China*. Cambridge: Harvard University Asia Center.

Dykstra, Maura. 2013. "Beyond the Shadow of the Law: Firm Insolvency, State-Building, and the New Policy Bankruptcy Reform in Late Qing Chongqing." *Frontiers in Chinese History* 8.3: 406-33.

Eastman, Lloyd. 1988. *Family, Fields, and Ancestors: Constancy and Change in China's Social and Economic History, 1550-1949*. New York: Oxford University Press.

Ebrey, Patricia Buckley. 1974. "Estate and Family Management in the Later Han as Seen in The Monthly Instructions for the Four Classes of People." *Journal of the Economic and Social History of the Orient* 17.2: 173-205.

Ebrey, Patricia Buckley. 1978. *The Aristocratic Families of Early Imperial China: A Case Study of the Po-ling Ts'ui Family*. Cambridge University Press.

Ebrey, Patricia Buckley. 1984a. "Conceptions of the Family in the Sung Dynasty." *Journal of Asian Studies* 43.2: 219-45.

Ebrey, Patricia Buckley. 1984b. *Family and Property in Sung China: Yüan Ts'ai's Precepts for Social Life*. Princeton University Press.

Ebrey, Patricia Buckley. 1986a. "The Economic and Social History of Later Han." In D. Twitchett and M. Loewe, eds. *The Cambridge History of China, vol. 1: The Ch'in and Han Empires, 221 BC-220 AD.*, 608-48. Cambridge University Press.

Ebrey, Patricia Buckley. 1986b. "Early Stages in the Development of Descent Group Organization." In P. Ebrey and J. L. Watson, eds. *Kinship Organization in Late Imperial China, 1000-1940*, 16-61. Berkeley: University of California Press.

Ebrey, Patricia Buckley. 1993. The *Inner Quarters: Marriage and the Lives of Chinese Women in the Sung Period*. Berkeley: University of California Press.

Edgerton-Tarpley, Kathryn. 2008. *Tears from Iron: Cultural Responses to Famine in Nineteenth-Century China*. Berkeley: University of California Press.

Elvin, Mark. 1973. *The Pattern of the Chinese Past*. Stanford University Press.

Elvin, Mark. 1977. "Market Towns and Waterways: The County of Shang-hai from 1480 to 1910." In G. W. Skinner, ed. *The City in Late Imperial China*, 441-73. Stanford University Press.

Emura Haruki 江村治樹. 2005. 戦国秦漢時代の都市と国家: 考古学と文献史学からのアップローチ. 東京: 白帝社.

Emura Haruki 江村治樹. 2011. 春秋戦国時代青銅貨幣の生成と展開. 東京: 汲古書院.

Endicott-West, Elizabeth. 1989a. "Merchant Associations in Yüan China: The Ortoγ." *Asia Major*, 3rd series, 2.1: 127-54.

Endicott-West, Elizabeth. 1989b. *Mongolian Rule in China: Local Administration in the Yuan Dynasty*. Cambridge: Harvard Council on East Asian Studies.

Epstein, S. R. 2000. *Freedom and Growth: The Rise of States and Markets in Europe, 1300-1750*. London: Routledge.

Fan Jinmin 范金民. 1998. 明清江南商业的发展. 南京: 南京大学出版社.

Fan Jinmin 范金民. 2001. "明代徽商染店的一个实例". 安徽史学 2001.3: 2-4.

Fan Jinmin 范金民 and Jin Wen 金文. 1993. 江南丝绸史研究. 北京: 农业出版社.

Fan Shuzhi 樊树志. 1990. 明清江南市镇探微. 上海: 复旦大学出版社.

Fan Zhaofei 范兆飞 and Zhang Mingming 张明明. 2011. "十六国北魏时期的坞堡经济". 中国社会经济史研究 2: 14-21.

Fang Gaofeng 方高峰. 2009. 六朝政权与长江中游农业经济发展. 天津: 天津古籍出版社.

Fang Xing 方行. 1996. "清代江南农民的消费". 中国经济史研究 3: 91-8.

Fang Xing 方行, Jing Junjian 经君健, and Wei Jinyu 魏金玉 等编. 2007. 中国经济通史: 清. 第二版. 北京: 经济日报出版社.

Farmer, Edward L. 1995. *Zhu Yuanzhang and Early Ming Legislation: The Reordering of Chinese Society Following the Era of Mongol Rule*. Leiden: Brill.

Farris, William Wayne. 1998. *Buried Texts and Sacred Treasures: Issues in the Historical Archaeology of Ancient Japan*. Honolulu: University of Hawai'i Press.

Faure, David. 2006. *China and Capitalism: A History of Business Enterprise in*

Modern China. Hong Kong: Hong Kong University Press.

Faure, David. 2007. *Emperor and Ancestor: State and Lineage in South China*. Stanford University Press.

Feuerwerker, Albert. 1958. *China's Early Industrialization: Sheng Hsuan-huai (1844-1916) and Mandarin Enterprise*. Cambridge: Harvard University Press.

Feuerwerker, Albert. 1980. "Economic Trends in the Late Ch'ing Empire, c. 1870-1911." In J. K. Fairbank, ed. *The Cambridge History of China, vol. 10: Late Ch'ing, 1800-1911*, 2: 1-69. Cambridge University Press.

Feuerwerker, Albert. 1984. "The State and the Economy in Late Imperial China." *Theory and Society* 13.3: 297-326.

Findlay, Ronald, and Kevin H. O'Rourke. 2007. *Power and Plenty: Trade, War, and the World Economy in the Second Millennium*. Princeton University Press.

Finlay, Robert. 2010. *The Pilgrim Art: Cultures of Porcelain in World History*. Berkeley: University of California Press.

Finley, M. I. 1973. *The Ancient Economy*. Berkeley: University of California Press.

Finnane, Antonia. 2004. *Speaking of Yangzhou: A Chinese City, 1550-1850*. Cambridge: Harvard University Asia Center.

Flynn, Dennis O., and Arturo Giráldez. 1995. "Born with a 'Silver Spoon': World Trade's Origins in 1571." *Journal of World History* 6.2: 201-22.

Fogel, Joshua. 1984. *Politics and Sinology: The Case of Naitō Kōnan (1866-1934)*. Cambridge: Harvard University Council on East Asian Studies.

Frank, Andre Gunder. 1998. *ReOrient: Global Economy in the Asian Age*. Berkeley: University of California Press.

Fu Yiling 傅依凌. 1982. "明末清初江南及东南沿海地区〈富农经营〉的初步考察." 傅依凌, 明清社会经济史论文集, 121-44. 北京: 人民出版社.

Fujiie Reinosuke 藤家礼之助. 1989. 漢三国両晋南北朝の田制と税制. 東京: 東海大学出版会.

Fuma Susumu 夫馬進. 1997. 中国善会善堂史研究. 京都: 同朋舎.

Furuta Kazuko 古田和子. 2000. 上海ネットワークと近代東アジア. 東京: 東京大

学出판회.

Furuta Kazuko. 2005. "Kobe Seen as Part of the Shanghai Trading Network: The Role of Chinese Merchants in the Re-Export of Cotton Manufactures to Japan." In K. Sugihara, ed. *Japan, China, and the Growth of the Asian International Economy, 1850-1949*, 23-48. Oxford University Press.

Gale, Esson M. 1931. *Discourses on Salt and Iron: A Debate on State Control of Commerce and Industry in Ancient China, Chapters I-XIX*. Leiden: E. J. Brill.

Gansusheng wenwu kaogu yanjiusuo 甘肃省文物考古研究所 编. 1989. 秦汉简牍论文集. 兰州: 甘肃人民出版社.

Gao Congming 高聪明. 1999. 宋代货币与货币流通研究. 保定: 河北大学出版社.

Gao Dalun 高大伦. 1998. "尹湾汉墓木简〈集簿〉中户口统计资料研究". 历史研究 5: 110-23.

Gao Min 高敏. 1986. 秦汉魏晋南北朝土地制度研究. 中州: 中州古籍出版社.

Gao Min 高敏. 1987. "北魏均田法令校释". 魏晋南北朝社会经济史探讨, 186-219. 北京: 人民出版社.

Gao Min 高敏. 1989. "秦漢時代の官私手工業". 中国: 社会と文化 4: 103-22.

Gao Min 高敏. 2004. "尹湾汉简〈集簿〉的释读, 质疑与意义探讨: 读尹湾汉简札记之二." 高敏, 秦汉魏晋南北朝史论考, 94-104. 北京: 中国社会科学出版社.

Gao Min 高敏. 2006. "从〈长沙走马楼三国吴简.竹简(壹)〉看孙权时期的口钱算赋制度". 史学月刊 4: 24-27.

Gardella, Robert. 1994. *Harvesting Mountains: Fujian and the China Tea Trade, 1757-1937*. Berkeley: University of California Press.

Gardella, Robert. 2004. "Contracting Business Partnerships in Late Qing and Republican China: Paradigms and Patterns." In M. Zelin, J. K. Ocko, and R. Gardella, eds. *Contract and Property in Early Modern China*, 327-47. Stanford University Press.

Gatrell, Peter. 2012. "The Russian Fiscal State, 1600-1914." In B. Yun-Casalilla and P. K. O'Brien, eds. *The Rise of Fiscal States: A Global History, 1500-1914*, 191-212. Cambridge University Press.

Ge Jianxiong 葛剑雄. 2000. "关于秦代人口数量 的新估计". 葛剑雄自选集, 16-

25. 桂林: 广西师范大学出版社.

Ge Jianxiong 葛剑雄. 2002. 中国人口史, 1卷: 导论, 先秦至南北朝时期. 上海: 复旦大学出版社.

Ge Jinfang 葛金芳 and Gu Rong 顾蓉. 2000. "宋代江南地区的粮食亩产及其估算方法辨析". 湖北大学学报(哲学社会科学版) 27.3: 78-83.

Geng Yuanli 耿元骊. 2007. "北宋中期苏州农民的田租负担和生活水平". 中国经济史研究 1: 150-58.

Gernet, Jacques. 1995. *Buddhism in Chinese Society: An Economic History from the Fifth to the Tenth Centuries*. New York: ColumbiaUniversity Press.

Giele, Enno. 2010. "Excavated Manuscripts: Context and Methodology." In M. Nylan and M. Loewe, eds. *China's Early Empires: A Reappraisal*, 114-34. Cambridge University Press.

Godinho, Vitorino Magalhães. 1969. *L'Économie de l'empire portugais au XVe et XVIe siècles*. Paris: S.E.V.P.E.N.

Goetzmann, William, and Elisabeth Köll. 2005. "The History of Corporate Ownership in China: State Patronage, Company Legislation, and the Issue of Control." In R. K. Morck, ed. *A History of Corporate Governance around the World: Family Business Groups to Professional Managers*, 149-81. University of Chicago Press.

Golas, Peter J. 1977. "Early Ch'ing Guilds." In G. W. Skinner, ed. *The City in Late Imperial China*, 555-80. Stanford University Press.

Golas, Peter J. 1980. "Rural China in the Song." *Journal of Asian Studies* 39.2: 291-325.

Golas, Peter J. 1988. "The Sung Economy: How Big?" *Bulletin of Sung-Yuan Studies* 20: 89-94.

Goldstone, Jack A. 1998. "The Problem of the 'Early Modern' World." *Journal of the Economic and Social History of the Orient* 41.3: 249-84.

Goldstone, Jack A. 2002. "Efflorescences and Economic Growth in World History: Rethinking the 'Rise of the West' and the Industrial Revolution." *Journal of World History* 13.3: 323-89.

Graff, David A. 2002. *Medieval Chinese Warfare, 300-900*. London:

Routledge.

Grove, Jean M. 1990. *The Little Ice Age*. London: Routledge.

Guan Hanhui 管汉晖 and Li Daokui 李稻葵. 2010. "明代GDP及结构试探". 经济学季刊 9.3: 787-828.

Guo Zhengzhong 郭正忠. 1985. "南宋中央财政货币岁收考辨". 中国社会科学院历史研究所 宋辽金元史研究室 编. 宋辽金史论丛 1: 168-91.

Guo Zhengzhong 郭正忠. 1990. 宋代盐业经济史. 北京: 人民出版社.

Guo Zhengzhong 郭正忠. 1997. 两宋城乡商品货币经济考略. 北京: 经济管理出版社.

Guy, John. 2010. "Rare and Strange Goods: International Trade in Ninth Century Asia." In R. Krahl et al., ed. *Shipwrecked: Tang Treasures and Monsoon Winds*, 19-27. Washington, DC: Smithsonian Institution.

Hall, Kenneth R. 2011. *A History of Early Southeast Asia: Maritime Trade and Societal Development, 100-1500*. Lanham, MD: Rowman and Littlefield.

Hamashima Atsutoshi 濱島敦俊. 1982. 明代江南農村社会の研究. 東京: 東京大学出版会.

Hamashita, Takeshi. 2008a. "China and Hong Kong in the British Empire in the Late Nineteenth and Early Twentieth Centuries." In T. Hamashita, *China, East Asia, and the Global Economy: Regional and Historical Perspectives*, 146-66. London: Routledge.

Hamashita, Takeshi. 2008b. "Maritime Asia and Treaty Port Networks in the Era of Negotiation: Tribute and Treaties, 1800-1900." In T. Hamashita, *China, East Asia, and the Global Economy*, 85-112. London: Routledge.

Hamashita, Takeshi. 2008c. "Overseas Chinese Financial Networks: Korea, China, and Japan in the Late Nineteenth Century." In T. Hamashita, *China, East Asia, and the Global Economy*, 167-78. London: Routledge.

Hamilton, Gary, and Wei-an Chang. 2003. "The Importance of Commerce in the Organization of China's Late Imperial Economy." In G. Arrighi, T. Hamashita, and M. Selden, eds. *The Resurgence of East Asia: 500, 150, and 50 Year Perspectives*, 173-213. London: Routledge.

Handlin Smith, Joanna. 2009. *The Art of Doing Good: Charity in Late Ming*

China. Berkeley: University of California Press.

Hansen, Valerie. 1995. *Negotiating Daily Life in Traditional China: How Ordinary People Used Contracts, 600-1400*. New Haven: Yale University Press.

Hansen, Valerie. 2012. *The Silk Road: A New History*. New York: Oxford University Press.

Hao, Yen-p'ing. 1986. *The Commercial Revolution in Nineteenth-Century China*. Berkeley: University of California Press.

Hartwell, Robert M. 1962. "A Revolution in the Chinese Iron and Coal Industries during the Northern Sung, 960-1126 AD." *Journal of Asian Studies* 21.1: 153-62.

Hartwell, Robert M. 1966. "Markets, Technology, and the Structure of Enterprise in the Development of the Eleventh-century Chinese Iron and Steel Industry." *Journal of Economic History* 26.1: 29-58.

Hartwell, Robert M. 1967. "A Cycle of Economic Change in Imperial China: Coal and Iron in Northeast China, 750-1350." *Journal of the Economic and Social History of the Orient* 10: 102-159.

Hartwell, Robert M. 1971. "Financial Expertise, Examinations, and the Formulation of Economic Policy in Northern Sung China." *Journal of Asian Studies* 30.2: 281-314.

Hartwell, Robert M. 1982. "Demographic, Political, and Social Transformation of China, 750-1550," *Harvard Journal of Asiatic Studies* 42.2: 365-442.

Hartwell, Robert M. 1988. "The Imperial Treasuries: Finance and Power in Song China." *Bulletin of Sung-Yuan Studies* 20: 18-89.

Hartwell, Robert M. 1989. "Foreign Trade, Monetary Policy, and Chinese 'Mercantilism.'" in 衣川強 編. 劉子健博士頌寿記念宋史研究論集, 454-88. 京都: 同朋舎.

Hashimoto Takashi 橋本健史. 2007. "統一秦における郷の機能: 国家と在地社会の接点". 太田幸男・多田狷介 編. 中国前近代史論集, 111-45. 東京: 汲古書院.

Hayami Akira 速水融. 1979. "近世日本の経済発展と〈Industrious Revolution.〉" 新保博・安場保吉 編. 近代移 行期の日本経済, 3-14. 東京: 日本経済新聞社.

He Bingdi 何炳棣. 1988. 中國古今土地數字的考釋和評價. 北京: 中国社会科学出版社.

He Qinggu 何清谷. 2003a. "秦始皇時代的私營工商業". 何清谷, 秦史探索, 326-35. 臺北: 蘭臺出版社.

He Qinggu 何清谷. 2003b. "秦幣春秋". 秦史探索, 300-25. 臺北: 蘭臺出版社.

He Shuangquan 何双全. 1989. "〈汉简·乡里志〉及其研究". 甘肃省文物考古研究所編. 秦汉简牍论文集, 145-235. 兰州: 甘肃人民出版社.

He, Wenkai. 2013. *Paths toward the Modern Fiscal State: England, Japan, and China*. Cambridge: Harvard University Press.

Heckscher, Eli F. 1955. *Mercantilism*. Rev. edn, London: George Allen and Unwin.

Heijdra, Martin. 1998. "The Socio-Economic Development of Rural China during the Ming." In D. C. Twitchett and F. W. Mote, eds. *The Cambridge History of China, vol. 8: The Ming Dynasty, 1368-1644, part 2*, 417-578. Cambridge University Press.

Heng, Derek. 2009. *Sino-Malay Trade and Diplomacy from the Tenth through the Fourteenth Century*. Athens, OH: Ohio University Press.

Higashi Ichio 東一夫. 1970. 王安石新法の研究. 東京: 風間書房.

Higo Masaki 肥後政紀. 1990. "前漢朝の人口数について: 王国・侯国の戸数統計処理を中心として". 集刊東洋学 64: 115-31.

Hino Kaisaburō 日野開三郎. 1980. 日野開三郎東洋史学論集, 第二卷: 五代史の基調. 東京: 三一書房.

Hino Kaisaburō 日野開三郎. 1982. 日野開三郎東洋史學論集, 第5卷: 唐五代の貨幣と金融. 東京: 三一書房.

Hino Kaisaburō 日野開三郎. 1984. 日野開三郎東洋史學論集, 第10卷: 北東アジア国際交流史の研究. 東京: 三一書房.

Hino Kaisaburō 日野開三郎. 1988. 日野開三郎東洋史學論集, 第11卷: 戸口問題と糴買法. 東京: 三一書房.

Hiyama Miko 日山美子. 1996. "清代典当業の利子率に関する一考察: 康熙—乾隆期の江南を中心として". 東方学 91: 76-89.

Ho, Chuimei. 2001. "The Ceramic Boom in Minnan during Song and Yuan

Times." In A. Schottenhammer, ed. *The Emporium of the World: Maritime Quanzhou, 1000-1400*, 237-81. Leiden: Brill.

Ho, Ping-ti. 1959. *Studies on the Population of China, 1368-1953*. Cambridge: Harvard University Press.

Holcombe, Charles. 2001. *The Genesis of East Asia, 221 BC-AD 907*. Honolulu: University of Hawai'i Press.

Holmgren, Jennifer. 1983. "The Harem in Northern Wei Politics, 398-498 A: DA Study of T'o-pa Attitudes towards the Institutions of Empress, Empress-Dowager, and Regency Governments in the Chinese Dynastic System during Early Northern Wei." *Journal of the Economic and Social History of the Orient* 26.1: 71-96.

Honda Osamu 本多治. 2000a. "中国農業史の総論". 松田孝一 編. 東アジア経済史の諸問題, 3-16. 京都: 阿吽社.

Honda Osamu 本多治. 2000b. "中国水利開発史 —江南". 松田孝一 編. 東アジア経済史の諸問題, 38-55. 京都: 阿吽社.

Hong Yi 弘一. 1974. "江陵凤凰山十号汉墓出土简牍考释". 文物 6: 78-84.

Horesh, Niv. 2009. *Bund and Beyond: British Banks, Banknote Issuance, and Monetary Policy in China, 1842-1937*. New Haven: Yale University Press.

Hori Toshikazu 堀敏一. 1975. 均田制の研究: 中国古代国家の土地政策と土地所有制. 東京: 岩波書店.

Hori Toshikazu 堀敏一. 1994. "中国古代の編戸制: 特に集落の変遷". 中国古代史の視点, 271-303. 東京: 汲古書院.

Hori Toshikazu 堀敏一. 1996. 中国古代の家と集落. 東京: 汲古書院.

Hou Xudong 侯旭东. 2005. 北朝村民的生活世界: 朝廷,州县,与村里. 北京: 商务印书馆.

Hsiao, Kung-ch'üan. 1960. *Rural China: Imperial Control in the Nineteenth Century*. Seattle: University of Washington Press.

Hsieh, Ming-liang. 2010. "The Navigational Route of the Belitung Shipwreck and the Late Tang Ceramic Trade." In R. Krahl et al., ed. *Shipwrecked: Tang Treasures and Monsoon Winds*, 137-43. Washington, DC: Smithsonian Institution.

Hsu, Cho-yun. 1980. *Han Agriculture: The Formation of Early Chinese Agrarian Economy (206 BC-AD 220)*. Seattle: University of Washington Press.

Hsu, Cho-yun and Kathryn M. Linduff. 1988. *Western Chou Civilization*. New Haven: Yale University Press.

Hu Jichuang 胡寄窗. 1962. 中國經濟思想史. 上海: 上海人民出版社.

Huang Chunyan 黄纯艳. 2003. 宋代海外贸易. 北京: 社会科学文献出版社.

Huang Jianhui 黄鉴晖. 1987. "清代帐局初探". 历史研究 1: 111-24.

Huang Jingbin 黄敬斌. 2009. 民生与家计: 清初至民国时期江南居民的消费. 上海: 复旦大学出版社.

Huang Jinyan 黄今言. 2005. 秦汉商品经济研究. 北京: 人民出版社.

Huang, Philip C. C. 1985. *The Peasant Economy and Social Change in North China*. Stanford University Press.

Huang, Philip C. C. 1990. *The Peasant Family and Rural Development in the Yangzi Delta, 1350-1988*. Stanford University Press.

Huang, Ray. 1974. *Taxation and Governmental Finance in Sixteenth-century Ming China*. New York: Cambridge University Press.

Huang Shengzhang 黄盛璋. 1974a. "江陵凤凰山汉墓简牍及其在历史地理上的价值". 文物 6: 66-77.

Huang Shengzhang 黄盛璋. 1974b. "试论三晋兵器的国别和年代及其相关问题". 考古学报 1: 13-43.

Huang Shengzhang 黄盛璋. 1977. "关于凤凰山一六八号汉墓的几个问题". 考古 1: 43-50.

Huang Shengzhang 黄盛璋. 1982. "青川新出秦田律木牍及其相关问题". 文物 9: 71-75.

Huang Shengzhang 黄盛璋. 2001. "秦兵器分国断代与有关制度研究". 古文字研究 21: 227-85.

Hulsewé, Anthony. 1981. "The Legalists and the Laws of Ch'in." In W. L. Idema, ed. *Leyden Studies in Sinology*, 1-22. Leiden: Brill.

Hulsewé, Anthony. 1985a. "The Influence of the 'Legalist' Government of Qin on the Economy as Reflected in the Texts Discovered in Yunmeng County." In S. Schram, ed. *The Scope of State Power in China*, 211-35.

London: School of Oriental and African Studies.

Hulsewé, Anthony. 1985b. *Remnants of Ch'in Law: An Annotated Translation of the Ch'in Legal and Administrative Rules of the 3rd Century BC Discovered in Yun-meng Prefecture, Hu-pei Province, in 1975*. Leiden: Brill.

Hymes, Robert P. 1993. "Moral Duty and Self-Regulating Process in Southern Sung Views of Famine Relief." In R. P. Hymes and C. Schirokauer, eds. *Ordering the World: Approaches to State and Society in Sung Dynasty China*, 280-309. Berkeley: University of California Press.

Ibn Battuta. 1929. *Travels in Asia and Africa, 1325-1354*. Trans. H. A. R. Gibbs. London: Routledge and Kegan Paul.

Iida Sachiko 飯田祥子. 2004. "前漢後半期における郡県民支配の変化: 内群と辺群の分化から". 東洋学報 86.3: 1-36.

Iio Hideyuki 飯尾秀幸. 2007. "秦・前漢初期における里の内と外: 牢獄成立前史". 太田幸男・多田狷介 編. 中国前近代史論集, 147-72. 東京: 汲古書院.

Ikeda On 池田温. 1973. "T'ang Household Registers and Related Documents." In A. F. Wright and D. Twitchett, eds. *Perspectives on the T'ang*, 121-50. New Haven: Yale University Press.

Ikeda On 池田温. 1979. 中国古代籍帳研究: 概観, 録文. 東京: 東京大学出版会.

Ikeda On 池田温. 1988. "神竜三年高昌県崇化 郷点籍様について". 栗原益男先生古希記念論集中国古代の法と社会, 245-70. 東京: 汲古書院.

Ikeda Yūichi 池田雄一. 2008a. "李悝の〈法経〉". 中国古代の律令と社会, 76-146. 東京: 汲古書院.

Ikeda Yūichi 池田雄一. 2008b. "呂后〈二年律令〉をめぐる諸問題". 中国古代の律令と社会, 446-511. 東京: 汲古書院.

Inaba Ichirō 稲葉一郎. 1978. "秦始皇の貨幣統一について". 東洋史研究 37.1: 59-85.

Inaba Ichirō 稲葉一郎. 1984. "漢代の家族形態と経済変動". 東洋史研究 43.1: 88-117.

Inaba Ichirō 稲葉一郎. 2007. "南郡の建設と戦国秦の貨幣制度". 史林 90.2: 239-67.

Irigoin, Alejandra. 2009. "The End of a Silver Era: The Consequences of the

Breakdown of the Spanish Peso Standard in China and the United States, 1780s-1850s." *Journal of World History* 20.2: 207-43.

Ishihara Jun 石原潤. 1973. "河北省における明清民国時代の定期市分 布階層および中心聚落の関係について". 地理学評論 46.4: 245-63.

Itō Michiharu 伊藤道治. 1975. 中国王朝の形成: 出土史料を中心とする殷周史の研究. 東京: 創文社.

Itō Michiharu 伊藤道治. 1978. "裘衛諸器 考: 西周期土地所有形態に関する私見". 東洋史研究 37.1: 35-58.

Itō Michiharu 伊藤道治. 1987. 中国古代国家の支配構造: 西周封建制度と金文. 東京: 中央公論社.

Jia Daquan 贾大泉. 1981. "宋代赋税结构初探". 社会科学研究 3: 51-8.

Jiang Fuya 蔣福亞. 2005. 魏晉南北朝社会经济史. 天津: 天津古籍出版社.

Jiang Fuya 蔣福亞. 2008. "吳簡所見吳國前期民田屯田-兼論魏吳民屯的區別". 中華文史論叢 89: 13-57.

Jiang Tao 姜涛. 1993. 中国近代人口史. 杭州: 浙江人民出版社.

Jiang Xidong 姜锡东. 2002. 宋代商人与商业资本. 北京: 中华书局.

Kagotani, Naoto. 2005. "The Chinese Merchant Community in Kobe and the Development of the Japanese Cotton Industry, 1890-1941." In Sugihara Kaoru, ed. *Japan, China, and the Growth of the Asian International Economy, 1850-1949*, 49-72. Oxford University Press.

Kakinuma Yō hei 柿沼陽平. 2010. "晋代貨幣経済の構造とその特質". 東方学 120: 18-33.

Kakinuma Yō hei 柿沼陽平. 2011. 中国古代貨幣経済史研究. 東京: 汲古書院.

Kamei Meitoku 亀井明徳. 1992. "唐代陶磁貿易の展開と商人". 荒野泰典 等編. アジアのなかの日本史, 第3巻: 海上の道, 115-45. 東京: 東京大学出版会.

Kamiya Masakazu 紙屋正和. 1994. "両漢時代の商業と市". 東洋史研究 52.4: 655-82.

Kanaya Osamu 金谷治. 1987. 管子の研究. 東京: 岩波書店.

Kaske, Elisabeth. 2011. "Fund-Raising Wars: Office-Selling and Interprovincial Finance in Nineteenth Century China." *Harvard Journal of Asiatic Studies* 71.1: 69-141.

Kaske, Elisabeth. 2015. "Silver, Copper, Rice, and Debt: Monetary Policy and

Office Selling in China during the Taiping Rebellion." In J. K. Leonard and U. Theobald, eds. *Money in Asia (1200-1900): Small Currencies in Social and Political Contexts*, 343-97. Leiden: Brill.

Katō Shigeshi 加藤繁. 1937. "On the Hang or the Association of Merchants in China, with Special Reference to the Institution in the T'ang and Sung Periods." *Memoirs of the Research Department of the Tō yō Bunko* 8: 45-83.

Katō Shigeshi 加藤繁. 1952a. "清代に於ける村鎮の定期市". 支那経済史考証, 第2巻: 505-56. 東京: 東洋文庫.

Katō Shigeshi 加藤繁. 1952b. "宋代に於ける都市の発達に就いて". 支那経済史考証, 第1巻: 299-346. 東京: 東洋文庫.

Katō Shigeshi 加藤繁. 1952c. "宋代の商習慣〈賖〉に就いて". 支那経済史考証, 第1巻: 222-34. 東京: 東洋文庫.

Katō Shigeshi 加藤繁. 1952d. "唐宋時代の市". 加藤繁. 支那経済史考証, 第1巻: 347-79. 東京: 東洋文庫.

Katō Shigeshi 加藤繁. 1952e. "唐宋時代の庄園の組織並に其の聚落として発達に就いて". 支那経済史考証, 第1巻: 231-60. 東京: 東洋文庫.

Katsari, Constantina. 2011. *The Roman Monetary System: The Eastern Provinces from the First to the Third Century AD*. Cambridge University Press.

Kawakatsu Heita 川勝平太. 1991. 日本文明と近代西洋: 〈鎖国〉再考. 東京: NHKブックス.

Kawakatsu Yoshio 川勝義雄. 1982. 六朝貴族制社会の研究. 東京: 岩波書店.

Kawazoe Shō ji 川添昭二. 1993. "鎌倉末期の対外関係と博多: 新安沈没船木簡・東福寺・承天寺". 大隅和雄 編. 鎌倉時代文化伝播の研究, 301-30. 東京: 吉川弘文館.

Kegasawa Yasunori 気賀澤保規. 1999. 府兵制の研究: 府兵兵士とその社会. 東京: 同朋舎.

Keller, Wolfgang, Ben Li, and Carole H. Shiue. 2012. "The Evolution of Domestic Trade Flows When Foreign Trade is Liberalized: Evidence from the Chinese Maritime Customs Services." In Masahiko Aoki, Timur Kuran, and Gérard Roland, eds. *Institutions and Comparative Economic*

Development, 152-72. Houndmills: Palgrave Macmillan.

Keller, Wolfgang, Ben Li, and Carole H. Shiue 2013. "Shanghai's Trade, China's Growth: Continuity, Recovery, and Change since the Opium War." *IMF Economic Review* 61.2: 336-78.

Khazanov, Anatoly. 1989. *Nomads and the Outside World*. Cambridge University Press.

Kidder, J. Edward, Jr. 2007. *Himiko and Japan's Elusive Chiefdom of Yamatai: Archaeology, History, and Mythology*. Honolulu: University of Hawai'i Press.

Kidder, Tristram R., Haiwang Liu, and Minglin Li. 2012. "Sanyangzhuang: Early Farming and a Han Settlement Preserved Beneath Yellow River Flood Deposits." *Antiquity* 86.331: 30-47.

Kieschnik, John. 2003. *The Impact of Buddhism on Chinese Material Culture*. Princeton University Press.

King, Frank H. H. 1965. *Money and Monetary Policy in China, 1845-1895*. Cambridge: Harvard University Press.

Kirby, William C. 1995. "China Unincorporated: Company Law and Business Enterprise in Twentieth-Century China." *Journal of Asian Studies* 54.1: 43-63.

Kishimoto Mio 岸本美緒. 1997. 清代中国の物価と経済変動. 東京: 研文出版.

Kishimoto Mio 岸本美緒. 2007. "土地市場と〈找価回贖〉問題: 宋代から清代の長期的動向". 大島立子 編. 宋-清代の法と地域社会, 213-62. 東京: 東洋文庫.

Kishimoto Mio. 2009. "New Studies on Statecraft in Mid- and Late-Qing: Qing Intellectuals and their Debates on Economic Policies." *International Journal of Asian Studies* 6.1: 87-102.

Kishimoto Mio. 2011. "Property Rights, Land, and Law in Imperial China." In D. Ma and J. L. van Zanden, eds. *Law and Long-Term Economic Change: A Eurasian Perspective*, 68-90. Stanford University Press.

Kishimoto-Nakayama, Mio. 1984. "The Kangxi Depression and Early Qing Local Markets." *Modern China* 10.2: 226-56.

Knoblock, John. 1988. *Xunzi: A Translation and Study of the Complete Works*. Stanford University Press.

Knoblock, John, and Jeffrey Riegel, trans. 2000. *The Annals of Lü Buwei*. Stanford University Press.

Kong Xiangjun 孔祥军. 2012. "居延新简〈建武三年十二月候粟君所责寇恩事〉册书复原与研究". 西域研究 4: 76-86.

Kroll, J. L. 1978-79. "Toward a Study of the Economic Views of Sang Hung-yang." *Early China* 4: 11-18.

Kuhn, Dieter. 2009. *The Age of Confucian Rule: The Song Transformation of China*. Cambridge: Harvard University Press.

Kuhn, Philip A. 2008. *Chinese Among Others: Emigration in Modern Times*. Lanham, MD: Rowman and Littlefield.

Kumamoto Takashi 熊本崇. 1983. "王安石の市易法と商人". 文化 46.3-4: 168-88.

Kuribayashi Norio 栗林宣夫. 1971. 里甲制の研究. 東京: 文理書院.

Kurihara Masuo 栗原益男. 1964. "府兵制の崩壊と新兵種: 前半期唐朝 支配の崩壊に関する若干の考察をふくめて". 史学雑誌 73.2: 121-46, 73.3: 269-95.

Kuroda Akinobu 黒田明伸. 1987. "乾隆の銭貴". 東洋史研究 45.5: 692-723.

Kuroda Akinobu. 2000. "Another Monetary Economy: The Case of Traditional China." In A. J. H. Lathan and H. Kawakatsu, eds. *Asia-Pacific Dynamism, 1500-2000*, 187-98. London: Routledge.

Kuroda Akinobu. 2008. "Concurrent but Non-Integrable Currency Circuits: Complementary Relationships among Monies in Modern China and Other Regions." *Financial History Review* 15.1: 17-36.

Kuroda Akinobu. 2009. "The Eurasian Silver Century (1276-1359): Commensurability and Multiplicity." *Journal of Global History* 4: 245-69.

Kusano Yasushi 草野靖. 1996. "農業土地問題". 佐竹靖彦 等編. 宋元時代史の基本問題, 303-31. 東京: 汲古書院.

Kwan, Man Bun. 2001. *The Salt Merchants of Tianjin: State Making and Civil Society in Late Imperial China*. Honolulu: University of Hawai'i Press.

Kwan, Man Bun. 2004. "Custom, the Code, and Legal Practice: The Contracts of Changlu Salt Merchants in Late Imperial China." In M. Zelin, J. K.

Ocko, and R. Gardella, eds. *Contract and Property in Early Modern China*, 269-97. Stanford University Press.

Kwee, Hui Kian. 2007. "Pockets of Empire: Integrating the Studies on Social Organizations in Southeast China and Southeast Asia." *Comparative Studies of South Asia, Africa, and the Middle East* 27.3: 616-32.

Kwee, Hui Kian. 2013. "Chinese Economic Dominance in Southeast Asia: A Longue Durée Perspective." *Comparative Studies in Society and History* 55.1: 5-34.

Lai, Chi-kong. 1992. "The Qing State and Merchant Enterprise: The China Merchants' Company, 1872-1902." In J. K. Leonard and J. R. Watt, eds. *To Achieve Security and Wealth: The Qing Imperial State and the Economy, 1644-1911*, 139-55. Ithaca, NY: Cornell University East Asia Program.

Lai Ming-chiu (Li Mingzhao) 黎明钊. 2009. "里耶秦简: 户籍档案的探讨". 中国史研究 2: 5-23.

Lamouroux, Christian. 1991. "Organisation territorial et monopole du thé dans la Chine des Song (960-1059)." *Annales: Économies, Sociétés, Civilisations* 46.5: 977-1008.

Lamouroux, Christian. 2002. "Commerce et bureaucratie dans la Chine des Song." *Études rurales* 161-62: 183-213.

Lamouroux, Christian. 2003. *Fiscalité, comptes publics et politiques financières dans la Chine des Song: Le Chapitre 179 du Songshi*. Paris: Institut des hautes études chinoises.

Lamouroux, Christian. 2007. "Bureaucratie et monnaie dans la Chine du XIe siècle: les désordes monétaires au Shaanxi." In B. Théret, ed. *La Monnaie dévoilée par ses crises, vol. 1, Crises monétaires d'hier et d'aujourd'hui*, 171-204. Paris: École des hautes études en sciences sociales.

Landes, David S. 1998. *The Wealth and Poverty of Nations: Why Some are so Rich and Some so Poor*. New York: Norton.

Lee, James Z., and Cameron Campbell. 1997. *Fate and Fortune in Rural China: Social Organization and Population Behavior in Liaoning, 1774-1873*. Cambridge University Press.

Lee, James Z., and Wang Feng. 1999. *One Quarter of Humanity: Malthusian Mythology and Chinese Realities, 1700-2000*. Cambridge: Harvard University Press.

Leonard, Jane Kate. 1996. *Controlling from Afar: The Daoguang Emperor's Management of the Grand Canal Crisis, 1824-1826*. Ann Arbor: University of Michigan Center for Chinese Studies.

Lewis, Mark Edward. 1990. *Sanctioned Violence in Early China*. Albany, NY: State University of New York Press.

Lewis, Mark Edward. 1999. "Warring States Political History." In M. Loewe and E. L. Shaughnessy, eds. *The Cambridge History of Ancient China: From the Origins of Civilization to 211 BC*, 587-650. Cambridge University Press.

Lewis, Mark Edward. 2000a. "The City-State in Spring-and-Autumn China." In Mogens Herman Hansen, ed. *A Comparative Study of Thirty City-State Cultures*, 359-73. Copenhagen: Kongelige Danske Videnskabernes Selskab.

Lewis, Mark Edward. 2000b. "The Han Abolition of Universal Military Service." In Hans van de Ven, ed. *Warfare in Chinese History*, 33-75. Leiden: Brill.

Lewis, Mark Edward. 2006. *The Construction of Space in Early China*. Albany, NY: State University of New York Press.

Lewis, Mark Edward. 2009. *China between Empires: The Northern and Southern Dynasties*. Cambridge: Harvard University Press.

Li Bozhong 李伯重. 1990. 唐代江南农业的发展. 北京: 农业出版社.

Li Bozhong. 1998. *Agricultural Development in Jiangnan, 1620-1850*. London: Macmillan.

Li Bozhong 李伯重. 2000. 江南的早期工业化. 北京: 社会科学文献出版社.

Li Bozhong 李伯重. 2002. 發展與制約: 明清江南生產力研究. 臺北: 聯經出版社.

Li Bozhong. 2003. "Was There a 'Fourteenth-Century Turning Point? Population, Land, Technology, and Farm Management." In P. J. Smith and R. von Glahn, eds. *The Song-Yuan-Ming Transition in Chinese History*, 135-75. Cambridge: Harvard University Asia Center.

Li Bozhong 李伯重. 2007. "道光萧条与癸未大水". 社会科学 6: 173-78.

Li Bozhong 李伯重. 2010. 中国的早期近代经济: 1820年代华亭-娄县地区GDP研究. 北京: 中华书局.

Li Bozhong. 2013. "An Early Modern Economy in China: A Study of the GDP of the Huating-Lou Area, 1823-1829." In B. K. L. So, ed. *The Economic History of Lower Yangzi Delta in Late Imperial China: Connecting Money, Markets, and Institutions*, 133-45. London: Routledge.

Li, Bozhong and Jan Luiten van Zanden. 2012. "Before the Great Divergence? Comparing the Yangzi Delta and the Netherlands in the Beginning of the Nineteenth Century." *Journal of Economic History* 72.4: 956-89.

Li, Feng. 2006. *Landscape and Power in Early China: The Crisis and Fall of the Western Zhou, 1045-771 BC*. Cambridge University Press.

Li, Feng. 2008. *Bureaucracy and the State in Early China: Governing the Western Zhou, 1045-771 BC*. Cambridge University Press.

Li Huarui 李华瑞. 1995. 宋代酒的生产和征榷. 保定: 河北大学出版社.

Li Li 李力. 2007. 〈隶臣妾〉身份再研究. 北京: 中国法制出版社.

Li, Lillian M. 1981. *China's Silk Trade: Traditional Industry in the Modern World, 1842-1937*. Cambridge: Council on East Asian Studies, Harvard University.

Li, Lillian M. 1992. "Grain Prices in Zhili Province, 1736-1911: A Preliminary Study." In T. G. Rawski and L. M. Li, eds. *Chinese History in Economic Perspective*, 69-99. Berkeley: University of California Press.

Li, Lillian M. 2007. *Fighting Famine in North China: State, Market, and Environmental Decline, 1690s-1990s*. Stanford University Press.

Li Ling 李零. 1998. "西周金文中的土地制度". 李零自选集, 85-111. 桂林: 广西师范大学出版社.

Li Longsheng 李隆生. 2005. 晚明海外貿易數量的研究: 兼論江南絲綢產業與白銀流入的影響. 臺北: 秀威資訊科技.

Li Longsheng 李隆生. 2010. 清代的國際貿易: 白銀流入, 貨幣危機和晚清工業化. 臺北: 秀威資訊科技.

Li, Min. 2003. "Ji'nan in the First Millennium BC: Archaeology and History."

Journal of the Economic and Social History of the Orient 46.1: 88-126.

Li Ping 李凭. 2000. 北魏平城时代. 北京: 社会科学文献出版社.

Li, Tana. 2004. "The Water Frontier: An Introduction." In N. Cooke and T. Li, eds. *Water Frontier: Commerce and the Chinese in the Lower Mekong Region, 1750-1880*, 1-17. Lanham, MD: Rowman and Littlefield.

Li Weiguo 李伟国. 2007. "宋代经济生活中的市侩". 宋代财政和文献考论, 123-47. 上海: 上海古籍出版社.

Li, Wenying. 2012. "Silk Artistry of the Northern and Southern Dynasties." In Dieter Kuhn, ed. *Chinese Silks*, 167-201. New Haven: Yale University Press.

Li Wenzhi 李文治 and Jiang Taixin 江太新. 2005. 中国地主制经济论: 封建土地关系发展与变化. 北京: 中国社会科学出版社.

Li Xueqin 李学勤. 1982. "青川郝家坪木牍研究". 文物 10: 68-72.

Li Xueqin 李学勤. 1999. "秦简与周礼". 简帛迭籍与学术史, 110-18. 南昌: 江西教育出版社.

Li, Xueqin and Xing Wen. 2001. "New Light on the Early-Han Code: A Reappraisal of the Zhangjiashan Bamboo-Slip Legal Texts." *Asia Major*, 3rd series, 14.1: 125-46.

Li, Yung-ti. 2006. "On the Function of Cowries in Shang and Western Zhou China." *Journal of East Asian Archaeology* 5.1-4: 1-26.

Li Zhi'an 李治安. 1992. 元代分封制度研究. 天津: 天津古籍出版社.

Liang Fangzhong 梁方仲. 1939. "明代國際貿易與銀的輸出入". 再版. 梁方仲經濟史論文集, 132-179. 北京: 中华书局,

Liang Fangzhong 梁方仲 編. 1980. 中国历代户口 田地田赋统计. 上海: 上海人民出版社.

Liang Gengyao 梁庚堯. 1984. 南宋的農村經濟. 臺北: 聯經出版事業公司.

Liang Gengyao 梁庚堯. 1997. "南宋城市的發展". 宋代社會經濟史論集, 2: 481-590. 臺北: 允晨文化.

Liang Qizi 梁其姿. 1993. "貧窮與窮人觀念在中國俗世社會中的歷史演變". 黃應貴編. 人觀, 意義與社會, 129-62. 臺北: 中央研究院民族學研究所.

Liang Qizi 梁其姿. 1997. 施善與教化: 明清的慈善組織. 臺北: 聯經出版事業公司.

Lianyungang shi bowuguan 连云港市博物馆. 1996. "尹湾汉墓简牍释文选". 文物

8: 26-31.

Lin Man-houng (Lin Manhong) 林滿紅. 1991. "中國的白銀外流與世界金銀減產 1814-50". 吳劍雄 編. 中國的海洋發展史論文集, 6: 1-44. 臺北: 中央研究院人文社會科學研究中心.

Lin Man-houng. 2006. *China Upside Down: Currency, Society, and Ideologies, 1808-1856*. Cambridge: Harvard University Asia Center.

Lin Wenxun 林文勋. 2011. 唐宋社会变革论纲. 北京: 人民出版社.

Liu Guangjing 刘广京. 1983. "一八八三年上海金融风潮: 洋务运动专题之二". 复旦大学学报(社会科学版) 3: 94-102.

Liu Guanglin 劉光臨. 2008. "市場,戰爭,和財政國家: 對南宋賦稅問題的再思考". 臺大歷史學報 42: 221-85.

Liu Guanglin 2012. "岭南州府宋元明之际两税征收的比较研究". 北大史学 17: 68-105.

Liu, Guanglin William. 2005. "Wrestling for Power: The State and Economy in Later Imperial China, 1000-1700." PhD dissertation, Harvard University.

Liu, Guanglin William. 2013. "Agricultural Productivity in Early Modern Jiangnan." In B. K. L. So, ed. *The Economic History of Lower Yangzi Delta in Late Imperial China: Connecting Money, Markets, and Institutions*, 99-117. London: Routledge.

Liu Jiansheng 刘建生. 2007. "山西票号业务总量之估计". 山西大学学报(哲学社会科学版) 6: 233-39.

Liu, Paul K. C., and Kuo-shu Hwang. 1979. "Population Change and Economic Development in Mainland China since 1400." In Chi-ming Hou and Tzong-shian Yu, ed. *Modern Chinese Economic History*, 61-90. Taipei: Academia Sinica.

Liu Qiugen 刘秋根. 2000. 明清高利贷资本. 北京: 社会科学文献出版社.

Liu Qiugen 刘秋根. 2007. 中国古代合伙制初探. 北京: 人民出版社.

Liu Qiugen 刘秋根 and Xie Xiuli 谢秀丽. 2005. "明清徽商 工商业铺店合伙制形态: 三种徽商帐簿的表面分析". 中国经济史研究 3: 79-87.

Liu Shiji 刘石吉. 1987. 明清时代江南市镇研究. 北京: 中国社会科学出版社.

Liu Shufen 劉淑芬. 1992. 六朝的城市與社會. 臺北: 學生書局.

Liu Shufen. 2001. "Jiankang and the Commercial Empire of the Southern

Dynasties: Change and Continuity in Medieval Chinese Economic History." In S. Pearce, A. Spiro, and P. Ebrey, eds. *Culture and Power in the Reconstitution of the Chinese Realm, 200-600*, 35-52. Cambridge: Harvard University Asia Center.

Liu Ti 刘逖. 2009. "1600-1840年中国国内生产总值估算". 经济研究. 10: 144-55.

Liu, William Guanglin. 2015. "The Making of a Fiscal State in Song China, 960-1279." *Economic History Review* 68.1: 48-78.

Liu, Xinru. 1988. *Ancient India and Ancient China: Trade and Religious Exchanges, 1-600 AD*. Delhi: Oxford University Press.

Liu, Xinru. 1996. *Silk and Religion: An Exploration of Material Life and the Thought of People, AD 600-1200*. Delhi: Oxford University Press.

Liu Yang 刘杨 and Zhao Ronghua 赵荣华. 2001. 吉州窑瓷. 南昌: 江西美术出版社.

Liu Yongcheng 刘永成 and He Zhiqing 赫治清. 1983. "万全堂的由来与发展". 中国社会经济史研究 1: 1-16.

Liu Zhaomin 劉昭民. 1992. 中國歷史上氣候之變遷. 臺北: 臺灣商務印書館.

Loewe, Michael. 1967. *Records of Han Administration*. Cambridge University Press.

Loewe, Michael. 1974. *Crisis and Conflict in Han China, 104 BC to AD 9*. London: George Allen and Unwin Ltd.

Loewe, Michael. 2006. *The Government of the Qin and Han Empires, 221 BCE-220 CE*. Indianapolis, IN: Hackett Publishing.

Loewe, Michael. 2010a. "The Laws of 186 BCE." In M. Nylan and M. Loewe, eds. *China's Early Empires: A Re-appraisal*, 253-65. Cambridge University Press.

Loewe, Michael. 2010b. "Social Distinctions, Groups, and Privileges." In M. Nylan and M. Loewe, eds. *China's Early Empires: A Re-appraisal*, 296-307. Cambridge University Press.

Lombard, Denys. 1990. *Le Carrefour javanais: essai d'histoire globale*. Paris: École des hautes études en sciences sociales.

Long Denggao 龙登高. 2009. "The Diversification of Land Transactions in

Late Imperial China." *Frontiers of History in China* 4.2: 183-220.
Lu, Weijing. 2004. "Beyond the Paradigm: Tea-Picking Women in Imperial China." *Journal of Women's History* 15.4: 19-46.
Luan Chengxian 栾成显. 1990. "明初地主积累兼并土地途经初探: 以谢能静户为例". 中国史研究 3: 101-11.
Luan Chengxian 栾成显. 2007. 明代黄册研究. 再版. 北京: 中国社会科学出版社.
Luo Xizhang 罗西章. 1998. "宰兽簋铭略考". 文物 8: 83-87.
Luo, Yinan. 2005. "A Study of the Changes in the Tang-Song Transition Model." *Journal of Song-Yuan Studies* 35: 99-127
Ma Chengyuan 馬承源 編. 1988. 商周青銅器銘文選. 第3卷. 北京: 文物出版社.
Ma Chengyuan 馬承源. 1990. "西周金文中有關〈貯〉字辭語的若干解釋". 上海博物館集刊 5: 82-91
Ma Chengyuan 馬承源. 2000. "亢鼎銘文: 西周早期用貝幣交易玉器的記錄". 上海博物館集刊 8: 120-23.
Ma Daying 马大英. 1983. 汉代财政史. 北京: 中国财政经济出版社.
Ma, Debin. 2008. "Economic Growth in the Lower Yangzi Region of China in 1911-1937: A Quantitative and Historical Analysis." *Journal of Economic History* 68.2: 355-92.
Ma, Debin. 2011. "Law and Economy in Traditional China: A 'Legal Origin' Perspective on the Great Divergence." In D. Ma and J. L. van Zanden, eds. *Law and Long-Term Economic Change: A Eurasian Perspective*. 46-67. Stanford University Press.
Ma Feibai 馬非百. 1979. 管子輕重篇新詮. 北京: 中华书局.
Macfarlane, Alan. 2000. *The Riddle of the Modern World: Of Liberty, Wealth, and Equality*. Basingstoke: Macmillan.
Maddison, Angus. 2001. *The World Economy: A Millennial Perspective*. Paris: OECD Publications.
Maddison, Angus. 2007. *Chinese Economic Performance in the Long Run, 960-2030 AD*. Rev. edn. Paris: OECD Publications.
Magnusson, Lars. 1994. *Mercantilism: The Shaping of an Economic Language*. London: Routledge.
Mann, Michael. 1986. *The Sources of Social Power, vol. 1: A History of Power*

from the Beginning to AD *1760*. Cambridge University Press.
Mann, Susan. 1987. *Local Merchants and the Chinese Bureaucracy, 1750-1950*. Stanford University Press.
Mann Jones, Susan. 1972. "Finance in Ningbo: the 'Ch'ien Chuang,' 1750-1880." In W. E. Willmott, ed. *Economic Organization in Chinese Society*, 47-77. Stanford University Press.
Mann Jones, Susan. 1974. "The Ningbo Pang and Financial Power in Shanghai." In Mark Elvin, ed. *The Chinese City Between Two Worlds*, 73-96. Stanford University Press.
Mann Jones, Susan, and Philip Kuhn. 1978. "Dynastic Decline and the Roots of Rebellion." In John K. Fairbank, ed. *The Cambridge History of China, vol. 10: Late Ch'ing, 1800-1911*, 1: 107-62. Cambridge University Press.
Mao Hanguang 毛漢光. 1990a. "晉隋之際河東地區與河東大族". 中國中古政治史論, 99-130. 臺北: 聯經出版事業公司.
Mao Hanguang 毛漢光. 1990b. "西魏府兵史論". 中國中古政治史論, 167-280. 臺北: 聯經出版事業公司.
Marks, Robert B. 1999. *Tigers, Rice, Silk, and Silt: Environment and Economy in Late Imperial South China*. Cambridge University Press.
Marks, Robert B. 2012. *China: Its Environment and History*. New York: Rowman and Littlefield.
Marks, Robert B. and Chunsheng Chen. 1995. "Price Inflation and its Social, Economic, and Climatic Context in Guangdong Province, 1707-1800." *T'oung Pao* 81.1-3: 109-52.
Maruhashi Mitsuhiro 丸橋充拓. 2001. "唐宋変革史研究近況". 中國史学 11: 149-68.
Matsuda Kō ichi 松田孝一. 2000. "中國交通史: 元時代の交通と南北物流". 東アジア経済史の諸問題, 135-57. 京都: 阿吽社.
Matsui Yoshinori 松井嘉徳. 2002. 周代国制の研究. 東京: 汲古書院.
Matsumaru Michio 松丸道雄. 1984. "西周後期社会にみえる変革の萌芽: 曶銘解釈問題の初歩的解決". 東アジア史における国家と農民, 29-74. 東京: 山川出版社.

Matsumaru Michio 松丸道雄 and Takeuchi Yasuhiro 竹内康浩. 1993. "西周金文中の法制史料". 滋賀秀三 編. 中国法制史: 基本史料の研究, 3-55. 東京: 東京大学出版会.

Mazumdar, Sucheta. 1998. *Sugar and Society in China: Peasants, Technology, and the World Market*. Cambridge: Harvard University Asia Center.

McDermott, Joseph P. 1981. "Bondservants in the T'ai-hu Basin during the Late Ming: A Case of Mistaken Identities." *Journal of Asian Studies* 40.4: 675-701.

McDermott, Joseph P. 1984. "Charting Blank Spaces and Disputed Regions: The Problem of Sung Land Tenure." *Journal of Asian Studies* 44.1: 13-41.

McDermott, Joseph P. 1991. "Family Financial Plans of the Southern Sung." *Asia Major* 3rd series 4.2: 15-52.

McDermott, Joseph P. 2013a. *The Making of a New Rural Order in South China*, vol. 1: *Village, Land, and Lineage in Huizhou, 900-1600*. Cambridge University Press.

McDermott, Joseph P. 2013b. "The Rise of Huizhou Merchants: Kinship and Commerce in Ming China." In B. K. L. So, ed. *The Economic History of Lower Yangzi Delta in Late Imperial China: Connecting Money, Markets, and Institutions*, 233-66. London: Routledge.

McElderry, Andrea Lee. 1976. *Shanghai Old-Style Banks (Ch'ien-chuang), 1800-1935*. Ann Arbor: Michigan Papers in Chinese Studies.

McElderry, Andrea Lee 1995. "Securing Trust and Stability: Chinese Finance in the Late Nineteenth Century." In R. A. Brown, ed. *Chinese Business Enterprise in Asia*, 27-44. London: Routledge.

McKnight, Brian E. 1971. *Village and Bureaucracy in Southern Sung China*. University of Chicago Press.

McKnight, Brian E. and James T. C. Liu, eds. 1998. *The Enlightened Judgments*, Ch'ing-ming Chi: *The Sung Dynasty Collection*. Albany, NY: State University of New York Press.

McNeill, William H. 1976. *Plagues and Peoples*. New York: Anchor Press.

Mehendale, Sanjyot. 1996. "Begram: Along Ancient Central Asian and Indian

Trade Routes." *Cahiers d'Asie centrale* 1/2: 47-64.
Mihelich, Mira Ann. 1979. "*Polders and the Politics of Land Reclamation in Southeast China during the Northern Sung Dynasty (960-1126)*." PhD dissertation, Cornell University.
Miu Kunhe 繆坤和. 2002. 宋代信用票據研究. 昆明: 雲南大學出版社.
Miyakawa, Hisayuki. 1955. "The Naitō Hypothesis and its Effects on Japanese Studies of China." *Far Eastern Quarterly* 14.3: 533-52.
Miyakawa, Hisayuki 宮川尚志. 1956. "六朝時代の村". 六朝史研究: 政治社会篇, 437-71. 東京: 日本学術振興会.
Miyazaki Ichisada 宮崎市定. 1943. 五代宋初の通貨問題. 京都: 星野書店.
Miyazaki Ichisada 宮崎市定. 1950. 東洋的近世. 大阪: 教育タイムス社.
Miyazawa Tomoyuki 宮澤知之. 1998. 宋代中國の国家と経済. 東京: 創文社.
Miyazawa Tomoyuki 宮澤知之. 2000. "魏晋南北朝の貨幣経済". 鷹陵史学 26: 41-82.
Miyazawa Tomoyuki 宮澤知之. 2007. 中國銅錢の世界: 銭貨から経済史へ. 京都: 思文閣出版.
Miyazawa Tomoyuki 宮澤知之. 2008. "五代十国時代の通貨状況". 鷹陵史学 34: 1-35.
Mizuno Masaaki 水野正明. 2000. "唐宋時代の産業と茶業の発達". 松田孝一 編. 東アジア経済史の諸問題. 82-100. 京都: 阿吽社.
Moll-Murata, Christine. 2008. "Chinese Guilds from the Seventeenth to the Twentieth Centuries: An Overview." *International Review of Social History* 53, supplement 16: 213-47.
Morelli, Giovanni, et al. 2010. "Yersinia pestis Genome Sequencing Identifies Patterns of Global Phylogenetic Diversity." *Nature Genetics* 42.12: 1140-43.
Mori Masao 森正夫. 1967. "十四世紀後半期浙西地方地主制に関する覚書". 名古屋大学文学部研究論集 44: 67-88.
Mori Masao 森正夫. 1988. 明代江南土地制度の研究. 京都: 同朋舎.
Mori Masao 森正夫, Noguchi Tetsurō 野口鐵郎, Hamashima Atsutoshi 濱島敦俊, Kishimoto Mio 岸本美緒, and Satake Yasuhiko 佐竹靖彦 等編. 1997. 明清時代史の基本的問題. 東京: 汲古書院.

Mostern, Ruth. 2011. *"Dividing the Realm in Order to Govern": The Spatial Organization of the Song State (960-1276 CE)*. Cambridge: Harvard University Asia Center.

Motono, Eiichi. 2000. *Conflict and Cooperation in Sino-British Business, 1860-1911: The Impact of the Pro-British Commercial Network in Shanghai*. Houndmills, UK: Macmillan.

Musgrave, R. A. 1992. "Schumpeter's Crisis of the Tax State: An Essay in Fiscal Sociology." *Journal of Evolutionary Economics* 2.2: 89-113.

Muthesius, Anna. 2002. "Essential Processes, Looms, and Technical Aspects of the Production of Silk Textiles." In Angeliki E. Laiou, ed. *The Economic History of Byzantium, from the Seventh through the Fifteenth Century*, 1:147-68. Washington, DC: Dumbarton Oaks Research Library and Collection.

Myers, Ramon. 1991. "How did the Chinese Economy Develop? A Review Article." *Journal of Asian Studies* 50.3: 604-28.

Nagai Chiaki 長井千秋. 1992. "淮東総領所の財政運営". 史学雑誌 101.7: 1235-66.

Nagai Chiaki 長井千秋. 2000. "中華帝国の財政". 松田孝一 編. 東アジア経済史の諸問題, 101-34. 京都: 阿吽社.

Nakagawa Manabu 中川学. 1962. "唐代の逃戸, 浮客, 客戸に関する覚書". 一橋論叢 50.3: 339-45.

Nakajima Gakushō 中島楽章. 2001. "元代社制の成立と展開". 九州大学東洋史論集 29: 116-46.

Nakajima Gakushō 中島楽章. 2002. 明代郷村の紛争と秩序. 東京: 汲古書院.

Naquin, Susan, and Evelyn S. Rawski. 1987. *Chinese Society in the Eighteenth Century*. New Haven: Yale University Press.

Ning Ke 宁可. 1982. "关于〈汉侍延里父老僤买田约束石券〉". 文物 12: 21-7.

Needham, Joseph. 1971. *Science and Civilisation in China*, vol. 4: *Physical Technology*, part 3: *Civil Engineering and Nautics*. Cambridge University Press.

Neimenggu zizhiqu bowuguan gongzuodui 內蒙古自治区博物馆文物工作队. 1978. 和林格尔汉墓壁画. 北京: 文物出版社.

Ng, Chin-keong. 1983. *Trade and Society: The Amoy Network on the China Coast, 1683-1735*. Singapore University Press.
Ni Yuping 倪玉平. 2010. 清朝嘉道关税硏究. 北京: 北京師範大學出版社.
Niida Noboru 仁井田陞. 1937. 唐宋法律文書の硏究. 東京: 東方文化学院東京硏究所.
Nishijima Sadao 西嶋定生. 1966. 中国経済史硏究. 東京: 東京大学出版会.
Nishijima Sadao. 1984. "The Formation of the Early Chinese Cotton Industry." In L. Grove and C. Daniels, eds. *State and Society in China: Japanese Perspectives on Ming-Qing Social and Economic History*, 17-77. University of Tokyo Press.
Nishioku Kenji 西奧健志. 2004. "宋代市糴制度の財政的背景: 儲備の獲得を中心として". 社会経済史学 70.3: 331-45.
Ōba, Osamu. 2001. "The Ordinance on Fords and Passes Excavated from Han Tomb Number 247, Zhangjiashan." *Asia Major*, 3rd series, 14.2: 119-42.
O'Brien, Patrick. 1982. "European Economic Development: The Contribution of the Periphery." *Economic History Review* 35.1: 1-18.
O'Brien, Patrick. 2012. "Fiscal and Financial Preconditions for the Formation of Developmental States in the West and the East from the Conquest of Ceuta (1415) to the Opium War (1839)." *Journal of World History* 23.3: 513-53.
Ogilvie, Sheilagh C. and Markus Cerman, ed. 1996. *European Proto-Industrialization*. Cambridge University Press.
Okada Isao 岡田功. 1990. "春秋戦国秦漢時代の貸借関係をめぐる一考察". 駿台史学 78: 69-91.
Okamoto Takashi 岡本隆司 編. 2013. 中国経済史. 名古屋: 名古屋大学出版会.
Ōkushi Atsuhiro 大櫛敦弘. 1985. "漢代の〈中家の産〉に関する一考察: 居延漢簡所見の〈賈・直〉をめぐって", 史学雑誌 94.7: 1172-94.
Onodera Ikuo 小野寺郁夫. 1966. "宋代における都市の商人組織〈行〉について". 金沢大学法文学部論集史学篇 13: 42-74.
Ōsawa Masaaki 大澤正昭. 1996. 唐宋変革期農業社会史硏究. 東京: 汲古書院.
Osborne, Anne. 1994. "The Local Politics of Land Reclamation in the Lower Yangzi Highlands." *Late Imperial China* 15.1: 1-46.

Osborne, Anne. 1998. "Highlands and Lowlands: Economic and Ecological Interactions in the Lower Yangzi Region under the Qing." In M. Elvin and Ts'ui-jung Liu, eds. *Sediments of Time: Environment and Society in Chinese History*, 203-34, Cambridge University Press.

Ōshima Ritsuko 大島立子. 1980. "元代の戸計と徭役". 歴史学研究 484: 23-32.

Ōshima Ritsuko. 1983. "The Chiang-hu in the Yüan." *Acta Asiatica* 45: 69-95.

Ōsumi Akiko 大隅晶子. 1990. "明代洪武帝の海禁政策と海外貿易". 山根幸夫教授退休記念明代史論集, 第1巻, 497-519. 東京: 汲古書院.

Otagi Matsuo 愛宕松男. 1973. "斡脱錢とその背景: 十三世紀モンゴル元朝における銀の動向". 東洋史研究 32.1: 1-27, 32.2: 163-201.

Otagi Matsuo 愛宕松男. 1987. 愛宕松男東洋史学論集, 第1巻: 中國陶瓷産業史. 東京: 三一書房.

Ōtsu Tōru 大津透. 1986. "唐律令国家の予算について: 儀鳳三年度奏抄 四年金部旨符試釈". 史学雑誌 95.12: 1831-79.

Ōyama Masaaki 大山正明. 1974. "明代の大土地所有と奴僕". 東洋文化研究所紀要 62: 77-131.

Ōyama Masaaki. 1984. "Large Landownership in the Jiangnan Delta Region during the Late Ming-Early Qing Period." In L. Grove and C. Daniels, eds. *State and Society in China: Japanese Perspectives on Ming-Qing Social and Economic History*, 101-63. University of Tokyo Press.

Pamuk, Şevket. 2012. "The Evolution of Fiscal Institutions in the Ottoman Empire, 1500-1914." In B. Yun-Casalilla and P. K. O'Brien, eds. *The Rise of Fiscal States: A Global History, 1500-1914*, 304-31. Cambridge University Press.

Pan, Ming-te. 1996. "Rural Credit in Ming-Qing Jiangnan and the Concept of Peasant Petty Commodity Production." *Journal of Asian Studies* 55.1: 94-117.

Parthasarathi, Prasannan. 2011. *Why Europe Grew Rich and Asia Did Not: Global Economic Divergence, 1600-1850*. Cambridge University Press.

Pearce, Scott. 1991. "Status, Labor, and Law: Special Service Households under the Northern Dynasties." *Harvard Journal of Asiatic Studies* 51.1: 89-138.

Peerenboom, R. P. 1993. *Law and Morality in Ancient China: The Silk*

Manuscripts of Huang-Lao. Albany, NY: State University of New York Press.

Pegolotti, Francesco. 1914. *Notices of the Land Route to Cathay and Asiatic Trade in the First Half of the Fourteenth Century*. In Henry Yule and Henri Cordier, eds. *Cathay and the Way Thither: Being a Collection of Medieval Notices of China*, vol. 3. London: Hakluyt Society.

Peng Kaixiang 彭凯翔. 2006. 清代以来的粮价: 历史学的解释与再解释. 上海: 上海人民出版社.

Peng Kaixiang 彭凯翔. 2011. "历史GDP估算中的计价问题刍议". 中国经济史研究 4: 53-60.

Peng Kaixiang 彭凯翔, Chen Zhiwu 陈志武, and Yuan Weipeng 袁为鹏. 2008. "近代中国农村借贷市场的机制-基于民间文书的研究". 经济研究 5: 147-59.

Peng Wei 彭卫. 2010. "关于小麦在汉代推广的再探讨". 中国经济史研究 4: 63-71.

Peng Xinwei 彭信威. 1965. 中國貨幣史. 再版. 上海: 上海人民出版社.

Peng Zeyi 彭泽益. 1983. 十九世纪后半期的中国财政与经济. 北京: 人民出版社.

Perdue, Peter C. 1987. *Exhausting the Earth: State and Peasant in Hunan, 1500-1850*. Cambridge, MA: Council on East Asian Studies, Harvard University.

Perkins, Dwight H. 1969. *Agricultural Development in China, 1368-1968*. Chicago: Aldine.

Petech, L. 1980. "Sang-ko, a Tibetan Statesman in Yuan China." *Acta Orientalia Academiae Scientiarum Hungaria* 34.1-3: 193-208.

Pierson, Stacey. 2013. *From Object to Concept: Global Consumption and the Transformation of Ming Porcelain*. Hong Kong University Press.

Pirazzoli-t'Serstevens, Michèle. 2010. "Urbanism." In M. Nylan and M. Loewe, eds. *China's Early Empires: A Re-appraisal*, 168-85, Cambridge University Press.

Polo, Marco. 1929. *The Book of Ser Marco Polo the Venetian concerning the Kingdoms and Marvels of the East*. Henry Yule and Henri Cordier, eds. 3rd edn. London: John Murray.

Pomeranz, Kenneth. 1993. *The Making of a Hinterland: State, Society, and*

Economy in Inland North China, 1853-1937. Berkeley: University of California Press.
Pomeranz, Kenneth. 1997. "'Traditional' Chinese Business Forms Revisited: Family, Firm, and Financing in the History of the Yutang Company of Jining, 1779-1956." *Late Imperial China* 18.1: 1-38.
Pomeranz, Kenneth. 2000. *The Great Divergence: China, Europe, and the Making of the Modern World Economy*. Princeton University Press.
Pomeranz, Kenneth. 2008a. "Chinese Development in Long-Run Perspective." *Proceedings of the American Philosophical Society* 152.1: 83-100.
Pomeranz, Kenneth. 2008b. "Land Markets in Late Imperial and Republican China." *Continuity and Change* 23.1: 101-50.
Pong, David. 1985. "The Vocabulary of Change: Reformist Ideas of the 1860s and 1870s." In David Pong and Edmund S. K. Fong, eds. *Ideal and Reality: Social and Political Change in Modern China, 1860-1949*, 25-61. Lanham, MD: University Press of America.
Pong, David 1994. *Shen Pao-chen and China's Modernization in the Nineteenth Century*. Cambridge University Press.
Puk, Wing Kin. 2006. "Salt Trade in Sixteenth-Seventeenth Century China." PhD dissertation, Oxford University.
Qi Xia 漆侠. 1979. 王安石变法. 上海: 上海人民出版社.
Qi Xia 漆侠. 1999. 中国经济通史: 宋代经济卷. 北京: 经济日报出版社.
Qiu Xigui 裘锡圭. 1974. "湖北江陵凤凰山十号汉墓出土简牍考释". 文物 1974.7: 49-62.
Qiu Xigui 裘锡圭. 1979. "新发现的居延汉简的几个问题". 中国史研究 4: 103-10.
Quan Hansheng 全漢昇. 1935. 中國行會制度史. 上海: 上海新生命书局.
Quan Hansheng 全漢昇. 1972. "唐宋時代揚州經濟境況的繁榮與衰落". 中國經濟史論叢, 1: 1-28. 香港: 香港中文大学新亚书院新亚研究所.
Rankin, Mary Backus. 1990. "The Origins of a Chinese Public Sphere: Local Elites and Community Affairs in the Late Imperial Period." *Études chinoises* 9.2: 13-60.
Rankin, Mary Backus. 1994. "Managed by the People: Officials, Gentry, and the Foshan Charitable Granary, 1795-1845." *Late Imperial China* 15.2:

1-52.

Raschke, Manfred G. 1978. "New Studies in Roman Commerce with the East." In Hildegard Temporini and Wolfgang Haase, eds. *Ufstieg und Niedergang der Römischen Welt: Geschichte und Kultur Roms im Spiegel der Neueren Forschung*, 2: 604-1363. Berlin: Walter de Gruyter.

Rawski, Evelyn Sakakida. 1972. *Agricultural Change and the Peasant Economy of South China*. Cambridge: Harvard University Press.

Rawski, Thomas. 1989. *Economic Growth in Prewar China*. Berkeley: University of California Press.

Rawson, Jessica. 1999. "Western Zhou Archaeology." In M. Loewe and E. L. Shaughnessy, eds. *The Cambridge History of Ancient China: From the Origins of Civilization to 211 BC*, 352-449. Cambridge University Press.

Reid, Anthony. 1990. "The Seventeenth-century Crisis in Southeast Asia." *Modern Asian Studies* 24.4: 639-59.

Reid, Anthony. 1997a. "A New Phase of Commercial Expansion in Southeast Asia, 1760-1850." In Anthony Reid, ed. *The Last Stand of Asian Autonomies*, pp. 57-81. Houndmills, UK: Macmillan.

Reid, Anthony. 1997b. "Introduction." In Anthony Reid, ed. *The Last Stand of Asian Autonomies*, 1-25. Houndmills, UK: Macmillan.

Reid, Anthony. 2004. "Chinese Trade and Economic Expansion in Southeast Asia in the Later Eighteenth and Early Nineteenth Centuries: An Overview." In N. Cooke and Li Tana, eds. *Water Frontier: Commerce and the Chinese in the Lower Mekong Region, 1750-1880*, 21-34. Lanham, MD: Rowman and Littlefield.

Reinert, Eric S. 1999. "The Role of the State in Economic Growth." *Journal of Economic Studies* 26.4 /5: 268-326.

Reinert, Eric S. and Sophus A. Reinert. 2005. "Mercantilism and Economic Development: Schumpeterian Dynamics, Institution-Building, and International Benchmarking." In K. S. Jomo and Eric S. Reinert, eds. *The Origins of Development Economics: How Schools of Thought Have Addressed Development*, 1-23. London: Zed Books.

Richards, John F. 1990. "The Seventeenth-century Crisis in South Asia."

Modern Asian Studies 24.4: 624-38.

Richardson, Philip. 1999. *Economic Change in China, c. 1800-1950*. Cambridge University Press.

Rickett, W. Allyn. 1985. *Guan Zi: Political, Economic, and Philosophical Essays from Early China*, vol. 1. Princeton University Press.

Rickett, W. Allyn. 1998. *Guan Zi: Political, Economic, and Philosophical Essays from Early China*, vol. 2. Princeton University Press.

Rosenthal, Jean-Laurent, and R. Bin Wong. 2011. *Before and Beyond Divergence: The Politics of Economic Change in China and Europe*. Cambridge: Harvard University Press.

Rossabi, Morris. 1988. *Khubilai Khan: His Life and Times*. Berkeley: University of California Press.

Rowe, William T. 1984. *Hankow: Commerce and Society in a Chinese City, 1796-1889*. Stanford University Press.

Rowe, William T. 1985. "Approaches to Modern Chinese Social History." In Olivier Kunz, ed. *Reliving the Past: The Worlds of Social History*, 236-96. Chapel Hill: University of North Carolina Press.

Rowe, William T. 1990. "The Public Sphere in Modern China." *Modern China* 16.3: 309-29.

Rowe, William T. 2001. *Saving the World: Cheng Hongmou and Elite Consciousness in Eighteenth-Century China*. Stanford University Press.

Rowe, William T. 2010. "Money, Economy, and Polity in the Daoguang-Era Paper Currency Debates." *Late Imperial China* 31.2: 69-96.

Rowe, William T. 2011. "Introduction: The Significance of the Qianlong-Jiaqing Transition in Chinese History." *Late Imperial China* 32.2: 74-88.

Sagawa Eiji 佐川英治. 1999. "北魏の編戸制と徴兵制度". 東洋学報 81.1: 1-35.

Sagawa Eiji 佐川英治. 2001a. "北魏均田制研究の動向". 中国史学 11: 131-47.

Sagawa Eiji 佐川英治. 2001b. "北魏均田制の目的と展開: 奴婢給田を中心として". 史学雑誌 110.1: 1-38.

Sahara Yasuo 佐原康夫. 2002a. 漢代都市機構の研究. 東京: 汲古書院.

Sahara Yasuo 佐原康夫. 2002b. "江陵鳳凰山漢簡再考". 東洋史研究 61.3: 405-33.

Saitō, Osamu. 1983. "Population and the Peasant Family Economy in Proto-

Industrial Japan." *Journal of Family History* 8: 30-54.
Satake Yasuhiko 佐竹靖彦. 1996. "総説". 佐竹靖彦,斯波義信, 梅原郁, 植松正, 近藤一成 等編. 宋元時代史の基本問題, 3-42. 東京: 汲古書院.
Satō Taketoshi 佐藤武敏. 1962. 中国古代工業史の研究. 東京: 吉川弘文館.
Satō Taketoshi 佐藤武敏. 1967. "漢代の人口調査". 集刊東洋学 18: 1-27.
Schaberg, David. 2010. "The Zhouli as Constitutional Text." In Benjamin Elman and Martin Kern, eds. *Statecraft and Classical Learning: The Rituals of Zhou in East Asian History*, 33-66. Leiden: Brill.
Scheidel, Walter. 2009. "The Monetary Systems of the Han and Roman Empires." In Walter Scheidel, ed. *Rome and China: Comparative Perspectives on Ancient Empires*, 137-207. New York: Oxford University Press.
Schifferli, Christoph. 1986. "Le système monétaire au Sichuan vers la fin du xe siècle." *T'oung Pao* 72.2: 269-90.
Schirokauer, Conrad, and Robert P. Hymes. 1993. "Introduction." In R. P. Hymes and C. Schirokauer, eds. *Ordering the World: Approaches to State and Society in Sung Dynasty China*, 1-58. Berkeley: University of California Press.
Schmoller, Gustav. 1967. *The Mercantile System and Its Historical Significance*. Rpt. New York: A.M. Kelley.
Schoppa, Keith. 1989. *Xiang Lake-Nine Centuries of Chinese Life*. New Haven: Yale University Press.
Schottenhammer, Angela. 2001. "The Role of Metals and the Impact of the Introduction of *Huizi* Paper Notes in Quanzhou on the Development of Maritime Trade in the Song Period." In Angela Schottenhammer, ed. *The Emporium of the World: Maritime Quanzhou, 1000-1400*, 95-176. Leiden: Brill.
Schumpeter, Joseph A. 1954. *History of Economic Analysis*. New York: Oxford University Press.
Schumpeter, Joseph A. 1991. "The Crisis of the Tax State." In Richard Swedborg, ed. *The Economics and Sociology of Capitalism*, 99-140. Princeton University Press.

Schurmann, Herbert Franz. 1956a. *Economic Structure of the Yüan Dynasty: Translation of Chapters 93 and 94 of the Yüan shih*. Cambridge: Harvard University Press.

Schurmann, Herbert Franz. 1956b. "Mongolian Tributary Practices of the Thirteenth Century." *Harvard Journal of Asiatic Studies* 19.3-4: 304-89.

Scogin, Hugh. 1990. "Between Heaven and Man: Contract and the State in Han Dynasty China." *Southern California Law Review* 63: 1325-1404.

Sen, Tansen. 2003. *Buddhism, Diplomacy, and Trade: The Realignment of Sino-Indian Relations, 600-1400*. Honolulu: University of Hawai'i Press.

Shaughnessy, Edward L. 1991. *Sources of Western Zhou History: Inscribed Bronze Vessels*. Berkeley: University of California Press.

Shaughnessy, Edward L. 1999. "Western Zhou History." In M. Loewe and E. L. Shaughnessy, eds. *The Cambridge History of Ancient China: From the Origins of Civilization to 211 BC*, 292-351. Cambridge University Press.

Shi Junzhi 石俊志. 2009. 半两钱制度研究. 北京: 中国金融出版.

Shi Yang 石洋. 2012. "両漢傭価変遷考証". 東洋史研究 71.2: 191-218.

Shi Zhihong 史志宏. 1994. 清代前期的小农经济. 北京: 中国社会科学出版社.

Shi Zhihong 史志宏. 2008. 清代户部银库收支和库存统计. 福建: 福建人民出版社.

Shi, Zhihong, Xuyi, Ni Yuping, and Bas van Leeuwen. 2014. "Chinese National Income, c. 1661-1933." Centre for Global Economic History (Utrecht University) Working Paper Series, no. 62. Available at: www.cgeh.nl/sites/default/files/WorkingPapers/CGEHWP62_ShiXuyiNiVanLeeuwen.pdf.

Shiba Yoshinobu 斯波義信. 1968. 宋代商業史研究. 東京: 風間書房.

Shiba Yoshinobu. 1970. *Commerce and Society in Sung China*. Trans. Mark Elvin. Ann Arbor: University of Michigan Center for Chinese Studies.

Shiba Yoshinobu. 1975. "Urbanization and the Development of Markets in the Lower Yangtze Valley." In John Winthrop Haeger, ed. *Crisis and Prosperity in Sung China*, 13-48. Tucson: University of Arizona Press.

Shiba Yoshinobu. 1977. "Ningbo and its Hinterland." In G. W. Skinner, ed. *The City in Late Imperial China*, 391-439. Stanford University Press.

Shiba Yoshinobu. 1983. "Sung Foreign Trade: Its Scope and Organization." In Morris Rossabi, ed. *China Among Equals: The Middle Kingdom and its Neighbors, 10th-14th Centuries*, 80-115. Berkeley: University of California Press.

Shiba Yoshinobu 斯波義信. 1988. 宋代江南経済史の研究. 東京: 東京大学出版会.

Shiba Yoshinobu. 1998. "Environment versus Water Control: The Case of the Southern Hangzhou Bay Area from the Mid-Tang through the Qing Period." In Mark Elvin, ed. *Sediments of Time: Environment and Society in Chinese History*, 135-64. Cambridge University Press.

Shigechika Keiju 重近啓樹. 1990. "秦漢の商人とその負担". 駿台史学 78: 27-59.

Shigeta, Atsushi. 1984. "The Origins and Structure of Gentry Rule." In L. Grove and C. Daniels, eds. *State and Society in China: Japanese Perspectives on Ming-Qing Social and Economic History*, 335-85. University of Tokyo Press.

Shimasue Kazuyasu 島居一康. 1990. "両税折納における納税価額と市場価額". 中国史研究会 編. 中国専制国家と社会統合, 333-86. 東京: 文理閣.

Shiue, Carol H., and Wolfgang Keller. 2007. "Markets in China and Europe on the Eve of the Industrial Revolution." *American Economic Review* 97.4: 1189-1216.

Si Weizhi 斯维至. 1978. "论庶人". 社会科学战线 2: 103-10.

Sima Qian. 1993. *Records of the Grand Historian: Han Dynasty II*. Trans. Burton Watson. New York: Columbia University Press.

Skaff, Jonathan Karam. 1998. "Sasanian and Arab-Sasanian Silver Coins from Turfan: Their Relationship to International Trade and the Local Economy." *Asia Major*, 3rd series, 11.2: 67-115.

Skaff, Jonathan Karam. 2003. "The Sogdian Trade Diaspora in East Turkestan during the Seventh and Eighth Centuries." *Journal of the Economic and Social History of the Orient* 46.4: 475-524.

Skinner, G. William. 1977a. "Cities and the Hierarchy of Local Systems." In G. W. Skinner, ed. *The City in Late Imperial China*, 276-351. Stanford University Press.

Skinner, G. William. 1977b. "Regional Urbanization in Nineteenth-Century

China." In G. W. Skinner, ed. *The City in Late Imperial China*, 212-49. Stanford University Press.

Skinner, G. William. 1986. "Sichuan's Population in the Nineteenth Century: Lessons from Disaggregated Data." *Late Imperial China* 7.2: 1-76.

Smith, Paul J. 1988. "Commerce, Agriculture, and Core Formation in the Upper Yangzi, 2 AD to 1948." *Late Imperial China* 9.1: 1-78.

Smith, Paul J. 1992. *Taxing Heaven's Storehouse: Horses, Bureaucrats, and the Destruction of the Sichuan Tea Industry, 1074-1224*. Cambridge: Council on East Asian Studies, Harvard University.

Smith, Paul J. 1993. "State Power and Economic Activism during the New Policies, 1068-1085: The Tea and Horse Trade and the 'Green Sprouts' Loan Policy." In Robert P. Hymes and Conrad Schirokauer, eds. *Ordering the World: Approaches to State and Society in Sung Dynasty China*, 76-127. Berkeley: University of California Press.

Smith, Paul J. 2009. "Shen-tsung's Reign and the New Policies of Wang An-shih, 1067-1085." In D. Twitchett and P. J. Smith, eds. *The Cambridge History of China, vol. 5: The Sung Dynasty and its Precursors, 907-1279*, 347-483. Cambridge University Press.

So, Billy K. L. 2000. *Prosperity, Region, and Institutions in Maritime China: The South Fukien Pattern, 946-1368*. Cambridge: Harvard University Area Center.

So, Billy K. L. 2013. "Institutions in Market Economies of Premodern Maritime China." In B. K. L. So, ed. *The Economic History of Lower Yangzi Delta in Late Imperial China: Connecting Money, Markets, and Institutions*, 208-32. London: Routledge.

So, Jenny F. and Emma C. Bunker. 1995. *Traders and Raiders on China's Northern Frontier*. Seattle: Smithsonian Institution and University of Washington Press.

Sogabe Shizuo 曽我部静雄. 1941a. "南宋の和買絹及び折帛錢の研究". 宋代財政史, 333-92. 東京: 生活社.

Sogabe Shizuo 曽我部静雄. 1941b. "宋代の財政一般". 宋代財政史, 3-85. 東京: 生活社.

Somers Heidhues, Mary. 1993. "Chinese Organizations in West Borneo and Bangka: Kongsis and Hui." In David Ownby and Mary Somers Heidhues, eds. *"Secret Societies" Reconsidered: Perspectives on the Social History of Modern South China and Southeast Asia*, 68-88. Armonk, NY: M.E. Sharpe.

Steensgaard, Niels. 1990. "The Seventeenth-Century Crisis and the Unity of Asian History." *Modern Asian Studies* 24.4: 683-97.

Su Jilang 苏基朗. 2004. "两宋闽南广东浙东外贸瓷业空间模式的一个比较分析". 李伯重·周生春 等編. 江南的城市工业与地方文化, 960-1850, 141-92. 天津: 天津大学出版社.

Sudō Yoshiyuki 周藤吉之. 1954a. "五代に於ける均税法". 唐宋土地制度史研究, 405-27. 東京: 東京大学出版会.

Sudō Yoshiyuki 周藤吉之. 1954b. "南宋末の公田法". 唐宋土地制度史研究, 537-92. 東京: 東京大学出版会.

Sudō Yoshiyuki 周藤吉之. 1954c. "宋代庄園制の発達". 唐宋土地制度史研究, 195-288. 東京: 東京大学出版会.

Sugihara, Kaoru. 1996. "Agriculture and Industrialization: The Japanese Experience." In Peter Mathias and John A. Davis, eds. *Agriculture and Industrialization from the Eighteenth Century to the Present Day*, 148-66. Oxford: Blackwell.

Sugihara, Kaoru. 2003. "The East Asian Path of Economic Development: A Long-Term Perspective." In G. Arrighi, T. Hamashita, and M. Selden, eds. *The Resurgence of East Asia: 500, 150, and 50 Year Perspectives*, 78-123. London: Routledge.

Sugihara, Kaoru. 2005. "An Introduction." In K. Sugihara, ed. *Japan, China, and the Growth of the Asian International Economy, 1850-1949*, 1-19. Oxford University Press.

Sugihara, Kaoru 杉原薫. 2009. "19世紀前半のアジア交易圏: 統計的考察". 篭谷直人·脇村孝平 等編. 帝国とアジアネットワーク: 長期の19世紀, 250-81. 京都: 世界思想社.

Sugiyama Masaaki 杉山正明. 2004. モンゴル帝国と大元ウルス. 京都: 京都大学学術出版会.

Sumiya Tsuneko 角谷常子. 1994. "居延漢簡にみえる売買関係簡についえ一考察". 東洋史研究 52.4: 545-65.

Sun, Zhouyong. 2008. *Craft Production in the Western Zhou Dynasty (1046-771 BC): A Case Study of a Jue-Earrings Workshop at the Predynastic Capital Site, Zhouyuan, China*. Oxford, UK: Archaeopress.

Sussman, George D. 2011. "Was the Black Death in India and China?" *Bulletin of the History of Medicine* 85.3: 319-55.

Suzuki Naomi 鈴木直美. 1990. "鳳凰山一〇号漢墓出土史料から見た江陵社会". 駿台史学 80: 39-76.

Swann, Nancy Lee. 1950. *Food and Money in Ancient China: The Earliest Economic History of China to AD 25*. Princeton University Press.

Szonyi, Michael. 2002. *Practicing Kinship: Lineage and Descent in Late Imperial China*. Stanford University Press.

Tada Kensuke 多田狷介. 1964. "後漢豪族の農業経営: 仮作, 傭作, 奴隷労働". 歴史学研究 286: 13-21.

Tada Kensuke 多田狷介. 1965. "漢代の地方商業について: 豪族と小農民の関係を中心として". 史潮 92: 36-49.

Tajiri Tōru 田尻利. 1999. "清代タバコ研究史覚書". 清代農業商業化の研究, 284-312. 東京: 汲古書院.

Takahashi Yoshirō 高橋芳郎. 2001. "宋元代の奴婢, 雇傭人, 佃僕の身分". 宋-清身分法の研究, 1-84. 札幌: 北海道大学出版会.

Takenami Takayoshi 竹浪隆良. 1984. "北魏における人身売買と身分制支配: 延昌三年(五一四)人身売買論議を中心として". 史学雑誌 93.3: 279-312.

Tanaka Katsuko 田中克子 and Satō Ichirō 佐藤一郎. 2008. "貿易陶磁器の推移". 大庭康時 編. 中世都市博多を掘る, 112-28. 福岡: 海鳥社.

Tanaka, Masatoshi. 1984. "Rural Handicraft in Jiangnan in the Sixteenth and Seventeenth Century." In L. Grove and C. Daniels, eds. *State and Society in China: Japanese Perspectives on Ming-Qing Social and Economic History*, 79-100. University of Tokyo Press.

Tang Changru 唐長孺. 1954. "南朝的屯, 邸, 別墅及山澤占領". 歷史研究 1954.3:95-113.

Tang Changru 唐長孺. 1955. "魏晉戶調制及其演變". 魏晉南北朝史論叢, 59-84.

北京: 三联书店.

Tang Changru 唐長孺. 1961. "关于武则天末年的浮逃户". 歷史研究 6: 90-95.

Tang Changru. 1990. "Clients and Bound Retainers in the Six Dynasties Period." In A. E. Dien, ed. *State and Society in Early Medieval China*, 111-38. Stanford University Press.

Tang Wenji 唐文基. 1990. "三餉加派: 明末反動的財政". 山根幸夫教授退休記念明代史論叢, 2: 979-1001. 東京: 汲古書院.

Tang Yongtong 汤用彤. 2006. 汉魏两晋南北朝佛教史. 再版. 北京: 昆仑出版社.

Tanigawa, Michio. 1985. *Medieval Chinese Society and the Local "Community."* Berkeley: University of California Press.

Terada Takanobu 寺田隆信. 1972. 山西商人の研究: 明代における商人および商業資本. 京都: 東洋史研究会.

Terada Takanobu 寺田隆信. 1972a. "蘇州踹布業の経営形態". 再版. 山西商人の研究: 明代における商人および商業資本, 337-410. 京都: 東洋史研究会.

Thierry, François. 1993. "Sur les monnaies sassanides trouvées en Chine." In Groupe pour l'Étude de la Civilisation du Moyen-Orient, ed. *Circulation des monnaies, des marchandises et des biens*, 89-139. Leuven: Peeters Press.

Tianchangshi wenwu guanlisuo 天长市文物管理所. 2006. "安徽天长西汉墓发掘简报". 文物 11: 4-21.

Torbert, Preston M. 1977. *The Ch'ing Imperial Household Department: A Study of its Organization and Principal Functions, 1662-1796*. Cambridge, MA: Council on East Asian Studies, Harvard University.

Trocki, Carl A. 1990. *Opium and Empire: Chinese Society in Colonial Singapore, 1800-1910*. Ithaca: Cornell University Press.

Trombert, Éric. 1995. *Le Crédit à Dunhuang: vie matérielle et société en Chine medievale*. Paris: Collège de France/Institut des Hautes Études Chinoises.

Trombert, Éric. 2000. "Textiles et tissus sur la route de la soie." In Jean-Pierre Drège, ed. *La Sérinde, terre d'échanges*, 107-20. Paris: La Documentation française.

Tsien, Tsuen-hsiun. 1985. *Science and Civilisation in China*, vol. 5: *Chemistry and Chemical Technology*, part 1: *Paper and Printing*. Cambridge

University Press.

Tsurumi, Naohiro. 1984. "Rural Control in the Ming Dynasty." In L. Grove and C. Daniels, eds. *State and Society in China: Japanese Perspectives on Ming-Qing Social and Economic History*, 245-77. University of Tokyo Press.

Twitchett, Denis. 1954. "The Salt Commissioners after An Lu-shan's Rebellion." *Asia Major*, new series, 4.1: 60-89.

Twitchett, Denis. 1963. *Financial Administration under the T'ang Dynasty*. Cambridge University Press.

Twitchett, Denis. 1966. "The T'ang Market System." *Asia Major*, new series, 12.2: 202-48.

Twitchett, Denis. 1969-70. "Local Financial Administration in Early T'ang Times." *Asia Major*, new series, 15: 82-114.

Twitchett, Denis. 1973. "The Composition of the T'ang Ruling Class: New Evidence from Tun-huang." In A. F. Wright and D. Twitchett, eds. *Perspectives on the T'ang*, 47-85. New Haven: Yale University Press.

Twitchett, Denis. 1979. "Hsuan-tsung (reign 712-56)." In Denis Twitchett, ed. *The Cambridge History of China*, vol. 3: *Sui and T'ang China, 618-907*, part 1, 333-463. Cambridge University Press.

Twitchett, Denis and Janice Stargardt. 2002. "Chinese Silver Bullion in a Tenth-Century Indonesian Wreck." *Asia Major*, third series, 15.1: 23-72.

Uematsu Tadashi. 1983. "The Control of Chiang-nan in the Early Yüan." *Acta Asiatica* 45: 49-68.

Uematsu Tadashi 植松正. 1996. "元朝支配下の江南地域社会". 佐竹靖彦 等編. 宋元時代史の基本問題, 333-58. 東京: 汲古書院.

Underhill, Anne P., et al. 2008. "Changes in Regional Settlement Patterns and the Development of Complex Societies in Southeastern Shandong, China." *Journal of Anthropological Archaeology* 27: 1-29.

Uno Nobuhiro 宇野伸浩. 1989. "オゴデイ・ハンとムスリム商人: オルドにおける交易と 西アジア産の商品". 東洋学報 70.3-4: 71-104.

Utsunomiya Kiyoyoshi 宇都宮清吉. 1955. 漢代社会経済史研究. 東京: 弘文堂.

Vaggi, Gianni, and Peter Groenewegen. 2003. *A Concise History of Economic Thought: From Mercantilism to Monetarism*. Basingstoke, UK: Palgrave

Macmillan.

Van de Mieroop, Marc. 2004. *A History of the Ancient Near East c. 3000-323 BC*. Oxford: Blackwell.

Van Dyke, Paul A. 2005. *The Canton Trade: Life and Enterprise on the China Coast, 1700-1845*. Hong Kong University Press.

van Zanden, Jan Luiten. 2009. *The Long Road to the Industrial Revolution: The European Economy in a Global Perspective, 1000-1800*. Leiden: Brill.

Vermeer, Eduard B. 1991. "The Mountain Frontier in Late Imperial China: Economic and Social Developments in the Bashan." *T'oung Pao* 77.4-5: 300-29.

Vogel, Hans Ulrich. 1987. "Chinese Central Monetary Policy, 1644-1800." *Late Imperial China* 8.2: 1-52.

Vogel, Hans Ulrich n.d. "Chinese Central Monetary Policy and Yunnan Copper Mining, 1644-1800." Unpub. ms.

von Falkenhausen, Lothar. 1999a. "Late Western Zhou Taste." *Études Chinoises* 18: 143-78.

von Falkenhausen, Lothar. 1999b. "The Waning of the Bronze Age." In M. Loewe and E. L. Shaughnessy, eds. *The Cambridge History of Ancient China: From the Origins of Civilization to 211 BC*, 450-544. Cambridge University Press.

von Falkenhausen, Lothar. 2005. "The E Jun Qi Metal Tallies: Inscribed Texts and Ritual Contexts." In Martin Kern, ed. *Text and Ritual in Early China*, 79-123. Seattle: University of Washington Press.

von Falkenhausen, Lothar. 2006. *Chinese Society in the Age of Confucius (1000-250 BC): The Archaeological Evidence*. Los Angeles, CA: Cotsen Institute of Archaeology, University of California.

von Glahn, Richard. 1987. *The Country of Streams and Grottoes: Expansion, Settlement, and the Civilizing of the Sichuan Frontier in Song Times*. Cambridge: Harvard University Council on East Asian Studies.

von Glahn, Richard. 1991. "Municipal Reform and Urban Social Conflict in Late Ming China." *Journal of Asian Studies* 50.2: 280-307.

von Glahn, Richard. 1993. "Community and Welfare: Chu Hsi's Community

Granary in Theory and Practice." In R. P. Hymes and C. Schirokauer, eds. *Ordering the World: Approaches to State and Society in Sung Dynasty China*, 221-54. Berkeley: University of California Press.

von Glahn, Richard. 1996a. *Fountain of Fortune: Money and Monetary Policy in China, 1000-1700*. Berkeley: University of California Press.

von Glahn, Richard. 1996b. "Myth and Reality of China's Seventeenth-Century Monetary Crisis." *Journal of Economic History* 56.2: 429-54.

von Glahn, Richard. 2003a. "Imagining Pre-modern China." In P. J. Smith and R. von Glahn, eds. *The Song-Yuan-Ming Transition in Chinese History*, 35-70. Cambridge: Harvard University Asia Center.

von Glahn, Richard. 2003b. "Towns and Temples: Urban Growth and Decline in the Yangzi Delta, 1200-1500." In P. J. Smith and R. von Glahn, eds. *The Song-Yuan-Ming Transition in Chinese History*, 176-211. Cambridge: Harvard University Asia Center.

von Glahn, Richard. 2004. "Revisiting the Song Monetary Revolution: A Review Essay." *International Journal of Asian Studies* 1.1: 159-178.

von Glahn, Richard. 2005. "Origins of Paper Money in China." In K. Geert Rouwenhorst and William N. Goetzmann, eds. *Origins of Value: The Financial Innovations that Created Modern Capital Markets*, 65-89. New York: Oxford University Press.

von Glahn, Richard. 2007a. "Foreign Silver Coin in the Market Culture of Nineteenth Century China." *International Journal of Asian Studies* 4.1:51-78.

von Glahn, Richard. 2007b. "Zhu Yuanzhang ex nihilo?" *Ming Studies* 55: 113-141.

von Glahn, Richard. 2010. "Monies of Account and Monetary Transition in China, Twelfth to Fourteenth Centuries." *Journal of the Economic and Social History of the Orient* 53.3: 463-505.

von Glahn, Richard. 2013. "Cycles of Silver in Chinese Monetary History." In B. K. L. So, ed. *The Economic History of Lower Yangzi Delta in Late Imperial China: Connecting Money, Markets, and Institutions*, 17-71. London: Routledge.

von Glahn, Richard. 2014. "The Ningbo-Hakata Merchant Network and the Reorientation of East Asian Maritime Trade, 1150-1300." *Harvard Journal of Asiatic Studies* 74.2: 251-81.

von Redden, Sitta. 2010. *Money in Classical Antiquity*. Cambridge University Press.

von Verschuer, Charlotte. 2006. *Across the Perilous Sea: Japanese Trade with China and Korea from the Seventh to the Sixteenth Centuries*. Ithaca, NY: Cornell University East Asia Program.

Vries, Peer H.H. 2002. "Are Coal and Colonies Really Crucial? Kenneth Pomeranz and the Great Divergence." *Journal of World History* 12.2: 407-46.

Vries, Peer H.H. 2015. *State, Economy, and the Great Divergence: Great Britain and China, 1680s-1850s*. London: Bloomsbury Academic.

Wade, Geoff. 2009. "An Early Age of Commerce in Southeast Asia, 900-1300 CE." *Journal of South East Asian Studies* 40.2: 221-65.

Wagner, Donald B. 2001a. "The Administration of the Iron Industry in Eleventh-century China." *Journal of the Economic and Social History of the Orient* 44.2: 175-97.

Wagner, Donald B. 2001b. *The State and the Iron Industry in Han China*. Copenhagen: Nordic Institute of Asian Studies.

Wagner, Donald B. 2008. *Science and Civilisation in China, vol. 5: Chemistry and Chemical Technology*, part 11: *Ferrous Metallurgy*. Cambridge University Press.

Waltner, Ann. 1990. *Getting an Heir: Adoption and the Construction of Kinship in Late Imperial China*. Honolulu: University of Hawai'i Press.

Wang, Helen. 2004. *Money on the Silk Road: The Evidence from Eastern Central Asia to AD 800*. London: British Museum Press.

Wang Shengduo 汪圣铎. 1995. 两宋财政史. 北京: 中华书局.

Wang Su 王素. 2011. "長沙吳簡中的佃客與衣食客 – 兼論西晉戶調式中的〈南朝化〉問題". 中華文史論叢 101: 1-34.

Wang Wencheng 王文成. 2001. 宋代白银货币化研究. 昆明: 雲南大學出版社.

Wang, Wensheng. 2014. *White Lotus Rebels and South China Pirates: Crisis*

and Reform in the Qing Empire. Cambridge: Harvard University Press.
Wang Yanhui 王彦辉. 2006. "论汉代的分户析产". 中国史研究 4: 19-38.
Wang, Yeh-chien. 1973. Land Taxation in Imperial China, 1750-1911. Cambridge, MA: Harvard University Press.
Wang, Yeh-chien. 1985. "Food Supply in Eighteenth-Century Fukien." Late Imperial China 7.2: 80-117.
Wang, Yeh-chien. 1992. "Secular Trends of Rice Prices in the Yangzi Delta, 1638-1935." In T. G. Rawski and L. M. Li, eds. Chinese History in Economic Perspective, 35-68. Berkeley, CA: University of California Press.
Wang Yejian 王業鍵. 2003. "中國近代貨幣與銀行的演進(1644-1937)". 清代經濟史論文集, 161-274. 臺北: 稻鄉出版社.
Wang Yichen 王怡辰. 2007. 魏晉南北朝貨幣交易和發行. 臺北: 文津出版社.
Wang, Yi-t'ung. 1953. "Slaves and Other Comparable Social Groups during the Northern Dynasties (386-618)." Harvard Journal of Asiatic Studies 16.3/4: 293-364.
Wang Zengyu 王曾瑜. 1985. "宋朝的坊郭户". 中国社会科学院历史研究所宋辽金元史研究室 编. 宋辽金史论丛 1: 64-82. 北京: 中华书局
Wang, Zhenping. 2006. Ambassadors from the Islands of the Immortals: China-Japan Relations in the Han-Tang Period. Honolulu: University of Hawai'i Press.
Wang Zhenzhong 王振忠. 2014. 明清徽商与淮扬社会变迁. 再版. 北京: 三联书店.
Wang, Zhongshu. 1982. Han Civilization. Yale University Press.
Wang Zijin 王子今. 2005. "西汉〈齐三服官〉辨证". 中国史研究, 35-40.
Washio Yūko 鷲尾祐子. 2009. 中国古代の専制国家と民間社会: 家族, 風俗, 公私. 京都: 立命館東洋史学会.
Watanabe Shinichirō 渡辺信一郎. 1986. 中国古代社会論. 東京: 青木書店.
Watanabe Shinichirō 渡辺信一郎. 1989. "漢代の財政運営と国家的物流". 京都府立大学学術報告(人文) 41: 1-20.
Watanabe Shinichirō 渡辺信一郎. 2010. 中国古代の財政と国家. 東京: 汲古書院.
Watson, Burton. 1967. Basic Writings of Mo Tzu, Hsün Tzu, and Han Fei Tzu. New York: Columbia University Press.
Weber, Max. 1978. Economy and Society. Guenther Roth and Claus Wittick,

eds. Berkeley, CA: University of California Press.
Wicks, Robert S. 1998. *Money, Markets, and Trade in Early Southeast Asia: The Development of Indigenous Monetary Systems to AD 1400*. Ithaca, NY: Cornell University Southeast Asia Programs Publications.
Wilbur, C. Martin. 1943. *Slavery in the Former Han Dynasty, 206 BC-AD 25*. Chicago: Field Museum of Natural History.
Will, Pierre-Étienne. 1985. "State Intervention in the Administration of a Hydraulic Infrastructure." In S. R. Schram, ed. *The Scope of State Power in China*, 295-347. London: School of Oriental and African Studies.
Will, Pierre-Étienne. 1990. *Bureaucracy and Famine in Eighteenth-Century China*. Stanford University Press.
Will, Pierre-Étienne. 1994. "Développement quantitatif et développement qualitatif en Chine à la fin de l'époque impériale." *Annales: Histoire, Sciences Sociales* 49.4: 863-902.
Will, Pierre-Étienne and R. Bin Wong. 1991. *Nourish the People: The State Civilian Granary System in China, 1650-1850*. Ann Arbor: University of Michigan Center for Chinese Studies.
Wolf, Arthur P. 2001. "Is There Evidence of Birth Control in Late Imperial China?" *Population and Development Review* 27.1: 133-54.
Wong, J. Y. 1998. *Deadly Dreams: Opium and the Arrow War (1856-1860) in China*. Cambridge University Press.
Wong, R. Bin. 1997. *China Transformed: Historical Change and the Limits of European Experience*. Ithaca: Cornell University Press.
Wong, R. Bin. 2012. "Taxation and Good Governance in China, 1500-1914." In B. Yun-Casalilla and P. K. O'Brien, eds. *The Rise of Fiscal States: A Global History, 1500-1914*, 353-77. Cambridge University Press.
Wong, R. Bin, and Peter Perdue. 1992. "Grain Markets and Food Supplies in Eighteenth-Century Hunan." In T. G. Rawski and L. M. Li, eds. *Chinese History in Economic Perspective*, 126-44. Berkeley: University of California Press.
Wright, Arthur F. 1978. *The Sui Dynasty: The Unification of China, AD 581-617*. New York: Knopf.

Wu Chengming 吴承明. 1985. "论清代前期我国 国内市场". 中国资本主义与国内市场, 247-65. 北京: 中国社会科学出版社.

Wu Chengming 吴承明. 2001a. "论明代国内市场和商人资本". 中国的现代化: 市场与社会, 111-43. 北京: 三联书店.

Wu Chengming 吴承明. 2001b. "18与19世纪上叶的中国市场". 中国的现代化: 市场与社会, 238-88. 北京: 三联书店.

Wu Hui 吴慧. 1990. "明清(前期)财政结构性变化的计量分析". 中国社会经济史研究 3: 39-45.

Wu Renshu 巫仁恕. 2007. 品味奢華: 晚明的消費社會與士大夫. 臺北: 中央研究院/聯經出版公司.

Wu Songdi 吴松弟. 2000. 中国人口史, 第三卷: 辽宋金元时期. 上海: 复旦大学出版社.

Wu Songdi 2007. 南宋人口史. 上海: 上海古籍出版社.

Xie Guihua 谢桂华. 1989. "汉简和汉代的取庸代戍制度". 甘肃省文物考古研究所编. 秦汉简牍论文集, 77-112. 兰州: 甘肃人民出版社.

Xie Yanxiang 谢雁翔. 1974. "四川郫县犀浦出土的东汉残碑". 文物 4: 67-71.

Xiong, Victor Cunrui. 1993. "Sui Yangdi and the Building of Sui-Tang Luoyang." *Journal of Asian Studies* 52.1: 66-89.

Xiong, Victor Cunrui. 1999. "The Land Tenure System of Tang China: A Study of the Equal Field System and the Turfan Documents." *T'oung Pao* 85.4-5: 328-90.

Xiong, Victor Cunrui. 2000. *Sui-Tang Chang'an: A Study in the Urban History of Medieval China*. Ann Arbor: University of Michigan Center for Chinese Studies.

Xu Daling 許大齡. 1974. 清代捐納制度. 臺北: 文海出版社.

Xu, Dixin and Wu Chengming. 2000. *Chinese Capitalism, 1522-1840*. London: Macmillan.

Xu Hong 许宏. 2000. 先秦城市考古学研究. 北京: 北京燕山出版社.

Xu Tan 许檀. 2000. "明清时期 城乡网络体系的形成及意义". 中国社会科学 3: 191-202.

Xu Yihua 徐义华. 2007. "新出土〈五年琱生尊〉与琱生器铭试析". 中国史研究 2: 17-27.

Xu Yueyao 徐乐尧. 1989. "居延汉简所见的市". 甘肃省文物考古研究所 編. 秦汉简牍论文集, 49-69. 兰州: 甘肃人民出版社.

Yamada Katsuyoshi 山田勝芳. 1975. "王莽代の財政". 東洋史研究 33.1: 63-85.

Yamada Katsuyoshi 山田勝芳. 1979. "中国古代の商人と市籍". 加賀博士退官記念中国文史哲 学論集, 175-96. 東京: 講談社.

Yamada Katsuyoshi 山田勝芳. 1981. "鳳凰山一〇号墓文書と漢初の商業". 東北大学教養部紀要 33: 172-92.

Yamada Katsuyoshi 山田勝芳. 1987. "秦漢時代の大内と少内". 集刊東洋学 57: 19-39.

Yamada Katsuyoshi 山田勝芳. 1988. "中国古代の商と賈: その意味と思想史的背景". 東洋史研究 47.1: 1-29.

Yamada Katsuyoshi. 1990. "Offices and Officials of Works, Markets, and Lands in the Ch'in Dynasty." *Acta Asiatica* 58: 1-23.

Yamada Katsuyoshi 山田勝芳. 1993. 秦漢財政収入の研究. 東京: 汲古書院.

Yamada Katsuyoshi 山田勝芳. 1998. "秦漢代手工業の展開: 秦漢代工官の変遷から考える". 東洋史研究 56.4: 701-32.

Yamada Katsuyoshi 山田勝芳. 2000. 貨幣の中国古代史. 東京: 朝日新聞社.

Yamada Katsuyoshi 山田勝芳. 2007. "前漢武帝代の地域社会と女性徭役: 安徽省天長市安楽鎮十九号木牘から考える". 集刊東洋学 97: 1-19.

Yamamoto Susumu 山本進. 1991. "清代四川の地域経済: 移入代替棉業の形成と巴県牙行". 史学雑誌 100.12: 2005-35.

Yamamoto Susumu 山本進. 1997. "商品生産研究の軌跡". 森正夫, 野口鐵郎, 濱島敦俊, 岸本美緒, 佐竹靖彦 等編. 明清時代史の基本的問題, 79-101. 東京: 汲古書院.

Yamamoto Susumu 山本進. 2002. 清代の市場構造と経済政策. 名古屋: 名古屋大学出版会.

Yamamura, Kōzō and Kamiki Tetsuo. 1983. "Silver Mines and Sung Coins." In John F. Richards, ed. *Precious Metals in the Late Medieval and Early Modern Worlds*, 329-62. Durham, NC: Carolina Academic Press.

Yamane, Yukio. 1984. "Reforms in the Service Levy System in the Fifteenth and Sixteenth Centuries." In L. Grove and C. Daniels, eds. *State and Society in China: Japanese Perspectives on Ming-Qing Social and*

Economic History, 279-310. University of Tokyo Press.

Yamazaki Riichi 山崎利一. 1978. 子産の生涯と思想. 大阪: 前田書店

Yamazaki Satoshi 山崎覚士. 2010a. "未完の海上国家: 呉越国の試み". 中國五代国家論, 230-267. 京都: 仏教大学.

Yamazaki Satoshi 山崎覚士. 2010b. "九世紀におけ東アジア海域と海商―徐公直と徐公裕". 中國五代国家論, 171-204. 京都: 仏教大学.

Yan Hongzhong 燕红忠. 2007. "山西票号资本与利润总量之估计". 山西大学学报(哲学社会科学版) 30.6: 128-31.

Yanagida Setsuko 柳田節子. 1963. "宋代土地所有制に見られる二つの型: 先進と辺境". 東洋文化研究所紀要 29: 95-130.

Yanagida Setsuko 柳田節子. 1973. "宋代佃戸制の再検討: 最近の草野靖氏の見解をめぐって". 歴史学研究 395: 24-33.

Yanagida Setsuko 柳田節子. 1986. 宋元郷村制の研究. 東京: 創文社.

Yanagida Setsuko 柳田節子. 1995. "宋代農家経営と営運". 宋元社会経済史の研究, 85-105. 東京: 創文社.

Yang Dequan 杨德泉. 1982. "唐宋行会制度之研究". 邓广铭·程应镠 等编. 宋史研究论文集, 204-40. 上海: 上海古籍出版社.

Yang Jiping 杨际平. 2003. 北朝隋唐均田制新探. 長沙: 岳麓书社.

Yang Jiping 杨际平. 2006. "析长沙走马楼三国吴简中的〈调〉: 兼谈户调制的起源". 历史研究 3: 39-58.

Yang Jiping 杨际平 and Li Qing 李卿. 2003. "李显甫集诸李开李鱼川史事考辨-兼论魏收所谓的太和十年前〈唯立宗主督护〉". 厦门大学学报(哲学社会科学) 3: 93-102.

Yang Kuan 杨宽. 1998. 战国史. 再版. 上海: 上海人民出版社.

Yang Liansheng 楊聯陞. 1934. "從四民月令所見到的漢代家族生產". 食貨半月刊 1.6: 8-11.

Yang, Lien-sheng. 1956. "Great Families of Eastern Han." In E-tu Zen Sun and John DeFrancis, eds. *Chinese Social History: Translations of Selected Studies*, 103-34. New York: American Council of Learned Societies.

Yang, Lien-sheng. 1961. "Notes on the Economic History of the Chin Dynasty." In Yang, *Studies in Chinese Institutional History*, 119-97. Cambridge: Harvard-Yenching Institute.

Yang Ying 杨英. 1996. "试论周代庶人的社会身份和社会地位". 中国历史博物馆馆刊 2: 10-21.

Yang Zhenhong 杨振红. 2003. "秦汉〈名田宅制〉说: 从张家山汉简看战国秦汉的土地制度". 中国史研究 3: 49-72.

Yang Zhenhong 杨振红. 2009. 出土简牍与秦汉社会. 桂林: 广西师范大学出版社.

Yang Zhenhong 杨振红. 2010. "松柏西汉墓簿籍牍考释". 南都学报(人文社会科学学报) 30.5: 1-8.

Yates, Robin D. S. 1987. "Social Status in the Ch'in: Evidence from the Yün-meng Legal Documents. Part One: Commoners." *Harvard Journal of Asiatic Studies* 47.1: 197-237.

Yates, Robin D. S. 2002. "Slavery in Early China: A Socio-Cultural Approach." *Journal of East Asian Archaeology* 3.1-2: 283-331.

Yates, Robin D. S. 2013. "The Qin Slips and Boards from Well No. 1, Liye, Hunan: A Brief Introduction to the Qin Qianling County Archives." *Early China* 35: 291-329.

Yazawa Tadayuki 矢沢忠之. 2008. "戦国期三晋地域における貨幣と都市: 方足布・尖足布を中心に". 古代文化 60.3: 37-54.

Ye Xian'en 叶显恩 and Tan Dihua 谭棣华. 1985a. "封建宗法势力对佛山经济的控制及其产生的影响". 广东历史学会 编. 明清广东社会经济形态研究, 144-64. 广州: 广东人民出版社.

Ye Xian'en 叶显恩 and Tan Dihua 谭棣华. 1985b. "论珠江三角洲的族田." 广东历史学会 编. 明清广东社会经济形态研究, 22-64. 广州: 广东人民出版社.

Ye Yuying 叶玉英. 2005. "论张家山汉简〈算数书〉的经济史料价值". 中国社会经济史研究 1: 38-45.

Yinqueshan hanmu zhujian zhengli xiaozu 银雀山汉墓竹简整理小组. 1985. "银雀山竹书〈守法〉〈守令〉等十三篇". 文物 4: 27-38.

Yōgi Yoshimi 要木佳美. 1997. "明末紹興における醸造業の展開と米穀流通". 小野和子 編. 明末清初の社会と文化, 277-313. 京都: 京都大学人文科学研究所.

Yokkaichi Yasuhiro 四日市康博. 2006. "元朝南海交易経営考: 文書と銭貨の流れから". 九州大学東洋史論集 34: 133-56.

Yokoyama Suguru 横山英. 1962. "清代における包頭制の展開". 史学雑誌 71.1: 45-71, 71.2: 185-98.

Yoneda Kenjirō 米田賢次郎. 1989. 中國古代農業技術史研究. 東京: 同朋舍.
Yoshimoto Michimasa 吉本道雅. 1986. "春秋国人考". 史林 69.5: 631-72.
You Biao 游彪. 2003. 宋代寺院经济史稿. 保定: 河北大学出版社.
Yu Yaohua 余耀华. 2000. 中国价格史: 先秦-清朝. 北京: 中国物价出版社.
Yü, Ying-shih. 1967. *Trade and Expansion in Han China: A Study in the Structure of Sino-Barbarian Economic Relations*. Berkeley, CA: University of California Press.
Yu Yingshi 余英時. 1987. 中國近世宗教倫理與商人精神. 臺北: 聯經出版社.
Yu Zhenbo 于振波. 2004a. "张家山汉简中的名田制及其在汉代的实施情况". 中国史研究 1: 29-40.
Yu Zhenbo 于振波. 2004b. 走馬樓吳簡初探. 臺北: 文津出版社.
Yuan, Tsing. 1979. "Urban Riots and Disturbances during the Late Ming and Early Ch'ing Period." In Jonathan D. Spence and John E. Wills, Jr., eds. *From Ming to Ch'ing: Conquest, Region, and Continuity in Seventeenth-Century China*, 277-320. New Haven: Yale University Press.
Yuan Weipeng 袁为鹏 and Ma Debin 马德斌. 2010. "商业账簿与经济史研究: 以统泰升号商业账簿为中心(1798-1850)". 中国经济史研 究 2: 50-60.
Yun-Casalilla, Bartolomé. 2012. "Introduction: The Rise of the Fiscal State in Eurasia from a Global, Comparative, and Transnational Perspective." In B. Yun-Casalilla and P. K. O'Brien, eds. *The Rise of Fiscal States: A Global History*, 1500-1914, 1-35. Cambridge University Press.
Zelin, Madeleine. 1984. *The Magistrate's Tael: Rationalizing Fiscal Reform in Eighteenth-Century Ch'ing China*. Berkeley, CA: University of California Press.
Zelin, Madeleine. 2004. "A Critique of Property Rights in Prewar China." In M. Zelin, J. K. Ocko, and R. Gardella, eds. *Contract and Property in Early Modern China*, 17-36. Stanford University Press.
Zelin, Madeleine. 2005. *The Merchants of Zigong: Industrial Entrepreneurship in Early Modern China*. New York: Columbia University Press.
Zelin, Madeleine. 2009. "The Firm in Early Modern China." *Journal of Economic Behavior and Organization* 71.4: 623-37.
Zelin, Madeleine, Jonathan K. Ocko, and Robert Gardella, eds. 2004. *Contract*

and Property in Early Modern China. Stanford University Press.

Zhang Guogang 张国刚. 2006. "唐代兵制的演变与中古社会变迁". 中国社会科学 4: 178-89.

Zhang Guogang 张国刚. 2012. "唐代農業家庭生計探略". 中國文史論叢 98:1-51.

Zhang Haipeng 张海鹏 and Wang Tingyuan 王廷元. 1995. 徽商研究. 合肥: 安徽人民出版社.

Zhang Jinguang 张金光. 2007. "普遍授田制的终结与私有地权的形成 – 张家山汉简与秦简比较研究之一". 历史研究 5: 49-65.

Zhang Jinling 张金岭. 2001. 晚宋时期财政危机研究. 成都: 四川大学出版社.

Zhang Jinpeng 张锦鹏. 2003. 宋代商品供给研究. 昆明: 雲南大學出版社.

Zhang Li 张丽. 2010. 非平衡化与不平衡: 从无锡近代农村经济发展看中国近代农村经济的转型(1840-1949). 北京: 中华书局.

Zhang Rongqiang 张荣强. 2005. "〈二年律令〉与汉代课役身分". 中国史研究 2: 25-41.

Zhang, Taisu. 2011. "Property Rights in Land, Agricultural Capitalism, and the Relative Decline of Pre-Industrial China." *San Diego International Law Journal* 13: 129-200.

Zhang Xunliao 张勋燎 and Liu Panshi 刘磐石. 1980. "四川郫县东汉残碑的性质和年代". 文物 4: 72-3.

Zhang Youyi 章有义. 1984. 明清徽州土地关系研究. 北京: 中国社会科学出版社.

Zhang Zhongmin 张忠民. 2002. 艰难的变迁: 近代中国公司制度研究. 上海: 上海社会科学院出版社.

Zhao, Gang. 2013. *The Qing Opening to the Ocean: Chinese Maritime Policies, 1684-1757*. Honolulu: University of Hawai'i Press.

Zhao Guangxian 赵光贤. 1979. "从裘卫诸器铭看西周的土地交易". 北京师范大学学报(社会科学版) 6: 16-23.

Zhao Ming 昭明 and Ma Liqing 马利清. 2007. 中国古代货币. 天津: 百花文艺出版社.

Zhao Ping'an 赵平安. 2004. "战国文字中的盐字及其相关问题研究". 考古 8: 728-33.

Zheng Binglin 郑炳林. 2004. "晚唐五代敦煌商业贸易市场研究". 敦煌学楫刊 1: 103-18.

Zheng Yibing 郑亦兵. 1994. "清代前期内陆粮食运输量及变化趋势". 中国经济史研究 3: 80-92.

Zheng Zhenman. 2001. *Family Lineage Organization and Social Change in Ming and Qing Fujian*. Honolulu: University of Hawai'i Press.

Zhongguo shehui kexueyuan lishi yanjiusuo Song Liao Jin Yuan shi yanjiushi 中国社会科学院历史研究所 宋辽金元史研究室 编. 1985. 宋辽金史论丛. 北京: 中华书局.

Zhou Junmin 周俊敏. 2003. 管子经济伦理思想研究. 長沙: 岳麓书社.

Zhou Lin 周琳. 2011. "城市商人团体与商业秩序: 清代重庆八省客长调处商业纠纷活动为中心". 南京大学学报(哲学人文科学社会科学版) 2: 80-99.

Zhou Xiaolu 周晓陆 and Lu Dongzhi 路东之. 2005. "新蔡古城战国封泥的初步考察". 文物 1: 51-61.

Zhou Ziqiang 周自强. 1987. "重论西周时期的〈公田〉和〈私田〉". 史林 1: 1-10.

Zhou Ziqiang 周自强 编. 2007. 中国经济通史: 先秦. 再版. 北京: 经济日报出版社.

Zhu Fenghan 朱凤瀚. 2004. 商周家族形态研究. 再版. 天津: 天津古籍出版社.

Zhu Honglin 朱紅林. 2008. 张家山汉简〈二年律令〉研究. 哈尔滨: 黑龙江人民出版社.

Zhu Ruixi 朱瑞熙. 2006. "宋代土地價格研究". 中華文史論叢 82: 97-157.

Zhu Shaohou 朱绍侯. 1985. 秦汉土地制度与阶级关系. 中州: 中州古籍出版社.

Zhuang Guotu 庄国土. 1995. "16-18世纪白银流入中国数量估算". 中国钱币 5: 3-10.

Zurndorfer, Harriet. 2011. "Contracts, Property, and Litigation: Intermediation and Adjudication in the Huizhou Region (Anhui) in Sixteenth-Century China." In D. Ma and J. L. van Zanden, eds. *Law and Long-Term Economic Change: A Eurasian Perspective*, 91-114. Stanford University Press.

Zurndorfer, Harriet 2013. "Cotton Textile Production in Jiangnan during the Ming-Qing Era and the Matter of Market-Driven Growth." In B. K. L. So, ed. *The Economic History of Lower Yangzi Delta in Late Imperial China: Connecting Money, Markets, and Institutions*, 72-98. London: Routledge.

【개정판】
폰 글란의
중국경제사

2020년 1월 1일 개정판 1쇄

리처드 폰 글란 지음
류형식 옮김

펴낸곳 : (주)소와당笑臥堂 | 신고 번호 : 제313-2008-5호
주소 : (03994) 서울시 마포구 연남로 13(영상빌딩 3층)
전화 : (02)325-9813
팩스 : (02)6280-9185
전자우편 : sowadang@gmail.com

저작권자와 맺은 협의에 따라 인지를 생략합니다.
값은 뒤표지에 적혀 있습니다.
잘못 만든 책은 서점에서 바꾸어 드립니다.

ISBN 978-89-6722-027-3 (93910)

한국출판문화산업진흥원 '2019년 텍스트형 전자책 제작지원' 선정작입니다.